Auf den Spuren der Mönche

W0094023

Ulrich Knapp

Auf den Spuren der Mönche

Bauliche Zeugen der Zisterzienserabtei Salem
zwischen Neckar und Bodensee

Herausgegeben vom Kulturamt Bodenseekreis

SCHNELL + STEINER

Herausgegeben vom

 **Kulturamt Bodenseekreis**
im Schloss Salem

Gedruckt mit Unterstützung der Kunst- und Kulturstiftung des Bodenseekreises
und der Oberschwäbischen Elektrizitätswerke (OEW)

Umschlagabbildung: Abt Anselm II., Porträt von Gottfried Bernhard Götz (Kulturamt Bodenseekreis, Salem)

Bibliografische Information der Deutschen Bibliothek
Die Deutsche Bibliothek verzeichnet diese Publikation in der Deutschen Nationalbibliografie;
detaillierte bibliografische Daten sind im Internet über
<http://dnb.ddb.de> abrufbar.

1. Auflage 2009
© 2009 Verlag Schnell & Steiner GmbH, Leibnizstr. 13, D-93055 Regensburg
und Kulturamt Bodenseekreis
ISBN 978-3-7954-2247-9
Umschlaggestaltung: Anna Braungart, Tübingen
Satz: Vollnhals Fotosatz, Neustadt a. d. Donau
Druck: Erhardi Druck GmbH, Regensburg

Weitere Informationen zum Verlagsprogramm erhalten Sie unter:
www.schnell-und-steiner.de

Inhalt

Geleitwort

„Wir fuhren über sehr angenehme, abwechslungsreiche Gegenden in das prächtige Reichsstift Salem. Das ganze Klostergebäude besteht aus drei Vierecken. Der Umfang des Klosters ist von einer sehr weiten Strecke, und die Ökonomiegebäude, die Behausungen der Dienerschaft, die ebenso weitläufigen als durch ihre Schönheit reizenden Baum-, Kräuter- und Blumengärten, die kleinen Weiher oder Fischgruben, welches alles innert einer einzigen Mauer eingeschlossen ist, geben dem Stifte von weitem das Ansehen einer kleinen Stadt". So schildert Johann Jakob Hauntinger, Benediktiner-Mönch der Fürstabtei St. Gallen, seinen Eindruck bei einem Besuch der Zisterzienser-Abtei Salem 1784.

Aber die Mönche gestalteten nicht nur den Mikrokosmos ihres Klosters, sondern die Landschaft im weiten Umkreis. Die Zisterzienser waren besonders prädestiniert, die Landschaft zu prägen. Sie nahmen das ursprüngliche benediktinische Gebot der Handarbeit wieder ernst und zählten sie zu den „reinigenden Übungen", die den Dienern Gottes vorgeschrieben sind. Unter Handarbeit verstanden sie vornehmlich land-, forst- und wasserwirtschaftliche Tätigkeiten neben innerklösterlichen Verrichtungen. Auf dem Kachelofen im Salemer Refektorium sind all diese Tätigkeiten der Mönche dargestellt. Mit der Anlage ihrer Grangien, selbstbewirtschafteter Höfe, griffen die Zisterzienser bis heute erkennbar massiv in Landschaftsbild und Agrarstruktur ein. Bald formte die Abtei aus ihren Erwerbungen feudale Grundherrschaften, deren Sozialstruktur größerer Lehenhöfe, kleinerer Seldnergüter und armer Rebleute neu die Landschaft gliederte. In ihren Herrschaftsgebieten ließ das Reichsstift Kirchen, Kapellen, Pfarrhöfe, Torkel, Mühlen, Amts- und Wirtshäuser, in den Städten ihre Wirtschaftshöfe errichten und legte Teiche, Kanäle, Straßen und Wege an. Da der Salemer Besitz weiter streute als der anderer oberschwäbischer Reichsabteien, vom Schwarzwald bis an die Iller, vom Bodensee bis in den Neckarraum, sind die Spuren Salemer Gestaltungs- und Bauwillens in weiten Teilen unseres Landes aufzufinden.

Erstmals sind in diesem Führer all diese heute noch sichtbaren baulichen Zeugen Salemer Klosterherrschaft zusammengestellt und wird es dem Leser ermöglicht, „Landschaft zu lesen" und ihre Geschichte zu erschließen. Der Bodenseekreis möchte damit deutlich machen, dass das Kloster Salem nicht nur ein baulicher Solitär ist. Das Kloster war nicht nur Ort der Gottesverehrung und der Überlieferung abendländischer Bildung, sondern hat in doppeltem Sinne Kultur-Landschaft geschaffen. Heutige Autoren würdigen: „Salem schuf aus natürlichen und baulichen Elemente eine Zisterzienserlandschaft von außerordentlichem Reiz, die die zu den schönsten und historisch bedeutendsten Kulturlandschaftseinheiten gehört." Sie sind herzlich eingeladen, diese herrliche Landschaft und ihre baulichen Zeugen zu besuchen, zu begehen, zu „erfahren" und zu genießen.

Lothar Wölfle
Landrat

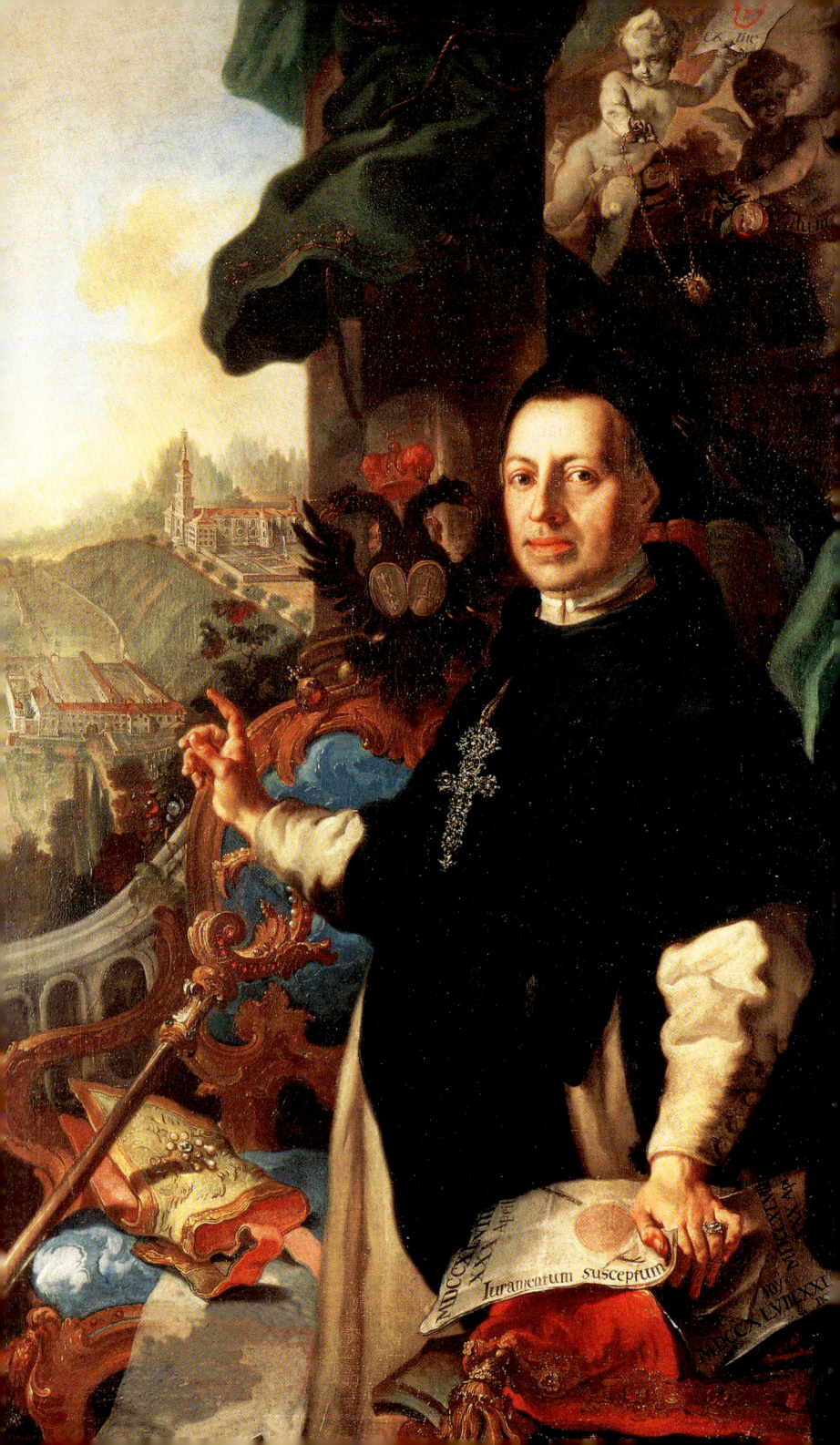

Einführung

[...] prima Imperii Romano Germanici Praelatura [...]
[...] die erste Abtei des Heiligen Römischen Reichs [...]

Mit diesen Worten wird an der Inschrifttafel des 1779 unter der Vierung des Salemer Münsters errichteten Stiftermonuments (Abb. 1) die Bedeutung der 1134 gegründeten Zisterzienserabtei charakterisiert. Die Formulierung unterstreicht das an dem Alabastermonument aus der Werkstatt Johann Georg Wielands dargestellte Gründungsgeschehen, das um die besonderen Förderer des Klosters, König Konrad III. und Papst Urban VI., erweitert ist. In diesem Monument kommt das Selbstverständnis der Reichsprälaten von Salem, aber auch des Konvents von Salem am Ende des Alten Reichs bildhaft zum Ausdruck. Wie kaum eine andere Abtei hatte die Zisterzienserabtei Salem ihre im Mittelalter erworbenen Rechte und Privilegien nicht nur bis zur Säkularisation 1803 verteidigen und bewahren können. Salem war es im 17. und 18. Jahrhundert darüber hinaus gelungen, geschlossene Herrschaftsbereiche auszubilden, in denen der Abt von Salem die Hohe und Niedere Gerichtsbarkeit innehatte. Pfandweise erwarb die Zisterze vor allem im 18. Jahrhundert weitere Herrschaftsrechte, die, sofern die Pfänder nicht ausgelöst wurden, schließlich bei dem Kloster verblieben. Gegen Ende des 18. Jahrhunderts hatte die Abtei die Verwaltung ihres Besitzes neu organisiert und die Zuständigkeiten der Ober- und Pflegämter umstrukturiert. Sie verwalteten die Salemer Güter.

Um die historischen Zusammenhänge aufzuzeigen, werden die Salemer Besitzungen entsprechend ihrer Zugehörigkeit zu den einzelnen Ober- und Pflegämtern vorgestellt. Im Bereich der Oberämter hatte die Abtei die Hohe und Niedere Gerichtsbarkeit und die Forstgerichtsbarkeit inne. Die Obervogteiämter standen unter fremder Landeshoheit, doch verfügte Salem auch hier teilweise über die Gerichtsbarkeit und zog die Steuern ein, die dann an die jeweiligen Rechtsinhaber abgeführt wurden. Über die Pflegämter wurden diejenigen Klosterbesitzungen verwaltet, über die die Abtei nur eingeschränkte Hoheitsrechte hatte.

Auch das Salemer Bauwesen oblag einer eigenen Verwaltungs- und Organisationsstruktur. Ab dem 15. Jahrhundert plante und koordinierte die Arbeiten ein vom Kloster mit einem Grundgehalt bezahlter Steinmetzmeister, der gleichermaßen für die Qualität der verwendeten Baumaterialien und der ausgeführten Bauten zu sorgen hatte. Bedeutende Künstler und Baumeister wurden nach Salem gerufen, um für die repräsentative Ausschmückung der Klosterbauten zu sorgen. So stand z. B. die Bildhauerfamilie Feuchtmayer über zwei Generationen im Dienst des Klosters. Exemplarisch werden in diesem Band die wichtigsten Baugruppen und Bautypen ausführlicher dargestellt sowie Bautechniken und -materialien erörtert.

Im Laufe der Jahrhunderte, insbesondere in den Jahrzehnten nach der Reformation und nach dem Dreißigjährigen Krieg, war die Abtei gezwungen, einzelne Güter zu veräußern.

Der Großteil der von der Abtei erbauten oder mit ihr in Zusammenhang stehenden Bauten waren Wohn- oder Ökonomiebauten, die oft bis heute entsprechend genutzt werden. Nach der Säkularisation gingen die meisten dieser Gebäude in Privatbesitz über. Sie wurden oftmals den jeweils zeittypischen Nutzungsanforderungen entsprechend umgestaltet und können nicht besichtigt werden. Aufgrund ihrer landschafts- oder ortsbildprägenden Lage spielten sie jedoch eine wesentliche Rolle für die von der Zisterzienserabtei Salem gestaltete Kultur-Landschaft. Sie werden in einem Auswahlkatalog der Bauten vorgestellt.

Das Anliegen dieses Kultur-„Reiseführers" kann und soll es nicht sein, eine umfassende Gesamtdarstellung der ehemaligen Reichsabtei, ihrer Geschichte und Besitzungen zu präsentieren, was bei dem derzeitigen Forschungsstand auch gar nicht möglich ist. Vielmehr will der Band neugierig machen und anregen, sich auf die bislang weitgehend unentdeckten Spuren der Salemer Mönche zu begeben sowie sich die Bedeutung der Abtei und den prägenden Einfluss der bis heute sichtbaren klösterlichen Wirtschafts-, Bau- und Kulturpolitik vor Augen zu führen.

Abb. 1: Salem, Münster: Stiftermonument am nordwestlichen Vierungspfeiler

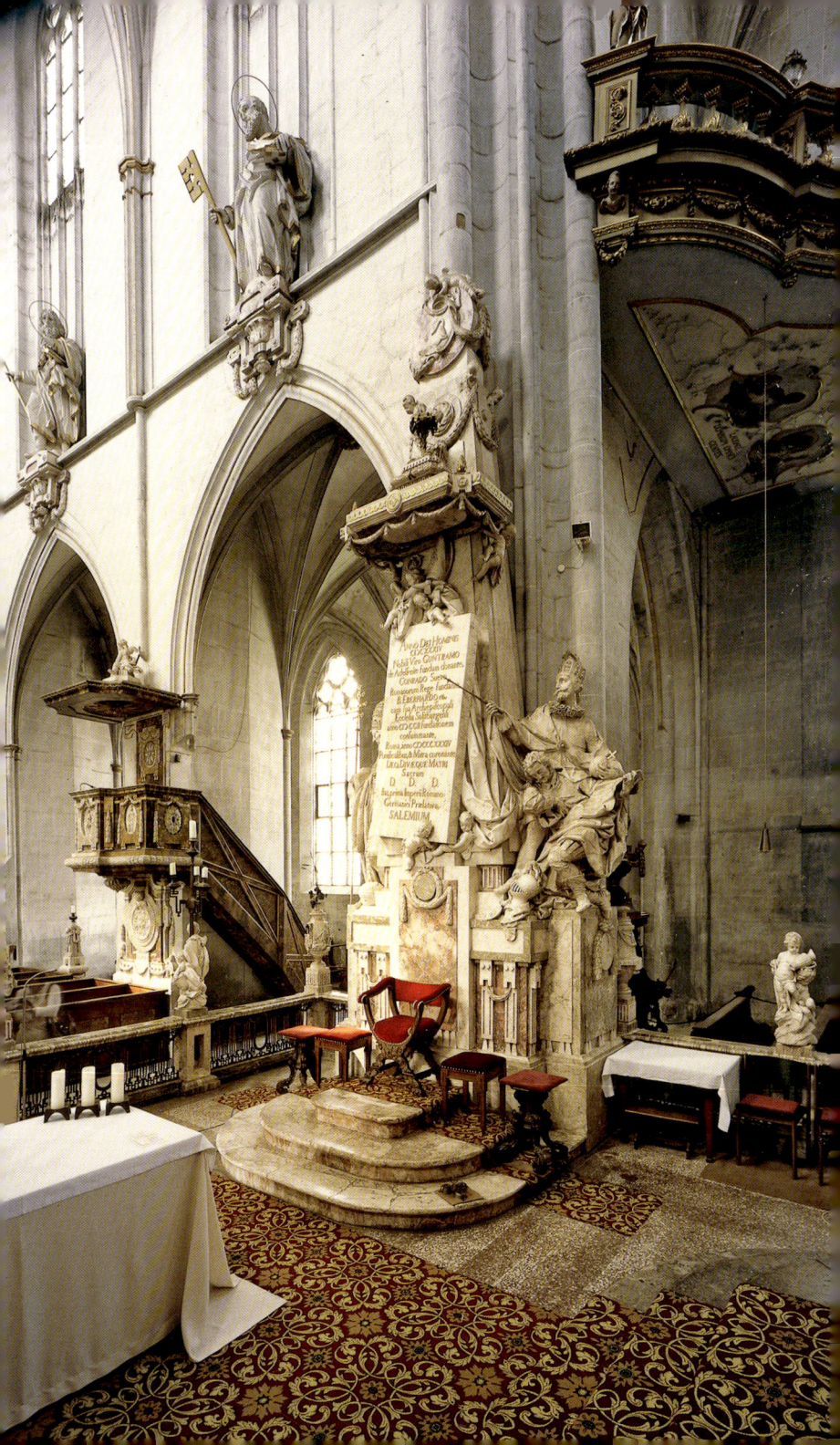

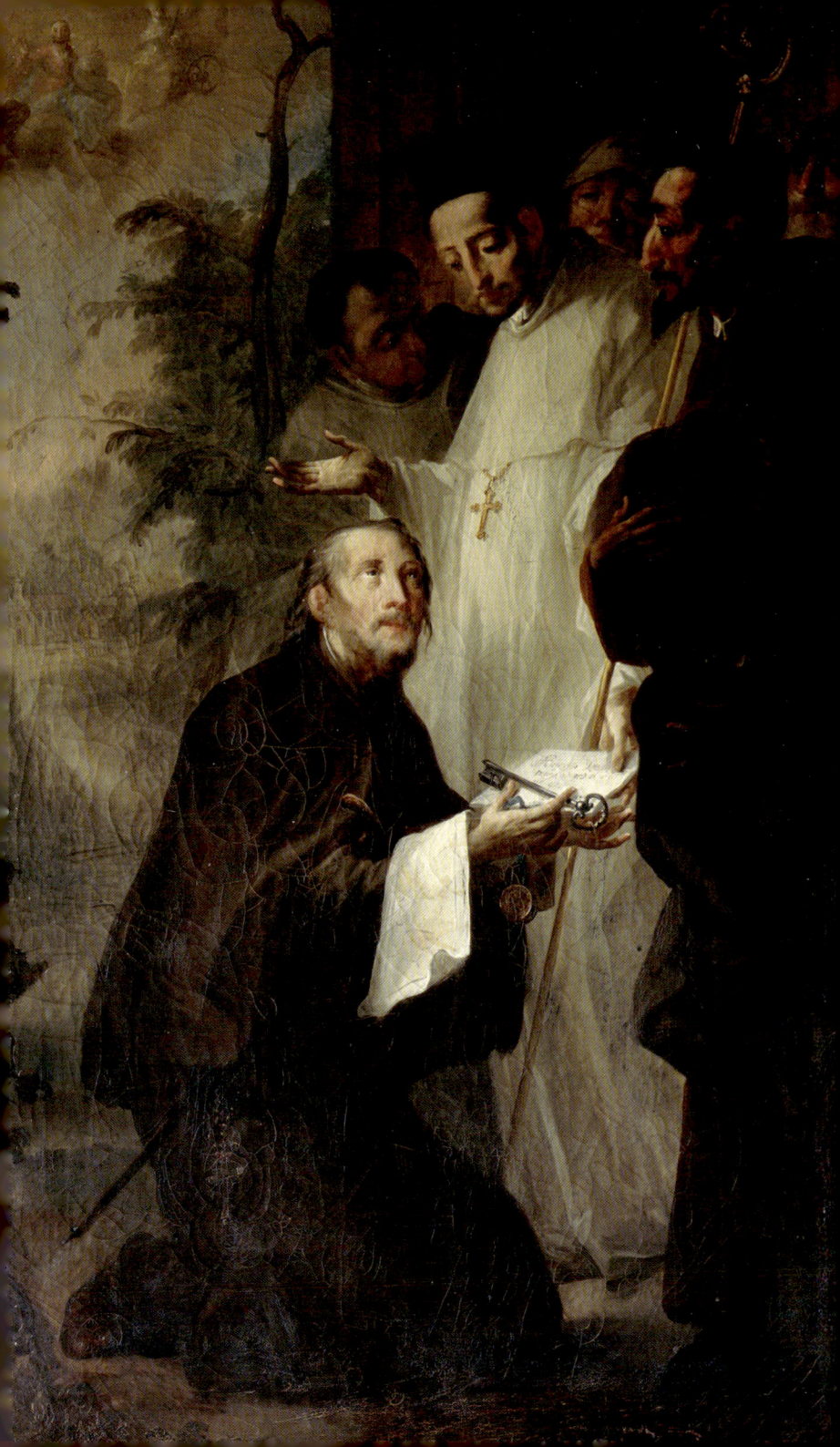

1. Zur Geschichte der Abtei

1.1 Die Stiftung des Zisterzienserklosters

Als Guntram von Adelsreute 1134 seine Güter in Salmansweiler dem Zisterzienserorden zur Gründung eines Klosters stiftete (Abb. 2), befand sich das Heilige Römische Reich in einer politischen Krise. Nach dem Tod Kaiser Heinrichs V. (1106–1125) hatte der Staufer Herzog Friedrich II. von Schwaben († 1147) nicht die Mehrheit der Fürstenstimmen auf sich vereinigen können. 1125 wählten die Fürsten den Sachsen Lothar von Süpplingenburg (1125–1137) zum römischen König. Die unsicheren politischen Verhältnisse veranlassten viele Adelige, ihre Güter Orden, insbesondere dem Zisterzienserorden, zu stiften, um auf diese Weise zu verhindern, dass diese im Zweifel dem politischen Gegner in die Hände fielen. Daher umfassen die meisten Zisterzienserstiftungen jener Jahrzehnte, wie beispielsweise in Maulbronn, Ebrach und Bronnbach Güter, die sich an strategisch wichtigen Punkten befinden. Auch im Falle von Salem kann man solches vermuten. Der Ort des Klosters liegt an dem vermutlich kürzesten Übergang über das Sumpfgebiet der Salemer Aach in Ost-West-Richtung. Hier befand sich die Siedlung Salmaneswilare – Salmansweiler – mit einer den hll. Cyriakus und Verena geweihten Kapelle. Dies war insofern von Bedeutung, als der Orden die Orte eines neuen Klosters vor der Bestätigung der Stiftung durch zwei vom Generalkapitel beauftragte Äbte begutachten ließ. Bei einer Neugründung musste gesichert sein, dass beim Eintreffen des Gründungskonvents Räume für den Konvent

und eine Kapelle zur Abhaltung der Gebetszeiten vorhanden waren. 1137/38 schließlich kam der zwölfköpfige Gründungskonvent unter der Leitung des ersten Abts Frowin von Lützel aus nach Salem. Das Kloster Lützel, unweit von Basel, war von der 1119 gegründeten Abtei Bellevaux, einer Tochter der Primarabtei Morimond, besiedelt worden.

Die Zisterzienserklöster werden in Filiationen, ausgehend von den fünf Primarabteien, unterteilt. Über Lützel und Bellevaux war Salem so der Filiation von Morimond zugewiesen. 1140 bestätigte Papst Innozenz II. (1130–1143) die Stiftung Guntrams von Adelsreute. Die Abtei erhielt, wie alle Zisterzienserklöster im frühen 12. Jahrhundert, das Exemptionsprivileg, das besagte, dass die Äbte des Klosters kirchenrechtlich nur der päpstlichen Kurie unterstanden und nur von Rom, nicht aber von den Diözesanbischöfen bestätigt werden mussten. Da für diese Bestätigungen Gebühren erhoben wurden, bemühten sich die Konstanzer Diözesanbischöfe wiederholt, dieses Privileg zu umgehen. Salem zählte zu den wenigen Abteien, die sich dieses Privileg seit dem Mittelalter bis zu ihrer Aufhebung 1803 ununterbrochen bewahren konnte.

Ebenfalls 1140 wurde die Klosterstiftung auf einem Herzogtag von Herzog Friedrich II. von Schwaben, d. h. jenem Staufer, der bei der Königswahl 1125 unterlegen war, bestätigt. 1142 schließlich bestätigte König Konrad III. (1138–1152) die Stiftung und stellte sie unter die Schutzvogtei des römischen Königs. Erst nachdem Guntram seine Gründung auf diese Weise abgesichert sah, stiftete er seinen gesamten weiteren Besitz dem Kloster. Hierzu zählten insbesondere die späteren Grangien Adelsreute, Tepfenhard, Forst und Schwandorf.

Abb. 2: Andreas Brugger, Stiftung Salems durch Guntram von Adelsreute. Salem, Schloss

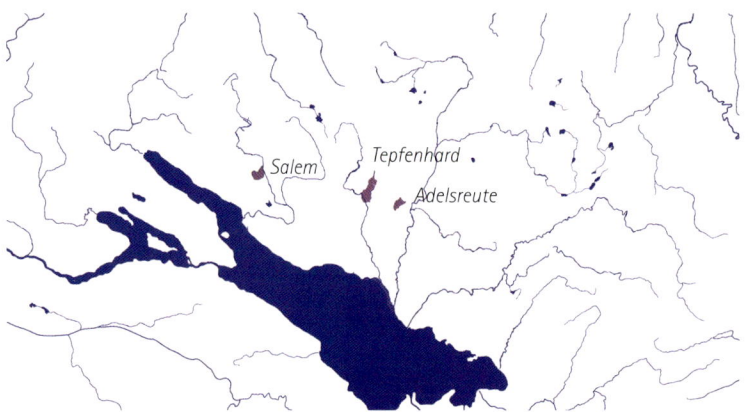

Abb. 3: Das Stiftungsgut der Abtei Salem

Trotz dieser Zustiftungen entsprach die Grundausstattung von Salem eher einer kleinen Stiftung, kaum zu vergleichen mit den gut ausgestatteten Benediktinerklöstern oder adeligen Stiften im Bodenseeraum. Auch das dicht besiedelte Stiftungsgut in der alten Kulturlandschaft nördlich des Bodensees entsprach nicht der typischen Grundausstattung eines Zisterzienserklosters.

1.2 Die erste Blüte der Abtei unter den Stauferkönigen

Die Abtei erfreute sich in der Folgezeit einer besonderen Förderung durch die Stauferkönige. König Friedrich I. (1152–1190) bestätigte 1155 das Kloster in seinen Rechten und Pflichten. Neben der von Barbarossa besonders geförderten Zisterze Neuburg im Elsass, nahe der Pfalz Hagenau, war Salem die Zisterzienserabtei, zu deren Gunsten Friedrich die meisten Urkunden ausstellte. Vor allem die den Ministerialen erteilte Erlaubnis, Güter an die Abtei zu schenken, führte zu einer erheblichen Besitzvermehrung. Dabei ist in den Jahren ab 1177, nach dem Ende des Alexandrinischen Schismas und dem Ausgleich zwischen Papst Alexan-

der III. (1159–1181) und dem Staufer, eine deutliche Zunahme der Schenkungen und Stiftungen zu verzeichnen. Nicht auszuschließen wäre, dass die Bemühungen von Äbten der deutschen Zisterzienserklöster, insbesondere auch des Abts von Maulbronn, zwischen Kaiser und Papst zu vermitteln, hierin ihren Niederschlag fanden. Es dürfte auch kein Zufall sein, dass Salem 1178 durch Papst Alexander III. in den Rang einer Konsistorialabtei erhoben wurde. Die Erhebung hatte beispielsweise zur Konsequenz, dass die Wahl der Salemer Äbte unmittelbar von der päpstlichen Kurie bestätigt wurde.

Eine besondere Zunahme der Stiftungen – sowohl hinsichtlich der Zahl als auch in Bezug auf den Wert der Zuwendungen – ist im frühen 13. Jahrhundert bis zur Exkommunikation Kaiser Friedrichs II. (1212–1250) im Jahr 1240 zu beobachten. Friedrich II. scheint dem Orden sehr verbunden gewesen zu sein. Anlässlich einer beträchtlichen Stiftung bat er den Orden, ihn in seine Gebetsgemeinschaft aufzunehmen. In diesem für die Zisterzienserklöster günstigen politischen Umfeld konnte Abt Eberhard I. von Rohrdorf (1191–1240) (Abb. 4) die Abtei zu einer beträchtlichen Blüte führen. Eine Gefahr drohte der Abtei allerdings nach dem

14

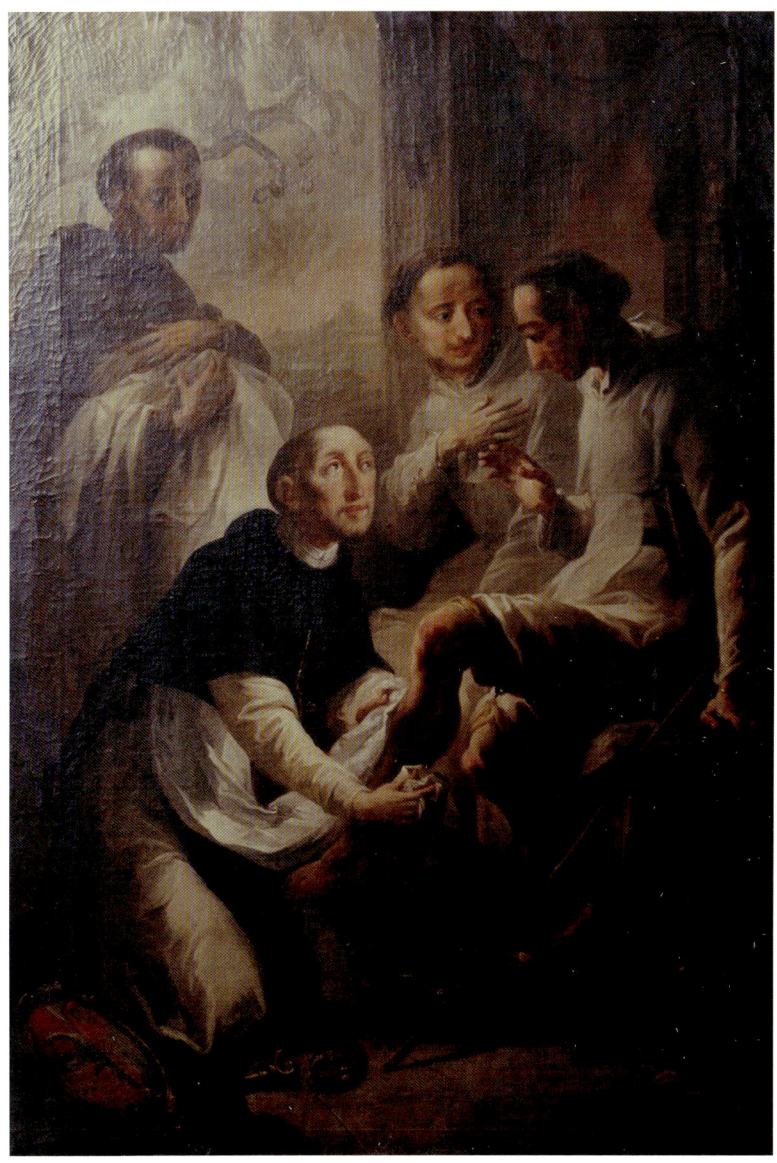

Abb. 4: Andreas Brugger, Abt Eberhard I. von Salem. Sauldorf, Pfarrkirche St. Sebastian

Tod von Mathilde von Adelsreute († 1192), der Tochter des Klosterstifters. Wohl um möglichen Ansprüchen von Erben oder Rechtsnachfolgern einerseits, des Konstanzer Diözesanbischofs andererseits, vorzubeugen, unterstellte Abt Eberhard I. die Abtei dem Erzbischof von Salzburg. Im Gegenzug erhielt Salem von Erzbischof Eberhard II. eine Saline in Hallein und zahlte dem Erzbistum bis zur Aufhebung der Reichsabtei jährlich einen symbolischen Betrag.

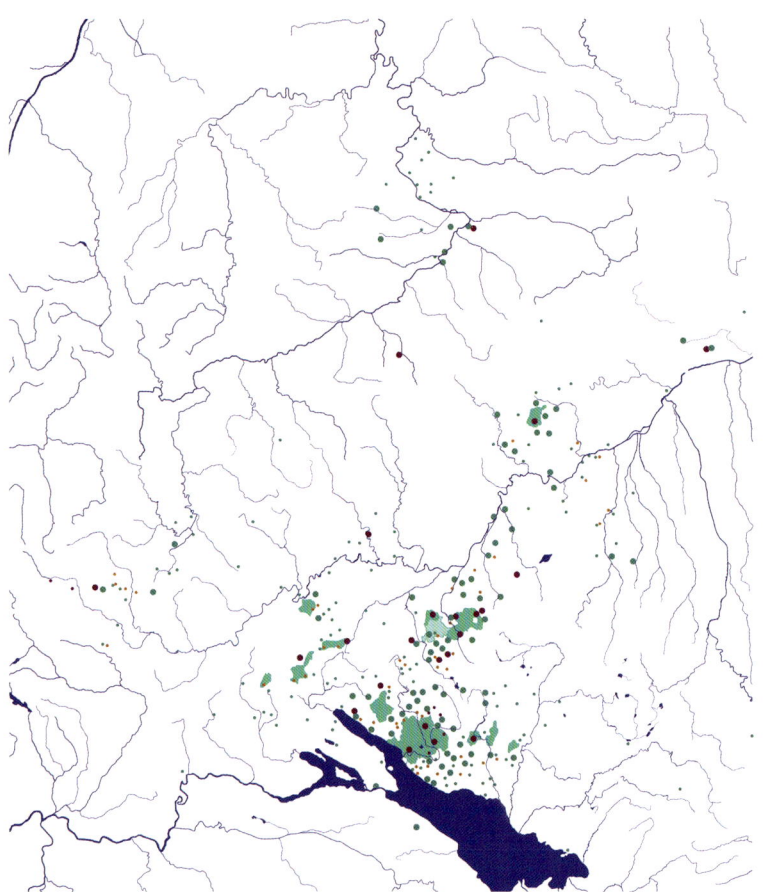

Abb. 5: Salemer Klosterbesitz bis 1350 nach Rösener. Die Grünen Punkte markieren Einzelbesitz, die violetten Punkte Kirchenpatronate und die ockerfarbenen Punkte Zehntbesitz

1.3 Zur Geschichte der Abtei von den frühen Habsburgern bis zur Reformation

Nach dem Tod Kaiser Friedrichs II., während des Interregnums, nutzten mehrere Nachkommen früherer Wohltäter des Klosters die geschwächte Königsmacht, um Teile der früheren Zuwendungen an das Kloster zurückzufordern. Erst die Wahl des Habsburgers Rudolf I. (1273–1291) zum römischen König beendete diesen Zustand. Die Äbte von Salem standen in der Folgezeit häufig in der Nähe

der Habsburgerkönige. Bereits unter den Äbten Eberhard II. von Wollmatingen (1241–1276) und Ulrich I. Gräter (1276–1282) konnte das Kloster an den alten Besitzstand anknüpfen. Während des Abbatiats von Ulrich II. von Seelfingen (1282–1311) ist nicht nur ein bedeutender Vermögenszuwachs zu verzeichnen, sondern auch eine intensive und weitreichende Bautätigkeit. Von Letzterer legt bis heute das hochgotische Münster in Salem Zeugnis ab.

Nach der Doppelwahl von 1314 führten die engen Verbindungen zwischen

16

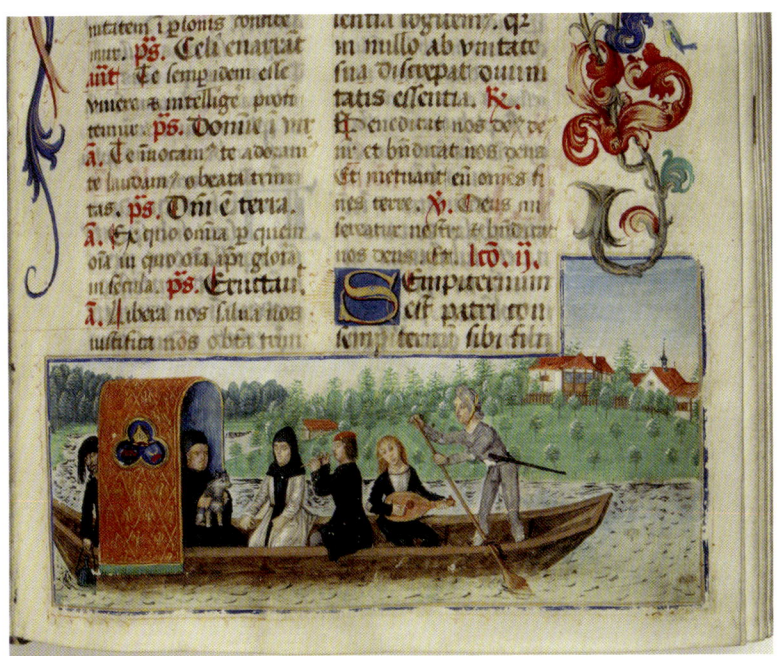

Abb. 6: Abt Johannes Stantenat bei einer Bootsfahrt, vermutlich auf dem Killenweiher, im Hintergrund der Killenberg. Universitätsbibliothek Heidelberg, Cod. Sal. IXd, fol. 152 r

Abt Konrad von Enslingen (1311–1337, † 1344) und König Friedrich dem Schönen (1314–1330) jedoch zu einem Rückschlag. Der Habsburger unterlag im Machtkampf seinem Konkurrenten Ludwig dem Bayern (1314–1347). Ähnlich wie zur Zeit des Interregnums nutzten verschiedene Adelige die Situation, um ihre Machtpositionen auszubauen. Insbesondere die Grafen von Werdenberg, die 1277 von Graf Berthold III. von Heiligenberg die Grafschaft Heiligenberg gekauft hatten, sahen eine Chance, der Abtei ihre Vogtei aufzuzwingen. 1347 schien ihr Bemühen von Erfolg gekrönt zu sein, als König Karl IV. ihnen die Vogtei über Salem übertrug. Es bedurfte des massiven Einspruchs der Äbte von Salem und der Unterstützung der päpstlichen Kurie, damit Karl IV. 1348 die Übertragung der Vogtei an die Grafen von Werdenberg widerrief und die Abtei in ihren alten Rechten und Privilegien bestä-

tigte. Doch erst durch das Exemptionsprivileg Kaiser Karls IV. von 1354 konnten die Ansprüche der Grafen von Werdenberg endgültig abgewehrt werden. Mit der Bestätigung der alten Rechte und Freiheiten der Abtei wurde der Grundstein für die spätere Reichsunmittelbarkeit Salems gelegt. In den Jahren 1500 und 1521 gehörten die Äbte von Salem dem Reichsregiment an, der ständigen Vertretung der römischen Könige.

Die Einbindung der Zisterzienserabtei in die Belange des Reichs verursachte auch erhebliche finanzielle Belastungen. So musste die Abtei in Kriegszeiten Soldaten für das Reich stellen und anteilig für die Kosten aufkommen. 1422, während der Hussitenkriege, hatte Salem fünf Krieger zu dem 56-köpfigen Kontingent der 24 veranschlagten Abteien aufzubringen. 1431 wurde der von Salem zu stellende Beitrag auf vier Reiter reduziert. In späteren Zeiten hatte die Abtei ein ständiges Truppenkontingent zu unterhalten, für das in Mimmenhausen eine Kaserne errichtet wurde. Das Salemer Militär umfasste im 18. Jahrhundert in Friedenszeiten 37 Mann, 31 Mann zu Fuß und sechs Berittene. In Krisen- und Kriegszeiten wurden die Truppenstärken oft drastisch heraufgesetzt. Nach dem schwäbischen Kreisreglement von 1731 war die Abtei verpflichtet, im Ernstfall ein Kontingent von doppelter Höhe, also 62 Mann zu Fuß und 12 Berittene zu stellen.

Die Jahrzehnte um 1500 waren eine Blütezeit für die Abtei. Neben der Erneuerung der Gebäude innerhalb der Klostermauern, der Neuausstattung des Münsters, von der das von Abt Johannes Stantenat (1471–1494) gestiftete Sakramentshaus im Münster erhalten blieb, sind hier vor allem die kostbar ausgestatteten liturgischen Handschriften zu nennen. Unter den Äbten Johannes II. Scharpfer (1494–1510) und Jodokus Necker (1510–1529) erfolgte eine weitgehende Erneuerung der Pfleghöfe und Stadthäuser des Klosters. In den Pfleghöfen von Konstanz und Esslingen wurden die Wohn- und Repräsentationsräume zeitgemäß erneuert. Besonders aufwendig ausgestattet waren die Appartements für den Abt, die auch als Gästequartier für hochgestellte Gäste genutzt wurden. Große, reich verzierte Erker zeichneten diese Räume am Konstanzer und Esslinger Pfleghof aus. In Pfullendorf und Ulm wurden neue Häuser zur Erweiterung des Salemer Besitzes erworben, um neue, größere Stadthöfe einzurichten. Der später mehrfach umgebaute Ulmer Pfleghof lässt noch die Dimensionen dieses Baus erahnen. Über diesen Pfleghof wurden bis 1803 zahlreiche Geschäfte der Abtei abgewickelt. Auch die Vermittlung von Aufträgen an Ulmer Werkstätten, beispielsweise über die Lieferung von Altarretabeln, erfolgte über diesen Pfleghof. In Pfullendorf lässt sich noch die Ausdehnung des

Ensembles erahnen, das in engem Zusammenhang mit den kommunalen Neubauten am Obertor ausgebaut worden war. Nach Umbauten im 19. Jahrhundert ist heute nur die Kapelle mit Teilen ihrer Ausstattung erhalten.

Aus den ersten Jahrzehnten des 16. Jahrhunderts sind auch die ersten Quellen über Gärten und Lustgebäude überliefert. Abt Johannes III. Fischer (1534–1543) ließ sich auf der Halbinsel im Killenweiher „ain neuw hübsch wolgebawen hauß mitt zwayen stuben, und ain neywe stuben, ain kammer, mitt hüpschen glesren blatten bsetzt, auch darzu ain hüpsche lauben für den convent so man spazieren gatt, die selbigen mitt mangerlay gmalten diechern behenckt, alß dann mancher woll hatt gesechen" errichten und „diser bauw ist garnach innerthalb ains halben iars angefangen unnd außgemacht worden" (ein neues, hübsch wohlgebautes Haus mit zwei Stuben, und eine neue Stube, eine Kammer, mit schönen glasierten Fliesen belegt, auch eine hübsche Laube für den Konvent, wo man spazieren geht, dieselbe mit mancherlei bemalten Tüchern behängt, [...] und dieser Bau ist innerhalb eines halben Jahres angefangen und vollendet worden). Der Vorgängerbau dieses Lustgebäudes dürfte wohl auf der Miniatur des für Abt Johannes Stantenat angefertigten Abtsbreviers zu sehen sein, die den Abt, begleitet von Spielleuten, bei einer Bootsfahrt zeigt (Abb. 6).

In der zweiten Hälfte des 15. Jahrhunderts und in den ersten Jahrzehnten des 16. Jahrhunderts mehren sich jedoch auch die Nachrichten über Unruhen unter den Salemer Untertanen. Die Bauern wandten sich dabei insbesondere gegen die von der Abtei bevorzugte jährliche Belehnung. Unter Vermittlung durch die

Abb. 7: Das wundertätige Marienbild im Salemer Münster: Ausschnitt aus der Äbtegalerie von Johann Carl Stauder. Salem, Kreuzgang

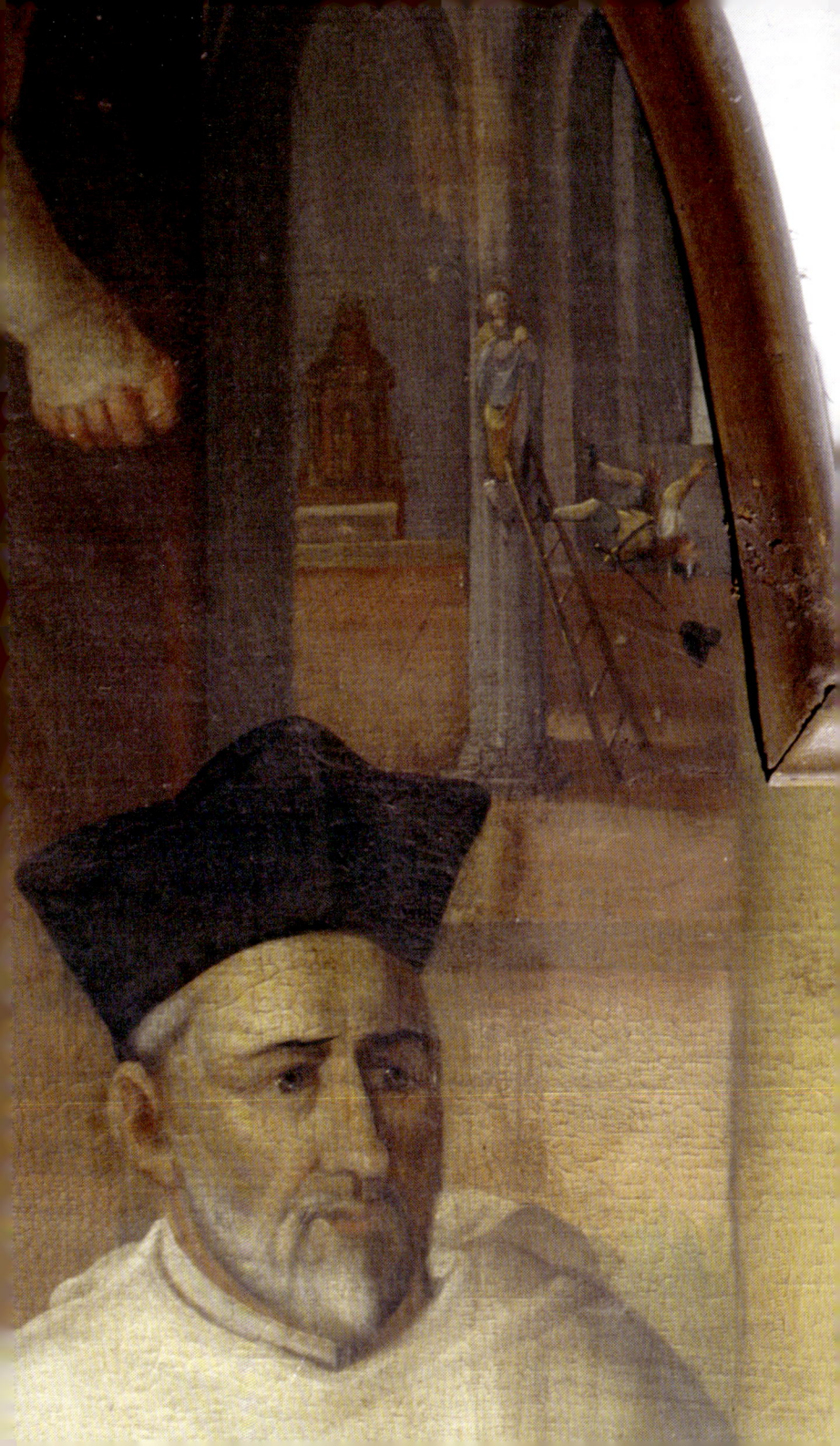

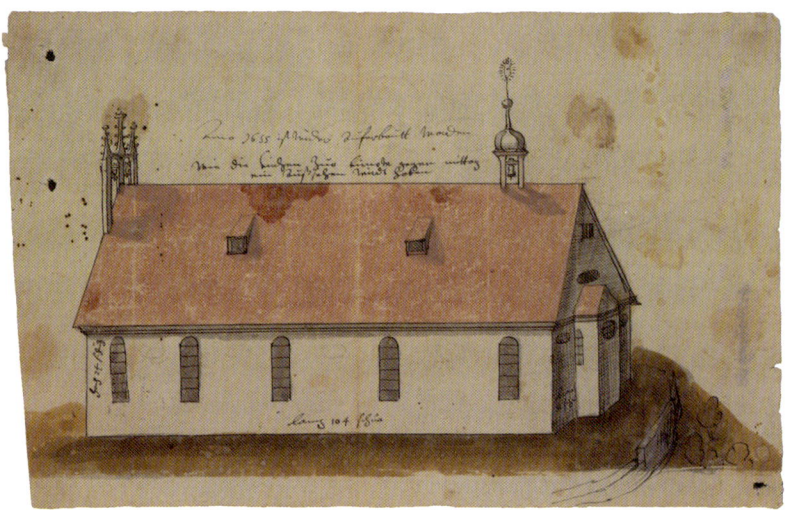

Abb. 8: Entwurf zum Neubau der Wallfahrtskirche Birnau 1614, Hans Brielmayer zugeschrieben. Nach der Aufschrift wurde die Wallfahrtskirche 1655 weitgehend in der alten Form wiederaufgebaut. GLA Karlsruhe G Birnau 23

Reichsstadt Überlingen kam es 1473 zu einem Vertrag zwischen der Abtei und den Siedelrichtern des Klosters, in dem den Bauern Erblehen zugestanden wurden. Dies bedeutete, dass die Kinder ein Lehen ihrer Eltern bei Entrichtung der regelmäßigen Abgaben fortführen konnten. Die 1473 getroffenen Vereinbarungen waren mit entsprechenden Modifizierungen bis zur Aufhebung der Reichsabtei in Kraft. Dennoch wurde die Höhe der dem Kloster zu entrichtenden Abgaben oft als belastend empfunden. Als sich die Bauern 1525 gegen die Grundherrschaft wandten, war auch die Abtei Salem betroffen. Der Salemer Kehlhof in Bermatingen diente dem Anführer des Seehaufens, Eitelhans Ziegelmüller, als zeitweiliges Hauptquartier. Abt Jodokus II. Necker hatte sich zwar wie viele Geistliche in Überlingen in Sicherheit gebracht, doch war der Konvent in Salem verblieben. Der Seehaufen verlangte von Abt und Konvent die Huldigung auf zwei der insgesamt zwölf Artikel der Bauernschaft: „zum ersten, das ewangelium verkinden on

menschlich zusatz, bloss den tetxt; zum andern das mir inen welten helfen handthaben das gottlich recht."

Der Umgang zwischen den Anführern des Seehaufens und Abt und Konvent von Salem war durchaus von gegenseitigem Respekt geprägt und entsprach den zeitüblichen Umgangsformen. Auch die Beschränkung der Huldigung auf die ersten zwei Artikel der Bauernschaft wirft ein entsprechendes Licht auf das Verhältnis zwischen den Bauern in den Klosterdörfern und der Abtei. Schließlich verhinderte der Weingartener Vertrag eine Eskalation der Ereignisse und führte zu einem vergleichsweise glimpflichen Ende der Unruhen.

Kirchenrechtlich konnte die Abtei ihre Privilegien erhalten und teilweise sogar ausdehnen. So wurden dem Kloster 1291 die Pfarrei Weildorf, 1324 die Pfarreien von Ostrach, Burgweiler, Pfullingen und Steinbach (heute Ortsteil von Wernau am Neckar) und 1384 die Wallfahrtskirche Birnau inkorporiert. 1384 schließlich verlieh Papst Urban VI. den Äbten von Salem

20

das Recht, im Kloster und den zum Kloster gehörenden, d. h. den inkorporierten Kirchen die Pontifikalien zu tragen. 1390 folgte die Eingliederung der Pfarrkirche Bermatingen.

Innerhalb des Ordens waren den Äbten von Salem seit dem 15. Jahrhundert wichtige Aufgaben übertragen worden. Für das Jahr 1497 hat sich auch eine Vollmacht des Generalkapitels erhalten, die Abt Johannes II. Scharpfer (1494–1510) ermächtigte, die Kontributionen der oberdeutschen Zisterzen an das Generalkapitel einzuziehen. Bei diesen Klöstern handelte es sich um die Zisterzen Frienisberg, St. Urban, Kappel am Albis und Wettingen in der Schweiz, Lützel, Tennenbach, Pairis, Baumgarten, Neuburg, Stürzelbronn, Königsbronn, Bebenhausen, Herrenalb und Maulbronn, das mit 21 fl (Salem 20 fl) den höchsten Beitrag zu leisten hatte.

1.4 Zur Geschichte der Abtei in der Zeit der Konfessionalisierung

In den Jahren 1541 und 1562 unternahmen die Konstanzer Bischöfe Johann von Weeze und Marcus Sittich von Hohenems jeweils den Versuch, die Reichsabtei in eine Kommende des Bistums Konstanz umzuwandeln. In beiden Fällen gelang es den Äbten Johannes III. Fischer (1534–1543) und Georg II. Kaisersberger (1558–1575), das Ansinnen der Bischöfe abzuwehren.

Bischof Marcus Sittich von Hohenems berief 1567 eine Diözesansynode ein, an der auch die exempten Äbte, unter ihnen auch Abt Georg II., teilnahmen. Thema der Synode war die Umsetzung der Beschlüsse des Tridentinums und die Einrichtung eines Priesterseminars in der Diözese. Salem und die oberdeutschen Zisterzienserklöster wollten sich jedoch nicht in Abhängigkeit des Konstanzer Bischofs begeben und setzten in den folgenden

Jahrzehnten die Beschlüsse des Tridentinums eigenständig um.

In den Jahrzehnten um 1600, insbesondere unter Abt Petrus II. Miller (1593–1614), erfolgte neben der kirchlichen Reform auch eine Reform der Klosterwirtschaft. Flächendeckend ließ Abt Petrus II. die Infrastruktur in den Salemer Besitzungen ausbauen. Die Quellen berichten insbesondere vom Ausbau der Mühlen, Fruchtkästen und Torkel. Im Bereich des Klosters wurden zahlreiche Werkstätten, so beispielsweise eine Druckerei, eingerichtet, die die Autarkie der Reichsabtei absichern sollten.

Im Linzgau und den Dörfern oberhalb des Albtraufs hatte Salem vielfältige Eigentums- und Besitzrechte. Aufgrund der vielschichtigen Verflechtung dieser Rechte kam es wiederholt zu Auseinandersetzungen mit der Grafschaft von Heiligenberg, die inzwischen im Erbwege an Fürstenberg gelangt war. Von Seiten der Grafschaft wollte man die Niederlage von 1354 nicht anerkennen. Die Grafen von Fürstenberg wurden bei der Verfolgung ihrer Ziele auch beim Generalabt in Cîteaux und an der päpstlichen Kurie in Rom vorstellig. Die Abtei konnte indes 1622 von Kaiser Ferdinand II. die Bestätigung ihrer alten Rechte und Privilegien erhalten. 1637 schließlich einigten sich Salem und Heiligenberg auf einen Vertrag, der dem Kloster die gesamten Herrschaftsrechte in den Weilern unter den Bergen, d. h. in den Dörfern Bermatingen, Baufnang, Buggensegel, Gebhardsweiler, Grasbeuren, Leutkirch, Maurach, Mimmenhausen, Mühlhofen, Neufrach, Nußdorf, Oberuhldingen, Owingen, Pfaffenhofen, Seefelden, Tüfingen, Weildorf, Obersten-, Mittelsten- und Unterstenweiler, Banzenreute, Berghof, Birkenweiler, Forst, Haberstenweiler, Hallendorf, Hedertsweiler, Killenberg, Kirchberg, Luegen, Mendlishausen, Oberhof, Ralzhof, Reißmühle, Scheinbuch, Schweindorf, Unterbach, Wälde und Wirrensegel für die Zukunft sicherte. Im Gegenzug trat Salem die

Weiler Ober- und Unterochsenbach, Benzenberg, Freudenberg, Mettenbuch, Hahnennest, Rothenbühl, den äußeren Berghof, den Lehenhof in Wintersulgen, die hohe und niedere Gerichtsbarkeit in Malaien, Ober- und Unterboshasel, Burgweiler, Wendlingen sowie die Obrigkeit in Urnau und Eck an Heiligenberg ab.

Nach der Bestätigung des Vertrags durch Kaiser Ferdinand III. 1653 und Papst Alexander VII. 1655 konnte Salem schließlich die entsprechenden Lehenbriefe erhalten.

Bereits 1606 hatte Salem von Vorderösterreich die Hohe Gerichtsbarkeit über die Dörfer des Zisterzienserinnenklosters Heggbach erworben. Diese Rechte wurden über die Pflege Schemmerberg wahrgenommen. Auch im Raum Ostrach konnte die Abtei eine erfolgreiche Expansionspolitik betreiben. 1603 kaufte man von Konstanz das Dorf Einhart. Bereits 1601 hatte Salem den Sigmaringer Schutz und Schirm für die Güter westlich der Ostrach aufgekündigt. 1611 verpfändeten die Grafen von Sigmaringen die Grafschaftsrechte für dieses Gebiet an die Abtei als Sicherheit für ein Graf Ernst Georg zu Sigmaringen gewährtes Darlehen. Etwa 100 Jahre später, ab 1700, gelang es Salem, diese Rechte vollständig an sich zu bringen.

Von den Ereignissen des Dreißigjährigen Kriegs war Salem zunächst verschont geblieben. Erst 1632 wurden Salem und seine Besitzungen ernsthaft in das Kriegsgeschehen involviert. Dies führte zu einem abrupten Ende der Ausstattungstätigkeit im Münster, dessen richtungsweisende Neuausstattung kurz zuvor begonnen worden war. Wiederholt war die Abtei von Brandschatzungen und Einquartierungen betroffen. Das Archiv und die Wertsachen des Klosters waren über den Konstanzer Pfleghof in die Schweiz in Sicherheit gebracht worden. Besonders schwer traf es die Abtei in den Jahren 1634 und 1637. Am 16. Mai 1634, als schwedische Trup-

pen Überlingen belagerten, soll sich am Standbild der Schmerzhaften Mutter Gottes im südlichen Querhausarm des Salemer Münsters ein Tränenwunder ereignet haben. Später soll ein schwedischer Soldat das Marienbild zum Degenkampf herausgefordert haben, sei aber, kaum dass er dies gesagt habe, von der Leiter gestürzt (Abb. 7).

1641 schließlich sah sich Abt Thomas I. Wunn (1614–1647) gezwungen, den Konvent aufzulösen. Die meisten Konventualen gingen in die Schweizer Zisterzienserklöster, insbesondere in das Salemer Tochterkloster Wettingen. Nur der Bursar Konrad Schwarz und P. Oswald Sichler blieben in Salem, um die Interessen des Klosters vor Ort zu wahren. Bereits 1643 kehrten die nach Wettingen geflüchteten Konventualen nach Salem zurück, das in diesem Jahr jedoch besonders stark unter dem Kriegsgeschehen litt. Neben den bereits verwüsteten Klosterdörfern wurde 1643 auch die Wallfahrtskirche Birnau vor den Toren der Reichsstadt Überlingen niedergebrannt. Nur das in der kleinen Wallfahrtskapelle im Inneren der Kirche (Abb. 8) befindliche Wallfahrtsbild überstand den Brand unbeschadet.

1.5 Die Geschicke der Abtei zwischen Westfälischem Frieden (1648) und Säkularisation (1803)

Die Abtei hatte unter den Folgen des Dreißigjährigen Krieges erheblich gelitten. Eine Aufstellung der Kriegsschäden an den Gebäuden des Klosters im Bereich des späteren Oberamtes Salem beziffert die Schäden auf 97 872 fl., die Schäden innerhalb der Klostermauern auf 30 110 fl. Dabei schlugen die Kosten für die Wiederherstellung der kupfernen Rinnen und der Kupferverwahrung der Terrasse über dem Kreuzgangnordflügel mit 18 000 fl. zu Buche. Die Schäden an den Gebäuden

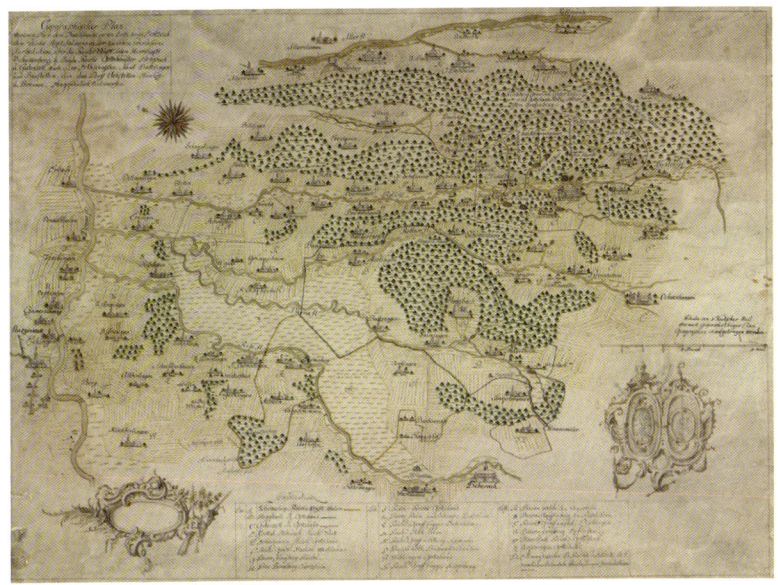

Abb. 9: Karte des dem Reichsstift Salem zu Lehen überlassenen Jurisdiktionsbezirks über die Salemer Herrschaft Schemmerberg und die Besitzungen der Reichsgotteshäuser Heggbach und Gutenzell. GLA Karlsruhe H-f 665

hielten sich noch in Grenzen, da die Abtei durch Zahlung von Kontributionsleistungen das Schlimmste abwehren konnte. Innerhalb der Gebäude mussten die Schäden jedoch beträchtlich gewesen sein. Zahlreiche Täfer und Einrichtungen waren herausgebrochen oder zumindest stark beschädigt worden.

Zur Minderung der Schuldenlast musste die Abtei einen Teil ihrer Besitzungen verkaufen. Dies betraf auch die Saline in Hallein, die ebenso wie ein Haus in Salzburg 1652 an das dortige Domkapitel abgetreten wurde. Sodann wurden die nach der Einführung der Reformation im Herzogtum Württemberg kaum mehr wirtschaftlich rentabel zu betreibenden Pfleghöfe in Nürtingen und Reutlingen verkauft. Der Esslinger Pfleghof wurde zunächst verpfändet und schließlich 1681/82 an Württemberg veräußert. Mit den Pfleghöfen gab man auch die Güter am mittleren Neckar auf. Der umfangreiche Besitz in Steinbach wurde Franz Josef von Wer-

nau gegen Bezahlung von 18 000 Gulden übertragen. Schließlich wurde der Riedlinger Pfleghof an Kloster Zwiefalten verkauft. Die Holzmühle in Biberach sowie mehrere Güter in der Nähe Biberachs veräußerte man an Biberacher Bürger.

Auch bei den Besitzungen am Bodensee musste sich die Abtei von erheblichem Besitz trennen und Amt und Ort Unterelchingen sowie die Hofmeisterei Meßkirch an das Domkapitel in Chur um 18 000 Gulden verpfänden. Erst 1703 konnte Abt Stephan I. Jung (1698–1725) die Pfänder wieder auslösen.

Andererseits bemühte sich Salem, ab dem letzten Viertel des 17. Jahrhunderts, die Herrschaftsrechte in seinen Besitzungen auszuweiten und den Besitz zu arrondieren. Bereits 1693 erwarb Abt Emanuel Sulger (1680–1698) die Niedergerichtsbarkeit in Unterelchingen.

1708 konnte das Kloster nach dem Verzicht der Truchsessen Waldburg-Friedberg-Scheer auf die hohe Gerichtsbarkeit im

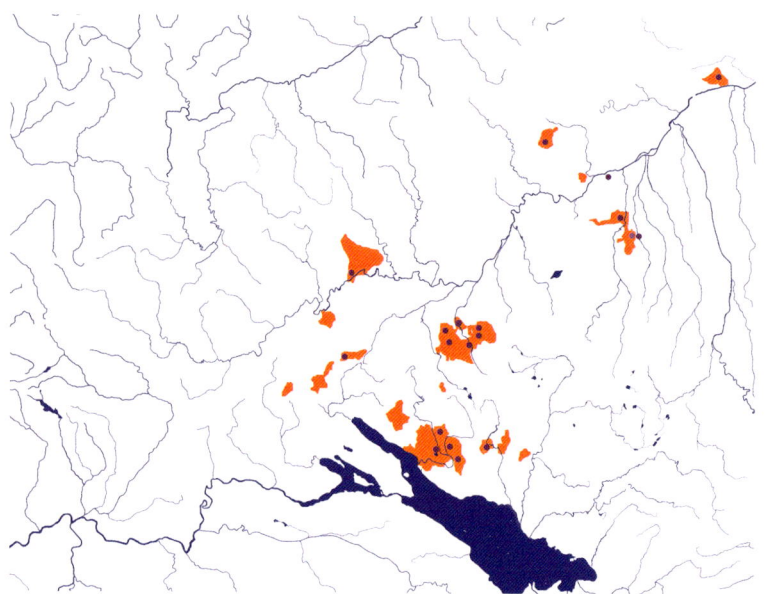

Abb. 10: Salemer Besitz um 1802. Die violetten Punkte markieren die Pfarrorte des Klosters.

Gebiet östlich der Ostrach die vollen Herrschaftsrechte im Bereich der Pflege Bachhaupten erlangen. Schließlich wurden die Pflegen Bachhaupten und Ostrach zusammengelegt und bildeten das Salemer Oberamt Ostrach. Doch erst 1743 konnte Abt Konstantin Miller (1725–1745) die Regalien über Ostrach als immerwährendes Lehen erhalten. Gleichzeitig erwarb er gegen Zahlung einer Summe von 27 000 Gulden die Herrschaft und die Hoheitsrechte über die Schemmerberger Besitzungen. Der Erwerb dieser Rechtstitel war so bedeutend, dass der Maler Gottfried Bernhard Göz in seinem Porträt von Abt Konstantin diesen mit der Urkunde über die schemmerbergischen Hoheitsrechte und einer Ansicht von Schemmerberg mit dem neu erbauten dortigen Pfleghof zeigt.

Unter Abt Anselm II. (1746–1778) verpfändete Graf Marquard Willibald Schenk von Kastel die Herrschaften Hausen im Tal und Stetten am kalten Markt auf 44 Jahre um 192 000 Gulden an Salem. Da das Pfand nicht ausgelöst wurde, blieb Salem im Besitz der beiden Herrschaften. Die an Salem verpfändeten Ortschaften Kluftern und Efrizweiler sowie die Kameralgefälle von Wasserburg am Bodensee hingegen wurden von den Darlehnsnehmern jeweils wieder ausgelöst.

Abt Robert Schlecht (1778–1802) war um eine weitere Sicherung der Salemer Güter bemüht und konnte 1784 um die Summe von 64 969 fl. 45 xr die niedere und hohe Gerichtsbarkeit sowie die niedere und hohe Forstgerichtsbarkeit in dem im Bereich der Landgrafschaft Nellenburg gelegenen Salemer Dörfern, Weilern und Höfen erlangen. Abt Robert schließlich veranlasste eine Neuvermessung des gesamten Salemer Klosterbesitzes durch den Geometer Franz Anton Eggeler, der 1784 seine Arbeit aufnahm. Parallel zu dieser Besitzerfassung brachte er eine Verwaltungsreform und eine Schulreform auf den Weg.

Während die Salemer Äbte im 18. Jahrhundert erfolgreich die Besitzungen erweitern und die Herrschaftsrechte in den

24

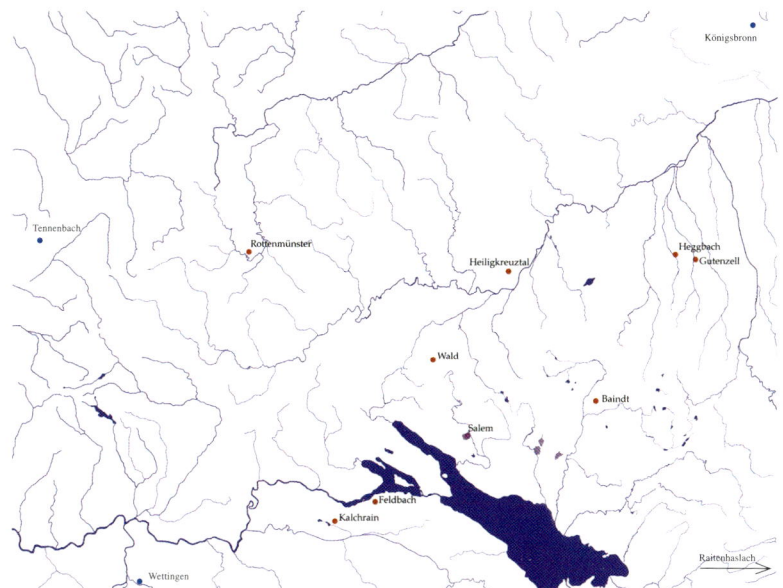

Abb. 11: Salem und seine Tochterklöster (blau) sowie die den Äbten von Salem unterstellten Frauenklöster (dunkelrot)

Besitzungen ausbauen konnten, waren ihre Bemühungen um eine Standeserhöhung nur bedingt erfolgreich. Dem Abt von Salem wurde zwar der erste Rang unter den Prälaten der schwäbischen Prälatenbank eingeräumt, doch war das Verhältnis zu ihm, der auch die Stimmen der Salem unterstellten reichsunmittelbaren Zisterzienserinnenabteien wahrnahm, stets von Misstrauen geprägt. Dies erklärt, warum es den Salemer Äbten, von wenigen Ausnahmen abgesehen, nicht gelungen ist, zum Direktor oder zum Kondirektor des schwäbische Reichsprälatenkollegiums gewählt zu werden.

Der Versuch Abt Stephans I., in den Reichsfürstenstand erhoben zu werden, blieb gleichfalls erfolglos. Nur Abt Anselm II. gelang gegen Bezahlung einer entsprechenden hohen Summe die Ernennung zum Wirklichen Geheimen Rat der Kaiserin Maria Theresia. Er wurde auch 1768 zum Direktor des schwäbischen Reichsprälatenkollegiums gewählt.

1.6 Salem im Ordensverband

Der Salemer Gründungskonvent stammte aus dem oberrheinischen Lützel, das 1123 von der 1119 gegründeten Abtei Bellevaux, einer Tochter von Morimond, besiedelt worden war. Innerhalb des Zisterzienserordens waren die einzelnen Klöster Filiationen, d. h. Abstammungslinien, der fünf Primarklöster zugeordnet: Cîteaux, das alte novus monasterium (1098), und die vier ersten Gründungen La Ferté (1113), Pontigny (1114), Clairvaux (1115) und Morimond (1115). Salem gehörte demnach der Filiation von Morimond an. Die Filiationsverhältnisse waren wichtig für die Rechtsverhältnisse innerhalb des Ordens, insbesondere hinsichtlich der Visitationsrechte. Die Rangfolge der Klöster orientierte sich dabei strikt nach deren Stiftungsjahr. Das Visitationsrecht gebührte grundsätzlich dem Abt des Mutterklosters, das den Gründungskonvent entsandt hatte.

25

Bereits 1143 konnte Salem selbst einen Gründungskonvent zu seinem ersten Tochterkloster, dem von Graf Wolfram von Tegenach gegründeten und 1146 von Erzbischof Eberhard I. von Salzburg an den heutigen Ort verlegten Raitenhaslach an der Salzach entsenden. 1180 wurde das schon 1158 von Frienisberg aus besiedelte Tennenbach im Südschwarzwald von Abt Archenfried von Lützel der Paternität Salems unterstellt. 1227 entsandte Salem einen weiteren Gründungskonvent in das von Heinrich von Rapperswil gestiftete Kloster Wettingen im Aargau. Dieses Salemer Tochterkloster erfreute sich der besonderen Gunst der Grafen von Kyburg und der Grafen von Habsburg. 1308 wurde hier der einem Mordanschlag zum Opfer gefallene König Albrecht I. (1298–1308) bestattet, bevor er 1309 in die Gruft des Speyrer Doms überführt werden konnte.

Aus der engen Verbundenheit zwischen Abt Ulrich II. von Seelfingen und König Albrecht I. folgte die Entsendung des Gründungskonvents für das 1302 von König Albrecht I. gestiftete Kloster „fons regis" – Königsbronn.

Gegen Ende des 12. Jahrhunderts bildeten sich zahlreiche Frauenkonvente, die nach der Zisterzienserregel lebten. Das Generalkapitel des Ordens lehnte es zunächst strikt ab, Frauenkonvente in den Ordensverband aufzunehmen. In dem Salemer Abt Eberhard I. von Rohrdorf (1191–1240) fanden die Frauengemeinschaften einen wichtigen Fürsprecher. Schließlich gestattete das Generalkapitel 1212 die Aufnahme von Frauenkonventen in den Ordensverband. Die Frauenklöster wurden jeweils einem Männerkloster unterstellt, dessen Abt die Konvente nach außen vertrat. Dem Abt von Salem wurden die Frauenkonvente von Wald (1212 gestiftet, 1217 Salem unterstellt), Rottenmünster (1221/23), Baindt (1227/1240), Heiligkreuztal (1227/1231/38), Heggbach (1231/34) und Gu-

tenzell (1231/37) unterstellt (Abb. 11). Er vertrat die Frauenklöster auf dem Generalkapitel, musste Messpriester und Beichtväter in die Konvente entsenden und die Wirtschaftsführung der Konvente überwachen. Später vertrat der Abt von Salem die inzwischen reichsunmittelbaren Frauenzisterzen im Reichsprälatenkollegium und auf der schwäbischen Prälatenbank. Dies führte dazu, dass der Abt von Salem nicht eine, sondern mehrere Stimmen hatte. Die Kumulation der Stimmen wurde von den anderen reichsunmittelbaren Äbten durchaus kritisch gesehen und so war ihr Verhalten oftmals von dem Ziel der Kontrolle der Stimmenmacht des Salemer Abts geprägt.

Unter Abt Eberhard II. von Wollmatingen (1241–1276) wurde 1253/54 noch das Frauenkloster Feldbach im Thurgau (gegr. 1234) Salem unterstellt und zwischen 1324 und 1331 folgte schließlich das Kloster Kalchrain.

Das Generalkapitel des Ordens hatte bereits 1565 die tridentinische Klosterreform aufgegriffen und 1565, 1567 und 1573 wurde Abt Georg II. mit der Visitation aller oberdeutschen Zisterzienserklöster beauftragt. 1573 bezeichnete der visierende Generalabt Nikolaus I. Boucherat Salem als „monasterium reformatissimum".

Nach mehreren Provinzialkapiteln in Fürstenfeld und Salem kam es schließlich auf dem Salemer Provinzialkapitel vom Dezember 1618 zur Gründung der Oberdeutschen Kongregation. In den Statuten wurde dabei der Abtei Salem eine besondere Rolle zugewiesen. Die Abtei wurde als Hauptsitz der Kongregation festgelegt. Die Oberdeutsche Kongregation war in vier Provinzen eingeteilt. Der Schwäbischen Provinz gehörten die Klöster Salem, Kaisheim, Schöntal und Stams an, der Fränkischen Provinz die Klöster Ebrach, Langheim, Bronnbach und Bildhausen, der Bayerischen Provinz die Klöster Raitenhaslach, Aldersbach, Fürstenfeld, Fürstenzell und Gotteszell und der Elsässisch-schweizerischen Provinz die Klöster Lützel, Neuburg, Hauterive, Tennenbach, St. Urban und Wettingen.

Um eine qualitätvolle Ausbildung des Nachwuchses zu sichern, wurde in Salem ein gemeinsames Noviziat aller Klöster der Kongregation eingerichtet. Salem stellte das Holz, die unbehauenen Steine und die Fuhren für den Neubau. Den Lebensunterhalt für die Novizen hatten jeweils die entsendenden Klöster zu tragen. Neben dem gemeinsamen Noviziat wurde in Salem ein philosophisch-theologisches Seminar eingerichtet, das 1625 seinen offiziellen Lehrbetrieb aufnahm. Aus einem Antwortschreiben an den Abt von St. Urban vom 9. Oktober 1619 geht hervor, dass die philosophische Schule zwar vorbereitet, aber noch nicht eröffnet sei.

Die Bauakten sprechen bereits 1614 von einem Collegium in Salem, das 1615 vollständig neu gestaltet wurde. Dabei dürfte es sich um einen in den letzten Jahren des 16. Jahrhunderts errichteten Baukörper gehandelt haben. Es wäre nicht auszuschließen, dass man sich in Salem oder im Kreis der oberdeutschen Zisterzienserklöster bereits nach der 1567 von Bischof Marcus Sittich von Hohenems einberufenen Diözesansynode mit der Einrichtung eines solchen Seminars befasst hat. Bereits 1594 wird aus Salem nach Cîteaux von einem einzurichtenden Seminar berichtet. Jedenfalls bleibt festzuhalten, dass die Räume für dieses Seminar bereits fertiggestellt waren, als die Statuten der Oberdeutschen Kongregation 1618 beschlossen wurden. Der Lehrbetrieb an diesem Seminar musste jedoch bald nach dessen Eröffnung infolge des

Kriegsgeschehens 1632/33 zunächst in die Schweizer Klöster verlegt und schließlich eingestellt werden.

Als während des Dreißigjährigen Kriegs die in Württemberg säkularisierten Zisterzienserklöster wiederbesiedelt wurden, erhielt Salem die Paternität über die Zisterzen Bebenhausen, Herrenalb und Königsbronn. Nach dem Westfälischen Frieden wurden diese Klöster allerdings wieder aufgehoben und ein Teil der Konventualen kam nach Salem. Am 13. Januar 1658 übertrug der Generalabt dem Abt von Salem Titel und Würde eines Abts von Königsbronn.

Am Ende des 18. Jahrhunderts brachten die Ereignisse der Französischen Revolution auch für Salem weitreichende Veränderungen. Nach der Aufhebung von Cîteaux übertrug der damalige Generalabt Trouvé die Befugnisse eines Generalabts auf die Generalvikare der Kongregationen und Papst Pius VII. bestätigte 1791 Abt Robert die Übertragung der Befugnisse des Generalabts für die Klöster der Oberdeutschen Kongregation. Auch dem letzten Abt, Kaspar Oexle (1802–1804), waren diese Aufgaben noch übertragen worden.

Am 1. Oktober 1802, nur einen knappen Monat nach der Benediktion von Abt Caspar, wurde die Reichsabtei durch eine badische Kommission provisorisch für Markgraf Karl Friedrich von Baden in Besitz genommen. Mit der Verabschiedung des Reichsdeputationshauptschlusses gingen Besitz und Rechtstitel der Reichsabtei an das Haus Baden über. Der Konvent bestand zunächst fort und wurde erst am 23. November 1804 aufgehoben.

Lit.: Schneider 1984; Helvetia Sacra III, 1; Knapp 2008.

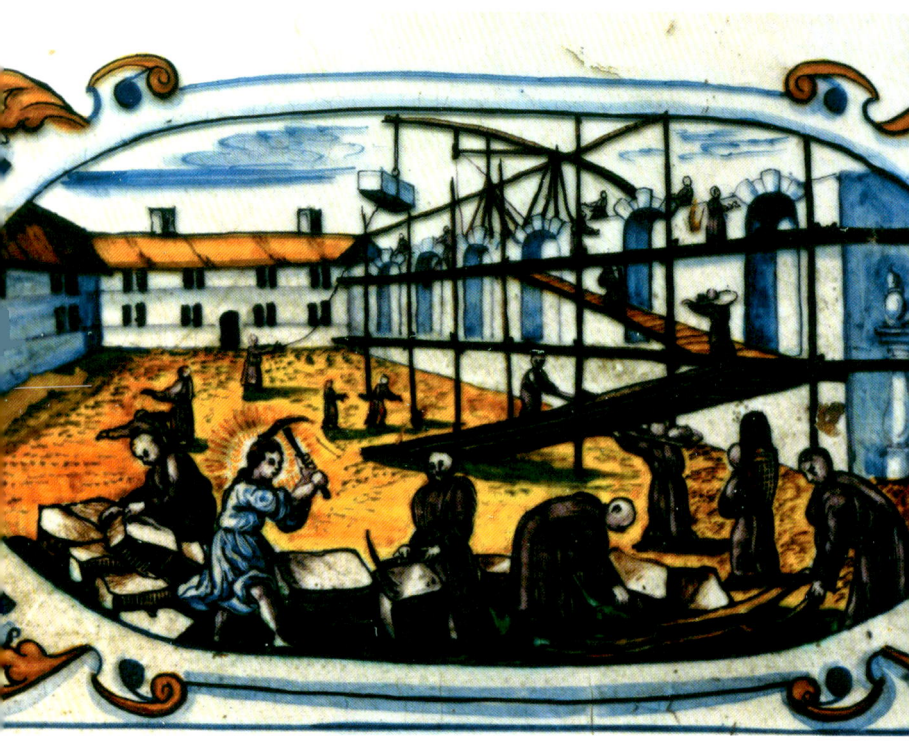

Abb. 12: Zisterziensermönche bauen eine Klosteranlage. Ofenkachel vom großen Ofen im Salemer Sommerrefektorium, Daniel Meyer, Steckborn 1733

2. Bauverwaltung und Bauorganisation

In der Frühzeit des Ordens und damit auch in den ersten Jahrzehnten der Neugründung Salem waren die im Kloster zu bewältigenden Verwaltungsaufgaben einzelnen Konventualen übertragen. Dies betrifft insbesondere die Ämter des „Bursars", der die Finanzen des Klosters verwaltete, des „Großkellerers", der für die auswärtigen Finanzen verantwortlich war und des „Pfistermeisters", dem die Organisation der Verpflegung des Klosters und der für das Kloster tätigen Handwerker oblag. Mit der Zunahme der zu bewältigenden Aufgaben wurden neue Ämter geschaffen. Für das Bauwesen war dabei das Amt des „magister operis", d. h. des Werkmeisters, von besonderer Bedeutung. In Salem lassen sich archivalisch ein Konverse Ortulfus 1264 und 1266 und ein Konverse Walter 1274 in dieser Funktion belegen. Dabei bleibt bislang offen, ob diese handwerklich praktisch tätig wurden oder ob ihnen primär die Organisation des Bauwesens oblag – vergleichbar den Ratsbaumeistern der großen Städte.

Die überaus zahlreichen Steinmetzzeichen an den Werkstücken des Salemer Münsters belegen, dass dieser Bau kaum von den Konversen des Klosters, sondern von angestellten oder unternehmerisch tätigen Steinmetzen errichtet wurde. Allerdings können die zahlreichen Konversen zum Zeitpunkt des Münsterbaus als Handlanger am Bau beteiligt gewesen sein. Jedenfalls wäre die Anbringung von Steinmetzzeichen wohl kaum erforderlich gewesen, wenn die Steine von den Konversen des Klosters selbst bearbeitet worden wären. Das Vorkommen derselben Gruppen von Steinmetzzeichen am Konstanzer Münsterkreuzgang und am Langhaus der Zisterzienserklosterkirche Kappel am Albis, deren Rohbau bis 1304/05 vollendet war,

unterstützt die These von den auswärtigen Steinmetzen, die den großangelegten Salemer Neubau in relativ kurzen Phasen intensiver Bautätigkeit ausgeführt haben.

Ab dem 15. Jahrhundert verfügen wir über sichere Quellen zum Salemer Bauwesen. An der Stelle des magister operis trat nun ein vom Kloster mit einem Grundgehalt bezahlter Steinmetzmeister, der die Arbeiten zu planen und zu koordinieren hatte und dem auch die Qualitätskontrolle der verwendeten Baumaterialien und der ausgeführten Bauten oblag. In den Salemer Rechnungen finden sich seit dem 15. Jahrhundert regelmäßig Ausgaben über Reisekosten der Steinmetzmeister, die bei der Besichtigung und Bestellung der Steine in den Steinbrüchen von Rorschach und Bregenz angefallen waren.

Mit der Einstellung eines fest besoldeten Steinmetzmeisters fielen die Entscheidung über die auszuführenden Bauvorhaben und die technische Durchführung der Bauten erstmals auseinander. Für die Zeit des späten Mittelalters bleiben damit die Mechanismen der Entscheidungsfindung über Art und Umfang von Neubauten nur schwer nachvollziehbar. Die wenigen Schriftquellen, wie beispielsweise das Manuskript zu den unter Abt Johannes III. Fischer (1534–1543) errichteten Bauten, sprechen jeweils von den Äbten als Bauherren, ohne dass deutlich wird, wer an den Bauentscheidungen mitgewirkt hat. Besser ist die Quellenlage bei den Neubauten im Klosterbereich im ersten Drittel des 17. Jahrhunderts. Die auszuführenden Bauten wurden in Bauversammlungen erörtert. Der Teilnehmerkreis dieser Bauversammlungen war eng begrenzt. Regelmäßig nahmen der Prior, der Subprior, der Oberbursar, der Großkellerer und der Pfistermeister an diesen Bauversammlungen teil, während sich die Anwesenheit der Äbte nicht für alle Bauversammlungen nachweisen lässt. Mit dem Oberbursar, dem Großkellerer und dem Pfistermeister nahmen jene Amtsträger an den Bauversammlungen teil, die für die Finanzen der Abtei zuständig waren. Im Falle der Konventsneubauten ab 1614 scheint sich jedoch soviel Unmut über die Planungen geregt zu haben, dass sich zahlreiche Konventsmitglieder offen zu den Planungen äußerten. Dies muss zu erheblichen Irritationen auf der Baustelle geführt haben. Um Schaden von der Abtei wie auch von den geplanten Baumaßnahmen abzuwenden, wurden die Konventsmitglieder, die Kritik an den Planungen der Baumeister äußerten, aufgefordert, ihre Vorschläge mit Stift und Kreide zu Papier zu bringen und dabei Zeichnungen zu allen Geschossen vorzulegen. Wenn dann die endgültige Entscheidung gefallen war, sollten sich die Konventsmitglieder jeder weiterer Kritik an den Neubauten enthalten. Im Einzelfall wurden Sachverständige, wie die Steinmetz-, Maurer- oder Zimmermeister als Gutachter beigezogen.

Auch bei dem Neubau der Klosteranlage nach dem Brand 1697 scheint in ähnlicher Weise beraten worden zu sein. Jedenfalls gab es alternative Planungen und selbst die Verträge mit dem Baumeister Franz Beer enthalten zunächst die Option, dass die noch aufrecht stehenden Teile des alten Konventsgebäudes, insbesondere der Westflügel sowie die Liebfrauenkapelle mit der im Obergeschoss gelegenen Bibliothek und der nördliche Teil des Klausurostflügels in den Neubau miteinbezogen werden könnten.

In Einzelfällen war allerdings die vollständige Zustimmung des Konvents zu Baumaßnahmen erforderlich, wie etwa bei nachhaltigen Veränderungen an der Klosterkirche. Als Abt Anselm II. 1750 die Marienkapelle am Münster ausbrechen und den Münsterchor nach Osten verlängern lassen wollte, konnte er die Zustimmung

des Generalabts nur unter der Bedingung erhalten, dass sämtliche Mitglieder des Konvents dem Umbau zustimmten.

Anders lag der Fall bei den auswärtigen Bauvorhaben. Im späten 18. Jahrhundert waren hierfür die Ober- und Pflegämter zuständig. Die Kosten für die Baumaßnahmen wurden unter den verschiedenen Kassen des Klosters aufgeteilt. In den Jahren 1489/90 bis 1765/66 wurden die Neubauten außerhalb der Klostermauern, von wenigen Ausnahmen abgesehen, durch das Bursamt finanziert, ab 1765/66 wurden diese Aufwendungen über das Großkelleramt abgerechnet. Die Unterhaltung der Landstraßen und Brücken lag zumindest seit dem frühen 18. Jahrhundert in der Verantwortung des Großkelleramts.

Bei den Aufwendungen für die Bauten innerhalb der Klostermauern und insbesondere an der Klosterkirche sind die Verhältnisse deutlich komplizierter. Von 1572/73 bis 1599/1600 und von 1611/12 und 1615/16 wurden alle Aufwendungen für die Klosterbauten innerhalb der Mauern und in der Klosterkirche über die Abteirechnung verrechnet. Ab 1616/17 finanzierten Abtei und Bursamt gemeinsam die Neubauten innerhalb der Klostermauern, ab 1625/26 trug das Bursamt diese Kosten. Zwischen 1684/85 und 1722/23 wurden die Kosten zwischen Abtei und Bursamt aufgeteilt: Das Bursamt kam für die Kosten im Konvent auf, die Abtei für jene in der Abtei und im Münster.

Ab 1760/61 schließlich kam das obere Bursamt wieder sukzessive für alle Bau- und Ausstattungsarbeiten innerhalb der Klostermauern auf.

Die Salemer Werkmeister scheinen schon früh einen herausragenden Ruf besessen zu haben. Überregional bekannt ist der Salemer Konverse Georg, der 1407/09 den filigranen steinernen Dachreiter über der Vierung der Zisterzienserklosterkirche Bebenhausen (Abb. 13) errichtet hat. Da einige der an der Salemer Westfassade anzutreffenden Steinmetzzeichen auch an

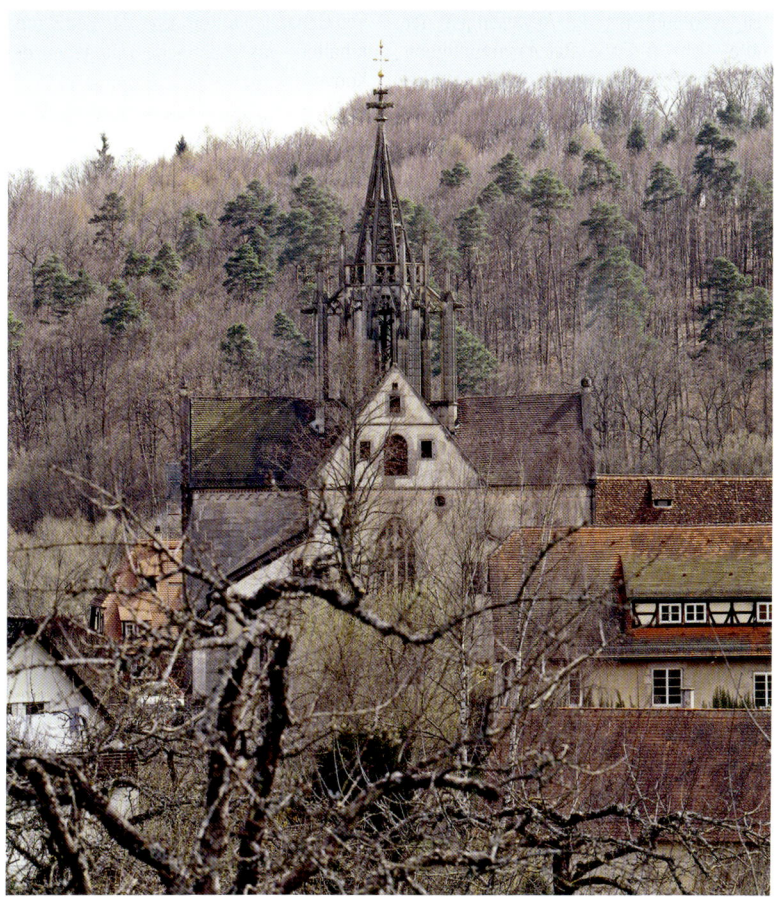

Abb. 13: Bebenhausen, ehem. Zisterzienserabtei: Dachreiter der Klosterkirche, ab 1407 unter Leitung des Konversen Georg von Salem ausgeführt

dem Bebenhausener Vierungsturm nachgewiesen sind, spricht vieles dafür, dass Bruder Georg auch einen Teil der Steinmetze von Salem nach Bebenhausen mitgebracht hat.

Ab 1415 war Michel II. Safoy Steinmetzmeister in Salem. Als er 1435 dort starb, fand er seine letzte Ruhe im nördlichen Seitenschiff des Salemer Münsters. Michel II. Safoy scheint einen weit über Salem hinausreichenden Ruf besessen zu haben. Zwischen 1415 und 1419 wurde er zu dem Neubau der St. Gallener Pfarrkirche St. Laurenzen hinzugezogen. Ihm werden auch der Erweiterungsbau der Pfarrkirche Bermatingen und das Langhaus der Stiftskirche St. Pelagius in Bischofszell zugewiesen. Michel Savoy dürfte der an der Kölner Dombauhütte tätigen Baumeisterfamilie Savoy entstammen, die mit der Baumeistersippe der Parler verbunden war. Eine Generation nach Michel Safoy war Hans von Safoy, dessen Steinmetzzeichen jenem der Parler entspricht, Werkmeister in Salem. Dank eines glücklichen Zufalls hat sich ein Konsolstein mit der Büste des Baumeisters (Abb. 14) erhalten. Es zeigt ihn mit Messlatte und Zirkel als „Insignien"

31

seines Handwerks. Hans von Safoy ist erstmals 1477 als Gutachter in Weingarten belegt. Ab 1480 leitete er (Hans von Salmenschwiler) den Neubau von Chor, Turm, Lettner, Sakristei und Bibliothek der Pfarrkirche von Pfullendorf.

„Hans, der Steinmetzel" ist ab 1489/90 in Salem nachgewiesen und starb zwischen Georg 1509 und Georgi 1510. Seine Nachfolge trat 1512 der Steinmetzmeister Marx, wohl Marx Safoy, an. 1570 ließ Hans III. Safoy im Salemer Münster ein Epitaph für seine Vorfahren Hans, Marx und Hans Safoy errichten. Bei diesen Vorfahren dürfte es sich um den bereits genannten Hans Safoy, dessen Nachfolger Marx und einen bislang noch kaum greifbaren Hans II. Safoy handeln.

In den folgenden Jahrzehnten lassen sich mehrere Steinmetzmeister in Salem nachweisen. Auch die Namen von Gesellen sind überliefert. Sie dokumentieren einen engen Austausch unter den Bauhütten am Bodensee und am Oberrhein.

In den Jahrzehnten um 1500 stand der Steinmetzmeister den Steinmetzen, Steinhauern und den Maurern vor. Bis zum ersten Viertel des 17. Jahrhunderts vollzog sich hier jedoch ein einschneidender Wandel. Mit der zunehmenden Bedeutung des Backsteins als Baumaterial gewannen die Maurermeister an Bedeutung. Dies fand auch in der Bezahlung der Handwerksmeister ihren Ausdruck. Bis zu Beginn des 17. Jahrhunderts erhielten die Steinmetzmeister ein deutlich höheres Grundgehalt als die Zimmermeister oder die Maurermeister. Doch bereits mit der Planung und der Ausführung der großen Neubauten ab 1614 zeichnete sich eine markante Veränderung ab. Die Planungen für die Neubauten oblagen nicht mehr dem Steinmetzmeister, der nur noch ein Gutacher unter anderen war, sondern externen Maurermeistern, die ausschließlich für die Ausführungszeit ihres Auftrags in Salem weilten und die ihnen verdingten Arbeiten mit eigenen Leuten ausführten.

Für die Jahrzehnte um 1600 fällt auf, dass nun verstärkt Künstler und Handwerker aus dem Bereich der Pflege Ehingen in Salem tätig wurden oder Gutachten und Planungen für Gebäude innerhalb der Klostermauern erstellten. Zu den bekanntesten der über die Pflege Ehingen bezahlten Künstler zählt der Bildhauer Melchior Binder. In den Jahrzehnten um 1700 wiederholte sich ein ähnliches Phänomen hinsichtlich der aus der Pflege Unterelchingen stammenden Baumeister und Stuckateure.

Der erste der in Archivalien belegbare, als Unternehmer auftretende Maurermeister war Balthasar Seuff aus Kempten. Ihm folgten bis 1802 zahlreiche weitere Meister, wie Franz Beer beim Wiederaufbau der brandzerstörten Klosteranlage, Peter Thumb beim Bau der Wallfahrtskirche Neubirnau oder Johann Caspar Bagnato bei der Umgestaltung des Salemer Münsters in der Mitte des 18. Jahrhunderts.

Mit den Salemer Neubauten von 1614 wird erstmals eine deutliche Aufgabenverschiebung fassbar. Der bis 1624/25 als Steinmetzmeister nachweisbare Hans Feyerabend scheint nur noch für die laufenden Bauunterhaltungsarbeiten zuständig gewesen zu sein. Die für den Neubau erforderlichen Steinmetzarbeiten wurden den Überlinger Steinmetzen Hans Brielmayer und Andreas Waldvogel verdingt.

Bis zu jener Zeit verfügte der Konvent noch über genügend eigene Kräfte, um eine strikte und durchgängige Qualitätssicherung zu gewährleisten. Diese erfolgte durch die Konversen Georg Buck, der auch als Maler tätig wurde, sowie Leonhard Willemann und Desiderius Nußbaum, die beide die Bildhauerei beherrschten. Als während des Dreißigjährigen Kriegs der Großteil des Konvents Salem verließ, arbeiteten diese drei Konversen für mehrere Schweizer Klöster. Die von ihnen konzipierten Altarbauten, oft in Zusammenarbeit mit der Konstanzer Werkstatt der Bildhauer Hans und Hans Christoph Schenck, veranlassten Adolf Fäh, von einer Salemer Altarbauschule zu sprechen. Beispiele solcher Altäre haben sich in den Pfarrkirchen von Ostrach und Magenbuch erhalten.

Nach dem Dreißigjährigen Krieg beschäftigte die Abtei einen Maurermeister und einen Zimmermeister, die jeweils ein gleiches Grundgehalt erhielten. Für Steinmetzarbeiten wurden je nach Bedarf Steinmetze aus den umliegenden Orten hinzugezogen. Die Aufgaben der mit einem Jahresgrundgehalt entlohnten Maurer- und Zimmermeister bestanden vornehmlich in der Kontrolle und im Unterhalt der vorhandenen Bauten. Standen große Neubauten an, so wurden in der Regel auswärtige Meister wie Franz Beer und Peter Thumb aus dem Bregenzer Wald beauftragt. Gegen Ende des 17. Jahrhunderts sind erstmals Salemer Untertanen aus Unterelchingen mit größeren Aufgaben im Kloster betraut worden. So leitete bis zu seinem Tod der Unterelchinger Stuckator und Baumeister Michael Wiedemann die Stuckarbeiten des Neubaus. Sein Parlier war Georg Eitele, der nach dem Tod Wiedemanns die Arbeiten fortführte. Im ersten Drittel des 18. Jahrhunderts schließlich verfügte Georg Eitele über eine besonders aktive Stuckatoren-Werkstatt, die später von seinem Sohn fortgeführt wurde. Aus Unterelchingen stammte auch Christian Wiedemann, der nicht nur Entwürfe für Salem selbst vorlegte, sondern auch in Bachhaupten und Unterelchingen für die Abtei baute.

In Mimmenhausen ließ sich Jakob Rüscher aus dem Bregenzer Wald als klösterlicher Maurermeister nieder. Er übte diese Tätigkeit von 1698 bis 1727 aus. Seine Nachfolge trat 1733 Lorenz Rüscher an, der bis 1748 für die Abtei arbeitete. Ihm folgten 1748 bis 1750 Anton Rüscher und 1751 Johann Kocher, der bis 1771/72 diese Funktion übernahm. Ab 1772 war Benedikt German als Maurermeister in Mimmenhausen, ab 1779 als Klostermaurermeister belegt.

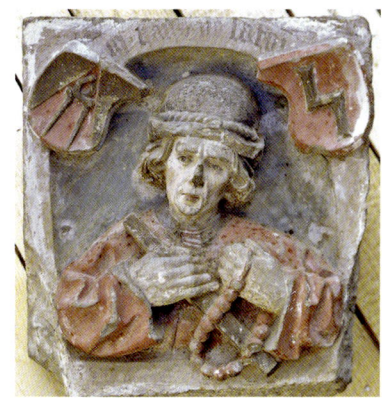

Abb. 14: Büste Hans von Safoy, 1984 im Mauerwerk des barocken Klostergebäudes gefunden. Salem, Schloss.

Zu dieser Zeit hatte sich indes bereits eine nachhaltige Veränderung des Salemer Bauwesens eingestellt. Abt Anselm II. wollte auf der Höhe seiner Zeit sein und stellte einen Baudirektor als Leiter des Bauwesens ein. Es handelte sich dabei um den als Maurer ausgebildeten und danach als Zeichner bei dem französischen Architekten Pierre Michel d'Ixnard tätigen Johann Joachim Scholl. Vor Beginn seiner Tätigkeit wurde Scholl 1773 auf eine Studienreise nach Italien geschickt, wo er die neuesten Entwürfe sammeln sollte. Allerdings musste Scholl bereits 1777 seine Demission einreichen. Die Koordination der Bauaufgaben wurde danach in bewährtem Stil fortgeführt. Bei größeren Bauvorhaben wurden jeweils namhafte Architekten wie Franz Joseph Salzmann († 1786) und Valentin Lehmann aus Donaueschingen oder Joseph Ferdinand Bickel aus Konstanz in Salem beauftragt. Gegen Ende des 18. Jahrhunderts trat der aus dem Bregenzer Wald stammende Wilhelm Kleinheinz als Konverse in das Kloster ein. Am 21. Februar 1790 wurde er als Maurer- und Steinmetzmeister bestellt und übte diese Tätigkeit bis zur Aufhebung der Reichsabtei aus. Ab 1803 war Kleinheinz weiterhin als badischer Werkmeister in Salem tätig.

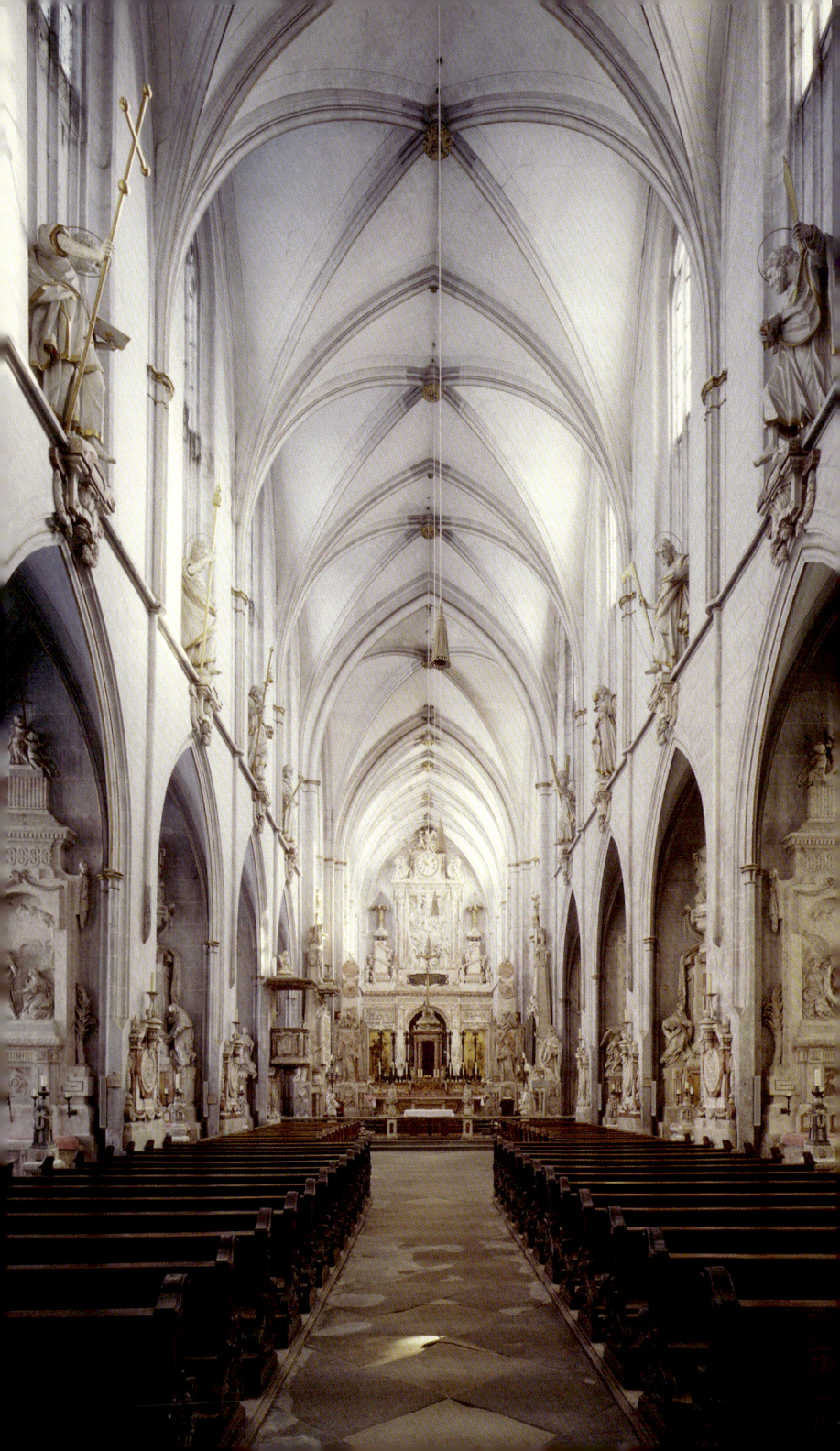

3. Bautypen und Bauformen

3.1 Kirchen und Kapellen

Die Klosterstiftung Guntrams erfolgte in einer Gegend, die seit alter Zeit besiedelt und erschlossen war. Pfarrkirchen befanden sich in Leutkirch, Aufkirch, vermutlich in Urnau und in Seefelden. Bei diesen frühen Bauten dürfte es sich um relativ niedrige Saalbauten mit kleinen, hochliegenden Rundbogenfenstern und eingezogenen Rechteckchören gehandelt haben. Das in späterer Zeit aufgestockte Langhaus der Kirche in Aufkirch vermittelt ein anschauliches Bild von diesen Anlagen. Für Aufkirch ist auch ein vergleichsweise flach geneigtes Satteldach über dem Langhaus nachgewiesen. Diesem Typ scheint auch die romanische Kirche von Leutkirch (Abb. 200) angehört zu haben, von der noch die nördliche Chorwand und die nördliche Langhauswand erhalten sind. Im Kern romanische Bausubstanz weist auch die 1906/07 wesentlich erweiterte Pfarrkirche von Urnau (Abb. 274) auf. Im Untergeschoss des Turms der Pfarrkirche von Bermatingen kann sich der Rechteckchor einer romanischen Vorgängerkirche erhalten haben.

Die 1969 abgebrochene Pfarrkirche von Mimmenhausen (Abb. 216, 217) galt im Kern als romanischer Bau, doch dürfte es sich hier um einen Saalbau aus dem 13./14. Jahrhundert gehandelt haben, vergleichbar dem noch teilweise erhaltenen mittelalterlichen Langhaus der Pfarrkirche Weildorf (Abb. 277). Beide Kirchen besaßen einen massiven Turm nördlich des Chors.

Unter den kleineren Kapellen ist der Typus der längsrechteckigen Saalbauten

Abb. 15: Salem, Münster: Blick nach Osten

mit einem abgesetzten Altarraum, meist in Form eines kleinen Rechteckchors, verbreitet. Die kleine Kapelle in Lausheim (Abb. 301) verfügt über eine weite Apsis und könnte zu den ältesten erhaltenen Kapellenbauten im Gebiet der Abtei Salem zählen.

Die Altarräume wurden später erweitert und durch größere Rechteckchöre oder durch polygonale Chorabschlüsse ersetzt. Dies kann man auch für die 1719 erneuerte Kapelle von Gebhardsweiler vermuten. Auch die Kapelle in Leustetten könnte auf einen solchen Bau zurückgehen. Im Fall der Kapelle von Buggensegel (Abb. 183) muss bislang offenbleiben, ob der westliche Teil noch Reste eines romanischen Vorgängerbaus in sich birgt oder ob es sich um einen Neubau aus der Zeit um 1300 handelt, der wohl im 15. Jahrhundert nach Osten erweitert wurde.

Einen Sonderfall dürfte die Pfarrkirche von Seefelden (Abb. 261) darstellen, deren Patronat beim Konstanzer Domkapitel lag. Möglicherweise verbergen sich in der Bausubstanz der heutigen Kirche Reste einer mehrschiffigen Anlage, die im 14./15. Jahrhundert in eine Saalkirche umgewandelt wurde.

Ebenfalls einen basilikalen Querschnitt weist das zu Beginn des 15. Jahrhunderts neu erbaute Langhaus der Pfarrkirche Bermatingen (Abb. 16) auf, das allerdings durch einen ungewöhnlich niedrigen Obergaden auszeichnet ist. Im Bereich des Salemer Klosterterritoriums blieb diese Bauform ohne Nachfolge. Bemerkenswert ist der quergelagerte Rechteckchor der Bermatinger Kirche. Er fand seine Nachfolge in Umbauten, so 1696 in der Pfarrkirche von Weildorf, und in Neubauten, wie der 1725 erbauten Kirche in Magenbuch (Abb. 307). Einen relativ weiten

35

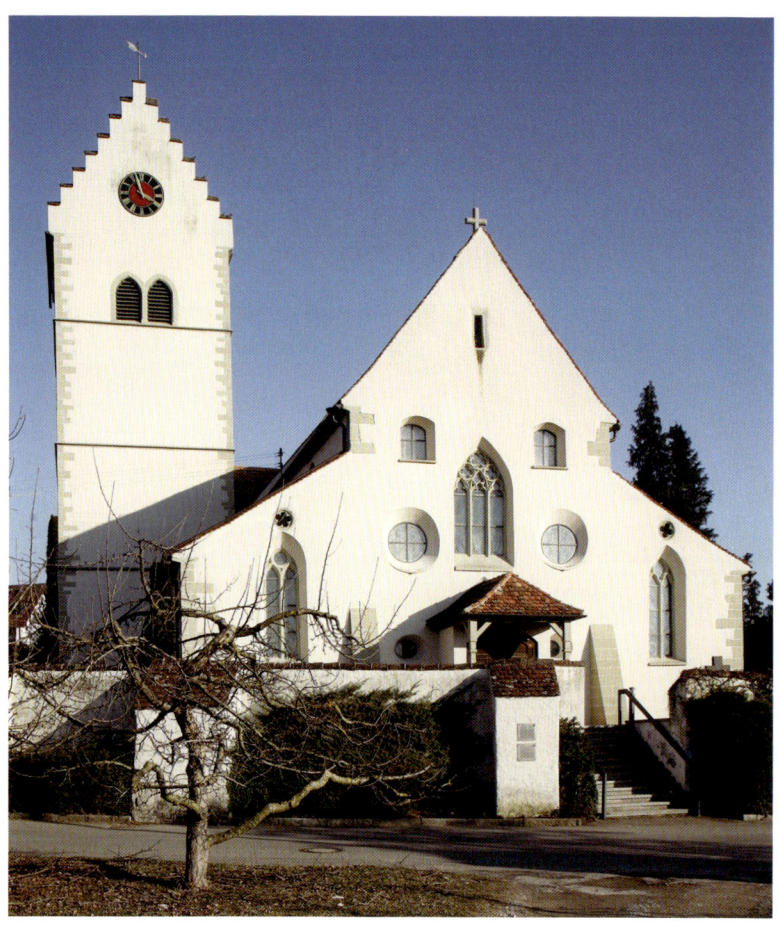

Abb. 16: Bermatingen, Pfarrkirche St. Georg: Ansicht von Westen

Rechteckchor über annähernd quadratischem Grundriss weist der Chorneubau in Leutkirch aus dem ersten Drittel des 15. Jahrhunderts auf.

Auch in den im 14. und 15. Jahrhundert erworbenen Besitzungen überwiegen die Saalkirchen. Im Bereich des späteren Oberamts Schemmerberg fällt dabei ein Typ weiter Saalkirchen auf, die von hohen Holztonnen überspannt wurden. Über dem spätmittelalterlichen Kernbau des Langhauses der Pfarrkirche von Sulmingen hat sich noch das fast vollständige Dachwerk eines solchen Holztonnendachs

(Abb. 17) erhalten und an den Innengiebeln des deutlich größeren Langhauses der Pfarrkirche von Schemmerberg sind die Ansatzspuren einer solchen Holztonne an den Putzkanten (Abb. 18) noch gut ablesbar. Bei dieser Bauform handelt es sich um eine für die Region typische Sonderform, die in dem Langhausdachwerk der Stadtpfarrkirche von Biberach aus dem Jahr 1365/66, das eine gebrochene Bretterschalung besaß, ihr Vorbild hatte. Bei den Bauten im Bereich der Pflegen Ehingen und Schemmerberg sind ab der Mitte des 15. Jahrhunderts Backsteine

36

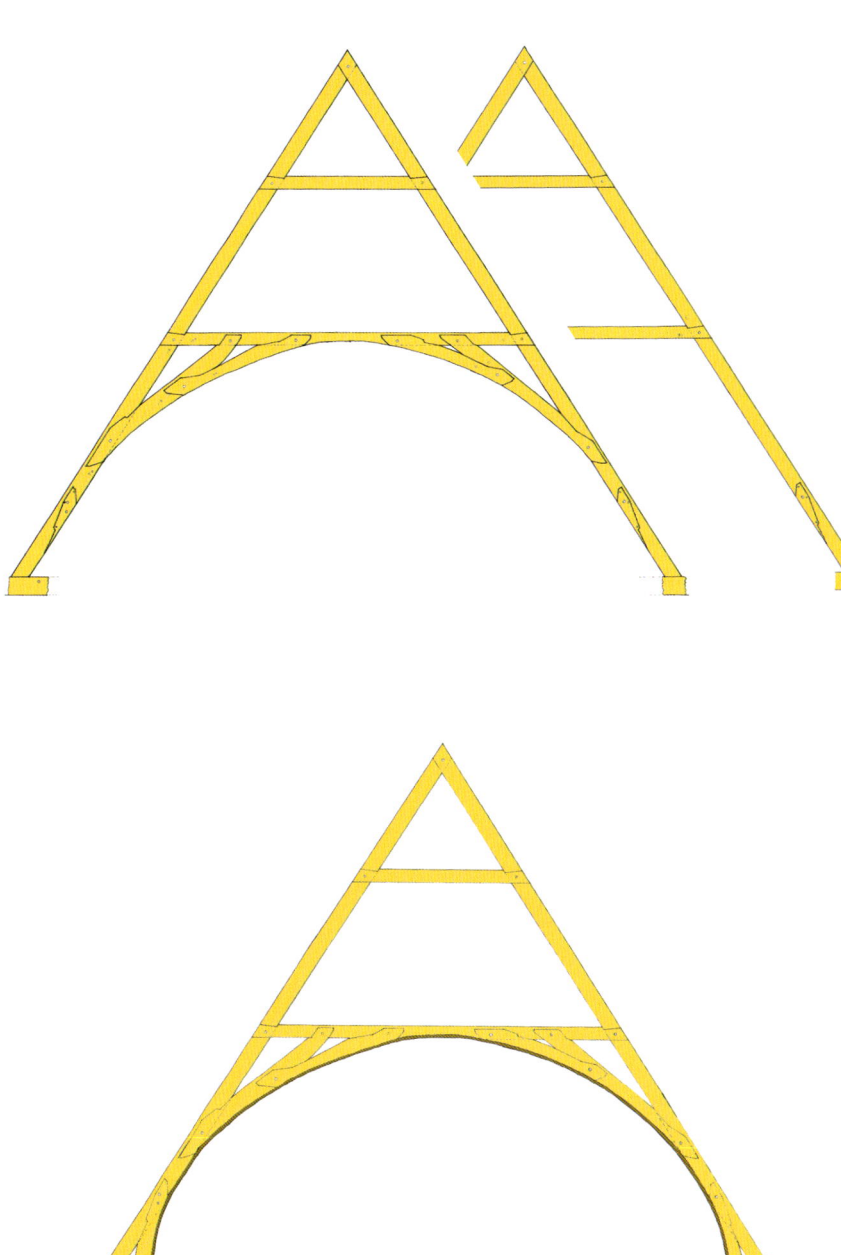

Abb. 17: Sulmingen, Pfarrkirche, St. Dionysius Areopagita: Dachwerk über dem Langhaus. Querschnitt eines Voll- und eines Leergebindes. Bestand und Rekonstruktion. M 1:100

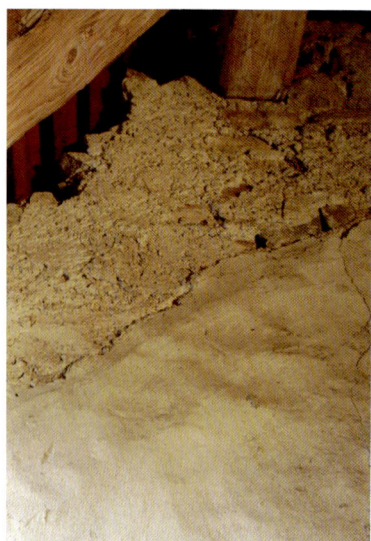

Abb. 18: Schemmerberg, Pfarrkirche St. Martin: Abdruck der ehemals vorhandenen Holztonne am Ostgiebel

und Formsteine aus Ton wie beispielsweise Konsolen, Gewölberippen und Schlusssteine verbreitet.

Der 1463 datierte Chor der Martinskirche in Pfullingen (Abb. 408-412) zeigt sich von den zeitgenössischen württembergischen Kirchenbauten abhängig und weist keine Gemeinsamkeit zu den anderen Pfarrkirchen Salems auf.

Der Typ der einfachen, mit einem polygonalen Abschluss versehenen Kapellen blieb bis zur Aufhebung der Reichsabtei gebräuchlich. Es sei hier auf die Kapelle der Grangie Adelsreute von 1522 (Abb. 155), auf die unter Verwendung nachgotischer Formen 1609 erbaute Kapelle auf der Grangie Tiefenhülen (Abb. 388), auf die Kapelle der Grangie Madachhof (Abb. 345) und die 1790, kurz vor der Säkularisation, erbaute Kapelle der Grangie Tepfenhard (Abb. 267) hingewiesen. Selten wurden auf den Grangien aufwendige Kapellen oder Kirchen errichtet, wie 1727 die Martinskirche der Grangie Bachhaupten (Abb. 19). Der unter Verwendung von Res-

ten des Vorgängerbaus errichtete Neubau war von Christian Wiedemann entworfen worden und dokumentiert mit seinem geschweiften Giebel einen merklich höheren architektonischen Anspruch als die eher schmucklosen Kapellenbauten auf den anderen Grangien. Dies mag mit der Bedeutung Bachhauptens als zeitweiligem Hauptsitz der dortigen Salemer Verwaltung und der Funktion als Pfarrkirche zusammenhängen.

Türme

Massive Türme widersprachen den Beschlüssen des Generalkapitels des Ordens. Dieses Verbot bezog sich allerdings wohl nur auf die Klosterkirchen und die Kirchen innerhalb der Klostermauer. So besaß auch das Salemer Münster nur einen, wenn auch außerordentlich hohen Dachreiter, der wiederholt, so um 1475, 1599/1600 und 1657 erneuert werden musste. An seiner Stelle wurde ab 1753 ein hölzerner Vierungsturm nach Entwürfen Johann Kaspar Bagnatos aufgerichtet, der nach Sturmschäden 1807 wieder abgebrochen wurde. Auch die Leonhardskapelle am Oberen Tor verfügte lediglich über einen kleinen Dachreiter.

Anders zeigt sich der Befund bei den Kirchen und Kapellen außerhalb der Klostermauern. Dabei gibt es bei der ältesten zumindest teilweise im aufgehenden Mauerwerk erhaltenen Pfarrkirche im Klostergebiet, in Leutkirch, bislang keinen Befund für einen Turm des hochmittelalterlichen Baus. Der heutige Turm entstand in seinen ältesten Teilen erst mit dem Neubau des Chors im 15. Jahrhundert. Anders dürfte der Fall in Seefelden liegen, wo Salem zwar 1225 das Patronat an der Kirche erhielt, dieses aber in demselben Jahr dem Domkapitel in Konstanz übertrug. Der dortige, aus Wacken erbaute Turm entstand im ersten Drittel des 13. Jahrhunderts, doch bleibt auch hier

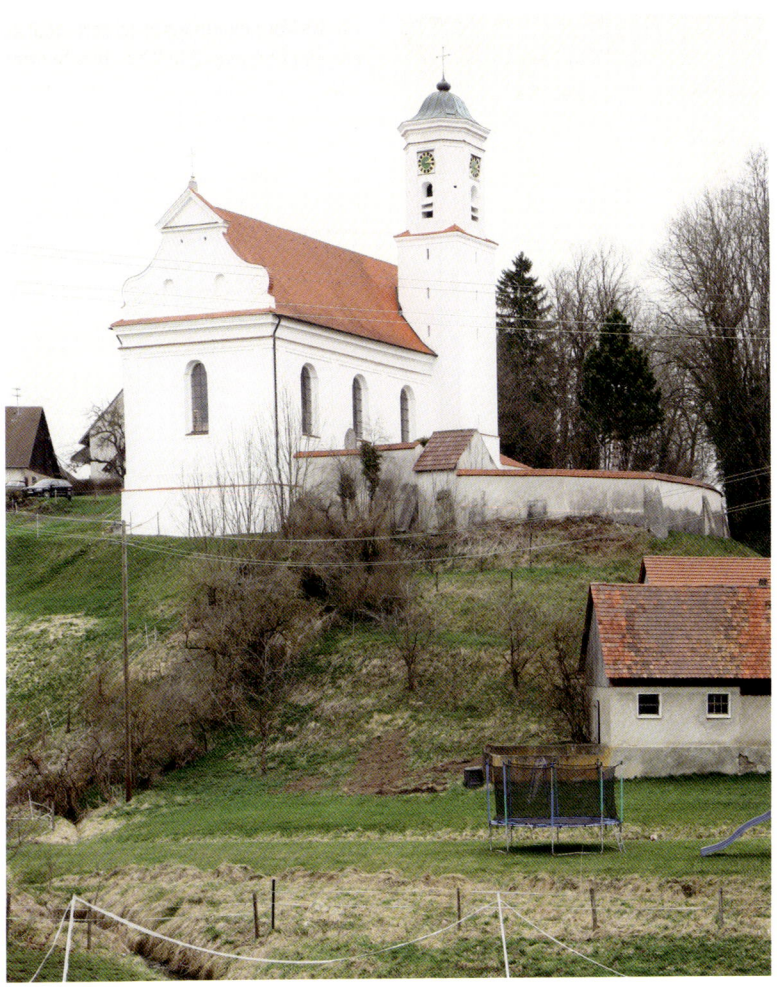

Abb. 19: Bachhaupten, Pfarrkirche St. Michael: Ansicht von Westen

unsicher, ob der Turm einen Vorgängerbau hatte. Die Binnenstruktur dieses Turms mit der überwölbten, nur vom Chor aus zugänglichen Sakristei und dem aufwendig geplanten Schatzkammer- oder Archivraum im Obergeschoss, der ursprünglich nur über eine hochgelegene Tür (Abb. 20) an der Chorinnenwand zugänglich war, entspricht dem Grundtyp solcher Türme. Der Zugang zu dem Obergeschoss war nur über eine Leiter möglich. Der unvollendet gebliebene aufwendige Innenausbau dieses Geschosses, das reich geschmückte Türgewänd zum Kirchenraum hin und das architektonisch hervorgehobene Ostfenster sowie die daran anschließende Wandnische (Abb. 21) mit dem Rest einer steinernen Halterung können darauf hinweisen, dass hier besonders bedeutende Reliquien aufbewahrt und zu gewissen Zeiten gezeigt werden sollten.

Spätestens ab dem späten 13. Jahrhundert zählten massive Türme zu den wesentlichen Bestandteilen der Pfarrkirchen.

39

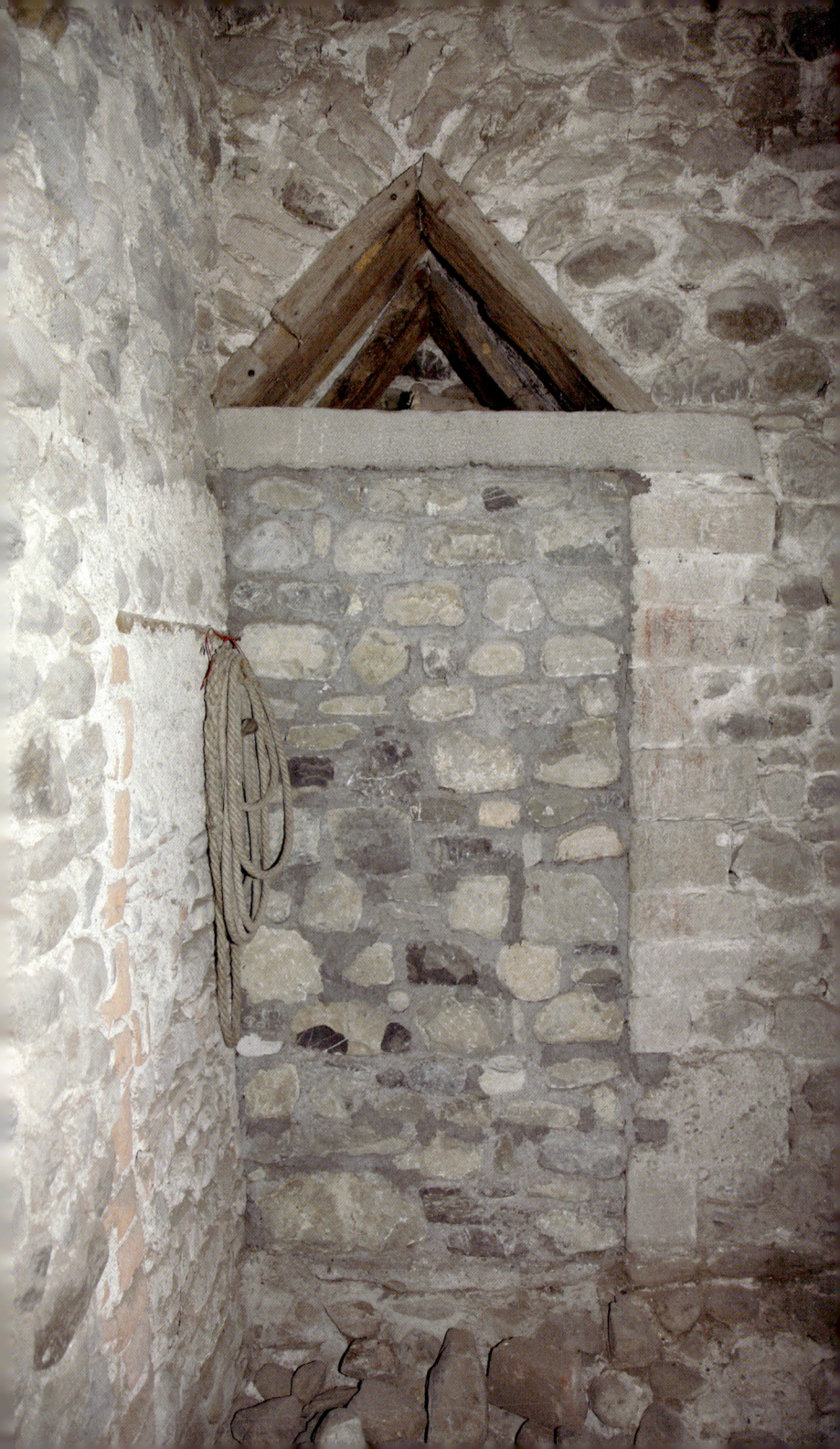

Im Bodenseeraum handelt es sich dabei regelmäßig um Bauten mit außergewöhnlichen dicken Mauern, die aus reinem Wackenmauerwerk bestehen, wie der Turm von Seefelden. Bei den jüngeren Türmen findet sich häufig Mischmauerwerk, wie an dem erhalten gebliebenen Turm der Pfarrkirche Mimmenhausen, vermutlich aus dem 14. Jahrhundert, und an dem in der ersten Hälfte des 15. Jahrhunderts errichteten Turm der Pfarrkirche Bermatingen. Auf der Alb und im Bereich der Iller sind die Türme aus lokalem Steinmaterial, in der Regel Kalkstein, errichtet und weisen deutlich dünneres Mauerwerk auf. Besonders markant ist hier das übereinstimmende Erscheinungsbild der Türme ab dem späten 15. Jahrhundert. Im Zuge des Chorneubaus 1486/88 erhielt der Westturm der Pfarrkirche von Schemmerberg (Abb. 325) neue Turmobergeschosse mit den charakteristischen, von Fialen gegliederten Seitengiebeln. Der von Grund auf in Backstein erbaute spätgotische Turm der Pfarrkirche Sulmingen (Abb. 334) zeigt dieselbe Gestaltung der Obergeschosse, die sich auch in den zu Salem gehörenden Kirchen von Baltringen, Aufhofen, Ingerkingen (Abb. 324) und Äpfingen (Abb. 316) wiederholt.

In der Regel wurde das Erdgeschoss der Türme als Sakristei genutzt. Aus diesem Grund waren die hier untergebrachten Räume nur vom Kircheninneren aus zugänglich und von Gewölben überdeckt. In die Obergeschosse der Türme gelangte man über Türen im ersten Obergeschoss, die sich in der Regel zum Kircheninnenraum hin öffneten. Die Türme des 12. bis 14. Jahrhunderts besitzen in der Regel Kreuzgratgewölbe über den Sakristeiräumen. Ungewöhnlich war der ursprünglich tonnenüberwölbte Sakristeiraum im Erd-

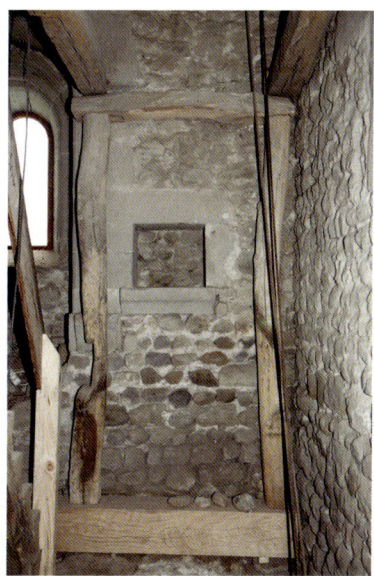

Abb. 21: Seefelden, Pfarrkirche St. Martin: Raum im ersten Turmobergeschoss, Wandnische und Fenster an der Ostseite

geschoss des Turmes von Bachhaupten.

Diese Turmsakristeien verfügen in der Regel nur über schmale, oft hochsitzende Fenster. Regelmäßig enthalten sie eine gemauerte Ausgussnische und oft Aussparungen für hölzerne Wandschrankeinbauten. Meist befindet sich vor der Ostwand ein gemauerter Altar. Häufig büßten diese Räume ihre ursprüngliche Nutzung nach dem Bau größerer Sakristeien, zumeist auf der Südseite der Chöre, ein. In den meisten Fällen sind die Gewölbe heute durchschlagen, um einen ebenerdigen Turmzugang zu ermöglichen.

Zur festen Ausstattung der Kirchen und Kapellen

Zur festen Ausstattung der Kirchen und Kapellen zählen neben den gemauerten Altarsteinen vor allem die in das Mauerwerk integrierten Ausstattungsstücke. Hier sind an erster Stelle die Sakra-

Abb. 20: Seefelden, Pfarrkirche St. Martin: ehemaliger Zugang zum Turmobergeschoss, Ansicht vom Turminneren

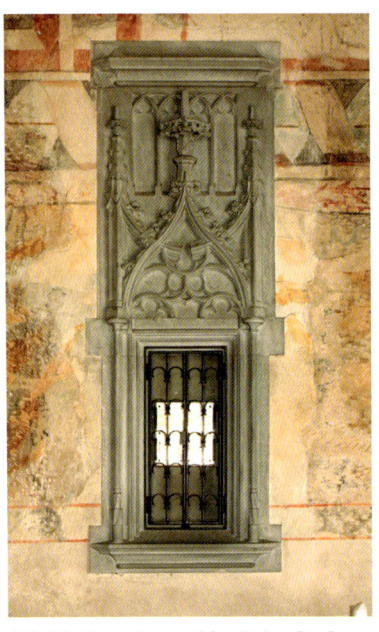

Abb. 22: Bermatingen, Pfarrkirche St. Georg: Sakramentsnische an der Ostwand des Chors

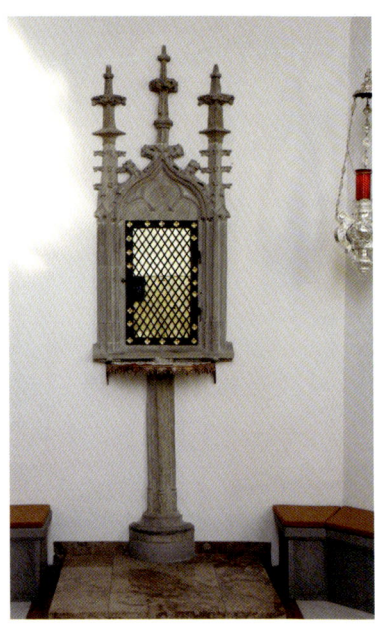

Abb. 23: Ostrach, Pfarrkirche St. Pankratius: Sakramentsnische an der Nordwand des Chors

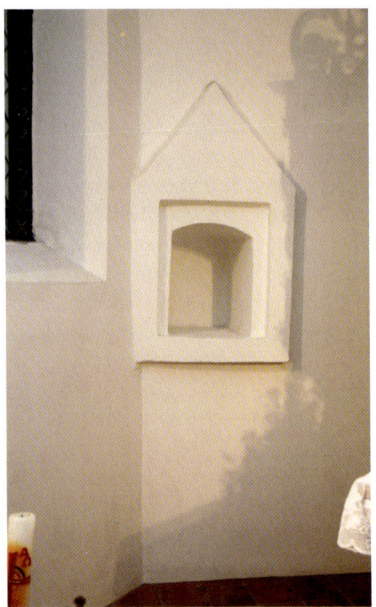

Abb. 24: Tiefenhülen, Nikolauskapelle: gemauerte Sakramentsnische, 1609

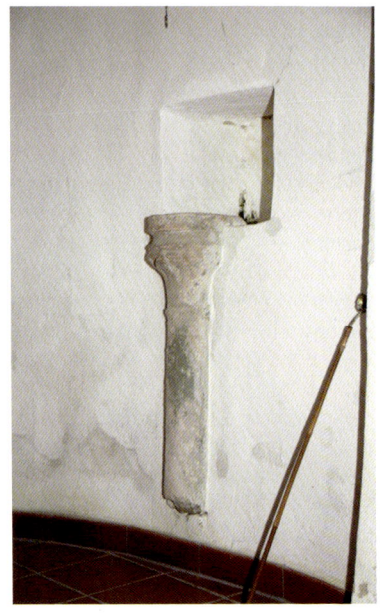

Abb. 25: Lausheim, Kapelle St. Rupertus: nachträglich eingefügte Piscinie, wohl Mitte 13. Jahrhundert

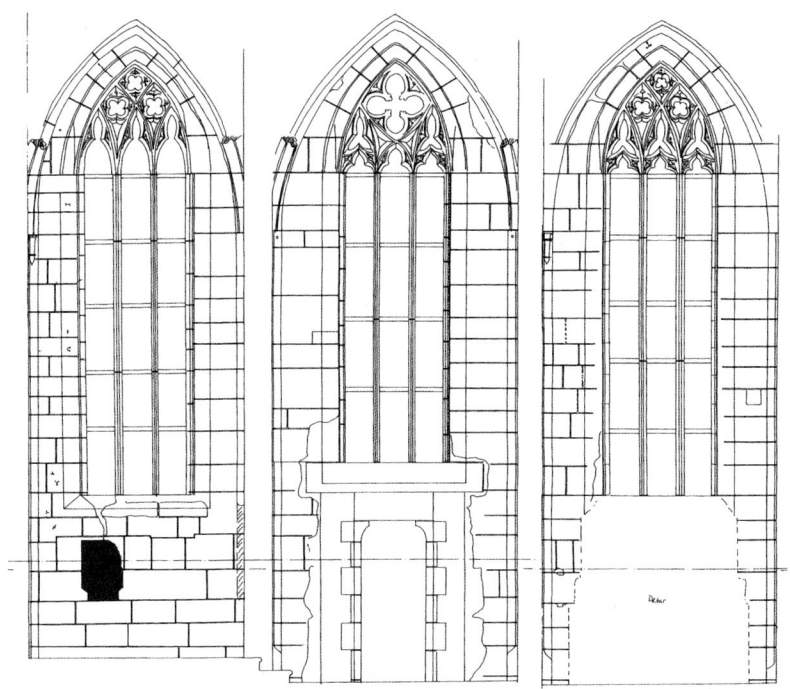

Abb. 26: Salem, Münster: vermauerte Pisciniennische im südlichen Chorumgang

mentsnischen oder Sakramentshäuschen zu nennen. Es kann sich dabei um
einfache, in das Mauerwerk eingelassene
und mit verschließbaren Gittern gesicherte Wandschränke handeln. Solche
Sakramentsnischen dürfte es seit dem
13. Jahrhundert gegeben haben. Zu den
frühen Beispielen zählt die Sakramentsnische in Bermatingen (Abb. 22). Oft
werden die Wandnischen in tabernakel-
ähnliche Gebilde integriert wie im Chor
der Pfarrkirche Ostrach (Abb. 23). Selbst
in kleinen Kapellen, wie der Kapelle von
Tiefenhülen von 1609, wurden solche
Sakramentshäuschen (Abb. 24) geschaffen. Ab dem 15. Jahrhundert sind auch
ganz oder teilweise freistehende Zierar-
chitekturen, wie im Chor der Pfarrkirche
Leutkirch (Abb. 203), zu beobachten. Den
Höhepunkt solcher Kleinarchitekturen in
den Kirchen der Abtei bildet das 1494

vollendete, von Abt Johannes Stantenat
gestiftete Sakramentshaus im Salemer
Münster.

Neben den Sakramentsnischen zählen
die Piscinien zur wandfesten Ausstattung der Kirchen und Kapellen. Besonders aufwendig ist die im letzten Viertel
des 13. Jahrhunderts in den Chor der Kapelle von Lausheim eingefügte Piscinie
(Abb. 25). Meist handelte es sich um
mehr oder weniger aufwendige Nischen
im Chormauerwerk mit einer kleinen
Ausgussöffnung, die in das Mauerwerk
führt. Dies ist darauf zurückzuführen,
dass die Reste des Messweins bei der
Reinigung des Kelchs mit dem Wasser
nur auf geweihten Grund entleert werden durften. Mit der Änderung des Ritus
wurden diese Piscinien überflüssig
und in den meisten Fällen vermauert
(Abb. 26).

43

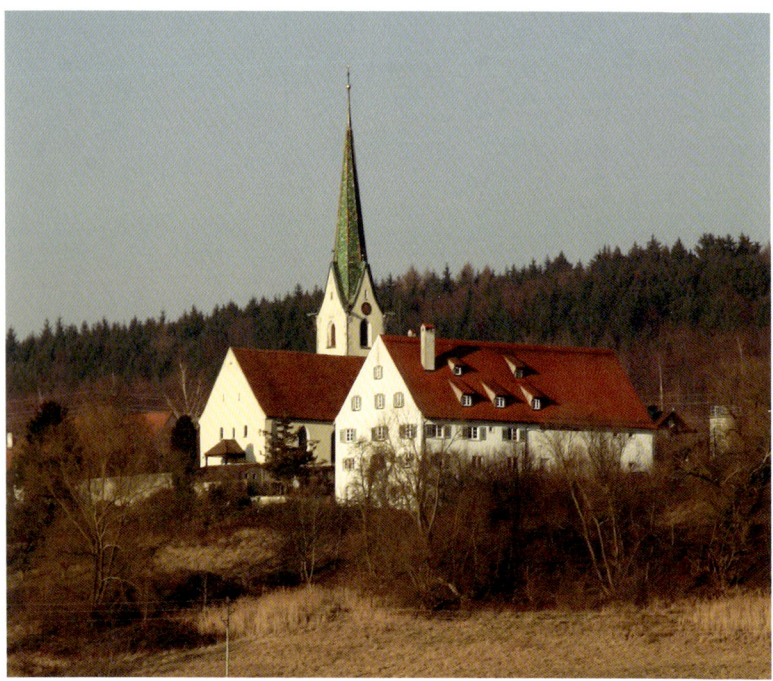

Abb. 27: Leutkirch, Pfarrhof: Ansicht von Südwest

3.2 Pfarrhöfe

Über die Gestalt der frühesten Pfarrhöfe sind bislang keine sicheren Erkenntnisse bekannt. Die ältesten gesicherten Bauten stammen aus den Jahrzehnten um 1600. Aus dieser Zeit haben sich auch Baupläne und Entwürfe erhalten. Die Entwürfe aus der ersten Hälfte des 17. Jahrhunderts zeigen in der Regel reine Fachwerkbauten oder Fachwerkbauten mit einem ganz oder teilweise massiv gemauerten Untergeschoss. Nur besonders herausragende Pfarrhöfe, wie der 1624 erbaute Pfarrhof von Leutkirch (Abb. 27), wurden vollständig in Massivbauweise errichtet. Bei den geplanten und den gebauten Pfarrhöfen zeichnen sich deutliche Unterschiede bei der Raumstruktur ab, die wohl auf die unterschiedlichen wirtschaftlichen Grundlagen der Salemer Pfarreien zurückzuführen sind.

Die finanzielle Ausstattung der Pfarreien und der den Pfarrdienst versehenden Pfarrvikare war sehr unterschiedlich. Nur die Pfarrvikare von Bermatingen und Mimmenhausen, ab 1755 auch der Pfarrvikar von Leutkirch, erhielten im 18. Jahrhundert eine jährliche Besoldung über das Bursamt, die durch weitere Einkünfte, wie Lehenzahlungen, Zinsen und sonstige Vergütungen ergänzt wurde. Ein Teil der Pfarreien finanzierte sich zum größten Teil über Lehenhöfe. Eine eigene kleine Landwirtschaft diente der täglichen Versorgung der Pfarrhöfe. Es war auch üblich, dass die Gemeinde kostenfrei die Ländereien des Pfarrers bewirtschaften musste, wie beispielsweise im Fall der 1712 zur Pfarrei erhobenen Kaplanei Ingerkingen, die der Pfarrei Schemmerberg unterstellt war.

Die wirtschaftliche Basis der jeweiligen Pfarreien schlug sich in der Konzeption der Pfarrhöfe nieder. Dies betraf zum einem

44

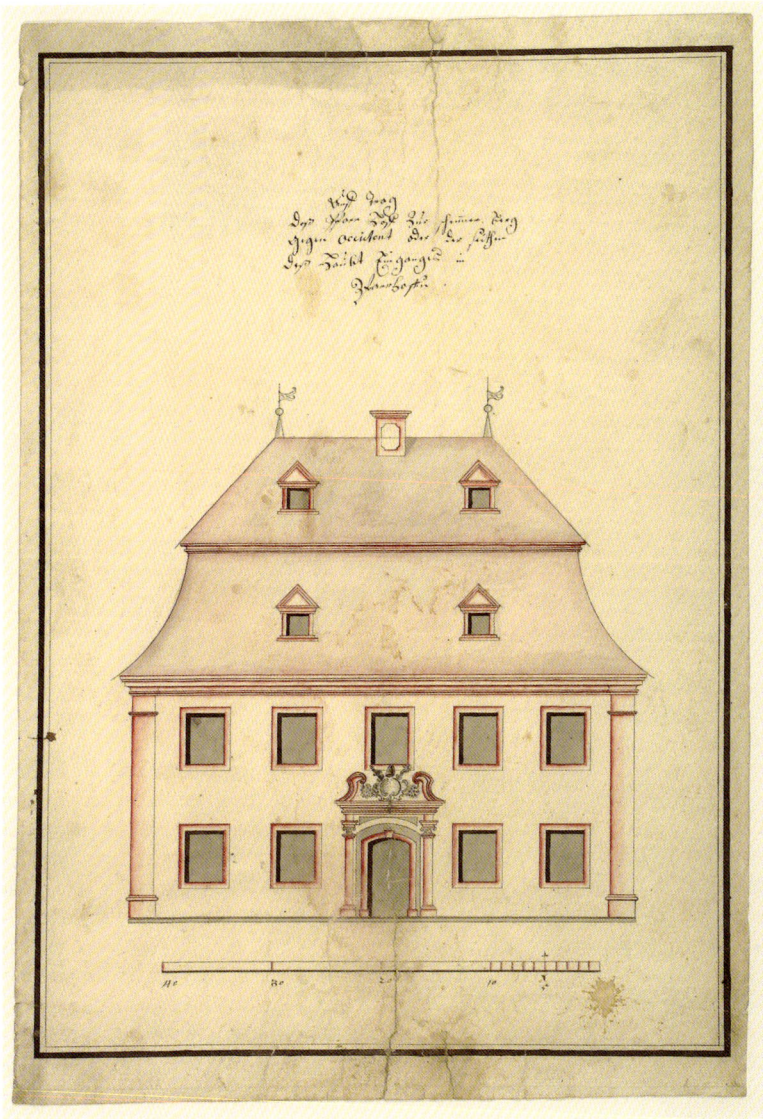

Abb. 28: Schemmerberg: Entwurf zum Pfarrhausneubau, HStA Stuttgart N 201 Nr. 18 I

die Räume zur Bewirtschaftung der Güter, zur Unterbringungen von Personal, zum Lagern von Vorräten, sowie zum anderen die Zahl der erforderlichen Stallungen und zugehörigen Scheunen und Schöpfen. Soweit die Pfarrhöfe zugleich Verwaltungsfunktionen für das Klostergut wahrnah-

men, waren auch hierfür entsprechende Räume zu schaffen. Neben den Räumen für die Pfarrvikare verfügten die Pfarrhäuser regelmäßig über Gastzimmer für den Abt oder Angehörige des Konvents.

Die ältesten erhaltenen Darstellungen solcher Pfarrhöfe, wie für den ab 1656 geplanten und bis 1667 vollendeten Pfarrhof in Bermatingen oder den Pfarrhof von Seefelden aus dem frühen 17. Jahrhundert, zeigen langgestreckte, in der Regel zweigeschossige Baukörper mit hohen Satteldächern, bei denen alle Nutzungen unter einem Dach zusammengefasst wurden. Im 18. Jahrhundert wurden die unterschiedlichen Nutzungen meist auf verschiedene Bauten verteilt und die Wohn- und Verwaltungsräume von den Ökonomieräumen und Ställen getrennt. Als charakteristisches Beispiel sei der 1746 neu erbaute Pfarrhof von Bermatingen genannt. Die Pfarrhäuser wurden nun in der Regel als zweigeschossige Massivbauten über annähernd quadratischem Grundriss errichtet, die meist allseitig abgewalmte Dächer erhielten. Dabei bestimmte die wirtschaftliche Basis der Pfarrei und die dadurch bedingten Raumanforderungen weiterhin Größe und Gestalt des Pfarrhofs. In der zweiten Hälfte des 18. Jahrhunderts galt der 1753 neu erbaute Pfarrhof von Levertsweiler (Abb. 306) als vorbildlich. Der dortige Bau war von Johann Kaspar Bagnato zumindest als Gutachter mit betreut worden. Als 1757 der Pfarrvikar von Schemmerberg ebenfalls einen Plan zu einem neuen Pfarrhaus zur Genehmigung in Salem (Abb. 28, 29) einreichte, vermerkte Abt Anselm II. auf dem Plan, „[d]ieser Riß ist beederseits zu groß. Wir sehen nicht, warumb von dem so wohl und bedächtlich ausgezeichneten Riß des Levertsweyler Pfarrhoff solle abgegangen werden: besonders da jeweiliger Pfarrvicario in Schemmerberg kein widdum gut, somit nicht nöthig hat, viele Mägd und Knecht zu halten; da hingegen all dieses dem Pfarrvicario von Urnaw oblieget, und dieser doch nur ein Pfarrhof hat von 36 schuh in der Länge, und 40 schuh in der braite. Diesernach solle der Schemmerbergische Pfarrhoff höchstens 40 schuh in der Länge, und 42 schuh in der braite haben. Der untere Stock ist recht. Im obe-

ren ist ein Taffel-Zimmer ohnnothwendig auf dieser seyte kan 1- oder 2 Gastzimmer, mit 1 Cammer oder mit 2 Cämmern gemacht werden. Auf der anderen Seyten kan etwan an des H: Zimmer ein Alkoffen zum schlaffen, darhinter aber ein Cabineth gerichtet werden, so zu büchern, und Kleider, im Sommer auch zum studieren taugete. Ob hierin auch ein offen gesetzt werde oder nitt, stell ich dem geistlichen Herren frey, nur das im ganzen gebaü nicht über 4 Öffen aufgerichtet werden."

Die Planungen für Levertsweiler scheinen auch für die Neubauten von Urnau (1794) (Abb. 275), Sulmingen (1767) (Abb. 340) und Unterelchingen (Abb. 329) Vorbildcharakter besessen haben.

Die Finanzierung der Pfarrhofbauten erfolgten in unterschiedlicher Weise. So wurde beispielsweise der Pfarrhofneubau in Frankenhofen 1602 von der Abtei vorfinanziert. Die Ehinger Pflegrechnung von 1607/08 vermerkt hierzu: „Ahn außgelegtem Bauwschilling deß Pfarrhauses zue Franckenhofen. Item von Mr. Johann Rothmunden, Pfarrherren zu Franckenhoven ahn den erlittenen Baucosten der 559 fl 27 xr so am Pfarrhof daselbsten verbawen worden, und er zum halbentail wider erstatten unnd jährlichs bis zur völligen bezahlung 35 fl nemen soll, diß jar das fünffte Zihl [d. h. die fünfte Rate] empfangen."

Je vielschichtiger Rechte und Güterbesitz in einem Dorf verteilt waren, desto komplexer waren die Finanzierungsmodalitäten der Pfarrhöfe. Als anschauliches Beispiel sei hier wiederum auf den Pfarrhofbau in Bermatingen verwiesen. Der dortige Pfarrhof war im Dreißigjährigen Krieg in Schutt und Asche gelegt worden, so dass der dortige Pfarrvikar in einem Privathaus wohnen musste. Als dieses verkauft wurde und kein leerstehendes Haus in Bermatingen verfügbar war, bestand die Notwendigkeit, einen neuen Pfarrhof (Abb. 30) zu erbauen. In dem

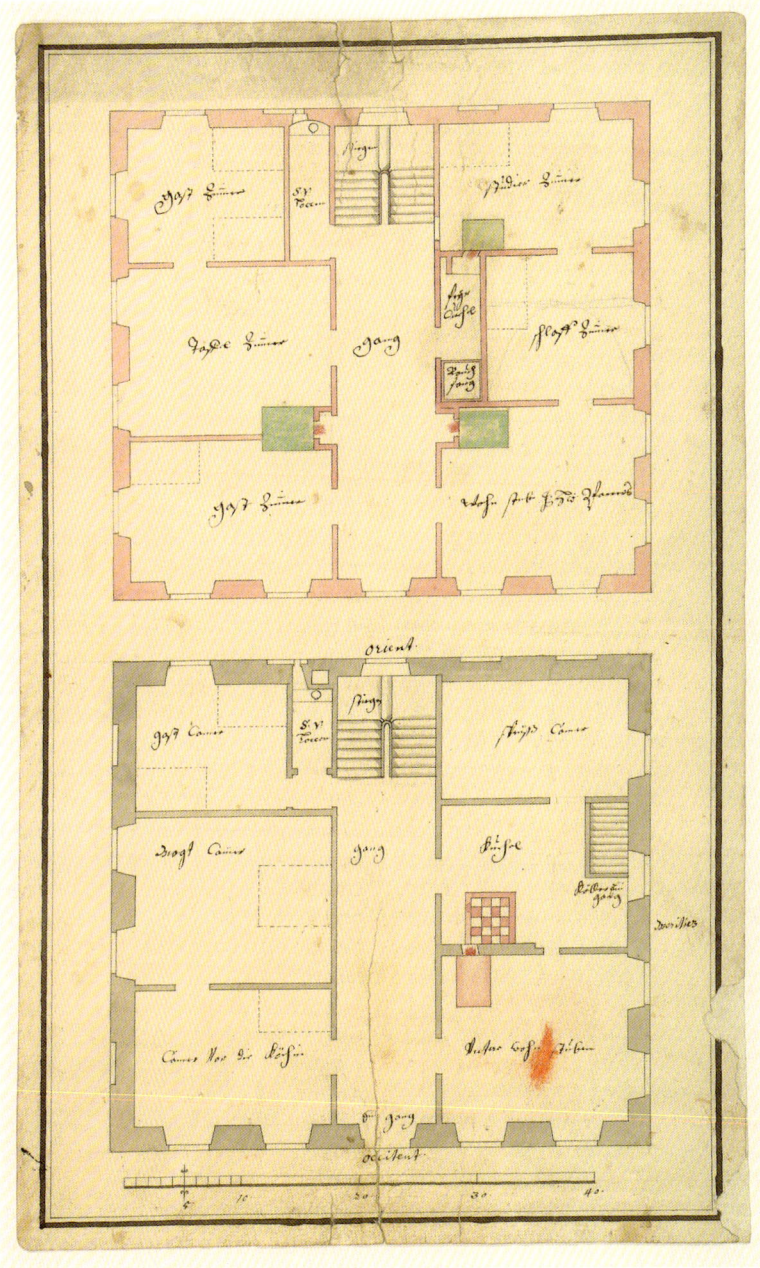

Abb. 29: Schemmerberg: Entwurf zum Pfarrhausneubau, HStA Stuttgart N 201 Nr. 18 II

47

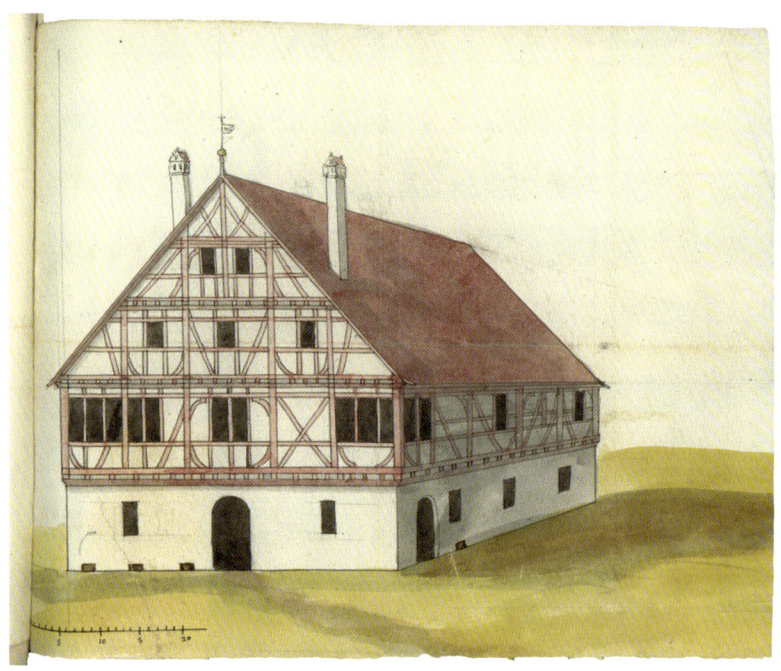

Abb. 30: Bermatingen, Pfarrhaus: Entwurf zu dem 1657 geplanten Neubau, GLA Karlsruhe 98/3203 Bl. 494a

Dorf hatten das Domstift Konstanz, die Klöster Kreuzlingen, Münsterlingen, Weingarten, das Kollegiatstift Markdorf und die Herren von Königsegg-Aulendorf Rechte und Besitz. Deren Untertanen wurden durch den Pfarrvikar von Bermatingen seelsorgerisch betreut. Aus diesem Grund wirkte die Abtei auf einen Vergleich mit den anderen Rechts- und Besitzinhabern hin, nachdem sich diese entsprechend der Quote ihrer Abgabenerträge an den Baukosten des Pfarrhofs beteiligen mussten. Nachdem man sich 1658 und 1663 auf eine Quotenregelung geeinigt hatte, konnte bis 1667 der Pfarrhof schließlich gebaut werden. Es handelte sich um einen weitläufigen Fachwerkbau mit massivem Erdgeschoss.

Die in den Vergleichen von 1658 und 1663 getroffene Regelung wurde auch der Finanzierung des Pfarrhofneubaus im Jahr 1746 zu Grunde gelegt, wobei im Falle von

Rechtsveränderungen die Rechtsnachfolger an die Stelle der alten Rechtsinhaber traten. Anstelle der Abtei Weingarten musste nun die Abtei Einsiedeln einen entsprechenden Anteil an den Baukosten übernehmen.

3.3 Stadt- und Pfleghöfe

Der Besitzerwerb in den Städten erfolgte in mehreren Wellen. In einer ersten Phase, kaum vor 1211, wurde der Abtei Hausbesitz in Überlingen (1211/1220), Konstanz (1217 Recht zum Hausbau von Bischof Konrad von Konstanz), Ulm (1222 von Meister Marquard) und Esslingen (vor 1229) übertragen. Die Urkunde König Heinrichs (VII.) vom 9. August 1231, in der den Salemer Besitzungen im ganzen Reich Steuerfreiheit zugesichert wird, nennt nur die Stadthöfe in Esslingen, Überlingen und Ulm.

48

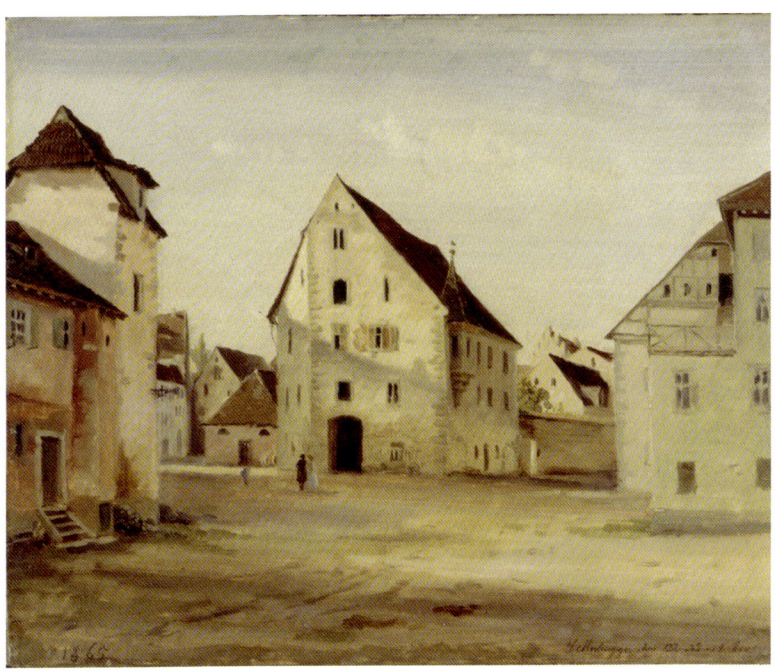

Abb. 31: Konstanz, Salmansweiler Hof: Ansicht von Norden, Josef Moosbrugger 1865 Konstanz, Rosgartenmuseum

Nach vereinzelten Hauserwerben in der Mitte des 13. Jahrhunderts, so in Mühlheim an der Donau (1241), Pfullendorf (1239) und Schaffhausen (1260), erfolgt ab etwa 1280 eine große Welle von Übertragungen städtischen Grundbesitzes an das Kloster. Erst in dieser Zeit wurden die Grundlagen für die Pfleghöfe in Biberach (ab 1308), Ehingen (ab 1271), Meßkirch (ab 1314), Nürtingen (ab 1284), Riedlingen (ab 1302), Rottweil (1328), Saulgau (1308), Stockach (1317) und Villingen (1270/75) gelegt. Von diesen Verwaltungs- und Handelszentren der klösterlichen Verwaltungsstrukturen sind städtische Einzelbesitzungen zu trennen. Mühlen hatte Salem in den Städten Biberach (1314), Freiburg i. Br. (1319), Pfullendorf (1312), Rottweil (1314) und Villingen (1208). Bei dem städtischen Besitz konnte es sich bisweilen auch nur um Gärten und landwirt-

schaftliche Nutzflächen handeln wie in Buchhorn (1274), Stuttgart (1280) und Waiblingen (1265).

In Konstanz errichtete die Abtei über teilweise neu gewonnenem Baugrund im Laufe des 13. Jahrhunderts ein mächtiges Steinhaus, die sogenannte Herberge (Abb. 31). Sie wurde 1865 abgebrochen, doch konnten beim Bau der Tiefgarage am Fischmarkt die Fundamente dieses Baus untersucht werden. Erhalten blieben untergeordnete Gebäude, die sich westlich an die Herberge angeschlossen haben.

Beim Ausbau der Stadthöfe wurde oft ältere Bausubstanz beibehalten. So lassen sich im Baubestand des Esslinger Pfleghofes (Abb. 399-401), in den vielleicht Gebäude einer ehemaligen staufischen Pfalz eingeflossen sind, mindestens drei Baukörper nachweisen, die aus der Zeit vor dem Besitzerwerb stammen oder in

49

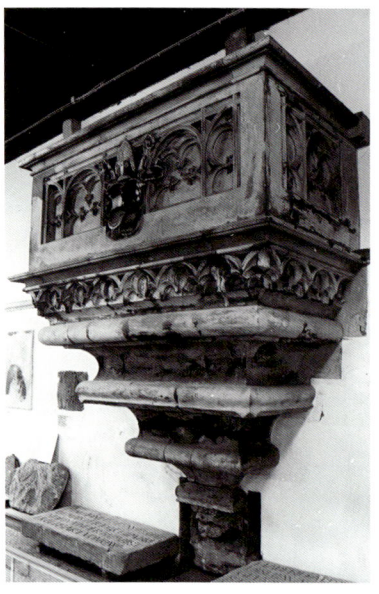

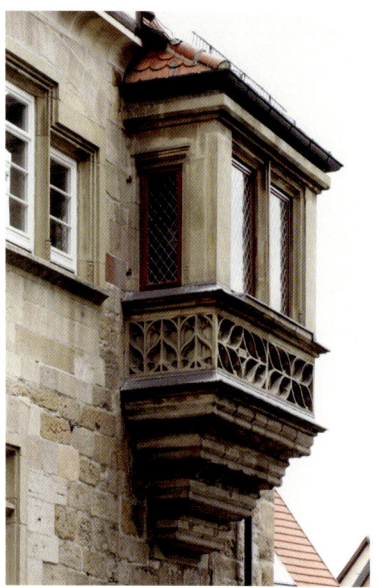

Abb. 32: Konstanz, Rosgartenmuseum: unterer Teil des Fenstererkers vom Salmansweiler Hof

Abb. 33: Esslingen, Salmansweiler Hof: Fenstererker, Ansicht von Nordwest

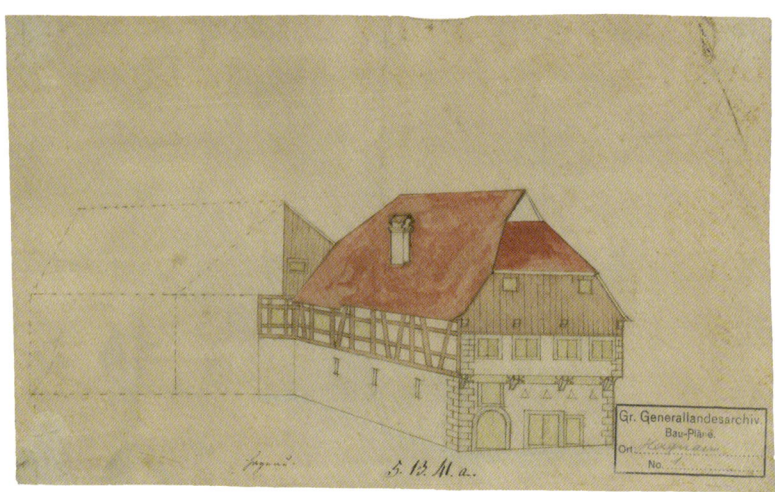

Abb. 34: Hagnau, Salemer Haus: Zustand um die Mitte des 17. Jahrhunderts, GLA Karlsruhe G Hagnau 1

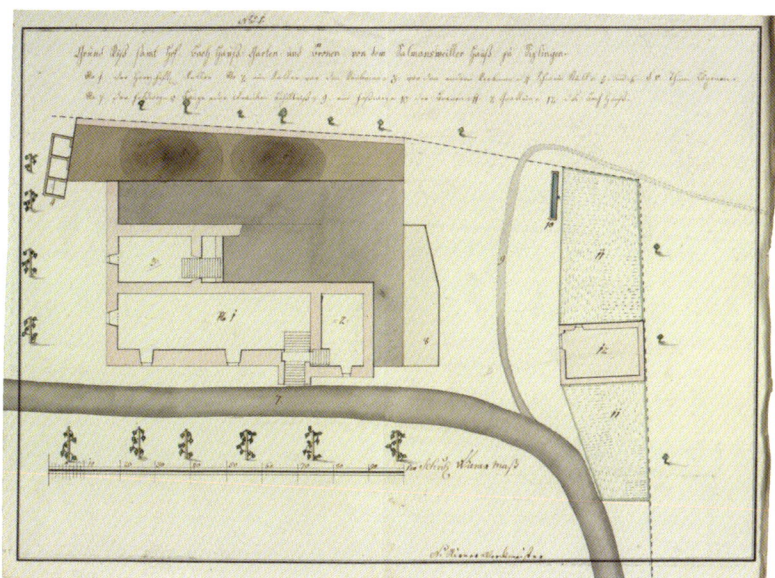

Abb. 35: Sipplingen, Salemer Haus, Bestandsaufnahme von 1803: Grundriss des Kellergeschosses und Lageplan, GLA Karlsruhe 229/98299

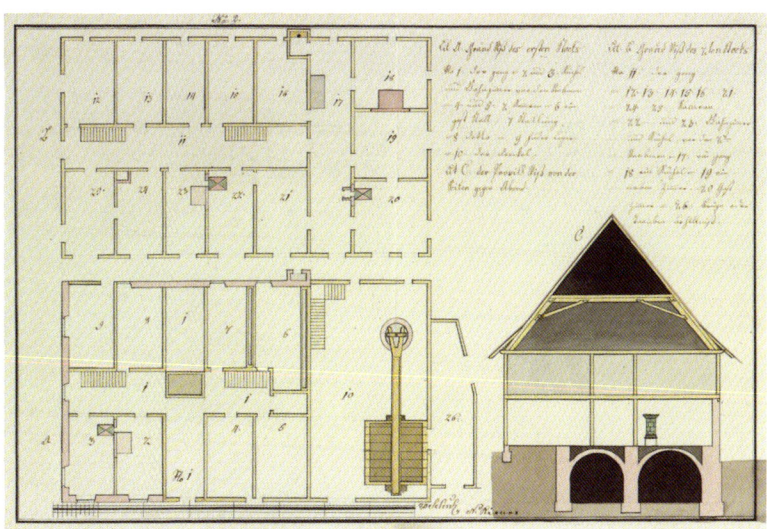

Abb. 36: Sipplingen, Salemer Haus, Bestandsaufnahme von 1803: Grundriss des ersten und zweiten Stocks, GLA Karlsruhe 229/98299

Zusammenhang mit diesem errichtet wurden. Von dem ältesten Bau an der Südwestecke des Geländes gelegen, sind Reste eines Steinhauses mit einer Eckquaderung aus Bossenquadern erkennbar. In zwei Etappen wurde dieser Baukörper nach Osten erweitert. Im 15. und frühen 16. Jahrhundert erfolgte ein umfassender Ausbau der Anlage. Es wurden umfangreiche neue Lagerkapazitäten geschaffen und an der Nordseite des Ensembles eine spätgotische Kapelle errichtet, von der allerdings nur Teile der Außenwände erhalten blieben.

Im letzten Viertel des 15. Jahrhunderts und den ersten Jahrzehnten des 16. Jahrhunderts wurden alle Stadthöfe des Klosters modernisiert oder neu errichtet. Vor allem die repräsentativen Wohnräume wurden den zeitgenössischen Ansprüchen entsprechend umgestaltet. Besonders markant sind die mächtigen Erker der Haupträume. Hier sei auf den teilweise erhaltenen Erker des Konstanzer

Pfleghofs (Abb. 32), der das Wappen Abt Johannes I. Stantenat (1471–1494) zeigt, und den 1509 datierten Erker des Esslinger Pfleghofs (Abb. 33) mit dem Wappen von Abt Johannes II. Scharpfer (1494–1510) verwiesen. Die traditionelle Bezeichnung des Esslinger Erkerzimmers als Kaiserzimmer verweist auf die Nutzung solcher repräsentativer Appartements als Quartier für hochgestellte Gäste. So soll Kaiser Sigismund beim Konstanzer Konzil zumindest zeitweise im Konstanzer Pfleghof logiert haben und für die Jahre 1548 und 1552 ist der Aufenthalt Kaiser Karls V. im Esslinger Pfleghof überliefert.

Im Falle von Pfullendorf, Überlingen und Ulm wurden die älteren Besitzungen später durch geeignetere, größere Liegenschaften ersetzt. Nach dem entsprechenden Besitzerwerb wurde jeweils mit der Errichtung eines neuen Pfleghofs begonnen.

Die Anordnung und Dimensionierung der einzelnen Gebäude eines Pfleghofs

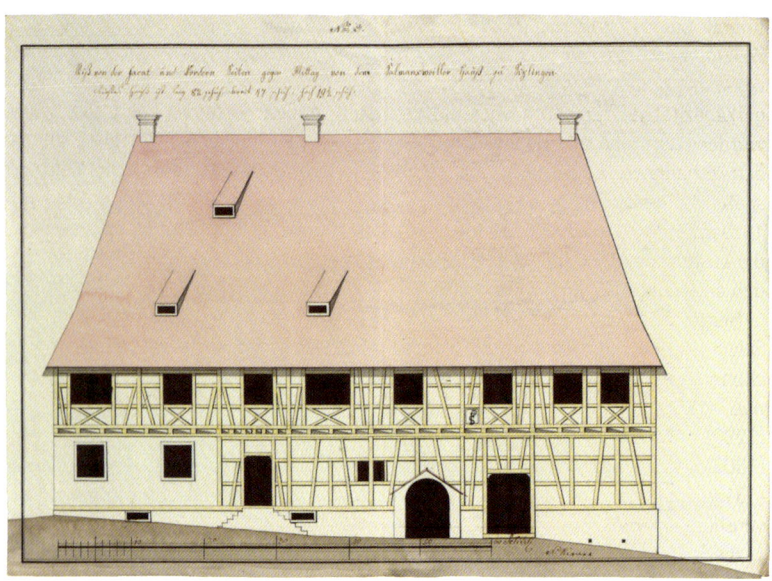

Abb. 37: Sipplingen, Salemer Haus, Bestandsaufnahme von 1803: Ansicht von der Straßenseite, GLA Karlsruhe 229/98299

52

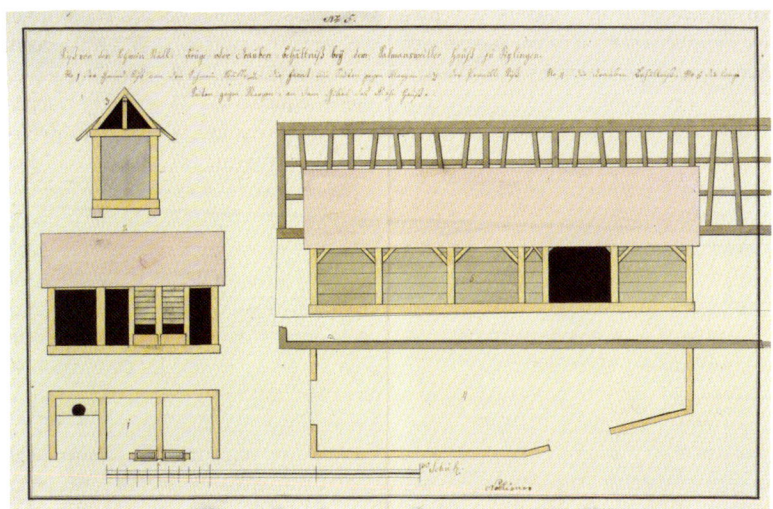

Abb. 38: Sipplingen, Salemer Haus, Bestandsaufnahme von 1803: Schweineställe und Trauben-behältnis, GLA Karlsruhe 229/98299

war durch die Art der zu verwaltenden Liegenschaften und die Art der im Pfleghof zu lagernden Güter bestimmt. So zeichnen sich die Pfleghöfe in den Weinbaugebieten, wie etwa Esslingen, Nürtingen oder Überlingen, durch große Kelleranlagen aus, während beispielsweise im Ehinger Pfleghof gewaltige Lagerkapazitäten für Korn geschaffen wurden. Dort sind alle Dachwerke über den erhaltenen Baukörpern aus dem späten 16. Jahrhundert wie jene aus dem 18. Jahrhundert für die Aufnahme großer Lasten konzipiert und mit Fruchtböden ausgestattet.

Neben den großen Stadthöfen hatte Salem auch in zahlreichen Orten einfachen Hausbesitz wie in Aach (1306), Hagnau (1285), Kempten (1310), Lindau (1280), Markdorf (1343), Meersburg (1303), Memmingen (1282), Mengen (1319), Munderkingen (1344) und Ravensburg (1318).

Als Salem 1202 eine Saline in Hallein erhielt, wurden die Stadthöfe zu wichtigen Stützpunkten, über die das Salz abgabenfrei gehandelt werden konnte.

Nach dem Verkauf der Saline und der Arrondierung und Neustrukturierung der Besitzverwaltung im 17. und 18. Jahrhundert wurden viele dieser Stadthöfe überflüssig. Entweder gab es keine Güter mehr zu verwalten, wie im Fall der Stadthöfe von Esslingen, Nürtingen und Reutlingen, oder die Verwaltung wurde auf andere Orte verlagert. So wurde 1739 der Biberacher Pfleghof an das dortige Spital verkauft, nachdem der Pfleghof durch die Verlegung der Verwaltung nach Schemmerberg entbehrlich geworden war.

Einzelner Hausbesitz in Städten und Dörfern stand meist mit der Bewirtschaft von umliegendem Klosterbesitz in Zusammenhang. Dies gilt insbesondere für den Hausbesitz in den Weinbaugebieten, wie etwa bei dem Salemer Haus in Hagnau (Abb. 34) und dem Salemer Haus in Sipplingen (Abb. 416). Von Letzterem hat sich die Bestandsaufnahme von 1803 (Abb. 35–39) erhalten. Sie umfasst nicht nur das Hauptgebäude mit den Wohnungen für zwei Rebleute, die die Salemer Weinberge auf der Sipplinger Markung zu bewirtschaften hatten, sondern auch die gesamten zum Ensemble gehörenden Nebengebäude: die Traubenlege, die Schweineställe, die Aborte, das Back- und Waschhaus sowie die Brunnenanlage.

3.4 Grangien

Die Baulichkeiten der Grangien lassen sich mangels archäologischer Untersuchungen bislang nur schwer fassen. Den besten Überblick über die teilweise sehr unterschiedliche Nutzung der Grangien vermitteln heute die im 18. Jahrhundert angefertigten Gemarkungspläne. In den meisten Fällen handelte es sich bei den späteren Grangien zunächst um Weiler oder Dörfer, wie etwa im Falle von Adelsreute, Banzenreute, Forst, Mendlishausen und Tepfenhard. Um die Eigenwirtschaftsbetriebe des Konvents einrichten zu können, mussten die Bewohner ihre Dörfer verlassen. Doch bereits im 13. Jahrhundert konnte Salem nicht mehr alle Grangien selbst bewirtschaften und musste einzelne Grangien als Lehen vergeben. Erhalten blieb dabei die topographische Grundstruktur. So sind die Gebäude auf einen zentral gelegenen Ort konzentriert. Neben den Wohn- und Ökonomiegebäuden, die in der Regel um einen zentralen Hof angeordnet waren, zählten Weiher, Brunnen, Back- und Waschhäuser zur Infrastruktur solcher Anlagen. Besonders abgetrennt waren die Krautgärten zur Versorgung der Bewohner. Um dieses Zentrum lagen die großen, ungeteilten landwirtschaftlichen Nutzflächen, die von den Grangien bewirtschaftet wurden. Auch wenn sich die Art der Bewirtschaftung im Laufe der Zeit änderte, blieb dieses Charakteristikum erhalten. Noch heute sind die Orte der ehemaligen Salemer Grangien anhand der großen, unbebauten Flächen innerhalb der stark zergliederten Agrarstruktur des Linzgaus und des Hegaus ablesbar.

Früheste Bildquellen zu den baulichen Einrichtungen der Grangien sind aus dem 17. Jahrhundert erhalten. Eine kolorierte Zeichnung, wohl aus der Mitte des 17. Jahrhunderts, zeigt die Grangie Forst (Abb. 40) mit dem Haupthaus an der Ostseite des Hofs und den Ökonomiegebäuden an den drei anderen Seiten des Hofs. Im 18. Jahrhundert wurden die Anlagen deutlich strenger ausgerichtet. Als Beispiel mag die Grangie Mendlishausen nahe Salem dienen. Die Baukörper sind streng rechtwinklig aufeinander bezogen. An der Ostseite des längsrechteckigen Hofes steht das Hauptgebäude mit den Wohnräumen. Die andere Hofseite nimmt das Ökonomiegebäude mit Stallungen, Tenne und Scheuer ein. Ein weiteres Ökonomiegebäude schließt den Hof nach Norden ab. Eine ähnliche Struktur zeichnet sich im älteren Gebäudebestand von Tiefenhülen ab.

Die einzelnen Grangien waren jeweils entsprechend ihrer natürlichen Gegebenheiten genutzt. Vor allem im 18. Jahrhundert lässt sich eine ausgesprochen differenzierte Nutzung der Grangien belegen. So wurde in der Grangie Dornsberg bei dem Mittleren Dornsberg eine Glashütte eingerichtet und auch in den Schweinegruben bei Münchhöf ist eine Glashütte nachzuweisen.

Die Grangie Altmannshausen westlich von Ehingen auf der Albhochfläche wurde im 18. Jahrhundert als Schäferei genutzt, auf der weiter östlich gelegenen Grangie Tiefenhülen waren mehrere Lehenhöfe angesiedelt.

Eine besondere Entwicklung nahmen die beiden unmittelbar am Bodensee gelegenen Grangien Maurach und Kirchberg. In Kirchberg (Abb. 196–198) wurde bereits im 16. Jahrhundert neben den Ökonomie- und Verwaltungsgebäuden ein Lustschloss für die Salemer Äbte errichtet, dessen Grundriss durch eine Zeichnung aus dem 18. Jahrhundert (Abb. 41) überliefert ist. Teile dieses Ge-

54

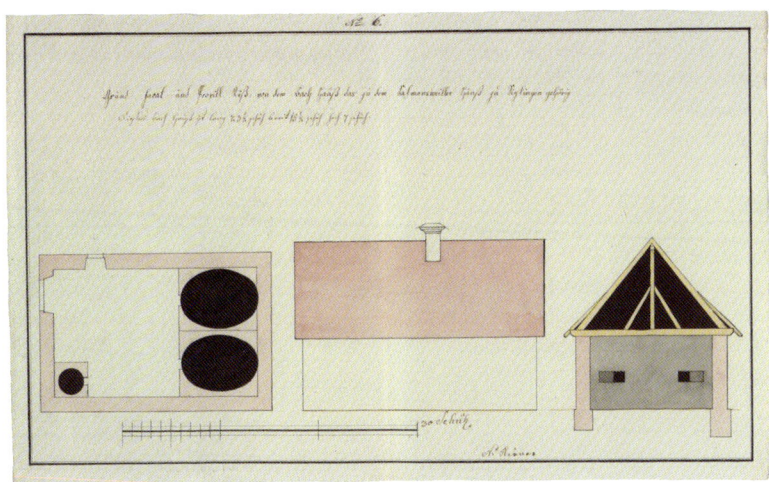

Abb.39: Sipplingen, Salemer Haus: Bestandsaufnahme von 1803, Back- und Waschhaus, GLA Karlsruhe 229/98299

bäudes sind in den unteren Mauerbereichen der östlichen Hälfte des heutigen Südflügels erhalten geblieben. Schloss Kirchberg diente 1593–1604 dem abgedankten Abt Christian II. Fürst (1588–1593, † 1605) als Wohnsitz. Allerdings erregten der fürstliche Lebensstil des resignierten Abts und die damit verbundenen Kosten erheblichen Unmut.

Im ersten Jahrzehnt des 17. Jahrhunderts erfolgten in Kirchberg umfangreiche Neubauten, von denen das Hofmeistergebäude mit seinem gewaltigen, von einem flachen Backsteingewölbe überspannten Keller erhalten blieb. Unter den Äbten Konstantin Miller und Anselm II. wurde das Schloss 1740 bzw. 1775/78 erweitert und umgebaut, um als Sommerresidenz der Äbte zu dienen.

Auch die Grangie Maurach (Abb. 206–211) wurde im 18. Jahrhundert beträchtlich erweitert und zu einer Sommerresidenz für die Äbte ausgebaut. So erhielt das Hauptgebäude neben der Kapelle ein großes Tafelzimmer über der Durchfahrt und ein aufwendiges Appartement für den Abt, das in dem Obergeschoss des Kapellenflügels untergebracht war. Im Zuge

des Neubaus wurde auch eine Terrasse über dem See mit einem Lustgarten, einem Kegelplatz und Aussichtserkern über der Seemauer angelegt.

3.5 Mühlen

Die Geschichte der Salemer Mühlen ist in weiten Teilen ein Forschungsdesiderat. Bis etwa 1350 war die Abtei im Besitz von Mühlen in Altenbeuren (1289), Andelfingen (1263), Biberach (1314), Eschendorf (1191/1215), Freiburg i. Br. (1319), Gebhardsweiler (1258), Hasenweiler (1305), Hausen ob Ursprung (1218), Hirschlanden (1278), Knetzenweiler (1295), Madachhof (1225), Mimmenhausen (1191/1215), Mühlhausen (1314), Oberweiler (vor 1191), Ostrach (1279), Owingen (1191/1215), Pfaffenhofen (1349), Pfullendorf (1337), Rottweil (1314), Schattbuch (1257), Studach bei Justingen (1216), Tepfenhard (1274), Oberuhldingen (1271), Villingen (1208), Wartberg (1263), Weildorf (1318) und Willenstobel bei Urnau (1292). Archivalisch sind seit dem 13. Jahrhundert Ge-

55

treide-, Säg- und Walkmühlen überliefert. In den folgenden Jahrhunderten kam die Abtei in den Besitz zahlreicher weiterer Mühlen oder richtete neue Mühlen ein. Die Mühlen waren in der Regel als Lehen vergeben. Die Neubaukosten wurden zumeist vom Kloster übernommen, an den Reparaturkosten beteiligte sich die Abtei mit den hälftigen Kosten. Den Ausbau der Wassertechnik, also insbesondere der Mühlkanäle, Wehre etc., wurde gewöhnlich vom Kloster vollständig übernommen.

Seit dem späten 17. Jahrhundert betrieb Salem in Mühlhofen noch eine eigene, als Lehen vergebene Papiermühle, die gegen Ende des 18. Jahrhunderts noch aufwendig ausgebaut wurde. Die hölzernen Konstruktionen aus der Gründungszeit der Papiermühle, mit denen der Boden und die Seitenwände des Mühlkanals gesichert wurden, konnten erst vor wenigen Jahren dokumentiert und untersucht werden. Aus dem 17. Jahrhundert sind mächtige, massive Mühlenbauten, wie die später durch einen Neubau ersetzte Mühle in Schemmerberg und die erhaltene Reißmühle in Oberuhldingen (Abb. 245) aus dem Jahr 1603, bekannt. Im 18. Jahrhundert wurden die meisten Mühlen erneuert, wobei die Mühlengebäude nun in der Regel in Fachwerkbauweise errichtet wurden. Dabei zeigen die in den Klosterbesitzungen errichteten Neubauten, wie etwa die Mühlen in Schemmerberg und in Neufrach, durchaus verwandte Züge.

Neben den von Wasser angetriebenen Mühlen werden in den Quellen auch häufig Windmühlen genannt.

3.6 Torkel und Zehntscheuern

Die Torkel und Zehntscheuern waren herrschaftliche Gebäude, die in vollem Umfang vom Kloster bezahlt wurden. Bei den Torkelgebäuden handelte es sich in der Regel um Fachwerkbauten mit einem möglichst großen, stützenfreien Raum, in dem der Torkel stand. Um eine möglichst große Nutzfläche zu gewinnen, wurden die Deckenbalkenlagen meist durch ein- oder zweifache Hängewerke abgefangen.

Die Torkel waren jeweils in der Nähe der Weinberge des Klosters angesiedelt. Je nach Größe des Rebenbesitzes waren diese Gebäude dimensioniert und ausgestattet. So umfasst der Rote Torkel in Unterstenweiler (Abb. 271, 272) ein freistehendes Wohnhaus und ein separates Ökonomiegebäude. In Bermatingen und Mittelstenweiler sind die Torkel in freistehenden Torkelscheuern untergebracht. Mitunter waren die Torkel unmittelbar an die Pfarrhöfe angeschlossen, wie beispielsweise in Leutkirch, wo nach dem von Abt Anselm II. veranlassten Umbau das Torkelgebäude unmittelbar an das Pfarrhaus angebaut wurde.

Als 1720/21 in Siramos bei Konstanz ein neuer Torkel erbaut wurde, beliefen sich dessen Baukosten auf 1733 fl 57 xr 2 hlr. An den Torkeln waren jährliche Unterhaltungsaufwendungen notwendig. Insbesondere mussten die Torkelbäume regelmäßig ausgetauscht werden.

Neben den freistehenden Torkelgebäuden gab es auch zahlreichen Torkel, die in einem Haus mit untergebracht waren, wie beispielsweise in dem Salemen Haus in Sipplingen, in dem zwei Rebleute wohnten.

Die Zehntscheuern waren häufig Massivbauten wie beispielsweise in Ostrach (Abb. 311), um 1595 im Auftrag von Abt Petrus II. Miller erbaut, und in Lausheim (Abb. 304), 1732 unter Abt Konstantin Miller errichtet. Wenn die Speichergebäude in Fachwerkbauweise errichtet wurden, dann erhielten sie oft im Bereich des Erdgeschosses Wandfüllungen aus Balken, wie die erhaltenen Beispiele in Neufrach und Haberstenweiler zeigen.

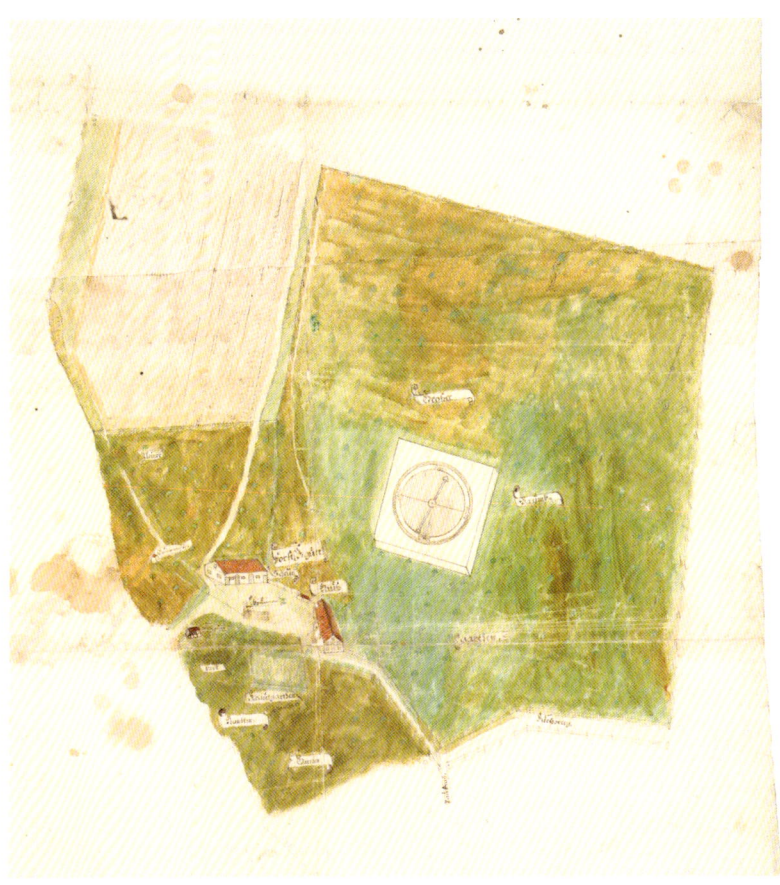

Abb. 40: Grangie Forst: Ansicht aus der Mitte des 17. Jahrhunderts, GLA Karlsruhe H Salem 1

3.7 Lehenhöfe und Seldnerhäuser

Den Lehenbauten und Seldnerhäuser im Klostergebiet waren jeweils Eigennamen zugewiesen. Dabei wurden für die den unterschiedlichen Pflegen untergeordneten Gütern verschiedene Namengruppen zugewiesen. So besitzen die Salemer Lehenbauten in Owingen/Pfaffenhofen in der Regel Pflanzennamen, die größeren Höfe haben Berufsnamen wie „Mahler", „Glaser", „Jäger", „Schlosser" oder „Schmiede", manche Höfe tragen Vogel- oder Fischnamen. Die unterschiedliche Namenswahl

könnte mit der Größe oder der Gründungszeit der Hofstelle begründet sein. So waren die 1698 von Salem käuflich erworbenen Lehenhöfe „Felchen" und „Forelle" zuvor im Besitz des Klosters Kreuzlingen. Die Lehenhöfe im Bereich der Pfarrei Weildorf tragen durchweg Tiernamen. Auch in den weiter entfernten Besitzungen wurden die Lehenhöfe mit solchen Namen versehen. Die Lehenhöfe von Altheim im Oberamt Schemmerberg hatten Namen von Fischen, jene auf der Markung von Schemmerberg wurden nach Feldfrüchten bezeichnet und jene auf der Markung Äpfingen hatten Säugetiernamen (Affe bis Zobel).

57

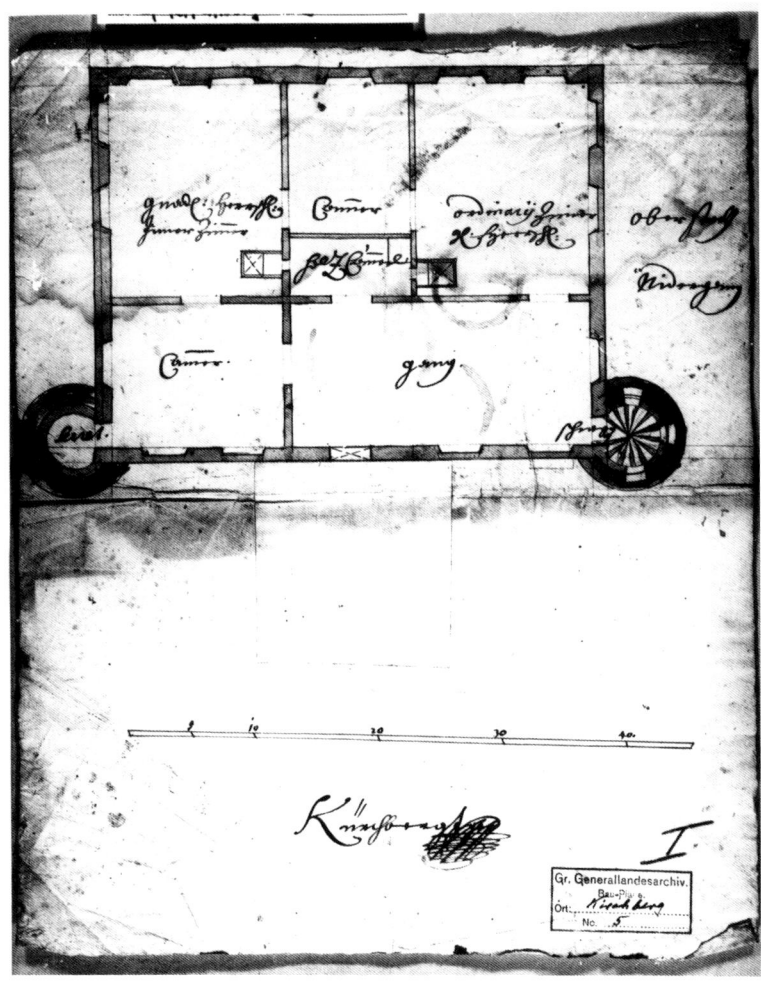

Abb. 41: Kirchberg: Grundriss des alten Schlossgebäudes, GLA Karlsruhe G Kirchberg 5

Die Lehenhöfe umfassen jeweils unter einem Dach Wohnung, Tenne und Stall des Anwesens. Je nach Größe des Gutes besitzen diese Bauten sechs und mehr Querbünde sowie drei und mehr Längsbünde. In der Regel trennt ein Querbund den Bereich von Stube und Kammer vom Flurbereich, ein weiterer Querbund den Flurbereich von der zwischen Wohnbereich und Stall angeordneten Tenne. Die kleinen und mittleren Lehenhöfe sowie die Seldnerhäuser im Linzgau besitzen in

der Regel Satteldächer, wie das Seldnerhaus „Spargel" in Owingen. Die größeren Lehenhöfe verfügen oft über einseitig über dem Wohnbereich abgewalmte Dächer. Dabei kann es sich um Vollwalme, wie an dem Lehengut „Jäger" in Owingen, oder um Krüppelwalme an den Lehengütern in Weildorf handeln.

Je nach Ausgestaltung des Lehenvertrags lag die Baupflicht beim Kloster oder beim Lehennehmer. Die Rechnungsunterlagen legen nahe, dass die Neubaukosten

58

und die Hauptreparaturen vom Kloster übernommen wurden, die Kleinreparaturen jedoch vom Lehennehmer, wobei das Bursamt oft die Hälfte der Kosten erstattete. War ein Neubau erforderlich, so wurden dessen Baukosten in den Bursamtsrechnungen verbucht. 1752/53 kostete beispielsweise die Errichtung eines neuen Bauernhauses in Hedertsweiler 939 fl 28 xr 4 hlr. Eine kleine Scheuer auf den Madachhöfen kostete 1722/23 338 fl 55 xr. Bei der neue Scheuer in der Grangie Forst erhielten 1733/34 der Zimmermann Hansjörg Bendele 279 fl 58 xr und 6 Eimer Wein, der Maurermeister Lorenz Rüscher 380 fl und ebenfalls 6 Eimer Wein.

Als in den Jahren 1711/13 in Tüfingen ein neues Bauernhaus errichtet wurde, umfasste die vom Bursamt bezahlten Arbeiten nicht nur die Zimmer- und Maurerarbeiten, sondern auch die Kosten für die Grundausstattung mit Tisch und Bänken.

Joseph Anton Feuchtmayer, der 1721 das Killengut zu einem jährlichen Zins von 15 fl. als Leiblehen vom Kloster erwarb, musste sich verpflichten, „stat des alten ein Newes Haus und in solchem ein Zimmer vor Lob(lichen) Convent, umb im Sommer allda dann und wann eine Recreation halten zu khönen, aufzubawen." Für den bislang auf dem Killengut lebenden Fischermeister und seine Frau musste Feuchtmayer ein Verpfründungsgeld von 500 fl. bezahlen, erhielt aber eine Gutschrift von 100 fl. als Baubeitrag zu den auf dem Killengut auszuführenden Neubauten. Das 1541 unter Abt Johannes III. Fischer errichtete Lusthaus lag bereits 1703 in Schutt und Asche.

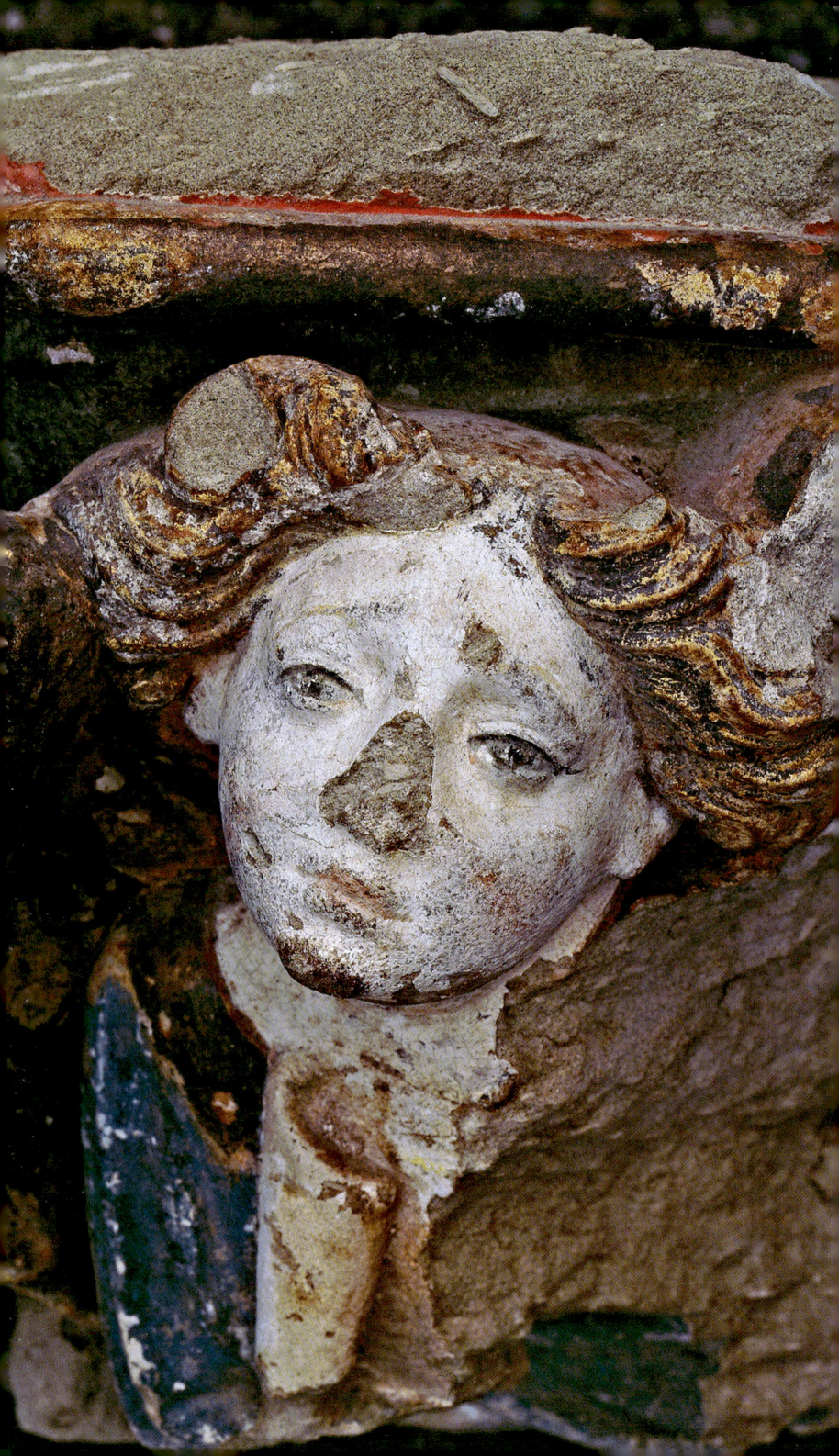

4. Bautechnik und Baumaterialien

4.1 Die Baumaterialien

Massivbau

Die ältesten erhaltenen Massivbauten besitzen Mauern aus regelmäßig aufgeschichteten Wacken, die in der Regel ohne weitere Bearbeitung verbaut wurden. Musste mit unregelmäßigen Steinen eine waagerechte Ebene, z. B. unterhalb von Fenstern, geschaffen werden, wurden die Steine oft schräg versetzt, so dass ähren- oder fischgrätartige Steinmuster entstanden. Die Außenwände zeigen lediglich einen Kellenstrich, d. h. einen mit der Kelle gezogenen Fugenstrich (pietra rasa) (Abb. 43). Außenputz ist bei den Bauten aus dem 12. Jahrhundert in der Regel auf besonders hervorgehobene Bauelemente beschränkt. So besitzt eines der erhaltenen Rundfenster des Langhauses der Pfarrkirche Leutkirch einen mit Putz und zweifarbiger Quadermalerei abgesetzten Fensterbogen (Abb. 44). Im aufgehenden Mauerwerk ist solche Bausubstanz in der Markuskapelle in Neufrach und der Pfarrkirche in Leutkirch nachgewiesen.

Flächiger Außenputz wurde bei diesen Bauten nur dort angebracht, wo Malereien diese Wände schmückten. Reste solcher Malereien blieben an der romanischen Chornordwand von Leutkirch erhalten (Abb. 45). Vergleichbare Befunde sind an der ehemaligen Pfarrkirche St. Michael in Aufkirch bei Überlingen zu beobachten. Im

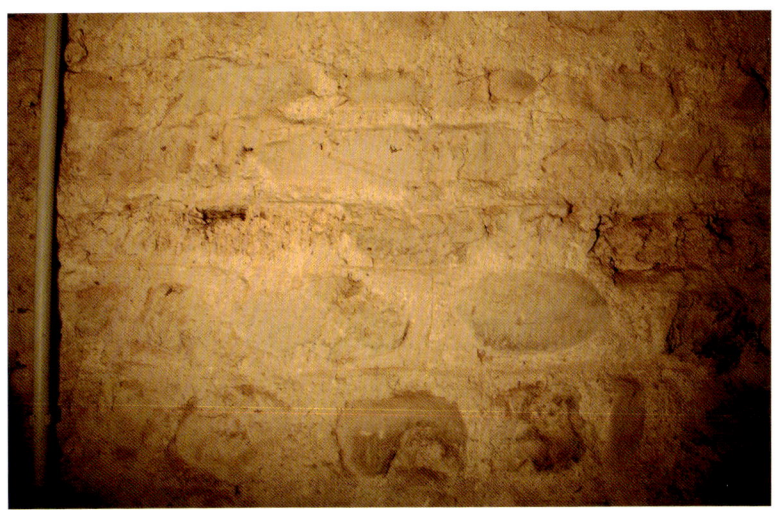

Abb. 43: Leutkirch, ehem. Pfarrkirche Mariae Himmelfahrt: Wackenmauerwerk mit Kellenstrich an der romanischen Chornordwand

Abb. 42: Salem: Engelskonsole aus den spätgotischen Konventgebäuden, nach 1697 als Spolie verbaut.

61

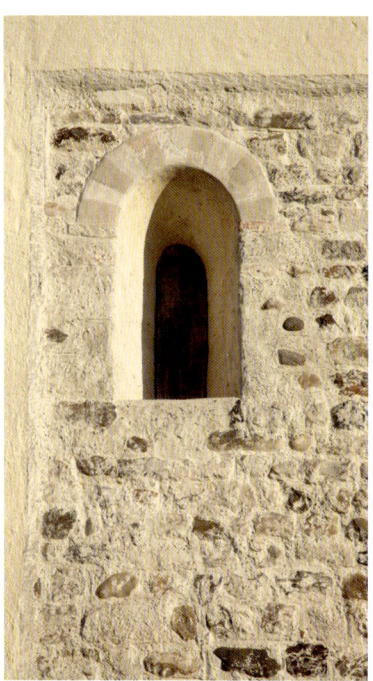

Abb. 44: Leutkirch, ehem. Pfarrkirche Mariae Himmelfahrt: Putzrahmung eines Fensters an der romanischen Langhausnordwand

Inneren dürften diese Bauten einen einfachen Wandputz besessen haben.

Wacken wurden bis in das 18. Jahrhundert als Baumaterial verwendet. Auch der Neubau der Pfarrkirche Weildorf aus der Zeit kurz vor 1300 besteht aus reinem Wackenmauerwerk. Spätestens ab dem 15. Jahrhundert wurden die Wacken vor dem Einbau zerteilt und grob zurecht gerichtet, um sie gemeinsam mit Bruchstein und Backsteinen verbauen zu können (Abb. 46). Viele der bis in das 18. Jahrhundert als Baumaterial genutzten Wacken dürften dabei aus Abbruchmaterial stammen, das bei den jeweiligen Neu- oder Umbauten wieder verwendet wurde.

Bei den frühen, in diese Technik errichteten Bauten sind die Kanten an den Fenster- und Türgewänden sowie die Gebäudekanten ebenfalls aus Wacken gebildet. Wohl ab dem späten 12. Jahrhundert werden zunächst an den Gebäudekanten, dann auch an den Tür- und Fenstergewänden Werksteine verwendet, die meist mit Verzahnungen in das Wackenmauerwerk einbinden. Sehr gut ist das bis heute

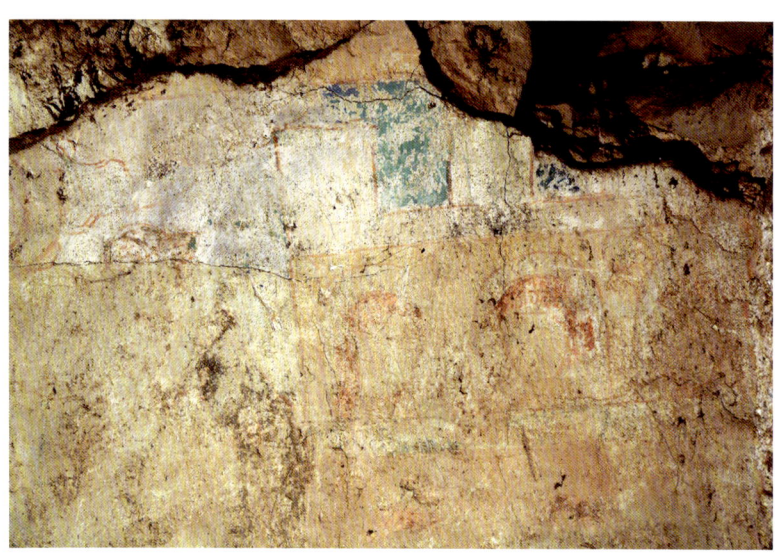

Abb. 45: Leutkirch, ehem. Pfarrkirche Mariae Himmelfahrt: Rest eines Außenputzfeldes mit Malerei, vor der Mitte des 15. Jahrhunderts

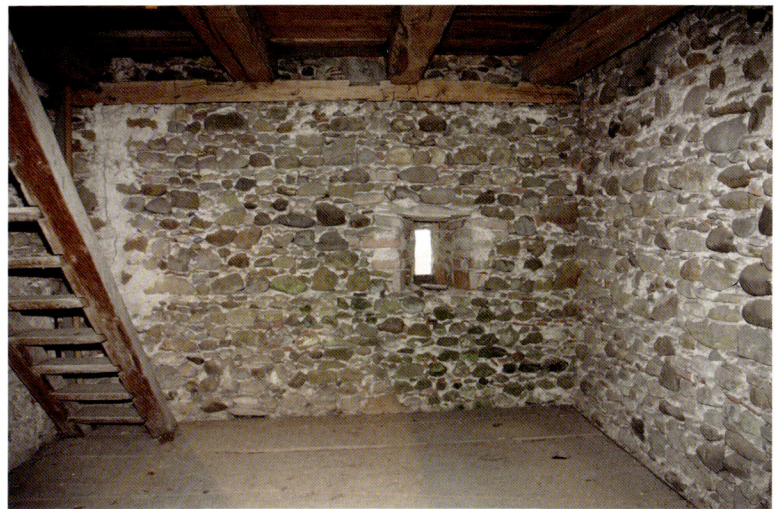

Abb. 46: Neufrach, Markuskapelle: Mauerwerk im Obergeschoss des Chorturms, Anfang 16. Jahrhundert

an den Gebäudekanten des Kirchturms von Seefelden (Abb. 47) und den Fenstern in dem wohl nie voll ausgebauten ersten Obergeschoss zu beobachten (Abb. 48).

Wacken wurden vor allem auch für Fundamente verwendet. Da viele der Salemer Bauten entweder in Seenähe oder unweit von Wasserläufen errichtet wurden und die Fundamentunterkante der Massivbauten daher oft unterhalb des Grundwasserspiegels liegt, boten sich die Wacken hier als Baumaterial besonders an. So bilden beispielsweise unvermörtelte Wackenlagen die unteren Bereiche der Fundamente des Salemer Münsters. Die Wacken liegen dabei vermutlich auf einem Geflecht von Ästen, die eine gleichmäßige Verteilung der Lasten auf den verschiebbaren Untergrund gewährleisten sollen. Eine vergleichbare Vorbereitung des Baugrundes konnten Mittelalterarchäologen bei der Untersuchung der Fundamente des Konstanzer Pfleghofs dokumentieren. Besonders belastete Bereiche wurden zusätzlich mit Pfahlgründungen und Balkenrosten gesichert.

Bei den Fundamenten des Salemer Münsters sind die Wacken nur oberhalb

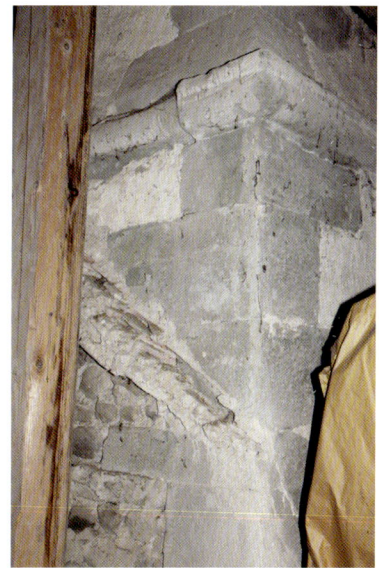

Abb. 47: Seefelden, Pfarrkirche St. Martin: Nordwestkante des Turms oberhalb des Dachanschlusses für den spätromanischen Chor. Dieser Bereich war seit der zweiten Hälfte des 15. Jahrhunderts unter Dach und zeigt die bewitterte Oberfläche des aus dem ersten Drittel des 13. Jahrhunderts stammenden Mauerwerks ohne spätere Veränderungen.

63

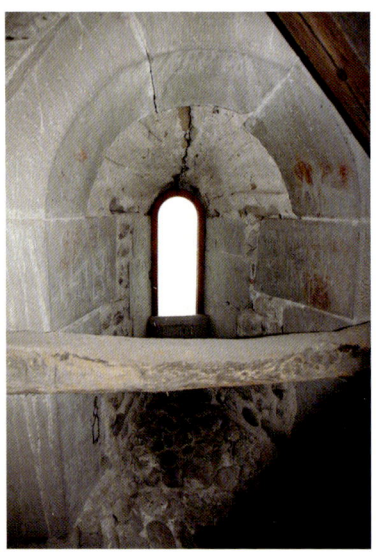

Abb. 48: Seefelden, Pfarrkirche St. Martin: Südfenster des ersten Turmobergeschosses. Deutlich erkennbar sind die Einbindung der in Werkstein ausgeführten Gewändequader in das Wackenmauerwerk und die Abdrücke der Schalung für den gemauerten Fenstersturz.

des normalen Grundwasserspiegels vermörtelt. Erst kurz unterhalb des Sockels werden die Wacken mit Molassesandsteinen vermischt und die Fugen schmaler.

Holzgründungen für Massivbauten waren bis zur Aufhebung der Reichsabtei weit verbreitet. Dabei traf man auch besondere Vorsorge für diese sehr empfindlichen Fundamente, denn die Hölzer durften nie trocken werden. Man musste daher gewährleisten, dass der Grundwasserspiegel nie einen Minimalstand unterschritt. Als man ab 1698 das neue Hofgebäude in Salem errichtete, gründete man den Ostflügel mit dem Kaisersaal ebenfalls auf eichene Balkenroste. Der Aachkanal, der anlässlich des Neubaus umgeleitet werden musste, verläuft heute parallel zum Ostflügel. Im Bett des Kanals befinden sich Vorrichtungen für Stellbretter, die bei Niedrigwasser verhindern, dass das Wasser zu schnell abfließt bzw.

bei extremem Niedrigwasser überhaupt nicht mehr abfließen kann. Auf diese Weise soll verhindert werden, dass der Grundwasserspiegel unter den kritischen Grenzwert absinkt. Entsprechende Vorrichtungen waren bereits in der Zisterzienserabtei Maulbronn im dortigen mittelalterlichen Klosterkanal vorhanden. Zur Kontrolle des Grundwasserspiegels gibt es im Keller unter der Prälatur einen Pegelschacht. Vergleichbare Pegelschächte sind in den von Kilian Ignaz Dientzenhofer (1689–1751) errichteten Neubauten des Zisterzienserklosters Plaß (Plasy) in Böhmen vorhanden.

Bruchstein

Wohl ab dem 15. Jahrhundert verwendete man auch im Linzgau und in Oberschwaben zunehmend Bruchstein beim Massivbau. Dabei handelte es sich in der Regel um die lokal vorhandenen Gesteine, d. h. insbesondere die unterschiedlichen Varietäten der Molassesandsteine im Bodenseeraum und Oberschwaben. In den Besitzungen auf der Alb und westlich des Bodensees wurden bereits die mittelalterlichen Bauten in Bruchsteinmauerwerk ausgeführt (Abb. 49). Die Steine sind in der Regel nur grob zugerichtet und meist mit reichlich Mörtel versetzt.

Ab dem 15. Jahrhundert werden häufig unterschiedlichste Materialien wie zerschlagene Wacken, Bruchstein und Backstein miteinander kombiniert (Abb. 50).

Werkstein- oder Quaderbau

Der Werksteinbau ist besonders arbeitsintensiv und wurde daher nur bei wichtigen oder bedeutenden Bauten verwendet. Der größte erhaltene Werksteinbau des Klosters ist das Salemer Münster. In der Regel sind solche Quaderwände zweischalig aufgebaut. Dies bedeutet, dass es auf je-

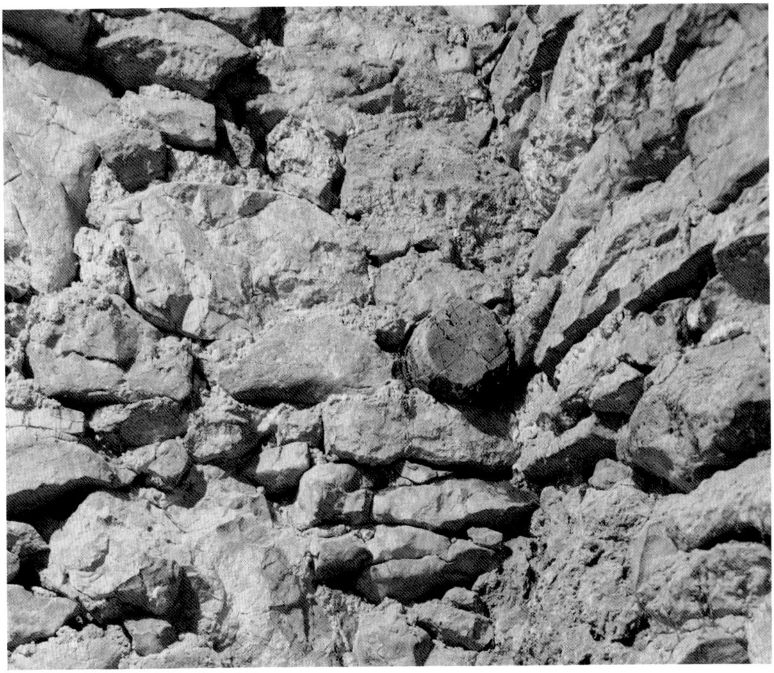

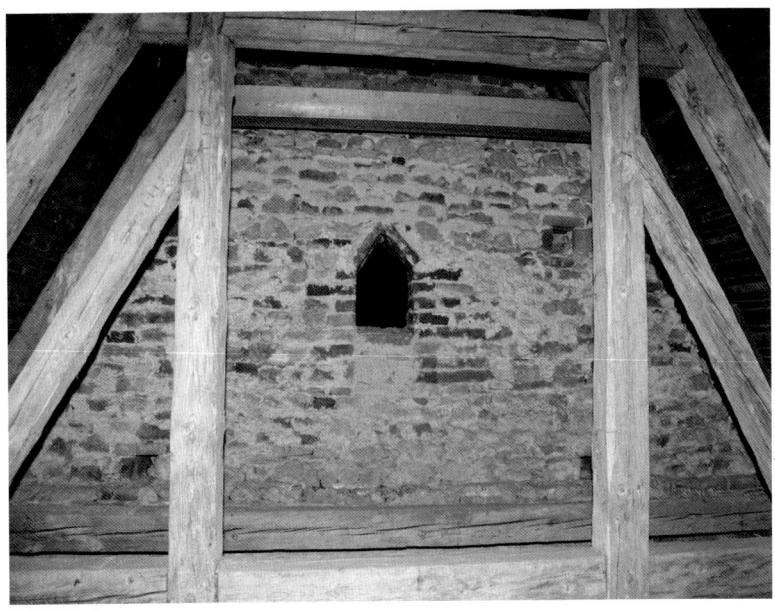

Abb. 49: Frankenhofen, Pfarrkirche St. Martin: Bruchsteinmauerwerk in den spätmittelalterlichen Turmuntergeschossen

Abb. 50: Schemmerberg, Pfarrkirche St. Martin: Ostgiebel des Langhauses

der Seite der Mauer eine aus Quadern aufgesetzte Mauerschale gibt. Einzelne Quader verbinden diese Mauerschalen um die Mauer zu stabilisieren. Der Raum zwischen diesen Mauerschalen wurde mit Gesteinsabschlägen, Abbruchmaterial oder Wacken aufgefüllt und mit Mörtel vergossen. Bei einer guten Qualität desselben entstand auf diese Weise ein überaus kompaktes und belastbares Mauerwerk. Mörtel und Fugenstärke wurden dabei auf die Besonderheiten der verbauten Gesteine abgestimmt. Dies war insbesondere bei den Molassesandsteinen, die ein ungewöhnlich hohes Quellvermögen bei der Aufnahme von Feuchtigkeit besitzen, von besonderer Bedeutung. Hier wurden die Quader mit vergleichsweise breiten Fugen (Abb. 51) und einem relativ weichen Mörtel verbaut, um Schäden an den Quadern zu verhindern, die bei deren Ausdehnung im Fugenbereich durch erhöhten Kantendruck entstehen können. Derartige Vorkehrungen waren bei der Verwendung von Kalksteinen oder ande-

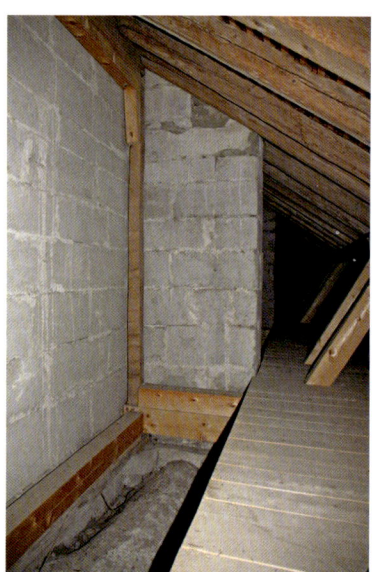

Abb. 51: Salem, Münster: Quaderverband am Langhausobergaden

ren Sandsteinen nicht notwendig. Am Salemer Münster wurden zum Kircheninnenraum hin die weißen Fugen mit einem grauen, sehr feinkörnigen Fugenmörtel abgedeckt (Abb. 52). Im Bereich des Chors und des Chorumgangs ist zudem ein aufgemaltes rotes Fugennetz (Abb. 53) vorhanden, das nicht immer dem tatsächlichen Fugenverlauf folgt und ein regelmäßigeres Mauerwerk suggeriert.

Die Steinmetze und Steinhauer des Mittelalters besaßen ein großes Wissen um die Qualität und die Verwendungsfähigkeit der Gesteine. So wurden teilweise kleinste Vorkommen von Gesteinen abgebaut. Dies betrifft insbesondere die sehr unterschiedlichen Varietäten der Molassesandsteine. Besonders gut lässt sich dies bis heute am Salemer Münster beobachten, wo eine in nur geringer Menge vorkommende, in frischem oder nassem Zustand hell-blaugrün erscheinende Varietät der Salzwassermolasse gezielt für stark druckbelastete Bauteile, wie beispielsweise die Pfeiler des Chors und des Chorumgangs oder die Sockel der Dienste, verwendet wurde. Zu Beginn des Bauwesens scheinen die Vorkommen noch reichlich gewesen zu sein, denn hier finden sich in der Erdgeschossebene auffallend viele solcher Steine verbaut. Auch viele der bauzeitlichen Platten für die Fenstermaßwerke bestehen aus diesem Material (Abb. 54). Als man mit der Errichtung des Langhauses begann, scheint sich bereits die Verknappung dieses Baumaterials abgezeichnet zu haben. Das noch verfügbare Material blieb daher den stark belasteten untersten Steinlagen der Mittelschiffpfeiler und den Sockeln der Dienste in den Seitenschiffen vorbehalten.

Entsprechend ihrer Witterungsbeständigkeit wurden die Varietäten am Außen- oder Innenbau eingesetzt. Besonders ausgewählt wurden die Werkstücke für die Fenstermaßwerke und jene für die Gewölberippen und Schlusssteine. Unpassende

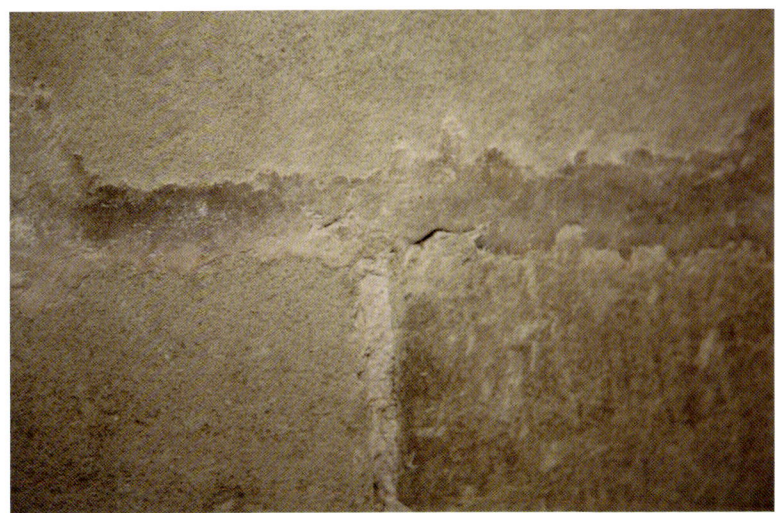

Abb. 52: Salem, Münster: Grauer Fugenmörtel in Bereich des Chorumgangs

oder verhauene Steine wurden im Bereich der Sargmauern unterhalb der Seitenschiffdächer verbaut (Abb. 55). In diesem Bereich finden sich auch vereinzelt Spolien vom Vorgängerbau.

Die Steinbrüche für die am Münster verbauten Steine dürften in der unmittelbaren Umgebung zu suchen sein und zeichnen sich heute durch teilweise verstürzte Abbruchkanten in der Landschaft ab. Deutlich Spuren des Steinabbaus sind bis heute im Aachtobel oberhalb von Bruckfelden zu beobachten. Der Abbau lokaler Gesteine als Baumaterial lässt sich bis in das späte 18. Jahrhundert im Salemer Herrschaftsgebiet belegen.

Die lokal anstehende Süßwassermolasse zeigt sich in dem oft hohe Luftfeuchtigkeitswerte aufweisenden Klima im Linzgau erstaunlich beständig. Da der Stein aber vergleichsweise weich ist, ist er sehr empfindlich bei Windschliff, d. h. einer Erosion, die durch Staubpartikel insbesondere an dem feuchten Stein hervorgerufen wird. Solche Schäden stellen sich vor allem an scharfkantigen, dem Wind ausgesetzten Profilen und Kanten ein, sowie an Bauteilen, die schlecht ab-

trocknen. Diesem Schadensphänomen versuchte man seit dem 15. Jahrhundert vorzubeugen, indem man gerade für diese besonders exponierten oder beanspruchten Bauteile Salzwassermolassesandstein aus Rorschach einführte. Als man nach dem Klosterbrand 1697 rasch eine große Menge an Werksteinen benötigte, bestellte man sowohl aus Rorschacher als auch aus Bregenzer Brüchen Quader, die im Steinbruch bereits auf ein Rohmaß zurechtgearbeitet waren. Das zu liefernde Steinmaterial wurde dabei zuvor von den Salemer Steinmetzmeistern oder den Maurermeistern im Steinbruch begutachtet. Nach der ersten Lieferung gab es jedoch Probleme mit der Maßhaltigkeit der Steine und es stellte sich heraus, dass die Steinhauer in Bregenz und in Rorschach mit unterschiedlichen Schuhmaßen rechneten. Daraufhin wurde in Salem öffentlich verkündet, dass für die Salemer Baumaßnahmen der Nürnberger Werkschuh als Einheits- und Richtmaß festgelegt sei und die Lieferanten wurden verpflichtet, dieses Maß bei der Dimensionierung der von ihnen gelieferten Quader zu benutzen.

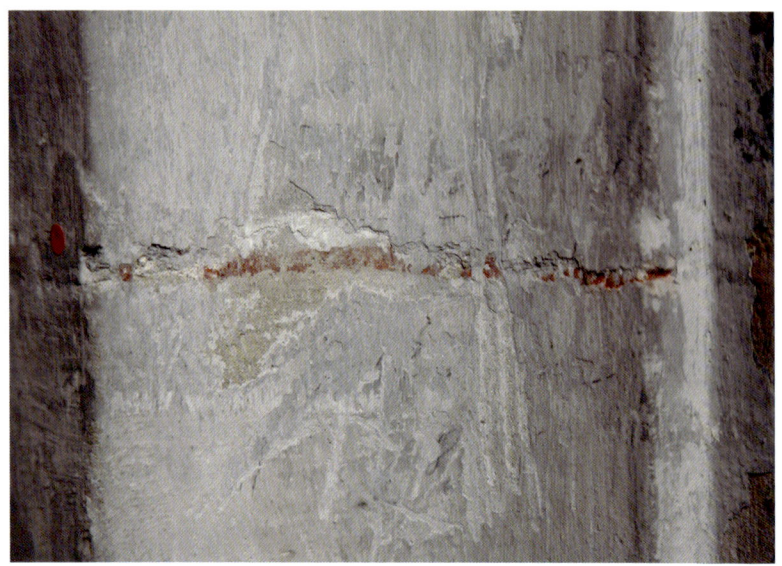
Abb. 53: Salem, Münster: Reste der roten Fugenfassung im Bereich des Chorumgangs

Die Steinlieferungen aus Bregenz und Rorschach konnten den Abbau der lokalen Süßwassermolasse nie vollständig ersetzten. Bis zur Aufhebung der Reichsabtei wurden regelmäßig auch die lokalen Molassesandsteine abgebaut.

Für Gewölbe benutzte man im 13. und 14. Jahrhundert vornehmlich Kalktuffe (Abb. 56). Dabei handelt es sich um Quelltuffe, wie sie an kalkhaltigen Quellen, beispielsweise an der Aachquelle, entstehen. Dieses Material ist verhältnismäßig leicht, verfügt aber über eine hohe Druckfestigkeit. Aus solchen Kalktuffen bestehen etwa die hochgotischen Gewölbe des Salemer Münsters. Im 15. Jahrhundert beginnen Backsteine den Kalktuff als Wölbmaterial zu verdrängen.

Backsteinbau

Die Funde in Salem und den zugehörigen Besitzungen belegen, dass man dort bereits im 12. Jahrhundert die Brenntechnik zur Herstellung großformatiger Dachziegel beherrscht hat. Trotz der reichen und qualitätvollen Tonvorkommen im Bereich des Klosters wurden vorerst keine Backsteine hergestellt bzw. als Baumaterial verwendet. Bis in das 15. Jahrhundert bilden Wacken und Molassesandsteine neben Holz das vorherrschende Baumaterial. Ab dem 15. Jahrhundert lassen sich in der näheren Umgebung zunehmend Backsteine und aus Ton hergestellte Formsteine bei Baumaßnahmen nachweisen. Ab dem späten 15. Jahrhundert sind die Namen der Salemer Ziegler überliefert. Zu den frühesten Erwähnungen zählt 1496/97 ein Bruder Michael, bei dem es sich um einen Konversen des Klosters gehandelt haben dürfte. Ab 1498/99 wurde die Ziegelhütte wohl in Form eines Lehen an Externe vergeben.

Zu Beginn des 17. Jahrhunderts hatte sich ein grundsätzlicher Wandel im Bauwesen eingestellt. Die dem Kemptener Maurermeister Balthasar Seuff verdingten Neubauten sollten alle in Backsteinmauerwerk ausgeführt werden. Steinmetzarbeiten waren vornehmlich auf die Einfassungen von Türen und Fenstern

68

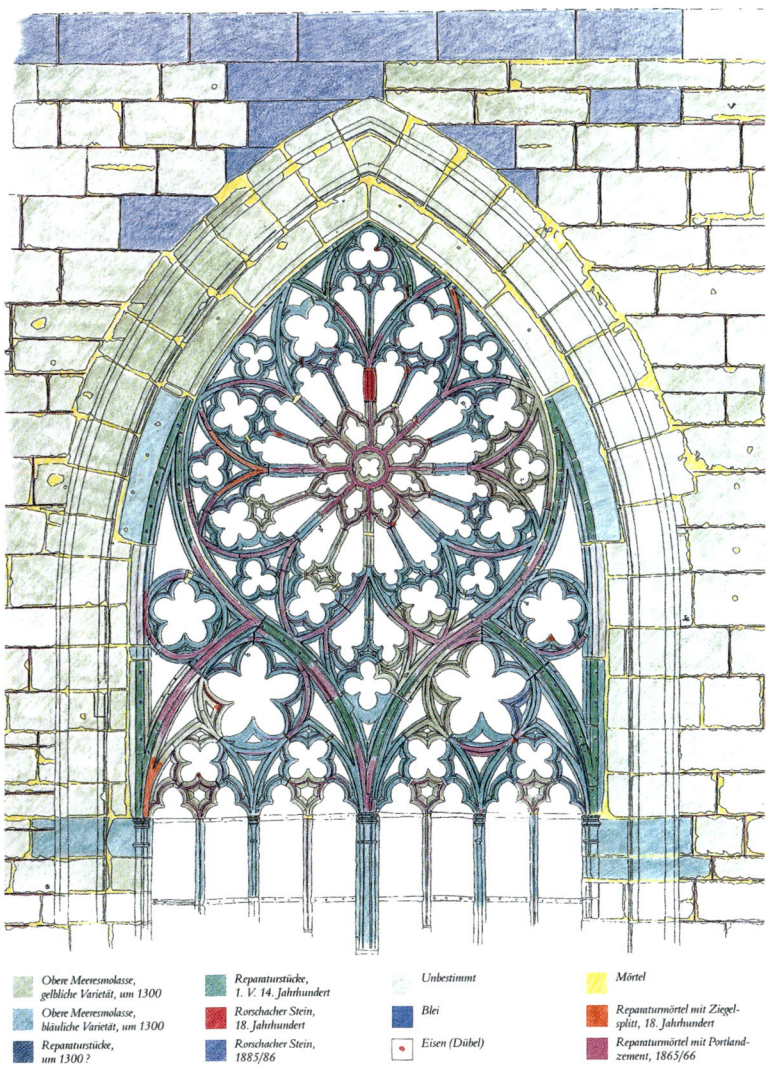

Obere Meeresmolasse, gelbliche Varietät, um 1300		Reparaturstücke, 1. V. 14. Jahrhundert	Unbestimmt		Mörtel
Obere Meeresmolasse, bläuliche Varietät, um 1300		Rorschacher Stein, 18. Jahrhundert	Blei		Reparaturmörtel mit Ziegelsplitt, 18. Jahrhundert
Reparaturstücke, um 1300 ?		Rorschacher Stein, 1885/86	Eisen (Dübel)		Reparaturmörtel mit Portlandzement, 1865/66

Abb. 54: Salem, Münster: Maßwerkfenster der nördlichen Querhausarms mit Kartierung der Gesteinsvarietäten.

und auf die Glieder der Gewölbe reduziert. Zu Herstellung der notwendigen Backsteine und Formsteine unterhielt das Kloster in Stefansfeld, etwa im Bereich des heutigen Gemeindehauses, eine eigene Ziegelei. Reichten die hier produzierten Backsteine nicht aus, wurden von

auswärtigen Ziegeleien Backsteine und anderes zugekauft.

Als nach dem Klosterbrand 1697 der Wiederaufbau rasch begonnen werden sollte, kam das Kloster einem möglichen Lieferengpass bei den Baumaterialien dadurch zuvor, dass man zwischen Stefans-

69

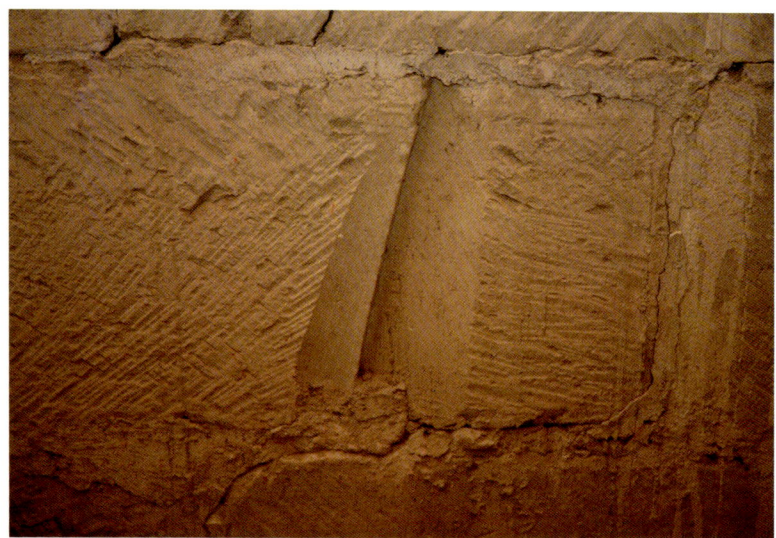

Abb. 55: Salem, Münster: Nördlicher Langhausobergaden. Quader mit abgearbeiteten Dienstvorlagen, die nach einer Verformung des Baus nicht mehr verwendet werden konnten und daher in der Sargmauer des Langhausobergadens verbaut wurden.

feld und Neufrach, auf Neufracher Markung eine zweite Ziegelhütte, die sogenannte äußere oder neue Ziegelhütte, einrichtete. Damit die Erzeugnisse beider Ziegelhütten auch problemlos nebeneinander verbaut werden konnten, erhielten die Ziegler in den beiden Ziegelhütten jeweils einen identischen Satz von Modeln für die verschiedenen benötigten Backsteinformate, für die normalen Dachplatten, für die Münsterplatten und für die unterschiedlichen Typen der Hohlziegel.

Im 17. und 18. Jahrhundert wird die Backsteintechnik die vorherrschende Bauweise bei herrschaftlichen Gebäuden. Dabei gelangten in der Regel großformatige Backsteine in der Größe 33 x 15,5 x 7,5 cm zum Einsatz.

Auch bei der Einwölbung hatten sich die Backsteine seit dem 15. Jahrhundert zunehmend durchgesetzt. Um das Gewicht der Einwölbung möglichst gering zu halten, beispielsweise bei besonders flach gespannten Gewölben oder komplexen Gewölbefiguren, stellte man beson-

dere Leichtbaubacksteine her. Bei ihnen war dem Ton/Lehm Spreu beigemengt worden, das während des Brandes rückstandslos verglühte. An der Stelle der Spreu bildeten sich unregelmäßig angeordnete Hohlräume. Sie waren wesentlich leichter als die Vollsteine, besaßen aber aufgrund der unregelmäßigen Hohlraumstruktur eine hohe Druckfestigkeit. So waren diese Steine gerade für Einwölbungen besonders geeignet, wurden aber auch für einfache Trennwände verwendet, die an statisch problematischen Bereichen errichtet werden mussten.

Bei der Verwendung von Backsteinen gibt es regional erhebliche Unterschiede. So lässt sich in den Besitzungen im Bereich der Alb und im Tal der Iller deutlich früher ihre Verwendung nachweisen. Mit einem Format von 33,5 x 17 x 7 cm sind sie ähnlich groß wie die großformatigen Backsteine aus den beiden Salemer Ziegelhütten (Abb. 57). Für Fensterstürze und Gewölbe wurden noch schmalere Steine verwendet. Oft wurden sie hier auch mit

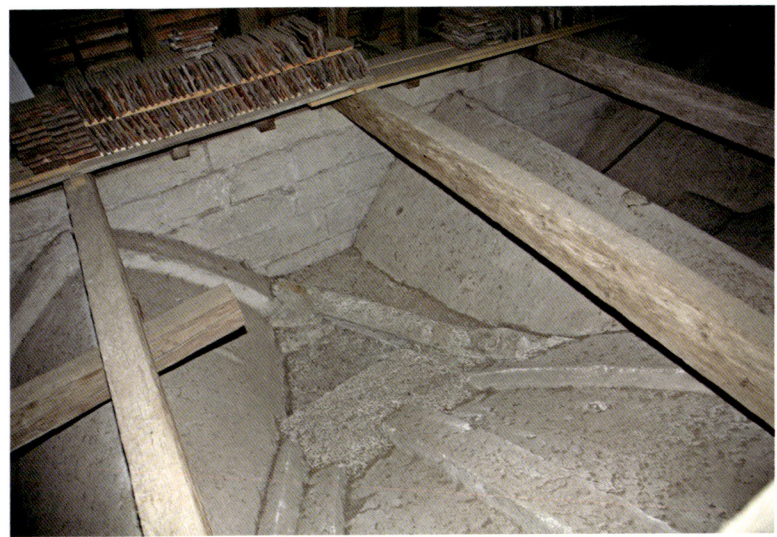

Abb. 56: Salem, Münster: Abbruchkante eines Gewölbes über dem ehemaligen Binnenpolygon

anderen Baumaterialien gemischt. Der Chorneubau der Pfarrkirche von Schemmerberg aus den 1480er Jahren verfügt beispielsweise über ein Wackenmauerwerk mit regelmäßigem Backsteindurchschuss (Abb. 58). Solches Mauerwerk hatten bereits die Römer bei ihren Bauten in Gallien verwendet. Im Bereich von Iller und Lech ist diese Mauertechnik auch für die Zeit um 1200 nachgewiesen.

Der Mangel an gut bearbeitbaren Natursteinen führte hier auch bald zu der Verwendung von Formbausteinen aus Ton. So sind beispielsweise die Rippen, Schlusssteine und Rippenanfänge des Chorgewölbes der Pfarrkirche Schemmerberg (1486/88) und der Kapelle in Stetten bei Ehingen als Formsteine (Abb. 59, 60) gebildet. Die Verwendung gebrannter Formsteine lässt sich auch an den Salem unterstellten Frauenklöstern, insbesondere in den Klöstern Wald und Heiligkreuztal, beobachten.

Die Backsteintechnik führte zu einer eigenen Formensprache in der Architektur.

Komplizierte und fein ausgearbeitete Profile, wie sie für die Werksteinarchitektur des Salemer Münsters und den davon abhängigen Bauten charakteristisch sind, waren in dieser Technik kaum ausführbar. Dementsprechend zeichnen sich die Bauten im Verbreitungsgebiet der Backsteinarchitektur durch einfachere Profilgebung, gerade eingeschnittene Fenstergewände und gezogene Putzprofile über Kernen aus Backsteinen und Dachziegeln aus (Abb. 61).

Holzbau

Beim Holzbau unterscheidet man den Holzmassivbau und den Holzgerüstbau. Unter den bislang bekannt gewordenen Befunden im Salemer Klosterterritorium lassen sich bislang nur Holzgerüstbauten nachweisen. Bei diesen definieren die Bundständer, d. h. die Vertikalhölzer in den Endpunkten und den Schnittpunkten der Abbundachsen die horizontalen und vertikalen Felder des Gerüsts. Als Abbund

71

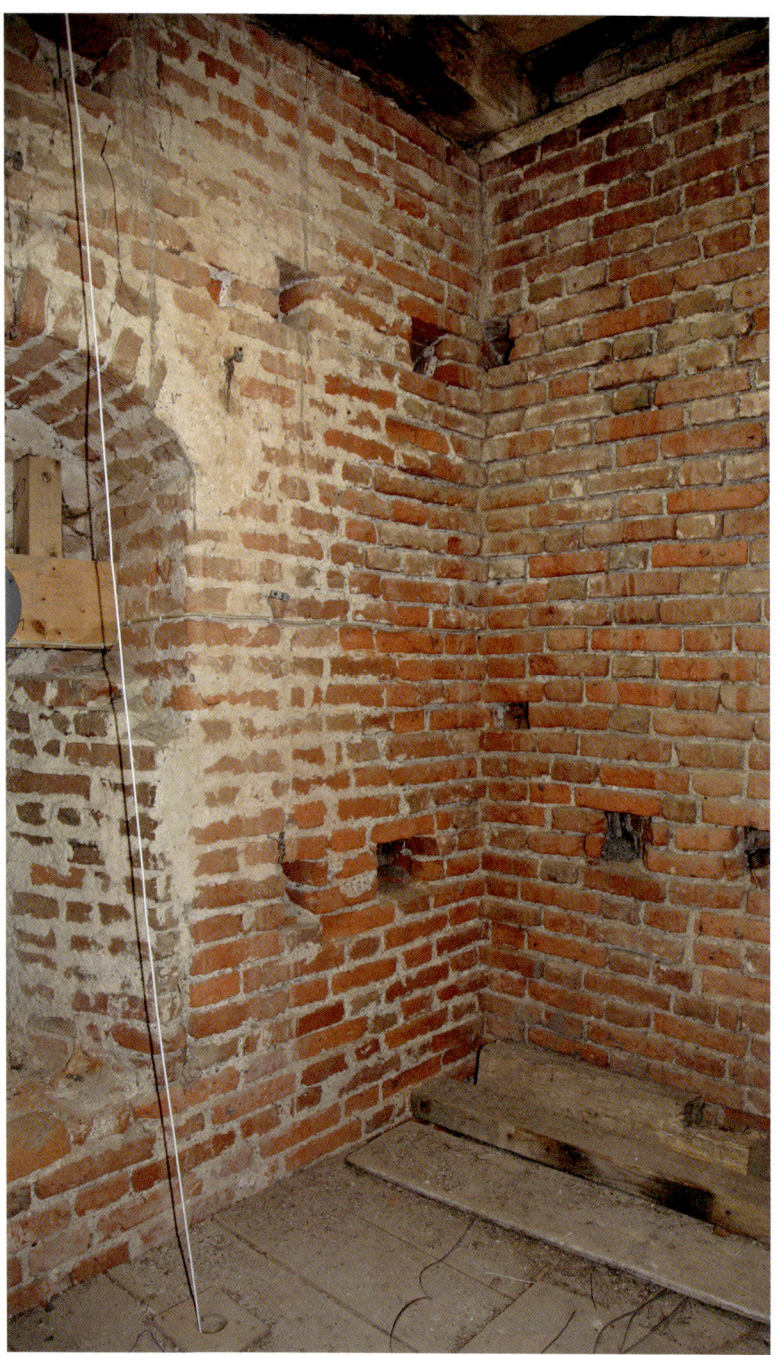

Abb. 57: Schemmerberg, Pfarrkirche St. Martin: Turmobergeschoß, Backsteinverband der Innenschale

72

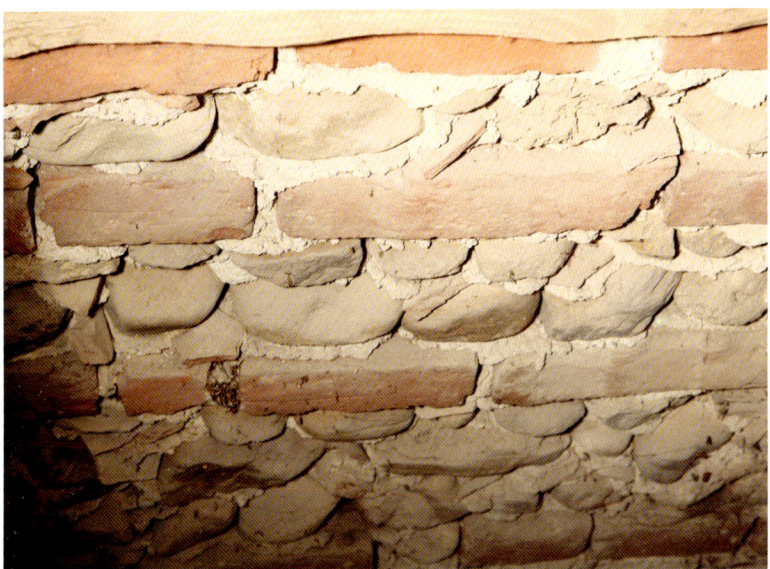

Abb. 58: Schemmerberg, Pfarrkirche St. Martin: Wackenmauerwerk mit regelmäßigem Ziegeldurchschuss an dem 1488 vollendeten Chorneubau

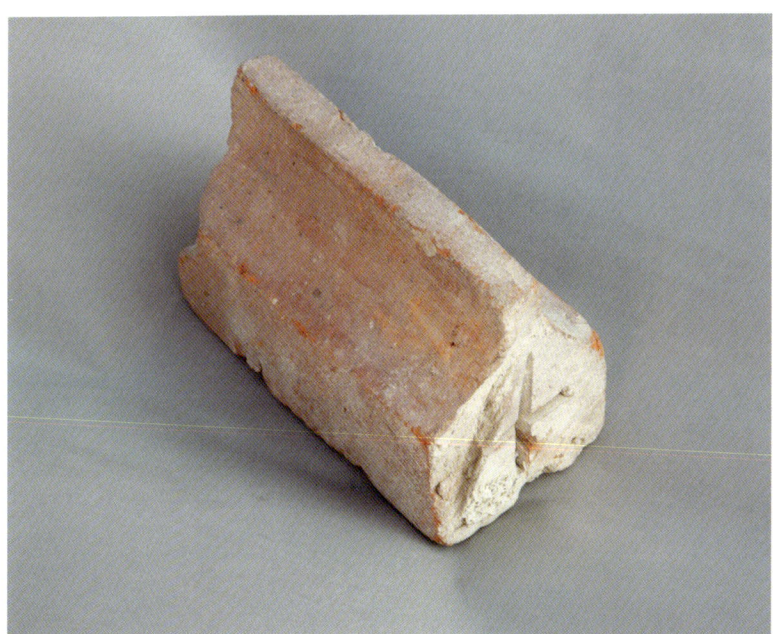

Abb. 59: Stetten bei Ehingen, Kapelle St. Bernhard: Fragment einer tönernen Gewölberippe. An der Stirnfläche ist eine kreuzförmige Vertiefung angebracht, um einen besseren Halt des Versatzmörtels zu gewährleisten.

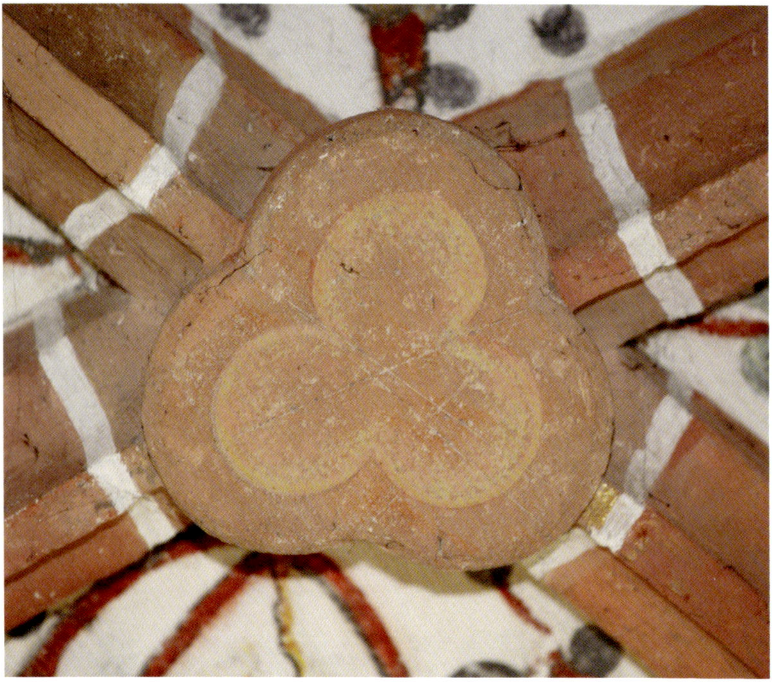

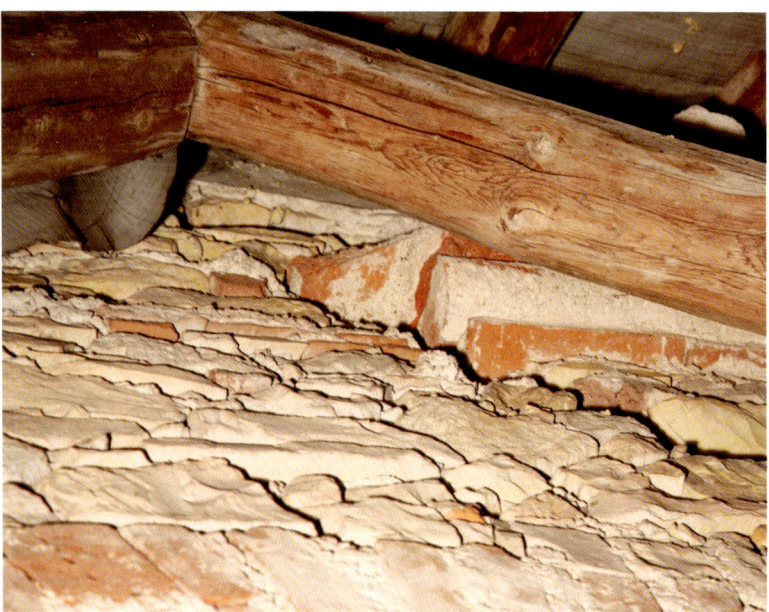

Abb. 60: Stetten bei Ehingen, Kapelle St. Bernhard: Schlußstein aus einem Ziegelformstein

Abb. 61: Unterelchingen, Pfarrkirche St. Michael: Gesimsausbildung am Ostgiebel des Langhauses

74

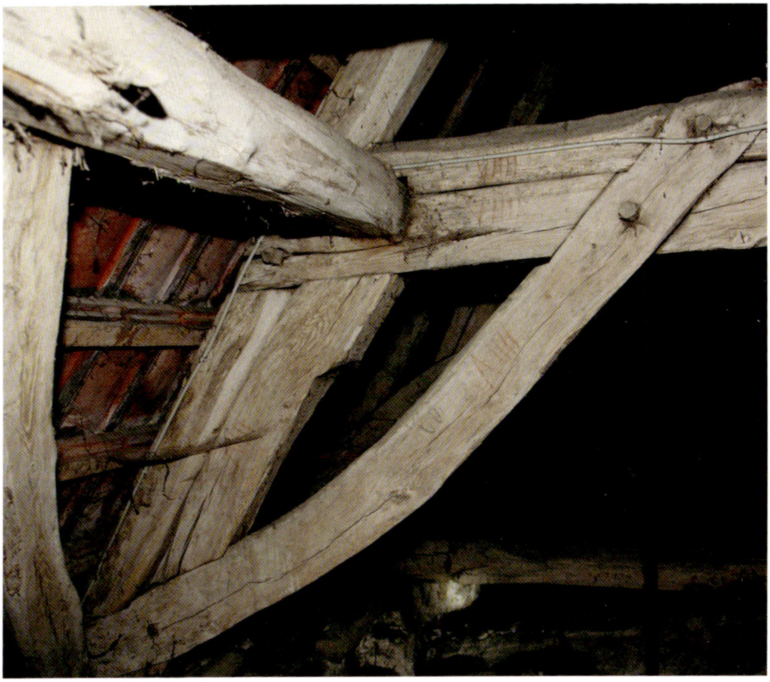

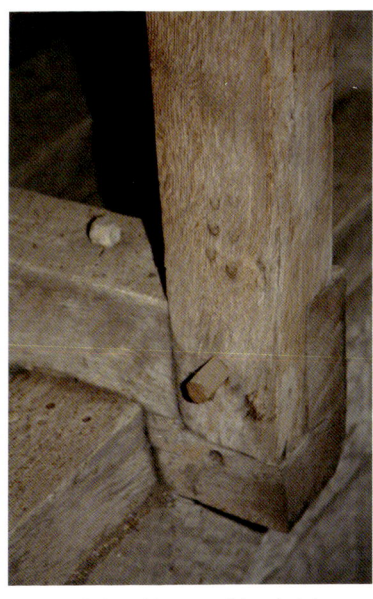

Abb. 62: Setten bei Ehingen, Kapelle St. Bernhard: Abbundzeichen in Rötel

Abb. 63: Salem, Münster: Abbundzeichen am Chordachwerk

bezeichnet man die Gesamtheit der gerüstbildenden Hölzer in einer Längs- oder Querachse eines Holzgerüsts. Die in der Regel saftfrischen Hölzer wurden von den Zimmerleuten auf dem Abbundplatz, einem freien ebenen Platz, beschlagen, aufeinander angepasst und erstmals zusammengesetzt. Um die Teile später wieder eindeutig identifizieren zu können, wurden die Hölzer auf dem Abbundplatz markiert. Diese Abbundzeichen kennzeichnen die Einbauposition des jeweiligen Holzes innerhalb des Gerüstbaus. Oft wurden die Abbundzeichen nur mit Rötel auf der Stirnseite des Abbunds markiert (Abb. 62). Für eine dauerhafte Markierung wurden die Zeichen häufig noch in das frische Holz eingeschnitten oder ausgekerbt (Abb. 63). Bei den mittelalterlichen Bauten bestanden die Abbundzeichen oft aus Symbolen, später aus Zählzeichen. Um die beiden Seiten eines Abbunds auseinan-

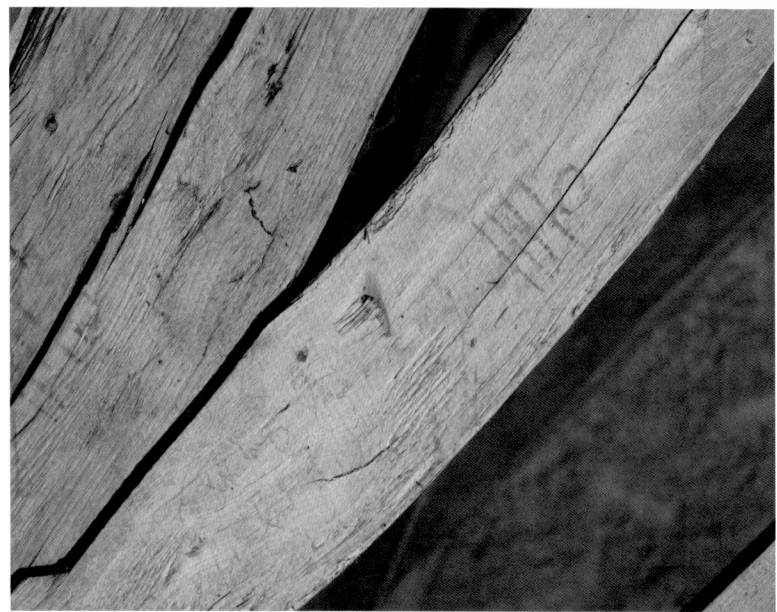

Abb. 64: Schemmerberg, Pfarrkirche St. Martin: Abbundzeichen mit Seitenmarkierung im Chordachwerk

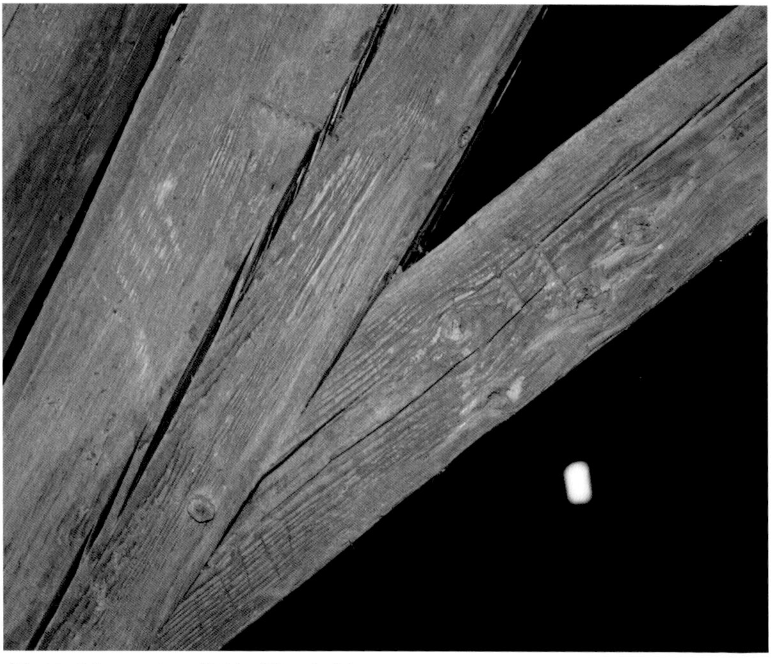

Abb. 65: Schemmerberg, Mühle: Abbundzeichen

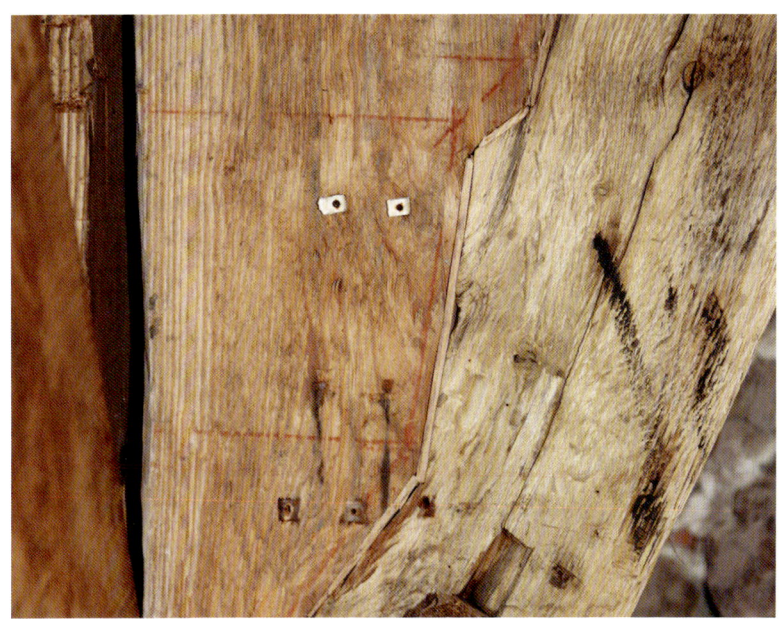

Abb. 66: Langenschemmern, Mauritiuskapelle: Vorzeichnung in Rötel für die Ausarbeitung der Blattsasse für ein Kopfband

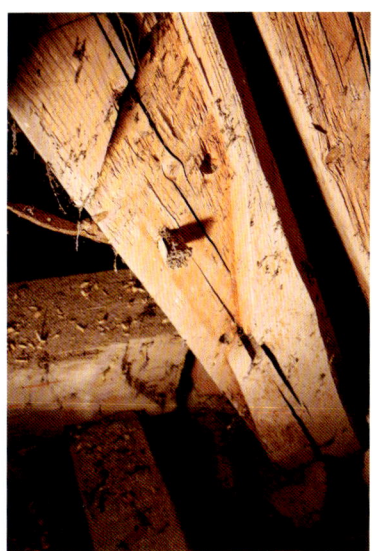

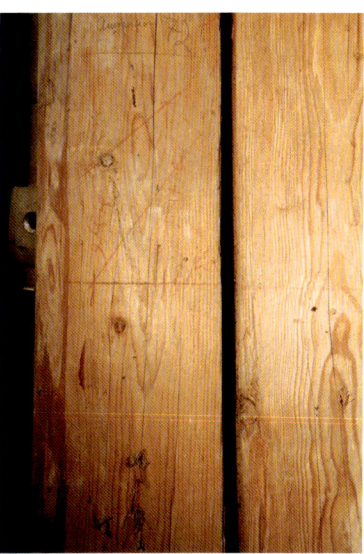

Abb. 67: Sulmingen, Pfarrkirche St. Dionysius Areopagita: Blattsasse mit Bohrspuren von der Fixierung der Blattschablone am spätmittelalterlichen Dachwerk des Langhauses

Abb. 68: Unterelchingen, Pfarrkirche St. Michael: Skizze zur Dimensionierung eines Daches über dem Zugang zum Turm an einem der Hängehölzer des Chordachwerks mit detaillierten Maßangaben

derhalten zu können, benutzte man entweder unterschiedliche Symbole für die beiden Seiten oder man markierte ein Seite mit einem zusätzlichen Zeichen. Spätestens ab dem 15. Jahrhundert wird die Zählung mit römischen Ziffern üblich. Zur Seitenmarkierung waren Beizeichen in Form eines waagerechten Strichs oder eines kleinen hochgestellten Kreises (Abb. 64) verbreitet. Bei Sonderkonstruktionen, wie dem Dachwerk eines polygonalen Chorschlusses oder im Bereich von Kehlen und Dachverschneidungen, wurden abweichende Zeichen und Zählungen verwendet. Ab dem 17. Jahrhundert wurde die Zählung der Abbünde in Form von Kerben mit Ausstichen (Fähnchen) üblich (Abb. 65). Bei mehrstöckigen Abbünden bezeichnen Beizeichen den exakten Einbauort des Holzes.

Hilfslinien für die Ausarbeitung der Holzverbindungen wie der Blattsassen, der Blätter, der Zapfen oder der Zapfenlöcher wurden mit Kohle, zumeist aber mit Rötel auf den Hölzern angebracht. Schnurschläge erleichterten dabei die Arbeit. Im Dachwerk der Mauritiuskapelle in Langenschemmern finden sich detaillierte Vorzeichnungen für die mehrfach verzahnten Blätter der Kopfbänder (Abb. 66). War eine hohe Maßgenauigkeit bei sich wiederholenden Verbindungen erforderlich, arbeitete man mit Schablonen. Das spätmittelalterliche Dachwerk über dem Langhaus der Pfarrkirche von Sulmingen war auf der Unterseite mit einer Holztonne verschalt. Die Bohlenschalung war auf die an der Unterseite entsprechend der Tonnenwölbung ausgearbeiteten Sparrenknechte, Kopfbänder und Kehlbalken aufgenagelt. Damit alle Gebinde dieselbe Krümmung aufweisen, wurden die Vollgebinde nach demselben Muster angefertigt. Für die Blattsassen der schräg eingebauten Sparrenknechte gab es Schablonen, die mit Holznägeln am Sparren fixiert wurden, um die Konturen des Blattes zu übertragen. In den heute lee-

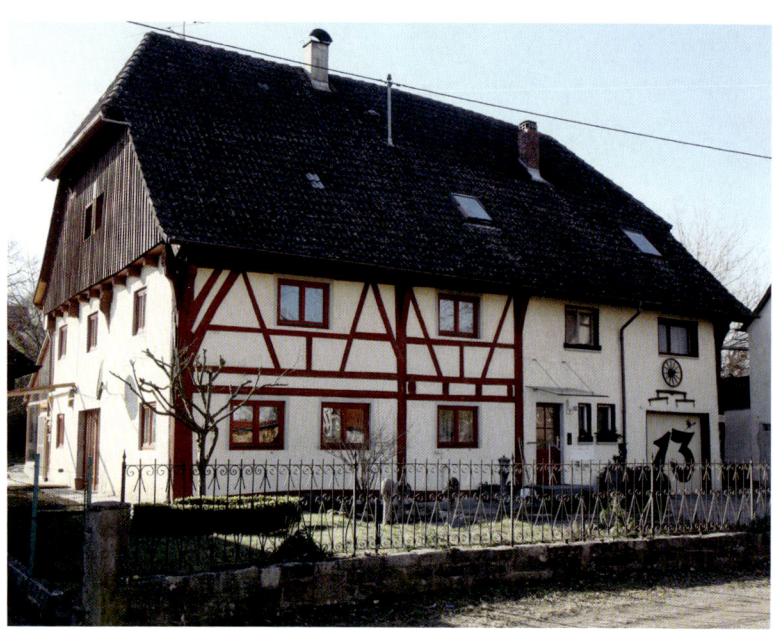

Abb. 69: Mimmenhausen, Tüfinger Str. 13

78

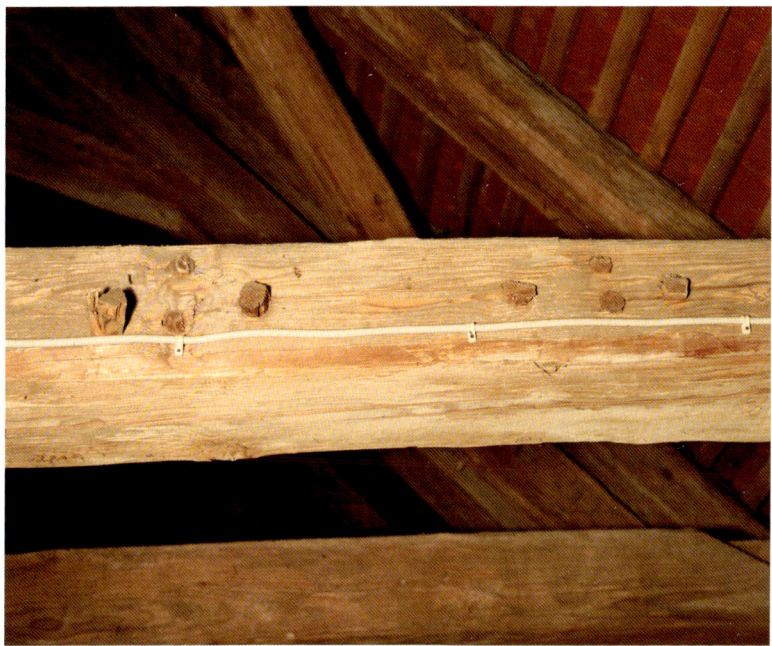

Abb. 70: Unterelchingen, Pfarrkirche St. Michael: Dachwerk inschriftlich datiert 1722; Flößereispuren

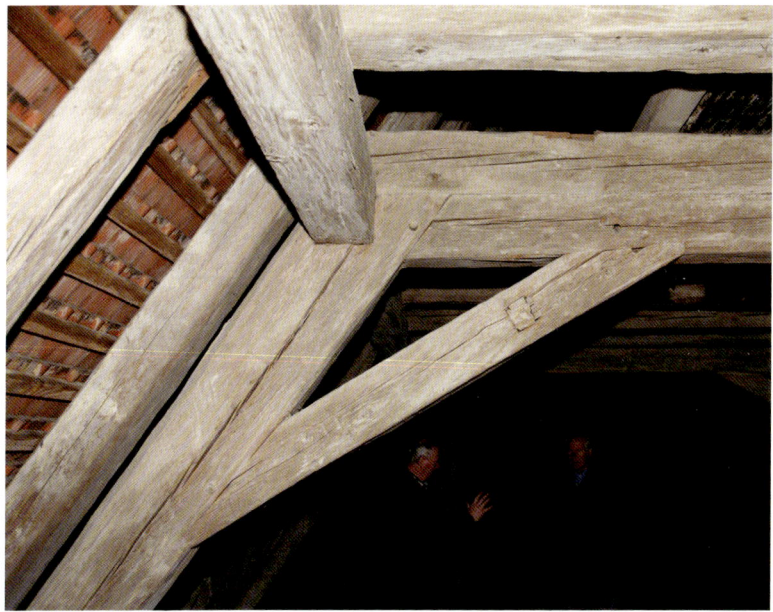

Abb. 71: Schemmerberg, Mühle: zurückgearbeitetes eichenes Kantholz aus dem Floßverband

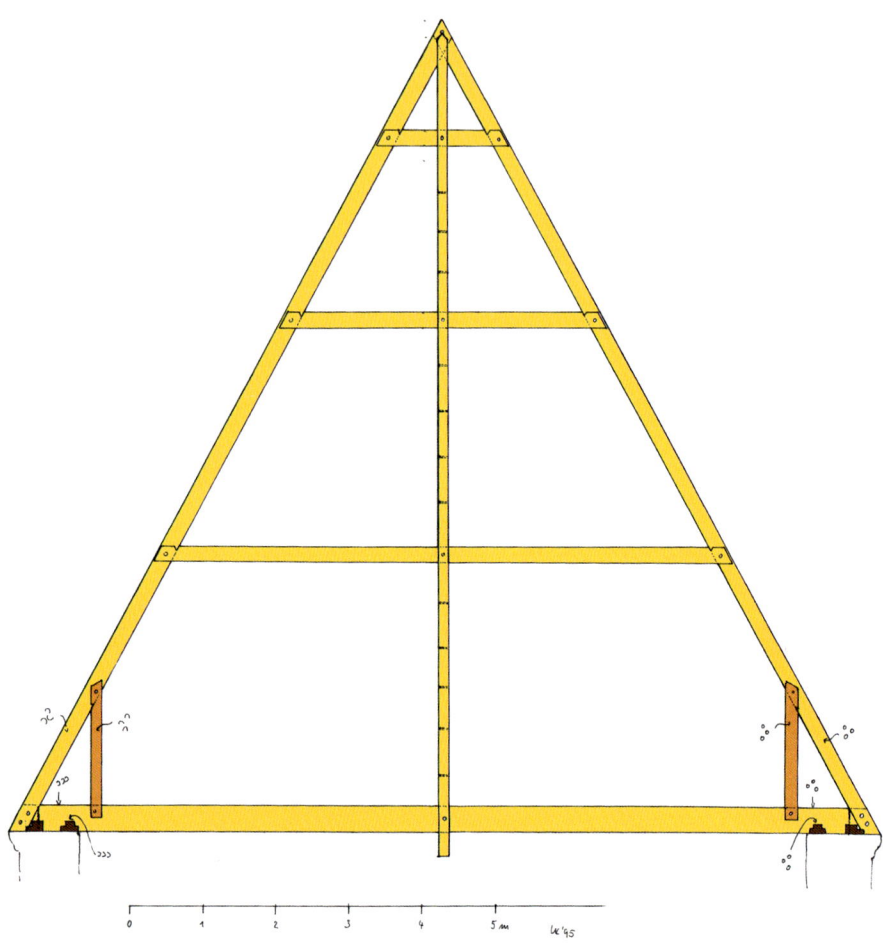

Abb. 72: Salem, Münster: Chordachwerk. M 1:100

ren Blattsassen finden sich jeweils in den Ecken der Blattsassen Spuren von gebohrten Löchern, die zur Fixierung der Schablonen genutzt wurden (Abb. 67).

Oft sind die Dachwerke inschriftlich bezeichnet und datiert. Daneben finden sich zahlreiche Hilfsmarkierungen und erläuternde Aufschriften. Teilweise finden sich auch Konstruktionsskizzen, wie im Chordachwerk der Pfarrkirche von Unterelchingen (Abb. 68).

Wenn alle Hölzer eines Holzgerüsts zugerichtet waren, wurden sie zu dem Bau-

platz transportiert und dort aufgerichtet. Im Falle eines 1700/01 in Urnau erbauten Seldnerhauses mit einer Grundfläche von 44 auf 33 Schuh (ca. 13,4 x 9,9 m) ist dokumentiert, dass das Holzgerüst dieses Hauses von den Zimmerleuten mit zwölf Personen innerhalb eines Tages vollständig aufgerichtet werden sollte.

Die Holzgerüste werden nach der Anzahl der Felder in der Längs- und der Querausrichtung beschrieben. Bei kombinierten Nutzungen in einem Gebäude, wie einem Lehenhaus mit Wohn- und

80

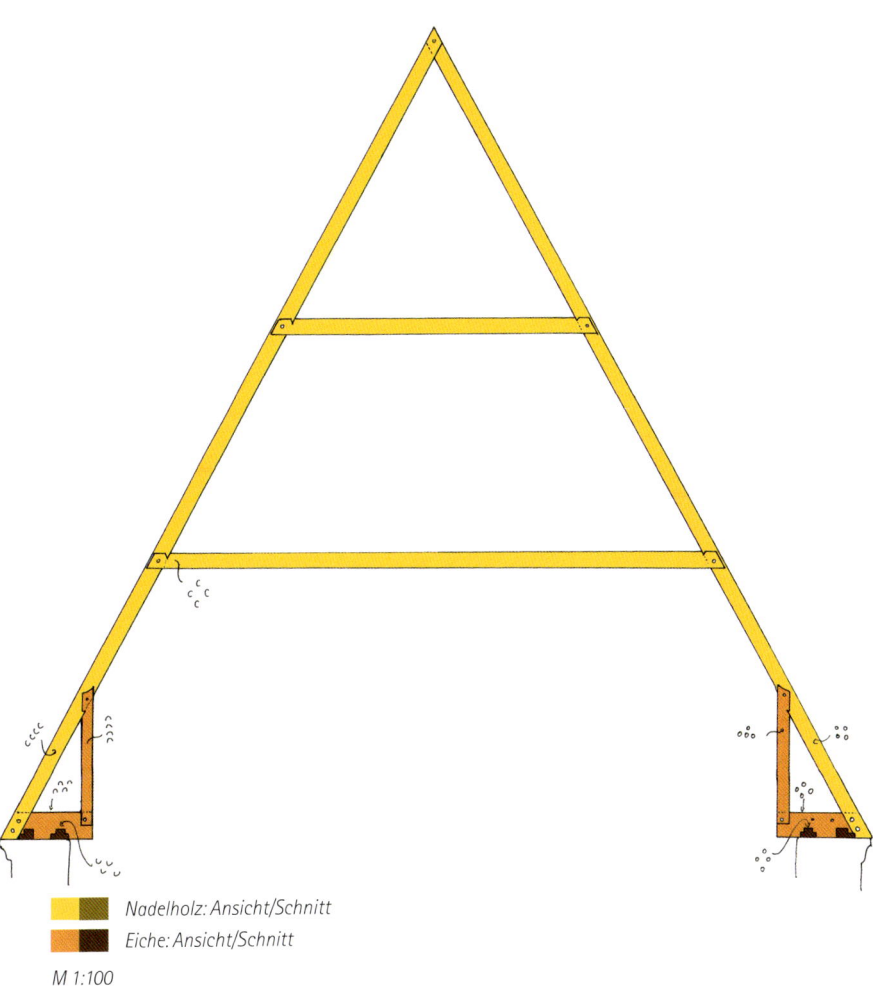

■ *Nadelholz: Ansicht/Schnitt*
■ *Eiche: Ansicht/Schnitt*

M 1:100

Wirtschaftstrakt, kann die Konstruktionsweise wechseln.

Die frühen Bauten weisen gewöhnlich nur einen Stock auf, in den eine oder mehrere Nutzungsebenen eingezogen wurden, und zeigen eine sparsame Verwendung von Holz. Das Bauernhaus Tüfingerstrasse 13 in Mimmenhausen (Abb. 69) gehört diesem Typ an. Bis gegen 1600 scheint es zu einer weiteren Verknappung von Bauholz gekommen zu sein. So zeigt auch das 1595 neu errichte Tafernwirtshaus in Bermatingen (Abb. 172, 173), ein zweistö-

ckiger Gerüstbau mit einem längsgerichteten Satteldach, eine sparsame Verwendung von Gerüsthölzern.

Bei den nach dem Dreißigjährigen Krieg errichteten Bauten wurden deutlich mehr und stärker dimensionierte Hölzer verwendet. Dabei verdrängen die Nadelhölzer zunehmend die Eichen als Rohstoff.

Die Holzgerüste waren sehr flexibel. Die Verbindungstechnik mit Zapfen und Blättern die mit Holznägeln gesichert wurden, erlaubte jederzeit auch wieder die Zerlegung eines solchen Bauwerks. Die Quellen

81

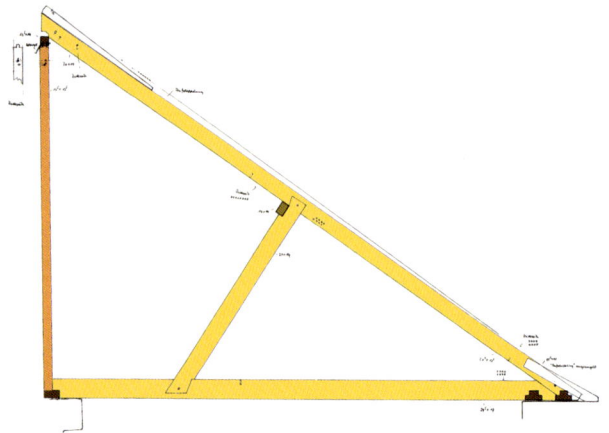

Abb. 73: Salem: Dachwerk südlicher Chorumgang. M 1:100

berichten wiederholt von Bauwerken, die abgetragen und an einem neuen Ort wieder aufgebaut wurden. So verzeichnet die Bursamtsrechnung von 1715/16 einen Ausgabenposten von 112 fl, die dem Zimmer- und dem Maurermeister „wegen abbrechung des Jägers Stehelins Haus und selbes widerum zue Nußdorff aufzurichten, außzumauern und völlig sovil

ihre arbeith angelanget außzuemachen" neben drei Malter Korn und einem Eimer Wein bezahlt wurden.

In den Besitzungen Salems herrschten unterschiedlichste klimatische Verhältnisse und damit verschiedene Wachstumsbedingungen für die Bäume. Zu den ältesten erhaltenen Konstruktionshölzern zählt die äußere Mauerlatte des romani-

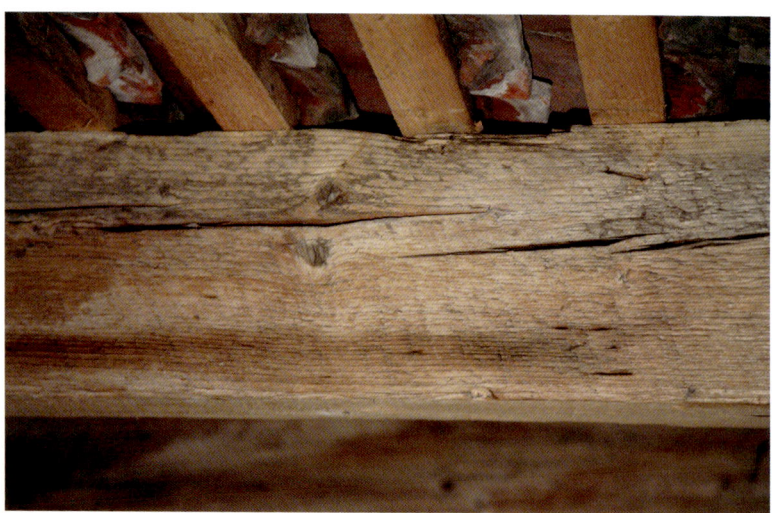

Abb. 74: Salem: Sägespuren an den Hölzern des mittelalterlichen Dachwerks

82

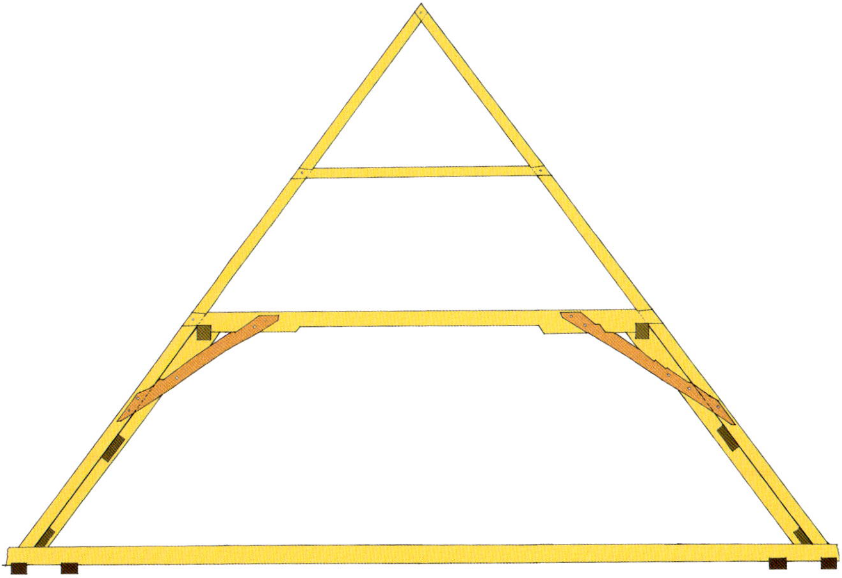

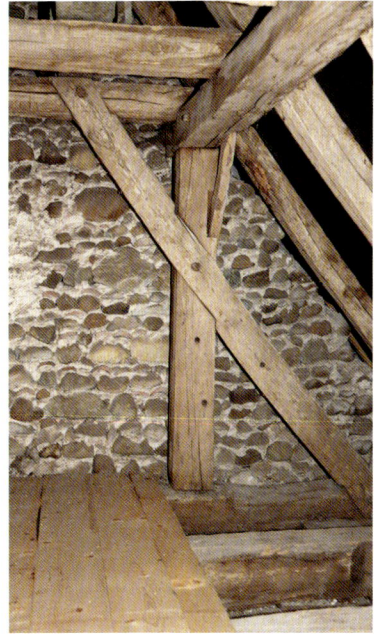

Abb. 75: Leutkirch, ehem. Pfarrkirche Mariae Himmelfahrt: Langhausdach, Querschnitt. M 1:100

schen Chors der Pfarrkirche Leutkirch. Sie besteht aus Eichenholz. Bei den Dachwerken des Salemer Münsters wurden Nadelhölzer und Eichenhölzer miteinander kombiniert. Aus Letzterem sind auf Druck belastete Hölzer wie die Mauerlatten, die Sattelhölzer der Leergebinde sowie die kurzen Sparrenknechte. Aus Nadelholz sind die langen Sparren, die Kehlbalken, die Zerrbalken und die Hängehölzer.

Diese Kombination prägt auch jüngere Dachwerke im Linzgau wie das Langhausdach der Pfarrkirche Leutkirch, ein frühes Dachwerk mit doppeltem liegenden Stuhl. Auffallend sind die eichenen Kopfbänder der Konstruktion. Die jüngeren Dachwerke der Salemer Kirchen und Kapellen im Linzgau sind überwiegend aus Nadelhölzern ausgeführt. Dabei wurde der Holzbedarf eines Jahres im Herbst des Vorjahres festgelegt, sodann die im Winter zu schlagende Holzmenge berechnet. Im Frühjahr schließlich wurde über die endgültige Holzzuteilung entschieden. Bei kurzfristi-

Abb. 76: Kalkreute, Kapelle: Stehender Stuhl des Dachwerksdes Dachwerks

83

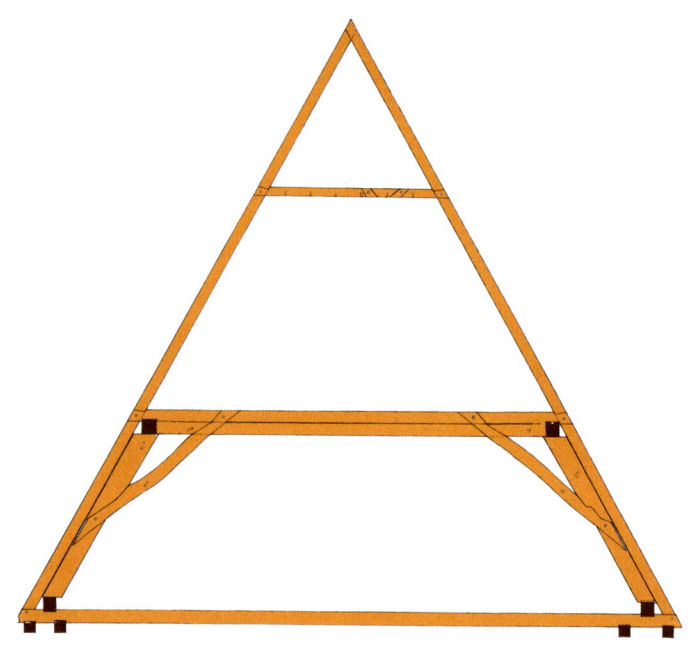

Abb. 77: Schemmerberg, Pfarrkirche St. Martin: Chordachwerk, Querschnitt. M 1:100

gem Holzbedarf waren auch Fällungen zu anderen Jahreszeiten üblich.

Bei den Besitzungen im Hegau, auf der Alb und um Tal von Riß und Iller fanden die Zimmerleute andere naturräumliche Bedingungen vor und verwendeten entsprechend andere Hölzer. Das Chordachwerk der Pfarrkirche Schemmerberg von 1486/87 ist in seinem Grundbestand ausschließlich mit zumeist weitringigen Eichen mit auffallend vielen Ästen und Verwachsungen abgezimmert. Die breiten, kaum Unterschiede aufweisenden Jahrringe zeigen, dass diese Eichen an dauerfeuchten Standorten wuchsen, bei denen sich Wachstumsunterschiede trockener oder heißer Jahre nur wenig auswirkten. Der unregelmäßige Wuchs der Stämme bestimmte die Dimensionierung und Ausformung der Konstruktionshölzer des Dachwerks.

Auch das 1628 datierte Dachwerk über dem Langhaus der Pfarrkirche Frankenhofen besteht ausschließlich aus unregelmäßigen Eichenhölzern. Anders als in den feuchten Niederungen von Riß und Iller fanden die Eichen auf der Alboberfläche viel ungünstigere Wachstumsbedingungen vor. Bei dem während des Dreißigjährigen Kriegs aufgerichteten Dachwerk mit zweifach liegendem Stuhl und doppeltem Hängewerk musste die Konstruktion den vorhandenen Hölzern angepasst werden. Dementsprechend gleicht keiner der Hängebünde dem anderen.

Ab der Mitte des 17. Jahrhunderts wurden auch im Oberamt Schemmerberg und der Pflege Unterelchingen in großem Umfang Nadelhölzer verbaut. Da es an diesen Standorten keine nennenswerten Nadelholzvorkommen gibt, müssen die Hölzer herangeschafft wor-

84

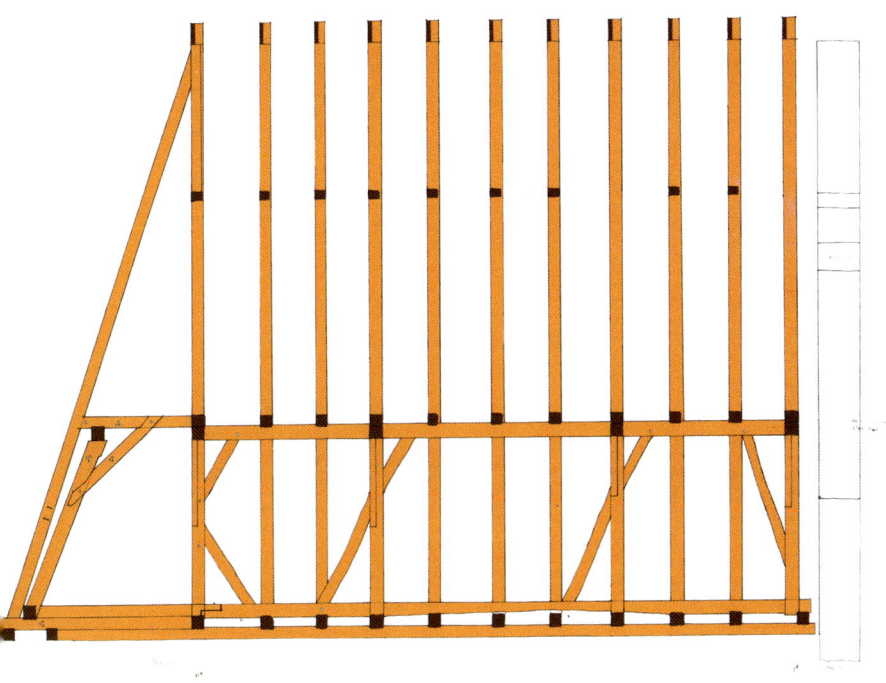

Abb. 78: Schemmerberg, Pfarrkirche St. Martin: Chordachwerk, Längsschnitt, Blick nach Süden. M 1:100

den sein. Sowohl bei den barocken Dachwerken im Oberamt Schemmerberg als auch in der Pflege Unterelchingen weisen die Nadelhölzer übereinstimmende Spuren früherer Verbindungen auf. Es handelt sich dabei um Gruppen von drei oder vier Holznägeln mit denen Wieden, deren Reste oft ebenfalls noch sichtbar sind, verkeilt wurden. Auch einzelne Spuren von Blattsassen an solchen Hölzern dürften auf die Flößerei zurückzuführen sein.

Gruppen von vier Nägeln, die in geringem Abstand voneinander an den Hölzern angebracht wurden, dürften vom Zusammenbinden der Flöße mit einem Querholz stammen (Abb. 70). Ebenso markant sind Reste von eichenen Kanthölzern mit annähernd quadratischem Querschnitt von ca. 9 x 9 cm (Abb. 71). Bei der Bearbeitung der Konstruktionshölzer wurden diese Ei-

chenhölzer bündig zur Oberfläche der Konstruktionshölzer abgearbeitet. Bei den eichenen Vierkanthölzern kann es sich um Stützhölzer für die Ruderstangen der Flößer gehandelt haben. Die Befunde sind sowohl im Dachwerk der Schemmerberger Mühle als auch in Unterelchingen zu beobachten. In Unterelchingen dürften die Hölzer über die Donau geflößt worden sein, in Schemmerberg können sie über die Iller, aber auch über die Donau geflößt worden sein.

Auch für die Besitzungen unmittelbar am Bodensee ist die Verwendung von geflößtem Holz belegt. Als man 1595 das Haus in Sipplingen neu erbaute, bezahlte das Kloster „dem Zimmermaister Jacob Stumppen von dem Holzfellen von ainem land biß an das andere über das wasser zfieren, und davon zu zimmern 304 fl."

85

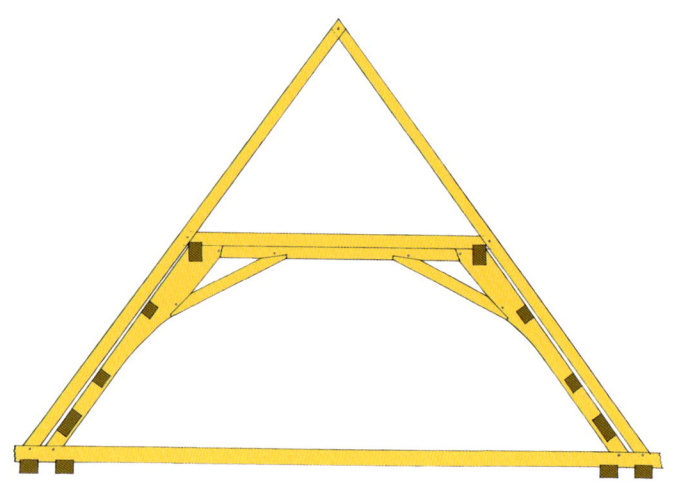

Abb. 79: Leutkirch, ehem. Pfarrkirche Mariae Himmelfahrt: Chordachwerk, Querschnitt. M 1:100

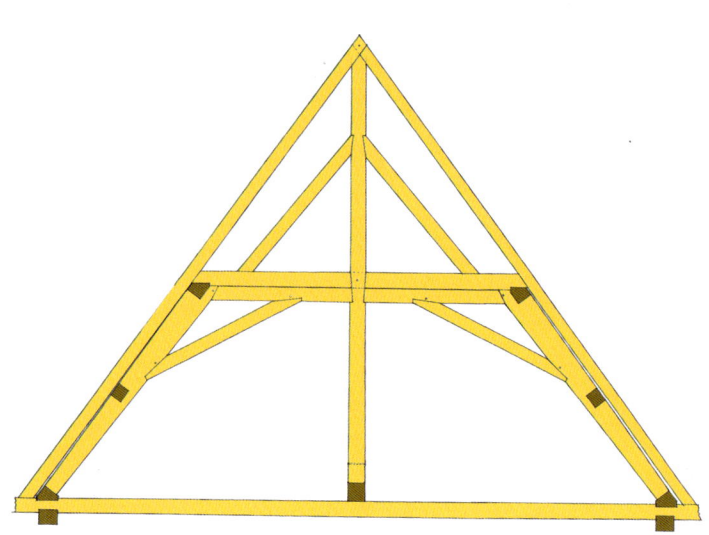

Abb. 80: Weildorf, Pfarrkirche St. Peter und Paul: Dachwerk über dem Langhaus, Querschnitt. M 1:100

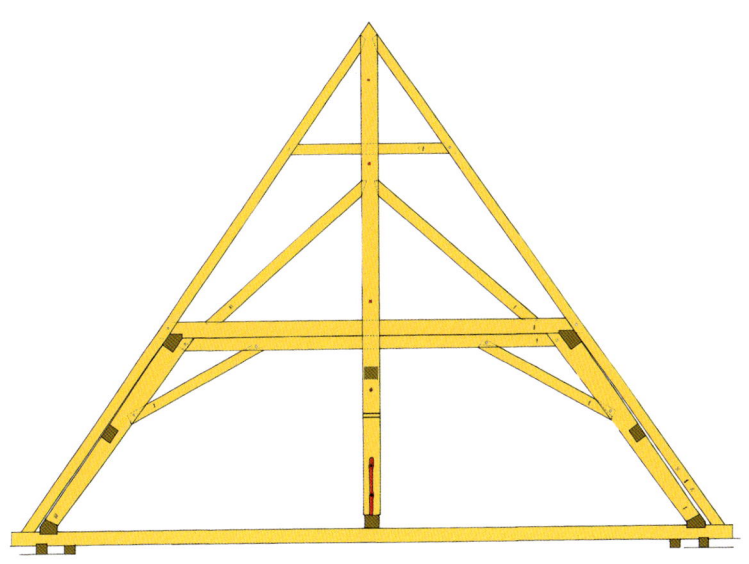

Abb. 81: Griesingen, Pfarrkirche St. Leodegar: Dachwerk über dem älteren Teil des Langhauses, Querschnitt. M 1:100

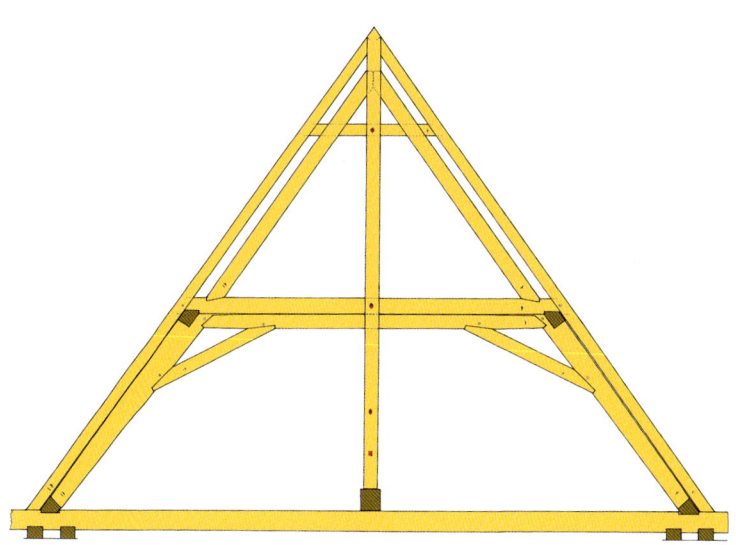

Abb. 82: Griesingen, Pfarrkirche St. Leodegar: Dachwerk über der Westerweiterung des Langhauses von 1794, Querschnitt. M 1:100

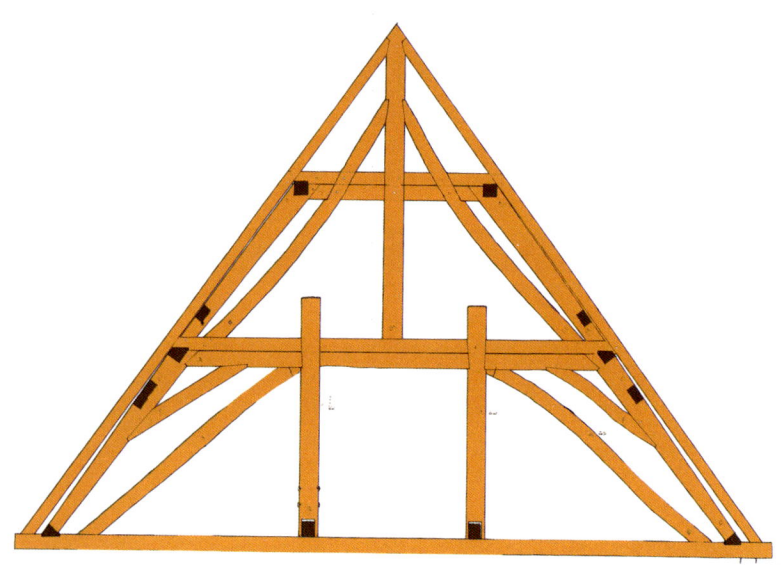

Abb. 83: Frankenhofen, Pfarrkirche St. Martin: Dachwerk über dem Langhaus, inschriftlich 1628 datiert, Querschnitt. M 1:100

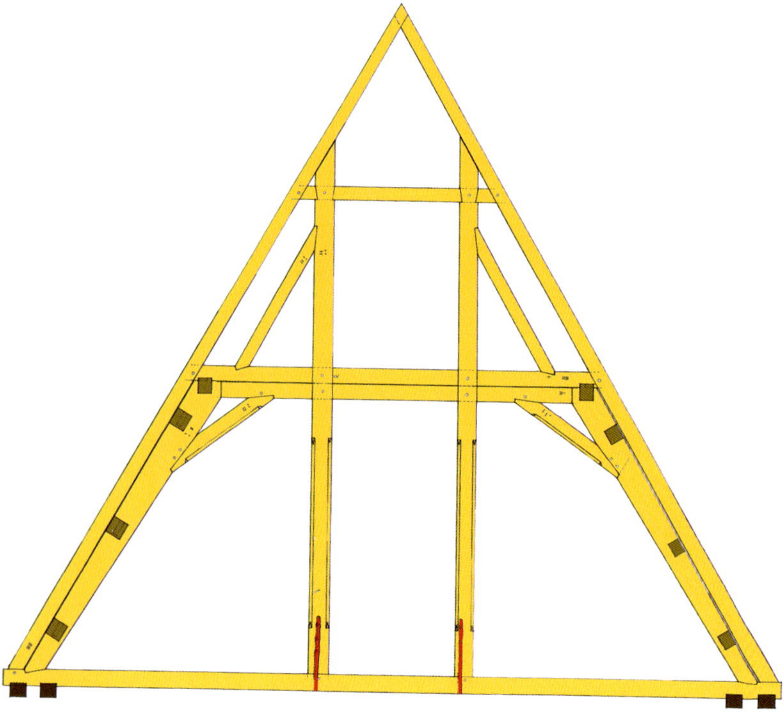

Abb. 84: Schemmerberg, Pfarrkirche St. Martin: Dachwerk über dem östlichen Teil des Langhauses, Querschnitt. M 1:100

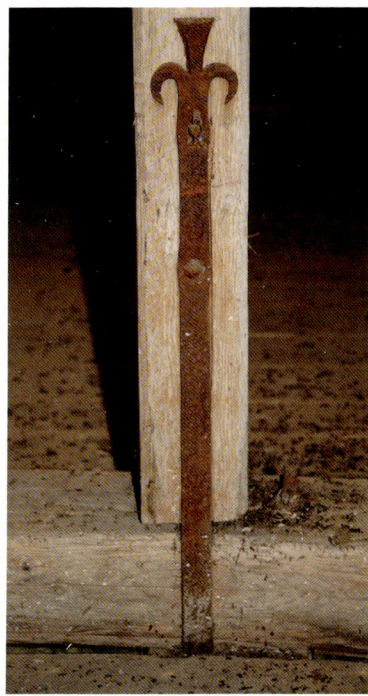
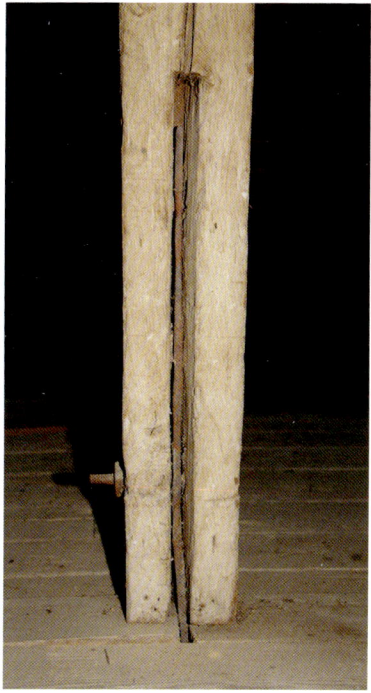

Abb. 85: Mainwangen, Pfarrkirche St. Peter und Paulus: Dachwerk über dem Langhaus. Aufhängung des Überzugs

Abb. 86: Schemmerberg, Mühle: Eisenschwert zur Anhängung eines Unterzugs an das Hängeholz des einfachen Hängewerks

4.2 Die Dachwerke

Der Rest des ältesten Dachwerks im Gebiet des Salemer Klosterterritoriums dürfte das erhaltene Fragment der äußeren nördlichen Mauerlatte über dem romanischen Chor der Pfarrkirche Leutkirch bilden. Die Mauerlatte ist bündig mit der Außenseite der Chorwand angebracht. Die einfach überkämmten Sparren waren in einem Achsabstand von ca. einem Meter verlegt und dürften deutlich über die Außenflucht der Mauer hinausgeragt haben.

Vermutlich aus den Jahren um 1200 dürften die im heutigen Chordachwerk der Pfarrkirche Schemmerberg verbauten Reste der Sparren des Vorgängerchors stammen. Über die Lage der Blattsassen und die Abdrücke am Ostgiebel des Langhauses kann eine Dachneigung

von etwa 46° rekonstruiert werden. Form und Lage der Blattsassen weisen darauf hin, dass es sich um ein Sparrendach mit zwei Kehlbalkenlagen und senkrechten Sparrenknechten an den Fußpunkten handelte. Die Dachlatten waren mit Holznägeln an der Oberseite der Sparren fixiert. Vergleichbare Befunde sind vom Chordach der Stiftskirche Boll, auf 1206/07 datiert, und von mehreren Dachwerken des 14. Jahrhunderts in Landshut bekannt.

Im Vergleich zu diesen Befunden sind die Dachwerke des Salemer Münsters, die ab etwa 1292 in mehreren Bauabschnitten aufgerichtet worden sind, deutlich jünger. Über den Chorumgangsarmen sind Dachwerke angebracht, die einen stehenden Stuhl vor den Sargwänden besitzen (Abb. 72). Die Schwellen und Räh-

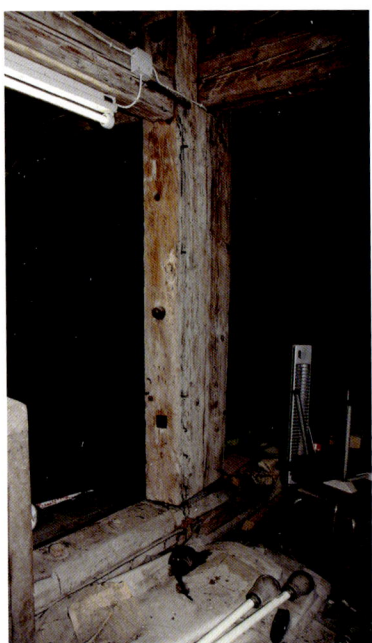

Abb. 87: Griesingen, Pfarrkirche St. Leodegar: Dachwerk von 1794, Anhängung des Überzugs an dem Hängeholz des einfachen Hängewerks

me der Stühle laufen hinter den Strebepfeilern des Hochchors durch, so dass Mauerwerk und Holzkonstruktion miteinander verzahnt sind. Die Sparren liegen auf den mit dem Strebewerk verbundenen Rähmen auf. Sie werden durch Sparrenstreben ausgesteift und tragen Mittelpfetten, die die Sparren der Leergebinde unterstützen.

Bei den Dachwerken über dem Hochchor und dem Langhaus wechseln Vollgebinde mit jeweils drei bzw. zwei Leergebinden. Bei den Vollgebinden handelt es sich um Sparrendächer mit drei Kehlbalkenlagen und einem zusätzlichen Hängeholz (Abb. 73). Dieses diente in erster Linie der Aussteifung des Dachwerks bei Windlast. Die Konstruktionshölzer besitzen auffallend kleine, zumeist hochrechteckige Querschnitte. Die kaum Schwankungen bei den Querschnitten aufweisenden

Hölzer wurden zu einem großen Teil gesägt (Abb. 74).

Nadelholz blieb auch in den folgenden Jahrhunderten die wichtigste Holzart bei den Dachwerkskonstruktionen im Linzgau. Eichen wurden nur sehr vereinzelt eingesetzt. Das weitgespannte Dachwerk über dem Langhaus der Pfarrkirche Leutkirch, ein Sparrendach mit einem zweifach liegenden Stuhl (Abb. 75), besteht überwiegend aus Nadelholz. Nur die Kopfbänder der liegenden Stühle sind aus Eichenbohlen gefertigt. Selbst die Mauerlatten werden zunehmend in Nadelholz ausgeführt. Nur bei den Konstruktionen für die Dachreiter, die der Witterung ausgesetzt waren und die große Lasten, insbesondere die der Glocken, zu tragen hatten, blieb Eiche vorherrschend.

Bei den unmittelbar am Bodensee gelegenen Bauten wurde vornehmlich geflößtes Holz verbaut, das nur in bestimmten Querschnitten zur Verfügung stand. So verfügt das um 1500 geschaffene Dachwerk über dem Langhaus der Pfarrkirche Seefelden beispielsweise in jedem Gebinde über ein Aufhängung für die weit gespannten Deckenbalken. Vollständig ausgeführte Hängebünde sind jedoch nur in den Bundachsen vorhanden. Die Aufhängungen in den Zwischengebinden entlasten dennoch die Hängebünde, die aufgrund der vergleichsweise geringen Querschnitte der für den Dachstuhl verwendeten Hölzer alleine die Last der Deckenbalkenlage vermutlich nicht tragen könnten.

In der Barockzeit wurden die Querschnitte der Konstruktionshölzer immer mächtiger. Die Hölzer sind nun in der Regel allseitig gebeilt. Hölzer mit querrechteckigen Querschnitten wurden nun meist nicht mehr hochkant sondern liegend verbaut. Erst im 19. Jahrhundert, mit der zunehmenden Holzknappheit, wurden die Querschnitte wieder drastisch reduziert.

In den weiter entfernt liegenden Besitzungen ist eine andere Entwicklung

90

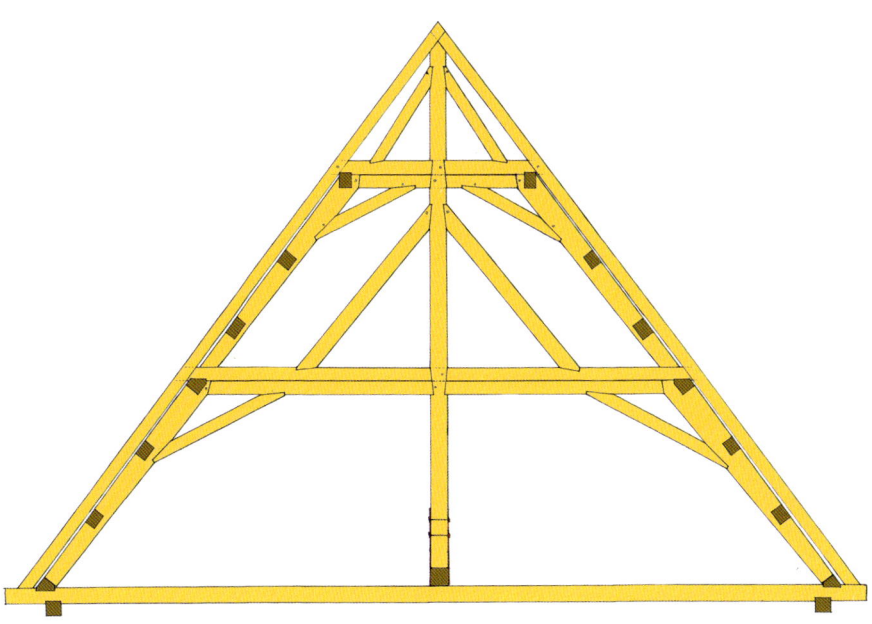

Abb. 88: Mainwangen, Pfarrkirche St. Peter und Paul: Dachwerk über dem Langhaus, Querschnitt. M 1:100

festzustellen. Im Bereich des Oberamts Schemmerberg, des Oberamtes Ostrach und der Pflege Ehingen waren im ausgehenden Mittelalter vollständig in Eiche abgezimmerte Dachwerke üblich. Die Kapelle in Kalkreute bei Ostrach besitzt noch ein Dachwerk mit zweifach liegendem Stuhl und langen, sparrenparallelen Kopfbändern (Abb. 76), das vermutlich aus der Mitte des 15. Jahrhunderts stammt. Auf der kleinen Kapelle in Stetten bei Ehingen haben sich über dem Langhaus und dem Chor die bauzeitlichen Dachwerke aus dem späten 15. Jahrhundert erhalten (Abb. 383). Trotz der geringen Spannweite sind sie als zweifach liegende Stühle abgebunden. Sämtliche Hölzer sind aus Eiche. Gleiches gilt für das Chordachwerk der Pfarrkirche Schemmerberg (Abb. 77, 85), dessen Hölzer im Winter 1486/87 gefällt wurden. Der in Eiche und Nadelholz abgezimmerte zweifach liegende Stuhl über der Kapelle in Langenschemmern wurde 1471 aufgeschlagen. Hier beste-

hen, ähnlich wie in Leutkirch, nur die Kopfbänder aus Eichenbohlen.

Die liegenden Stuhlkonstruktionen des 15. und 16. Jahrhunderts in den Salemer Besitzungen verfügen meist über keine Stuhlschwellen. Die liegenden Stuhlständer sind hier unmittelbar in die Zerrbalken eingezapft. Als Besonderheit sind die Schwellriegel in dem Leutkircher Langhausdachwerk zu nennen.

Ab dem 17. Jahrhundert verdrängt das Nadelholz das Eichenholz fast vollständig aus den Dachkonstruktionen. Die großen Querschnitte und die teilweise erheblichen Längen der Konstruktionshölzer ließen sich offenbar nicht mehr ausschließlich aus lokalen Holzbeständen bedienen. Bei den großen Dachwerken des 17. und 18. Jahrhunderts sind dementsprechend häufig Hölzer verbaut, die eindeutige Spuren der Flößerei tragen.

Ab dem 17. Jahrhundert ist zunehmend eine Vereinheitlichung der Dachstuhlkonstruktionen in den zur Abtei Salem gehörenden Bauten zu beobachten. Das Dachwerk mit einem doppelten liegenden Stuhl wird zum Grundtyp der Dachstuhlkonstruktion. Als Beispiel sei das Chordachwerk der Pfarrkirche in Leutkirch genannt (Abb. 79). Die Langhaussäle der Kirchen, die im 18. Jahrhundert meist auf Lattungen aufgetragene Stuckdecken erhielten, wurden zumeist mit einfachen oder doppelten Hängewerken versehen. Als charakteristisches Beispiel eines einfachen Hängewerks sei das Langhausdach der bis 1696 umgebauten Pfarrkirche von Weildorf (Abb. 80) genannt. Die Konstruktionen wurden im Laufe des 18. Jahrhunderts vor allem bei den Verbindungsdetails fortentwickelt, wie die Dachwerke über dem um 1740 umgestalteten Langhaus der Pfarrkirche in Griesingen (Abb. 81) und über dem 1794 angefügten Westjoch derselben Kirche (Abb. 82) zeigen. Als Beispiele für doppelte Hängwerke seien das 1628 inschriftlich datierte im Langhausdachwerk der Pfarrkirche Frankenhofen (Abb. 82) und das über dem östlichen Teil des Langhausdachwerks der Pfarrkirche in Schemmerberg (Abb. 84) genannt.

Gerade bei der Ausbildung der eisernen Aufhängungen an den Hängewerken sind die Parallelen deutlich zu sehen. Dabei lassen sich auch die unterschiedlichen Zeitstellungen, so bei der Form der Muttern, der Splintquerschnitte etc. gut ablesen (Abb. 85–87). Die von Salem aus durchgeführten Bauinspektionen, bei denen der Großkellerer sowie der vom Kloster fest besoldeten Zimmermann teilnahmen, dürften wesentlich zu einer solchen Normierung im Bauwesen beigetragen haben. Nur in Einzelfällen, wenn ein fremder Baumeister seine eigenen Zimmerleute zu dem Neubau beizog, lassen sich deutlich abweichende Konstruktionen beobachten. Dies trifft beispielsweise für die Martinskirche in Bachhaupten, 1725/28 unter der Leitung von Christian Wiedemann errichtet, auf das Dachwerk der Wallfahrtskirche Neubirnau oder auf die Zimmermanns-

konstruktionen des von Johann Kaspar Bagnato geplanten Vierungsturm des Salemer Münsters zu. Auch besondere klimatische Bedingungen, wie etwa eine besonders exponierte Lage, bedingten entsprechend ausgestattete Konstruktionen, wie bei dem 1711 inschriftlich datierten Langhausdachwerk der Pfarrkirche von Mainwangen (Abb. 88).

Mitunter sind in den Dachwerken auch vermeintlich altertümliche, der gewöhnlichen Vorstellung von der Zimmermannskunst der Zeit abweichende Konstruktionen zu beobachten. So besitzt etwa das 1725 inschriftlich datierte Dachwerk der Kapelle in Magenbuch ein einfaches Hängewerk mit Aufhängungen der Leergebinde an Riegeln, die zwischen die Hängehölzer der Hängebünde eingehängt sind (Abb. 89). Vergleichbare Konstruktionen waren vor allem in der zweiten Hälfte des 15. Jahrhunderts und im frühen 16. Jahrhundert verbreitet und haben sich zum Beispiel im Langhausdachwerk der Klosterkirche Blaubeuren erhalten. Weiterhin sind sämtliche Kehlbalken des Magenbucher Dachwerks verblattet.

Turmhelme und Kuppelkonstruktionen besitzen oft abweichende, bisweilen komplizierte Konstruktionen. Das Holzgerüst eines geschweiften Turmhelms besteht allerdings oft aus Dachwerken, bei denen an den Sparren Bohlen angebracht sind, die die geschweifte Helmform ausbilden. Eine aufgenagelte Schalung bildet dann den Untergrund für die zumeist in Kupferblech ausgebildete Dachhaut. Es waren aber auch reine Bohlenkonstruktionen gebräuchlich. Eine solche, die oben an einem Sprengring am Fuß der Kuppellaterne endet, besitzt die von Franz Beer gebaute Kapelle in Stefansfeld. An der Unterseite der Bohlenkonstruktion ist die Lattung für die geputzte Innenschalung angebracht, auf der Oberseite befand sich die Schalung für das später durch eine Ziegeldeckung ersetzt Schindeldach.

92

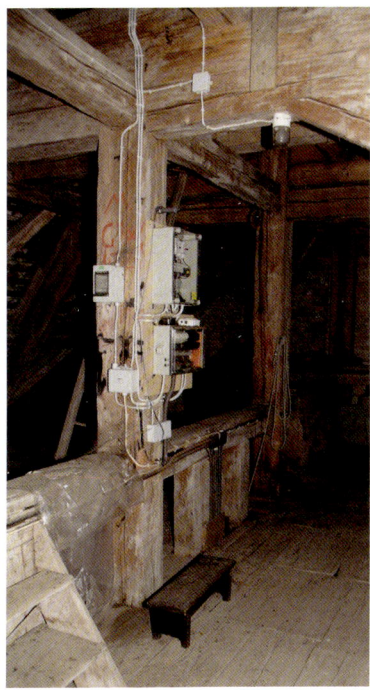 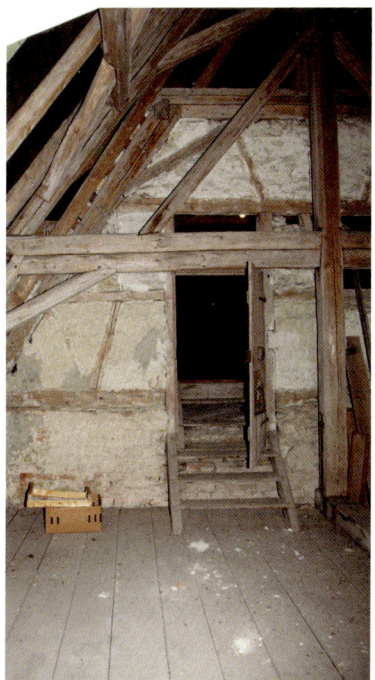

Abb. 89: Magenbuch, Kapelle St. Pankratius: Dachwerk über dem Langhaus, inschriftlich 1725 datiert

Abb. 90: Mainwangen, Pfarrkirche St. Peter und Paul: provisorischer Westgiebel des Chordachwerks

Die Dachwerke wurden aufgeschlagen, sobald das Mauerwerk bis zur Mauerkrone emporgeführt war. Da vor allem die Großbauten nur in Bauabschnitten errichtet werden konnten, entstanden auch die Dachwerke dieser Gebäude in mehreren Abschnitten. Oft konnten dabei innerhalb kurzer Zeit kleinere oder größere Modifikationen in die Konstruktion der Dachwerke einfließen. Um die bereits errichteten Teile der Dachwerke vor Witterungseinflüssen zu schützen, wurden diese mit provisorischen Giebelwänden verschlossen. Diese konnten aus aufgenagelten Brettern oder Bohlen, aber auch aus regelrechten Fachwerkwänden mit gemauerter Ausfachung bestehen. An den mittelalterlichen Dachwerken des Salemer Münsters haben sich Reste von zwei solchen provisorischen Abschlüssen erhalten. Derjenige im Westen zwischen dem ersten und zweiten Joch bildete dabei für etwa 100 Jahre den Westabschluss des Salemer Langhausdachs. Im Dach der Pfarrkirche von Mainwangen hat sich das Beispiel einer ausgefachten Trennwand erhalten (Abb. 90).

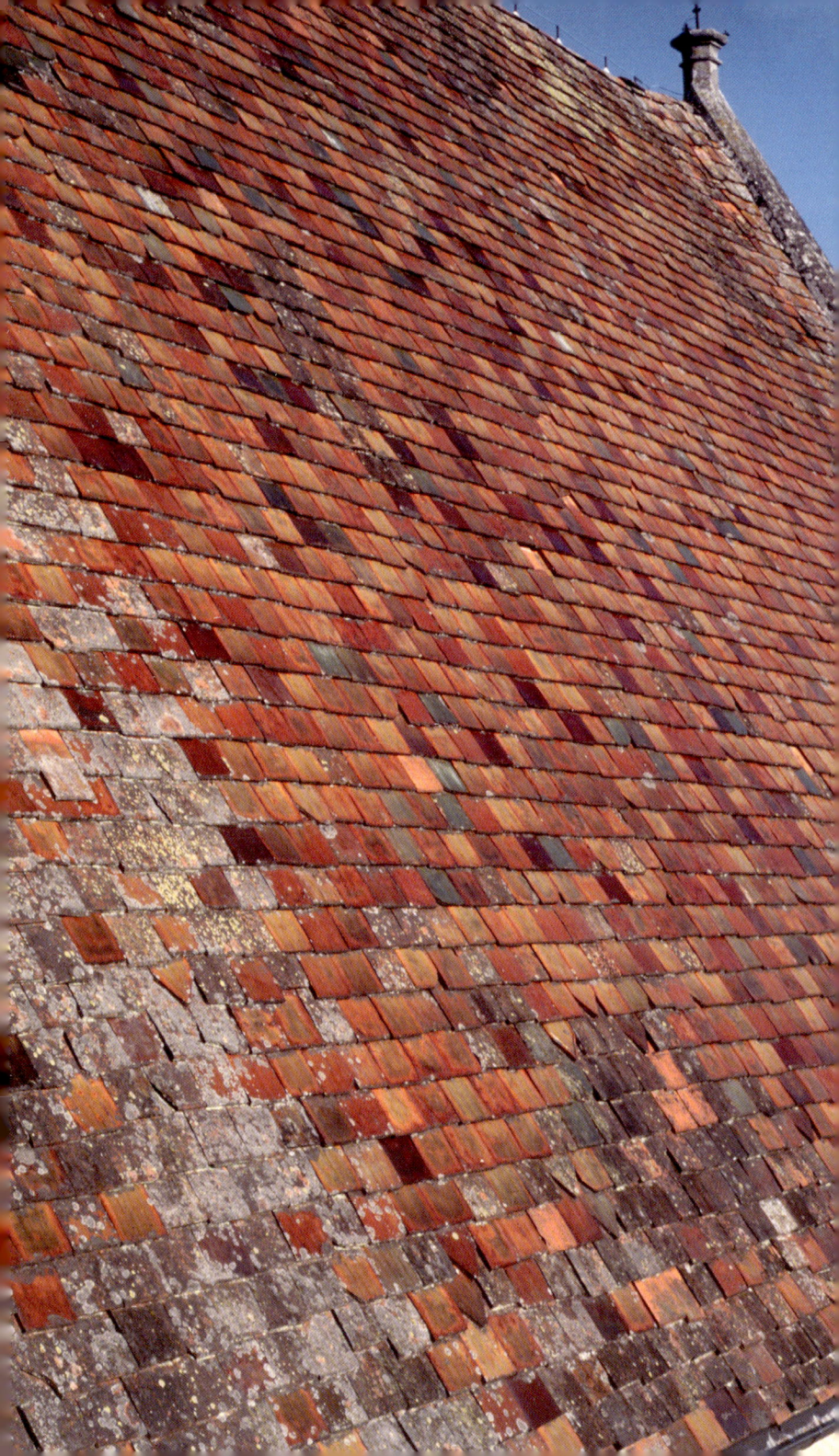

4.3 Dachdeckung

Flachziegel

Zu den ältesten im Bodenseeraum bekannten Flachziegeln zählen Dachziegel vom Salemer Münster. Ein solcher dunkelbraun glasierter Dachziegel trägt die Aufschrift „Burchardus (con)versus S(an) c(t)e MaRie in salem me fecit. anno postqua(m) obiit henricus imp(er)ator VI" – „Burchard, Konverse in St. Marien in Salem schuf mich im Jahr nachdem Kaiser Heinrich VI. starb". Daraus folgt, dass der Ziegel wohl im Verlauf des Jahres 1198 angefertigt wurde. Für welchen Bau dieses Stück bestimmt war, lässt sich nicht mehr sicher feststellen. Es handelt sich jedoch um den bislang ältesten bekannten großformatigen Flachziegel mit einer pyramidalen Nase, einer technologischen Fortentwicklung, die zu dem bis heute gebräuchlichen Aufhängesystem für Dachziegel führte und die leistenförmigen Nasen der älteren ablöste. Kurz vor der Herstellung dieses Ziegels war bis 1192 eine neue Krankenkapelle errichtet worden. Große Dächer dieser Art aus dem 13. Jahrhundert besitzt bis heute das Konstanzer Münster und auch die Abteikirche von Reichenau Mittelzell hatte in den 1230er Jahren ein solches Dach bekommen, das bis in die 1960er Jahre erhalten blieb. Das Salemer Münster war ebenfalls vollständig mit solchen Ziegeln eingedeckt (Abb. 92). Sie hatten sich auf den Dachflächen von Hochchor, Langhaus und Teilen des Querhauses erhalten – heute sind die Dachflächen des Hochchors und die östliche Dachfläche des nördlichen Querhausarms mit den Resten dieser Deckung eingedeckt. Jüngste Un-

tersuchungen an den Salemer Kirchen und Kapellen ergaben, dass nicht nur die Großbauten, sondern auch die einfachen Pfarrkirchen, wie Leutkirch und Weildorf, und selbst kleine Kapellen, wie die Markuskapelle in Leutkirch und die Laurentius- und Margarethenkapelle in Buggensegel, derartige Dächer besessen haben. Für Leutkirch und Buggensegel (Abb. 93) können darüber hinaus auch spezielle Ortgangziegel für solche Dächer nachgewiesen werden, wie sie bis heute am Ostgiebel des Konstanzer Münsters noch verlegt sind und ansonsten bislang nur für die Abteikirche Reichenau-Mittelzell und die Stadtkirche St. Laurentius in Winterthur belegt waren .

Diese mittelalterlichen Dachziegel sind mit 45,5–49,5 cm Länge und einer Breite von 22,3–22,5 cm deutlich größer als die jüngeren Ziegel. In den beiden Salemer Klosterziegeleien waren jedoch übereinstimmende Formensätze für solche großformatige Dachziegel, die „Münsterblat-

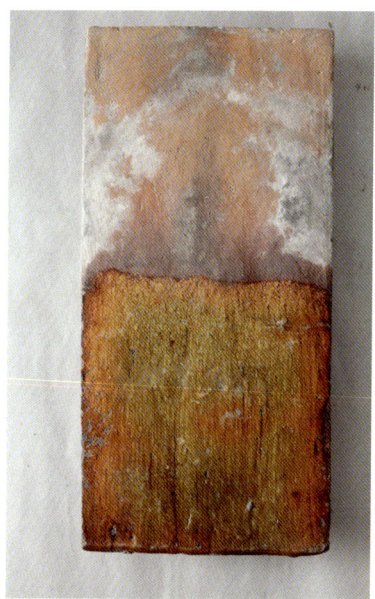

Abb. 91: Salem, Münster: Dachfläche des Hochchors mit glasierten mittelalterlichen Ziegeln, Zustand 1993

Abb. 92: Salem, Münster: glasierter Flachziegel vom Dach, um 1300

95

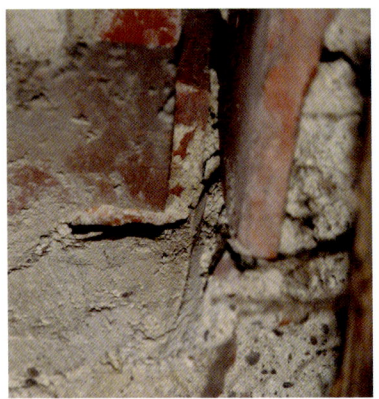

Abb. 93: Buggensegel, Kapelle St. Laurentius und Margaretha: als Spolie verbauter Ortgangziegel

ten" vorhanden, damit bei Bedarf entsprechende Ersatzziegel hergestellt werden konnten. Beim Neubau oder der Erweiterung mittelalterlicher Kirchen hat man das alte Baumaterial regelmäßig wiederverwendet. Dachziegel konnten im Mauerwerk verbaut oder für die neuen Dächer wieder verwendet werden. Auf diese Weise haben sich auf dem Turmdach der Kapelle in Buggensegel und auf dem Langhausdach der 1696 umgebauten Pfarrkirche von Weildorf bis heute geschlossene Bestände solcher mittelalterlicher Flachziegel erhalten.

Ab dem 15. Jahrhundert ist eine deutliche Reduzierung der Ziegelformate festzustellen. Im späten 17. und im 18. Jahrhundert bemisst sich das Standardformat auf etwa 40 x 18 cm.

Eine Sonderform bilden die farbig glasierten Ziegel, die in der Regel für die Dächer von Türmen, Treppentürmchen, Dachreitern und Erkern verwendet wurden (Abb. 94, 95). Bis in das 15. Jahrhundert wurden diese Ziegel nur einmal gebrannt, ab der Mitte des 15. Jahrhunderts wird es üblich, diese Ziegel zweimal zu brennen. Sie unterscheiden sich stark in Form und Größe, die auf den jeweiligen Anbringungsort bezogen sind. Die Herstellungs-

merkmale und der in der Regel qualitätvollere Ton verweisen darauf, dass solche Ziegel wohl seit dem 15. Jahrhundert im Bereich der Abtei Salem von Hafnern und nicht von Zieglern angefertigt wurden.

Hohlziegel

Neben den Flachziegeln waren seit dem Mittelalter Hohlziegeldächer verbreitet. In der Regel bestehen diese aus Unter- und Oberziegeln (Abb. 96). Die Unterziegel hängen mit Nasen an den in weitem Abstand angebrachten Dachlatten. Sie verjüngen sich leicht nach unten, so dass das untere Ende in das Kopfstück des nächst unteren Ziegels münden kann. Der seitliche Spalt zwischen zwei Unterziegeln wird durch die Oberziegel abgedeckt, die durch die Einziehung der Unterziegel ihren Halt finden. Eine am Kopfende angebrachte Nase verhindert dabei das Abrutschen des nächst oberen Ziegels. Unter- und Oberziegel lassen sich vor allem an der Form der Nasen unterscheiden. Bei den Unterziegeln sind sie am äußersten Ende des Ziegels angebracht und besitzen an der Auflagefläche, also an der nach unten gerichteten Seite der Nasen, eine sorgfältig geglättete Oberfläche, die dem sicheren Halt des Ziegels auf den Dachlatten dient. Die Nasen der Oberziegel sind von der Oberkante des Ziegels etwas abgerückt, so dass der obere Anschlussziegel überlappend verlegt werden kann. Hier befindet sich die geglättete Seite der Nase an der nach oben gerichteten Stirnseite der Nase. Vor allem im 15. und 16. Jahrhundert waren hier auch Nasenformen üblich, die regelrechte Haken zur Sicherung der oberen Ziegel ausgebildet haben.

Hohlziegeldächer eignen sich besonders gut für unregelmäßige oder gebogene Dachformen, da sie sich jeder Verformung des Dachs anpassen können. Daher müssen bei einem Hohlziegeldach die Hölzer eines Dachwerks nicht so sorgfäl-

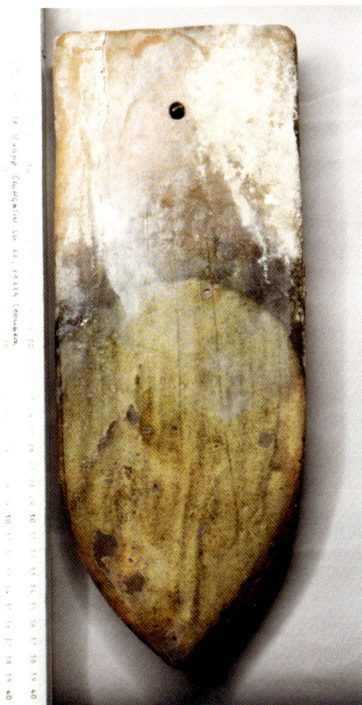
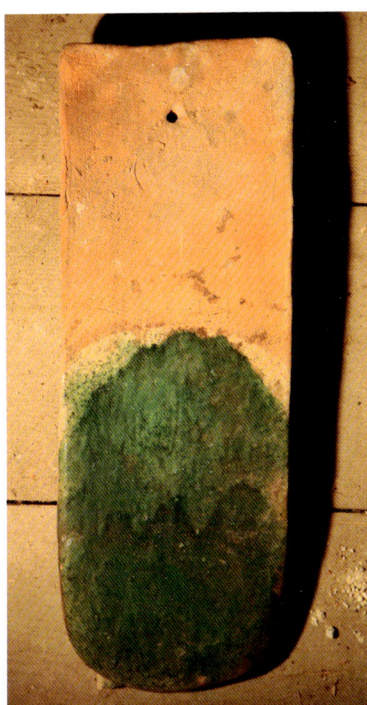

Abb. 94: Salem, Münster: glasierter Turmziegel, frühes 15. Jahrhundert

Abb. 95: Leutkirch, ehem. Pfarrkirche Mariae Himmelfahrt: glasierter Turmziegel, wohl Mitte 15. Jahrhundert

tig bearbeitet werden, wie bei einer Deckung mit Flachziegeln. Im Extremfall können hier sogar Rundhölzer oder nur wenig bearbeitete Hölzer verwendet werden. Die Dachlatten sind im Abstand von einer Ziegellänge angebracht. Auch hier ergibt sich im Vergleich zu einer Eindeckung mit Flachziegeln eine Einsparung an Hölzern.

Eine Sonderform bilden Hohlziegel mit einem nahezu waagerechten Boden und senkrecht ansteigenden Wangen. Sie besitzen an der Fußseite eine tüllenförmige Einziehung, die in das kopfseitige Ende des nächst unteren Ziegels passt. Solche, wohl aus dem 15. Jahrhundert stammenden Ziegel sind von der Pfarrkirche Leutkirch (Abb. 97) bekannt und waren vermutlich als Rinnenziegel im Bereich einer Kehle oder eines Dachanschlusses verlegt.

Schindeldächer

Dächer aus eichenen Schindeln waren bis in das 18. Jahrhundert weit verbreitet. Besonders gut geeignet waren sie bei Kuppeln und geschweiften Dächern. So besaß die Stefansfelder Kapelle bis in die Mitte des 19. Jahrhunderts eichene Schindeldächer und auch die Haube des Dachreiters der Pfarrkirche Weildorf war ursprünglich mit solchen Schindeln gedeckt.

Schindeldächer benötigen eine Schalung über dem Dachwerk. Solche Schalungen bringen eine große Festigkeit in ein Dach und erlauben daher eine Reduzierung der Hölzer in einem Dachwerk oder die Verwendung von schmal dimensionierten Hölzern. Gerade bei Kuppeln, wie etwa derjenigen über dem Zentralraum der Kapelle von Stefansfeld, wurden hierfür Bohlen verwendet, die ähnlich wie Spanten bei einem Schiff das Innengerüst für das Kuppeldach bilden. Bei vielen kleineren Kuppeln besteht das Dachwerk aus

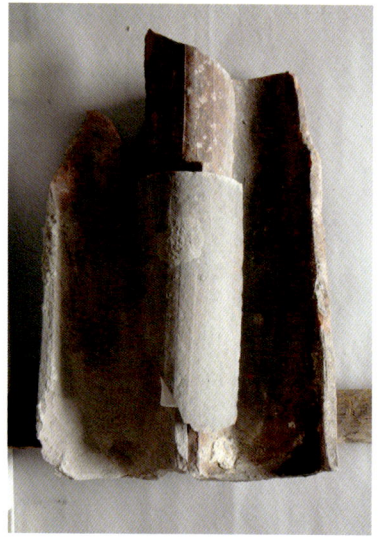

Abb. 96: Schemmerberg, Pfarrkirche St. Martin: Unter- und Oberziegel vom Dach des spätgotischen Chors

einem traditionellen Innengerüst mit Sparren. Die geschweifte Außenform wird nur durch Bohlen, die an den Sparren angebracht sind, ausgeformt. Neben der erhöhten Steifigkeit bieten Schindeldächer auch den Vorzug einer wesentlichen Gewichtsersparnis gegenüber den Ziegeldächern. Noch stärker als die Hohlziegeldächer lassen sie sich auf nahezu jeder Dachform anbringen. Aufgrund ihres geringen Gewichts eigneten sie sich besonders für die Dächer von Türmen und Dachreitern. Schindeldächer waren aber auch bei Ökonomiegebäuden gebräuchlich. So erhielt bespielsweise die 1709/10 errichtete Scheuer im Rimpertsweiler ein neues Schindeldach.

Blechdächer

Metalldächer waren bereits im frühen und hohen Mittelalter gebräuchlich. Vor allem Blei eignete sich aufgrund seiner guten Verarbeitbarkeit für Dachdeckungen. Die hohen Kosten führten jedoch dazu, dass solche Dächer nur an sehr pro-

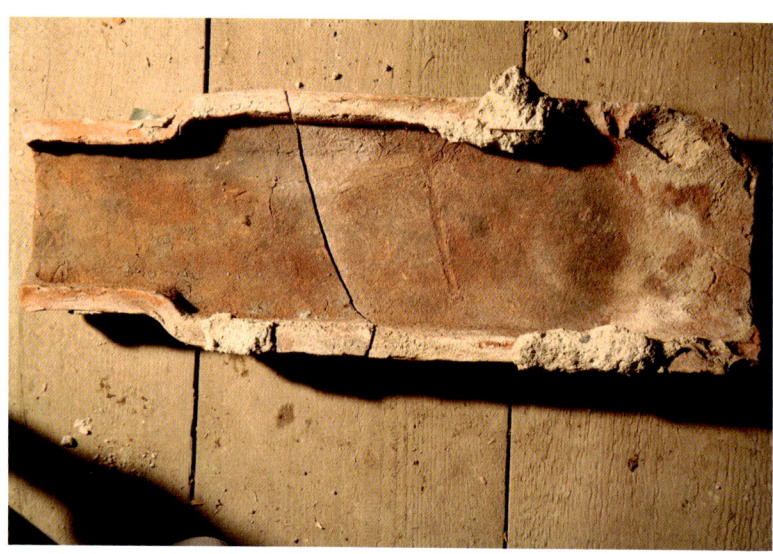

Abb. 97: Leutkirch, ehem. Pfarrkirche Mariae Himmelfahrt: Rinnenziegel

98

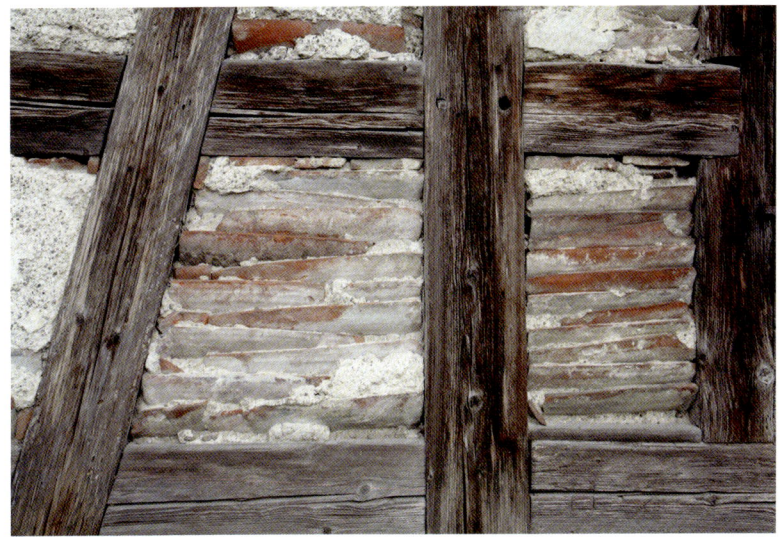

Abb. 98: Mimmenhausen, Zehntscheuer: Gefachfüllung aus alten Hohlziegeln

minenten Bauwerken zum Einsatz kamen. Bei einem Zisterzienserkloster dürften sie kaum mit den Geboten des Ordens in Einklang gebracht werden können. Dies änderte sich spätestens im 16. Jahrhundert. In dieser Zeit sind für den Bereich der Abtei Salem wiederholt Dächer oder Verwahrungen aus Kupferblech archivalisch nachgewiesen. Als man in Salem ab 1614 die Konventsgebäude erneuerte, wurde der Kreuzgangnordflügel mit einem begehbaren Flachdach versehen, das eine Verwahrung aus Kupferblech besaß. Dieses Kupferdach überstand den Dreißigjährigen Krieg nicht und 1657 wurden die Kosten für seine Wiederherstellung auf 10 000 fl veranschlagt.

Seit dem 17. Jahrhundert wurden Metalldächer, insbesondere Kupferdächer, bei steilen Dächern, wie etwa dem Dachreiter des Salemer Münsters, gebräuchlich. Auch der nach Entwürfen von Johann Kaspar Bagnato 1754/56 errichtete hölzerne Vierungsturm des Salemer Münsters hatte eine Verkleidung aus Blei- und Kupferblechen erhalten. Ab der zweiten Hälfte des 18. Jahrhunderts verdrängten die Metalldächer zunehmend die Schindeldeckungen bei Kuppeln und Turmhelmen.

4.4 Verwendung alter Baumaterialien

Baumaterial von abgetragenen Gebäuden wurde in der Regel weiterverkauft. Wenn die Verkaufserlöse nicht mit Zahlungen verrechnet wurden, weist die Bursamtsrechnung die Erlöse aus dem Verkauf der Altmaterialien als Einnahmen auf. Hierzu zählen nicht nur Hölzer von abgetragenen Holzbauten, Werksteine und Bruchstein, Ein- und Ausbauteile wie Fenster, Türen etc., sondern auch Dachdeckungsmaterialien. So verzeichnet beispielsweise die Bursamtsrechnung von 1718/19 einen Erlös von 36 fl 4 xr 1 hlr für 16 650 Hohlziegel, „so auf dem alten ochsenstall auf Malayen gelegen". Diese Hohlziegel konnten auf einem neuen Dach oder als Baumaterial, zum Beispiel zur Füllung von Gefachen (Abb. 98), verwendet werden.

Lit.: Knapp 1996; Knapp 2001; Knapp 2004; Lohrum 2002; Stiene/Eckstein 2002; Stiene 2002

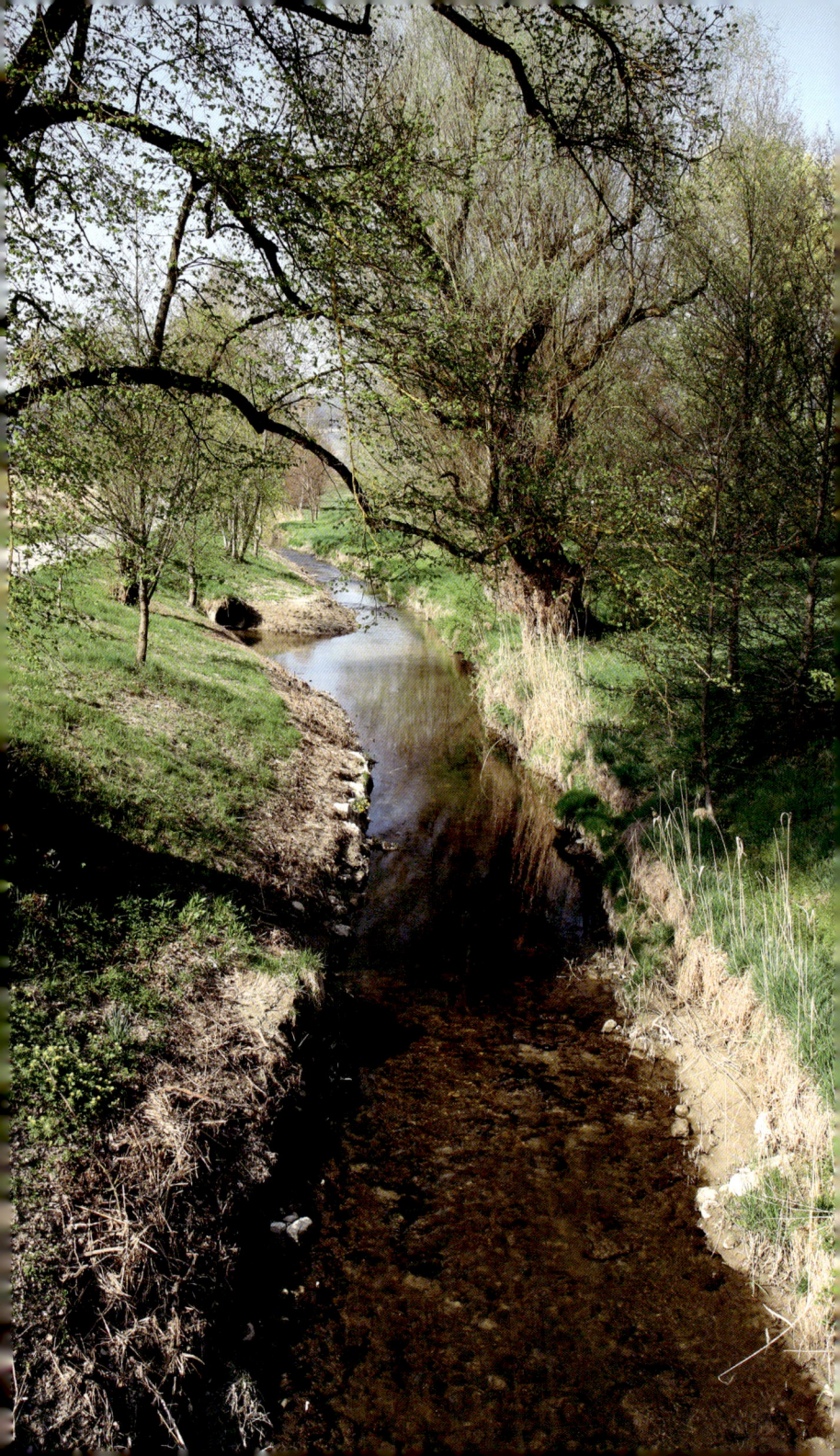

5. Die Wasserbauten

Die Klosteranlage liegt am westlichen Rand der Aachniederung, jedoch um mehrere hundert Meter vom ursprünglichen Lauf der Aach entfernt auf einem im 12. Jahrhundert wohl hochwassersicheren Terrain. Noch heute ist deutlich ein Geländeabfall östlich des Münsters zu erkennen. Da Wasser der wichtigste Energieträger und als solcher zum Betrieb der Mühlwerke unverzichtbar war und andererseits fließendes Gewässer aus hygienischen Gründen, insbesondere zur Durchspülung der Latrinenanlagen und zur Entsorgung von Abwässern, notwendig war, musste die Salemer Aach etwa zwei Kilometer nördlich der Klosteranlage in ein künstliches Bett umgeleitet werden, um sie in die gegenüber der Talsohle leicht erhöht liegende Klosteranlage umzuleiten. Bis heute fließt die Aach in diesem Kanalbett, das teilweise beidseitig von niedrigen Dämmen eingefasst wird. Der künstliche Wasserlauf ist gut an seinem zunächst geraden Verlauf von der Ausleitungsstelle bis zur Grangie Schwandorf zu erkennen. Er wird dann weiter östlich um die Grangie herumgeführt, um sich dann weitgehend hangparallel bis in die Klosteranlage fortzusetzen. Unmittelbar hinter der Klostermauer trieb das auf diese Weise umgeleitete Wasser der Aach die Mühlwerke der Kornmühle an. Der weitere Verlauf des Kanals im Mittelalter ist nicht gesichert. Zumindest seit dem 17. Jahrhundert verlief er in südöstlicher Richtung, um dann östlich der Bauten aus dem 17. Jahrhundert nach Süden abzuknicken. Beim Neubau der Prälatur nach

dem Klosterbrand von 1697 musste der Aachkanal nochmals verlegt werden. Er wurde nun parallel zu der Nord- und der Ostfassade der Prälatur geführt (Abb. 100). Da der in engem Abstand zu den Gebäudefundamenten verlaufende Kanal auch unmittelbaren Einfluss auf den Grundwasserspiegel hat, wurden in das Kanalbett Stellbretter eingefügt, die einen zu raschen Abfluss bei extremem Niedrigwasser verhindern. Auf diese Weise sollte gewährleistet werden, dass der Grundwasserspiegel nicht über einen kritischen Minimalwert absinkt und die Holzkonstruktionen der Fundamente des Ostflügels trocken fallen. Vergleichbare Konstruktionen waren in Zisterzienserklöstern seit dem Mittelalter gebräuchlich, wie Befunde in Kloster Maulbronn belegen. Südlich der Konvents- und Prälaturgebäude sind neben dem Kanal die Metzig und die

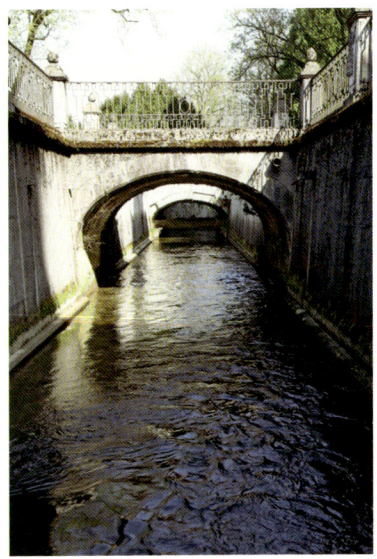

Abb. 99: Schwarzer Graben bei Stefansfeld   *Abb. 100: Aachkanal vor der Salemer Prälatur*

101

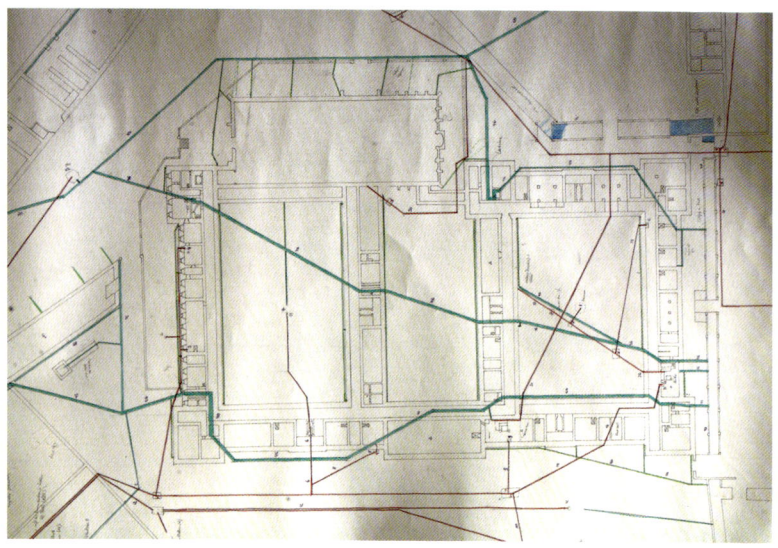

Abb. 101: Wasserleitungs- und Kanalsysteme um 1770 im Bereich von Konvents- und Abteigebäude. Die Frischwasserleitungen sind rot gekennzeichnet, die Dohlen dunkelgrün und die Oberflächenwasserableitungen hellgrün.

Gießerei angeordnet und außerhalb der Klostermauern befand sich schließlich noch die Sägemühle. Im 18. Jahrhundert, vielleicht aber auch bereits bei den Neubauten des 17. Jahrhunderts, erfolgte die Durchspülung der Latrinenanlagen mit Wasser, das aus verschiedenen Quellfassung an den Hängen westlich des Klosters hergeleitet wurde. Die Dohlen sind dabei nur in den Bereichen innerhalb der Fundamente geführt, in denen die Latrinenschächte angeordnet sind oder in denen Abwässer, beispielsweise von den Küchen, in die Dohlen eingeleitet werden mussten (Abb. 101). Ansonsten verlaufen diese aus Backstein gemauerten und überwölbten Dohlen außerhalb der Fundamente. Die Trinkwasserversorgung erfolgte über Quellfassungen im Bereich der Grangie Forst. Das Trinkwasser wurde in Deichelleitung und Leitungen aus Tonröhren in das Kloster geleitet. Einzelne Leitungen konnten an Verteilerkästen geschlossen werden. Über diese Leitungen wurden die Brunnen im Kloster, der Brunnen in der

Sakristei und die Brunnen in den Küchen versorgt, später kamen hierzu noch die Springbrunnen in den verschiedenen Höfen und Gartenanlagen des Klosters. Im 18. Jahrhundert befürchtete man wiederholt Wasserknappheit und erschloss mit großem Aufwand neue Brunnen zur Trinkwasserversorgung. In der zweiten Hälfte des 18. Jahrhunderts wurde die Klosteranlage teilweise mit Druckwasserleitungen ausgestattet, so dass auch Wasserentnahmestellen in den Obergeschossen versorgt werden konnten.

Bis in das frühe 19. Jahrhundert gab es auf der Hochfläche nördlich der Grangie Forst einen weiteren Weiher, dessen Abfluss nördlich der Grangie Schwandorf in den Aachkanal mündete. In dem Weiher sammelte sich das Oberflächenwasser und es kann sich dabei um den Rest eines alten Wasserreservoirs gehandelt haben, vergleichbar dem Roßweiher in Maulbronn, in dem Oberflächenwasser gesammelt und gespeichert wurde, um damit bei Wasserknappheit den Tiefen See, einen

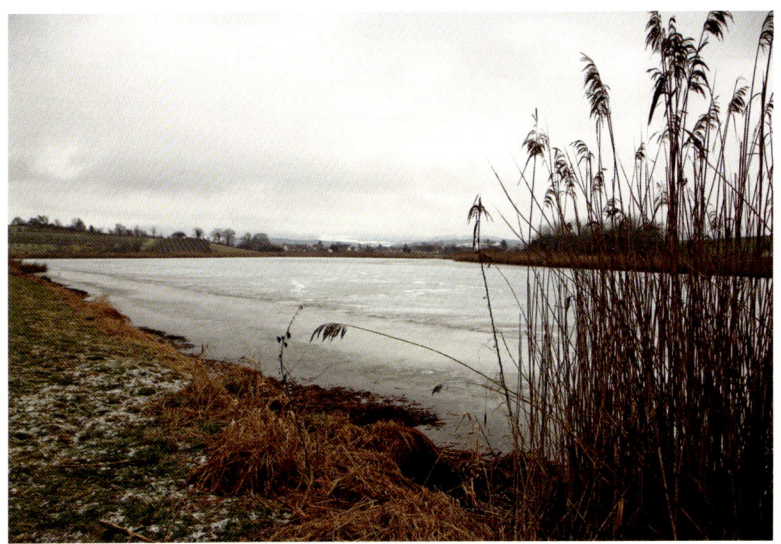

Abb. 102: Bifangweiher bei Mimmenhausen

Stausee unmittelbar östlich der Maulbronner Klosteranlage zu speisen.

Im weiteren Verlauf trieb die Salemer Aach noch weitere Mühlwerke an, so die Mühlen in Mimmenhausen, in Buggensegel (Abb. 186), die Papiermühle in Mühlhofen (Abb. 227), die Reißmühle (Abb. 245) und die Bruggmühle in Oberuhldingen.

Von besonderer Bedeutung für das Kloster waren die Fischteiche. Unter Abt Ulrich II. von Seelfingen (1282–1311) wurden unterirdische Fischbehältnisse angelegt. Es dürfte sich dabei um Fischkästen in der Nähe der Klosterküche gehandelt haben, in denen die von den Teichen abgefischten Tiere aufbewahrt wurden. Reste einer solche Anlage konnten vor kurzem in Maulbronn archäologisch nachgewiesen werden.

Die Fischteiche liegen im Tal der Aach, ober- und unterhalb des Klosters, sowie im Hügelland westlich des Klosters. Diese Teiche werden von mehreren kleineren Quellen und Bachläufen mit Wasser versorgt. Zwischen der Grangie Mendlishausen und Mühlhofen zieht sich eine ganze Kette von Weihern (Abb. 104) hin: der Krummenweiher, der Martinsweiher, der Bifangweiher (Abb. 102), der Killenweiher und der Alsenweiher. Bei Mühlhofen schließlich mündet der Bachlauf in die Salemer Aach. Bereits im späten 17. Jahrhundert wurden ein Teil der Teiche abgelassen und die ehemaligen Teichflächen zu Acker- und Weideland umgewandelt. Nur die Flurbezeichnungen und die Reste der durchstochenen Dämme verweisen hier noch auf die alten Weiher.

Vor allem in der zweiten Hälfte des 18. Jahrhunderts wurden große Flächen der Aachniederung trockengelegt. Zu diesem Zweck wurden Entwässerungsgräben und 1771 der Stefansfelder Kanal (Abb. 99) angelegt. Um die Überschwemmungsgefahr für die Klosteranlage zu vermindern, wurde 500 m nördlich der Klostermauer ein Überlaufkanal angelegt, über den das Wasser aus dem alten Aachkanal in die Talaue abgeleitet werden konnte.

Lit.: Knapp 2007

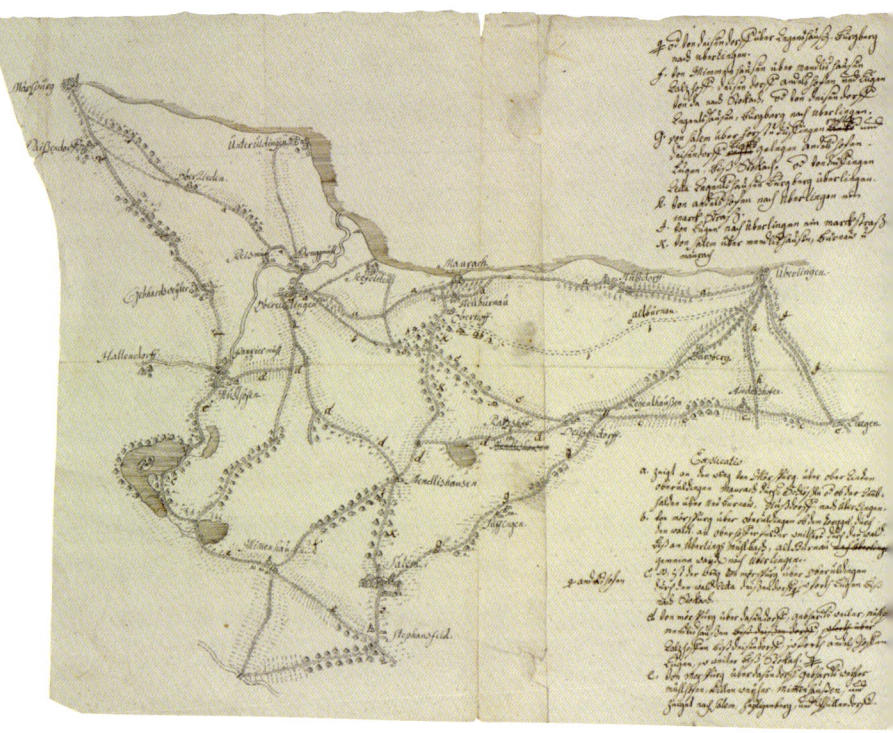

Abb. 103: Karte der Straßen und Wege zwischen Salem, Überlingen und Meersburg. GLA Karlsruhe G Technische Pläne I Salem 1

104

6. Straßen und Wege

Die Topographie legt nahe, dass das von Guntram von Adelsreute gestiftete Dorf Salemaneswilare am westlichen Brückenkopf eines Übergangs über die Aachniederung lag. Sowohl nördlich als auch südlich von Salem weitet sich die Talaue aus, die vor den Trockenlegungen im 18. Jahrhundert sehr sumpfig war. Salem liegt damit an einem strategisch bedeutenden Punkt der Landverbindung von Überlingen nach Markdorf bzw. von Engen und Stockach nach Markdorf. Ab 1490 führten sowohl der vorderösterreichische Postcours als auch der Reichspostcours bis 1731 über Salem nach Markdorf. Im 18. Jahrhundert wurden in Salem und Mimmenhausen Posthaltereien eingerichtet. Für die Postroute wurde wohl die hochwassersichere Straße benutzt, die vom Oberen Tor in Salem aus nach Mimmenhausen führt. Von dort aus wurde vermutlich die Verbindung über Neufrach nach Bermatingen benutzt.

In den Klosterterritorien gab es Straßen von unterschiedlicher Bedeutung (Abb. 103): Neben den überregional bedeutenden Fernverkehrsstraßen gab es die Verbindungsstraßen zwischen den einzelnen Klosterdörfern und den Grangien und Höfen, Zugangswege zu den isoliert gelegenen Bauten und schließlich Verbindungswege, die nur für bestimmte Zwecke genutzt wurden. Zu Letzteren zählen beispielsweise die in den Gemarkungskarten aus dem späten 18. Jahrhundert ausgewiesenen Schleifwege in den Waldgebieten, über die die gefällten Stämme aus dem Wald gezogen wurden.

Für den Unterhalt der Straßen war das Großkelleramt zuständig. Als im Zuge des Wiederaufbaus der Klosteranlage nach dem Brand von 1697 auch die Abteigärten erweitert und neu gestaltet wurden, legte man östlich der Klosteranlage in neues Wegenetz an, dessen Längsachse exakt auf die Mittelachse des Prälaturostflügels und damit auf das programmatische Zentrum der Anlage, den Kaisersaal, zielte. An dieser Achse liegen der Fohlenhof und die unter Abt Stephan I. Jung (1698–1725) neu erbaute Kapelle in Stefansfeld. Diese Wegeachse führt, durch die modernen Straßenbauten in Stefansfeld leicht verunklärt, insgesamt fast zwei Kilometer nach Osten, durch den Hardtwald und knickt dann erst nach Nordosten um zu dem Hof Schapbuch (Schattbuch), wo anlässlich des Klosterwiederaufbaus die äußere Ziegelhütte eingerichtet worden war. In unmittelbarer Nähe befand sich das alte Landgericht des Herzogtums Schwaben, das später die Grenze zwischen den Territorien von Heiligenberg und Salem markierte. Die letzten baulichen Zeugen dieser auf Reichsboden stehenden Gerichtsstätte verschwanden 1818.

Unter Abt Anselm II. (1746–1778) wurden zahlreiche Straßen erneuert sowie vollständig neue Straßen gebaut. In der Karte der Salemer Herrschaft von 1765 ist beispielsweise die neue Chaussee nach Bermatingen aus dem Jahr 1770 nachgetragen (Abb. 104). Ausgangspunkt dieser Chaussee ist die Stefansfelder Kapelle. Von hier aus führt die Straße zunächst in einem etwa 600 m langen Strahl nach Südosten, bevor der Straßenverlauf nach Süden umknickt. Bis heute folgt der Verlauf der Landstraße von Stefansfeld über Neufrach nach Bermatingen in weiten Teilen dieser 1770 neu erbauten Landstraße.

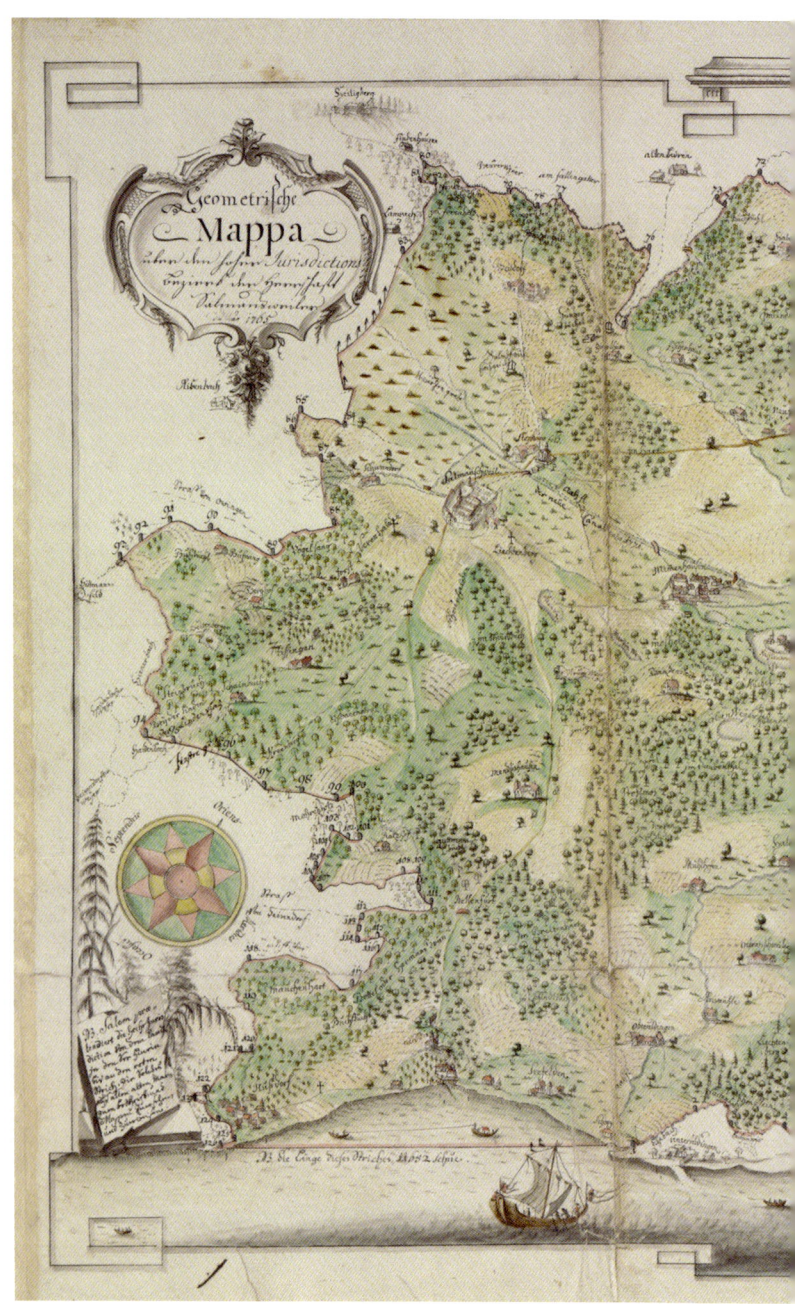

Abb. 104: Abriss des Jurisdiktionsbezirks der Herrschaft Salem aus dem Jahr 1765 mit jüngeren Nachträgen wie dem neuen Aachkanal zwischen Stefansfeld und Mimmenhausen aus dem Jahr 1771 und der neuen Chaussee von Salem über Stefansfeld, Neufrach und Bermatingen nach Markdorf von 1770. GLA Karlsruhe H-f 565.

106

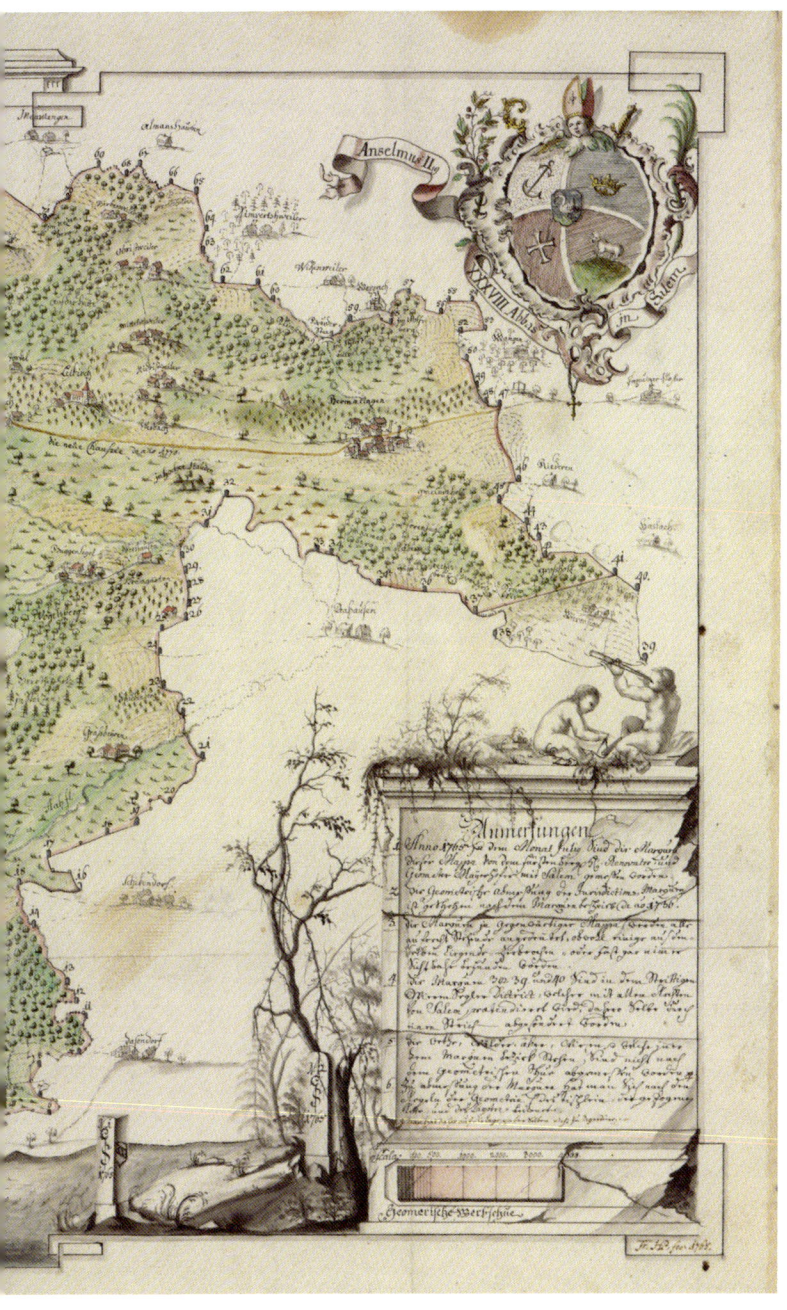

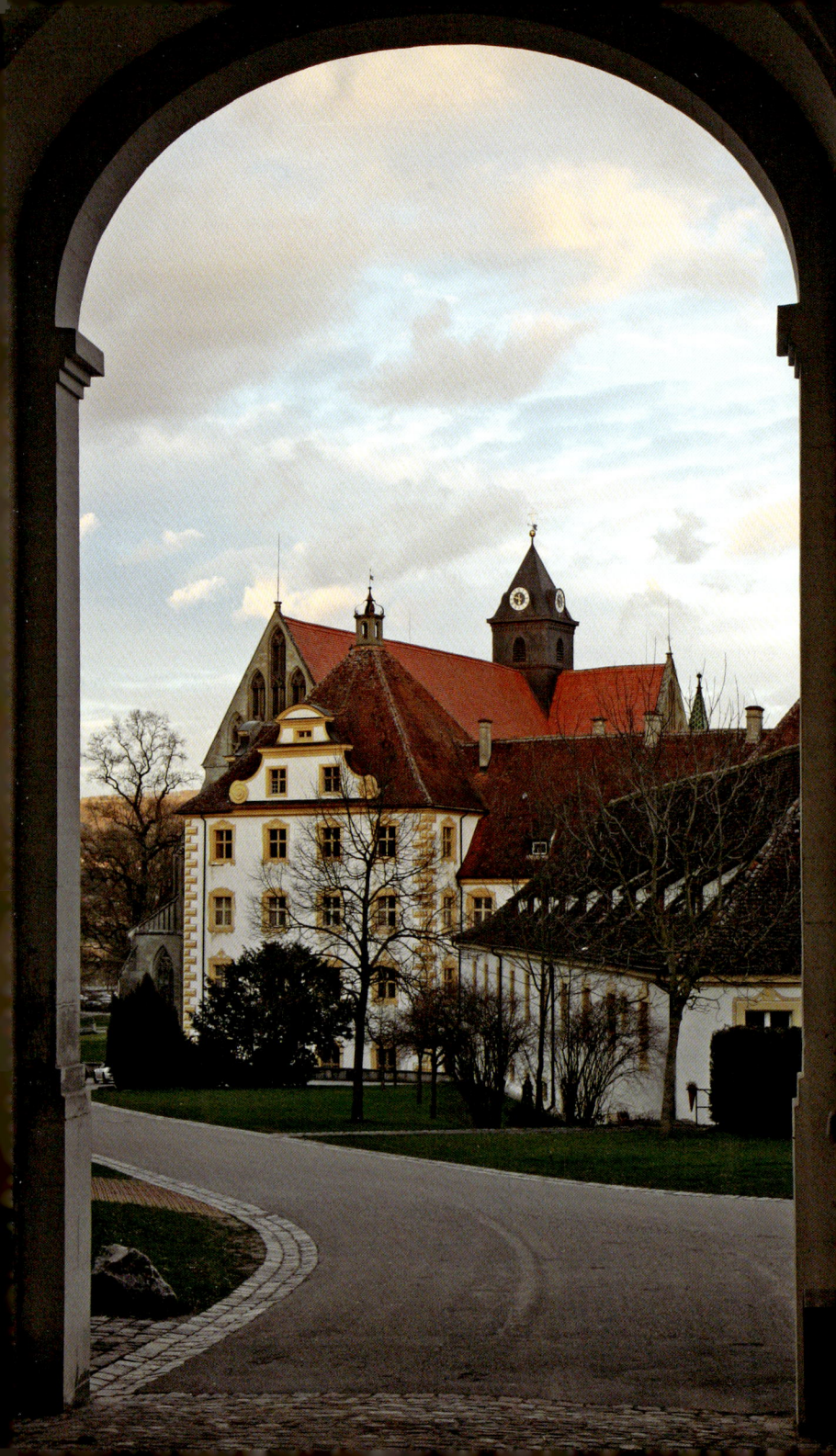

7. Auswahlkatalog der Bauten

7.1 Salem – die Bauten innerhalb der Klostermauer und im unmittelbaren Umfeld

(Abb. 105) An der Stelle der heutigen Klosteranlage bestand im 12. Jahrhundert das Dorf oder der Weiler Salmaneswilare mit einer den hll. Cyriakus und Verena geweihten Kapelle. Der Ort dieser Kapelle ist bislang nicht bekannt. Ob ein jüngst kurzfristig aufgedecktes Fragment einer Wackenmauer zwischen dem Marstallgebäude und dem Münsterchor in einem Zusammenhang mit dieser Kapelle oder mit den ersten Klosterbauten steht, muss bis zu archäologischen Untersuchungen im Bereich der Klosteranlage offen bleiben.

Kurz nach der Besiedelung des Orts durch den aus Lützel kommenden Gründungskonvent unter der Leitung von Abt Frowin (1137–1165) wurde mit dem Bau der ersten Klosterkirche begonnen. Aus den überlieferten Weihenachrichten kann der Grundriss dieser Kirche in groben Zügen rekonstruiert werden (Abb. 106). Die Schlussweihe der Kirche erfolgte 1179. Die Weihenachrichten legen nahe, dass diese erste Klosterkirche ein Querhaus mit östlichen Nebenkapellen besaß, wobei für den nördlichen Querhausarm drei Altarstellen dokumentiert sind, für den südlichen Querhausarm jedoch nur zwei. In den südlichen Querhausarm dürfte auch die Dormitoriumstreppe, vergleichbar jener in der Klosterkirche Maulbronn, gemündet haben. Der genaue Grundriss und der Aufriss müssen allerdings bis heute offen bleiben. Die Filiationsverhältnisse legen eine Kirche in der Art der Klosterkir-

Abb. 105: Salem: Blick vom Oberen Tor zum Münster

chen von Bonmont und Hauterive oder der ersten Planung zur Klosterkirche Maulbronn nahe. Unter Abt Eberhard I. von Rohrdorf (1191–1240) wurde 1210 eine Kapelle zu Ehren Johannes des Täufers geweiht, die sich an den nördlichen Querhausarm angeschlossen haben könnte. Ein auf das Jahr 1198 datierter glasierter Dachziegel verweist auf weitere anspruchsvolle Baumaßnahmen unter Abt Eberhard I.

Umfangreiche Neubauten erfolgten unter dem neunten Abt, Ulrich II. von Seelfingen (1282–1311). Er ließ nicht nur weite Teile der Klausur und der Klostergebäude neu errichten, das Kloster erstmals mit einer Mauer mit Wehrgang, Türmen und Toren umgeben, unterirdische Fischbehältnisse anlegen und die Ökonomiegebäude erneuern, sondern legte auch den Grundstein für den Münsterneubau. Von der ersten Klostermauer sind im südwestlichen Bereich noch kürzere Abschnitte erhalten. Wohl bereits zu diesem Zeitpunkt war die Aach etwa 3 km nördlich der Klosteranlage in ein künstliches Bett und in den Klosterbereich umgeleitet worden. Einen Hinweis auf die Ausstattung von Münster und Klosteranlage gibt die Nachricht, dass außerhalb der Klostermauern ein Haus gebaut wurde, in dem die Maler und Glaser zu wohnen pflegten. Stiftungen von Glasmalereien bestätigen den Bericht über die Wiederherstellung von farbigen Glasmalereien im letzten Viertel des 15. Jahrhunderts.

Nach der Doppelwahl von 1314 kamen in Folge der Auseinandersetzungen zwischen Ludwig dem Bayern (Kg. 1314–1347) und dem Habsburger Friedrich dem Schönen (Kg. 1314–1330), dem der Salemer Abt Konrad von Enslingen (1311–1337) eng verbunden war, die Bauarbeiten im Kloster und insbesondere am Münster zum Erliegen. Die Ausdehnung der Klausur zu Beginn des 14. Jahrhunderts lässt sich anhand der Abbruchspuren an der Südseite des Münsters in groben Zügen rekonstruieren (Abb. 107), doch bleibt die Ausdehnung der Baulichkeiten nach Süden, Westen und Osten ungewiss. Erst nach der Bestätigung der Rechte und Privilegien der Abtei durch Kaiser Karl IV. 1348 und 1353 schienen wieder nennenswerte Bautätigkeiten innerhalb der Klostermauern eingesetzt zu haben.

Kurz nach 1400 wurde an der Vollendung der Westfassade des Münsters weitergearbeitet. Der damalige Salemer Werkmeister, der Konverse Georg, hatte einen weit über das Kloster hinausreichenden Ruf und baute in dem Zisterzienserkloster Bebenhausen einen neuen steinernen Dachreiter über der Vierung (Abb. 13). Vollendet werden konnte das Salemer Münster jedoch erst einige Jahre nach der von dem Salzburger Erzbischof Eberhard III. wohl in Anwesenheit von König Sigismund vollzogenen Schlussweihe vom 23. Dezember 1414. Unter Abt Petrus I. Ochser (1417–1441) wurde nicht

nur der Münsterbau zu Ende geführt, sondern auch die Klausur in weiten Teilen erneuert und ein neuer Kreuzgang begonnen, von dem noch heute Reste der Gewölbekonsolen an der südlichen Seitenschiffswand des Münsters zu sehen sind.

Unter den Äbten Ludwig Oschwalt (1458–1471) und Johannes Stantenat (1471–1494) erfolgten umfangreiche Ausstattungsarbeiten am Münster und eine weitere Modernisierung der Konventgebäude. Von Letzteren haben sich einige wenige Spolien (Abb. 14) erhalten, die zuletzt beim Neubau des Prälatur- und Konventgebäudes nach dem Brand von 1697 wiederverwendet worden waren und bei der Erneuerung der Außenputze gefunden und ausgebaut worden sind.

Die Jahrzehnte um 1600 bis zum Eintreffen der Schweden im Bodenseeraum 1632 waren für Salem eine Zeit außergewöhnlicher Prosperität. Abt und Konvent von Salem zeichneten sich nicht nur durch besondere Strenge bei der Beachtung der Ordensregel, sondern auch durch besonderen Eifer bei der Umsetzung der

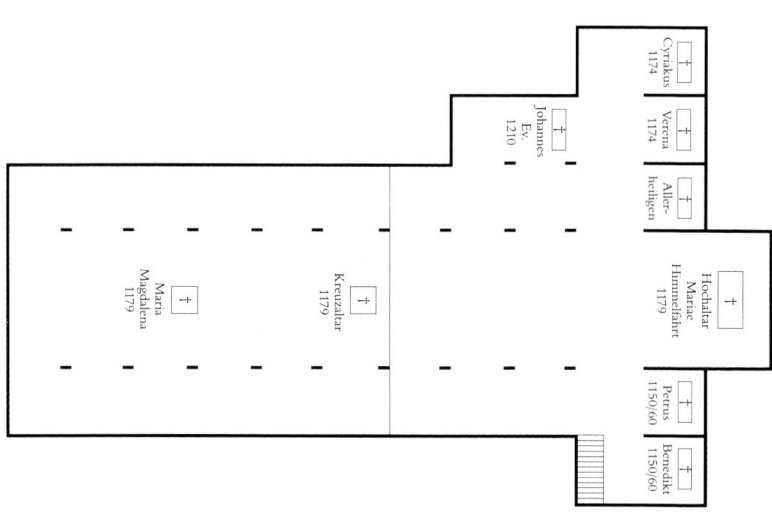

Abb. 106: Salem, Klosterkirche: Systemgrundriss der ersten Klosterkirche

110

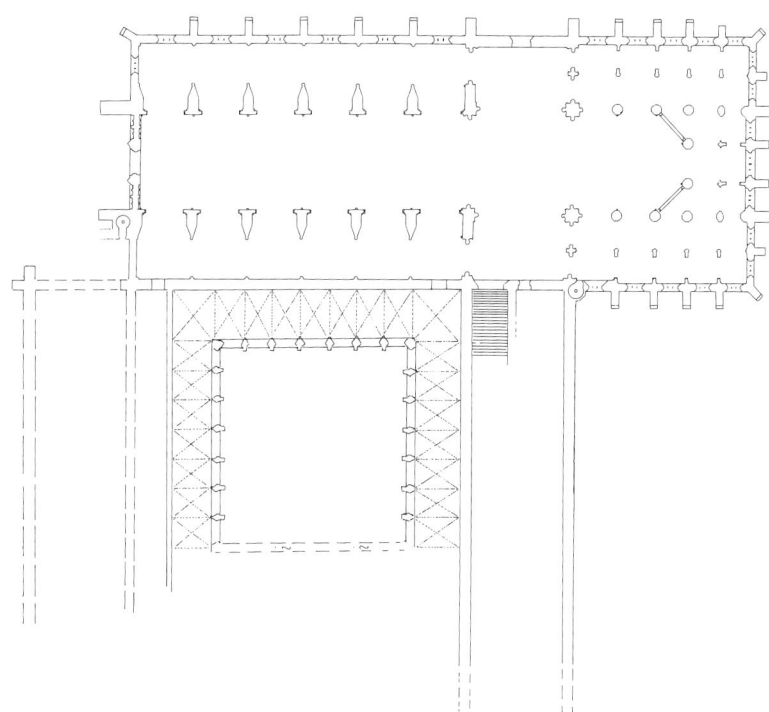

Abb. 107: Salem, Klosteranlage: Rekonstruktion von Klosterkirche und Klausur im 14. Jahrhundert

Reformbeschlüsse des Tridentinischen Konzils aus, die vom Generalkapitel des Ordens 1565 übernommen worden waren. So wurden innerhalb des Klosters die Räume der Klausur erneuert und neue Studienräume geschaffen. Parallel hierzu erfolgte wohl aber auch eine durchgreifende Reform des Wirtschaftssystems, die nicht nur innerhalb des Klostergebiets, sondern auch innerhalb der Klostermauern zu erheblichen Neubauten bei den Wirtschaftsgebäuden führte. Schließlich führten kontrovers beurteilte Umbauplanungen im Bereich des Konventwestflügels ab 1614 zu einem weitgehenden Neubau von Konvents- und Ökonomiegebäuden durch den Kemptener Baumeister Balthasar Seuff. Von diesen umfangreichen Baumaßnahmen blieb nach dem Brand von 1697 und nach den Abbrüchen im 19. Jahrhundert der Langbau erhalten.

Nach dem Dreißigjährigen Krieg erfolgten zunächst reine Reparatur- und Sicherungsarbeiten. Unter Abt Anselm I. Muotelsee (1664–1680) wurde der Untere Langbau mit der Pfisterei und der Mühle neu erbaut.

In der Nacht vom 9./10. März 1697 zerstörte ein Brand das Prälaturgebäude und weite Teile des Konventsgebäudes. Durch den Brand und die Bergungsarbeiten entstanden auch erhebliche Schäden an der Ausstattung des Münsters. Mit dem Wiederaufbau der abgebrannten Teile und der teilweisen Erneuerung der Klosteranlage wurde der Vorarlberger Baumeister Franz Beer beauftragt, doch konnten nicht alle Projekte realisiert werden. Insbesondere die von Franz Beer geplante Bruderschaftskirche und die Umgestaltung des Hofraums nördlich der Prälatur wurden nicht ausgeführt. Im Zuge dieser Arbeiten

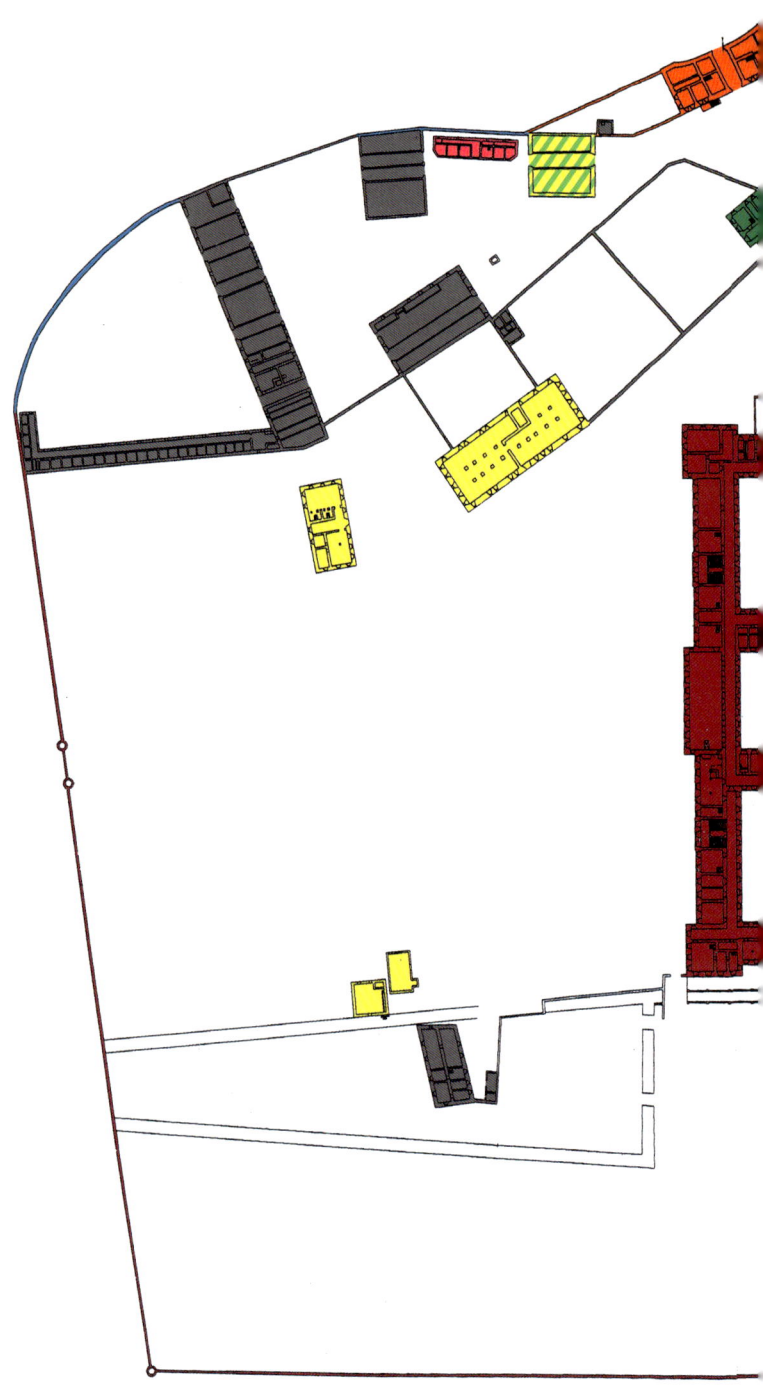

Abb. 108: Salem, Gesamtanlage: Grundriss der Bestandsaufnahme 1802/03

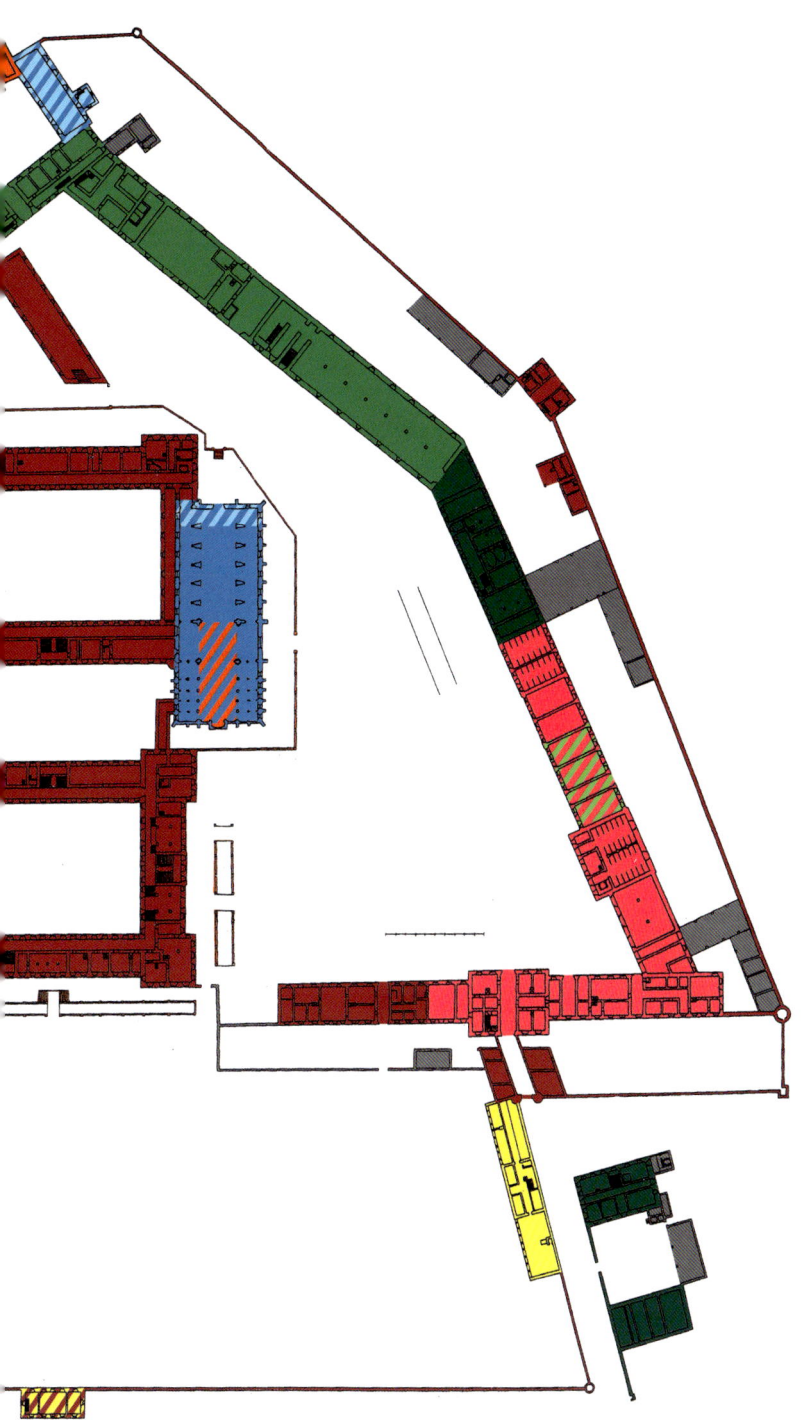

wurde das ummauerte Klosterareal nach Osten erweitert, um Raum für einen neuen Abts- und Lustgarten zu schaffen. Nach einem Brand 1733 wurde der Gebäudekomplex um das Untere Tor bis zur Pfisterei neu geplant und umgebaut. Laufende Arbeiten erfolgten insbesondere an den Ökonomiegebäuden im Westen des Klosterareals. 1778/79 schließlich wurde die spätmittelalterliche Anlage des oberen Tors abgebrochen und durch den heutigen klassizistischen Bau ersetzt und 1789/90 das Gymnasium (heute Rentamt/ Verwaltung) errichtet.

Nach der Säkularisation wurde das Münster zur Pfarrkirche und die bisherige Pfarrkirche zwischen Oberem Tor und Langbau geschlossen. Große Teile ihrer Ausstattung, insbesondere die Skulptur des hl. Joseph von Joseph Anton Feuchtmayer, die Seitenaltäre von Johann Georg Dirr und der Hochaltar von Johann Georg Wieland, wurden nach Herdwangen verkauft und in der dortigen neu errichteten Pfarrkirche eingebaut. Ab den 1820er Jahren wurden nicht mehr benötigte Gebäude, wie die Pfarrkirche, das Mittlere Tor zwischen Langbau und Neuem Weinkeller, die Verbindungsbauten zwischen Unterem Tor und Marstall sowie die Räume des Frauen- und Gasthauses, abgetragen. (Abb. 108)

Das Münster

Im Zentrum der Klosteranlage steht die ehemalige Klosterkirche (Abb. 109). Die Vorbereitungen zu deren Neubau dürften um 1285 eingesetzt haben. Nach mehreren kurzfristigen Bauunterbrechungen wurde nach der Schlacht von Göllheim 1298 und der zweiten Wahl Albrechts I. (1298–1308) zum römischen König der Bau in rascher Folge aufgeführt. Erst die Ereignisse nach der Doppelwahl von 1314 führten zur Einstellung der Arbeiten. Zu diesem Zeitpunkt war die Kirche mit Aus-

nahme des Obergadens des westlichsten Jochs fertig gestellt. Ein provisorischer Westgiebel zwischen dem ersten und zweiten Joch sowie ein provisorisches Dach über dem Mittelschiff des Westjochs bildeten für rund 100 Jahre den Westabschluss des Münsters (Abb. 110). Die Kirche verfügt über ein Querhaus, das die Flucht der Seitenschiffe nicht überragt, und einen hallenartigen Chorumgang, von dem nach den Umbauten des 18. Jahrhunderts noch der Nord- und Südarm (Abb. 111) erhalten sind. Der ehemalige Ostarm war in den drei mittleren Jochen zweigeschossig. Im Obergeschoss war eine große, von einem achtteiligen Gewölbe überspannte Marienkapelle untergebracht. Nach dem Ausbruch der Stützen und Gewölbe des östlichen Chorumgangsarms im Jahr 1750 blieben nur die Längs- und die Ostwand der Kapelle erhalten. Das Langhaus ist fünfschiffig konzipiert, doch sind die Strebepfeiler des Obergadens als breit gelagerte Pfeiler bis in den Kirchenraum herabgeführt. Die Räume zwischen diesen Pfeilern wurden als Kapellenräume genutzt, jeweils an der Westseite der wandartig verbreiterten Pfeiler befanden sich Altarstellen.

Das Münster war als Klosterkirche konzipiert und ursprünglich den Mitgliedern des Konvents und den Konversen des Klosters vorbehalten. Eine Schranke zwischen dem dritten und vierten Joch trennte das Langhaus zwischen der Mönchskirche und dem Kirchenraum für die Konversen, die die Kirche über eine heute vermauerte Pforte an der Südseite des südlichen Seitenschiffs betreten konnten. In der Mitte des dritten Jochs war der Kreuzaltar des Münsters aufgestellt. Den Raum östlich der Schranke bis zur Mitte des Querhauses nahm das Chorgestühl der Mönche ein. Der Binnenchor verfügte im Bereich des heutigen zweiten und dritten Chorjochs über einen 5/8-Binnenchorschluss, dessen Polygonfenster vollständig durchbrochen waren und sich zu dem Kapellenraum im Obergeschoss öffneten. Im Chorumgang

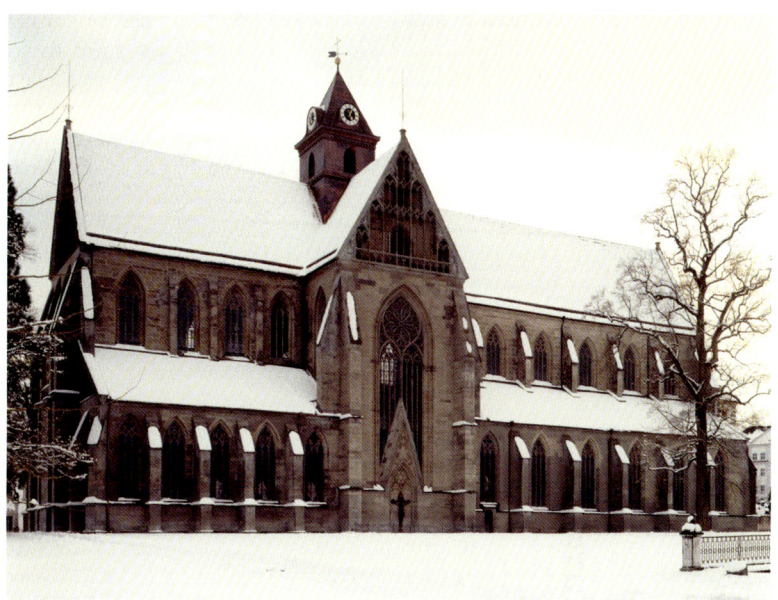

Abb. 109: Salem, Münster: Ansicht von Nordwesten

standen die Altäre zwischen den Mittelstützen und den Stützenvorlagen an den Außenwänden. Die Vorlagen für die Gurtrippen sind dabei zu schmalen Wandzungen umgebildet worden.

Über den beiden erhaltenen Chorumgangsarmen, dem Hochchor und dem Langhausmittelschiff haben sich die bauzeitlichen Dachwerke erhalten, die über dem Chorumgang wurden bald nach 1292 (Südseite) und um 1300 (Nordseite) abgezimmert. Die Konstruktion besteht aus jeweils einem einfachen stehenden Stuhl vor den Sargwänden des Chorobergadens, einer Folge von Vollgebinden seitlich der unter den Dächern verborgenen doppelten Strebebögen und drei bzw. zwei Leergebinden zwischen den Vollgebinden. Die Holzkonstruktion ist eng mit der Steinkonstruktion verbunden: Die Schwelle und das Rähm der Stuhlkonstruktion sind durch Öffnungen der Strebepfeilervorlagen hindurchgeführt worden, so dass die Holzkonstruktion durch das Strebewerk zusätzlich stabilisiert wurde.

Das Dachwerk über dem Hochchor und der ehemaligen Marienkapelle wurde 1301 aufgeschlagen. Es handelt sich um ein Sparrendach mit zwei Kehlbalkenlagen. Jedes vierte bzw. dritte Gebinde ist als Vollgebinde mit einer Hängesäule zur Queraussteifung des Sparrendreiecks bei Winddruck ausgebildet. Die Leergebinde verfügen nicht über Zerrbalken, sondern lediglich über kurze Sattelhölzer über den beiden Mauerlatten. Die Fußpunkte der Gebinde werden durch Sparrenknechte ausgesteift (Abb. 72). Die in mehreren Abschnitten errichteten Teile des Dachs über den Langhausjochen zwei bis sechs wurden mit jeweils leicht abweichenden Konstruktionsvarianten zwischen dem Sommer 1305 und dem Sommer 1305 aufgeschlagen. Aus der Zeit der Vollendung der Klosterkirche stammt das Dachwerk über dem Mittelschiff des ersten Jochs, das 1423 aufgeschlagen wurde. Das Salemer Münster verfügt bis heute über einen großen Bestand an glasierten und unglasierten mittelalterlichen Dachziegeln (Abb. 91, 92). Mit ihnen sind heute die Dachflächen des Hochchors und die östliche Dachfläche des nördlichen Querhausarms eingedeckt.

Zu dem besonderen Schmuck des Salemer Münsters zählen die reich skulpierten Schlusssteine und die Fenstermaßwerke. In den Gewölben des südlichen Chorumgangs befinden sich ausschließlich figürliche Schlusssteine: Im Bereich des Um-

gangs symbolhafte Tierdarstellungen, im Bereich der Kapellen Szenen aus dem Leben Christi, so die Geburt (Abb. 112) und die Flucht nach Ägypten. Im nördlichen Chorumgang sind nur noch vereinzelt figürliche Schlusssteine, so z.B. mit der Darstellung der Anbetung der Heiligen Drei Könige, verbaut. Nach Westen hin folgen nun welche mit Pflanzendarstellungen. Der Wechsel im Schlusssteinpro-

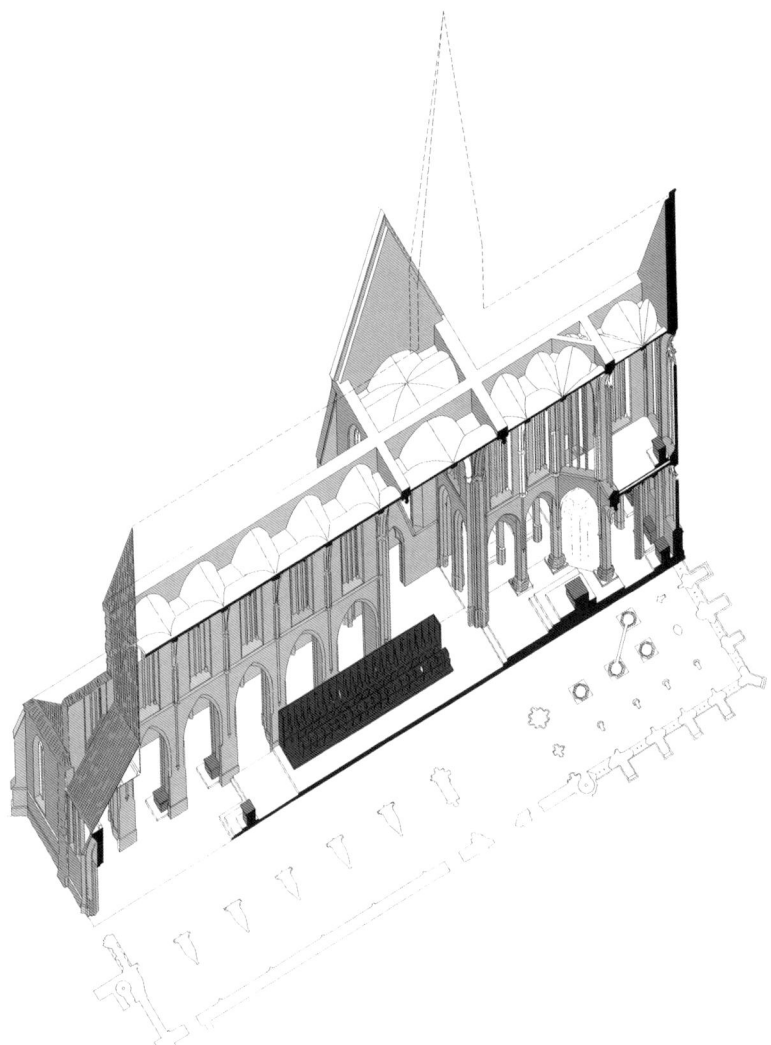

Abb. 110: Salem, Münster: Rekonstruktion des Zustands bei Einstellung der Bauarbeiten 1319

116

gramm dürfte mit einem Beschluss des Generalkapitels im Jahr 1298 zusammenhängen, in dem die ungewöhnliche Schmuckfreude vor allem der großen englischen Zisterzen scharf verurteilt wurde. Gleichzeitig wurde eine Verstärkung der Marienverehrung angemahnt. Die Pflanzen an den Schlusssteinen des nördlichen Chorumgangs wie Weinrebe, Erdbeere, Zaunrübe, Beifuß und Haselwurz können als marianische Pflanzen interpretiert werden.

Der nördliche Querhausarm ist durch seinen heute vermauerten, von einem mächtigen Wimperg überfangenen Zugang und das besonders aufwendige Maßwerkfenster darüber ausgezeichnet. In diesem Querhausarm befand sich eine Grablege der Herren von Bodman. Insgesamt wurden hier 21 Mitglieder der Familie bestattet, an die ein 1494/1522 gemaltes Epitaph erinnerte. Eine im frühen 17. Jahrhundert angefertigte Kopie dieses Gemäldes befindet sich auf dem Frauenberg bei Bodman. Bereits für den Vorgängerbau ist die Nutzung des nördlichen Querhausarms als Raum für die Gäste des Klosters überliefert.

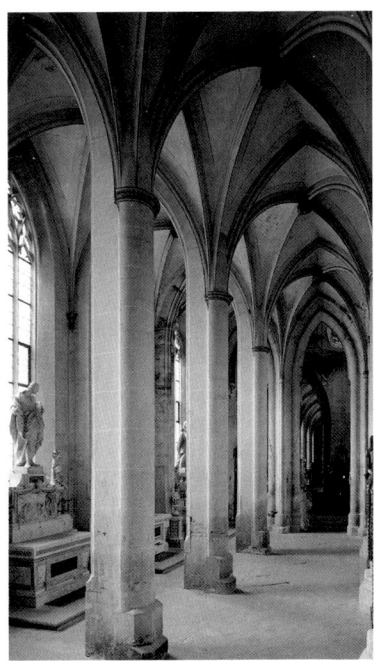

Abb. 111: Salem, Münster: Blick in den südlichen Chorumgangsarm, vor 1298

Die aufwendige Gestaltung mit der Portal-Fensterkombination findet ihre zeitgenössischen Parallelen in den Zisterzienserkirchen von Tintern Abbey und Goldenkron (Zlata Koruna), Sedeltz (Sedlec) und Königssaal (Zbraslav).

Von der mittelalterlichen Ausstattung sind bis heute die gemauerten Altarsteine an der Ostwand des Chorumgangs sowie an den Seitenschiffaltären in den Jochen zwei und drei sowie fünf und sechs unter den klassizistischen Verkleidungen erhalten. Auf eine Stiftung von Abt Johannes Stantenat (1471–1494) geht das 1750 an seinen heutigen Standort im nördlichen Querhausarms versetzte und dabei leicht umgestaltete Sakramentshaus zurück. Die Bauornamentik und die Skulpturen der Evangelistensymbole am Fuß verweisen auf einen am Oberrhein geschulten Bild-

hauer. An den heute frei nach unten hängenden Enden der Helmwimperge befanden sich hölzerne Engel mit den Leidenswerkzeugen Christi, die der Werkstatt Michel Erharts zugewiesen werden. Leere Konsolen im Gesprenge des Auszugs verweisen auf weitere, heute verschollene Bildhauerarbeiten, während die Konsolen seitlich des Sakramentsgehäuses erst 1750/51 angebracht wurden. Auf ihnen waren spätgotische Holzskulpturen, die vermutlich von Altarretabeln aus dem Münster stammten, angebracht. Aus konservatorischen Gründen mussten diese Arbeiten vor einigen Jahren aus dem Münster entfernt werden.

Unter Abt Christian II. Fürst (1588–1593) erhielt das Salemer Münster ein neues Chorgestühl mit insgesamt 100 Sitzen, von dem zwei Fragmente in der Kirche erhalten blieben. Die Bildhauerarbeiten lieferte Melchior Binder und sei-

117

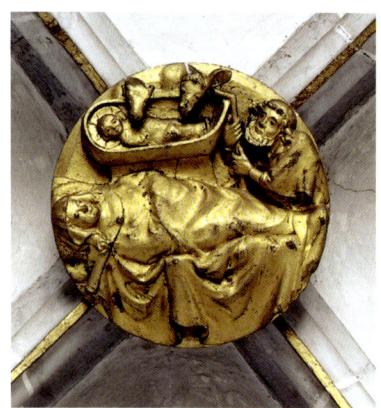

Abb. 112: Salem, Münster: Schlußstein im südlichen Chorumgangsarm, Geburt Christi, vor 1298

endung der Skulpturen wurde Zacharias Binder beauftragt, der die Skulpturen 1630 fertigstellte. Die ursprünglich zugehörigen frühbarocken Konsolen wurden 1791 durch klassizistische Alabasterkonsolen nach Entwürfen von Johann Georg Wieland ersetzt.

Von der reichen Ausstattung, die Joseph Anton Feuchtmayer im Auftrag der Äbte Konstantin Miller (1725–1745) und Anselm II. (1746–1778) ausgeführt hat, blieben nur wenige Fragmente, die Bildhauerarbeit an der Orgelempore des südlichen Querhausarms und vor allem das Bernhardusportal aus dem Jahr 1736 erhalten, das in den heutigen Kreuzgang führt. Ausbruchspuren seitlich und oberhalb des Portals verweisen auf ein erheblich größeres hochgotisches Portal, das sich zu der Dormenttreppe öffnete. Der ursprüngliche Zugang zum Kreuzgang befand sich im sechsten Joch des südlichen Seitenschiffs und ist bis heute an einer später vermauerten Wandöffnung zu erkennen. Östlich des Bernhardusportals befindet sich das 1736 geringfügig erweiterte Portal zur Sakristei, das von weitgehend übertünchten Malereien aus der Zeit um 1600 umgeben wird.

ne Werkstatt. Neben Binder sind als Bildhauer Joachim Thaubenschmid aus Hausen im Killertal, Innocenz Hartmann aus Waldsee, Michel Fressel aus Überlingen, Georg Mayer aus Hundersingen und Johann Georg Mader aus Überlingen genannt. Abt Thomas I. Wunn (1615–1647) führte im Münster nicht nur die Liturgie nach römischem Vorbild ein, sondern initiierte auch eine umfassende Neuausstattung des Münsters. Die Graufassung der Architektur mit weißem Fugenstrich und die Teilvergoldungen insbesondere an den Profilen von Kapitellen und Gewölberippen sowie der Schlusssteine geht, wenn auch mehrfach erneuert, auf diese Umgestaltung zurück. Abweichend vom heutigen Bestand waren die verblendeten Teile der Obergadenfenster allerdings mit illusionistischen Malereien einer Verglasung mit runden Glasscheiben versehen. Von dem gewaltigen, bis unter das Chorgewölbe hinaufreichenden Hauptaltar haben sich nur die beiden überlebensgroßen Holzskulpturen von Christoph Schenk am Chorobergaden erhalten. Schenk hatte auch den Auftrag zu dem Apostelzyklus im Langhaus erhalten, war aber während der Ausführung des Auftrags verstorben. Mit der weiteren Ausarbeitung und Voll-

Die unterhalb der Orgelempore angebrachten Gemälde an der Südwand des Querhauses beziehen sich auf die Liebfrauenorgel und gehen auf Vorlagen aus der Zeit um 1600 zurück, die wohl in Zusammenhang mit dem Bau des Orgelwerks von Anton Neuknecht aus den Jahren 1597/98 ausgeführt wurden. 1730 wurden sie von Franz Joseph Spiegler (1691–1757) nahezu vollständig übermalt. Gleichzeitig schuf er die Gemälde an der Unterseite der südlichen Orgelempore, die Erschaffung der Geschöpfe und in den Eckkartuschen die vier Erdteile und die vier Elemente. Die ebenfalls in dieser Zeit von Spiegler ausgeführten Malereien

Abb. 113: Salem, Münster: Stiftermonument

118

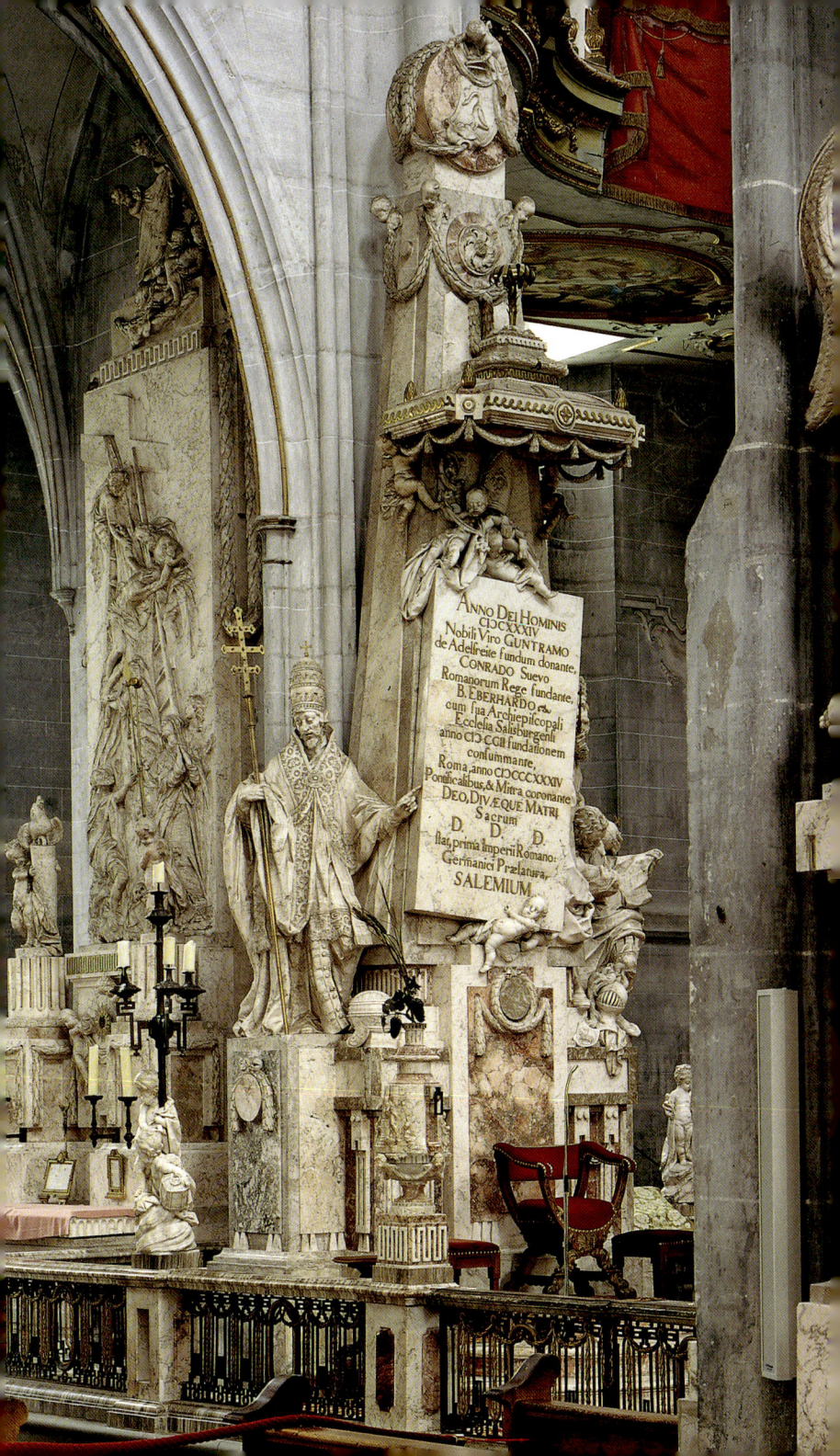

ANNO DEI HOMINIS
CIƆCXXXIV
Nobili Viro GUNTRAMO
de Adelfreite fundum donante,
CONRADO Suevo
Romanorum Rege fundante,
B. EBERHARDO &c.
cum sua Archiepiscopali
Ecclesia Salisburgensi
anno CIƆCGII fundationem
consummante,
Roma, anno CIƆCCCXXXIV
Pontificalibus, & Mitra coronante
DEO, DIVÆQUE MATRI
Sacrum
D.   D.   D.
stat, prima Imperii Romano:
Germanici Prælaturæ,
SALEMIUM.

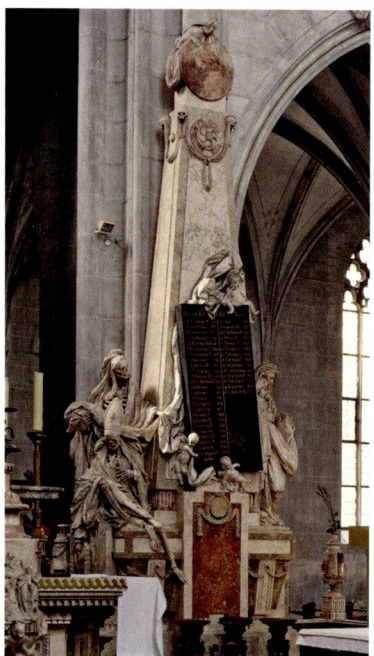

Abb. 114: Salem, Münster: Äbtemonument

im Gewölbe des südlichen Querhausarms wurden 1777 übertüncht.

Auf Abt Anselm II. gehen die nachhaltigsten Veränderungen am Münster zurück. 1750 ließ er das alte Chorbinnenpolygon ausbrechen und den Chor bis zur Ostwand des Münsters verlängern. Ab 1753 wurde an Stelle des kurz zuvor abgetragenen Dachreiters ein neuer Vierungsturm nach Entwürfen von Johann Kaspar Bagnato errichtet. Die 1756 vollendete Fachwerkkonstruktion mit einer Verkleidung aus Kupfer- und Bleiblech trug das bis dahin größte Glockengeläut Oberschwabens. Nach einem Sturmschaden 1807 wurde der Turm auf Abbruch verkauft und an seiner Stelle ein kleiner Dachreiter nach Entwürfen von Wilhelm Kleinheinz errichtet. Von den ehemals 16 Glocken sind heute noch fünf Glocken im Münsterturm erhalten.

Ab 1766 wurden im Auftrag Abt Anselms II. die Orgeln im Münster erneuert.

Mit dieser Aufgabe beauftragte man den aus Eldern bei Ottobeuren stammenden und in Dijon ansässigen Orgelbauer Karl Joseph Riepp. Der schuf zunächst eine neue Liebfrauenorgel im südlichen Querhausarm (1767/68). Ihr folgte die Dreifaltigkeitsorgel (1769–1771) im Westen des Langhauses. In den Prospekt aus der Mimmenhausener-Werkstatt (Abb. 115) wurden Fragmente des älteren Prospekts von Franz Joseph Feuchtmayer integriert. Schließlich vervollständigte Riepp dieses Orgelensemble durch die als Pendant zur Liebfrauenorgel konzipierte Tabernakelorgel (1774) im nördlichen Querhausarm. Hierfür wurde 1770/71 eine Empore nach dem Vorbild der älteren Empore im Südarm geschaffen. Die Gemälde an der Unterseite der West- und der Nordempore stammen von Andreas Brugger. Die Gemälde unter der Westempore zeigen Judith, Moses vor dem brennenden Dornbusch und Esther. Unter der Nordempore ist die Anbetung des Lamms dargestellt, in den Eckkartuschen lassen sich die vier Erdteile erkennen.

Die Konstruktion der Tabernakelorgel erwies sich allerdings als überaus schadensanfällig, so dass ihre Register 1789 von Johann Nepomuk Holzhey bei der Errichtung einer neuen Chororgel verwendet wurden. Holzhey fertigte schließlich 1789 noch ein Echowerk für die Dreifaltigkeitsorgel. Der Prospekt dieses Echowerks stammt aus der Werkstatt Johann Georg Wielands. Nach der Säkularisation wurden die Prospekte der Liebfrauen-Orgel und der Tabernakelorgel sowie die Orgelwerke der Liebfrauen- und der Chororgel verkauft. Die Dreifaltigkeitsorgel wurde bis 1901 durch den Orgelbauer Wilhelm Schwarz vollständig umgebaut.

Ab 1773 erfolgte eine abermalige Umgestaltung des Münsters in frühklassizistischen Formen. Das Grundkonzept der Planungen kann auf Pierre Michel d'Ixnard zurück gehen, der für Abt Anselm 1767 einige Skizze und Entwürfe geliefert hatte. 1773 wurde Johann Joachim Scholl, der zuvor bei d'Ixnard als Zeichner gearbeitet hatte, als Baudirektor in Salem eingestellt. Auf ihn dürften die Ausführungsplanungen zurückgehen. Die künstlerischen Entwürfe für die einzelnen Altäre und Monumente lieferten Johann Georg Dirr (1723–1779) und Johann Georg Wieland (1742–1802).

Zunächst wurde ab 1773 ein neuer Hochaltar und die den Altarbereich abgrenzende Balustrade zu den Querhausarmen und zum Langhaus hin errichtet. Der Altar Dirrs war 1785 jedoch bereits derart abgenutzt, dass er durch den heutigen Altar von Johann Georg Wieland ersetzt werden musste. Der von beiden Seiten nutzbare Altar ist in seinen Dimensionen so bemessen, dass er jeden Einblick vom Langhaus in den Chorraum, d. h. insbesondere in das Chorgestühl, verwehrt. Die vergoldeten Bleireliefs zeigen die Fuß-

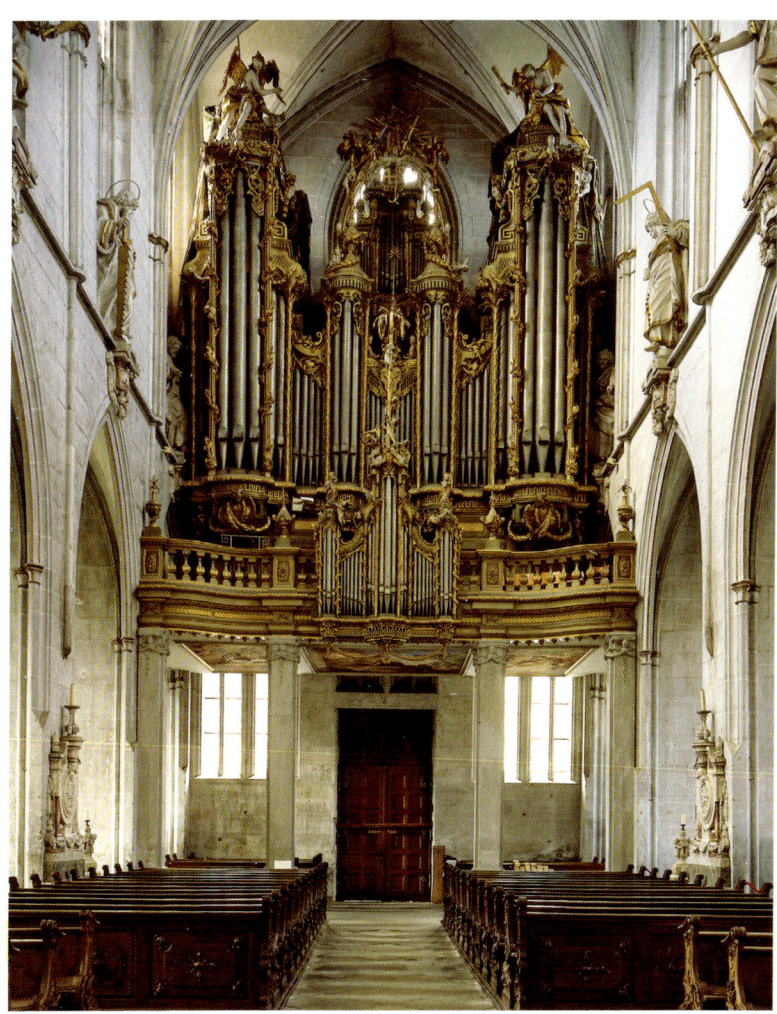

Abb. 115: Salem, Münster: Prospekt der Dreifaltigkeitsorgel

121

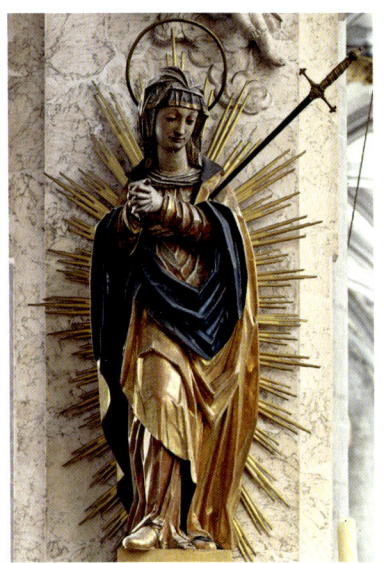

Abb. 116: Salem, Münster: Mater Dolorosa im südlichen Chorumgangsarm, Virgil Moll 1584

waschung und das Abendmahl. Die den Altarbereich umgebende Balustrade trägt Puttengruppen mit Leidenswerkzeugen, denen später noch Bronzeleuchter und Vasen beigegeben wurden. An den Vasen sind Reliefs angebracht, die Episoden aus dem Alten Testament (Westseite/Laienseite) und aus der Kindheit Christi (Ostseite/altarzugewandte Seite), an den anderen Seiten Szenen aus der Leidensgeschichte Christi zeigen. Den Vasen entspringen bronzene Ähren und Reben als Symbole der Eucharistie. Die Ecken der Vierung werden durch vier Monumente akzentuiert. An der Nordostecke befindet sich das Benediktsmonument und an der Südostecke das Bernhardsmonument. Aufwendiger sind die Monumente an der Westseite der Vierung. Das Stiftermonument (Abb. 1, 113) an der Nordwestecke thematisiert die Stiftung des Klosters und den Erwerb der für den Bestand der Freien Reichsabtei wichtigsten Rechte: an der Ostseite der Klosterstifter Guntram von Adelsreute und König Konrad III. der das

Kloster der königlichen Schutzvogtei unterstellte; an der Westseite Papst Urban VI., der den Salemer Äbten das Recht verlieh, die Pontifikalien zu tragen. Das kleine Salzfass zu seinen Füssen verweist auf Erzbischof Eberhard II. von Salzburg, der in Salem als zweiter Stifter verehrt wurde. Selbstbewusst bezeichnet sich die Abtei auf der Schrifttafel als die erste und vornehmste Abtei im Heiligen Römischen Reich. Dem Stiftermonument gegenüber befindet sich das Äbtemonument (Abb. 114), auf dessen schwarzer Schrifttafel die Namen aller Salemer Äbte genannt werden. An der Westseite erblickt man Ezechiel, der die Toten aus den Gräbern ruft. An der Ostseite erheben sich die Gebeine zweier Äbte aus ihren Gräbern.

Die Westseite der beiden westlichen Monumente nehmen zwei Altäre Johann Georg Wielands (1780) ein: der Heilig-Kreuz-Altar im Norden und der Altar Johannes des Täufers im Süden. 1790 wurden vor diesen Altären noch zusätzliche Vasen aufgestellt, deren Reliefs die Himmelfahrt Christi und Christus als Weltenrichter (beim Heilig-Kreuz-Altar) sowie Christus in der Vorhölle und den ungläubigen Thomas (beim Altar Johannes des Täufers) zeigen.

Die Altäre im Langhaus wurden ab 1778 geschaffen, die beiden östlichen Paare nach Entwürfen von Johann Georg Dirr, die beiden westlichen Paare nach Plänen von Johann Georg Wieland. Diese Entwürfe stehen unter dem Einfluss der Musterstiche von Georges Delafosse und Pierre François Neufforge. Vor den Wandpfeilern des fünften Joches stehen der Antonius- und der Theobaldaltar, im vierten Joch der Laurentius- und der Kirchenlehreraltar. Nach Westen folgen im dritten Joch der Magdalenen- und der Katharinenaltar und im zweiten Joch der Bartholomäus- und der Konradsaltar.

In den beiden Querhausarmen stehen vor den Stützen der Doppelarkade zum Chorumgang der Ecce Homo-Altar von

Wieland im Norden und der Mater Dolorosa Altar im Süden. Das als wundertätig verehrte Marienbild (Abb. 116) war 1584 von dem Überlinger Bildhauer Virgil Moll geschaffen worden.

Die eigentliche, vom Langhaus aus nicht einsehbare Mönchskirche mit dem Chorgestühl und eigenen Altären liegt östlich des Hochaltars. Das Gestühl (Abb. 117) geht im Kern auf ein ab 1765 von der Mimmenhausener Werkstatt geschaffenes Gestühl zurück, das im Zuge mehrfacher Umplanungen zwischen 1765 und 1773 wiederholt verlegt wurde. Das Dorsale wurde erst nach 1775 ausgeführt, drei der Relieftafeln erst 1786 durch Wieland geschaffen und von dem Überlinger Maler Dominikus Moßherr gefasst. Die Relieftafeln zeigen an der Nordseite die Zerstörung Jerusalems, Maria und Elisabeth, die Vision Ezechiels, das Opfer Abrahams und Moses auf dem Berg Nebo; auf der Südseite David und Nathan, die Vision des Johannes, die Berufung des Jesaias,

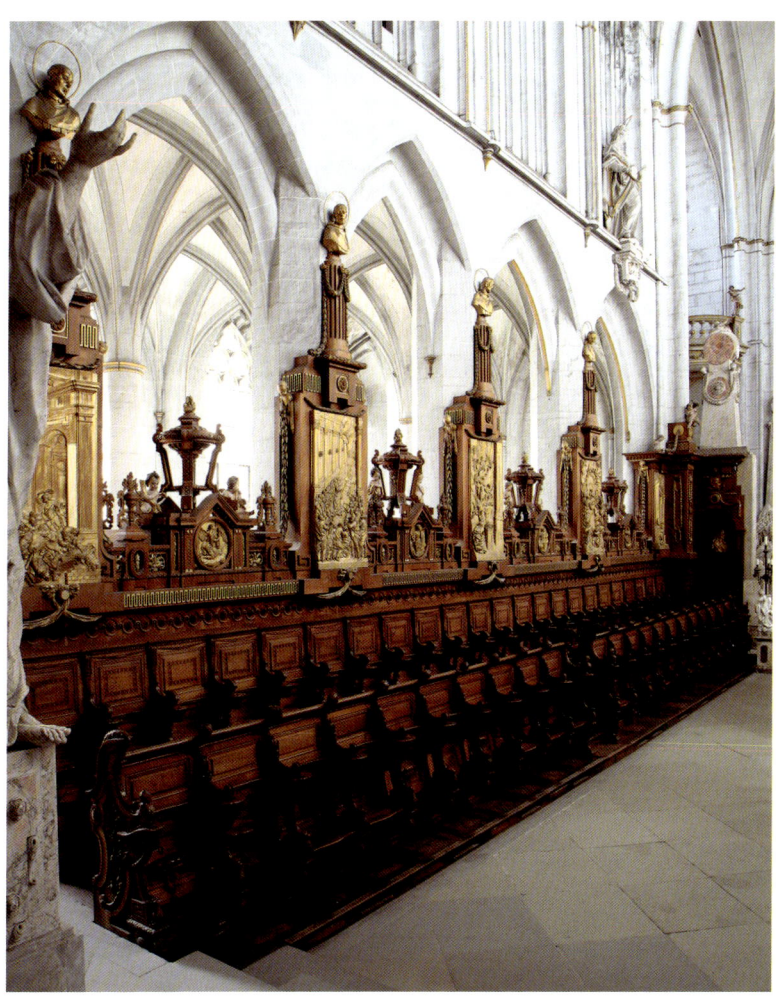

Abb. 117: Salem, Münster: Chorgestühl

123

Salomos Tempelweihe und Jesu Tempel-reinigung. Eine abermalige Veränderung erfolgte von 1790 bis 1793 durch den Einbau der Chororgel von Johann Nepo-muk Holzhey.

Das Prälatur- und Konventsgebäude

Nach dem Brand in der Nacht vom 9./10. März 1697 wurden unverzüglich Planun-gen zum Wiederaufbau der zerstörten Anlage aufgenommen. Der Konvent be-zog die Räume im unzerstörten Westflü-gel, die Abtei wurde in die Räume des Mittleren Tors verlegt. Zunächst war of-fen, ob die unzerstörten Teile des West-baus, des Kreuzgangnordflügels, der Sa-kristei, der Liebfrauenkapelle und der Bibliothek in den Neubau miteinbezogen werden sollten. Die Entscheidung, auch diese Reste der Vorgängeranlage abzutra-gen, fiel erst im Laufe des Jahres 1705.

Bereits Ende März 1697 wurden die ersten Verträge über die Lieferung von Baumaterialien für den Neubau geschlos-sen, der erste mit dem Baumeister Franz Beer datiert vom 30. April 1697. In rascher Folge wurde die Anlage zwischen 1697 und 1708 errichtet. Der erste Bauab-schnitt umfasste den Südflügel vom Prio-rat bis zum Refektorium sowie einen Teil des Sakristeiflügels, der zweite den Süd-flügel und den Ostflügel der Prälatur bis zum Treppenhaus südlich des Kaisersaals (Vertrag vom 19. Juli 1698), der dritte Bauabschnitt die zweite Hälfte der Präla-tur (Vertrag vom 2. Juli 1700), der vierte den restlichen Sakristeiflügel (Vertrag vom 23. März 1705) und schließlich der fünfte den Neubau des Westflügels (Ver-trag vom 29. Oktober 1705). Als Hilfsmit-tel für die Planung diente ein detailliertes Modell, das sich bis heute erhalten hat.

Der Baukörper besteht im Kern aus zwei Vierflügelanlagen, die durch einen langen Mittelpavillon an der Südseite miteinander verbunden werden. Die west-liche Vierflügelanlage, deren Nordseite das Münster einnimmt, enthält die Räu-me des Konvents mit den Zellen der Mön-che, dem Priorat und dem Subpriorat, der Sakristei, dem Kapitelsaal, dem Noviziat und den zugehörigen Studienräumen so-wie einem großen Festsaal im zweiten Obergeschoss des Westflügels. Die östli-che Vierflügelanlage beherbergte die Räume der Prälatur mit Sommer- und Winterprälatur, die Repräsentationsräu-me der Abtei, den Kaisersaal im zweiten Obergeschoss des Ostflügels, das Audi-enzzimmer und die Abteikapelle, ferner die Fürsten- und Grafenzimmer, d. h. die Appartements für die hochgestellten Gäs-te des Klosters, sowie die Verwaltungs-räume der Abtei mit Kanzlei, die Biblio-thek, das Archiv und das Krankenhaus mit eigener Krankenkapelle.

Baulich sind die beiden Vierflügel-anlagen einander angeglichen. Mit dem Kaisersaal im Ostflügel der Prälatur kor-respondiert die gleich gestaltete Kon-ventsaula im Westflügel des Konvents-gebäudes. Der große Verbindungspavillon in der Mitte des Südflügels nimmt die Räume des Sommerrefektoriums, des Winterrefektoriums, des Museums und des Vestiariums ein. Die äußere Erschei-nung der Gesamtanlage bringt die Duali-tät von Abt und Konvent, d. h. den beiden Rechtssubjekten des Klosters, die beide gemeinsam handeln müssen, bildhaft zum Ausdruck.

Die Prälatur wurden an der Nordseite mit einer repräsentativen Schaufassade (Abb. 118) versehen. An dem gestalterisch hervorgehobenen Mittelrisalit, hinter dem sich das Haupttreppenhaus der Abtei ver-birgt, waren die Zeichen des Reichs sowie Steinskulpturen von Maria als Himmels-königin, des Salvator und des Hl. Geistes angebracht. Zwei Durchfahrten öffnen sich zu geräumigen Vestibülen, die so-wohl den Zugang zum Haupttreppenhaus als auch zu den Verwaltungsräumen im Hochparterre ermöglichen. Die Anlage ist

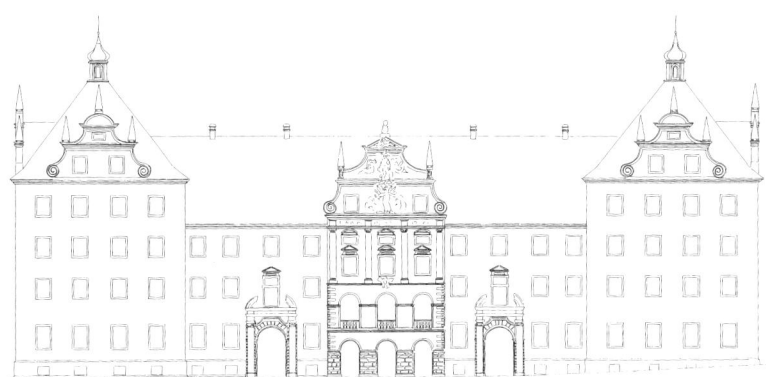

Abb. 118: Salem, Schloss: Prälaturfassade, Rekonstruktion des ursprünglichenZustands

so konzipiert, dass hochgestellte Gäste über die östliche Durchfahrt vorfahren und im Vestibül aussteigen konnten. Während sich die Gäste zum Haupttreppenhaus begaben, um vom Abt empfangen zu werden, konnte die Kutsche im Hof wenden und das Gebäude über die westliche Durchfahrt verlassen während bereits der nächste Gast über die östliche Durchfahrt vorfuhr. Je nach Würde konnten die Gäste auf den verschiedenen Podesten der Treppenanlage empfangen und in die Hauptrepräsentationsräume geleitet werden. Das Bildprogramm des Treppenhauses, mit dem 1732 von Jakob Christoph Achert gemalten Sturz des Phaeton, der Zyklus der römischen Kaiser im Gang des zweiten Obergeschosses und schließlich die Bildprogramme von Kaisersaal und Audienzzimmer gemahnten den Gast an die Herrschertugenden und die Folgen deren Missachtung einerseits und an die Rechte und Ansprüche der Reichsabtei und der Garanten dieser Rechte und Privilegien andererseits.

In der Abtei gab es im ersten Obergeschoss die Winterabtei mit dem Tafelzimmer des Abts und den zugehörigen Nebenräumen im Norden sowie Gästeappartements im Süden. Der durchgehende Gang an der Innenseite des Flügels ermöglichte dabei die ungestörte Zugäng-

lichkeit zu allen Räumen. Anders liegt der Fall im zweiten Obergeschoss. Hier trennt der die gesamte Breite des Ostflügels einnehmende Kaisersaal die Räume der Sommerprälatur mit dem Audienzzimmer und der Abteikapelle im Norden von den Fürstenzimmern im Süden.

Der Kaisersaal (Abb. 119) erhielt 1708 seine in weiten Teilen erhaltene Ausstattung. Nach Bauschäden wurden 1723/24 Reparaturen an den Stuckaturen vorgenommen. Vielleicht entstanden damals die konstruktiv anders aufgebauten, glatten Deckenflächen, die zu der Dekorationsfülle der übrigen Wand- und Deckenflächen kontrastieren. Nicht auszuschießen ist, dass die heute glatt geputzten Deckenflächen ursprünglich mit Akanthusstuck versehen waren, vergleichbar den gleichzeitig entstandenen Stuckaturen in der Sakristei und im Bibliothekssaal. Die hohen Rechteckfenster scheinen ursprünglich einen Zwischensturz besessen zu haben, der später, vielleicht im späten 18. Jahrhundert, entfernt wurde.

Die Stuckaturen und die Stuckplastiken des Kaisersaals wurden von Franz Joseph Feuchtmayer und seinem Schwiegervater Johann Pöllandt aus Schongau ausgeführt. Die überlebensgroßen Stuckplastiken zeigen die römischen Könige und

125

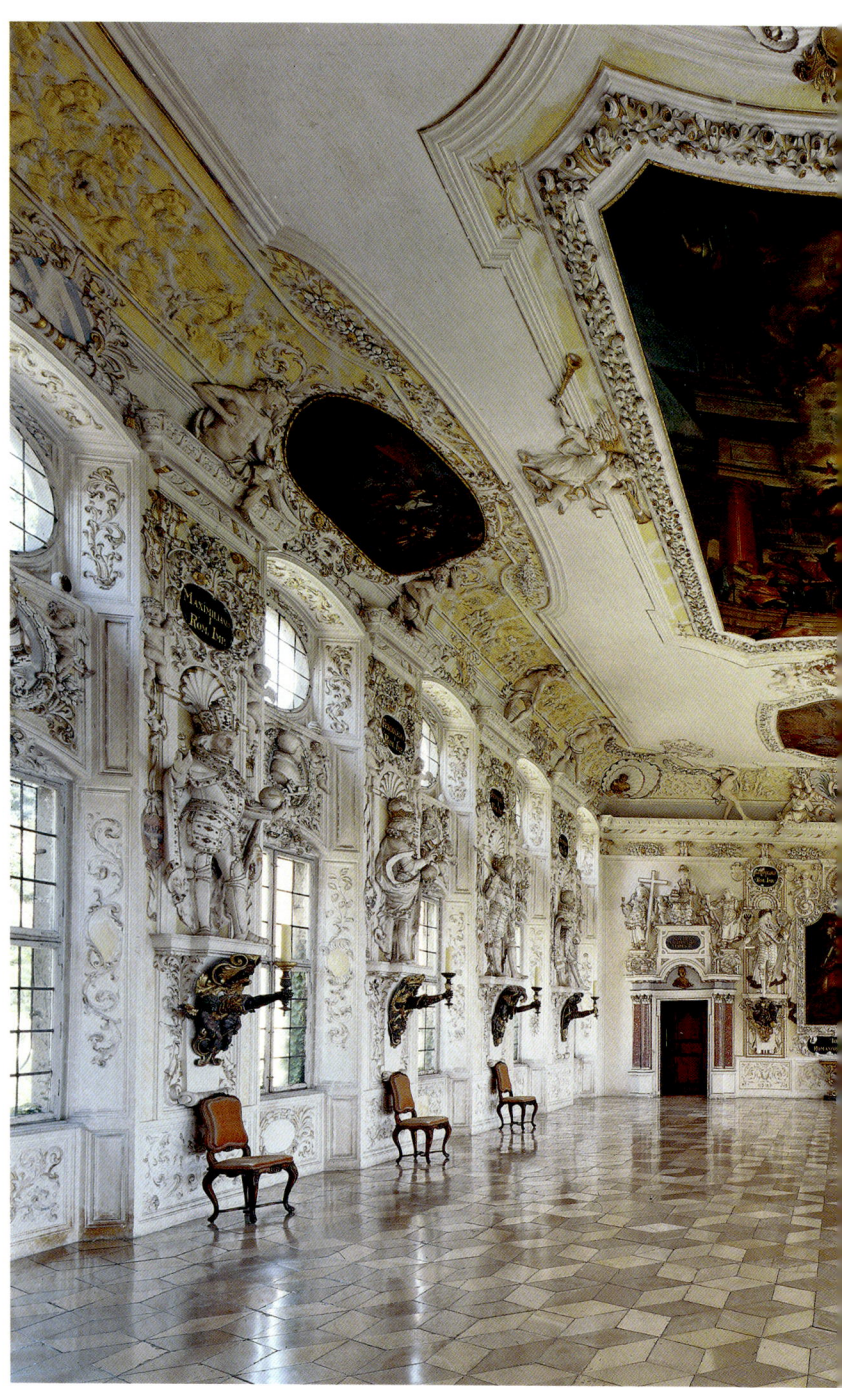

Abb. 119: Salem, Schloss: Kaisersaal, Blick nach Norden

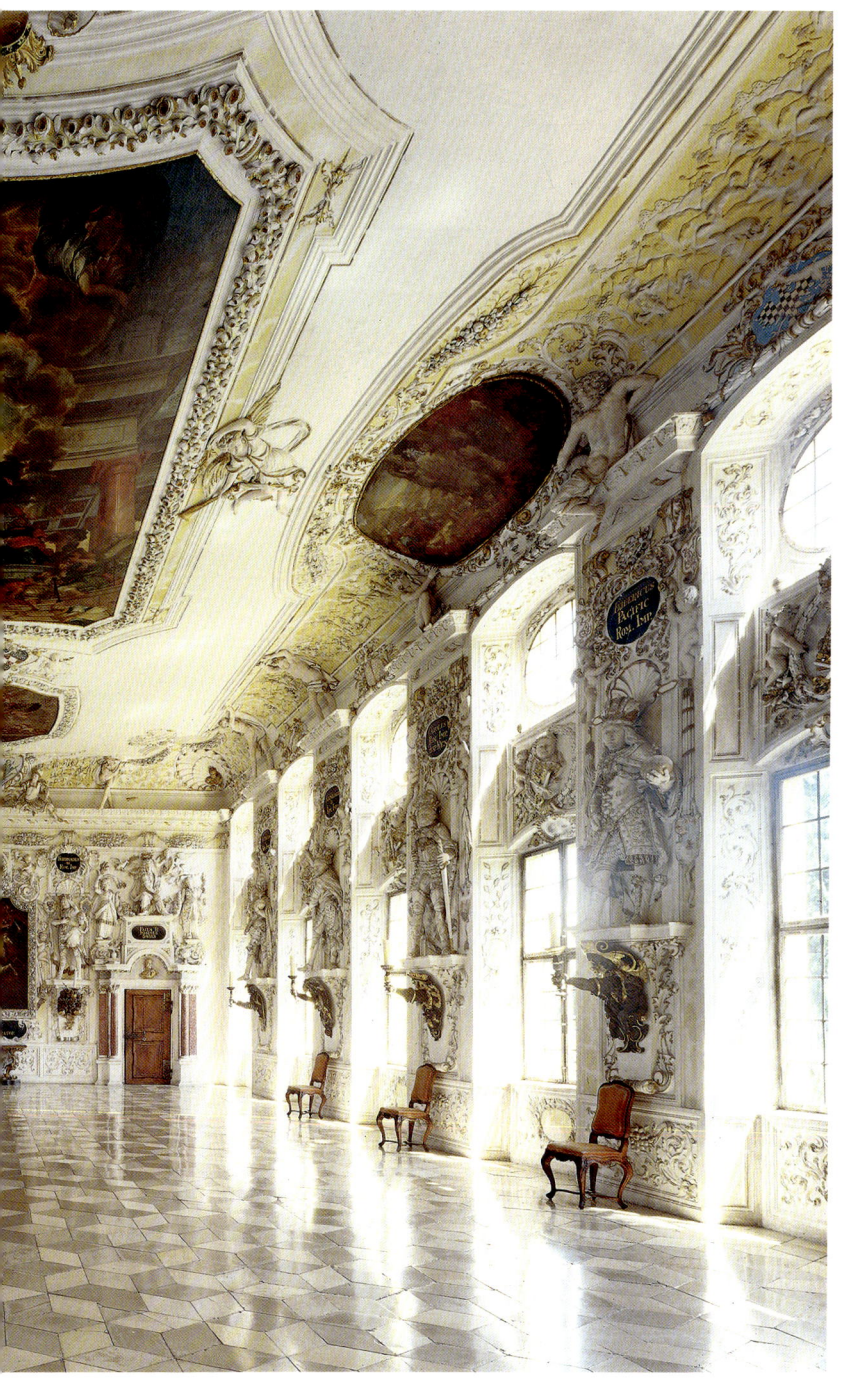

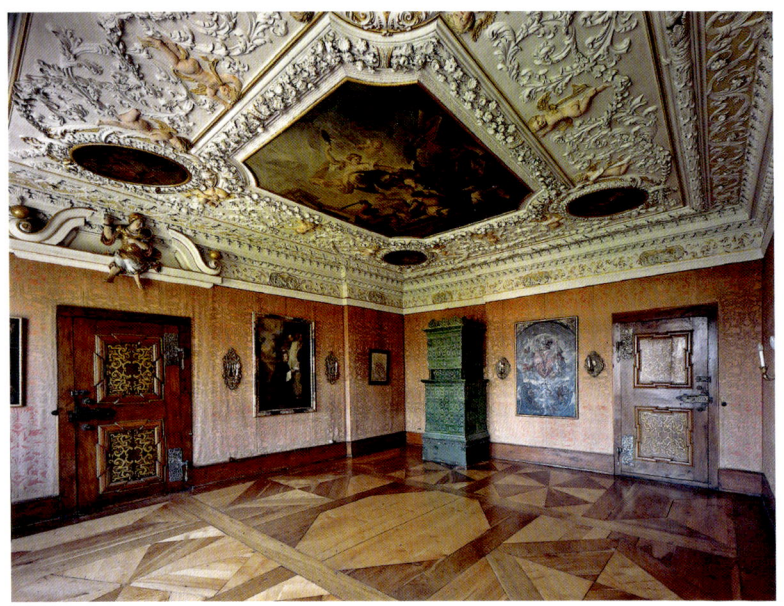

Abb. 120: Salem, Schloss: Audienzzimmer

Kaiser, die eng mit der Geschichte Salems verbunden waren: An der Südwand die Könige Lothar III. von Süpplingenburg (in Salem immer als Lothar II. bezeichnet) und Konrad III., der 1142 die Stiftung der Zisterzienserabtei bestätigt und sie unter die königliche Schutzvogtei gestellt hatte. Nach Norden hin folgen jeweils im Wechsel von Ost nach West die Habsburger Rudolf I., Albrecht I., Friedrich der Schöne, Albrecht II., Friedrich der Sanfte, Maximilian I., Karl V., Ferdinand I., Maximilian II., Rudolf II., Matthias I., Ferdinand II. und schließlich an der Nordwand Ferdinand III. und Leopold I. Den Endpunkt dieser Reihe bildete ursprünglich das zentrale Gemälde Kaiser Josephs I. von Franz Carl Stauder. Ihm sollte an der Südwand wohl eine bildliche Darstellung des Gründungsakts entsprechen, doch wurde nach dem überraschenden Tod Kaiser Josephs I. und vor dem Hintergrund der Bemühungen Abt Stephans I. (1698–1725), in den Reichsfürstenstand erhoben zu werden, an dieser Stelle dann das

1714/15 von Jacob Carl Stauder geschaffene Reiterbildnis Kaiser Karls VI. angebracht. Den Stuckplastiken der Habsburger sind jeweils die Embleme und die Motti der Herrscher beigegeben. Mit der Herrscherreihe korrespondiert eine Folge von Papstbüsten über den Mittelbildern der Schmalwände und in den Fensterachsen. Wie bei den Königen handelt es sich um Päpste, die dem Zisterzienserkloster oder dem Zisterzienserorden eng verbunden waren und auf die sich die Abtei bei der Begründung und Durchsetzung ihrer Ansprüche berufen konnten. Ihre Wappen sind in den Kartuschen über den Oberlichtfenstern abgebildet.

Auf die besondere Verantwortung der Habsburger verweisen die Ölgemälde Stauders in der Voute der Längswände: Rudolf I., der einem auf einem Versehgang befindlichen Priester sein Pferd, gibt an der Westwand und Maximilian I. an der Martinswand (Ostseite). Das großformatige Mittelbild Franz Carls Stauders stellt die Ausgießung des

128

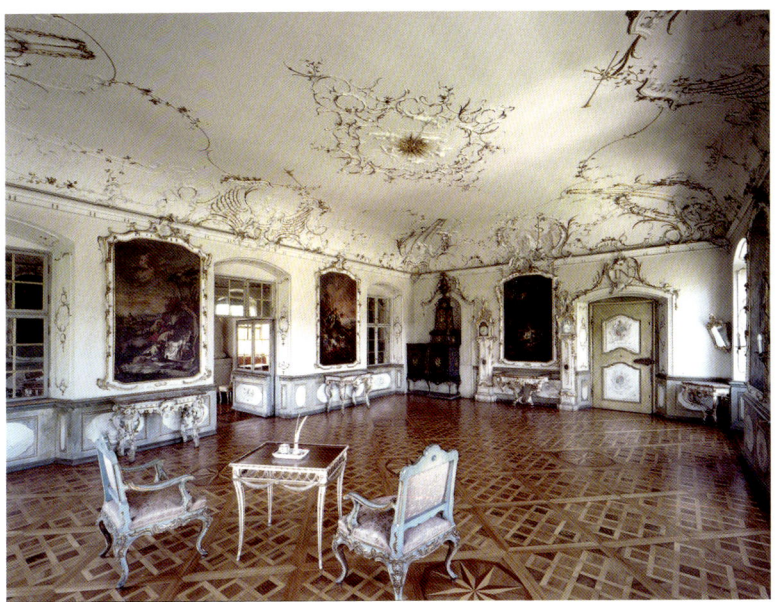

Abb. 121: Salem, Schloss: Sommerprälatur

Hl. Geistes (Pfingsten) dar, die seitlichen Bilder zeigen Elias auf dem Feuerwagen im Süden und Daniel in der Löwengrube im Norden.

Durchaus aktuellen Bezug haben die Figurengruppen über den vier Portalen des Kaisersaals. Sie thematisieren Krieg (SO-Portal) und Frieden (SW-Portal), weltliches (NO-Portal) und geistliches (NW-Portal) Regiment mit ihren negativen und positiven Folgen. Sie sind, wie die Figurenzyklen an den Wänden, Mahnung und Anspruch an den Besucher der Abtei.

In den Ecken der Stuckdecke sind zudem die vier antiken Großreiche dargestellt, deren Nachfolge das Heilige Römische Reich Deutscher Nation angetreten habe: das Assyrerreich, verkörpert durch König Nimrod; das Perser- und Medäer Reich mit der Büste des Königs Cyrus, das griechische Großreich Alexanders des Großen und das römische Weltreich mit der Büste von Julius Caesar.

Der Kaisersaal besitzt noch weitgehend eine Raumschale aus dem 18. Jahrhun-

dert. Die sparsam eingesetzten Goldauflagen und Farbabtönungen sowie die Fassungen an den Armleuchtern gehen auf Gervasius Feuchtmayer zurück und stammen aus den Jahren 1722/23.

Nördlich an den Kaisersaal schließt sich das ehemalige Audienzzimmer (Abb. 120) mit in das Jahr 1707 datierten Stuckaturen von Franz Joseph Feuchtmayer an. Die kleinen Stuckreliefs zeigen unter anderem Herkules als Sinnbild von Mut und Stärke, den Sturz des Ikarus als Folge der Anmaßung und das Einhorn als Sinnbild der Tugendliebe. Die Jagdszenen stehen für Kraft und Klugheit. Über den Portalen befinden sich Holzskulpturen der Sapientia und der Fortitudo, ebenfalls von Franz Joseph Feuchtmayer. Das zentrale Deckenbild mit dem Urteil Salomos malte Franz Joseph Spiegler 1730. Die in den Eckfeldern der Decke angebrachten Ovalbilder mit emblematischen Darstellungen verweisen ebenfalls auf von Herrschern zu fordernden Tugenden. Nach Norden schließen sich an das Audienzzimmer die fast vollständig ihrer alten Ausstattung beraubte Abteikapelle und ein zugehöriger Sakristeiraum an. Das Deckenbild Franz Carl Stauders von 1706/07 in der Abteikapelle zeigt die Aufnahme Mariens in den Himmel. Von einem 1752 von Joseph Anton Feuchtmayer neu geschaffenen Altar der Abteikapelle soll ein Tabernakel stammen, der sich heute in der Pfarrkirche Mimmenhausen befindet.

Die Nordostecke des zweiten Obergeschosses nehmen die Räume der 1763 unter Abt Anselm II. umgestalteten Sommerprälatur (Abb. 121) ein. Dabei wurde der nördliche Teil des Gangs abgetrennt und zu einem Vorzimmer umgestaltet. Die

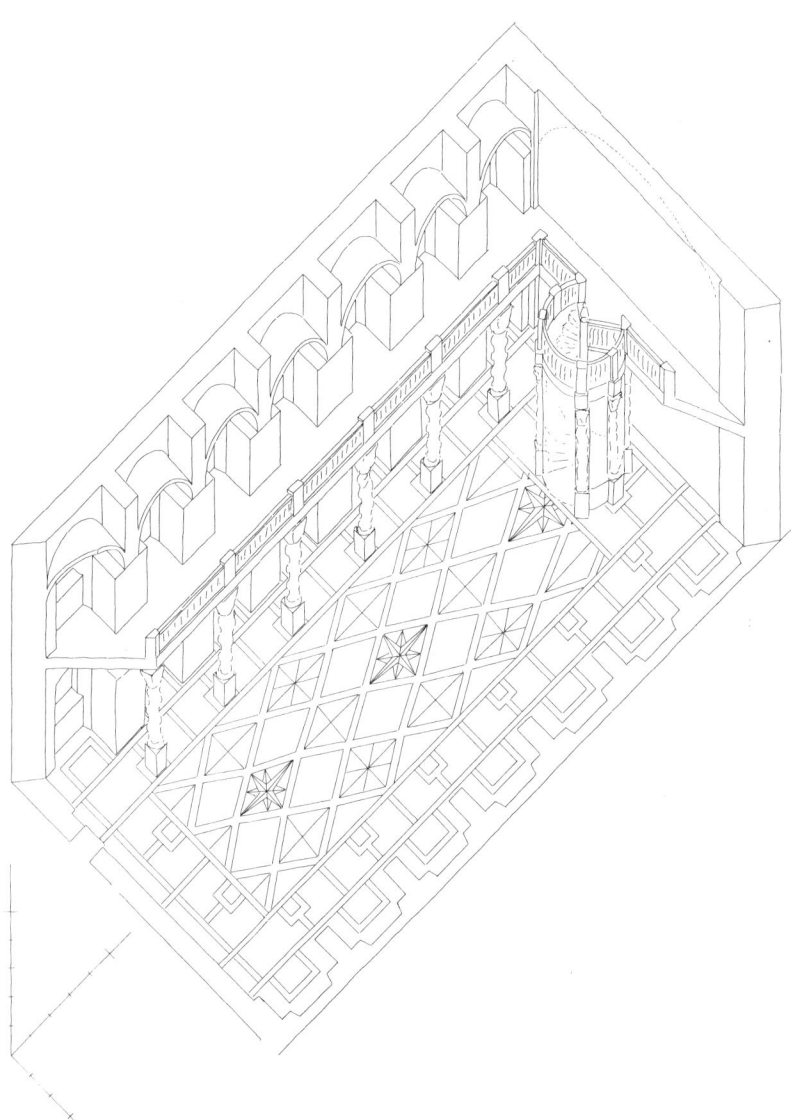

Abb. 122: Salem, Schloss: Rekonstruktion der ursprünglichen Bibliotheksaustattung

130

Supraporten zeigen den Klosterbrand von 1697 über der Tür zum Gang und die Flucht nach Ägypten über der Tür zum Empfangszimmer. Beide Gemälde werden Andreas Brugger zugewiesen. Das Täfer im Sockelbereich der Wandverkleidung im Vorzimmer und im Hauptraum der Sommerprälatur ist mit den Wappen der Äbte sowie der Stifter und Wohltäter des Klosters geschmückt. Die Stuckaturen beider Räume fertigte Johann Georg Dirr. Im Empfangszimmer zeigen sie in den Kartuschen an der Ostwand das Wappen Abt Anselms II., an der Westseite das Wappen des Klosters, verbunden mit dem Element Erde, an der Südseite das Element Feuer und an der Nordseite das Element Luft. Das Element Wasser ist in den vier Eckkartuschen thematisiert. Der Raum wird durch die Tafelbilder von Gottfried Bernhard Göz besonders ausgezeichnet. Sie zeigen die Anbetung der Hirten, die Predigt Jesu am See Genezareth, Christus am Ölberg, die Kreuzigung, die Grablegung und die Auferstehung.

Im Westflügel der Abtei befindet sich im ersten Obergeschoss der zwei Geschosse umfassende Bibliothekssaal, der seine historische Ausstattung weitgehend verloren hat. Von der ersten Ausstattung (1705/06), die sich in groben Zügen rekonstruieren lässt (Abb. 122), haben sich der Holzfußboden und die Deckenstuckaturen erhalten. Einer Neuausstattung von 1730/38 entstammen die rudimentär sichtbaren Gemälde des Meersburger Malers Anton Bastian in den Deckenfeldern und die zarten Stuckaturen an den Stirnwänden mit den Wappen der Äbte Stephan I. Jung (1698–1725) und Konstantin Miller (1725–1745) an der Nordseite sowie dem Konventswappen mit den Wappen des Ordens, des Stifters Guntram von Adelsreute, dem Wappen des sogenannten zweiten Stifters Erzbischof Eberhard II. von Salzburg und dem österreichischen Wappen auf der Südseite. Die Gemälde Bastians zeigen von Nord nach Süd die

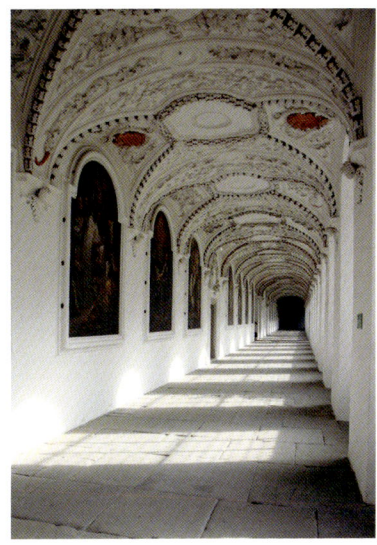

Abb. 123: Salem, Schloss: Bernhardusgang, Blick nach Norden

Erschaffung des Universums, Kain und Abel, Moses empfängt die Gesetzestafeln, das Buch mit den sieben Siegeln, Ecclesia als Sedes sapientiae, Transdito clavium und die Versammlung der 24 Ältesten.

In den Jahren 1786 bis 1791 wurde die Bibliothek nach Entwürfen von Johann Georg Wieland klassizistisch umgestaltet. Die Malereien in den Lünetten und die erläuternden Inschriften in den Kartuschen wurden vollständig übermalt. An Stelle der auf gedrehten Säulen ruhenden Empore wurde eine an Eisenträgern abgehängte Empore ohne eigenes Treppenhaus eingezogen. Die Wandzungen wurden dreiseitig mit Bücherschränken umkleidet. Beim Verkauf der Bücher der Klosterbibliothek an die Universitätsbibliothek Heidelberg ließ die Universitätsbibliothek am 11. August 1827 das gesamte Mobiliar der Bibliothek bis auf das letzte Stück öffentlich versteigern. Die heute in der Bibliothek aufgestellten Fragmente der Bibliotheksaustattung wurden erst im 20. Jahrhundert zurückgekauft. Es sind hier Teile der Ausstattung des Bibliotheks-

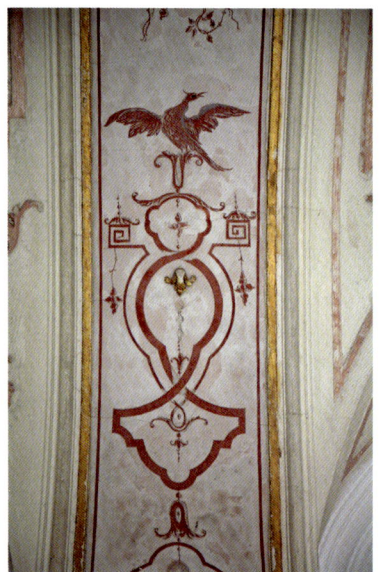

Abb. 124: Salem, Schloss: Kreuzgangwestflügel, Scagliola-Arbeit von Joseph Anton Feuchtmayer

kristei und die Paramentenkammer untergebracht, deren Ausstattung ebenfalls noch aus der Erbauungszeit dieses Flügels stammt. Besonders aufwendig ist die Stuckdekoration Franz Joseph Feuchtmayers in der Sakristei. In den Gemäldefeldern sind auf Gemälden Johann Georg Glyckhers Putti mit sämtliche liturgischen Gerätschaften, die bei einem Pontifikalamt benötigt werden, zu sehen. Die kräftigen Stuckmarmorarbeiten an den Türrahmen und am Altarretabel der Sakristei zählten ebenfalls zur ursprünglichen Ausstattung, während das Scagliola-Antependium des Altars erst 1722 von Michael Schaidhauff hinzugefügt wurde und die Skulptur Johannes des Täufers am Sakristeibrunnen von Johann Georg Wieland geschaffen wurde. Die Sakristeischränke fertigte Melchior Widmer, doch dürften bei den ornamentalen Zierbrettern auch Reste der älteren Sakristeiausstattung wiederverwendet worden sein.

Südlich des Treppenhauses schließen sich der ehemalige Kapitelsaal und der Raum des geistlichen Archivs an. Die beiden restlichen Flügel des Kreuzgangs wurden erst in den 1720er Jahren mit Stuckaturen ausgestattet, der Westflügel 1721 von Joseph Anton Feuchtmayer. Die überaus modernen, besonders zart proportionierten Bandelwerkstuckaturen und die Scagliola-Arbeiten in den Gurtbögen (Abb. 124) scheinen aber nicht zur Zufriedenheit von Abt Stephan I. ausgefallen zu sein. Jedenfalls wurde Feuchtmayer erst von seinem Nachfolger Konstantin Miller (1725–1745) mit der Fortführung der Stuckdekoration im Südflügel des Kreuzgangs bis hin zur Trennwand zwischen Klausur und Prälatur beauftragt. Die Stuckaturen im Treppenhaus des Südflügels schließlich wurden erst 1743 in Auftrag gegeben. Die Gänge in den beiden Obergeschossen des Südflügels und die dortigen Räume und Zellen sind mit Stuckaturen von Michael Wiedemann und seinem Trupp geschmückt.

saals und Teile aus der unteren Bibliothek, die in dem Erdgeschossraum unterhalb des Bibliothekssaals untergebracht war, mit Giebelaufsätzen, die vermutlich von den klassizistischen Türverkleidungen der Fürsten- und Grafenzimmer stammen, kombiniert.

Die Räume des Konventsgebäudes sind deutlich zurückhaltender ausgestattet und haben, soweit erhalten, bis heute im Wesentlichen ihre bauzeitliche Ausstattung. Der Ostflügel des Kreuzgangs, der sogenannte Bernhardusgang (Abb. 123), ist mit Stuckaturen aus der Werkstatt des Michael Wiedemann im südlichen und von Franz Joseph Feuchtmayer im nördlichen Abschnitt geschmückt. In den anstuckierten Rahmen der Binnenwand ist heute der um 1766 von Andreas Brugger geschaffene Bernharduszyklus angebracht. Von der älteren Ausstattung blieb im südlichsten Rahmenfeld die Darstellung der Klosterstiftung erhalten. Im nördlichen Teil des Ostflügels sind die Sa-

Der am prächtigsten ausgestatte Raum der Klausur war das Sommerrefektorium im Erdgeschoss des Mittelpavillons zwischen Konvent- und Prälaturgebäude. Die Stuckaturen wurden ab 1698 von Michael Wiedemann und seinem Trupp geschaffen, die Stuckmarmorarbeiten am inneren Türgewände, an der Westwand, an der Ofennische sowie der Korpus der Lesekanzel können dem Marmorierer Kaspar Buechmüller zugewiesen werden. Das Johann Georg Glyckher zugeschriebene zentrale Deckenbild zeigt das Abendmahl. Ebenfalls aus der ersten Ausstattungsphase sind das Altarbild mit der Kreuzigung, vermutlich von dem St. Galler Maler Joseph Anton Hersche, sowie die beiden seitlichen Bilder, der hl. Benedikt von Johann Michael Feuchtmayer südlich des Altars und der hl. Bernhard von Jakob Carl Stauder nördlich des Altars. Abt Konstan-

tin Miller, dessen Wappen heute über der inneren Portalrahmung angebracht ist, ließ die Ausstattung des Refektoriums laufend ergänzen. Zunächst fertigte Joseph Anton Feuchtmayer 1726 die äußere Stuckmarmorrahmung des Refektoriumszugangs. In den Jahren 1725/26 malte Jacopo Pellandella den Zyklus von Heiligenbildern, die an den Wandfeldern zwischen den Fensternischen angebracht wurden. Der Zyklus zeigt Heilige und Selige des Zisterzienserordens; an der Nordseite von West nach Ost: Alberich, Fastredus, Bonifacius, Bischof von Lausanne, Papst Benedikt XII., Petrus II., Bischof von Tarantaise, Petrus von Castelnau; an der Südseite von West nach Ost: Robert von Molesme, Stephan Harding, Papst Eugen III., Stephan, Bischof und Kardinal von Praeneste, Arnulph von Brüssel, Alanus ab insulis, Thomas Becket und Stephan von

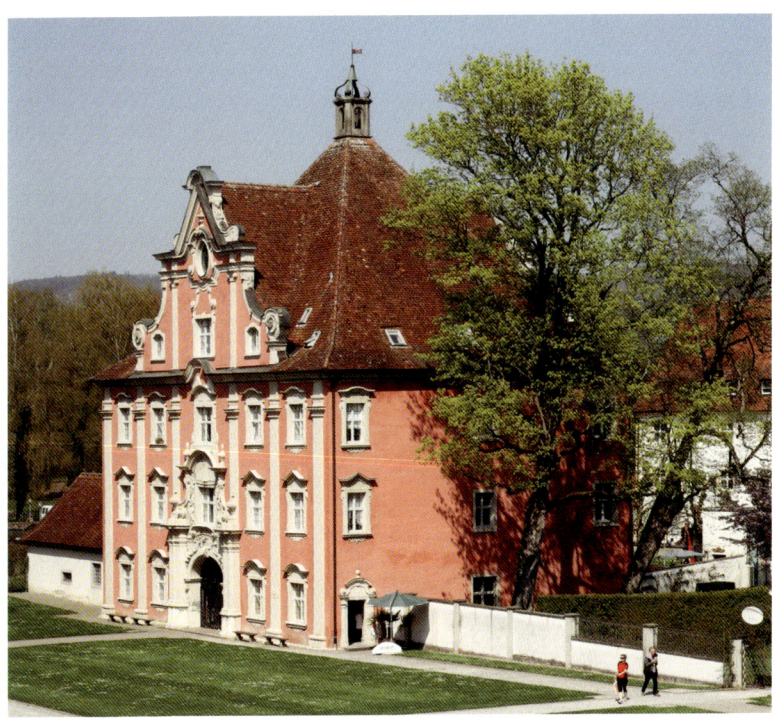

Abb. 125: Salem, Schloss: Unteres Tor, Ansicht von Südwesten

Obazine. Schließlich lieferte der Meersburger Maler Anton Bastian in den Jahren 1732/33 die restlichen Ölgemälde für die Deckenfelder: die Fußwaschung Christi im westlichen Hauptfeld und die Auferstehung im östlichen Hauptfeld. Die kleineren Deckenfelder sind mit Szenen aus dem neuen Testament versehen, deren Grundtenor die leibliche geistliche Speise ist: Im Westen: Jesus bei Maria und Martha, Jesus mit der Samariterin; im Osten die Speisung in der Wüste und die Versuchung Christi und um das Mittelfeld: Jesus und die Sünderin, die Hochzeit von Kanaa, Emmaus und Christus offenbart sich den Jüngern am See Tiberias.

Der große Ofen an der Ostwand aus dem Jahr 1733, der von der Konventsküche aus beheizt wurde, stammt von dem Steckborner Hafner Daniel Meyer. Die szenischen und symbolischen Darstellungen auf den Ofenkacheln beinhalten ein umfangreiches und mehrschichtiges Bildprogramm. In drei Registern werden Themen des Ordenslebens, des Alten und des Neuen Testaments zueinander in Bezug gesetzt. Zwischen den figürlichen Hauptszenen sind emblematische Darstellungen, zumeist nach Vorlagen von Boschius, eingefügt. An Ende dieser Ausstattungsphase erfolgten die Bemalungen der westlichen Türe, die im oberen Bildfeld Karlmann bei seinem Eintritt in das Kloster Montecassino und im unteren Bildfeld den hl. Alexius von Edessa zeigt, und die Landschaftsmalereien in den Rahmenfeldern der Fenstergewände durch Johann Jakob Kuen. Auf einem Teil dieser Malereien können Salemer Besitzungen, wie die Schlösser Kirchberg und Maurach, wiedererkannt werden.

Über dem Sommerrefektorium befand sich das deutlich einfacher ausgestattete Winterrefektorium, für das Jacob Christoph Achert 1732/33 einen Gemäldezyklus lieferte, der den hl. Benedikt, den hl. Bernhard mit seinen Eltern und seinen Brüdern, die Klosterstifter Guntram von

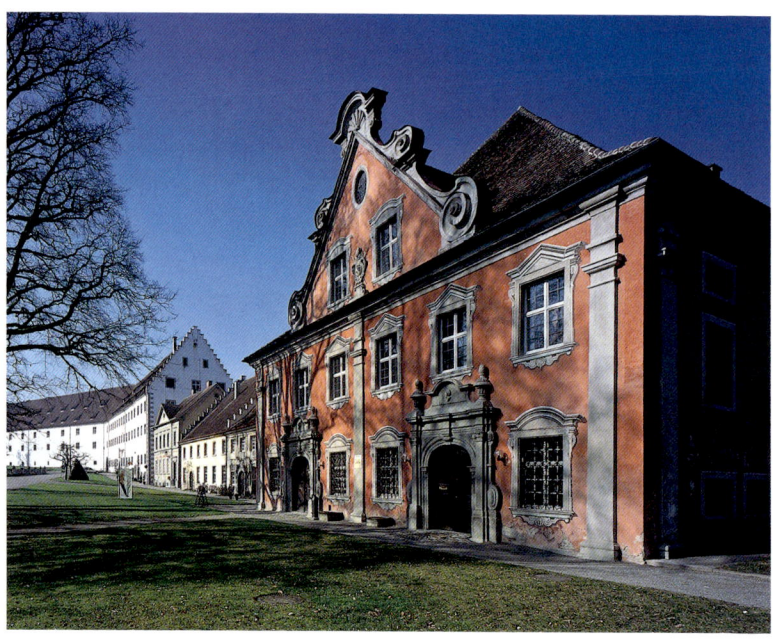

Abb. 126: Salem, Schloss: Marstall und Pfisterei

134

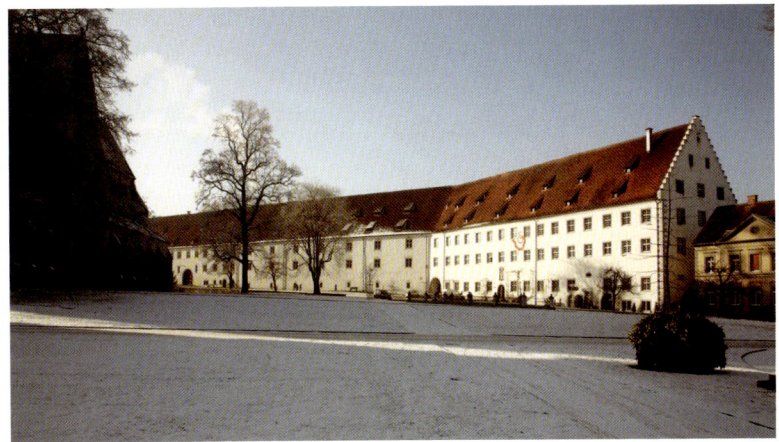

Abb. 127: Salem, Schloss: Langbau und Pfisterei

Adelsreute und Erzbischof Eberhard II. von Salzburg, den Bruder von Egg, Frowin, den ersten Abt von Salem sowie Gero von Grasbeuren, den ersten Abt des Salemer Tochterklosters Raitenhaslach, darstellte.

Die Bauten innerhalb der Klostermauern

Der ummauerte Klosterbezirk nördlich und westlich von Prälatur- und Konventsgebäude war mit zahlreichen Gebäuden versehen, wobei im nördlichen Bereich die Handwerks- und Verwaltungsgebäude konzentriert waren und im westlichen die landwirtschaftlichen Nutzgebäude mit den Stallungen für Rinder, Schweine, Hühner etc.

Der Raum nördlich der Prälatur wurde im Laufe des 18. Jahrhunderts zu einem repräsentativen, wenn auch unregelmäßigen Hofraum umgestaltet. Nach einem Brand 1733 wurde das Untere Tor (Abb. 125) nach Entwürfen von Lorenz Rüscher, die von Joseph Anton Feuchtmayer gestalterisch revidiert wurden, mit anschließenden zweigeschossigen Seitenflügeln, die den Hofraum nach Osten

weitgehend abschlossen, errichtet. Von der aufwendigen Portalgestaltung und dem Skulpturenschmuck Feuchtmayers sind nur spärliche Reste erhalten. In der östlichen Giebelnische wurde die aus dem unter Abt Johannes Stantenat (1471–1494) in Auftrag gegebenen Hochaltar stammende Holzskulptur der Mutter Gottes mit Kind aus der Ulmer Erhart-Werkstatt angebracht (nach dem Brand von 1961 durch eine Kopie ersetzt). In den Seitenflügeln war nach Süden hin das Frauenhaus, ein Gasthaus mit Küche und das Pomeranzenhaus untergebracht. In dem nach Norden ausgerichteten Flügel befanden sich Zimmer und Kammern für Handwerker.

Nach Norden hin wurde der Hofraum unter Einbeziehung von älteren Gebäuden aus dem 16. Jahrhundert durch einen von Pavillonbauten für den Marstall und den Gaststall (1886 abgebrannt) akzentuierten Gebäuderiegel zwischen der Pfisterei und dem nördlichen Seitenflügel des Unteren Tors vollständig abgeschlossen (Abb. 126). Besonders aufwendig war der Marstall mit Malereien von Johann Georg Brueder und Stuckaturen und mit Steinfassung versehenen Holzskulpturen von Joseph Anton Feuchtmayer ausgestattet.

135

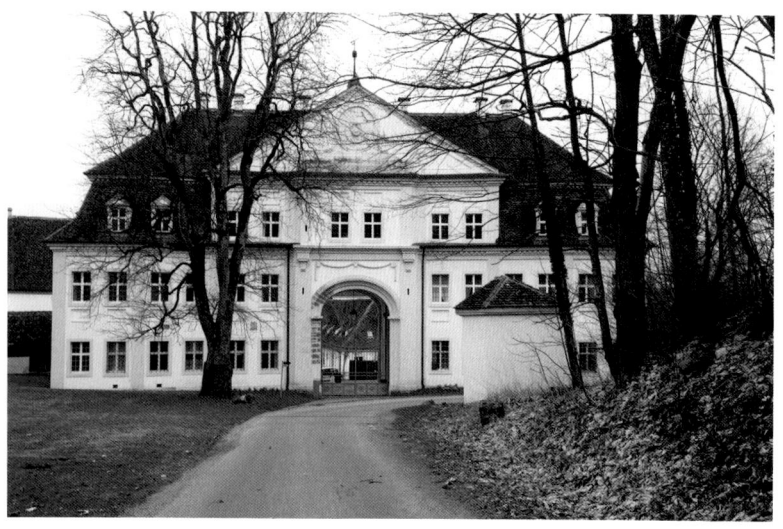
Abb. 128: Salem, Schloss: Oberes Tor, Ansicht von Westen

In den Gewölben der beiden Zugänge sind die hll. Georg und Martin zu sehen. Die Deckenbilder der beiden Ställe zeigen Jupiter und Juno in dem einen, Mars und Bellona in dem anderen Raum. Im Bereich der Pferdestände sind Pferdedarstellungen nach Stichvorlagen von Rugendas angebracht. Auch die bei einem Erdbeben stark beschädigten Skulpturen Feuchtmayers dürften einen Bezug zur antiken Mythologie haben.

Nach Westen schließt sich der das Stockacher Tor überbauende mächtige, mit einem Staffelgiebel versehene, viergeschossige Pfistereibau aus der Zeit von Abt Anselm I. Muotselse (1664–1680) an.

Nördlich des Durchgangs zu dem im 19. Jahrhundert abgebrochenen Stockacher Tor erstreckt sich der monumentale Langbau, 1620–1625 von Balthasar Seuff errichtet und mit einem Dachwerk und einer hölzernen Innenkonstruktion von Balthasar Hiltensperger versehen. Der mächtige zweischiffige und sieben Joche lange Neue Keller verfügt über Kreuzgratgewölbe, die von kräftig proportionierten Säulen getragen werden. In den beiden

wenig befensterten Stockwerken darüber war das Kornhaus untergebracht. Das vollständig erhaltene Dachwerk verfügt über zweifach liegende Stühle. Das Innengerüst des Fruchtkastens (beim Einbau der Schulturnhalle weitgehend zerstört) verfügt über geknickte Kopfbänder. Der westliche, 1623 in Auftrag gegebene Teil des Baukörpers enthält den großen Torkel und die Küferei mit allen erforderlichen Nebenräumen. Am westlichen Kopfende schließ sich der Gastbau mit dem Mittleren Tor an. Der quergelagerte Baukörper des Mittleren Tors ist heute nur noch an seinem Nordgiebel deutlich ablesbar. Der südliche Teil und die Tordurchfahrt wurden im 19. Jahrhundert abgebrochen. Die Grundmauern sind aber im Erdreich bis heute erhalten geblieben. Später waren in diesem Gebäude die Wohnungen für die weltlichen Beamten des Klosters untergebracht und nach dem Klosterbrand 1697 wurde er als Interims-Abtei genutzt.

Ungefähr parallel zum westlichen Teil des Langbaus verläuft der von Franz Beer ab 1714 errichtete Neue Keller, in den

136

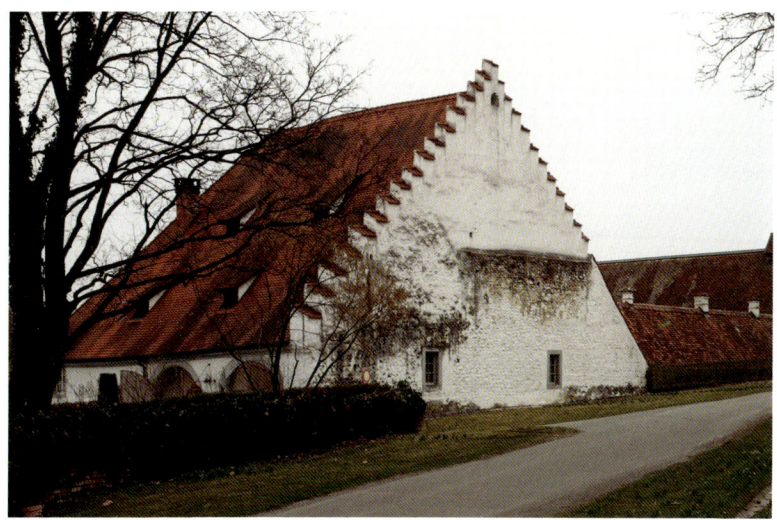

Abb. 129: Salem, Schloss: Westliche Klostermauer mit dem Giebel des Scheunengebäudes aus dem 16. Jahrhundert

heute das Hallenbad der Schule eingebaut ist. Das Obergeschoss dieses Baukörpers wurde zeitweise als Schule genutzt.

Nach Westen wird das Klosterareal heute durch das 1778/79, wohl nach Entwürfen von Johann Joachim Scholl erbaute Obere Tor angeschlossen. In der geschwungenen Außenfassade (Abb. 128) dürfte Scholl Eindrücke aus seiner Romreise von 1773 verarbeitet haben. Zwischen der Nordostkante des Oberen Tors und dem Querflügel des Mittleren Tors befand sich die Pfarrkirche St. Leonhard, die bereits im 13. Jahrhundert erwähnt und kurz vor 1500 nochmals erneuert wurde. Die vor allem aus dem 18. Jahrhundert stammende Ausstattung wurde zum überwiegenden Teil nach Herdwangen verkauft und befindet sich auch heute noch in der dortigen Pfarrkirche.

Südlich des Oberen Tors blieb ein größerer Abschnitt der mittelalterlichen Klostermauer (Abb. 129) erhalten. An sie ist das sogenannte gotische Haus, ein mehrfach umgestaltetes Tennengebäude, vermutlich aus der Zeit um 1500, angebaut. Zwischen diesem Gebäude und ei-

nem etwas jüngeren Tennengebäude, vielleicht mit der 1742 erneuerten Scheune, steht das 1710/11 neu errichtete Hühnerhaus. Östlich dieser Gebäudegruppe befinden sich ein weiteres Ökonomiegebäude (heute: Neues Museum) und das ab 1789 nach Entwürfen des Konversen Wilhelm Kleinheinz erbaute Gymnasium. Bei diesem Gymnasium handelte es sich um eine Internatsschule für auswärtige Schüler. Die Unterrichts-, Sammlungs- und Prüfungsräume befanden sich in den beiden voll ausgebauten Stockwerken, die Schlafräume der Schüler mit den in die Dachschräge eingefügten Wandschränken im ersten Dachgeschoss.

Nach Süden schlossen sich daran weitere Tennen und Ställe an, insbesondere eine lange Reihe von Schweineställen und das freistehende Obsthaus, die im Laufe des 19. Jahrhunderts abgebrochen wurden. Gegen Ende des 18. Jahrhunderts wurde schließlich am Nordrand des Abteigartens eine neue Orangerie erbaut, von der nach mehrfachen Umgestaltungen im 19. Jahrhundert der mittlere Baukörper erhalten blieb.

Bauten im unmittelbaren Umfeld des ummauerten Klosterbezirks

Ein Teil der unmittelbar mit dem Kloster verbundenen Nutzungen war in ein Gebäude außerhalb der Klostermauern ver-

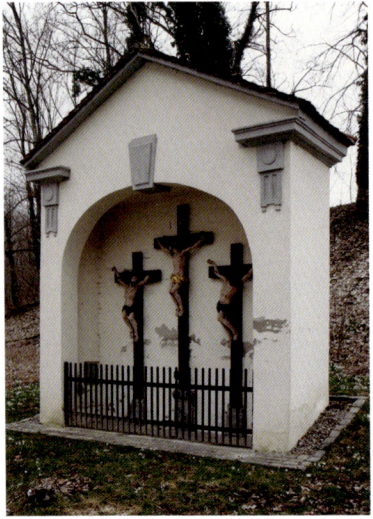

Abb. 130: Salem, Schächerkapelle: Ansicht von Nordost

lagert worden. Direkt vor dem Unteren Tor befindet sich das 1684 erbaute Klostergasthaus mit seinen Nebengebäuden. Entlang des Aachkanals waren südlich der Klostermauer die Sägemühle und ihre Nebengebäude angeordnet. Von dem eigentlichen Mühlengebäude ist nur noch ein Teil des in Sandstein gemauerten Sockels mit den Lagern für die Wellen der Mühlräder zu erkennen. Ein offenes Scheunengebäude nördlich davon ist 1738 datiert und besitzt ein Dachwerk mit zweifach liegendem Stuhl und zweifachem Hängewerk. Das etwas südlicher gelegene Wohngebäude wurde erst 1819 errichtet. Noch jünger ist der östliche Scheunenbau.

Gleich westlich des Oberen Tors befindet sich eine Schächerkapelle, deren heutiges Erscheinungsbild auf eine Umgestaltung 1802 zurückgeht (Abb. 130). Die Kreuzigungsgruppe stammt von Johann Georg Wieland (durch Kopien ersetzt). Die Kapelle dürfte auf eine Stiftung von Abt Georg II. Kaisersberger (1558–1575) zurückgehen, dessen Wappen an der Kapelle bis ins 19. Jahrhundert zu sehen war.

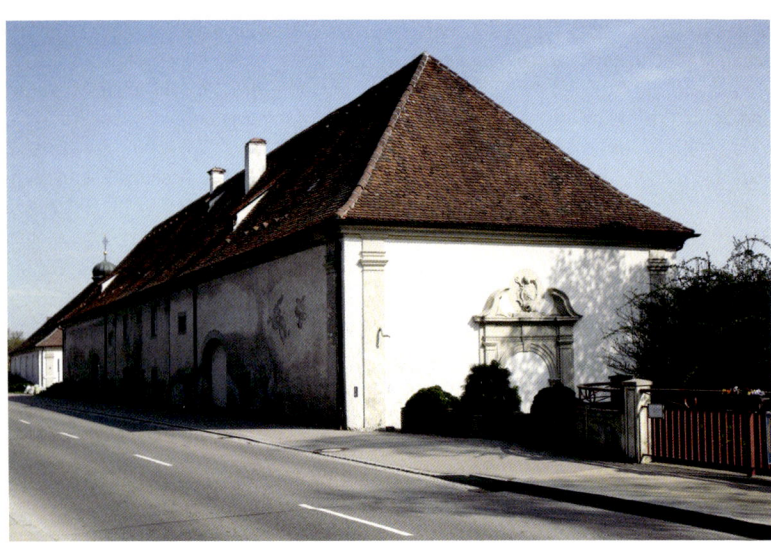

Abb. 131: Salem-Stefansfeld, Fohlenhof: Ansicht von Westen

138

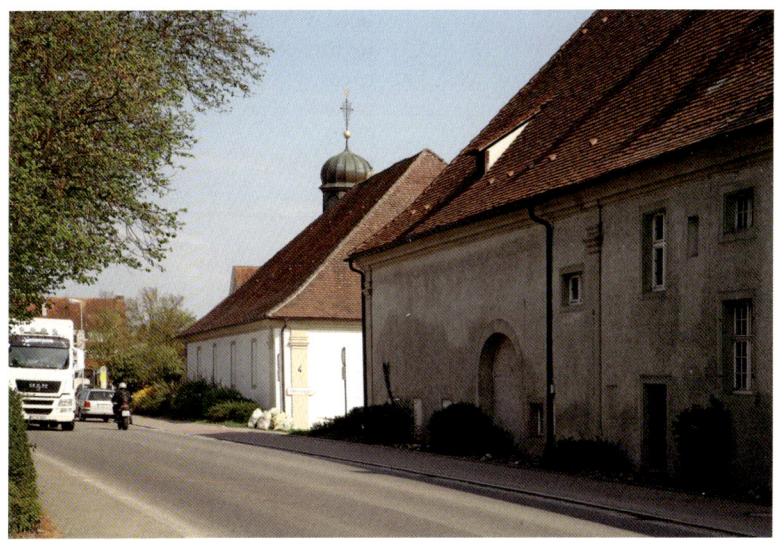

Abb. 132: Salem-Stefansfeld, Reitschule

Unmittelbar mit den Neubauten von Franz Beer hängen die umfangreichen Baumaßnahmen in Stefansfeld zusammen. Hier befand sich wohl seit dem 13. Jahrhundert eine Ziegelhütte des Klosters, ab 1697 als innere Ziegelei bezeichnet. Entlang einer auf die Mittelachse des Kaisersaals und damit auch der Mittelachse von Prälatur und Konventsgebäude fluchtenden Achse wurden in Stefansfeld die Stuterei mit Fohlenstall und ab 1710 die Kapelle St. Maria de Victoria nach Entwürfen von Franz Beer erbaut. Die Kapelle ist als Zentralbau mit vier gleich langen Kreuzarmen konzipiert. Der in Backstein errichtete Baukörper wird von einer Kuppel mit radial angeordneten Bohlenspanten überspannt und trug ursprünglich eine Dachhaut aus hölzernen Schindeln. Die Innenseite ist über einer Lattenkonstruktion verputzt. Die Stuckaturen dürften von den damals in Salem tätigen Stuckateuren unter Georg Eitele ausgeführt worden sein. Von der ursprünglichen Ausstattung von Franz Joseph Feuchtmayer und Johann Michael Feuchtmayer ist nach der Umgestaltung von 1856 in der Kapelle nichts mehr erhalten.

Im Laufe des 18. Jahrhunderts wurde diese Bautengruppe durch weitere Neubauten wie der 1738 datierten Bäckerei ergänzt. Unter Abt Anselm II. wurde ab 1760 die Stuterei (Abb. 151) umgebaut und zwischen dieser und der Kapelle eine Reitschule errichtet (Abb. 132).

Lit.: Ast 1977; Knapp 2004; Michler 1984; Staiger 1863.

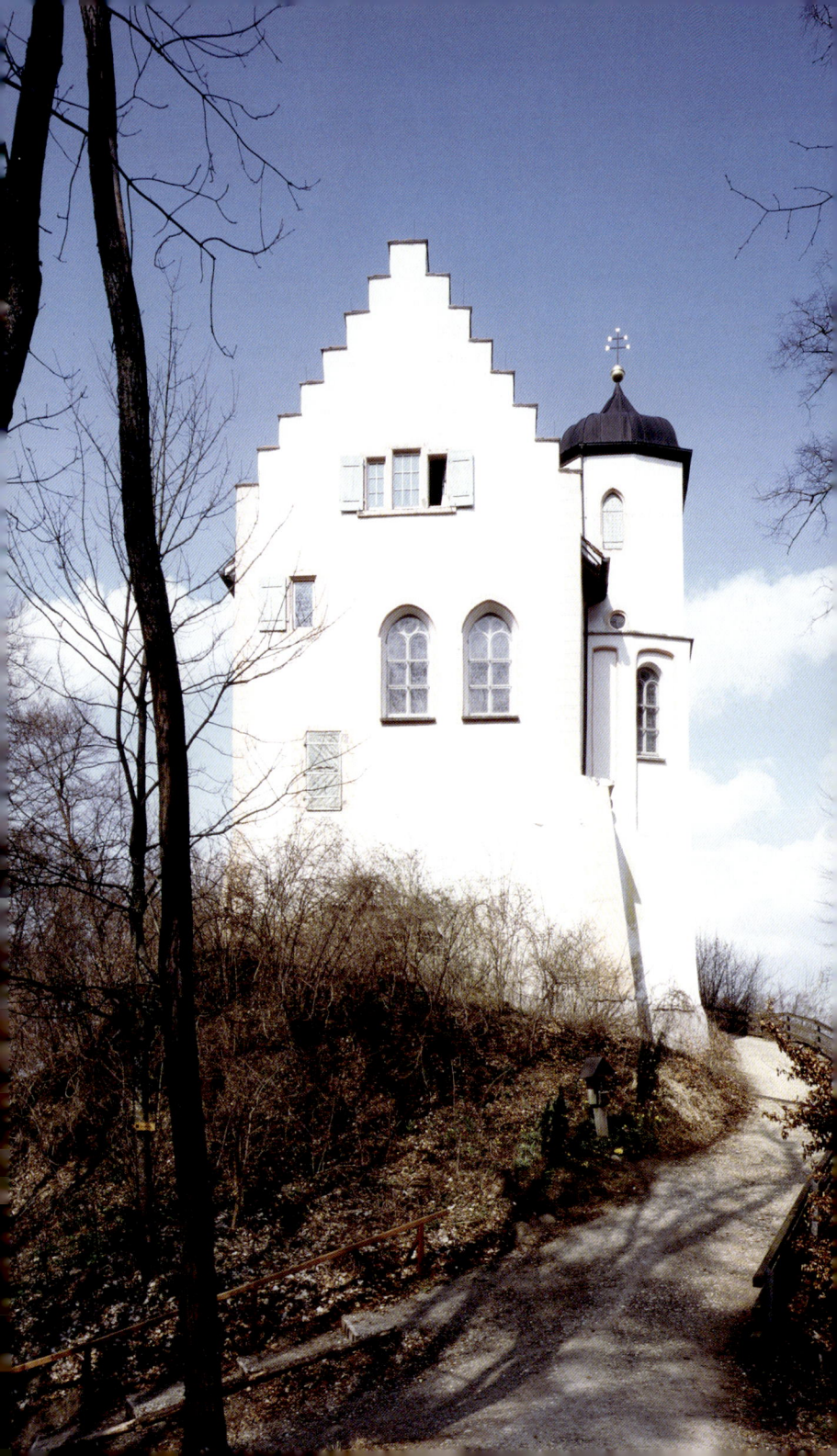

7.2 Die Wallfahrten des Klosters

Frauenberg bei Bodman

1277 verpfändete König Rudolf I. von Habsburg die Reichsgüter in Bodman, die auf eine fränkische Königspfalz zurückgehen, an Johannes von Bodman, der wohl kurz darauf auf einem Felssporn des Molassemassivs oberhalb der fränkischen Königspfalz eine Burg errichten ließ. Am 16. September 1307 brannte diese Burg ab. Dabei kamen beinahe alle Personen ums Leben, die sich auf der Burg aufgehalten hatten. Von den auf der Burg weilenden Familienmitgliedern überlebte nur der Stammhalter im Säuglingsalter. Er war von einer Amme in einem ehernen Kessel aus der brennenden Burg herabgelassen und auf diese Weise gerettet worden. Die Burg wurde nach dem Brand nicht wieder aufgebaut. An ihrer statt er-

richteten die Herren von Bodman auf dem benachbarten Felsvorsprung die Burg Altenbodman, die seit der Zerstörung 1643 eine Ruine ist (Abb. 134).

Den Platz der abgebrannten Burg stiftete Johannes von Bodman 1307/09 einschließlich eines Grundbesitzes von etwa 30 ha der Kirche. Der Ort der alten Burg sollte ausschließlich für Gottesdienste und zum Andenken an die beim Brand verstorbenen Familienmitglieder genutzt werden. Diese Aufgaben sollten die Mönche der Zisterzienserabtei Salem übernehmen, von denen bereits zwei den Gottesdienst in der Burgkapelle versehen hatten. Vermutlich unter Verwendung von Mauerresten der alten Burg wurde ein Priesterhaus mit Kapelle errichtet. Diese neue Kapelle wurde am 9. Mai 1309 von den Bischöfen von Eichstätt und Konstanz zu Ehren der Mutter Gottes geweiht. Kurz darauf im Juni weihte der Eichstätter Bischof noch Altäre im neu errichten Chorumgang des Salemer Münsters. Insgesamt verfügte die Kapelle

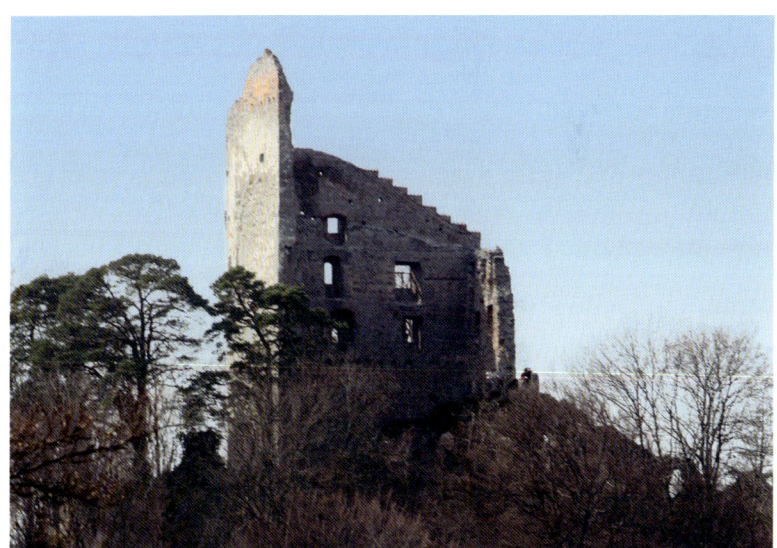

Abb. 134: Ruine Hohenbodman, Ansicht vom Frauenberg

Abb. 133: Frauenberg: Ansicht von Süden

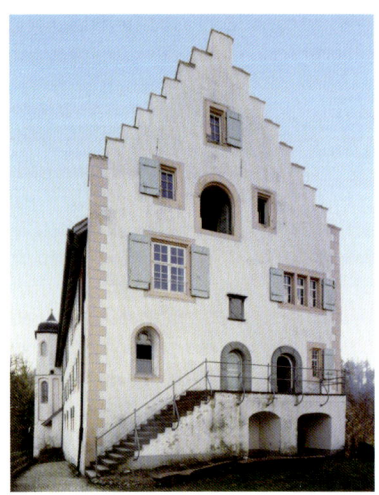

Abb. 135: Frauenberg: Ansicht von Norden

1614) mit der Jahresangabe 1611 angebracht. Im Erdgeschoss befinden sich Lagerräume. Auch der zweijochige Raum mit seinen Kreuzgratgewölben dürfte dieser Bauphase angehören; nur die beiden Sandsteinsäulen mit ihren geschweiften Kämpfern und vielleicht Teile der Außenwände dieses Raums sind der Zeit um 1500 zuzuweisen. Im ersten Obergeschoss befinden sich neben Küche und Speisevorratsräumen ein Speisezimmer und an der Nordostecke des Gebäudes ein mit Maßwerkfenstern versehener Raum, der später als Otmarkapelle bezeichnet wurde und zumindest nach dem Umbau zu Beginn des 17. Jahrhunderts von außen zugänglich war. An der Südseite des Priesterhauses liegt die große, über zwei Stockwerke reichende Kapelle mit ihrem nach Osten ausgreifenden Erker, deren Altäre 1615 durch den Konstanzer Weihbischof Johann Jakob Mirgel konsekriert wurden.

Die Kapelle und die Otmarkapelle sind durch nachgotische Fenstermaßwerke des frühen 17. Jahrhunderts besonders hervorgehoben. Die anderen Räume werden durch zwei- oder dreibahnige Rechteckfenster belichtet. An der Ostseite des Gebäudes fallen mehrere runde Öffnungen im Bereich der Küche und der vermutlichen Speisekammer auf, die der Versorgung von Küche (Herd) mit Frischluft und zur Belüftung der Speisekammer gedient haben dürften. Über dem Kapellenerker befindet sich ein weiterer, mit schlanken Fenstern versehener Raum, der als Belvedere geplant gewesen sein kann.

In den Jahren 1750 bis 1755 wurde der Frauenberg nochmals modernisiert. Dieser Epoche entstammen die großen hochrechteckigen Fenster ohne Unterteilung und die beiden rustizierten Portale an der Nordfassade. Schließlich legte der Mimmenhausener Zimmermeister Hans Georg Bendele 1748 einen Kostenvoranschlag für die Erneuerung des Dachwerks vor. 1754 war der Mimmenhausener Maurermeister Johannes Kocher mit Umbau-

über zwei Altäre. Der zweite war zu Ehren des hl. Othmar geweiht. Die frühesten Jahrtagstiftungen sind 1315 für Ritter Heinrich von Blumenegge und 1318 für Ritter Johannes von Schellenburg belegt. Beide waren selbst Opfer des Brandes von 1307. Wohl schon im 14. Jahrhundert entwickelte sich eine Wallfahrt zum Frauenberg. Das heutige Wallfahrtsbild, eine Holzskulptur der stehenden Mutter Gottes mit Kind, stammt wohl aus der zweiten Hälfte des 15. Jahrhunderts und wurde nach einer Brandbeschädigung 1858 ergänzt. Der Neuweihe der Kapelle mit zwei Altären am 20. Januar 1515 müssen entsprechende Baumaßnahmen vorausgegangen sein. Möglicherweise sind dieser Bauphase noch die Sandsteinsäulen mit Basen, Kapitell und Kämpfer im Untergeschoss des heutigen Baus sowie Teile der Umfassungsmauern in diesem Bereich zuzuweisen, die stilistisch den Stützen der Erdgeschosshalle des Überlinger Rathauses von 1494 nahestehen.

In den Jahren 1610 bis 1614 wurde der heutige Baukörper errichtet und ausgestattet (Abb. 133, 135, 136). Bis zur letzten Restaurierung war am Nordgiebel das Wappen von Abt Petrus II. Miller (1595–

arbeiten für zwei Priesterwohnungen auf dem Frauenberg betraut.

Mit der Säkularisation gelangte der Frauenberg an das Haus Baden, das ihn 1811 an die Grafen von Bodman verkaufte. Zur selben Zeit wurde die Wallfahrtskapelle geschlossen und in der Folge Ausstattungsstücke verkauft. Erst nach der Mitte des 19. Jahrhunderts wurde die Wallfahrtskapelle wieder geöffnet. Der Hauptaltar der Kapelle wurde 1863 neu geweiht, auf eine Wiederherstellung der beiden Seitenaltäre und der Otmarkapelle hatte man verzichtet.

Von der Ausstattung von 1610/14 sind bis heute zwei großformatige Gemälde erhalten. Im Gang des ersten Obergeschosses befindet sich die Kopie eines 1522 datierten Gemäldes, das sich bis 1804 im Salemer Münster befand und die in der Bodman'schen Grablege im nördlichen Querhausarm des Salemer Münsters beigesetzten Mitglieder der Familie zeigt. Möglicherweise stammt das Gemälde von

dem in dieser Zeit auf dem Frauenberg tätigen Maler Matthäus Riedinger. Ein zweites großformatiges, auf 1612 datiertes Gemälde an der Westwand der Kapelle stellt die bei dem Brand 1307 getöteten Familienmitglieder der Herren von Bodman, die Rettung des Stammhalters und die Stiftung des Burgplatzes an das Zisterzienserkloster Salem dar. In der Kapelle selbst haben sich im Bereich der Chornische Reste eines gemalten Apostelzyklus mit dem Text des Credo in deutscher Sprache erhalten. Derartige Zyklen waren seit dem 15. Jahrhundert weit verbreitet.

Die heutige Ausstattung des Altarraums (Abb. 137) geht auf die Umgestaltung zu Beginn des 18. Jahrhunderts zurück. Die kräftigen Akanthusstuckaturen schuf Balthasar Berwarth, der als Geselle des in Weildorf ansässigen Stuckators Benedikt Raiz tätig war. Auf das Jahr 1705 datiert ist der Hochaltar mit seinen gedrehten Säulenpaaren. Sie sind den von Melchior Widmer geschaffenen Salemer Sakristeischrän-

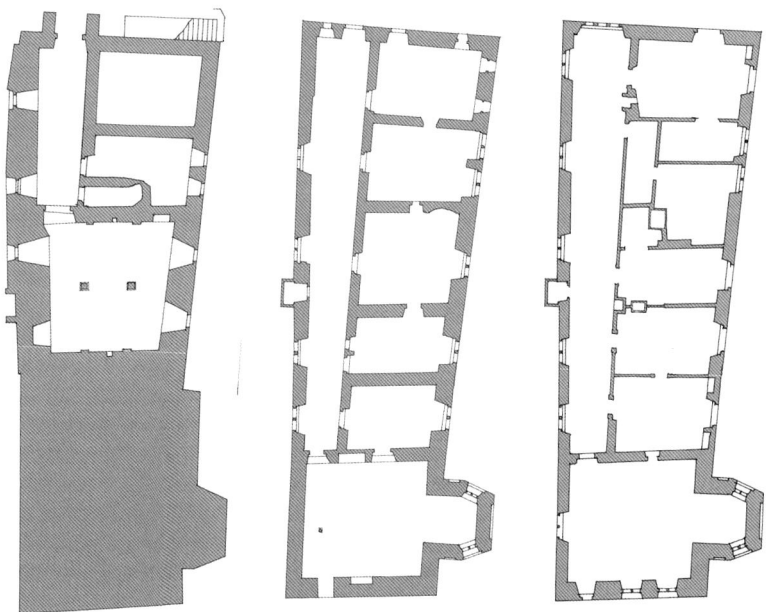

Abb. 136: Frauenberg: Grundrisse des Kellergeschosses, des ersten und zweiten Obergeschosses

143

ken eng verwandt. Das in Scagliola-Arbeit ausgeführte Antependium (Abb. 138) dürfte zu Beginn der 1720er Jahre geschaffen worden sein und steht den von Michael Schaithauff ausgeführten Scagliola-Arbeiten am Altarantependium in der Salemer Münstersakristei und den Antependien in der Pfarrkirche Ittendorf nahe. Ein reifes Werk Feuchtmayers ist die für den Altar viel zu große Tabernakeltüre, die vermutlich 1752 angefertigt und nach der abermaligen Verlegung des dortigen Hochaltars 1765 an die Kapelle auf dem Frauenberg abgegeben worden ist. Auch die beiden Skulpturen seitlich des Altars, die hll. Bernhard und Scholastika, wurden erst nachträglich hinzugefügt. Umarbeitungsspuren können darauf hinweisen, dass die Skulpturen im Bereich der Oberkörper gekürzt und vielleicht auch mit neuen Köpfen versehen wurden. Die stilistischen Charakteristika der Skulpturen verweisen auf eine mögliche Entstehung im 17. Jahrhundert.

An der Nordseite der Altarnische befindet sich ein Votivbild für die Herren von Bodman-Mögglingen mit der Darstellung des Gnadenbilds und einer Ansicht von Bodman mit dem Frauenberg, an der Südseite die Kopie eines Gemäldes von Lucas Cranach mit der Mutter Gottes und dem Jesus-Knaben.

Von der heutigen Ausstattung sind ein Vesperbild, um 1430 (Abb. 139), eine Mutter Gottes, um 1450, und ein Johannes der Täufer aus der Mimmenhausener Werkstatt zu nennen. Die Kanzel an der Nordwand stammt aus dem Jahr 1715. Die beiden großformatigen Wandbilder an der Kapellenostwand schuf der Stuttgarter Maler Gottlob Gutekunst 1846.

Lit.: Hotz 1985, S. 261 ff.; Welker 1985.

Birnau

Die Wallfahrt Birnau soll zu den ältesten Marienwallfahrten am Bodensee zählen. 1222 übertrug Walter von Vaz den Zehnten von Birnau an Salem. Kurz darauf, 1227, stifteten Heinrich Tuwinger und seine Frau Adelheid einen Weinberg zur ewigen Seelenmesse an die Schwestern von Birnau. Aus dieser Frauengemeinschaft entwickelte sich der Gründungskonvent des Zisterzienserinnenklosters Baindt. Vor 1241 gelangten Gut und Kirche durch Kauf und Schenkung von den Herren von Bodman und Berthold von Hohenstoffeln an Salem. In einem Indulgenzbrief vom April 1318 wird den Wallfahrern, die die Kapelle zu Birnau besuchten, ein 40-tägiger Ablass gewährt. Schließlich tauschte Salem 1324 gegen einen Hof in Bamberg, ein Gut in Andelsau und ein Gut in Deisendorf das Gut Aspach bei Birnau sowie Güter in Nußdorf einschließlich zugehöriger Weinberge von Rudolf von Regnoldsweiler ein. Trotz dieser Erwerbungen konnte Salem seinen Birnauer Besitz nicht weiter ausbauen. Die Kapelle und die wenigen dem Kloster gehörenden Parzellen blieben an allen Seiten von der Gemarkung der Freien Reichsstadt Überlingen umschlossen (Abb. 140). Diese wohl älteste Wallfahrtskapelle lag auf einem Hügel oberhalb von Nußdorf und hatte eine Größe von ca. 24 x 25 Schuh. Ihre Form ist durch die Umbauplanungen aus der ersten Hälfte des 18. Jahrhunderts überliefert. 1384 inkorporierte Papst Urban VI. (1378–1389) die Wallfahrtskirche der Abtei Salem.

Die Enge des Baugrunds führte jedoch zu andauernden Kontroversen mit Überlingen. In einem Vergleich von 1513 wurde ein Erweiterungsbau an Kapelle und Priesterhaus genehmigt, doch sollten spätere Um- oder Neubauten die Fundamente nicht überschreiten. 1592 erfolgte ein Neubau des Kaplaneihauses.

1614 schließlich wurde die Wallfahrtskirche grundlegend umgebaut (Abb. 8). Die Steinmetzarbeiten fertigte Hans Brielmayer aus Überlingen, die Zimmerarbeiten waren Hans Hiltensperger übertragen worden. Die Kapelle hatte einen zwei-

144

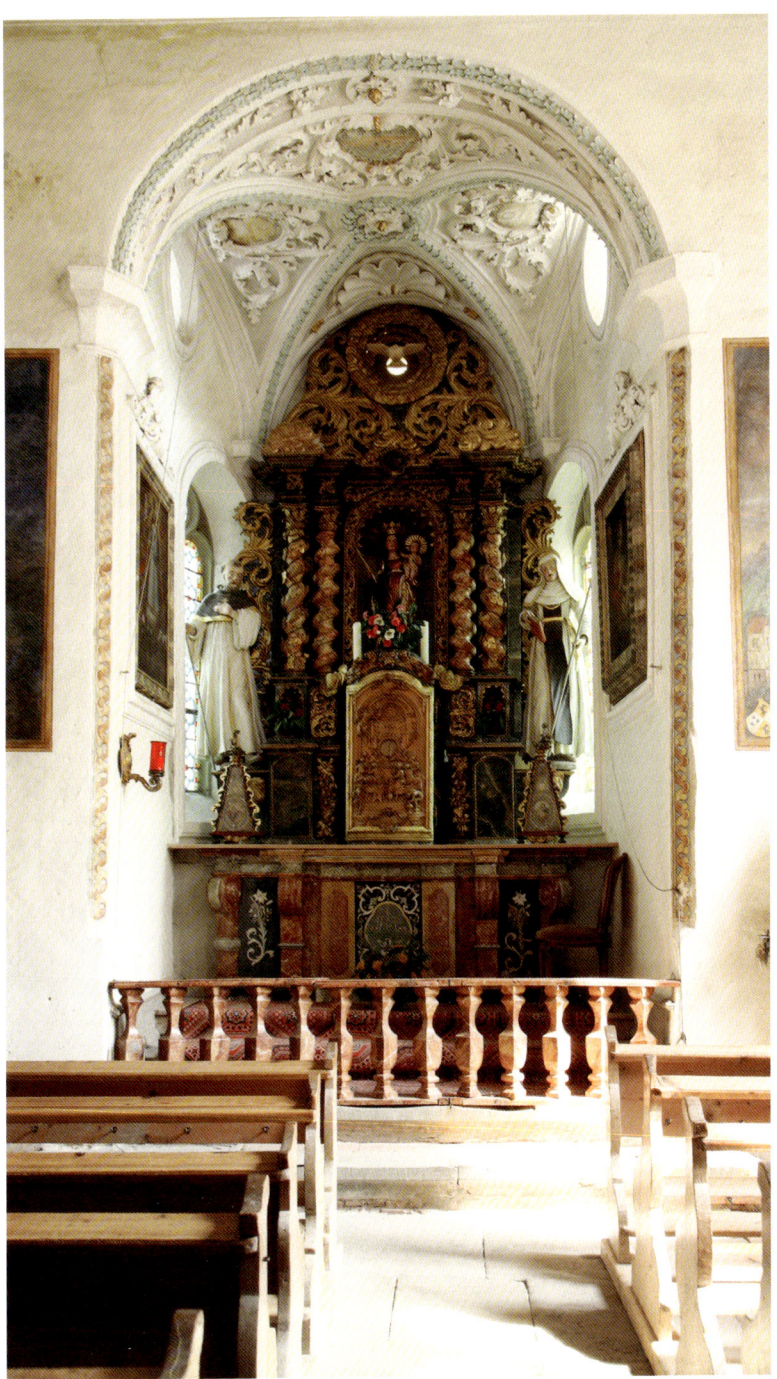

Abb. 137: Frauenberg, Wallfahrtskapelle: Blick nach Osten

145

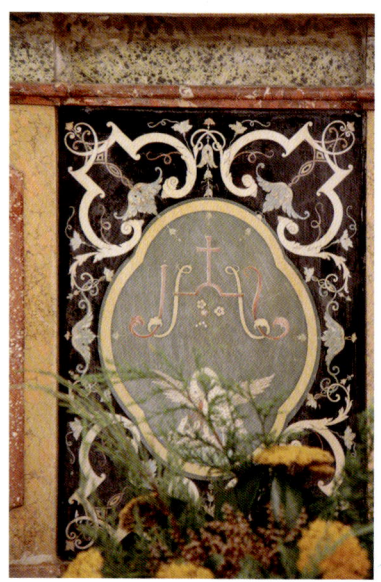

jochigen Glockenträger, vergleichbar demjenigen an der Kapelle in Nußdorf. Die 1643 in Brand gesetzte Kapelle wurde 1655 weitgehend in der alten Form wieder aufgebaut und neu ausgestattet. 1681 schließlich ließ die Freie Reichsstadt Überlingen gegenüber der Wallfahrtskapelle auf der Überlinger Markung ein Wirtshaus errichten, das erheblich von der florierenden Wallfahrt profitierte. Allerdings führte der Wirtsbetrieb immer wieder zu Kontroversen zwischen der Freien Reichsstadt und der Abtei, die darin eine Störung der Wallfahrt sah.

Die wachsende Zahl von Wallfahrern veranlasste die Abtei wiederholt zur Planung von Erweiterungs- oder Neubauten, die jedoch regelmäßig am Widerstand Überlingens scheiterten, da die Reichsstadt auf die Einhaltung des Vergleichs von 1513 bestand. Unter Abt Konstantin Miller (1725–1745) wurden bis 1744 mehrere Planungen vorgelegt. Auch der Entwurf von Johann Georg Stahl, der als Palier Balthasar Neumanns beim Schloss-

bau in Meersburg tätig war, wurde aufgrund des Überlinger Widerstands nicht realisiert. Abt Stephan II. Enroth veranlasste schließlich die Verlegung der Wallfahrt von dem Hügel oberhalb von Nußdorf auf die Anhöhe oberhalb des Salemer Schlosses Maurach. Am 6. März 1746 wurde in einer feierlichen Prozession das Birnauer Gnadenbild nach Salem überführt. Der Protest der vollkommen überraschten Überlinger war erfolglos. Die Birnauer Gebäude wurden einschließlich der Fundamente vollständig abgetragen und das Baumaterial wieder verwendet. Heute ist das ehemalige Gelände von Wallfahrtskapelle und Priesterhaus unbebaut (Abb. 141).

Neubirnau

Nachdem die Abtei die bischöfliche Genehmigung zur Verlegung der Wallfahrt erlangt hatte, erfolgten in aller Stille Planungen zum Neubau. Der am 17. März 1746 in Salem tagenden Baukommission lagen Entwürfe von dem in Konstanz ansässigen Vorarlberger Baumeister Peter Thumb (1681–1766), von den Zwiefaltener Baumeistern Josef und Martin Schneider und vermutlich auch von Joseph Anton Feuchtmayer vor. Die Wahl fiel auf den Entwurf von Peter Thumb, doch wurde dieser als zu weitläufig und prächtig kritisiert. Von dem Entwurf sollte nur die Kirche übernommen werden, doch das Priesterhaus sollte in seiner Länge von 26 auf elf Fensterachsen (einschließlich der Turmachse) reduziert und der Turm so in die Fassadengestaltung einbezogen werden, dass er nicht als massiver, sich vom Boden aus erhebender Turm erscheint.

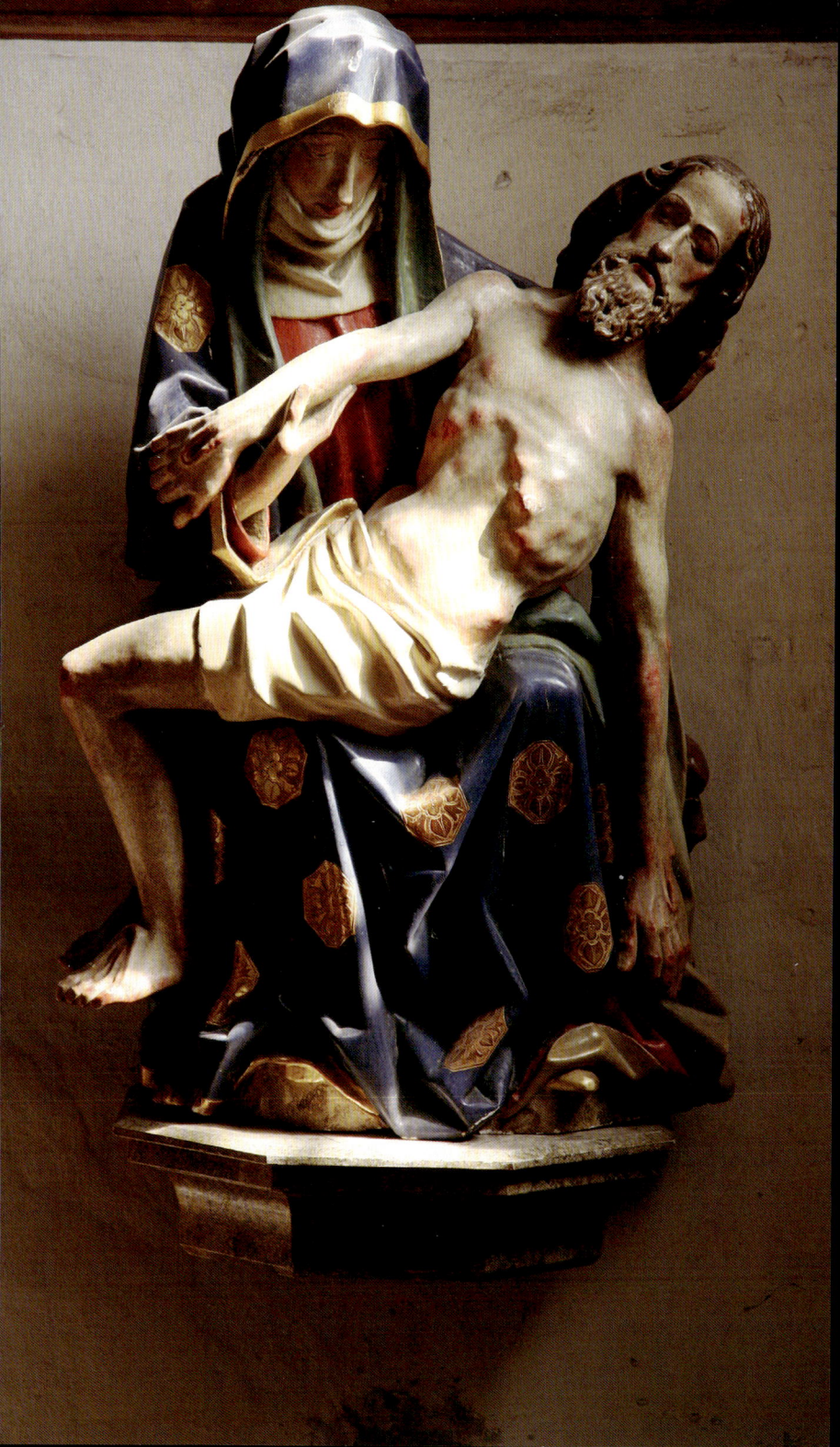

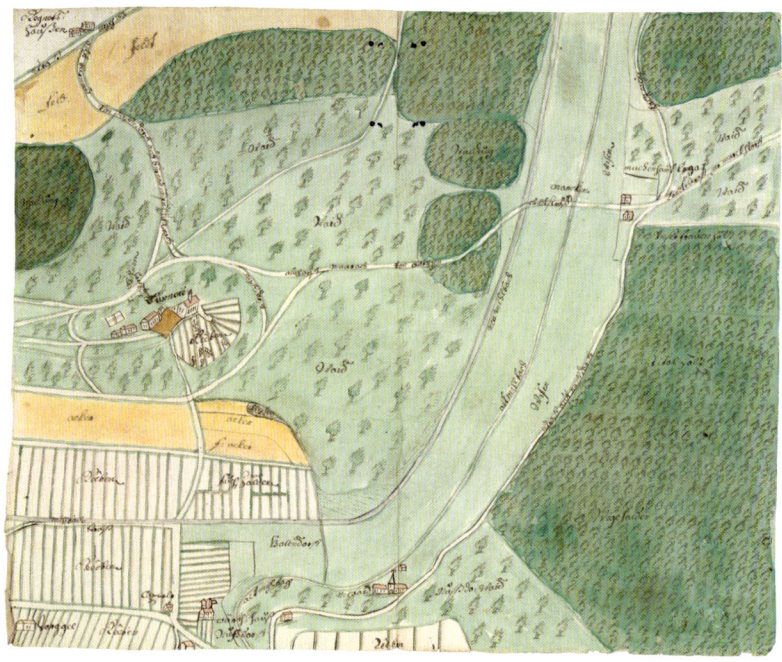

Abb. 140: Gemarkungsplan von Altbirnau, 1. Hälfte 18. Jahrhundert, GLA Karlsruhe H Birnau 2

Der noch unter Abt Stephan II. ausgearbeitete Entwurf Peter Thumbs dürfte in dessen Porträt von Gottfried Bernhard Göz abgebildeten Fassadenentwurf zu sehen sein. Am 17. Juni 1746, elf Tage nach seiner Wahl zum Abt von Salem, unterzeichnete Anselm II. (1746–1778) den Vertrag mit Peter Thumb, hatte diesen aber bereits im August wieder revidiert. Anselm II. hatte sowohl an der Höhe der Entlohnung Thumbs als auch am Entwurf einiges auszusetzen. Insbesondere Thumbs Planung zu den Turmfreigeschossen fand kein Gefallen. Schließlich wurde am 10. August 1746 ein neuer Vertrag mit ihm aufgesetzt, nach dem er neben der Wallfahrtskirche auch den Pfarrhof in Bermatingen errichten musste. Noch im Sommer 1746 wurde mit den Bauvorbereitungen und dem Ausheben der Fundamentgräben begonnen. Am 14. Dezember 1746 wird ein Holzmodell der geplanten Wallfahrtskirche erwähnt, das der Sale-

mer Drechsler angefertigt hatte und das unter anderem zur Berechnung der Kosten für die Dachwerke verwendet wurde.

Die feierliche Grundsteinlegung fand am 11. Juni 1747 statt und bis 1748 war die Kirche im Rohbau fertig, so dass mit den Ausstattungsarbeiten begonnen werden konnte. Der ausgeführte Bau weicht allerdings in einigen markanten Punkten von dem erhaltenen Vorentwurf Thumbs ab. An Stelle der streng orthogonalen Raumgrenzen traten weiche, gebogene Übergänge. Die Seitenkapellen sind um ein Joch nach Süden verschoben und anstatt des korbbogigen Chorschlusses trat ein Altarraum mit ellipsoidem Grundriss. Auffallender sind die Veränderungen am Freigeschoss des Turms, der nun deutlich abgeschrägte Kanten mit aufgesetzten Pilastern aufweist. Anstelle der großen Kuppel trat ein mehrfach gebrochener Turmhelm. Die Zahlung eines Honorars in Höhe von 124 fl an den Deutschordens-

148

baumeister Johann Kaspar Bagnato (1696–1757) legt nahe, dass dieser, eventuell über eine Vermittlung durch Joseph Anton Feuchtmayer, in die Planung der Birnau eingegriffen hat. Letzterem waren die Stuckaturen und die Bildhauerarbeiten übertragen, der zur Bewältigung dieses Auftrags seine Werkstatt wesentlich erweitern musste. Für die geplante Ausmalung war ein schriftliches Konzept ausgearbeitet worden, das wohl mehreren Malern für Entwurfsskizzen zur Verfügung gestellt wurde. Aus Prozessakten ist überliefert, dass der Augsburger Maler Thomas Scheffler Ölskizzen zu den Birnauer Deckenbilder nach Salem übersandt hatte. Der Auftrag wurde schließlich Gottfried Bernhard Göz erteilt.

Als die neue Wallfahrtskirche am 25. September 1750 geweiht wurde, war die Ausstattung nur teilweise fertig gestellt. So lieferte Feuchtmayer bis 1753 noch die Kreuzwegstationen und bis 1757 die Skulpturen über den Kapellenaltären sowie die 18 Büsten auf der Galerie.

Unter Abt Robert (1778–1802) wurde die Raumfassung durch Antonio Morisi

klassizistisch überarbeitet und 1790 der Hochalter nach Entwürfen von Johann Georg Wieland umgearbeitet. Der alte Tabernakel aus der Feuchtmayer-Werkstatt kam in die 1790 neu erbaute Kapelle in der Grangie Tepfenhard und das vom Vorgängerbau übernommene Hochaltarblatt Christoph Storers wurde an das Zisterzienserinnenkloster Rottenmünster abgegeben.

Nach der Säkularisation wurde die Wallfahrt aufgehoben und die Kirche profaniert. Die mobile Ausstattung wurde an mehrere Pfarrkirchen verteilt: Das Gestühl gelangte in das Salemer Münster, die Beichtstühle in die Pfarrkirchen von Mimmenhausen, Seefelden und Weildorf, die Orgel nach Altnau im Kanton Thurgau. 1919 wurde die Kirche den Zisterziensern von Wettingen-Mehrerau übergeben und am 20. November 1919 die Wallfahrt wieder eröffnet. Die heutige Farbfassung des Innenraums und des Außenbaus der Kirche geht auf eine Restaurierung von 1961 bis 1970 zurück, während die Farbgebung des Priesterhauses und des Turms das Ergebnis der jüngsten Restaurierung ist.

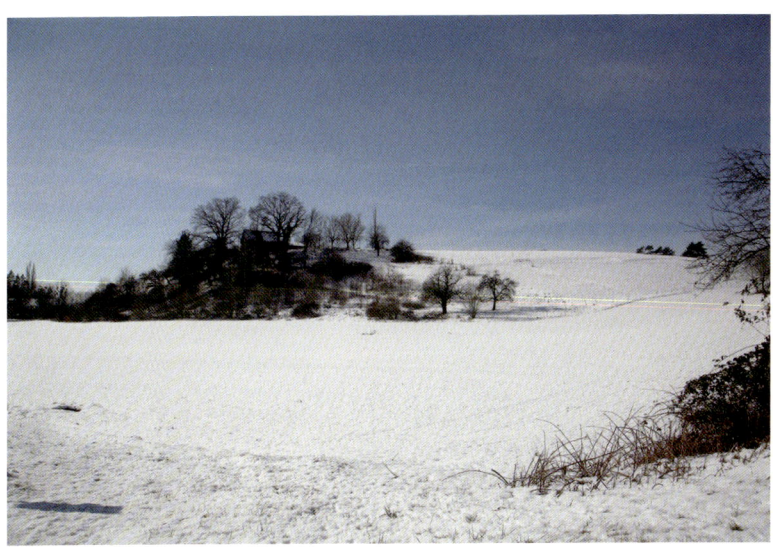

Abb. 141: Der Hügel von Altbirnau, heutiger Zustand

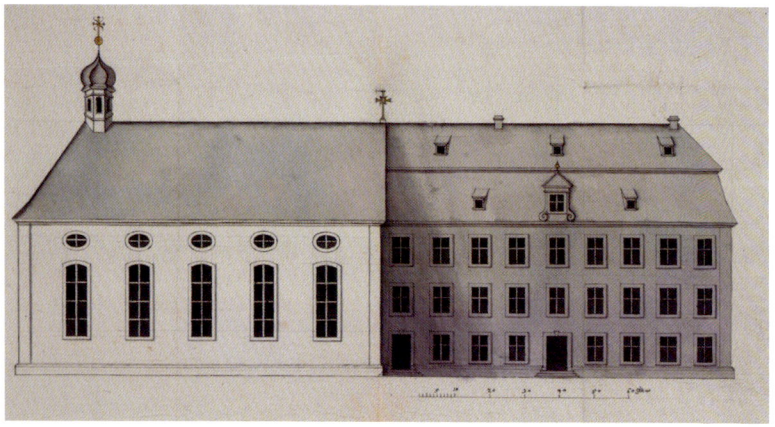

Abb. 142: Projekt zur Umgestaltung der Wallfahrtskirche Birnau, um 1730. GLA Karlsruhe G Birnau 22

Befunde zur Farbigkeit im 18. Jahrhundert lagen nicht vor.

Der Neubau musste auf keinen Vorgängerbau Rücksicht nehmen. Der mit seiner Schaufassade auf den Bodensee ausgerichtete Baukörper konnte damit ohne äußere Zwänge zwischen dem Oberhof im Norden und dem Schloss Maurach im Süden an der Hangkante platziert werden (Abb. 143). Ein nicht zur Ausführung gelangter Plan Feuchtmayers für eine Freitreppe zwischen dem Kirchenvorplatz und dem Seeufer unterstreicht die wohl überlegte Auswahl des Bauplatzes. Dabei kann die Fassade in ihrer Gesamtheit nur vom See aus erfasst werden. Sie bildet einen Kontrapunkt zu den barocken Neubauten des Deutschen Ordens auf der Insel Mainau. Am Seeufer, westlich und östlich von Maurach, befanden sich noch das untere und obere Fischerhaus, die das Ensemble vervollständigten.

Der Besucher tritt aus der dunklen Turmvorhalle in den weiten lichtdurchfluteten Kirchensaal mit enormer Tiefenwirkung (Abb. 145). Die abgerundeten Ecken der Raumteile und die verschliffenen Raumgrenzen erwecken den Eindruck eines unfassbaren, auf den Hochaltar zu-

führenden und in diesem kulminierenden Raums. Selbst die zweigeschossige Pilastergliederung und die umlaufende Galerie dienen der Suggestion dieser Weite indem sie die Wand eher als Membran denn als Raumgrenze erscheinen lassen. Die Deckenbilder von Göz mit ihren Öffnungen in weitere imaginäre Räume verstärken diese Wirkung.

Die Farbigkeit von Stuckmarmor, Wand- und Deckenbildern scheint eng aufeinander abgestimmt zu sein. So bleiben die kräftigen braunroten Farben den tragenden Teilen der Stuckmarmoraltäre vorbehalten und verleihen ihnen, bei aller künstlerischen Freiheit und Lösung von der klassischen Retabelform, einen festen Halt innerhalb der Gesamtausstattung. Am Hochaltar (Abb. 146) schließlich dominiert dieser Farbton. Der Altar war als Raum im Raum konzipiert worden. Zwei ellipsoide, spangenartige Sockel umfassen den Altarstein. Über ihnen erhebt sich jeweils eine Dreistützengruppe bestehend aus zwei Säulen und einem Pfeiler mit trapezoidem Querschnitt. Sie tragen jeweils ein mächtiges Gebälkstück mit durchbrochenem Fries und nach außen schwingende Sprenggiebel, zwischen die ein in den Kirchenraum ausgreifender

150

Kronreif und eine auf der Innenseite mit Spiegelgläsern besetzte Kalotte eingespannt sind. Diese ist in der Mitte durchbrochen, so dass, wenn die hölzernen Verschlussbretter entfernt wurden, das Licht durch die Kalotte in den vom Altar ausgegrenzten Raum eindringen konnte, in dessen Zentrum über dem Tabernakel das Gnadenbild aufgestellt war. Nach hinten öffnete sich der Altar in einem mächtigen Stuckrahmen, der den Blick auf das Gemälde der Himmelfahrt Mariens von Christoph Sporer freigab. Dieses Spiel mit Licht, Räumen und Realitätsebenen wurde bei der Umgestaltung des Altars 1790 aufgelöst. Auch die Nebenaltäre zeigen ein vergleichbares Verweben von Realitätsebenen. Besonders deutlich wird dies bei den beiden Johannesaltären an den Wandzungen des Presbyteriums. Über den Mensen erheben sich auf gewaltige Rocaillekartuschen reduzierte Retabel vor der Raumgliederung, die eine als Architekturelement charakterisierte Standplatte tragen. Seitlich der mit zahlreichen Reliquien bestückten Rocaillen

befinden sich gut lebensgroße Putti mit polychromer, lebensnaher Fassung. Oberhalb der Standplatten wechselt die Realitätsebene. Die Plastiken Johannes des Täufers und Johannes des Evangelisten sind in poliertem und unpoliertem Alabasterstuck ausgeführt, ebenso die Putti mit den vergoldeten Attributen. Diese Unterscheidung lässt sich auch im Kirchensaal nachvollziehen. So verfügen die nar-

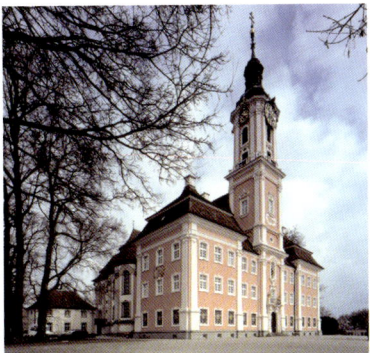

Abb. 143: Neubirnau, Wallfahrtskirche: Ansicht von Südwesten

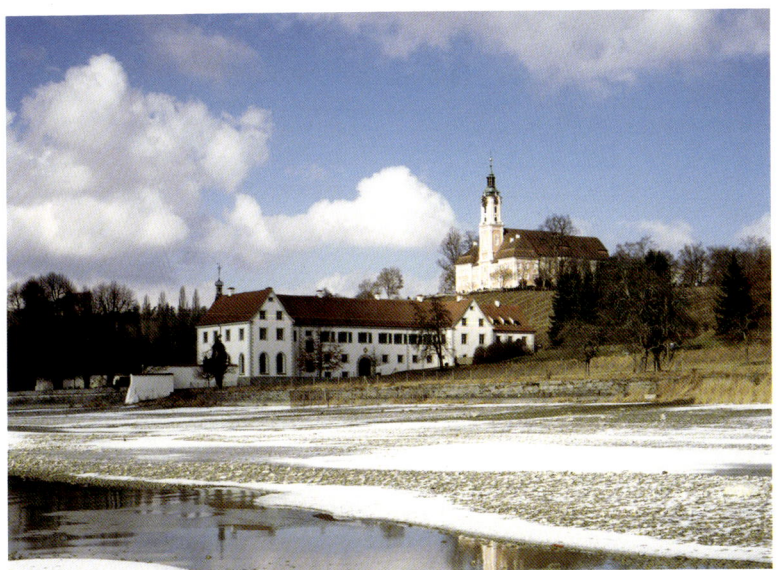

Abb. 144: Maurach und Neubirnau: Ansicht von Südosten

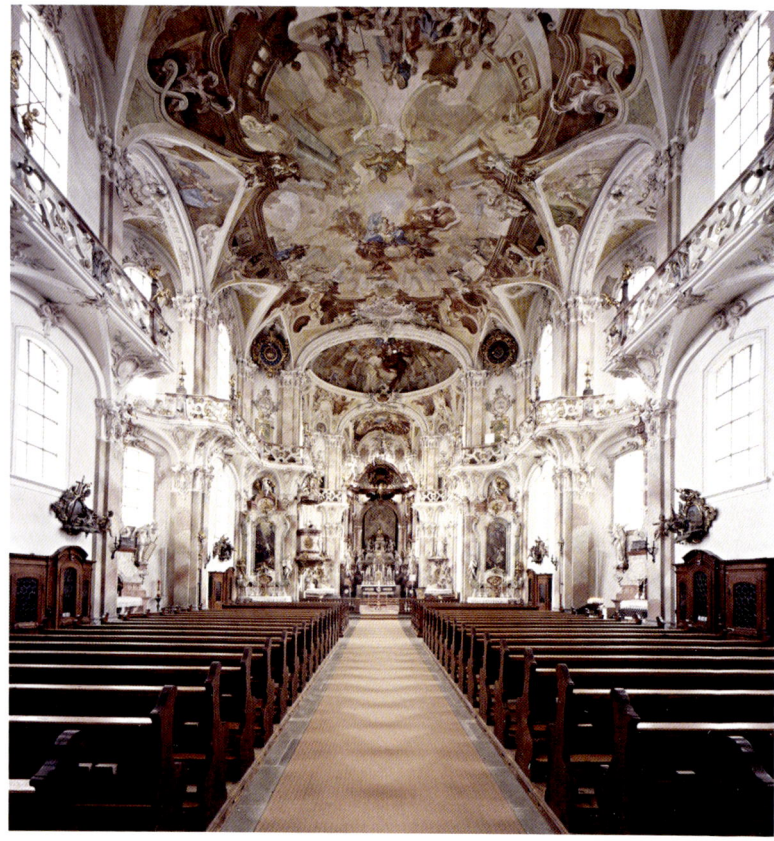

Abb. 145: Neubirnau, Wallfahrtskirche: Inneres, Blick nach Norden

rativen Szenen der Kreuzwegstationen und die ihnen beigegebenen Putti mit den jeweiligen Passionsattributen über eine polychrome Fassung, während die Stuckplastiken der Heiligen an den Altären weiß gelassen wurden. Die Galeriebüsten schließlich, die die zwölf Apostel, Maria und den Salvator verkörpern, sind vollständig vergoldet.

Die Ausstattung des Kircheninnenraums im Einzelnen

Am Hochaltar flankieren Anna (Abb. 148) und Joachim (Abb. 147) sowie Elisabeth und Zacharias den Altarstein, auf dem sich heute der Tabernakel von Johann Georg Wieland erhebt. Das Relief der Tabernakeltüre zeigt Abigail vor David. An der von Wieland 1790 umgestalteten Rückwand erhebt sich heute über einem hohen Sockel das Gnadenbild aus der Zeit um 1420. Die Fassung wurde von Viktor Metzger vollständig erneuert.

Im Auszug gipfelt der Altar in dem von einem Engel getragenen Morgenstern – einem Symbol für Maria als Gottesgebärerin. Das Deckenfresko von Göz ist zweiteilig konzipiert. Im unteren, in kräftigeren Farben gemalten Teil ist Esther vor Ahasver als Sinnbild für die Gnade zu sehen. Im oberen Bildteil erblickt man den Auferstandenen mit dem Kreuz als Überwinder

152

der Luxuria oder Superbia, die zu seiner Linken am Boden liegt. Maria zu seiner Rechten bittet um Gnade für die Welt und verweist auf eine Gruppe von Zisterziensern im Hintergrund.

Im Presbyterium ist der Altar Johannes' des Täufers an der Westseite angeordnet und der von Johannes dem Evangelisten an der Ostseite. Das Deckenfresko zeigt im Zentrum vor einer nach oben geöffneten Kuppel Maria als apokalyptische Frau. Auf ihrem Schoß sitzt der Jesusknabe. Von seiner rechten Hand trifft ein Gnadenstrahl das flammende Herz der göttlichen Liebe und wird zu einem Spiegel weitergeleitet, der auf den Kirchenraum hin ausgerichtet ist. Im gemalten Kuppelraum sind um die Mariengruppe die Allegorien von Spes/Hoffnung, Timor/Gottesfurcht und Agnitio/Erkenntnis angeordnet. In den vier Pendentifs der illusionistisch gemalten

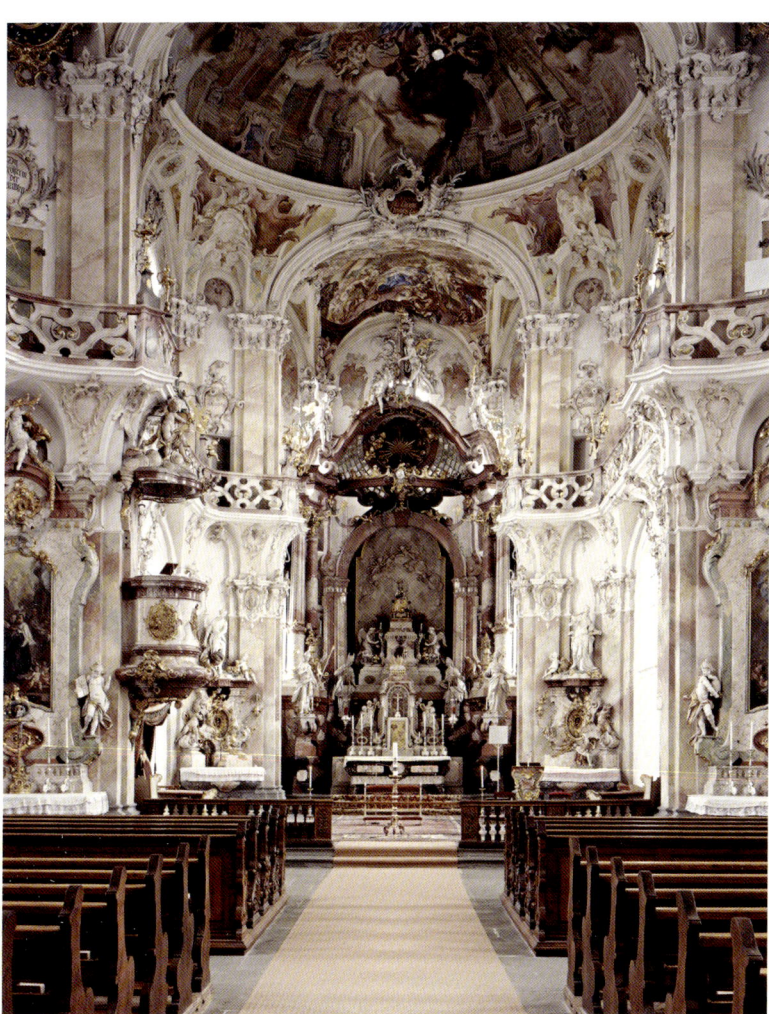

Abb. 146: Neubirnau, Wallfahrtskirche: Hochaltar

153

Kuppel schließlich erblickt man die Personifikationen der vier Erdteile.

Der große Langhaussaal ist mehrfach geteilt. In der Seitenkapelle auf der Westseite befindet sich der Josephsaltar mit den seitlichen Stuckplastiken der hll. Stephanus und Laurentius und mit der Holzskulptur des hl. Blasius im Auszug. Das Altarblatt wurde von der alten Wallfahrtskirche übernommen, die im unteren Bildteil dargestellt ist. Das Fresko an der Kalotte der Kapellennische zeigt den Tod Josephs. In der gegenüberliegenden östlichen Kapelle steht der Erasmusaltar mit den Stuckplastiken der hll. Magnus und Leonhard. Das Altarblatt des Konstanzer Malers Franz Carl Stauder zeigt das Martyrium des hl. Erasmus. Die Holzskulptur im Auszug stellt den hl. Wendelin dar und im Fresko der Kalotte ist die Blutspende des Gekreuzigten an die hl. Luitgard von Tongeren und den hl. Bernhard von Clairvaux zu sehen.

Die beiden Altäre in den Seitenkapellen des Langhauses sind somit überaus populären Heiligen gewidmet. Der Josephsaltar war zugleich der Altar der 1695 gegründeten „Bürnauisch-Josephinischen-Bruderschafft", die einen großen Zulauf hatte.

An der Nordseite des Kirchensaals befinden sich die Altäre des hl. Benedikt (West) (Abb. 149) und des hl. Bernhard (Süd) (Abb. 150). Die beiden Altargemälde stammen ebenfalls von Gottfried Bernhard Göz. Das Blatt des westlichen Altars stellt den Tod des hl. Benedikt dar, der Putto seitlich des Altars hält ein aufgeschlagenes Buch mit den ersten Worten der Benediktsregel (Abb. 151). Auf dem Gemälde des östlichen Altars ist die Lactatio dargestellt. Der Putto neben dem Altar trägt einen Bienenkorb und nascht am Honig – ein Symbol für den hl. Bernhard als „doctor mellifluus".

Im südlichen Teil des Deckenbildes, über der Orgel, ist ein Engelskonzert zu sehen, dessen Mittelstück nach einem partiellem Absturz der Decke modern ergänzt wurde. Ein gemalter Gurtbogen mit einer zentralen Uhr trennt dieses Bildfeld

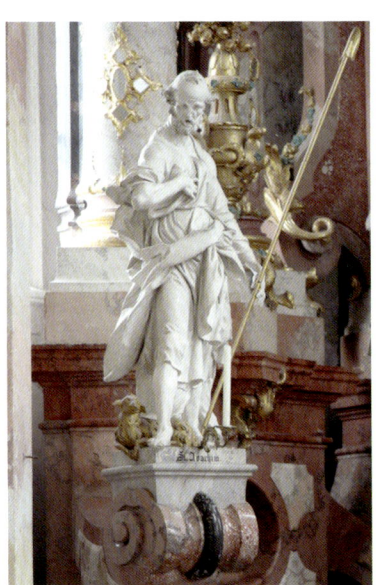

Abb. 147: Neubirnau, Wallfahrtskirche: Hochaltar, Stuckplastik des hl. Joachim

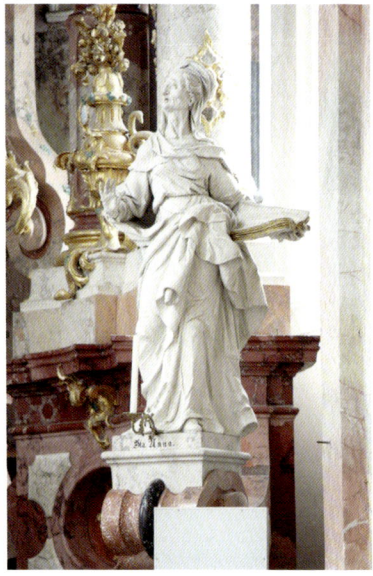

Abb. 148: Neubirnau, Wallfahrtskirche: Hochaltar, Stuckplastik der hl. Anna

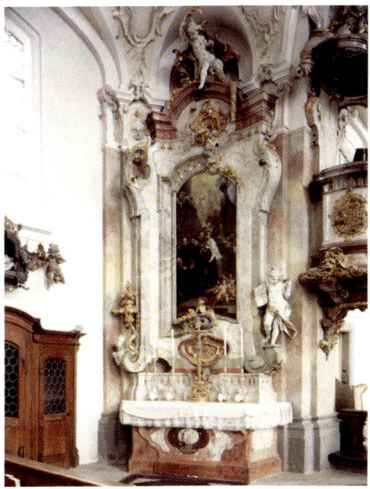

Abb. 149: Neubirnau, Wallfahrtskirche: Benediktsaltar

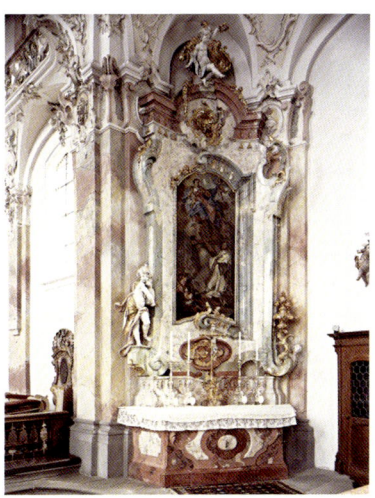

Abb. 150: Neubirnau, Wallfahrtskirche: Bernhardsaltar

von dem über dem nördlichen Teil des Langhauses (Abb. 152), in dessen Zentrum Maria als Himmelskönigin zu sehen ist. In den seitlichen Gruppen werden der hl. Bernhard von Clairvaux und weitere Zisterzienser – Guntram von Adelsreute und seine Tochter Mathilde auf der Nordseite, die Äbte Anselm II., Stephan II. und Konstantin I. von Salem auf der Südseite – gegenübergestellt, die eine Ansicht der neu erbauten Wallfahrtskirche halten (Abb. 153). Im Bildmittelfeld korrespondiert dem Himmlischen Jerusalem (Nordseite) eine Ansicht von Salem mit den Äbten der Salemer Tochterklöster Raitenhaslach und Wettingen. Nach Süden hin ist eine Gruppe von Bittstellern zu sehen, unter ihnen Gottfried Bernhard Göz, der sich während der Arbeiten an den Birnauer Deckenbildern einen Fuß gebrochen hatte. Bei der zentralen Drei-Personengruppe kann es sich um eine Darstellung der Anna Selbdritt handeln.

Die Reliefs an der Kanzel (Abb. 154) zeigen die Predigt Johannes des Täufers, die Predigt des Apostels Paulus auf dem Areopag und die Kreuzzugspredigt des hl. Bernhard von Clairvaux. Am Standring

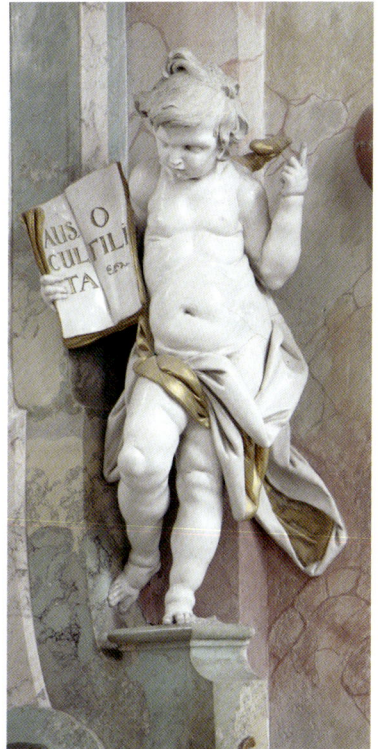

Abb. 151: Neubirnau, Wallfahrtskirche: Putto vom Benediktsaltar

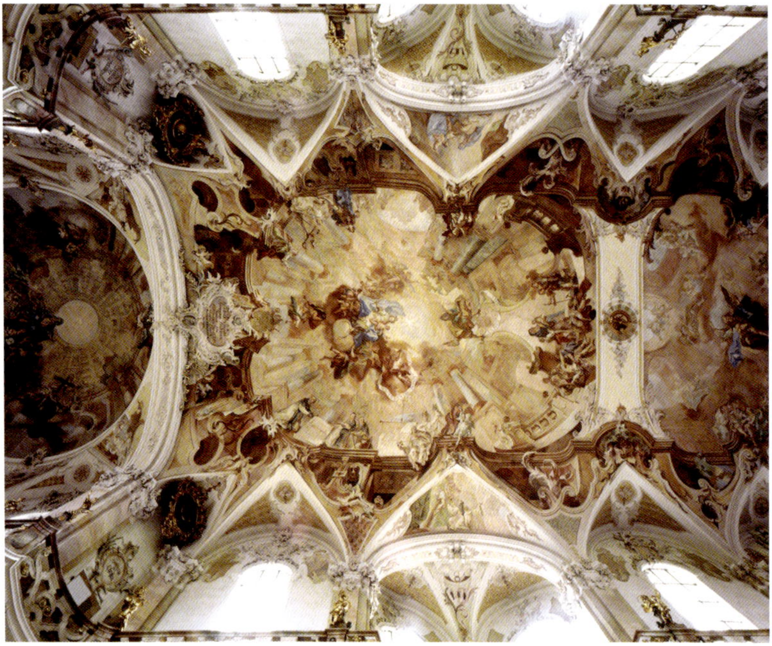

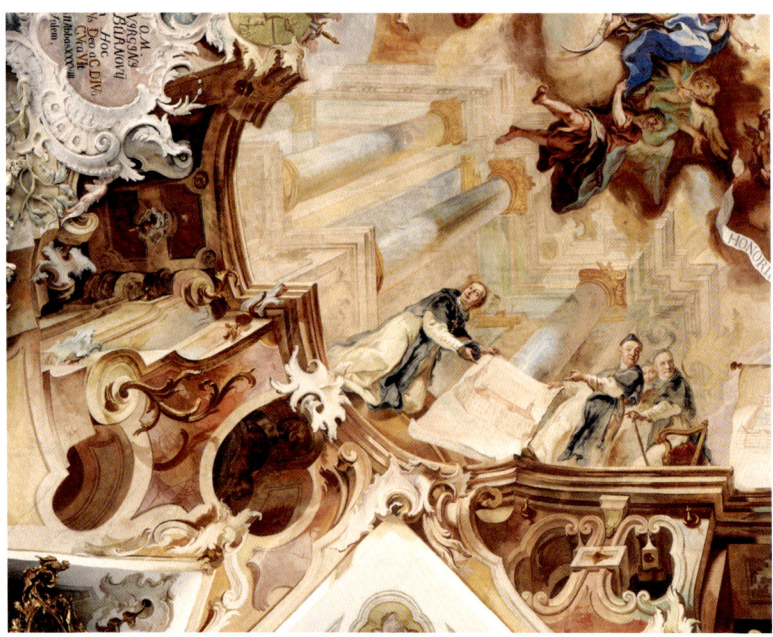

Abb. 152: Neubirnau, Wallfahrtskirche: nördlicher Teil des Langhauses, Deckenbild

Abb. 153: Neubirnau, Wallfahrtskirche: nördlicher Teil des Langhauses, Deckenbild. Die Äbte Konstantin Miller, Stephan II. Enroth und Anselm II. Schwab mit dem Bauplan der Wallfahrtskirche

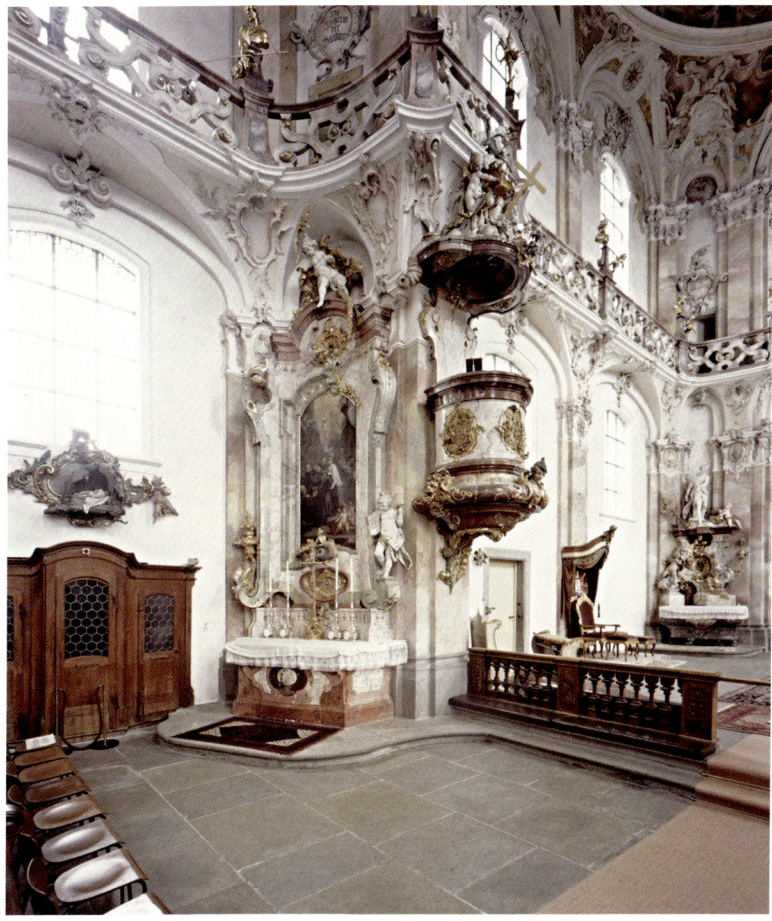

Abb. 154: Neubirnau, Wallfahrtskirche: Kanzel

des Kanzelkorbs sind die Symbole der drei Evangelisten Markus, Matthäus und Lukas zu sehen. Das Symbol des Evangelisten Johannes ziert die Vorderseite des Schalldeckels, auf dem polychrom gefasste Putti das Buch mit den sieben Siegeln und das Lamm als Hinweis auf die Apokalypse sowie Kelch und Kreuz als Symbole des Glaubens tragen.

Im Priesterhaus hat sich im westlichen Gebäudeflügel das Zimmer des Abts mit Stuckaturen Joseph Anton Feuchtmayers erhalten. Die Stuckaturen im Refektorium dürften erst gegen 1760 geschaffen worden sein, während die Wandtäfelung und die Türblätter einer klassizistischen Umgestaltungsphase, vielleicht in zeitlichem Zusammenhang mit den Arbeiten Wielands in der Kirche, angehören.

Lit.: Bauer 1961; Gubler 1972, S. 80 ff.; Kalchthaler 2000; Klein 1923; Klingen 1999, S. 18 ff.; Knapp 1989a; Knapp 1996, S. 158 ff.; Knapp 2000.

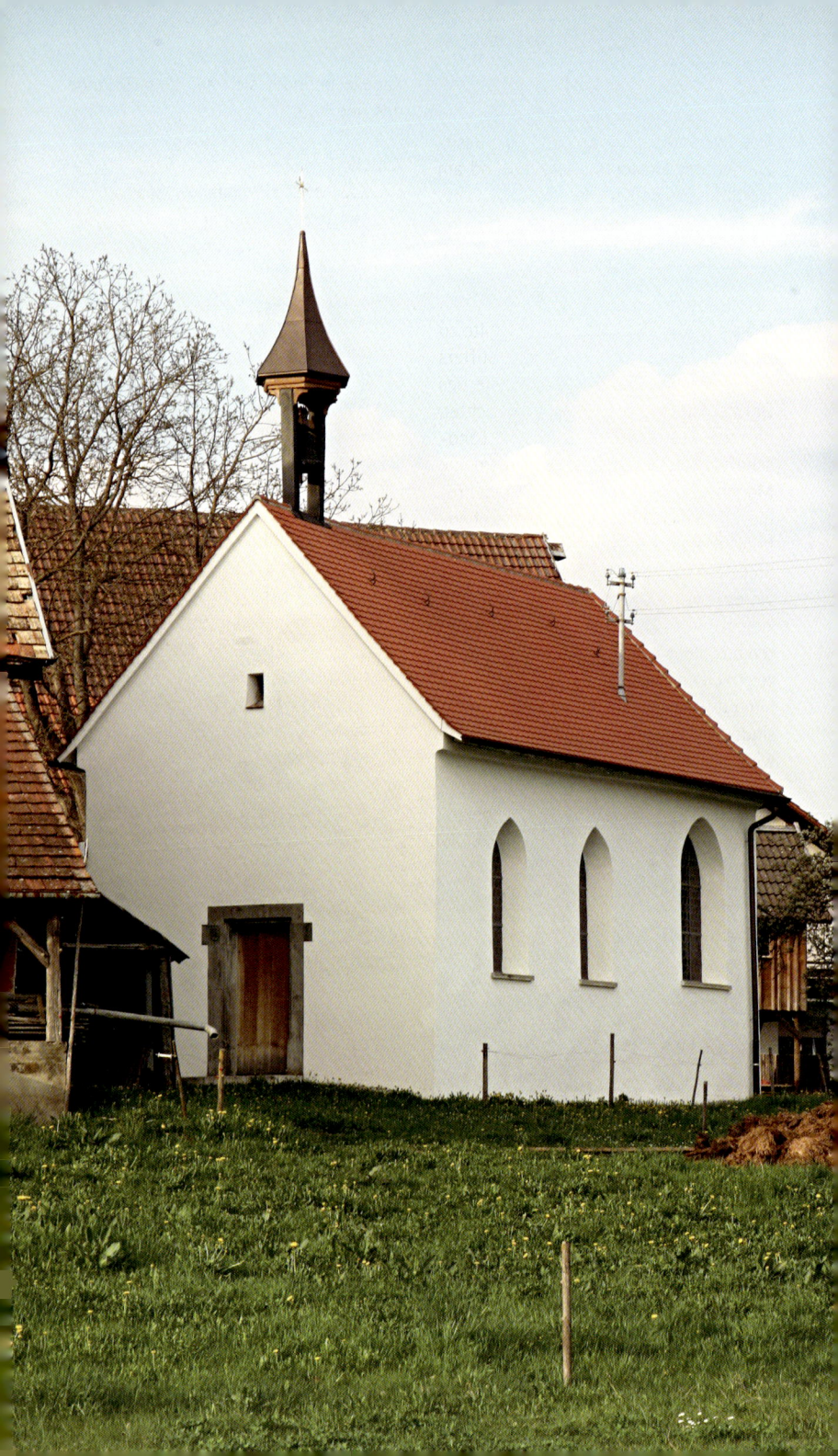

7.3 Oberamt Salem

Das Oberamt Salem verwaltete die Besitzungen des Klosters im Linzgau und am Nordufer des Bodensees.

Adelsreute

(Abb. 156) Das Dorf Adelsreute zählte zu dem Stiftungsgut des Klosterstifters Guntram von Adelsreute. An Stelle des Dorfes wurde eine Grangie eingerichtet, die sich bis heute deutlich im Landschaftsbild ablesen lässt. Nachdem die Mönche die Güter nicht mehr in Eigenregie umtreiben konnten, wurden Lehenhöfe eingerichtet, wobei vier Höfe an der Stelle der Grangiengebäude konzentriert waren. Um 1800 kamen hierzu noch zwei kleinere Hofstellen. Die Gemarkungskarten aus dem späten 18. Jahrhundert verzeichnen in Adelsreute fünf große Lehengüter, die mit Tiernamen bezeichnet sind: den Löwen, zugleich das Tafernwirtshaus, und die Höfe Tiger, Rapp, Ratz und Scheck sowie etwas abgelegen, nahe dem schon im 19. Jahrhundert abgelassenen großen Weiher, den Falkenhof. Die Kapelle befindet sich auf dem Gelände des Tigerhofs.

Kapelle

Die Kapelle ist ein einfacher Saalbau mit vier Fenstern. Der heutige Bau (Abb. 155) ist über dem Türsturz auf der Innenseite in einer Inschrift aus dem 18. Jahrhundert 1522 datiert. Für den 28. Juli 1524 ist die Konsekration eines neuen Baus durch den Konstanzer Weihbischof Melchior Fattlin überliefert. Möglicherweise wurde der heutige Bau unmittelbar vor dieser Weihe errichtet. Es handelt sich um einen Saalbau mit zwei Fensterachsen und einem dreiseitigen Schluss. Die heutige Ausstattung der Kapelle besteht aus einem Altar aus der Mitte des 18. Jahrhunderts (Abb. 157), der 1895 verändert wurde. Staiger erwähnt noch ein Altarbild der hl. Katharina. Heute ist vor dem Retabel ein Vesperbild aus der Zeit um 1500 aufgestellt. Die von Staiger erwähnten Reste der frühneuzeitlichen Ausstattung gelten als verschollen. Bemerkenswert ist eine Prozessionsfigur der Mutter Gottes mit Kind aus dem späten 17. Jahrhundert, die mit einem barocken Silberbrokatgewand bekleidet ist (Abb. 158).

Lit.: Staiger 1863, S. 65.

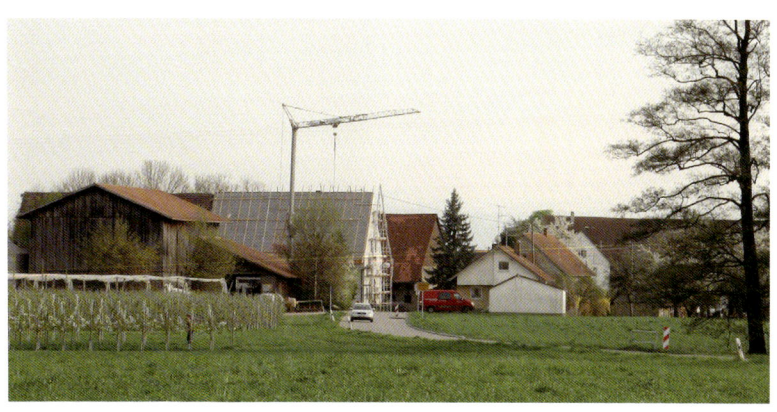

Abb. 156: Adelsreute

Abb. 155: Adelsreute, Kapelle

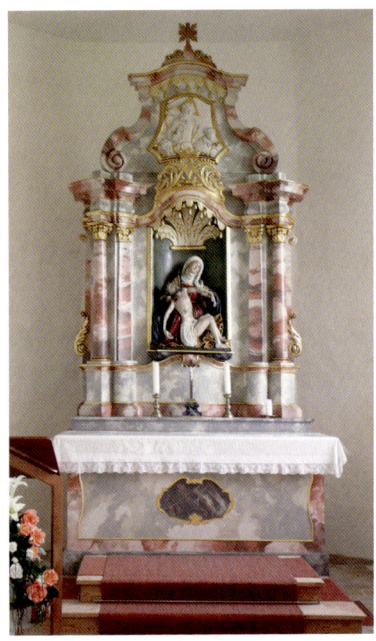

Abb. 157: Adelsreute, Kapelle

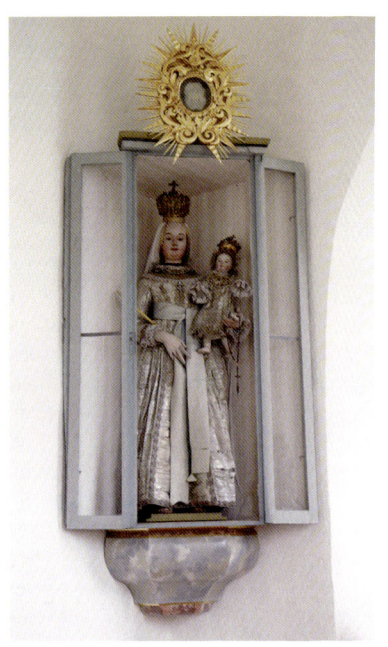

Abb. 158: Adelsreute, Kapelle: Prozessionsfigur

Die zu Ende des 18. Jahrhunderts bestehenden Lehenhöfe wurden zum überwiegenden Teil umgebaut oder durch Neubauten ersetzt. Das ehemalige Tafernwirtshaus zum Löwen besteht nicht mehr.

Die Lehenhöfe hatten, wie oben schon genannt, die Namen Tiger, Scheck, Rapp und Ratz. Staiger erwähnt 1863 noch die Güter Falke und Bless, die wohl erst um 1800 entstanden waren. Der größte Hof war 1795 der Hof Tiger, gefolgt von dem Hof Schek (Scheek). Von Letzterem ist noch eine Scheune erhalten, die aus dem späten 18. Jahrhundert stammen könnte.

Weiher
Im Bereich der Grangie gab es zwei Weiher, von denen der große bereits im frühen 19. Jahrhundert trockengelegt wurde. Dem Verlauf seines Dammes folgt heute ein Feldweg. Der im Süden gelegene Stockweiher ist zwar teilweise verlandet, besteht aber noch.

Ehem. Herrensitz der Herren von Adelsreute
Das Schloss ist abgegangen, doch vermutete Staiger, dass es sich in dem Bereich zwischen dem ehemaligen Wirtshaus und dem Radbrunnen befunden habe. In diesem Bereich befänden sich ca. 5 Schuh (ca. 1,50 m) breite Grundmauern in der Erde, die von diesem Herrensitz stammen könnten.

Lit.: Staiger 1863, S. 64 f.

Banzenreute

Das ehemalige Dorf Banzenreute bildete eine der ältesten Grangien des Klosters. Die Gebäude wurden 1844 abgebrochen. Heute erinnert nur noch der Flurname an die ehemalige Grangie. Als Ersatz für die Grangie Banzenreute wurde im 19. Jahrhundert der Spitznagelhof als landwirtschaftliches Mustergut errichtet.

Baufnang

Baufnang ist ein Weiler an der Nordwestgrenze der Salemer Markung. Dort wohnte unter anderem der Scharfrichter des Klosters. Das heutige Gasthaus wurde erst 1825 erbaut.

Bermatingen

Die erste Erwähnung Bermatingens findet sich in einer St. Galler Urkunde vom 29. März 779. 1271 wird erstmals ein Pfarrer in Bermatingen genannt. Im 13. Jahrhundert gehörten zu der Pfarrei die Orte Markdorf, Ittendorf, Kluftern, Kippenhausen, Hagnau, Immenstaad und Fischbach. Weitere Filialen von Bermatingen waren Ahausen und Autenweiler. Ab dem 13. Jahrhundert wurden in den meisten Orten eigene Pfarreien eingerichtet, so vor 1200 in Markdorf, 1275 in Hagnau, 1430 in Kluftern, Immenstaad 1472 und Ittendorf 1696. Fischbach war ab 1485 selbstständige Kuratkaplanei. 1288 bis 1325 war Albert Schenck von Schmaleck, ab 1304 zugleich Domherr in Konstanz, Rektor der Kirche in Bermatingen. Er vermachte seine Rechte testamentarisch dem Bischof von Konstanz.

Salem erwarb dort erst spät, gegen Ende des 13. Jahrhunderts, ersten Besitz. Am 21. Oktober 1390 genehmigte der Konstanzer Bischof Burkhard I. von Hewen (1387–1398) den Verkauf des Dorfes Bermatingen mit allen Rechten und Pflichten von Ritter Ulrich von Hörningen an das Kloster Salem und übertrug auf Bitten Ulrich von Hörningens dem Kloster die dem Bistum Konstanz lehenpflichtigen Teile des Dorfes, den Kirchensatz, den Kehlhof und das Widdum mit allem Zubehör. Auf Ersuchen des Klosters wurde die Pfarrei am 21. September 1391 durch Papst Bonifaz IX. (1389–1404) der Zisterzienserabtei inkorporiert. 1396 schließlich wurde dem Kloster gestattet, die Pfarrei

durch Mönche des Klosters versehen zu lassen. Im 17. und 18. Jahrhundert wurde den Pfarrvikaren über ihre Einkünfte aus den der Kirche gehörenden Lehengütern hinaus vom Bursamt eine jährliche Besoldung bezahlt.

Während der Bauernunruhen 1525 war Bermatingen einer der Hauptorte der Bauern. Ein Teil des Seehaufens unter der Führung von Eitelhans Ziegelmüller hatte sich hier versammelt. 1590 zerstörte ein Brand den größten Teil des Dorfes. Der weit überwiegende Teil der erhaltenen Bausubstanz stammt aus der Zeit nach diesem Brand. Im Dreißigjährigen Krieg erlitt das Dorf ebenfalls erhebliche Schäden. Der niedergebrannte Pfarrhof war 1656 noch nicht wiederaufgebaut. Das Ortsbild wird heute vor allem durch die Neubauten aus dem 18. Jahrhundert geprägt.

Die Lehenhöfe auf Bermatinger Markung trugen Pflanzennamen: Apfel, Amarille (Mühle), Brombeere, Gleditschie, Heidelbeere, Himbeere, Kastanie (Kehlhof), Maßholder, Pfaffenhütchen, Pimpernuß, Pomeranze, Seidelbast, Schmalkenbeere, Sumach, Zahnwehbaum. Neben den Salemer Lehenhöfen gab es in Bermatingen Lehenhöfe und Besitz der Kreuzlinger Augustinerchorherren (Rosenhof, Quitte, Weichsel, Johannisbeere [Kanari]), der Augustinerchorfrauen aus Münsterlingen (Fichte), des Zisterzienserinnenklosters Wald (Zeder), des Zisterzienserinnenklosters Heggbach (Rebenbesitz), des Franziskanerinnenklosters Waldsee (Eichenhof), des Franziskanerinnenklosters St. Anna in Munderkingen (Esche), des Franziskanerinnenklosters Oggelsbeuren (ein Haus), des Franziskanerinnenklosters St. Anna in Weppach (Felder etc.), des Franziskanerinnenklosters Bächen (Rebbesitz), des Franziskanerinnenklosters Königseggwald (Reben), des Spitals Wald am Königsegger Berg (Rebbesitz), der Dominikanerinnenklöster Meersburg und Zoffingen, des Damenstifts Buchau und des Damenstifts

Lindau (Aprikose, Mandel [Linde]), des Chorherrenstifts St. Johann in Konstanz, des Kollegiatstifts Betenbrunn, der Konstanzer Jesuiten und der Spitäler von Biberach und Pfullendorf.

Als Ortsherr übte die Reichsabtei Salem auch die Bauaufsicht aus. So ermahnt Salem 1764 und 1765 das Frauenkloster Waldsee in Bezug auf den Eichenhof, einen Lehenhof des Klosters, den dringend notwendigen Neubau vorzunehmen, da von dem maroden Vorgängerbau aus dem 17. Jahrhundert eine akute Gefährdung ausgehe. Ein Protokollauszug aus dem Jahr 1766 berichtet schließlich, dass Waldsee seinen Lehenleuten denselben Baubeitrag zahlte wie das Kloster Salem den seinen. Der angemahnte Neubau des Eichenhofs – Markdorfer Str. 9 – erfolgte jedoch erst 1781.

Pfarrkirche St. Georg

Die Pfarrkirche St. Georg soll auf einen Vorgängerbau aus dem 7. Jahrhundert zurückgehen (Abb. 159, 160). Im aufgehenden Mauerwerk ist zwischen dem Turm und dem Chorbogen ein Mauerfragment aus Wackenmauerwerk mit Kellenstrich erhalten, dessen Zeitstellung nicht eindeutig ist. Im Erdgeschoss des Turms könnte sich der Rest eines romanischen Rechteckchors erhalten haben. Unterhalb des Altars vor dem Ostfenster wurden bei archäologischen Untersuchungen Reste eines älteren Altarfundaments und Bestattungen gefunden, die von den Ausgräbern in das 7. Jahrhundert datiert werden. Der umlaufende Sockel an der Südseite des Turms könnte auf eine Chorturmanlage, vergleichbar der Bermatinger Filialkirche Ahausen, hinweisen.

Die Obergeschosse des Turms dürften dem 13. bis 14. Jahrhundert zuzuweisen sein. Form und Konstruktion der Fenster unterscheiden sich von dem Ostfenster im Turmerdgeschoss. Das Glockengeschoss kann ausweislich der dort vorhan-

denen Steinmetzzeichen zu Beginn des 14. Jahrhunderts aufgesetzt worden sein, während die beiden Staffelgiebel und das heutige Dachwerk (1442 d) aus dem zweiten Viertel des 15. Jahrhunderts stammen.

Im Zuge des Ausbaus der Pfarrkirche im 14./15. Jahrhundert fanden eine Umgestaltung des Raums zur Sakristei und der Einbau des heutigen spitzbogigen Türgewändes statt. Später wurde das Gewölbe des Raums ausgebrochen. Die Turmobergeschosse waren ursprünglich nur über die hochgelegene rundbogige Tür an der Südseite zugänglich.

Der ungewöhnlich breit gelagerte Rechteckchor (Abb. 161) stammt wohl noch aus dem späten 14. Jahrhundert. Ursprünglich war der Chor nur durch das mittlere Ostfenster und die beiden seitlichen Südfenster belichtet. Das nach Süden verschobene Rundfenster der Ostwand und das mittlere Fenster der Südwand sind spätere Hinzufügungen. Wohl bald nach dem Chorneubau wurde im Osten des Chors eine Sakristei angebaut.

Das dreischiffige Langhaus aus dem ersten Viertel des 15. Jahrhunderts wird dem Salemer Baumeister Michel Safoy zugewiesen. Es war als Stufenhalle ohne Obergaden konzipiert, vergleichbar einem am Ober- und Hochrhein verbreiteten Typ von Bettelordenskirchen, dem auch die Franziskanerkirchen von Überlingen und Konstanz vor ihren Umbauten aus dem 15. Jahrhundert zuzurechnen sind. Die hohen Seitenschiffe waren vermutlich ursprünglich mit offenen Dachwerken oder mit flach gespannten Halbtonnen überspannt. Dabei wurden vermutlich Ausbauelemente, wie Fenstermaßwerke, aus dem Vorgängerbau übernommen. Die beiden großen Rundfenster an der Westfassade hingegen entstammen einer Umbauphase, vielleicht gleichzeitig mit dem Rundfenster des Chors. Die Sakristei besitzt ein Portal aus dem 15. Jahrhundert. Ihre heutige Gestalt dürfte auf das

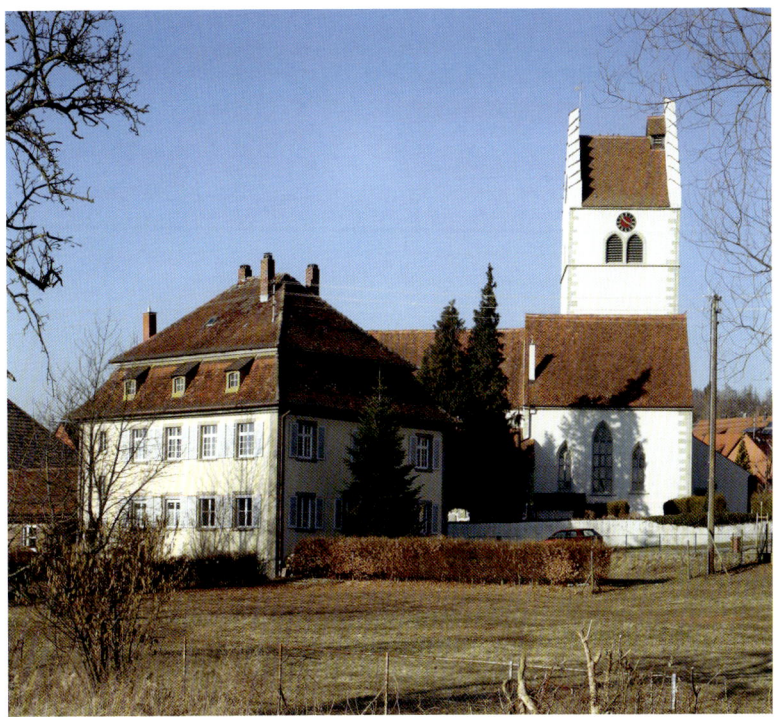

Abb. 159: Bermatingen, Pfarrhof und Pfarrkirche St. Georg

18. Jahrhundert zurückgehen. Die eiserne Tresortüre ist 1715 datiert.

Zu Beginn des 17. Jahrhunderts wurde der südliche Eingang des Langhauses in spätmanieristischen Formen erneuert (Abb. 162). Die über dem Portal gemalte Madonna im Strahlenkranz ist 1602 datiert.

In der Mitte des 18. Jahrhunderts erfolgten eine Umgestaltung des Kircheninneren und eine Neudekoration des Langhauses. Aus dieser Zeit stammt das Dachwerk im Langhaus mit dem separaten Hängewerk für die Mittelschiffsdecke. Am zweiten Binder von Westen ist es von dem Mimmenhausener Maurermeister bezeichnet: „Constantinus Kocher 1760." Das Dachwerk über dem Chor wurde im späten 18. Jahrhundert erneuert. In der zweiten Hälfte des 18. Jahrhunderts nahm man eine umfassende Stuckierung des Kirchenraums vor. In dem Deckenfeld des

Chors befindet sich ein Fresko von Andreas Brugger, die Hl. Dreifaltigkeit, aus dem Jahre 1788. Im Zuge dieser Modernisierung der Kirche dürften auch die segmentbogig schließenden Obergadenfenster des Langhauses und die beiden entsprechenden Fenster an der Westfassade ausgebrochen worden sein. Bei Renovierung im 20. Jahrhundert wurden weite Teile der barocken Raumschale entfernt und großflächig spätmittelalterliche Wandmalereien freigelegt.

Die umfangreichen Wandmalereizyklen im Chor und im Mittelschiff des Langhauses dürften unmittelbar nach Vollendung der Architektur ausgeführt worden sein. Die Malereien im Chor sind in drei Registern angeordnet, wobei das untere Register mit gemalten Wandbehängen versehen ist. Die beiden oberen Register, beginnend an der NW-Ecke, zeigen Sze-

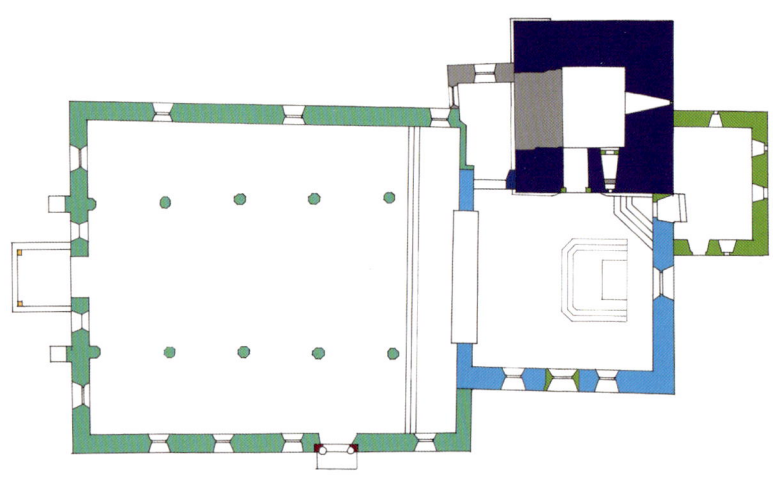

Abb. 160: Bermatingen, Pfarrkirche St. Georg: Baualtersplan. M 1:400

nen aus dem Leben und der Passion Christi. Diesem Programm nicht unmittelbar zugehörig ist die Szene mit dem hl. Alexius von Edessa, die unter der zum Dachstuhl des Langhauses führenden Treppen angeordnet ist. An der Ostseite des Chorbogens sind die Geißelung Christi, die Arma Christi sowie das Wahre Abbild Christi zu sehen.

Die Malereien im Mittelschiff des Langhauses (Abb. 165, 166) bilden eine monumentale Weltgerichtsdarstellung. An den Längswänden sind die zwölf Apostel, der Zug der Seligen im Norden und der Zug der Verdammten im Süden zu sehen. An der Westseite des Chorbogens erscheint im Zentrum der Weltenrichter. Die Darstellung von Hölle und Paradies, die vermutlich an der Westwand gemalt war, ist verloren. In den Arkadenzwickel sind Episoden aus der Apokalypse und die Auferstehung der Toten zu sehen.

Von der spätmittelalterlichen Ausstattung hat sich die stark überarbeitete Sakramentsnische (Abb. 22) an der Ostwand des Chors erhalten. Zwischen der Westwand des Turms und der Ostwand des Langhauses befindet sich an der Nordseite des Chors eine kleine kapellenartige Er-

weiterung, das sogenannte Chörle, in dem sich auch der von der St. Georgsbruderschaft finanzierte Marienaltar befindet.

Die ursprüngliche Altarausstattung gilt als verloren. Die beiden Seitenaltäre am Ostende der beiden Seitenschiffe, ein Marienaltar im Norden und ein Josefsaltar im Süden, wurden 1787 von Kloster Weingarten erworben. An der Südseite des Chorbogens steht eine David Zürn zugeschriebene überlebensgroße Mutter Gottes mit Kind.

Der alte Hochaltar, von Staiger noch beschrieben als Altar mit vier korinthischen Säulen, reichte bis unter die Decke. In seinem Unterbau waren Reliquien der hll. Desiderius und Candidus aufbewahrt. Das Hauptbild zeigte das Martyrium des hl. Georg. Zwischen den Säulen waren annähernd lebensgroße Skulpturen der hll. Elisabeth und Emerita aufgestellt. Der Altar und sein Skulpturenschmuck sind verschollen.

An der Südseite des Chors ist in der Wand das Epitaph für den Bermatinger Pfarrer Gallus Hummel († 1620) eingelassen (Abb. 163), das einer Werkstatt in der Nachfolge des Konstanzer Bildhauers Hans Morinck zugeschrieben wird.

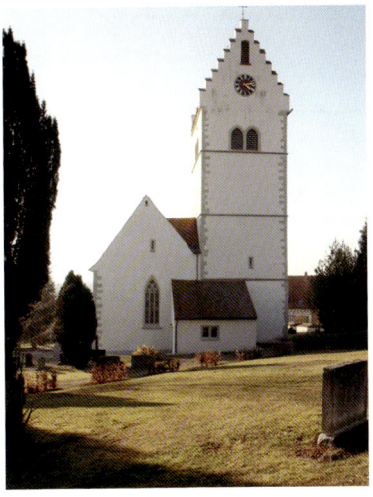

Abb. 161: Bermatingen, Pfarrkirche St. Georg: Ansicht von Osten

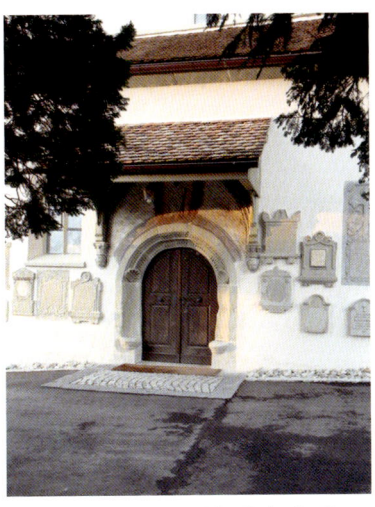

Abb. 162: Bermatingen, Pfarrkirche St. Georg: Südportal

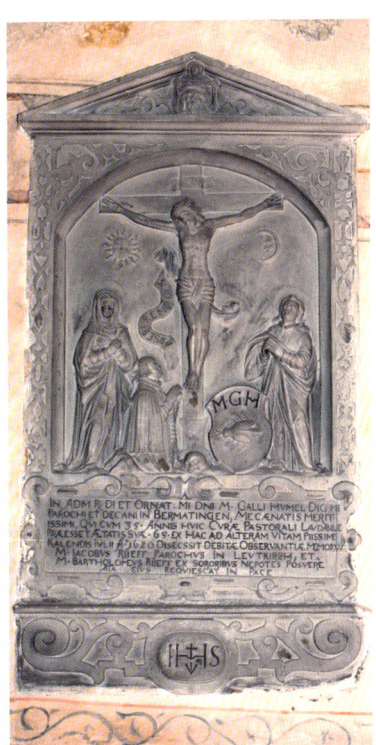

Abb. 163: Bermatingen, Pfarrkirche St. Georg: Epitaph für den Dekan Gallus Hummel

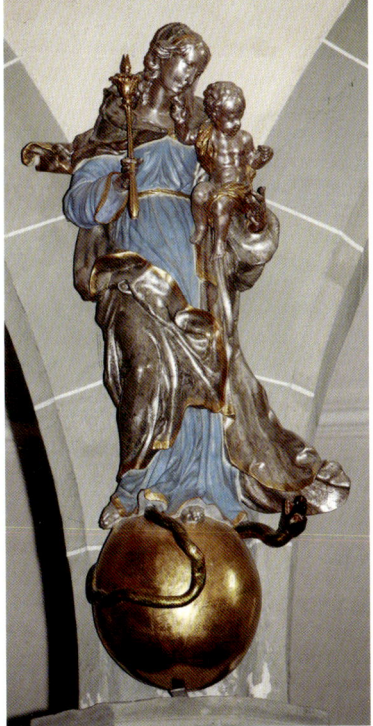

Abb. 164: Bermatingen, Pfarrkirche St. Georg: Maria vom Siege, Joseph Anton Feuchtmayer zugeschrieben

An den Pfeilern des Langhauses befinden sich Skulpturen unterschiedlicher Provenienz. Die hll. Stephanus und Laurentius, qualitätvolle Arbeiten aus dem 17. Jahrhundert, stammen von der abgebrochenen Leonhardskapelle, die Maria vom Siege (Abb. 164), vielleicht auch ein Frühwerk von Joseph Anton Feuchtmayer, soll aus der im 19. Jahrhundert abgebro-

chenen Schlosskapelle Kirchberg stammen. Der Verkündigungsengel, der Werkstatt Hans Morincks zugeschrieben, soll gleichfalls aus der Leonhardskapelle kommen. Die beiden Skulpturen des hl. Sebastian und Gregors des Großen datieren wohl aus dem späten 15. Jahrhundert.

Im Turm der Pfarrkirche hängen drei historische Glocken. Die älteste und zu-

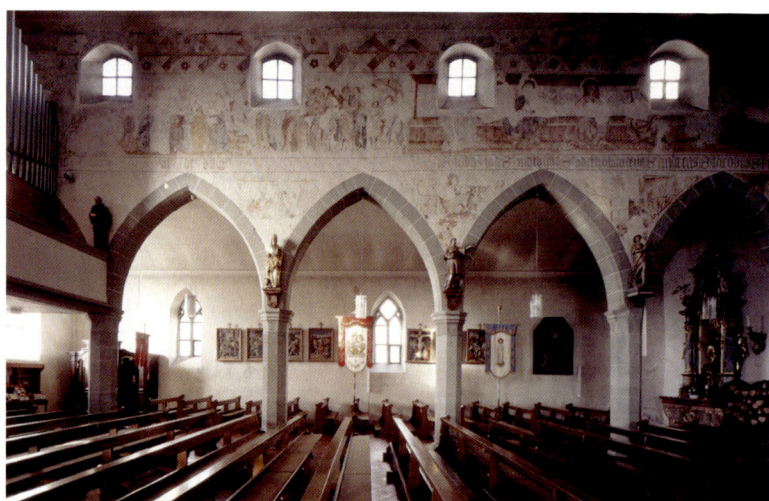

Abb. 163: Bermatingen, Pfarrkirche St. Georg: Nördliche Langhauswand

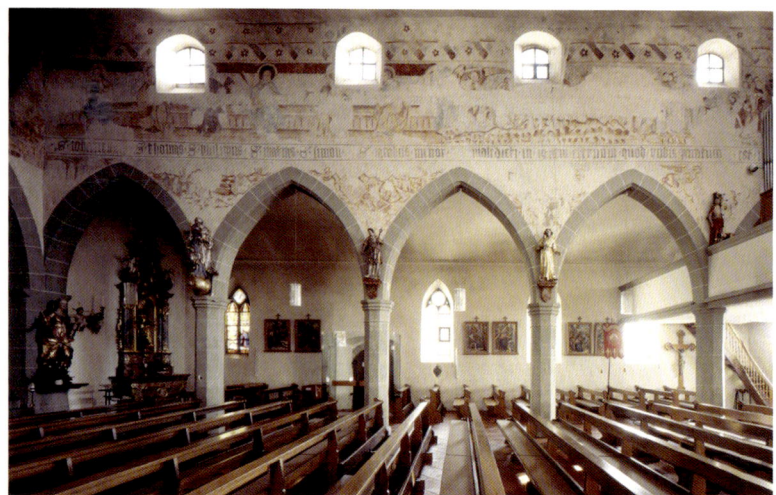

Abb. 166: Bermatingen, Pfarrkirche St. Georg: Südliche Langhauswand

166

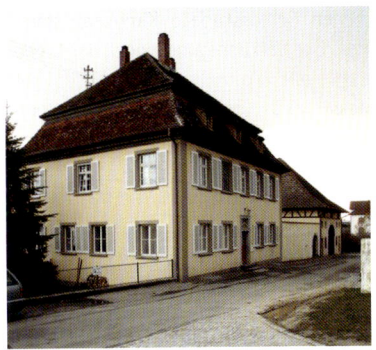

Abb. 167: Bermatingen, Pfarrhof: Ansicht von Nordosten. Im Hintergrund die Pfarrscheuer

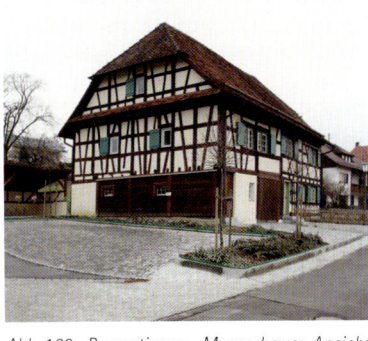

Abb. 168: Bermatingen, Mesnerhaus: Ansicht von Südwesten

gleich zweitgrößte Glocke ist 1396 datiert und dürfte in Hinblick auf die Fertigstellung des Turms geschaffen worden sein. Es wird auch kein Zufall sein, dass Salem in demselben Jahr gestattet wurde, den Pfarrdienst in Bermatingen durch eigene Mönche versehen zu lassen. 1429 wurde die größte der Bermatinger Glocken gegossen. Die Totenglocke schuf Nikolaus (Oberacker) aus Konstanz im Jahr 1515.

Lit.: Glockenatlas, Baden, S. 161 f.; Michler 1992, S. 68 ff, 160 f.; Staiger 1863, S. 206 ff.

Pfarrhof, datiert 1746, renoviert 1909, 1927

Der heutige Pfarrhof (Abb. 167), bestehend aus Pfarrhaus, Pfarrscheune und weiteren Nebengebäuden, ist inschriftlich 1746 datiert. Nach der Revision der Verträge über die Errichtung der Wallfahrtskirche Neubirnau musste sich der Baumeister Peter Thumb verpflichten, für die ihm zugedachte Summe auch die Ausführung des Bermatinger Pfarrhofs mit zu betreuen. Es handelt sich um einen Baukörper von 4 x 5 Fensterachsen im Erdgeschoss mit einer mittleren Erschließung von der Längsseite. Dieser Grundtypus blieb auch für die in der Folge im Auftrag Salems ausgeführten Pfarrhausneubauten verbindlich, wenn auch die meisten in etwas bescheideneren Dimensionen ausgeführt wurden. Zu dem cha-

rakteristischen Erscheinungsbild trägt das Mansard-Dach des Pfarrhofs bei, das bei den Salemer Bauten vergleichsweise selten anzutreffen ist.

Das Steinmaterial für den Pfarrhofbau wurde aus einem Steinbruch im Gewann Kesselbach bezogen.

Lit.: Gubler 1972, S. 91.

Mesnerhaus – um 1780?

Unmittelbar östlich des Friedhofs befindet sich das Mesner- und Schulhaus aus dem späten 18. Jahrhundert (Abb. 168).

Lit.: Sachs 1985, S. 287.

Kehlhof – Kehlhofstr. 6.
Lehenhof des Klosters („Kastanie")

Der Kehlhof wird bereits bei der Übertragung des Dorfes Bermatingen an das Kloster Salem 1390 ausdrücklich genannt. Seine Erträge dienten zur Finanzierung der Pfarrkirche. Auf dem Bermatinger Kehlhof wurde seit 1243 der Bermatinger Kapitelstag, der von Hildegard Schenckin von Ittendorf gestiftet worden war, abgehalten. Von März bis April 1525 diente er Eitelhans Ziegelmüller und weiteren elf Bauernführern als Hauptquartier.

Der Kehlhof war der größten Hof im Ort. Die heutige dreiteilige Anlage (Abb. 169) stammt aus dem 18. Jahrhundert. Nördlich des rechteckigen Hofs steht

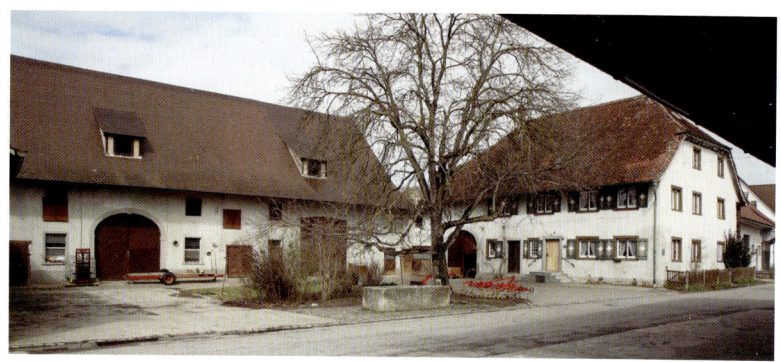

Abb. 169: Bermatingen, Kehlhof

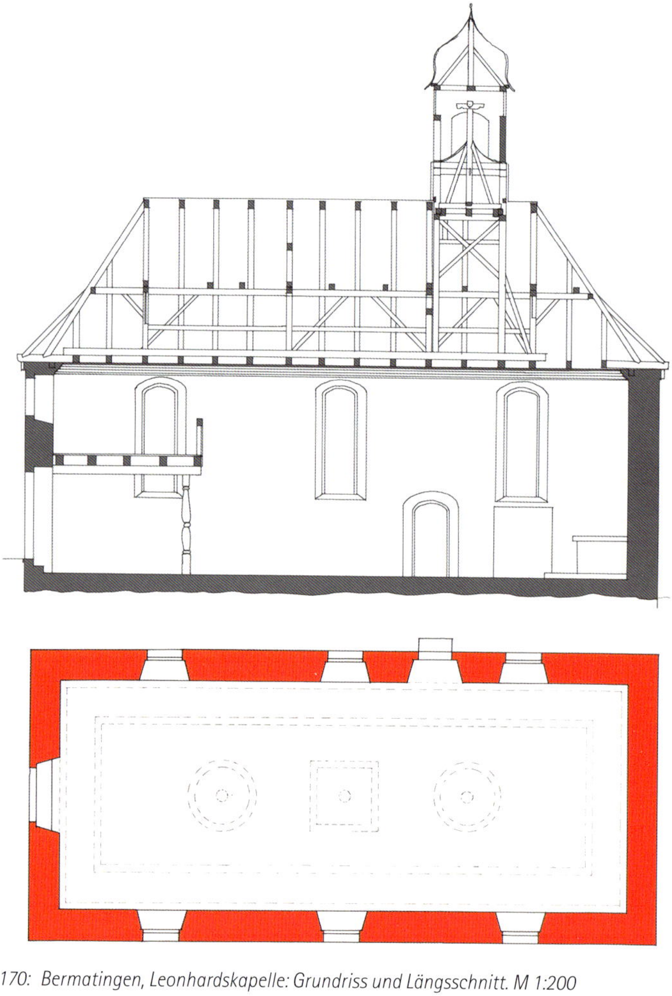

Abb. 170: Bermatingen, Leonhardskapelle: Grundriss und Längsschnitt. M 1:200

168

das zweigeschossige, in Fachwerkbauweise errichtete Wohngebäude mit abgewalmtem Dach. Das lange Tennen- und Scheunengebäude an der Westseite des Hofs wurde in der Mitte des 18. Jahrhunderts neu errichtet. Charakteristisch sind die beiden Durchfahrten, so dass man mit einem Fuhrwerk durch das Gebäude fahren konnte. In ähnlicher Weise waren auch die großen Tennen- und Scheunengebäude innerhalb der Klosteranlage in Salem konzipiert.

Die weiteren Ökonomiegebäude wurden nach einem Brand 1938 unter Verwendung älterer Bauteile neu errichtet.

Lit.: Klöster, Stifte 2004, S. 4 ff.

Leonhardskapelle

1468 wurde an der Kreuzung der Straße nach Ahausen eine Kapelle zu Ehren der hll. Leonhard und Jodokus geweiht. Die 1780 erneuerte Leonhardskapelle (Abb. 170) fiel 1971 dem Straßenbau zum Opfer. Es handelte sich um einen einfachen Rechteckbau mit drei Fensterachsen. Teile der Ausstattung, so die aus dem 17. Jahrhundert stammenden Skulpturen der hll. Stephanus und Laurentius und die Kerzenträger aus der Feuchtmayer-Werkstatt, befinden sich heute in der Pfarrkirche.

Lit.: Staiger 1863, S. 214 ff.

Kaplaneihaus

Mit dem Bau der Leonhardskapelle wurde eine Leonhardspflege eingerichtet, die 1490 erstmals genannt wird. 1532 dotierte die Gemeinde Bermatingen eine Frühmeß- oder Kaplaneipfründe, die an der Leonhardskapelle angesiedelt war. Für die Kaplanei wurde ein Kaplaneigebäude (Abb. 171) errichtet. Das heutige zweigeschossige Gebäude dürfte aus dem 18. Jahrhundert stammen.

Lit.: Klöster, Stifte 2004, S. 46 ff.; Staiger 1863, S. 214 f.

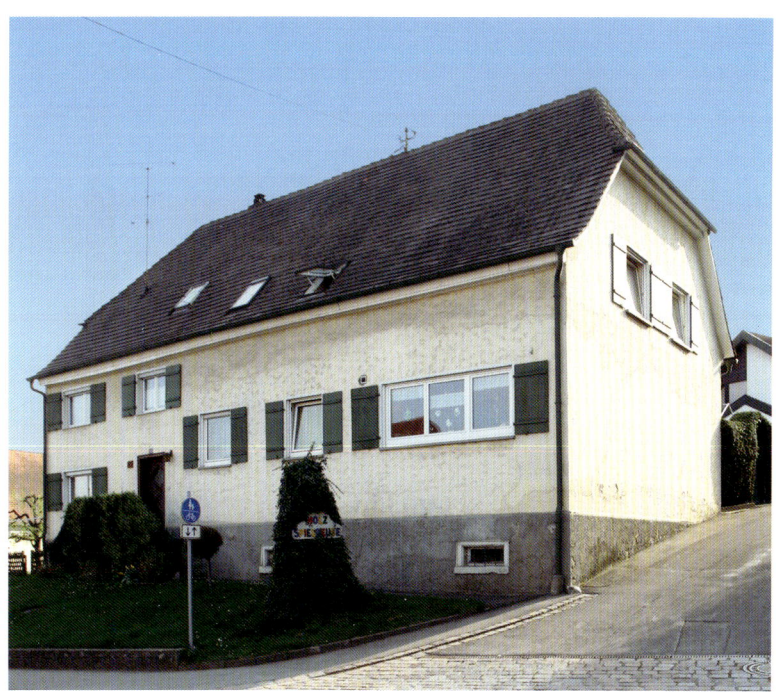

Abb. 171: Bermatingen, Kaplaneihaus der Leonhardskapelle

169

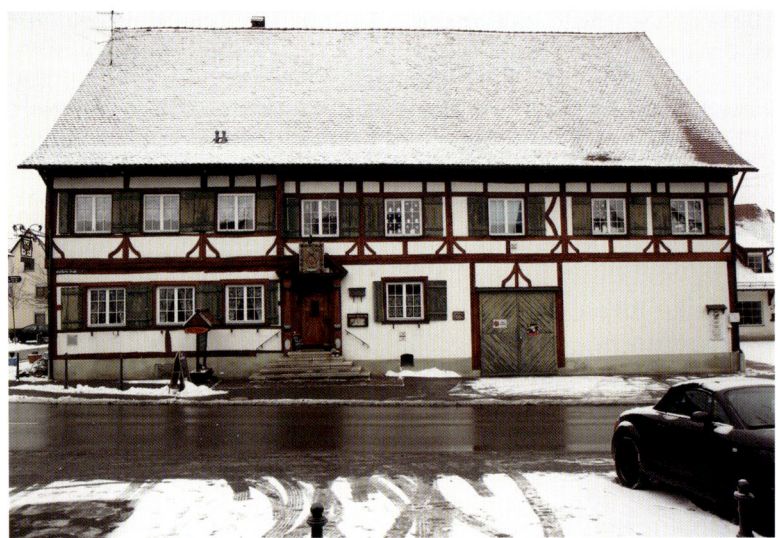

Abb. 172: Bermatingen, Tafernwirtshaus: Ansicht von Süden

Gasthaus Adler (ehem. „Traube")

(Abb. 172, 173) Das Tafernwirtshaus von Bermatingen ist seit 1390 urkundlich belegt und wurde als Tafernwirtshaus mit Meierhof erbaut. Der Hof wurde vom Kloster als Leiblehen vergeben. Nach einem Brand 1590 entstand der Neubau des im Kern bis heute bestehenden Gebäudes. Über der Türe zum Gasthaus befindet sich ein aus Sandstein gehauenes Wappen von Abt Petrus II. Miller, 1596 datiert. Das Gebäude hatte eine aufwendige Ausstattung erhalten, zu der die Aufträge für die Handwerker überliefert blieben. Es wurde mehrfach umgestaltet, insbesondere im Bereich der Gaststuben im westlichen Hausteil.

Lit.: Klöster, Stifte 2004, S. 9 ff; Krins 1979, S. 151; Sachs 1985, S. 285 f.; Staiger 1863, S. 200, 222.

Jägerhof – Jägerstraße 11 („Himbeere"?)

(Abb. 174) Der Jägerhof war das Haus des Salemer Rebmanns und ist an einem Kamin inschriftlich 1721 datiert. Unter dem Gebäude befindet sich ein großer, durchgehender Keller, der von der nördlichen

Schmalseite aus zugänglich ist. Der heutige Kellerabgang wurde im späten 18. Jahrhundert verändert. In dem Obergeschoss, erschlossen über einen Mittelgang, befanden sich die Räume für den Rebmann, Verwaltungsräume und Räume für die Rebleute. Das Dachwerk besitzt einen zweifach liegenden Stuhl mit einem einfach liegenden Stuhl in der Mittellängsachse.

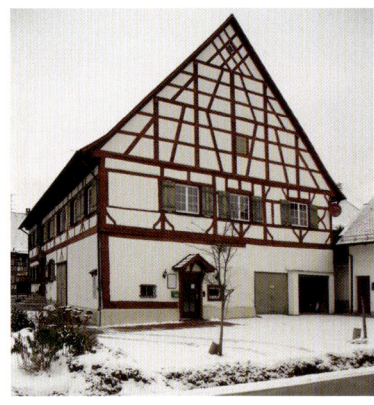

Abb. 173: Bermatingen, Tafernwirtshaus: Ansicht von Osten

170

Die Wohn- und Verwaltungsräume sind mit einfachen gezogenen Stuckdecken aus der Erbauungszeit ausgestattet. Die Grundkonzeption des Gebäudes ist dem gut 100 Jahre älteren Hofmeistereigebäude in Schloss Kirchberg eng verwandt.

Lit.: Sachs 1985, S. 285.

Torkelscheuer – Jägerstraße 10

(Abb. 175, 176) Der Scheuer besteht aus einem fünfzonigen Scheunengebäude aus dem 18. Jahrhundert und wurde für den Salemer Torkel errichtet. Es hat ein Dachwerk mit zweifachem liegenden Stuhl und außermittig angeordnetem Hängewerk. Im östlichen Bereich ist eine Torkelstube eingebaut. Das Gebäude wurde mehrfach verändert. Ursprünglich befand sich die Ein- bzw. Durchfahrt in der mittleren Zone. Die rückwärtige Durchfahrtsöffnung wurde später geschlossen. Die südliche Durchfahrtsöffnung wurde später verkleinert und an ihrer Stelle wurde im 19. Jahrhundert in der zweiten Zone von Westen eine neue, hohe Einfahrt unter Verwendung älterer Bauteile eingebaut.

Lit.: Sachs 1985, S. 285.

Der Apfelhof – Heidbühlstraße 1

Der Apfelhof zählte zu den Salemer Leiblehen. Der heutige Bau (Abb. 177) stammt aus dem 18. Jahrhundert. Der Giebel des Wohnteils und Teile des Ökonomiegebäudes wurden erneuert.

Lit.: Klöster, Stifte 2004, S. 7 f.; Sachs 1985, S. 287 f.; Staiger 1863, S. 222.

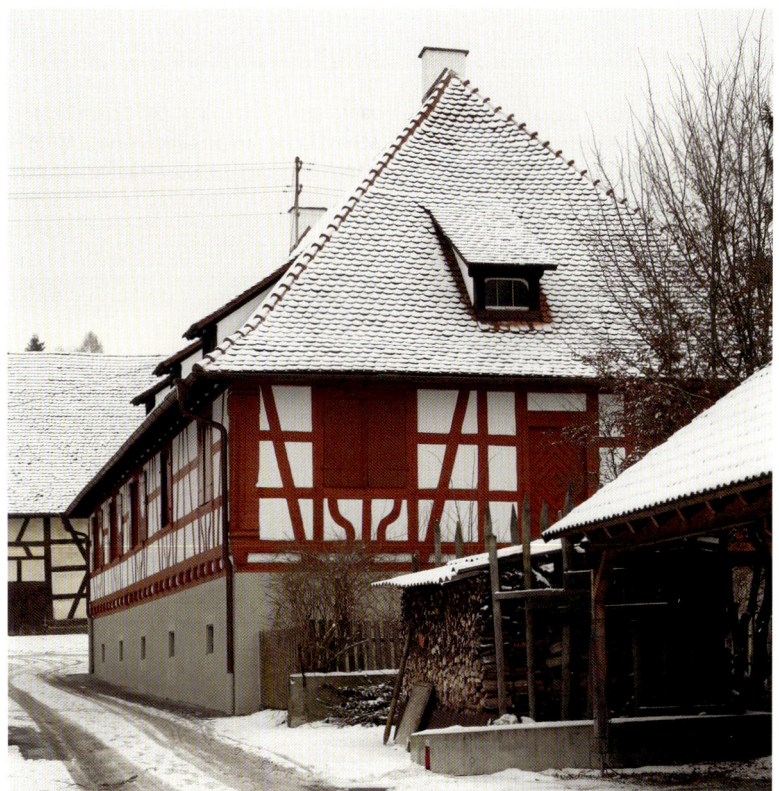

Abb. 174: Bermatingen, Jägerhof: Ansicht von Süden

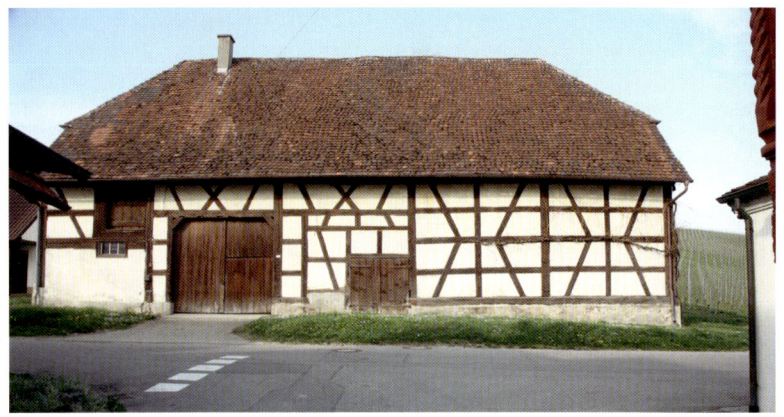

Abb. 175: Bermatingen, Torkelscheuer: Ansicht von Süden

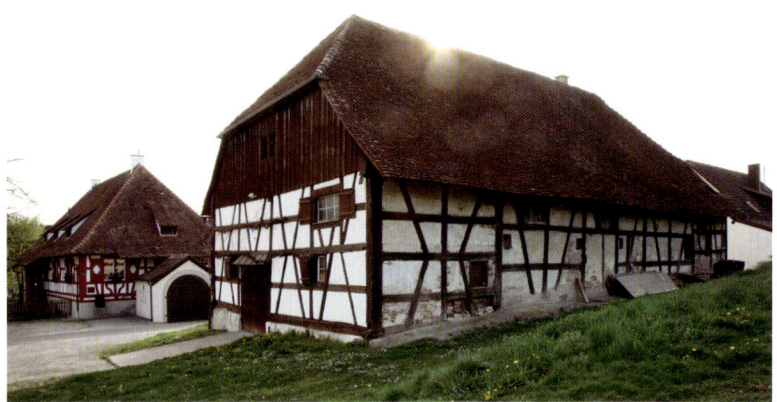

Abb. 176: Bermatingen, Torkelscheuer und Jägerhof von Nordost

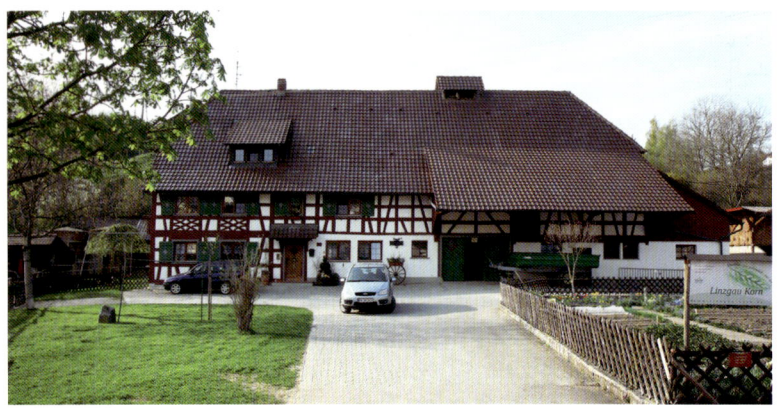

Abb. 177: Bermatingen, Apfelhof

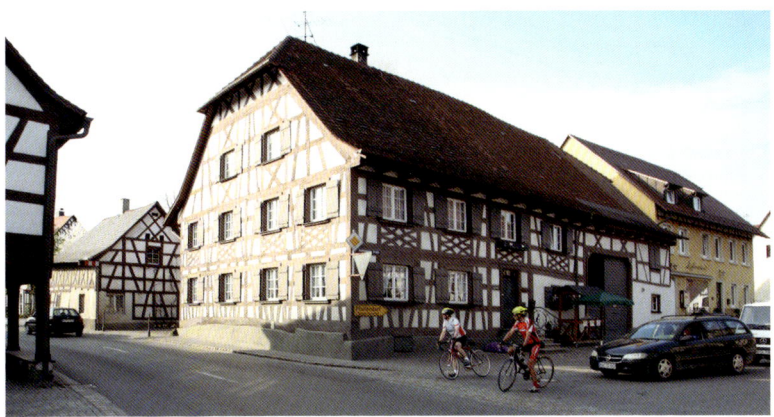

Abb. 178: Bermatingen, Schlehenhof

Der Schlehenhof – Autenweilerstr. 1

Der dem Rathaus gegenüberliegende fünfzonige Schlehenhof (Abb. 178) wurde 1791 neu erbaut. Besonders deutlich wird hier die unterschiedlich reiche Durchbildung des Fachwerks am Wohnteil und im Tennen- und Scheunenbereich.

Lit.: Klöster, Stifte 2004, S. 8 f.; Krins 1979, S. 153 f.; Sachs 1985, S. 286.

Das Badhaus (Heidelbeere) – Heidbühlstr. 9

(Abb. 179) Die Bermatinger Badestube wird 1419 erstmals genannt, als Salem das Gut Graf Wilhelm von Montfort und Ritter Wilhelm von Knöringen abkaufte. 1512 wurde sie nochmals erwähnt. Später war das Gut an die Bader des Orts vergeben. Die überwölbte Badestube mit dem Ofen zur Beheizung des Raums und des Wassers lag sich im Erdgeschoss des Gebäudes.

Lit.: Klöster, Stifte 2004, S. 12 f.; Staiger 1863, S. 223.

Die ehem. Mühle (Amarille) – Heidbühlstr. 16

(Abb. 180) Der heutige Bau mit massivem Erd- und Obergeschoss in Fachwerkbauweise und Vollwalmdach wurde 1784 an Stelle eines bachaufwärts gelegenen Vorgängerbaus errichtet. Die Mühle ist erstmals 1414 bezeugt.

Lit.: Klöster, Stifte 2004, S. 14 f.; Sachs 1985, S. 288; Staiger 1863, S. 200.

Beuren

Pfarrkirche St. Ulrich

Die Pfarrkirche von Beuren war bis 1840 Filialkirche von Weildorf. 1360 wird erstmals eine eigene Kaplanei in Beuren erwähnt. Die alte Kapelle wurde im 19. Jahrhundert erheblich vergrößert und mit einer neugotischen Ausstattung versehen (Abb. 181). Die letzte Renovierung erfolgte 2003. An der Nordwand des Chors befindet sich ein Epitaph für den Beurener Kaplan Martin Nunnenmacher († 1631).

Im Dachreiter der Kirche hängt noch eine Glocke aus der Klosterzeit. Sie wurde 1738 von Leonard Rosenlecher in Konstanz gegossen.

Lit.: Glockenatlas, Baden, S. 163; Nicola 2004, S. 12 ff.

Birkenweiler

Ehemaliger Lehenhof des Klosters, der im 19. Jahrhundert in mehrere Hofstellen geteilt wurde.

Lit.: Staiger 1863, S. 298 f.

Bremgarten

Ehemaliges Lehengut. Das heutige eingeschossige Gebäude mit Vollwalmdach

(Abb. 182) wohl aus der Mitte des 18. Jahrhunderts, dürfte der Torkel mit Hofstelle sein, der im 18. Jahrhundert für den mittleren Bremgarten bezeugt ist. Die Flur war im 18. Jahrhundert in den vorderen, den mittleren und den hinteren Bremgarten unterteilt.

Lit.: Staiger 1863, S. 310 f.

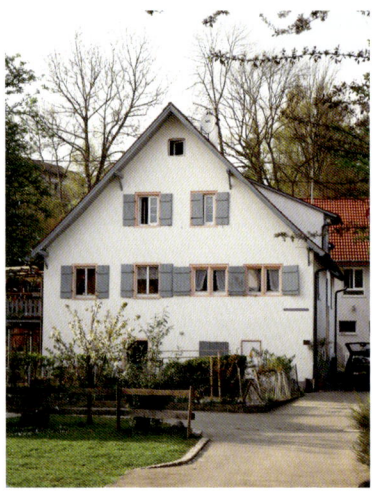
Abb. 179: Bermatingen, ehem. Badhaus

Buggensegel

Zwischen 1184 und 1215 erhielt die Abtei erste Güter in Buggensegel durch Tausch und Schenkung von den Herren von Markdorf und schließlich 1220 das Dorf von Konrad von Markdorf. Das Vogtrecht erkaufte Salem 1270 von den Grafen von Heiligenberg.

Die Lehengüter in Buggensegel trugen Namen nach Metallen: Eisen, Gold, Silber und Stahl.

Kapelle St. Laurentius und Margarethe
Die Kapelle von Buggensegel wird 1177 in einer Urkunde Papst Alexanders III. (1159–1181) als Filiale der Pfarrkirche von Leutkirch genannt. 1183 wird dies von Papst Luzius III. (1181–1185) bestätigt.

Sie besteht aus einem einfachen Saalbau mit rechteckigem Chor und einem Turm nördlich des Chors (Abb. 183). Das Langhaus stammt vermutlich aus der Zeit um 1300, wurde jedoch mehrfach umgebaut. Im Altarraum befinden sich Reste von Wandmalereien aus der Zeit um 1500, die bereits Bezug auf das Rechteckfenster an der Ostseite nehmen. Das Fenster südlich des Altars und der heutige Zugang

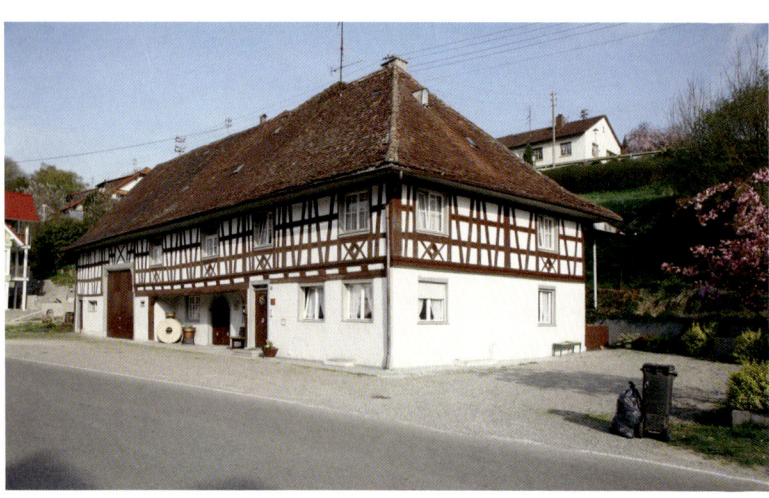
Abb. 180: Bermatingen, ehem. Mühle

174

sind der Erneuerung der Kapelle im späteren 19. Jahrhundert zuzuweisen. Der ursprüngliche Bau wurde aus Wacken errichtet. Das heutige Dachwerk mit zweifach liegendem Stuhl stammt aus dem 18. Jahrhundert. Reste der Dachdeckung des Vorgängerdachs aus großformatigen Flachziegel (Abb. 93) wurden in den erneuerten Giebeln verbaut.

Die Raumschale aus dem frühen 20. Jahrhundert wurde 1981/82 wiederhergestellt. Von der alten Ausstattung blieben Reste eines spätgotischen Retabels erhalten, die heute in ein neugotisches Altarretabel integriert sind (Abb. 185). Auf den Innenflügeln ist die Verkündigung an Maria zu sehen, wobei die linke Tafel mit dem Engel (ursprünglich Außentafel?, 1845 restauriert) dem Originalbestand zuzurechnen ist, während die rechte Tafel aus dem 19. Jahrhundert stammt. Ein neugotischer Schrein, wohl von der Kunstwerkstätte Marmon in Sigmaringen, umschließt die drei Skulpturen aus der Zeit um 1500: Mutter Gottes mit Kind und die hll. Laurentius und Margaretha.

Im Turmuntergeschoss befindet sich die Sakristei mit einem Altar an der Westwand. Dieses Untergeschoss ist vielleicht älter als die Kirche. Die Turmobergeschosse sind aus jüngerer Zeit. Der Fachwerkaufsatz wurde im 20. Jahrhundert erneuert. Von den beiden im Turm hängenden Glocken stammt die ältere noch aus der Zeit vor der Säkularisation. Sie wurde 1598 von Leonhart (I) Ernst in Lindau gegossen.

Lit: Glockenatlas, Baden, S. 164 f.; Staiger 1863, S. 308 f.; Nicola 2004, S. 32 ff.

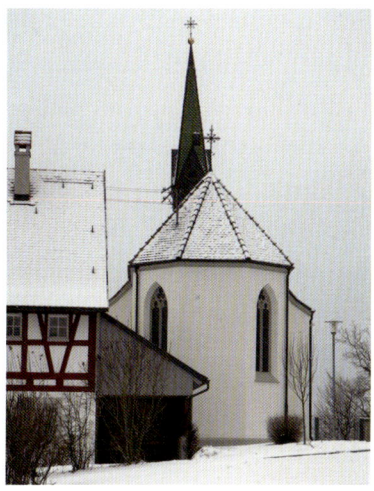

Abb. 181: Beuren, Filaikirche St. Ulrich: Ansicht von Osten

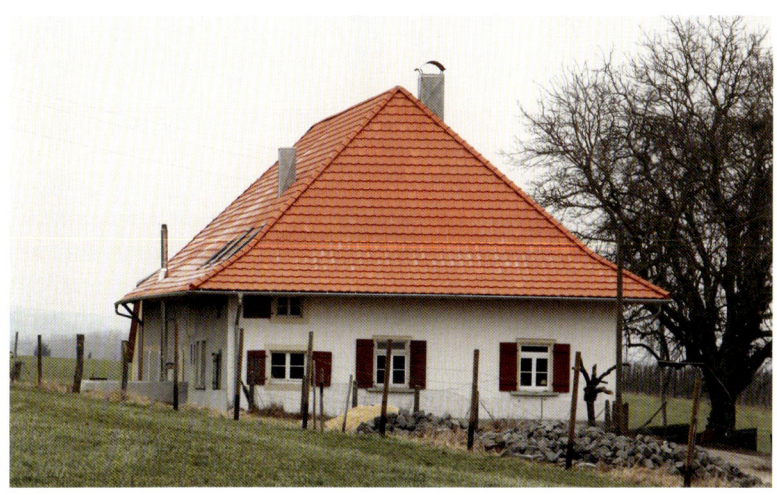

Abb. 182: Bremgarten

175

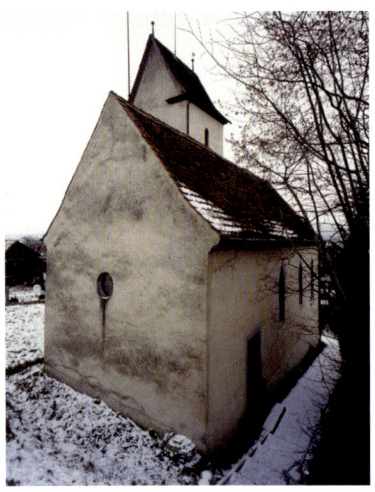

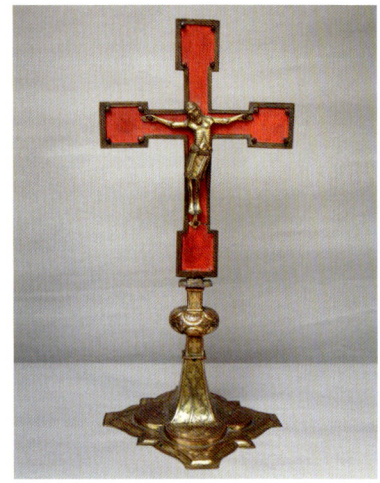

Abb. 183: Buggensegel, Kapelle St. Laurentius und Margaretha: Ansicht von Südwest

Abb. 184: Buggensegel, Kapelle St. Laurentius und Margaretha: Vortragekreuz

Ehem. Mühle – Bugostr. 1

Das mehrgeschossige Gebäude wurde nach Staiger 1810 neu errichtet und im letzten Jahrhundert umgestaltet (Abb. 186).

Lit.: Sachs 1985, S. 262; Staiger 1863, S. 307.

Ehem. Sägemühle

Neben der großen Mühle gab es in Buggensegel eine Sägemühle, zu der sich der Entwurf aus dem Jahr 1789 erhalten hat. Das dreiseitig offene Gebäude dieser Säge steht noch.

Egg

Klause

Die Klause Egg, unterhalb des Schlosses Heiligenberg und auf Heiligenberger Gebiet gelegen, war dem Kloster 1277/78 von dem Einsiedler Bruder Heinrich in der Egge gestiftet worden. 1637 richtete Salem hier eine Meierei ein. Der heutige Bau dürfte auf das späte 17. oder frühe 18. Jahrhundert zurückgehen. Der Ädikulaaltar in der Kapelle ist noch ganz dem Formenrepertoire des 17. Jahrhunderts verpflichtet. Das wohl ebenfalls aus dem 17. Jahrhundert stammende Altarblatt zeigt die Taufe Christi im Jordan.

Auf dem Dachreiter hängt eine 1782 von Felix (I) Koch in Salem gegossene Glocke mit dem Wappen von Abt Robert Schlecht (1778–1802).

Lit.: Glockenatlas, Baden, S. 171.

Forst

Forst zählte zum Stiftungsgut des Klosters, das hier eine Grangie einrichtete. Staiger berichtet, dass in dem Gewann Rinderstelle nordwestlich von Forst zahlreiche menschliche Knochen und Waffenreste sowie Bruchstücke von Backsteinen gefunden worden seien. Staiger vermutete daher an dieser Stelle die erste Ziegelhütte des Klosters. Im Bereich der Grangie Forst befinden sich auch die meisten Quellen für die Trinkwasserversorgung des Klosters.

Von der Grangie haben sich das zweigeschossige Hauptgebäude aus dem 18. Jahrhundert (Abb. 187) und eine 1733 datierte Scheune erhalten, an der ein von Joseph Anton Feuchtmayer geschaffenes Wappen von Abt Konstantin Miller angebracht ist.

176

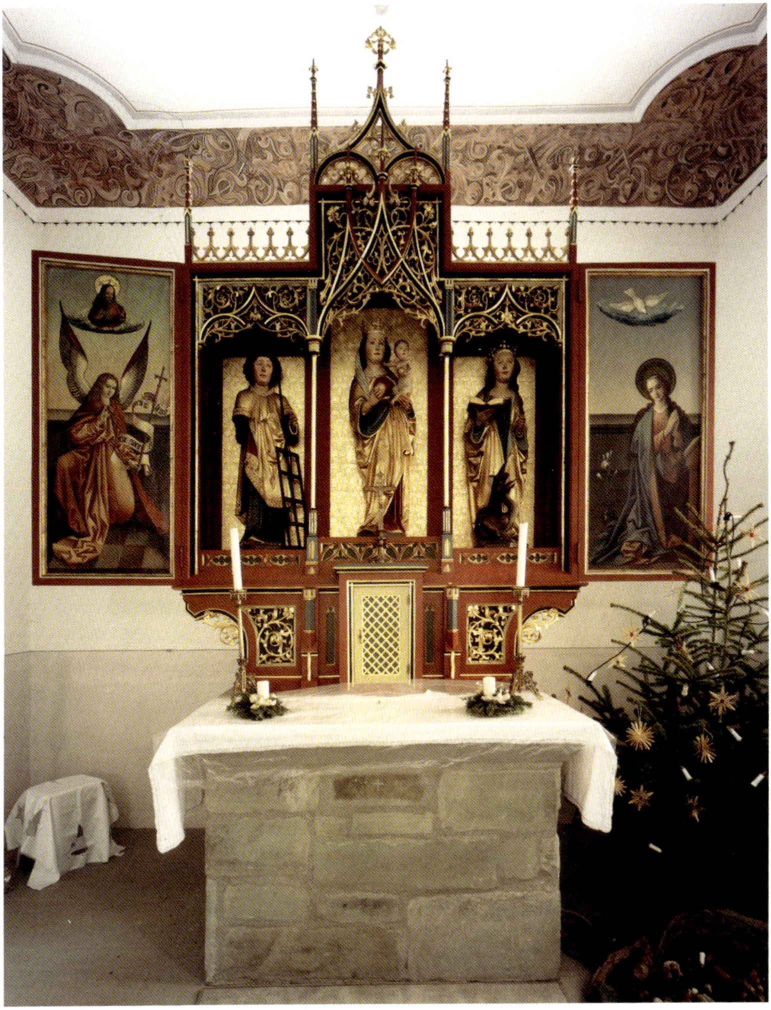

Abb. 185: Buggensegel, Kapelle St. Laurentius und Margaretha: Flügelaltar

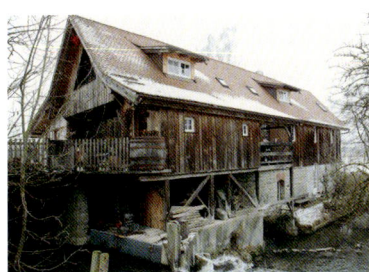

Abb. 186: Buggensegel, ehem. Sägemühle

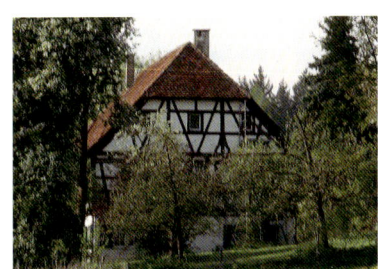

Abb. 187: Forst, Hauptgebäude der ehem. Grangie

Gebhardsweiler

Kapelle St. Nikolaus

Die Kapelle ist ein einfacher Saalbau mit drei Fensterachsen und dreiseitig geschlossenem, von einem Chorbogen abgetrenntem Chor. Am Rundbogenportal der Westseite befindet sich die Datierung 1719. Der Steinschnitt verweist darauf, dass es sich hier um ein 1719 überarbeitetes romanisches Portal handeln könnte.

Das Innere, mit einer zarten Stuckdecke aus der Bauzeit, ist den Arbeiten von Simon Bürkner, insbesondere der heute zerstörten Stuckdecke von 1717 in der alten Pfarrkirche von Mimmenhausen, nahestehend.

Der Altar mit achteckigen Medaillons, die die sieben Freuden und die sieben Schmerzen Mariens zeigen, stammt wohl noch aus der Mitte des 17. Jahrhunderts. Seitlich stehen die Holzskulpturen der

hll. Nikolaus und Pelagius (Abb. 188). Das Altarbild wurde im 19. Jahrhundert zumindest stark überarbeitet.

An der Nordseite des Chors befinden sich bauzeitliche Einbauschränke, vermutlich von dem Salemer Klosterschreiner Melchior Widmer (Abb. 189).

Lit.: Staiger 1863, S. 408 f.; Reiners MS.

Grasbeuren

Kapelle

Die Kapelle ist ein einfacher Saalbau mit polygonalem Abschluss. Das Dachwerk ist als zweifach liegender Stuhl ausgeführt. Über dem Westteil des Saals erhebt sich ein sechseckiger Dachreiter. Der heutige Kapellenbau wurde 1828 an Stelle eines älteren Vorgängerbaus errichtet und erhielt einen Altar aus der Salemer Leonhardskapelle, über den jedoch nichts mehr bekannt ist.

Lit.: Nicola 2004, S. 19 f.; Staiger 1863, S. 374 f.

Haberstenweiler

Der Weiler bestand im 18. Jahrhundert aus den beiden Lehenhöfen Stiefel und Zange sowie zwei Sölden. Die ehemals hier vorhandene Kapelle war bereits in der Mitte des 19. Jahrhunderts abgebrochen.

Das Gebäude Haberstenweiler Nr. 4 ist ein Wohnspeicher aus der Mitte des 18. Jahrhunderts (Abb. 190).

Lit.: Loch 1953, S. 175 ff.; Staiger 1863, S. 298.

Hallendorf

Zwischen 1191 und 1215 erwarb das Kloster ein Gut durch Kauf von Heinrich von Heidegg. Vor 1222 übertrug Walter von Vaz Zehntrechte an Hallendorf an die Abtei. Weitere Zehntrechte kamen bis zum frühen 14. Jahrhundert an Salem. Bis 1802 gab es in Hallendorf zwei große Lehenhöfe. Bei dem oberen Hof (Schlüssel)

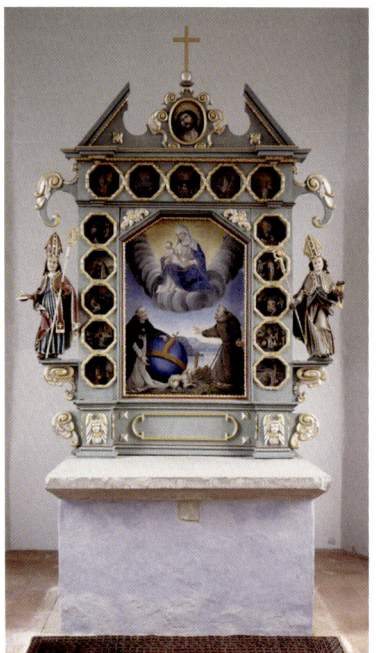

Abb. 188: Gebhardsweiler, Kapelle: Altar

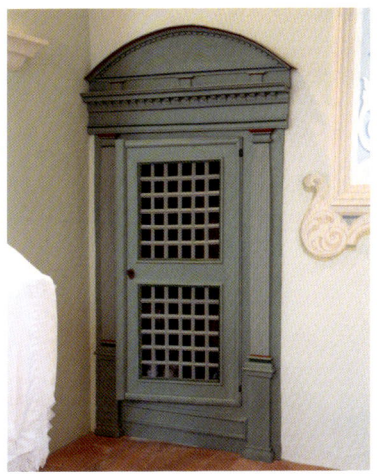

Abb. 189: Gebhardsweiler, Kapelle: Sakristeischrank

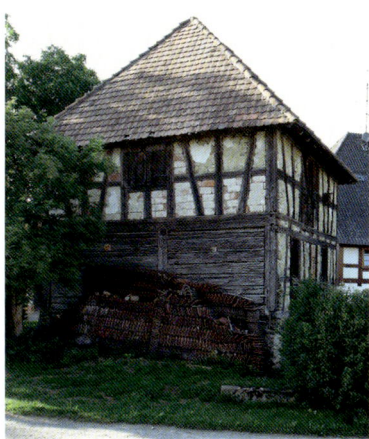

Abb. 190: Haberstenweiler, Speicher

stand an der Stelle des späteren Waschhauses eine Kapelle. Beim unteren Hof erwähnt Staiger noch einen großen gewölbten Keller. Die heutige Bausubstanz der Höfe stammt zumeist aus dem 19. und 20. Jahrhundert.

Lit.: Staiger 1863, S. 410 f.

Killenberg

Der Killenberg bzw. das Killengut zählt zu den ältesten Gütern der Abtei. Im 15. und 16. Jahrhundert befand sich auf dem Killenberg ein Lustgebäude der Abtei, das Abt Johannes III. Fischer (1534–1543) 1541 erneuern ließ. In einer Güterbeschreibung von 1703 wird das Killengut wie folgt beschrieben: „ein vierkärige Behausung, darunter ein gewölbter Keller, Scheur, Stallung, ein alt abgegangenes Waschhäuslein, ein abgebrante oder lehre hofstatt, worauf vor diesem ein Lusthaus gestanden, item ein aufgemauerter Schopf mit Kraut- und Baumgarten, Hanflandt sambt ¼ Jauchert Akkers, alles bey- und aneinander in einer insul Killenberg genant ringsherumb im weyher gelegen." Das Lusthaus von Abt Johan-

nes III. dürfte während des Dreißigjährigen Kriegs zerstört und nicht wieder aufgebaut worden sein.

Als Joseph Anton Feuchtmayer 1721 das Killengut als Leiblehen übernahm, musste er sich verpflichten, an Stelle des baufälligen Lehenhofs ein neues Gut mit einem Rekreationsraum für die Mitglieder des Salemer Konvents zu bauen. Mit dem Lehen war eine Schankgerechtigkeit verbunden, die Feuchtmayer dann auch nutzte. Die Folge waren Streitigkeiten mit dem Wirt von Mimmenhausen, der hierin eine Schädigung seines Geschäfts sah. Für den Fischer und seine Frau musste Feuchtmayer 500 fl. Verpfründungsgelder bezahlen, von denen ihm 100 fl. als Baubeitrag des Klosters erlassen wurden. Der Neubau Feuchtmayers ist nicht erhalten. Nach seinem Tod fiel das Gut wieder an das Kloster. Abt Robert Schlecht (1778–1802) ließ hier 1792 ein neues Forsthaus bauen (Abb. 191). Zur Versorgung des Guts gab es auf der Insel zwei Brunnen.

Kapelle

Einfacher Saalbau mit polygonal geschlossenem Chor von 1489 (Abb. 192–195). Unter dem östlichen Teil der Kapelle

179

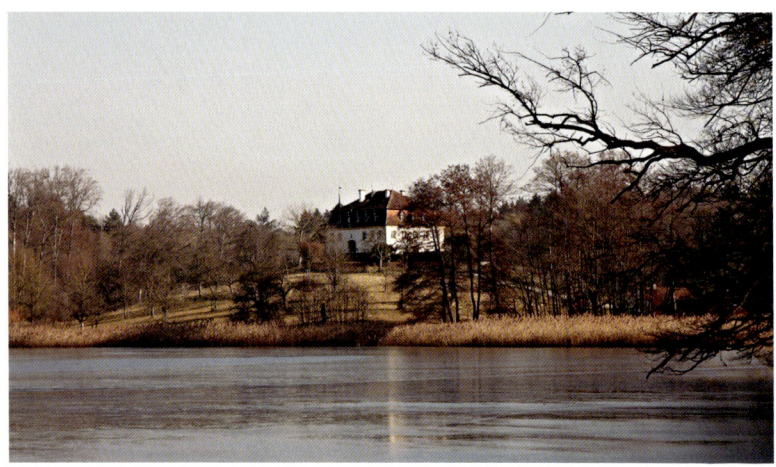

Abb. 191: Killenweiher

befindet sich ein gewölbter Raum. 1595 erfolgte eine erste Renovierung der Kapelle, bei der sie den in Backstein aufgemauerten Westgiebel und vermutlich auch ein neues Dachwerk erhielt. Aus dieser Zeit könnten auch die wenigen Malereifragmente stammen. Vielleicht handelte es sich um einen Apostelzyklus, vergleichbar den in der Kapelle auf dem Frauenberg freigelegten Fragmenten eines Apostelzyklus. Zwischen 1595 und dem Dreißigjährigen Krieg soll die Kapelle als Wallfahrtskapelle besucht worden sein. 1804 wurde sie entweiht.

Der am 25. Juli 1676 von Abt Anselm I. Muotelsee (1664–1680) geweihte Altar wurde 1852 nach Hepbach verkauft, die Paramente 1840 an die Pfarrkirche Mimmenhausen abgegeben.

Lit.: Knapp 1996, S. 23; Sachs 1985, S. 265; Staiger 1863, S. 376 ff.

Kirchberg

Die ersten Güter und Vogteirechte an Kirchberg erwarb Salem 1288 von der Abtei Kempten. In der Folge richtete Salem hier eine Grangie ein. Spätestens im ausgehenden 16. Jahrhundert erbauten die Äbte von Salem hier ein Lustschloss, dessen Grundriss in einer Zeichnung aus dem 18. Jahrhundert überliefert ist. Die Grundmauern dieses Gebäudes blieben im Untergeschoss des östlichen Teils des heutigen Südflügels erhalten (Abb. 41). Eine 1726 angefertigte Skizze über die Kirchberger Markung gibt weitere Informationen zur Geschichte des Schlosses und der zugehörigen Infrastruktur. So wurde vermerkt, dass das Seeufer ständig abbrach und die Uferlinie so dauernd zurückwich. Noch 1767 war dieses Problem überaus virulent und es wurde in der Folge von Johannes Kocher die im Kern bis heute bestehende Ufermauer erbaut. Die Skizze 1726 verzeichnet in einiger Entfernung vom Ufer eine Stelle im See, die als „Stein wabey vor altem ein Fischerhauß gestanden vor 100 Jahren aber oder anno 1606 noch ein garten und vihl nußbaum" beschrieben wird. Am südöstlichen, vom Miesbach begrenzten Bereich der Markung ist auf der Skizze vermerkt, dass der See hier in den letzten 20 Jahren vieles „abgerissen" habe.

Die heutige Anlage von Schloss Kirchberg besteht aus dem zweiflügeligen Schlossbau, dem Wirtshaus sowie einer Folge von Nebengebäuden entlang der

180

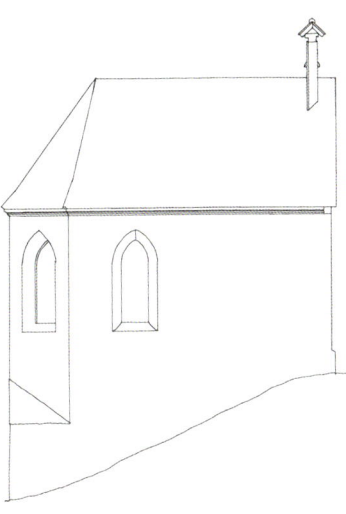

Abb. 192: Killenberg, Kapelle: Nordansicht.
M 1:200

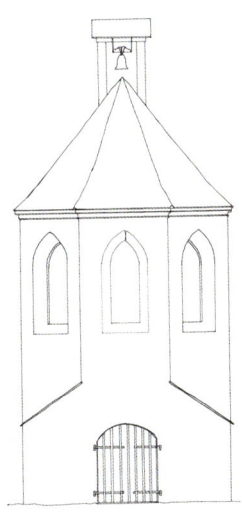

Abb. 193: Killenberg, Kapelle: Ostansicht
M 1:200

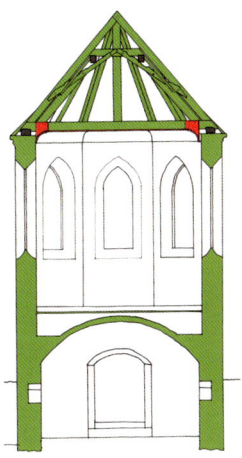

Abb. 194: Killenberg, Kapelle: Querschnitt.
M 1:200

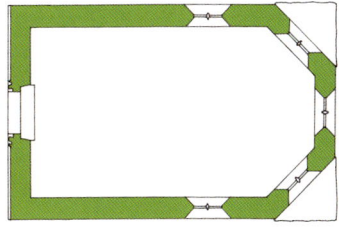

Abb. 195: Killenberg, Kapelle: Grundriss des
Obergeschosses. M 1:200

Nordumgrenzung des Schlossbezirks. Der Südflügel des Schlosses umfasst in der östlichen Hälfte Teile des Schlosses aus dem 16. Jahrhundert. 1740 wurde ein weitreichender Um- und Erweiterungsbau des Schlosses geplant und ab 1741 durch Lorenz Rüscher ausgeführt. Die Stuck- und Bildhauerarbeiten lieferte die Mimmenhausener Werkstatt von Joseph Anton

Feuchtmayer. 1775 wurde das Schloss um den heutigen Ostflügel (Abb. 197) nach Entwürfen von Johann Joachim Scholl erweitert. Die Innenausstattung ging in wesentlichen Teilen auf Entwürfe von Johann Georg Dirr und Johann Georg Wieland zurück. Im 19. Jahrhundert wurden die Innenräume des Schlosses erheblich umgestaltet und der Südflügel um ein weiteres

Geschoss erhöht. In dem Zwickel zwischen dem Süd- und dem Ostflügel wurde eine neue Kapelle eingebaut.

Im Zentrum der Anlage befindet sich das ab 1604 errichtete Hofmeistergebäude. Das gesamte Untergeschoss wird von einem großen, mit einer Backsteintonne überwölbten Keller eingenommen, der über den Kellerabgang an der Ostseite von außen zugänglich ist. Über dem massiven Kellergeschoss befinden sich zwei Obergeschosse, das untere ebenfalls massiv gebaut, das obere in Fachwerkbauweise (Abb. 198). Im ersten Stock befand sich im östlichen Teil die Gaststube. Im Inneren sind noch Teile der alten Raumausstattung erhalten. Das Dachwerk aus dem frühen 17. Jahrhundert wurde als zweifach liegender Stuhl ausgeführt. Die Maurerarbeiten führte Konrad Rüster aus der Weitenau aus, die Steinmetzarbeiten lieferte Hans Brielmayer aus Überlingen und die Zimmerarbeiten hatte Johan Hiltensperger übernommen. Ab 1739 erfolgte ein grundlegender Umbau des Hofmeistergebäudes

durch den Mimmenhausener Maurermeister Lorenz Rüscher.

Das mit Staffelgiebeln versehene Gebäude nördlich des Osttors soll auf einen Neubau von 1541 zurückgehen und wurde im 18. Jahrhundert umgestaltet. Nach Westen schließen sich zahlreiche Nebengebäude, Scheuern, Tennen und vermutlich auch die Räume für den Torkel an.

Die alte, 1832 abgebrochene Kapelle stand in dem Hofraum zwischen dem Hofmeistergebäude und dem Südflügel des Schlosses. Von der Ausstattung gelangten zwei Altäre aus der Werkstatt von Johann Georg Wieland in die Pfarrkirche von Sauldorf. Auch die Mutter Gottes vom Siege, vielleicht von Joseph Anton Feuchtmayer (Abb. 164), in der Bermatinger Pfarrkirche soll aus der Schlosskapelle stammen.

Vor dem östlichen Uferabschnitt der zu Schloss Kirchberg gehörenden Markung steht ein kleiner Rundpavillon über einem geböschten, rechteckigen Sockel. Für dieses Lustgebäude fertigte Johann Georg

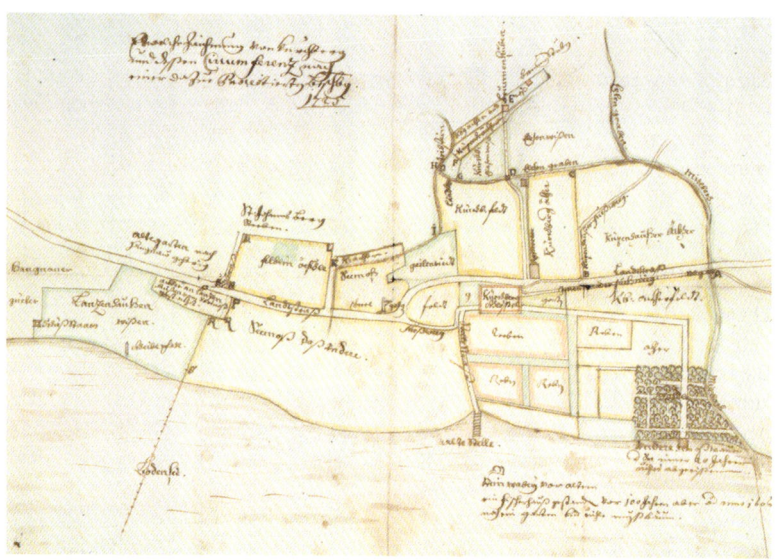

Abb. 196: Kirchberg, Lageplan des Schlosses und der zugehörigen Güter aus dem Jahr 1726. GLA Karlsruhe H Kirchberg 1

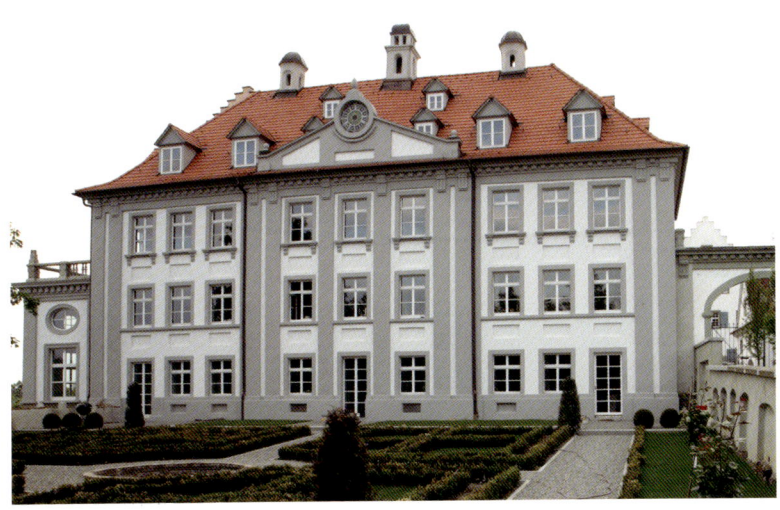

Abb. 197: Kirchberg, Schloss: Ansicht des 1775 neu errichteten Ostflügels

Dirr ab 1775 Stuckarbeiten. Im 19. Jahrhundert wurde der Pavillon abermals umgestaltet.

Lit.: Knapp 1995 S. 324 ff.; Knapp 1998.

Leutkirch

Um 1209/1210 schenkte Graf Manegold von Rohrdorf, ein Bruder des damaligen Salemer Abts Eberhard I. von Rohrdorf (1191–1240), der Zisterzienserabtei das Dorf und die Kirche von Leutkirch. 1353 wurde die Kirche der Abtei inkorporiert und 1396 wurde dieser gestattet, den Pfarrdienst in Leutkirch durch einen Mönch des Klosters versehen zu lassen.

Ehem. Pfarrkirche St. Maria, Peter und Paul

Die Pfarrkirche von Leutkirch gilt als Urkirche des Linzgaus (Abb. 199, 200). Bis heute haben sich von einem Bau aus dem 12. Jahrhundert Reste der Langhausnordwand und der Chornordwand erhalten. Das regelmäßige Wackenmauerwerk besitzt einen Kellenstrich (pietra rasa) und dürfte ursprünglich nicht überschlämmt gewesen sein, wie die Befunde

an der heute durch den jüngeren Turm verdeckten Chornordwand (Abb. 43) nahe legen. Die hochgelegenen Rundbogenfenster besaßen angeputzte Rahmen im Bereich der Fensterbögen, die farbig abgesetzt waren (Abb. 44). Von dem Dachwerk des Chors hat sich auch noch das Fragment einer Mauerlatte erhalten. Der Sparrenabstand des Chordachs betrug etwa 1 m. An der Nordseite der romanischen Chorwand haben sich Putzflächen mit Resten einer Wandmalerei erhalten (Abb. 45).

Vermutlich bereits vor dem Bau des spätgotischen Chors wurde der Turm, bzw. die unteren Turmgeschosse an der Chornordseite unter Beibehaltung der Nordwand des romanischen Chors angefügt. Darauf verweist die im Dachraum des Chors erhalten gebliebene Wasserablaufrinne an der Südwand des Turms (Abb. 201). Diese Rinne liegt nur wenig über der Mauerkrone des spätgotischen Chorneubaus und kann damit mit einem Dachwerk über diesem Neubau nicht in Verbindung gebracht werden, wohl aber mit einem Dachwerk, das auf der erhalten gebliebenen nördlichen Mauerlatte des romanischen Chors auflag. Das überwölb-

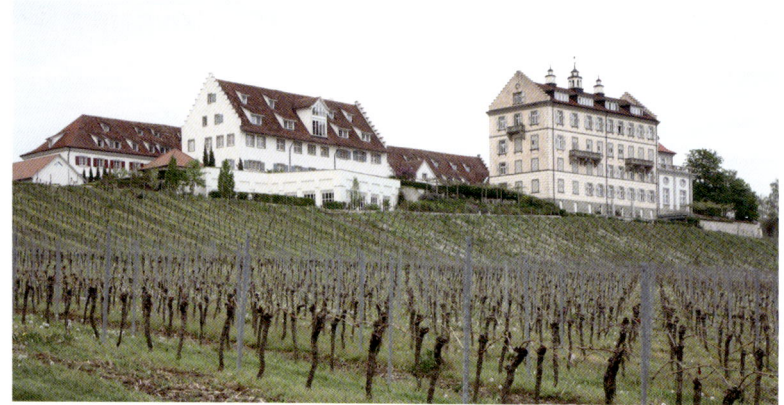

Abb. 198: Kirchberg, Schloss: Ansicht von Südwesten. In der Bildmitte das Hofmeistergebäude aus dem frühen 17. Jahrhundert; rechts der im 19. Jahrhundert veränderte Südflügel des Schlossgebäudes

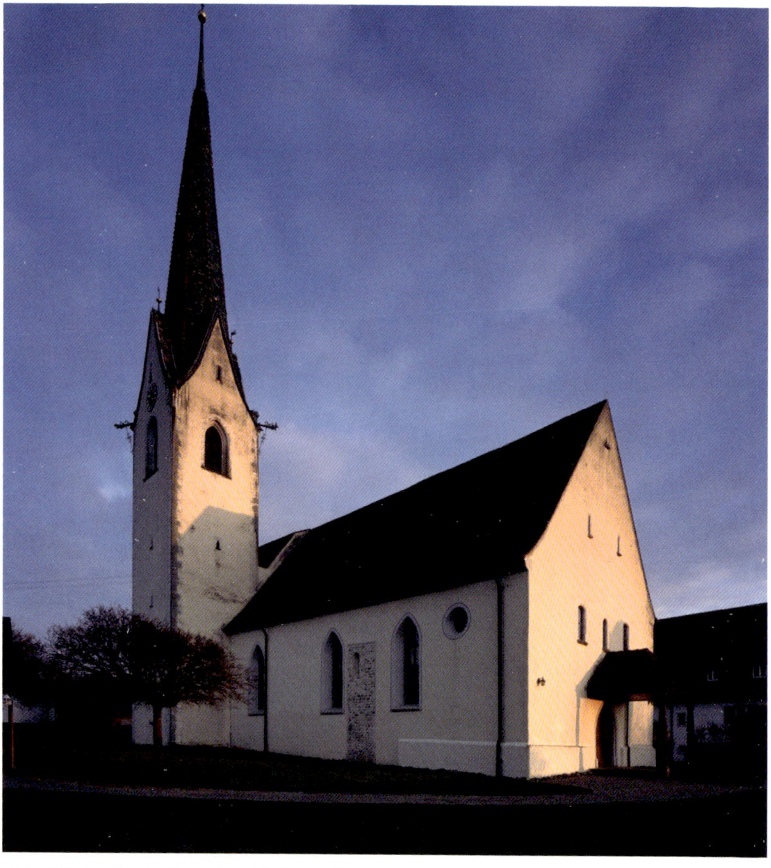

Abb. 199: Leutkirch, ehem. Pfarrkirche St. Mariae Himmelfahrt: Ansicht von Nordwesten

184

te Erdgeschoss des Turms war als Sakristei eingerichtet. Der Turmzugang mit einem spitzbogigen Außengewände lag an der Südseite des ersten Obergeschosses und wurde aus dem romanischen Wackenmauerwerk ausgebrochen (Abb. 202).

Um 1430 wurde der heutige weite Rechteckchor angebaut. Die Steinmetzzeichen an den Fenstergewänden belegen enge Zusammenhänge zu der Bauhütte am Konstanzer Münster. Die in Leutkirch tätigen Steinmetzen lassen sich auch am Konstanzer Münsterchor nachweisen, der um 1430 umgebaut wurde. Der Chor wurde an der Ostseite durch ein, an der Südseite von zwei und an der Nordseite von einem Fenster belichtet. Von den beiden östlichen Fenstern der Längsseiten sind nach der barocken Umgestaltung noch Teile der Fenstergewände erhalten, während das später vermauerte südwestliche Chorfenster in der Vermauerung nahezu vollständig erhalten blieb. Die sorgfältige Ausbildung der Südwestecke des Chors mit großformatigen Quadern belegt, dass der Chor das Langhaus für längere Zeit deutlich überragt und einen eigenen gemauerten Westgiebel besessen hat.

Deutlich jünger ist die Erweiterung des Langhauses. Die Formen des Westportals verweisen in die Zeit um 1500. Über dem Langhaus hat sich ein frühneuzeitliches

Dachwerk mit zweifach liegendem Stuhl erhalten (Abb. 75). Das Dachwerk (1530 d?) ist überwiegend in Nadelholz abgezimmert. Nur die bohlenstarken Kopfbänder bestehen aus Eiche. An der Südostecke des Langhauses hat sich der Rest einer Mauerkronenabdeckung aus Hohlziegeln erhalten. Im Ostgiebel des Langhauses wurden große Mengen von zerschlagenen, großformatigen Flachziegeln, vergleichbar den vom Salemer Münster bekannten Ziegeln, sowie Reste von zugehörigen Ortgangziegeln verbaut.

Vielleicht in Zusammenhang mit der Erweiterung des Langhauses wurde auch der Turm bis auf seine jetzige Höhe aufgestockt. Das heutige Turmdachwerk ist eine Eisenkonstruktion aus dem späten 19. Jahrhundert. Aus dieser Zeit stammt auch der Kernbestand der grün lasierten Ziegel. Die Reste der frühmittelalterlichen Turmeindeckung (Abb. 95) belegt, dass der Turmhelm ursprünglich eine mehrfarbige Dacheindeckung besessen hat.

Im Glockenstuhl des Turms hängt heute nur noch eine historische Glocke, die von Franz Anton Grieshaber im Jahr 1757 (bei Staiger mit Gussjahr 1654 beschrieben) gegossen wurde. Staiger erwähnt weiter eine mittlere Glocke des Salemer Glockengießers Felix Koch aus dem Jahr 1825, die heute verschollen ist. Die Glocken von 1861 wurden eingeschmolzen. An ihrer

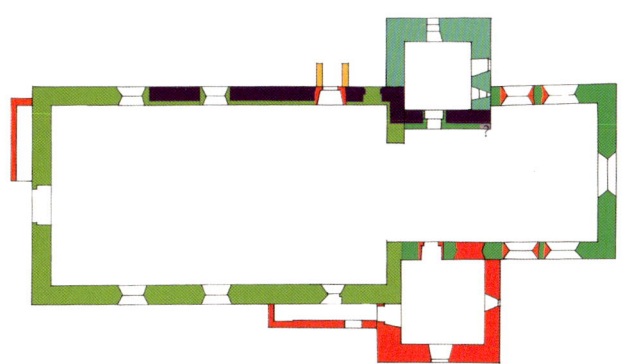

Abb. 200: Leutkirch, ehem. Pfarrkirche St. Mariae Himmelfahrt: Baulatersplan. M 1:400

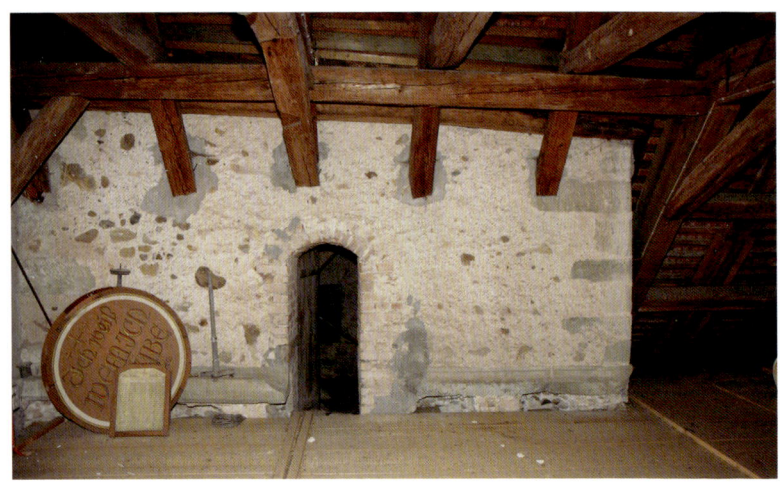

Abb. 201: Leutkirch, ehem. Pfarrkirche St. Mariae Himmelfahrt:Südseite des Turms mit den Ansatzspuren des älteren Chordaches und der Wasserablaufrinne, die sich auf dieses Chordach bezieht

Stelle befinden sich heute eine kleine Glocke von 1928 und zwei Glocken von 1953.

Wohl bereits um 1600 wurde an der Südseite des Chors eine neue Sakristei angebaut; zumindest verweisen die Konstruktionsdetails der alten Dachstuhlkonstruktion über der Sakristei in diese Zeit. Im 18. Jahrhundert ließ Abt Konstantin Miller (1725–1745) die Kirche modernisieren. Am Ostfenster des Chors wurde das Maßwerk ausgeschlagen und seitlich wurden zwei hochliegende Rundfenster eingebrochen. Die Seitenwände erhielten unter Wiederverwendung von Teilen den spätgotischen Fenster Doppelgruppen von Rundbogenfenstern. Gleichzeitig erhielt der Chor ein neues Dachwerk, einen zweifach liegenden Stuhl (Abb. 79). Auch die Spitze des Ostgiebels wurde in dieser Zeit erneuert. Die heutige Raumschale und der heutige Zustand der Ausstattung (Abb. 203) gehen auf eine Renovierung durch die Gebrüder Mezger im Jahr 1903 zurück. Damals dürften auch die von Staiger noch erwähnten Stuckdecken im Chor und im Langhaus beseitigt worden sein.

Der 1903 umgestaltete Hochaltar könnte der Erneuerung unter Abt Konstantin angehören. Das Hauptbild zeigt die Himmelfahrt Mariens, das Auszugsbild Mariä Verkündigung. Auf dem Hauptgebälk befinden sich Holzskulpturen König Salomos und König Davids, deren Herkunft unsicher ist. Wohl von derselben Hand sind die beiden großen Skulpturen der Apostel Petrus und Paulus an der Ostwand – sie standen ursprünglich auf den ebenfalls beseitigten seitlichen Durchgängen zu dem hinter dem Hochaltar befindlichen Beichtstuhl.

An den Seitenwänden des Chors stehen heute auf hochliegenden Konsolen zwei Skulpturen von Hans Christoph Schenk aus dem Jahr 1632: Maria Zebedäi und Maria Magdalena vom Kreuzaltar des Salemer Münsters. An den Wänden befinden sich die Epitaphien für den Leutkircher Pfarrer Dominikus Winkler († 1753) und die Pfarrvikare Christian Nikolaus Maria Vogler († 1770) und Konrad Senft (1750–1802). Über dem Chorbogen ist das Brustbild Gottvaters angebracht, das Hans Ulrich Glöckler zugeschrieben wird.

Der nördliche Seitenaltar war eine Stiftung der Sebastiansbruderschaft an der Leutkircher Pfarrkirche aus dem Jahr

186

1736. In der Nische des Retabels befand sich eine Hans Ulrich Glöckler zugeschriebene Schutzmantelmadonna, die heute in der modernen Pfarrkirche von Neufrach ist. Der südliche Seitenaltar dürfte erst im 19. Jahrhundert in die Kirche gelangt sein. Das an ihm angebrachte Wappen ist kein Salemer Wappen, vielmehr dürfte es sich um das Wappen eines Petershausener Abts handeln.

Die mächtige Stuckmarmorkanzel an der Südseite des Langhauses ist wahrscheinlich von den um 1700 in Salem tätigen Stuckateuren und Marmorierern, insbesondere Caspar Buechmüller, geschaffen worden. Der Zugang zur Kanzel erfolgt über eine überdachte Außentreppe, die eine Verbindung zur Sakristei hat. Die Apostelfolge an den Seitenwänden des Langhauses stammt aus der Mitte des 18. Jahrhunderts.

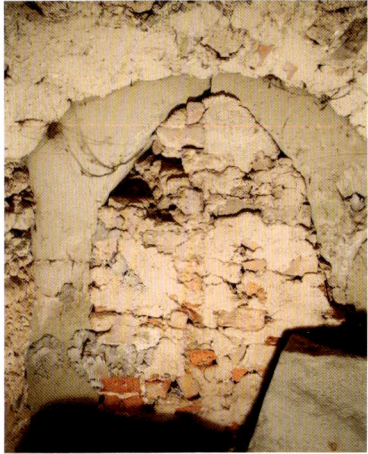

Abb. 202: Leutkirch, ehem. Pfarrkirche St. Mariae Himmelfahrt: Vermauerter Zugang zu den Turmobergeschossen

Das 1841 von Joseph Müller aus Markdorf renovierte Mittelbild der Decke zeigt Petrus und Paulus als Fürbitter der Leutkircher Kirche vor Maria mit dem Jesusknaben. An dem Gemälde ist ebenfalls das Wappen von Abt Konstantin angebracht.

Im 19. Jahrhundert erhielt die Kirche die heute verschollene Orgel aus der Schlosskapelle Maurach. Die klassizistischen Ornamentfragmente aus der Mimmenhausener Werkstatt an der Brüstung der Orgelempore aus dem 19. Jahrhundert könnten auch noch von diesem Werk

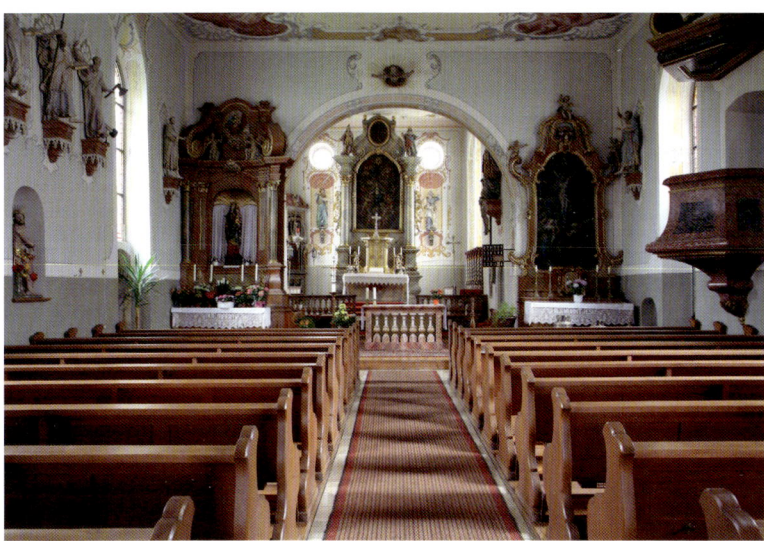

Abb. 203: Leutkirch, ehem. Pfarrkirche St. Mariae Himmelfahrt: Blick nach Osten

stammen. Die heutige Orgel von Xaver Mönch aus Überlingen ist von 1889.

Im Turm der Kirche hängt eine von Franz Anton (II.) Grieshaber 1757 in Salem gegossene Glocke.

Lit.: Glockenatlas, Baden, S. 178; Nicola 2004, S. 27 ff.; Staiger 1863, S. 277 ff.

Pfarrhof und Torkel

Der Pfarrhof (Abb. 204) wurde 1627/28 auf Kosten des Klosters von Grund auf neu gebaut. Die Steinmetzarbeiten stammen von Andreas Waldvogel aus Überlingen. Er lieferte hierfür 22 ½ zweifache Fenster. Auch die anderen Arbeiten an dem Pfarrhofbau dürften von Kräften ausgeführt worden sein, die kurz zuvor in Salem die umfangreichen Neubauten im Klosterbereich geschaffen hatten.

Abt. Anselm II. ließ den Pfarrhof 1755/56 abermals modernisieren und die Scheune mit dem Torkel anbauen. Aus dieser Bauphase sind die großen, nicht unterteilten Fenster im zweiten Obergeschoss des Pfarrhofs.

Lit.: Sachs 1985, S. 216, 218, 257.

Wappen – Haus Nr. 22

Über einer Durchfahrt ist an dem aus dem 19. Jahrhundert stammenden Gebäude eine Steinplatte mit dem Wappen von Abt Anselm I. Muotelsee (1664–1680) angebracht. Vermutlich aus diesem Anlass wurde die Inschrift in „B W U St. 1837" verändert.

Stiftungskeller und ehem. Schulhaus – Haus Nr. 5

Der ehemalige Stiftungskeller wurde von der Bruderschaftsstiftung – 1574 und 1611 erneuert – errichtet. 1847 wurden die Stiftungsreben verkauft, doch nutzte die Stiftung den Keller bis 1860. Wohl ebenfalls 1847 ging das Eigentum am Obergeschoss an die Gemeinde über. Die wohl ursprünglich als Scheuer genutzten Bauteile wurden zum Schulhaus umgebaut. 1884 fanden der Abbruch des Obergeschosses und der Neubau der Schulräume statt.

Lit.: Sachs 1985, S. 257.

Maurach

1155 erwarb Salem ein erstes Gut in Maurach durch den Kauf von Kloster Einsiedeln. Im Laufe des 12. und frühen 13. Jahrhunderts konnte das Kloster von den Herren von Vaz und vom Kloster Reichenau weiteren Besitz in Maurach erwerben.

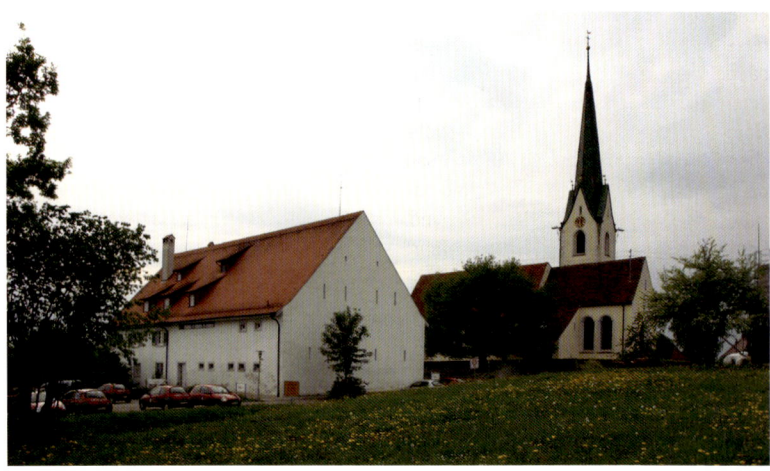

Abb. 204: Leutkirch, Blick auf den Pfarrhof mit der angebauten Torkelscheuer und die Pfarrkirche

Maurach war wegen des direkten Seezugangs von Bedeutung für die Abtei. Das Kloster richtete hier eine Grangie ein, die später in eine Hofmeisterei umgewandelt wurde. Erste sichere Nachrichten über die Baulichkeiten in Maurach stammen aus dem 16. Jahrhundert. 1511 wurde die Kapelle in Maurach erweitert und der hl. Anna geweiht. 1536 werden eine Badstube und weitere Räumlichkeiten gebaut. Bereits zu dieser Zeit dürfte der Ort auch als Sommersitz bzw. Ziel nachmittäglicher Spaziergänge gedient haben. Schließlich wurde 1596/97 hier ein neues Gartenhäuslein, vielleicht vergleichbar dem Lusthaus auf dem Killenberg, errichtet. Für das Jahr 1600/01 berichten die Quellen von einem Torkelneubau, doch bereits 1624 erbaute der Zimmermann Hans Klein abermals einen Torkel, der 1678 so schadhaft war, dass er niedergelegt und durch einen neuen gleicher Größe ersetzt werden musste. Dieser Torkel, der auf einer Idealansicht der Planungen zum Schlossneubau zu sehen ist, wurde zuletzt 1720 von Hans Georg Bendele repariert.

Ab 1721 plante man Neubauten im Bereich dieser Hofmeisterei, in die ältere Bausubstanz mit einbezogen werden sollte. Der Bau wurde nun so konzipiert, dass er den Salemer Äbten auch als nahe gelegener und rasch zu erreichender Sommersitz dienen konnte. Das Schlossgebäude (Abb. 144, 205–207) besteht aus einem langgestreckten Baukörper in Nord-Südrichtung, der an seinem südlichen Ende einen quergelagerten Kopfbau besitzt, in dem die Schlosskapelle und darüber das Abtszimmer untergebracht sind. Das Tafelzimmer ist über der Durchfahrt angeordnet. Die Keller und Wirtschaftsräume befinden sich im nördlichen Gebäudeteil. Die separaten Scheuern und Tennen befanden sich in einem langgestreckten Gebäude nördlich der Straße nach Nußdorf. Sie wurden unter Abt Konstantin Miller (1725–1745) in den 1730er Jahren durch Neubauten ersetzt. Nach

der Brandzerstörung im 20. Jahrhundert wurden die Reste abgebrochen um Platz für Neubauten der heutigen Akademienutzung zu machen.

Der Schlossbau und die zugehörigen Gartenanlagen wurden zwischen 1722 und 1725 ausgeführt. Die Maurerarbeiten führte Jakob Rüscher aus, die Steinmetzarbeiten Barthel Schelling von Weildorf und die Zimmerarbeiten Hans Georg Bendele. Am Innenausbau waren der Hafner Michael Fischbeck und die Schreiner Melchior Widmer und Martin Winkler beteiligt.

Von der alten Ausstattung haben sich nur wenige Reste am Ort erhalten. Besonders zu nennen sind die Stuckaturen im Abtszimmer über der Kapelle (Abb. 208), mit deren Ausführung Dominikus Zimmermann am 31. Januar 1723 beauftragt worden war. Ausgeführt wurden sie 1723 von den im Auftrag Zimmermanns arbeitenden Stuckateuren Hans Michael Köpf und Anton Lankhmaier. Zimmermann waren auch die Stuckaturen in der Kapelle, in den Gängen und Kammern sowie im Speisezimmer verdingt worden.

Die Schlosskapelle erhielt 1725 einen Altar nach Entwürfen von Joseph Anton Feuchtmayer. Die expressiven Holzskulpturen Johannes' des Täufers und des Johannes Nepomuk blieben in Salem erhalten. Das Altarbild und die Retabelarchitektur gelten als verschollen. Auch der Verbleib der beiden Seitenaltäre ist nicht bekannt.

In den Jahren 1736 bis 1740 erfolgte eine Modernisierung des Schlosses. Das Treppenhaus (Abb. 210) wurde von Johann Georg Brueder ausgemalt. Joseph Anton Feuchtmayer schuf die Stuckplastik des Diogenes, der mit seiner Lampe das Treppenhaus erleuchtet. Auch die Stuckaturen und die Ausstattung des Tafelzimmers (Abb. 211) wurden in dieser Zeit modernisiert. Umfangreiche Steinmetzarbeiten waren an der Kapelle notwendig, mit denen Michael Jagmeth aus Markdorf beauftragt wurde. Schließlich wurden von

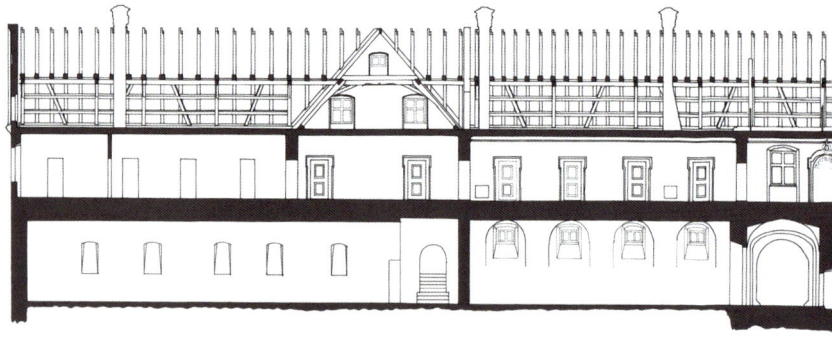

Abb. 205: Maurach, Schloss: Längsschnitt durch das Hauptgebäude, Blick nach Osten.
M 1:400

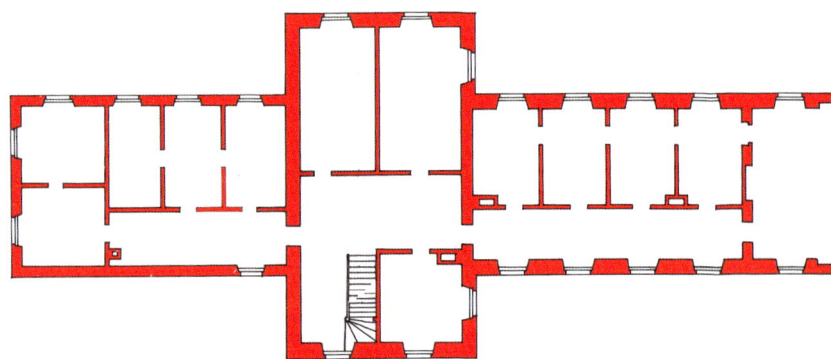

Abb. 206: Maurach, Schloss: Grundriß des Obergeschosses, Zustand vor der jüngsten Renovierung.
M 1:400

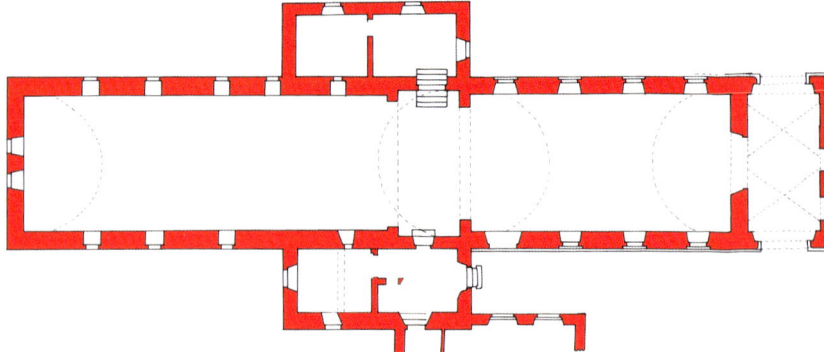

Abb. 207: Maurach, Schloss: Grundriss des Erdgeschosses, Zustand vor der jüngsten Renovierung.
M 1:400

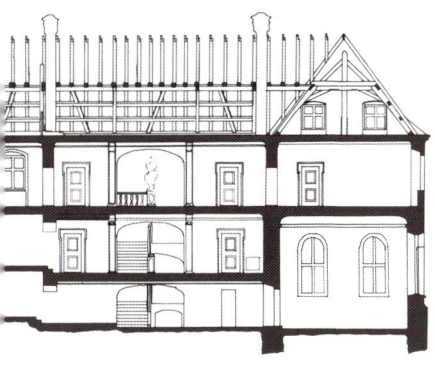

Lorenz Rüscher die Scheuern und Tennen durch Neubauten ersetzt und ein neuer Ökonomieflügel im Norden der Anlage erbaut, in dem der neue Torkel und das Waschhaus untergebracht waren.

Die Räume in Maurach wurden laufend den geänderten Nutzungsanforderungen angepasst. So lieferte Johann Georg Wieland noch klassizistische Entwürfe für die neuen Öfen im Schloss.

Die Ausstattung der Schlosskapelle wurde nach der Säkularisation weitgehend aus der Kapelle entfernt.

In dem Glockenträger über der Kapelle hängt eine 1731/32 entstandene Glocke, die dem Konstanzer Glockengießer Leonhard (III.) Rosenlecher zugeschrieben wird.

Unmittelbar östlich des Schlosses gab es eine Schiffslände. Die Versuche, diese Landestelle zu einem Hafen auszubauen, sind allerdings gescheitert.

Lit.: Glockenatlas, Baden, S. 181; Knapp 1989 b; Knapp 1996, S. 76 ff, 280; Knapp/Buzcynski 1998; Schmid 1981; Staiger 1853, S. 439 ff.

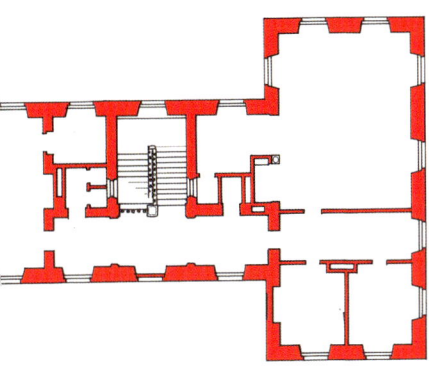

Oberes Fischerhaus

(Abb. 212) Zweigeschossiges Gebäude aus der Mitte des 18. Jahrhunderts: Das Erdgeschoss ist massiv und das erste Obergeschoss in Fachwerkbauweise ausgeführt. In den Gemarkungskarten der Abtei wird das Gebäude als Fischerhaus, später als Rebmannshaus bezeichnet.

Unteres Fischerhaus (Untermaurach)

(Abb. 213) Das ehemalige Untere Fischerhaus, ein Bau aus der Mitte des 18. Jahrhunderts mit massivem Untergeschoss und einem Fachwerkobergeschoss, wurde in den 1960er Jahren abgebrochen und durch einen Neubau in Anlehnung an den alten Bestand ersetzt. Beim Unteren Fischerhaus befand sich 1793 eine weit in den See hinaus reichende Ladebrücke.

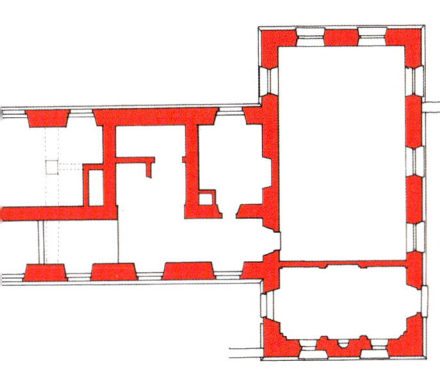

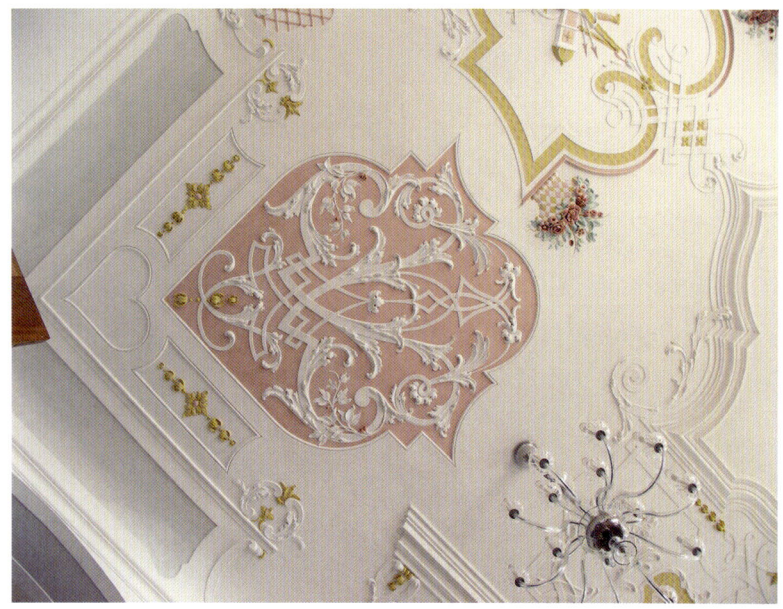

Abb. 208: Maurach, Schloss: Stuckaturen der Zimmermann-Werkstatt im Abtsquartier

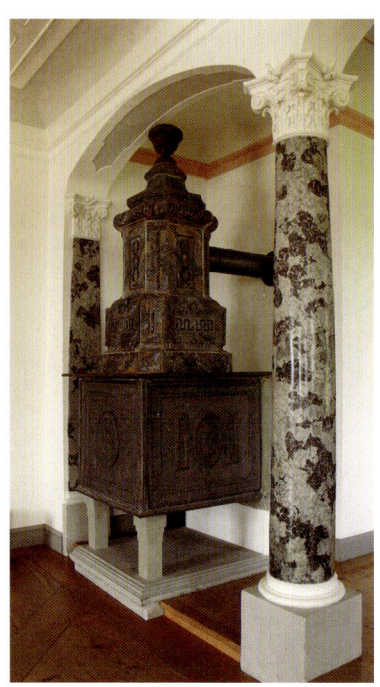

Abb. 209: Maurach, Schloss: Ofennische im Abtsquartier

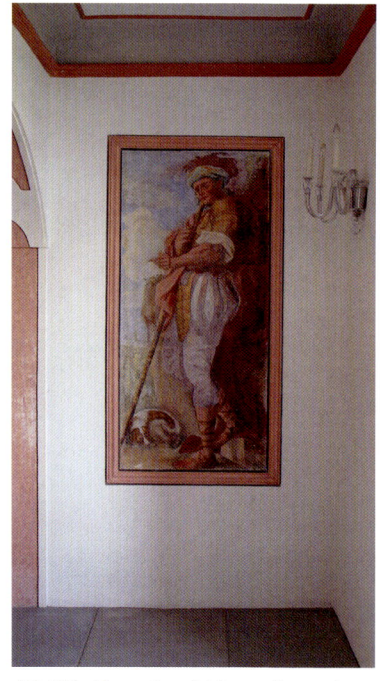

Abb. 210: Maurach, Schloss: Treppenhaus. Wandmalereien von Johann Georg Brueder

Mendlishausen

Das erste Gut in Mendlishausen hatte Salem 1180 von Kloster Einsiedeln gekauft. Vor 1183 erhielt das Kloster durch Schenkung von Pfalzgraf Hugo von Tübingen und Graf Konrad von Heiligenberg den Ort Mendlishausen. Es folgten weitere Schenkungen und vor 1222 hatte Salem auch die Zehntrechte von Walter von Vaz erworben. Auf den klostereigenen Gütern richtete Salem eine Grangie ein. Von dem einstigen Dorf sind heute keine Spuren mehr erhalten.

Ehem. Grangie

Die ehemalige Grangie besteht aus einer charakteristischen Bautengruppe von

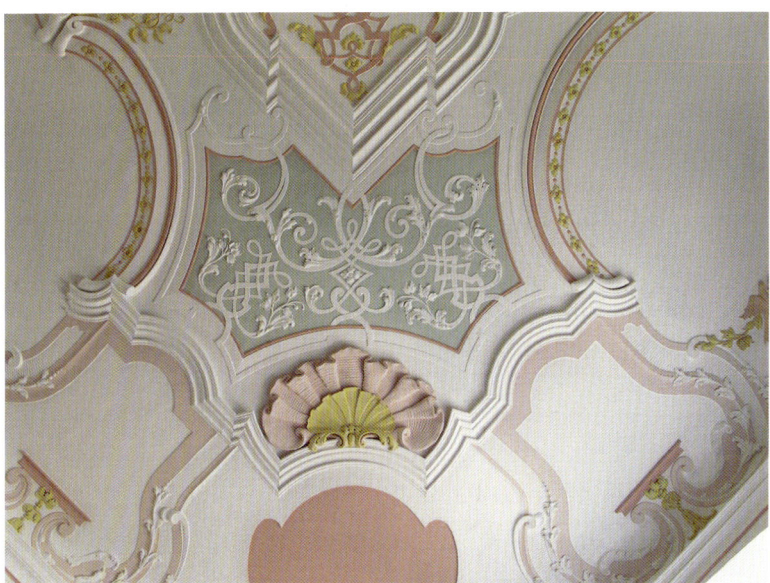

Abb. 211: Maurach, Schloss: Stuckaturen im Tafelzimmer über der Durchfahrt

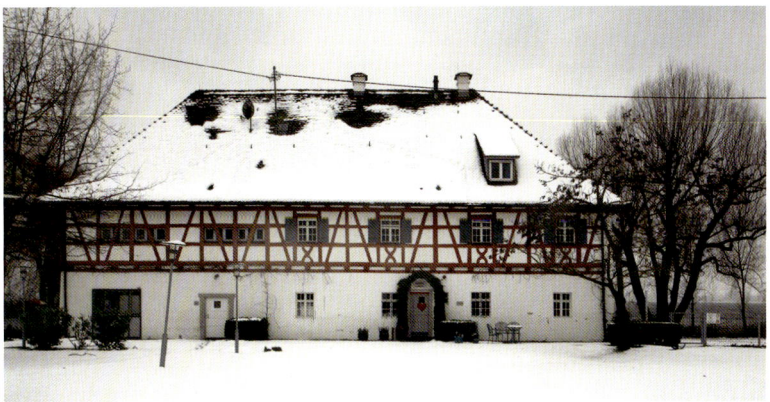

Abb. 212: Maurach, oberes Fischerhaus

193

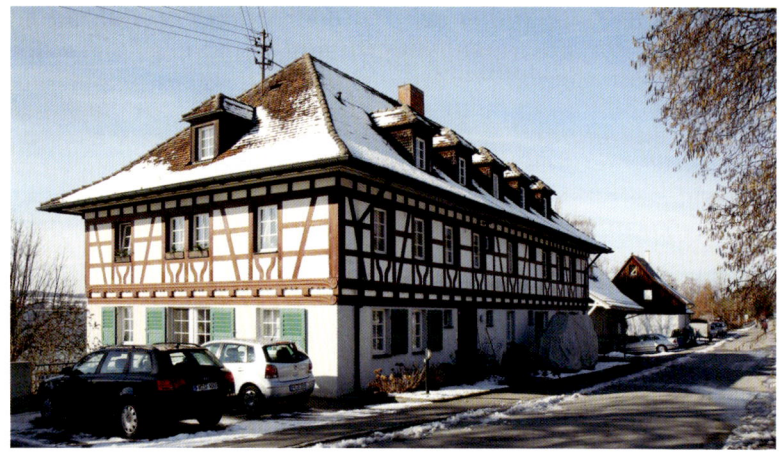

Abb. 213: Maurach, unteres Fischerhaus

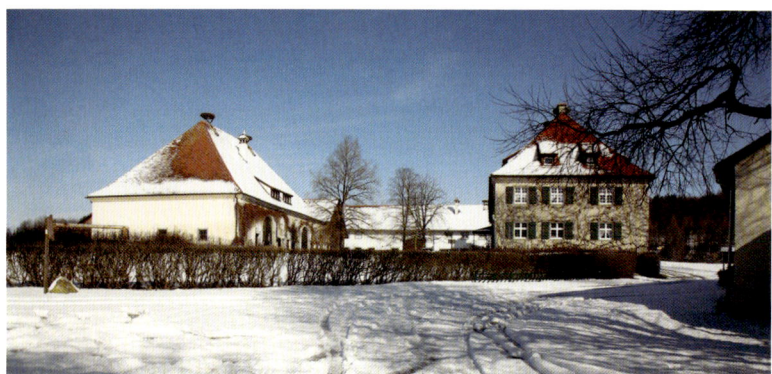

Abb. 214: Mendlishausen, ehem. Grangie: Ansicht von Süden

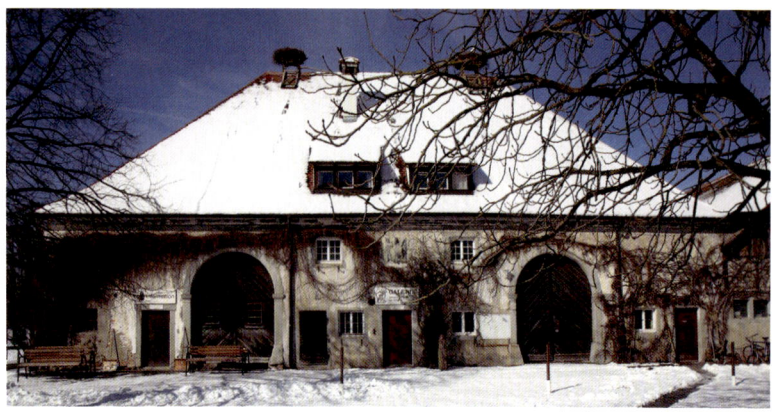

Abb. 215: Mendlishausen, ehem. Grangie: Scheunengebäude

zwei parallel zueinander angeordneten Gebäuden, die von kleineren Nebengebäuden flankiert wurden (Abb. 214, 215). Im östlichen Hauptgebäude waren im südlichen Gebäudeteil die Wohnräume untergebracht. Das Wappen Abt Anselms II. aus der Mimmenhausener Werkstatt ist 1770 datiert. In dem etwas schmaleren und um wenige Jahre älteren Westflügel waren die Ökonomiegebäude untergebracht. Das Wappen Abt Anselms II. von 1767/68 an der Ostseite stammt ebenfalls aus der Werkstatt Joseph Anton Feuchtmayers.

Lit.: Knapp 1996, Kat. Nr. 350; Sachs 1985, S. 254; Staiger 1863, S. 383 ff.

Mimmenhausen

Grundbesitz in dem unweit des Klosters gelegenen Ort konnte Salem erst ab 1191 erwerben. Hierzu zählten bereits früh ein Gut mit einem Weinberg und die Mühle. Vor 1222 erhielt das Kloster von Richard von Vaz Zehntrechte in Mimmenhausen. 1315 kaufte die Abtei die Vogtei über Mimmenhausen vom Kloster Petershausen ab und konnte in Folge dessen weitere Besitzungen in Mimmenhausen übernehmen. In der Folge wurde dieser Ort zu einem der wichtigsten Klosterdörfer in dem viele der in Salem tätigen Handwerker wohnten. Zu den bekanntesten Ge-

bäuden dürfte das sogenannte Haus der Bildhauer, das heutige Feuchtmayer-Museum, zählen. Joseph Anton Feuchtmayer hatte 1730 dieses als Landschaftshaus bezeichnete Gebäude dem Kloster abgekauft. In Mimmenhausen war auch die vom Kloster unterhaltene Gießerwerkstatt, die Glockengießer wie Franz Anton Grieshaber nutzten, um die Glocken für das Salemer Münster zu gießen. Auch die Kaserne für das von der Reichsabtei zu stellende Militär befand sich an diesem Ort.

Pfarrkirche Unsere Liebe Frau

Eine Kirche in Mimmenhausen wird erstmals um das Jahr 1000 erwähnt, als eine Kopfreliquie des hl. Gregor I. dorthin überführt worden sein soll. Um 1150 soll die romanische Kirche erbaut worden sein.

Mimmenhausen war zunächst eine Filiale von Seefelden. Wohl in der ersten Hälfte des 14. Jahrhunderts, als Salem erhebliche Güter und Rechte in Mimmenhausen erwarb, erfolgte ein Neu- oder Umbau der Kirche.

1495 wurde dort eine Kaplanei eingerichtet. Das Fragment eines Inschriftsteins aus dem späten 15. Jahrhundert in der heutigen Pfarrkirche erinnert an dieses Ereignis. Eigenständige Pfarrei wurde Mimmenhausen erst 1630. Der Pfarrdienst wurde durch Pfarrvikare versehen, die vom Salemer Bursamt eine regelmäßige jährliche Besoldung erhielten.

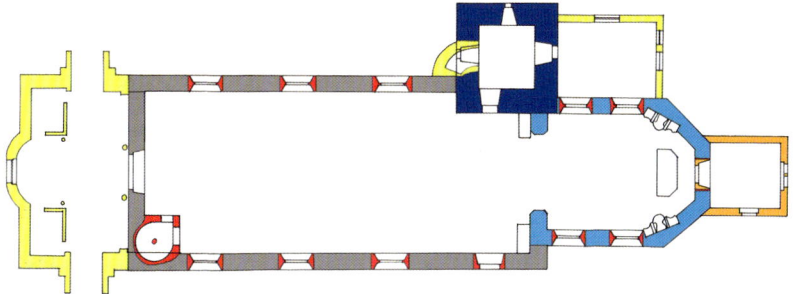

Abb. 216: Mimmenhausen, Pfarrkirche Unsere Liebe Frau: Grundriss der 1969 abgebrochenen Kirche. Baualtersplan. M 1:400

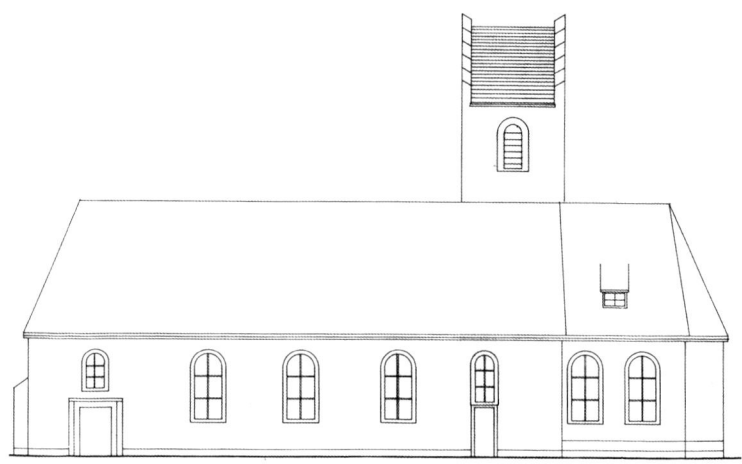

Abb. 217: Mimmenhausen, Pfarrkirche Unsere Liebe Frau: Südansicht der 1969 abgebrochenen Kirche. M 1:400

Der Neubau stammt aus dem Jahre 1970. Von der alten Pfarrkirche ist nur der Turm erhalten. Die alte Pfarrkirche (Abb. 216, 217) war ein stark gelängter Saalbau, der im Osten mit einem 5/8-Schluss endete. Das Langhaus wurde vermutlich mehrfach, zuletzt in den 1935 Jahren nach Westen verlängert. Im Kern bestand der Langhaussaal aus einem mittelalterlichen Bau, der vermutlich um 1300 (1330/40?) um den polygonal geschlossenen Chor erweitert wurde. Beim Abbruch kam in dem vermauerten Ostfenster ein vollständiges hochgotisches Fenstermaßwerk zum Vorschein. Möglicherweise wurde die Kirche bereits im 15./16. Jahrhundert nach Westen verlängert.

1688 wurde die Kirche aufwendig erneuert. Die Maurerarbeiten hatte der Salemer Maurermeister Christian Steuer übernommen, die Zimmerarbeiten Bernhard Juncker. Die Schreinerarbeiten waren Peter Müller von Bermatingen verdingt. In den Jahren 1716/18 erfolgte eine erneute Barockisierung der Kirche. Die aufwendige Stuckdecke hatte der Überlinger Stuckator Simon Bürkner geschaffen. 1865 wurde eine neue Sakristei angebaut und

1935 wurde das Langhaus nochmals nach Westen verlängert.

Der mächtige Turm (Abb. 218) besteht aus auffallend unregelmäßigem Wackenmauerwerk, in dem auch Bruchsteine und Dachziegel des 13./14. Jahrhunderts verbaut sind. Er dürfte in seinen unteren Geschossen aus dem 14. Jahrhundert stammen. Das Glockengeschoss und die Staffelgiebel dürften jünger sein und könnten aus der Zeit der Erhebung zur Pfarrkirche stammen.

In den Kirchenneubau wurden zahlreiche Ausstattungsstücke aus der alten Pfarrkirche übernommen. Die meisten der Stücke gelangten erst spät nach Mimmenhausen. Aus der Wallfahrtskirche Neubirnau stammen die beiden Beichtstühle. Der kleine Tabernakel an der Ostwand wurde 1760/61 von der Feuchtmayer-Werkstatt für die Abteikapelle in Salem geschaffen. Die Kreuzigungsgruppe war im 19. Jahrhundert zunächst in der Friedhofskapelle und kam erst in der ersten Hälfte des 20. Jahrhunderts in die Pfarrkirche. Die modern gefassten Skulpturen von Maria und Johannes stammen vom Kreuzaltar des Salemer Münster und wurden 1632 von Hans Christoph Schenck geschaffen. Der

Kruzifixus stammt vermutlich aus der Reichsabtei Petershausen. Auf dem Taufbecken befindet sich eine qualitätvolle Taufgruppe (Abb. 219) aus der Feuchtmayer-Werkstatt: Mutter Gottes mit Kind, Christoph Daniel Schenck nahestehend.

In der Kirche sind mehrere Epitaphien aus der alten Kirche: Epitaph für Johann von Königsegg 1486, Epitaph für den Salemer Amtmann Prugger von Joseph Anton Feuchtmayer, Epitaph für Joseph Anton Feuchtmayer († 1770) von Johann Georg Dirr und für Johann Georg Dirr († 1779) von Johann Georg Wieland.

Das Geläut der Pfarrkirche besitzt noch eine Glocke aus der Klosterzeit. Sie wurde 1668 von Theodosius (I.), Leonhard (III.) und Peter (I.) Ernst aus Lindau gegossen.

Lit.: Glockenatlas, Baden, S. 185; Nicola 2004, S. 16 ff.; Staiger 1863, S. 359 ff.

Pfarrhaus
Das unmittelbar neben der Kirche gelegene Pfarrhaus wurde bis in jüngste Zeit mehrfach umgebaut.

Bodenseestr. 118
Das Gebäude steht auf dem Gelände der 1846 abgebrannten Kaserne. Das Abbruchmaterial wurde zum Neubau nach dem Brand wiederverwendet. Heute ist das Gelände größtenteils durch eine moderne Wohnanlage überbaut.

Lit.: Sachs 1985, S. 261; Staiger 1863, S. 371 f.

Bodenseestr. 115
(Abb. 220) Zweigeschossiger Fachwerkbau mit Schwebegiebel am Wohnteil: Der Wohnteil verfügt über einen gemauerten Sockel und ist unterkellert. Am Rähm über der Eingangstüre befindet sich die Datierung 1725. Die Rähme des ersten Stocks (Erdgeschoss) sind mit Abtsstäben verziert; die Schwellen des zweiten Stocks sowie der beiden Dachstöcke am Giebel mit Eselsrücken zwischen den Köpfen der Deckenbalken.

Die Stube befindet sich im Erdgeschoss, in der nordwestlichen Ecke des Hauses,

unmittelbar links neben dem Eingangsflur. Sie verfügt über eine einfache Stuckdecke und ein Wandtäfer.

Der aufwendige Schwebegiebel am Wohnteil findet seine Entsprechung an dem kleinen Speichergebäude Nüffernstr. 5 in Neufrach und an dem Gebäude Zur Schiffslände 6 in Dingelsdorf.

Lit.: Gruber 1961, S. 76 ff.; Sachs 1985, S. 260.

Bodenseestr. 122
Altenteilerhaus, 1799 datiert.

Bodenseestr. 135
Ehemalige Tafernwirtschaft des Klosters (Abb. 221), 1767 nach Entwürfen von Johannes Kocher erbaut. Vermutlich an derselben Stelle war bereits 1503/04 vom Kloster ein Wirtshaus errichtet worden.

Lit.: Staiger 1863, S. 370.

Bodenseestr. 148
Scheune in Fachwerkbauweise, 1798 datiert.

Feuchtmayerstr. 6
Zweigeschossiges Fachwerkgebäude, wohl um 1700, Umbau 1770 (Inschrift).

Lit.: Sachs 1985, S. 261.

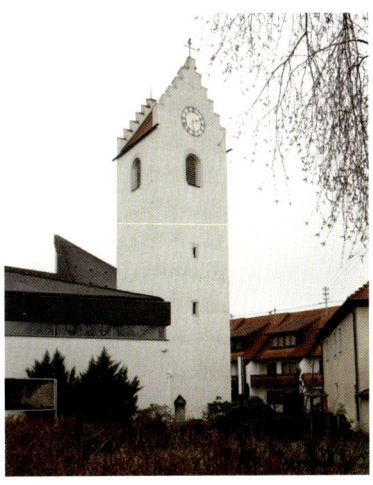

Abb. 218: Mimmenhausen, Pfarrkirche Unsere Liebe Frau: Turm der alten Pfarrkirche

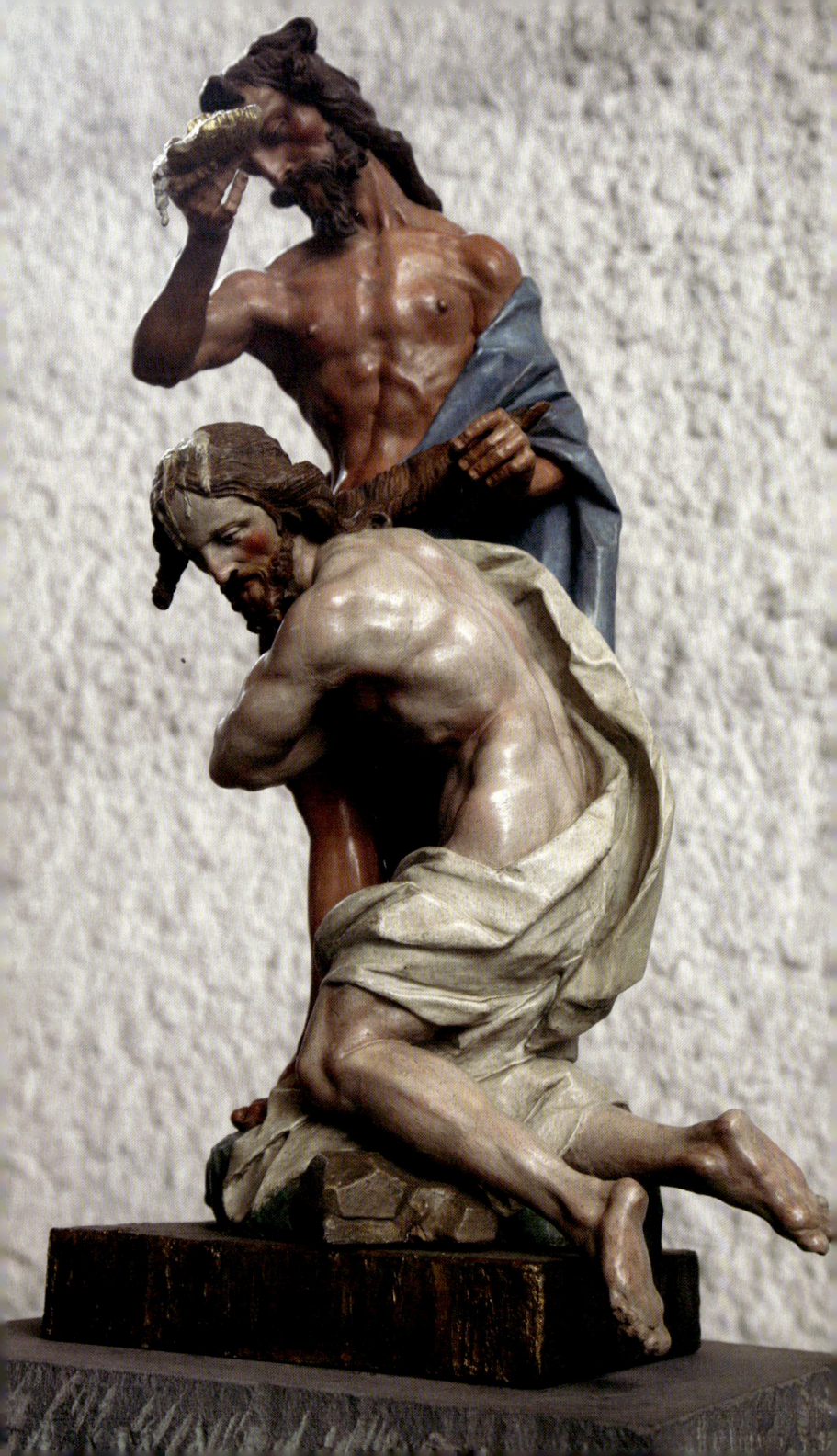

Feuchtmayerstr. 7

Sogenanntes Feuchtmayerhaus, Landschaftshaus. Zweigeschossiger Fachwerkbau von 1696 (d). An den Gefachen der Fassaden waren Landschaftsdarstellungen aufgemalt, die dem Gebäude vermutlich seinen Namen verliehen haben.

1730 verkaufte das Kloster das Gebäude an den Bildhauer Joseph Anton Feuchtmayer. Von diesem ging das Gebäude später an Johann Georg Dirr, dann an Johann Georg Wieland und schließlich vermutlich noch an Joseph Anton Dirr über. Das Gebäude war insbesondere im Öko-

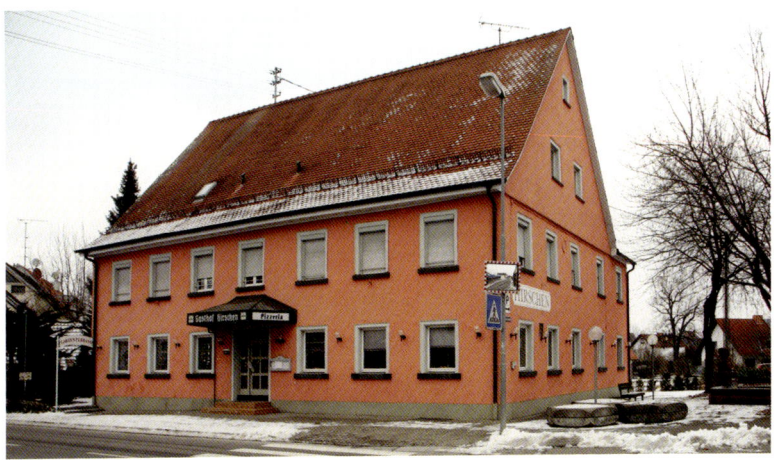

Abb. 220: Mimmenhausen, Bodenseestr. 115: Ehem. Tafernwirtschaft

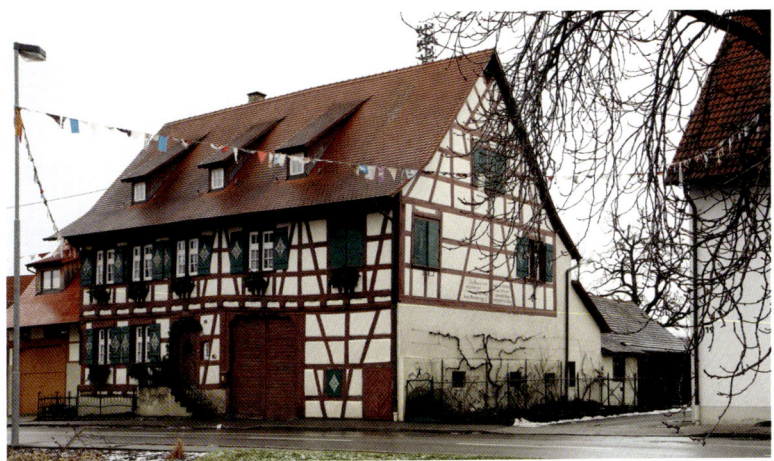

Abb. 221: Mimmenhausen, Bodenseestr. 135

Abb. 219: Mimmenhausen, Pfarrkirche Unsere Liebe Frau: Taufgruppe, Joseph Anton Feuchtmayer zugeschrieben

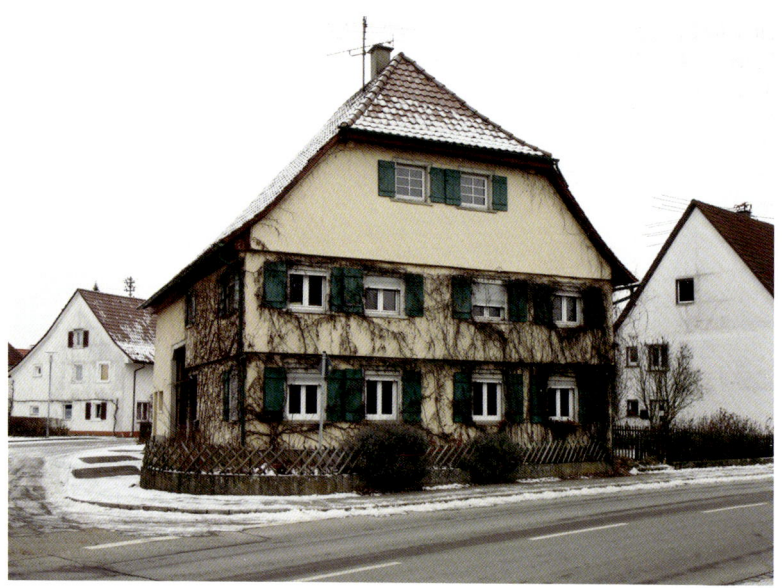

Abb. 222: Mimmenhausen, Im Winkel 2

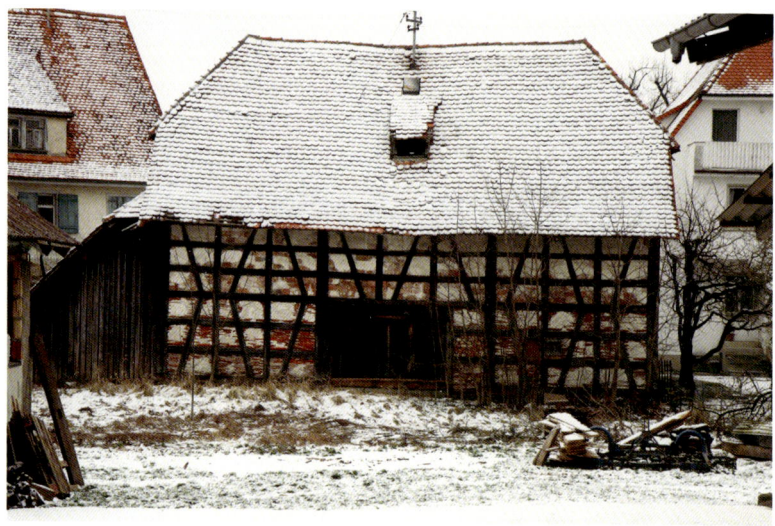

Abb. 223: Mimmenhausen, Lindenweg 1a

nomieteil stark umgebaut worden. Heute sind in dem Gebäude die Gemeindebibliothek und das Feuchtmayer-Museum untergebracht.

Lit.: Sachs 1985, S. 261.

Im Winkel 2

Charakteristisches, zweigeschossiges Kleinbauernhaus (Abb. 222) aus der Zeit um 1700. Die Tenneneinfahrt wurde wohl im 19. Jahrhundert vergrößert.

200

Lindenweg 1a

Scheune (Abb. 223) mit zweifach liegendem Dachstuhl. Bemerkenswert sind die Ausfachungen, die in den unteren Gefachen aus wiederverwendeten Hohlziegeln (Abb. 98) bestehen und in den oberen aus einlagig hochkant verbauten Backsteinen. Der Bau wird als ehemalige Zehntscheuer angesprochen, doch könnte es sich auch um einen Nachfolgebau der 1501/02 errichteten Torkelscheuer handeln.

Lit.: Sachs 1985, S. 259.

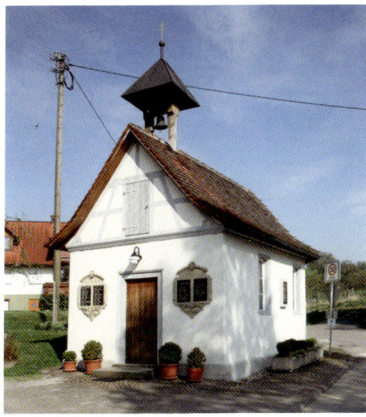

Abb. 224: Mittelstenweiler, Kapelle

Lindenweg 3

Ein Raum mit Stuckdecke.

Tüfingerstr. 3

Ehemaliges Schulhaus, 1739 datiert. Massives Erdgeschoss und Obergeschoss in Fachwerkbauweise. Dachwerk mit zweifach liegendem Stuhl.

Tüfingerstr. 13

Im Inneren Stube mit Bohlenbalkendecke. Teile der Wände waren als Bohlenwände ausgeführt. Dachwerk mit stehendem Stuhl. Vermutlich 2. Hälfte 15. Jahrhundert (Abb. 69).

Mittelstenweiler

Kapelle St. Bartholomäus – Bergstr. 26

Kleine Fachwerkkapelle (Abb. 224), 1800 an Stelle einer älteren Kapelle errichtet, zuletzt 1997 renoviert. Aus der Kapelle stammt ein kleines Altarretabel der Zeit um 1500, das sich heute im Badischen Landesmuseum Karlsruhe befindet. An den Außenseiten der Flügel ist die Verkündigung dargestellt. Die Innenflügel zeigen im Flachrelief die hll. Josef und Joachim. Im Schrein ist Maria mit dem Je-

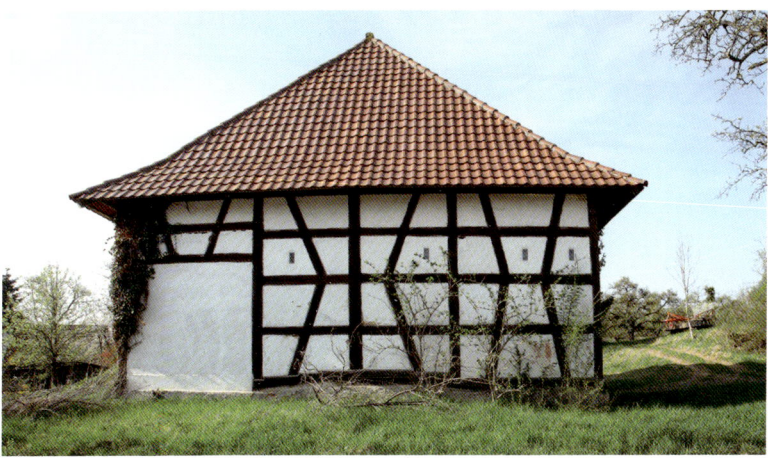

Abb. 225: Mittelstenweiler, Torkel

201

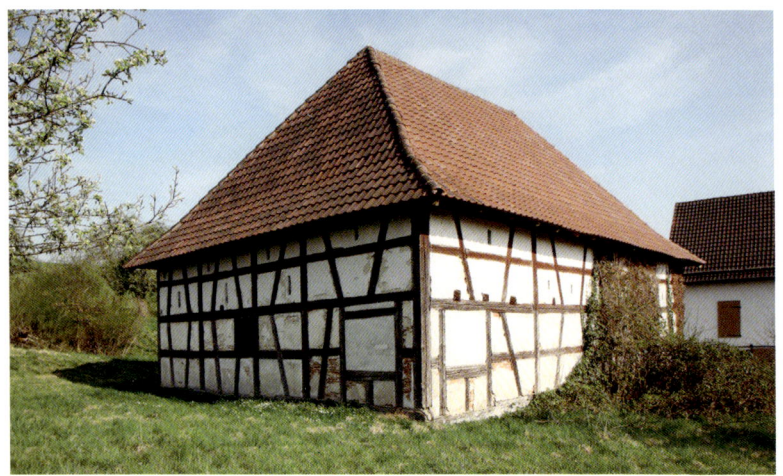

Abb. 226: Mittelstenweiler, Torkel: Gut erkennbar sind die beiden heute geschlossenen Fenster der Stube für den Torkelwärter

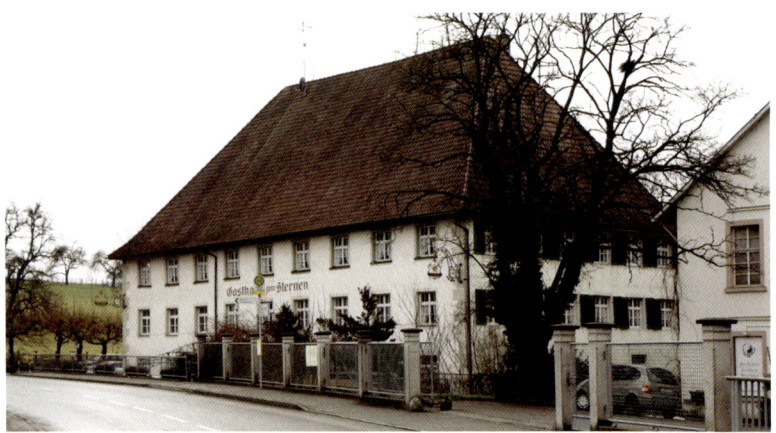

Abb. 227: Mühlhofen, ehem. Papiermühle

susknaben und Anna dargestellt. Die heutige Ausstattung der Kapelle soll aus dem aufgehobenen Kloster Weppach stammen: die Mutter Gottes aus dem frühen 16. Jahrhundert, heute am Altar, und die Skulpturen des hl. Stephanus und des hl. Aloysius von Gonzaga.

Lit.: Nicola 2004, S. 35 f.

Torkelscheuer – Winzerweg

Eingeschossiger Fachwerkbau mit Vollwalm, inschriftlich 1786 datiert (Abb. 225, 226). Das Dachwerk wurde als zweifach liegender Stuhl mit einfachem Hängewerk konstruiert. Die ursprüngliche Einfahrt befand sich an der wegseitigen Schmalseite. Wohl im 19. Jahrhundert wurde eine zweite Einfahrt an der nördlichen Längsseite erheblich vergrößert. Im Inneren an der Südwestecke ist eine Stube für den Torkelwärter abgetrennt, die sich auch am Außenbau an den beiden heute vermauerten Fensteröffnungen abzeichnet.

Lit.: Sachs 1985, S. 148, 257.

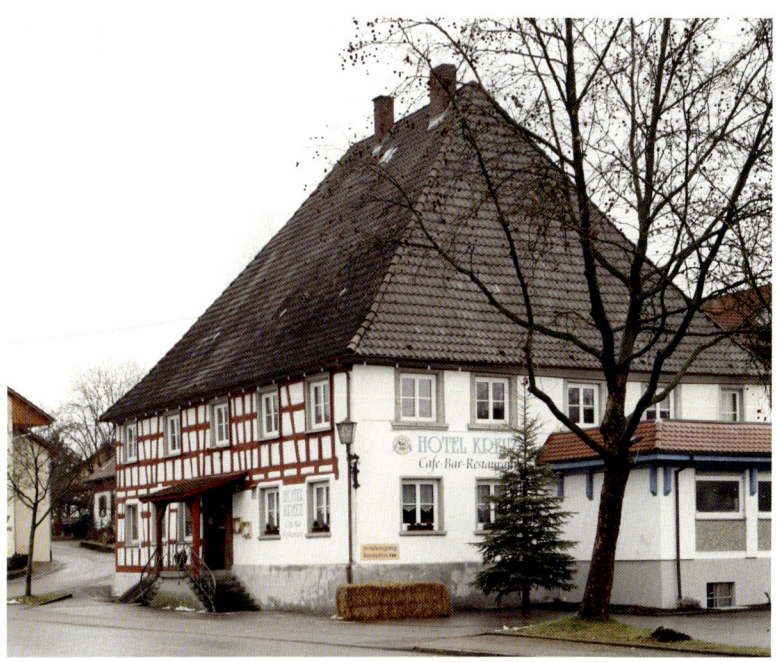

Abb. 228: Mühlhofen, ehem. Tafernwirtshaus

Mühlhofen

Zwischen 1191 und 1215 erwarb Salem umfangreichen Besitz in Mühlhofen, 1217 Zehntrechte und in der Folge noch kleineren Einzelbesitz. Im 18. Jahrhundert bestand der Ort aus nur wenigen Anwesen.

Papiermühle – Deisendorfer Str. 8–10

1671 gründete das Kloster die Papiermühle in Mühlhofen. Umfangreiche Bauarbeiten sind für die Jahre 1673/74 dokumentiert. Die Reste des Mühlkanals wurden vor einigen Jahren freigelegt und sichtbar gemacht. Der heutige stattliche Bau (Abb. 227) stammt aus dem Jahr 1788. Im Dachwerk haben sich noch die Vorrichtungen zum Trocknen des Papiers erhalten. Die Papiermühle wurde bis 1856 betrieben, danach wurde hier eine Baumwollfabrik eingerichtet. Heute wird das Gebäude als Wirtshaus genutzt.

Lit.: Sachs 1985, S. 265 f.; Staiger 1863, S. 404 f.

Tafernwirtshaus

(Abb. 228) Zweigeschossiger Fachwerkbau aus der zweiten Hälfte des 18. Jahrhunderts. Der Ostgiebel und das Erdgeschoss des östlichen Teils wurden in jüngerer Zeit massiv erneuert.

Lit.: Staiger 1863, S. 404.

Neubirnau

Wallfahrtskirche

siehe S. 146–157

Neufrach

Salem erwarb erst um 1200 ersten Besitz in Neufrach durch Schenkung oder Tausch von Kloster Reichenau und konnte im Laufe des 13. Jahrhunderts diesen Besitz erheblich ausweiten.

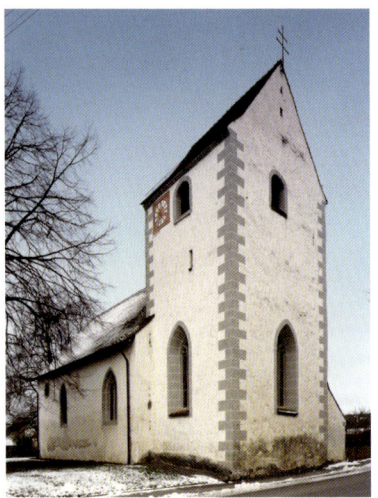

Abb. 229: Neufrach, Markuskapelle: Ansicht von Südosten

Kapelle St. Markus und Martin

Die Markuskapelle (Abb. 229) war Filialkapelle der Pfarrkirche in Leutkirch. Sie wird 1256 erstmals genannt, dürfte aber auf die Zeit um 1200, vielleicht auf das 12. Jahrhundert zurückreichen. Von diesem Bau stammen die Umfassungswände des Langhauses. Der ursprüngliche Zugang zu der Kapelle befand sich an der Nordwand und wurde im Zuge einer Umgestaltung vermauert. An der Südseite ist ein Teilbereich des mittelalterlichen Mauerwerks und eines der heute vermauerten hochsitzenden kleinen Rundbogenfenster freigelegt. Vielleicht bereits im 14. Jahrhundert erfolgte eine erste Umgestaltung der Langhausfenster. Der Chor in seiner heutigen Gestaltung dürfte der Zeit um 1500 entstammen sowie auch der Sakristei-

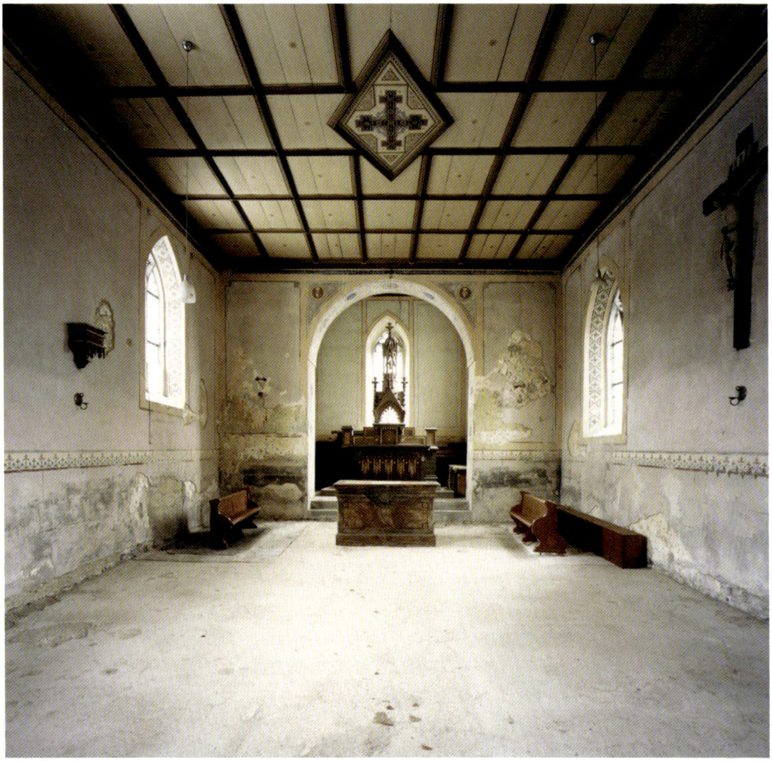

Abb. 230: Neufrach, Markuskapelle: Inneres nach Osten

204

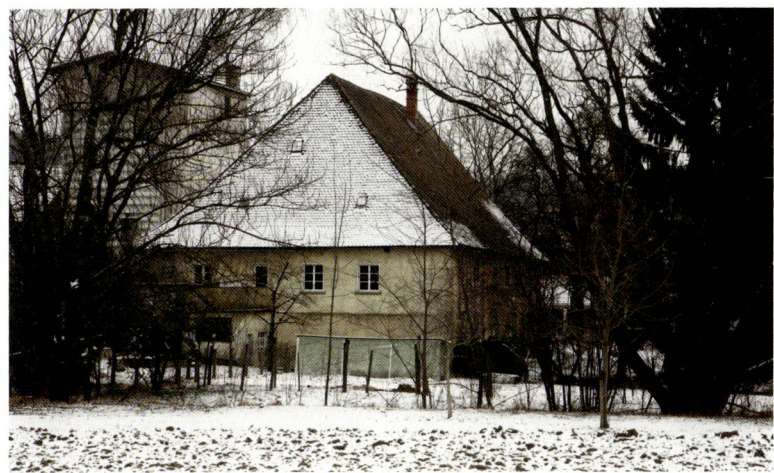

Abb. 231: Neufrach, Mühle

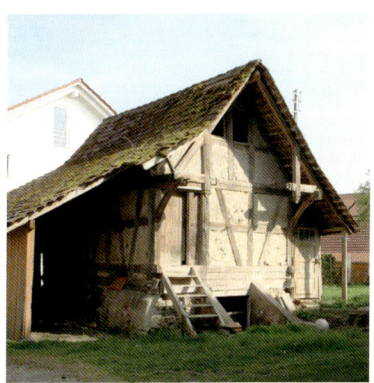

Abb. 232: Neufrach. Nüffernstr. 5

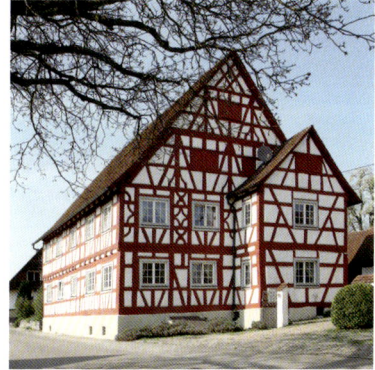

Abb. 233: Neufrach, Nüffernstr. 16

anbau an der Nordseite des Chors. Im Mauerwerk der Obergeschosse des Chorturms sind zahlreiche Fragmente von mittelalterlichen Dachziegeln, teilweise glasiert, verbaut. Die Ziegel dürften vom alten Dach der mittelalterlichen Kapelle stammen. Das heutige Dachwerk über dem Langhaus mit zweifach liegendem Stuhl stammt aus dem 18. Jahrhundert.

Das Innere der Kapelle (Abb. 230) wurde 1880/81 umgestaltet. Der neugotische Altar wurde 1881 von Wilhelm Walliser aus Freiburg geliefert. Unter den modernen Putzen und Tünchen befindet sich eine durchgehende Putzschicht aus der Zeit des Chorturmum- bzw. Neubaus in der Zeit um 1500. An der Ostwand des Langhauses sind Teile einer großformatigen Darstellung des jüngsten Gerichts erkennbar. Die Lage der erhaltenen Malereifragmente legt nahe, dass sich ein Teil der Malerei (der Weltenrichter) oberhalb des Chorbogens befunden haben muss. Daraus folgt, dass der spätmittelalterliche oder frühneuzeitliche Dachstuhl der Markuskapelle entweder offen war oder eine Holztonne bzw. eine gefaltete Holzdecke besaß.

Der Glockenstuhl trägt noch eine Glocke aus der Klosterzeit. Sie wurde 1754 von Franz Anton Grieshaber in Mimmenhausen gegossen.

Lit.: Glockenatlas, Baden, S. 186; Nicola 2004, S. 25 ff.; Staiger 1863, S. 295 ff.

Mühle – Mühlenweg 1
Der zweigeschossige, mit einem einseitig abgewalmten Satteldach versehene Mühlenbau (Abb. 231) stammt aus der Mitte des 18. Jahrhunderts. Er ersetzt die 1672/73 von Erhart Holzinger und Melchior Silber errichtete Mühle.

Speicher – Nüffernstr. 5
Der kleine Speicher (Abb. 232) dürfte aus den Jahrzehnten um 1700 stammen. Unter der Fachwerkkonstruktion befindet sich ein halb in das Erdreich eingetiefter Kellerraum. Der Speicher ist besonders durch das Freigespärre an seinem Vordergiebel (Schwebegiebel) ausgezeichnet. Dieses dient dem Schutz des Giebels vor Schlagregen und könnte darauf hinweisen, dass hier auch Dinge zum Trocken aufgehängt werden sollten. Vergleichbare Giebel haben sich an dem Gebäude Zur Schiffslände

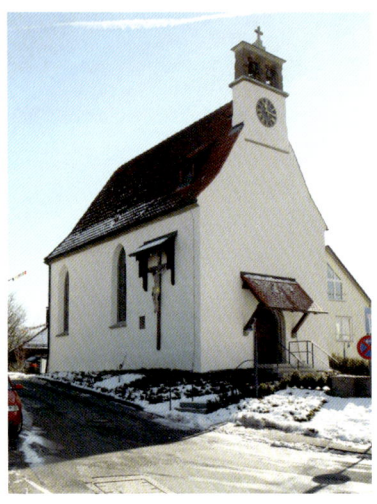

Abb. 234: Nußdorf, Kapelle: Ansicht von Nordwest

6 in Dingelsdorf und am Haus Bodenseestraße 115 in Mimmenhausen erhalten.

Lit.: Gruber 1961, S. 84; Sachs 1985, S. 256.

Ehemalige Schmiede – Nüffernstr. 16
Der zweigeschossige Fachwerkbau mit massivem Sockel und Keller unter dem Wohnteil wird in das frühe 18. Jahrhundert datiert (Abb. 233). Der Anbau an der südlichen Giebelfront ist jünger, dürfte aber noch aus dem 18. Jahrhundert stammen.

Lit.: Sachs 1985, S. 256.

Fischerhaus
Das Fischerhaus liegt östlich der Straße von Neufrach nach Weildorf – Jägerweg 1.

Zweigeschossiger Neubau aus der Zeit um 1800 mit eingeschossigen Anbauten an den Schmalseiten. Es wurde für den Salemer Fischermeister und Revierförster erbaut. Nach der Säkularisation war es Sitz des Bezirksförsters.

Lit.: Sachs 1985, S. 256; Staiger 1863, S. 299 f.

Nußdorf

Zwischen 1191 und 1215 hatte Salem durch Kauf erste Güter von Eigelward von Wildenstein erworben. Vor 1222 erhielt das Kloster auch erste Zehntrechte von Walter von Vaz. Ein Ausbau der Besitzungen erfolgte zunächst im zweiten Viertel des 13. Jahrhunderts. In der Folge konnte Salem die Ortsherrschaft über Nußdorf erlangen.

Kapelle St. Cosmas und Damian
Der schlichte Saalbau mit 3/8-Schluss aus der Mitte bis zweiten Hälfte des 15. Jahrhunderts (Abb. 234) besitzt ein Dachwerk mit zweifach liegenden Stühlen aus der Umbauphase um 1597. Über der Westfassade ist ein Giebelreiter aus dem 20. (?) Jahrhundert in Anlehnung an Vorbilder aus dem 16. und frühen 17. Jahrhundert angebracht.

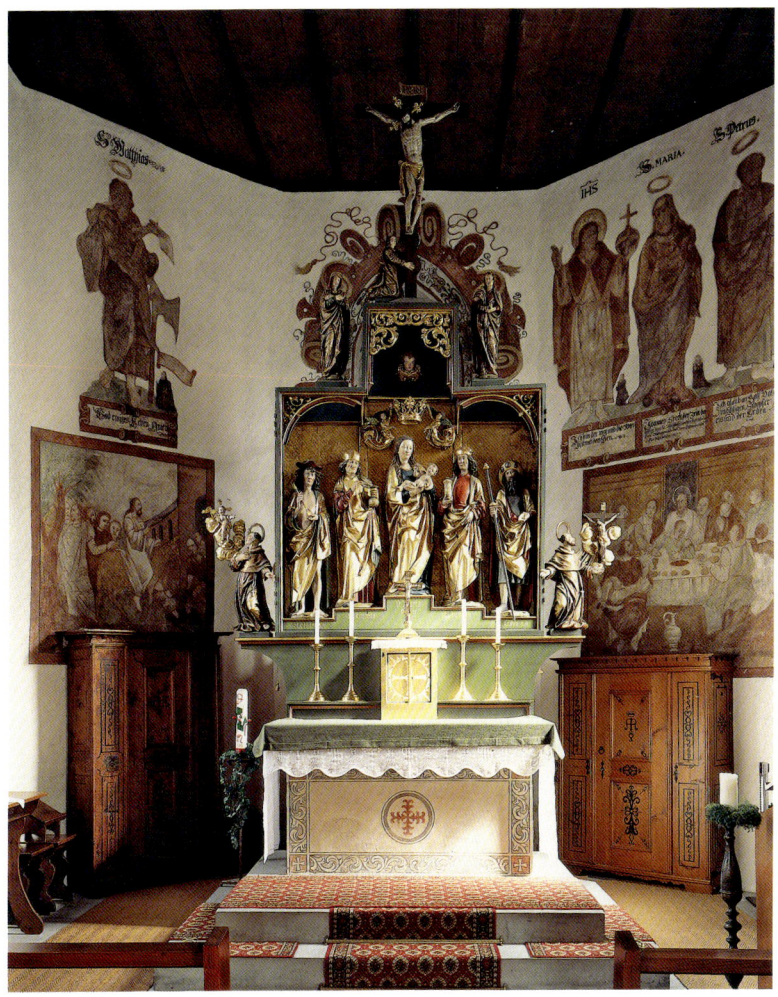

Abb. 235: Nußdorf, Kapelle: Altarretabel mit Skulpturen aus dem Umkreis der Ulmer Weckmann-Werkstatt

In der Kapelle hat sich der Schrein eines Altarretabels erhalten, dessen Skulpturen heute der Weckmann-Werkstatt zugeschrieben werden (Abb. 235).

Seitlich des Retabels sind heute Barockskulpturen angebracht. Es handelt sich jeweils um einen Mönch, dem der Jesusknabe bzw. der Gekreuzigte erscheint. Die Ordenstracht weist die beiden Kleriker als Bettelordensmönche aus. Vermutlich sind diese Fragmente der ehemaligen Überlinger Kapuzinerkirche, die nach deren Aufhebung zu Beginn des 19. Jahrhunderts hierher gelangten. Auf dem Schrein ist eine frühbarocke Kreuzigungsgruppe angebracht.

An den Wänden befinden sich Malereien des ausgehenden 16. Jahrhunderts. Im Sockelbereich von links nach rechts: Verkündigung, Christus mit den schlafenden Jüngern am Ölberg, der Auferstandene erscheint Maria Magdalena, Christus am

Kreuz mit Maria und Johannes, Einzug in Jerusalem, Anbetung durch die drei Magier (1597 datiert), das Gastmahl des Herodes (1597 datiert) und darüber die zwölf Apostel, denen jeweils ein Vers des Credo zugeordnet ist.

Lit.: Staiger 1863, S. 428 f.

Ehem. Tafernwirtshaus zum Karpfen – Zum Karpfen

An der Straße nach Deisendorf gelegen. Der Gebäudekomplex aus Wirtshaus, Scheune und weiteren Nebengebäuden ist heute kaum mehr einsehbar. Er liegt unmittelbar vor der Grenze zum Gebiet der ehemaligen Freien Reichsstadt Überlingen.

Lit.: Staiger 1863, S. 427.

Ehem. Schussenrieder Klosterhof, später Salemer Amtshaus – Zum Stichling 16

Das gegenüber dem Gasthaus zum Karpfen gelegene Rat- und Gemeindehaus (Abb. 236) wurde 1790 unter Abt Robert Schlecht (1778–1802) in der heutigen Form umgebaut. Es beherbergte den Torkel und verfügt über einen Keller. Im Obergeschoss war später das Bürgermeisteramt untergebracht. Das Gebäude

geht auf den 1658 errichteten Schussenrieder Klosterhof zurück, von dem sich Reste in der heutigen Bausubstanz erhalten haben sollen.

Lit.: Sachs 1985, S. 272; Staiger 1863, S. 428; SVGB 1965, 47 ff.

Oberhof bei Maurach

Wirtschaftshof oberhalb der früheren Grangie Maurach. Die Gebäude wurden mehrfach erneuert, zuletzt unter Abt Robert Schlecht (1778–1802) in den Jahren 1788/90.

Lit.: Staiger 1863, S. 444 f.

Oberrieden

Freistehendes Gehöft zwischen Oberuhldingen und Daisendorf.

Zehntrechte in Oberrieden erhielt Salem 1255 von Walter von Vaz und 1385 von Rudolf von Oberrieden, von dem es 1290 auch den dortigen Hof um 40 Mark Silber erkaufte, der später als Lehen vergeben wurde. 1704/05 wurde das dortige Hofgebäude neu errichtet und das

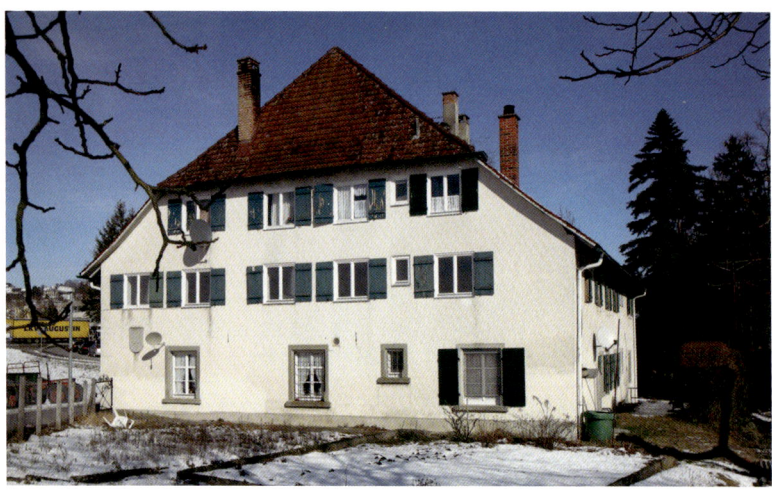

Abb. 236: Nußdorf, Amtshaus des Klosters Salem

208

Bursamt zahlte dem Lehenbauern hierfür einen Baubeitrag von 125 fl.

Lit.: Staiger 1863, S. 411 f.

Oberstenweiler

Der Weiler befindet sich an der nördlichen Grenze des Salemer Herrschaftsgebiets. Mit dem Vertrag von 1637 sicherte sich die Abtei die Herrschaftsrechte in Oberstenweiler. Dort gab es große Lehenhöfe des Konstanzer Spitals, zwei heiligenbergische Lehenhöfe, einen Lehenhof des Klosters Weingarten, einen Lehenhof des Konstanzer Domkapitels und den Salmansweiler Lehenhof, den Tobelhof. Von diesen Höfen sind die Höfe Sankt-Antonius-Straße 15 aus der Mitte des 18. Jahrhunderts (Abb. 237), der kleinere Hof Sankt-Antonius-Straße 17 und der im Kern wohl noch aus dem 17. Jahrhundert stammende Hof Sankt-Antonius-Straße 26 (Abb. 238) erhalten. Nur der Hof Sankt-Antonius-Straße 17 besitzt noch das ursprüngliche niedrige Tennentor, während die Ökonomieteile der beiden anderen Höfe im 19. und 20. Jahrhundert den veränderten Nutzungsanforderungen angepasst wurden.

Torkelscheuer – Torkelweg

Die außerhalb des Orts gelegene, extrem langgestreckte Torkelscheuer (Abb. 239) dürfte um 1800 erbaut worden sein und wurde vermutlich im 19. Jahrhundert teilweise umgebaut. Ursprünglich dürfte sie für die Aufnahme von drei Torkelbäumen ausgelegt gewesen sein.

Lit.: Staiger 1863, S. 411 f.

Oberuhldingen

Zwischen 1191 und 1215 hatte Salem durch Tausch von Konrad von Foramine ein erstes Gut in Oberuhldingen erworben. Im frühen 13. Jahrhundert erhielt das Kloster vor allem von den Herren von Vaz, von Konrad von Markdorf und von Swigger von Gundelfingen weitere Güter. 1271 schließlich kaufte die Abtei vom Konstanzer Armenspital eine Mühle. Im Laufe des 14. und 15. Jahrhunderts konnte Salem seinen Besitz in Oberuhldingen ausbauen und die Ortsherrschaft erlangen. Der Besitz in Oberuhldingen einschließlich des Seezugangs in der Bucht zwischen der Aachmündung und Seefelden war für die Außenbeziehungen der Abtei von großer

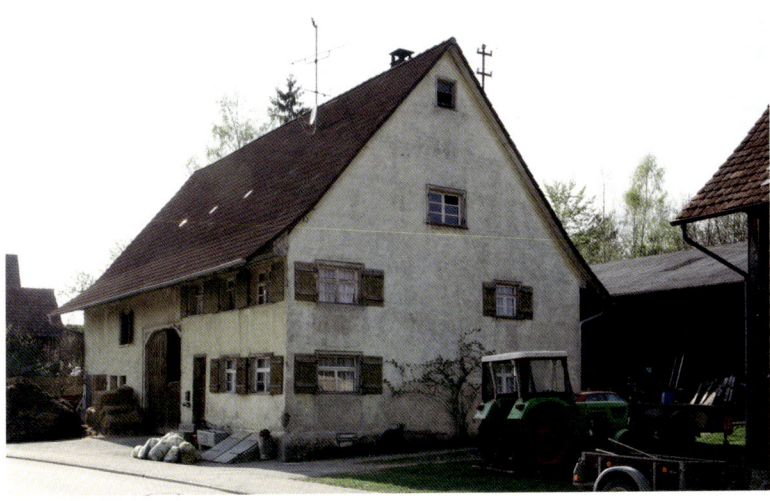

Abb. 237: Oberstenweiler Nr. 15

209

Bedeutung. So wurde beispielsweise der größte Teil der Baustoffimporte wie Sandsteine aus Rorschach und Bregenz, Gips aus Bregenz, Bauholz, Backsteine aus Fischbach etc. über den Uhldinger Seezugang abgewickelt.

1620 war in Oberuhldingen unter anderem auch eine Schießhütte erbaut worden und es gab dort zwei Mühlen: die Reißmühle und die Bruckmühle, deren Hauptgebäude 1687 unter Abt Emanuel Sulger (1680–1698) neu erbaut worden war.

Kapelle St. Wolfgang

(Abb. 240) Die Kapelle ist ein schlichter Saalbau von zwei Fensterachsen im Langhaus mit eingezogenem, von einem Chor-

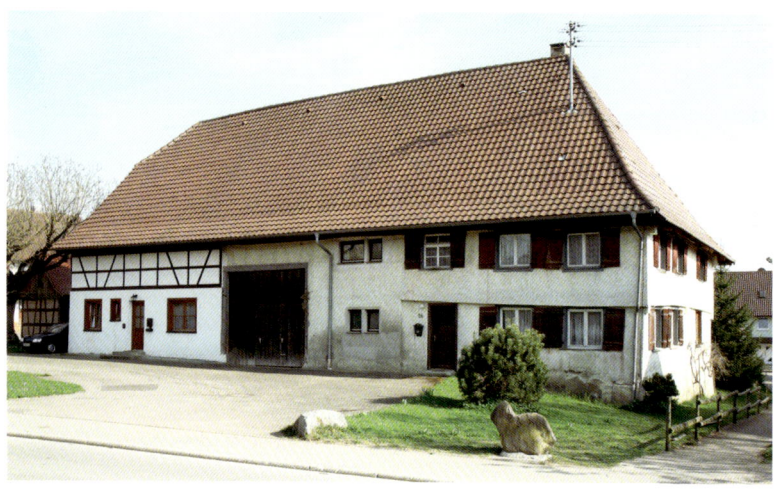

Abb. 238: Oberstenweiler Nr. 26

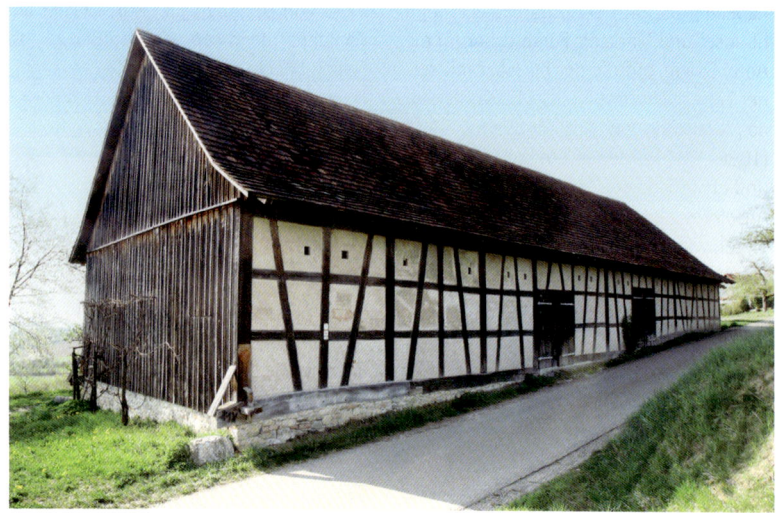

Abb. 239: Oberstenweiler, Torkelscheuer

210

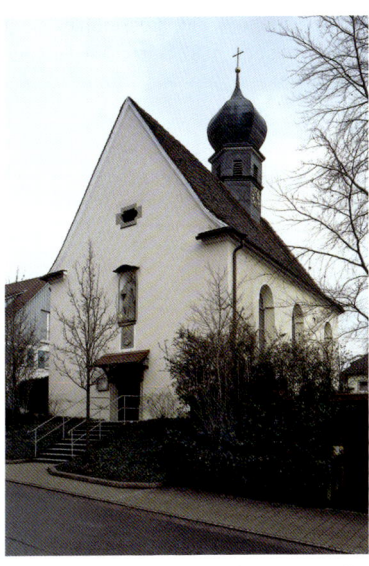
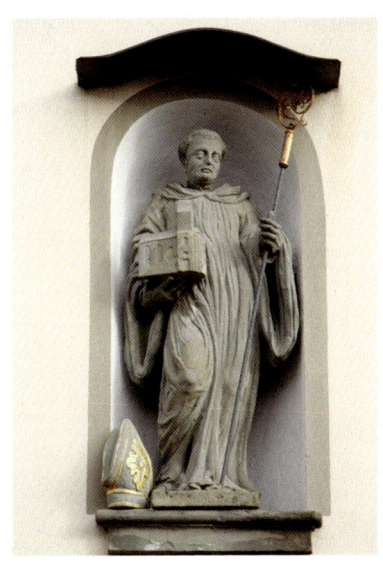

Abb. 240: Oberuhldingen, Wolfgangkapelle: Ansicht von Südwesten

Abb. 241: Oberuhldingen, Wolfgangkapelle: Skulptur des hl. Wolfgang an der Wesfassade

bogen abgetrennten, dreiseitig geschlossenem Chor. Über dem Westportal befinden sich Wappen von Abt Stephan I. Jung, eine Sandsteinskulptur des hl. Wolfgang (Abb. 241), wohl von Franz Joseph Feuchtmayer, und die Datierung 1711.

Der Altar stammt aus der Bauzeit der Kapelle (Abb. 242). Das Altarbild zeigt den hl. Josef und Maria als Fürsprecher für die Abtei Salem, auf die der hl. Josef mit seiner Linken verweist. In der Mitte unten ist das Wappen von Abt Stephan I. Jung (1698–1725) zu sehen, am linken Bildrand und etwas kleiner ist das Wappen von Abt Anselm I. Muotelsee (1664–1680) abgebildet. Das Gemälde dürfte Franz Carl Stauder zuzuweisen sein, der im ersten Jahrzehnt des 18. Jahrhunderts zahlreiche Arbeiten für Salem ausgeführt hat. Der Altar wurde erst am 29. April 1726 geweiht.

Der südliche Seitenaltar zeigt ein Gemälde des hl. Bernhard. Das Retabel selbst ist in pietra-dura-Technik ausgeführt.

An der Nordwand hängt ein Ölbild mit der Grablegung Christi, eine Kopie aus dem 18. Jahrhundert nach einer italienischen Vorlage der Zeit um 1600. Im Hintergrund des Bildes ist die charakteristische Silhouette des Palazzo Ducale in Urbino zu erkennen.

In dem Dachreiter hängen zwei historische Glocken. Die kleinere Glocke wurde 1746 von Leonhard (III.) Rosenlecher aus Konstanz gegossen, die größerer goss Felix (I.) Koch in Salem 1780.

Lit.: Glockenatlas, Baden, S. 188; Staiger 1863, S. 418 f.

Ehem. Torkelscheuer/Rebmannshaus (?) – Bahnhofstraße 1

(Abb. 243).

In den Jahren 1604/05 ließ Abt Petrus II. Miller (1593–1614) in Oberuhldingen durch Johann Hiltensperger einen neuen Torkel errichten, von dem der heute an dem Gebäude angebrachte Wappenstein stammen könnte (Abb. 244). Dieser ist auf 1605 datiert. Das Gebäude dürfte mehrfach umgebaut worden sein. Das Erdgeschoss ist massiv, das Obergeschoss in konstruktivem, unter Putz liegendem Fachwerk ausgeführt. Die Zufahrt zur

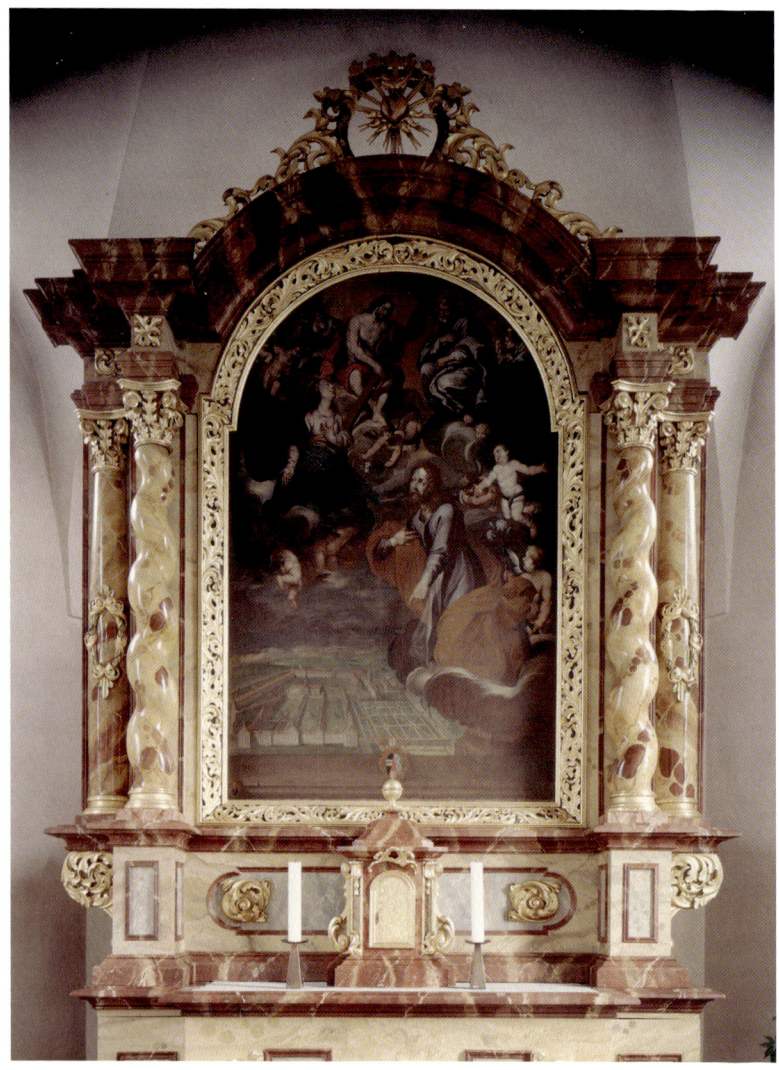

Abb. 242: Oberuhldingen, Wolfgangkapelle: Hochaltar

Tenne ist wohl im 19. Jahrhundert vergrößert worden, ebenso die Fenster im ersten Obergeschoss des Wohnteils.

Der Zuschnitt von Wohnraum und Scheune bzw. Torkel kann auf die Nutzung als Rebmannshaus hinweisen. Für eine klassische Landwirtschaft sind die Räume von Tenne und Scheune zu klein.

Lit.: Sachs 1982, S. 266 f.

Reißmühle, Reißmühle 1

1216 ließ Abt Eberhard I. von Salem an dieser Stelle eine erste Mahlmühle errichten (Abb. 245). Nach Besitzverlust kam die Mühle 1582 im Tausch gegen einen Hof in Altnau (TG) wieder in den Besitz des Klosters. In den Jahren 1603–1605 ließ das Kloster einen Neubau ausführen, der im Kern in dem heutigen dreigeschossigen

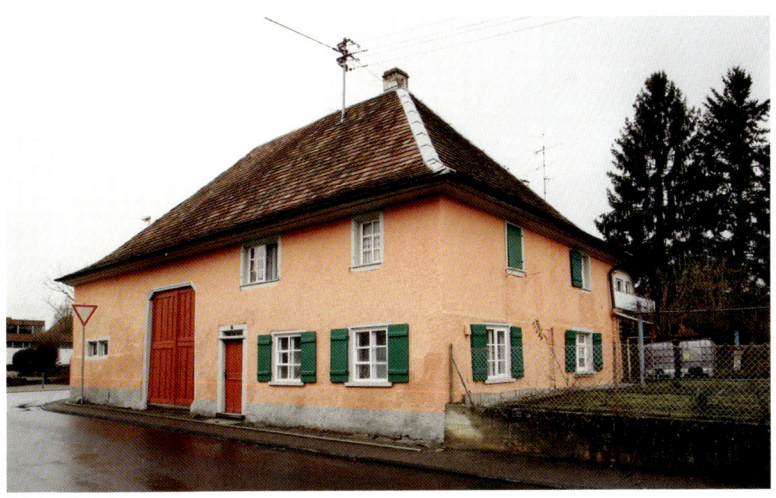

Abb. 243: Oberuhldingen, Bahnhofstr. 1

Massivbau mit Treppengiebeln erhalten sein dürfte. Die Maurerarbeiten führte Johann Brielmayer aus. In der Folge verzeichnen die Klosterrechnungen laufend Reparaturmaßnahmen oder Neubauten an den Mühlwerken und an den Mühlkanälen. Ein großer Umbau erfolgte wohl in den Jahren 1732/33 und eine letzte große Baumaßnahme vor der Säkularisation in den Jahren 1779/80. Der Reißmüller erhielt zu Letzterer einen Baubeitrag von 150 fl.

Lit.: Staiger 1863, S. 418.

Owingen

Der heutige Ort Owingen umfasst die früheren Dörfer Pfaffenhofen im Westen und Owingen im Osten, um die Pfarrkirche. Die beiden Siedlungskerne zählen zu den ältesten Siedlungen im Linzgau. 983 schenkte Bischof Gebhard von Konstanz umfangreiche Güter dem von ihm gegründeten Kloster Petershausen. Im 13. Jahrhundert gelang es dem Zisterzienserkloster Salem zahlreiche Höfe und schließlich die Ortsherrschaft zu erlangen. Das Patronat der Pfarrkirche hatte jedoch

die Deutschordenskommende Mainau inne. Ansprüche am Zehnt von Owingen bzw. Pfaffenhofen hatten die Abtei Salem, der Spital zu Überlingen, der Bischof von Konstanz und die Kommende Mainau.

Salem besaß im Ortsteil Pfaffenhofen zahlreiche Lehenhöfe, Seldnerhäuser, ein Kaplaneihaus und die Nikolauskapelle. Die Lehengüter hatten unterschiedliche Na-

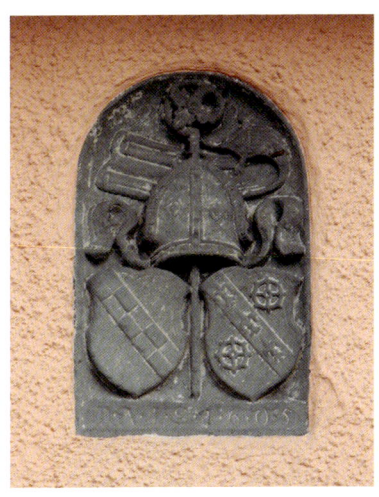

Abb. 244: Oberuhldingen, Bahnhofstr. 1: Wappen von Abt Petrus II. Miller (1593–1614)

213

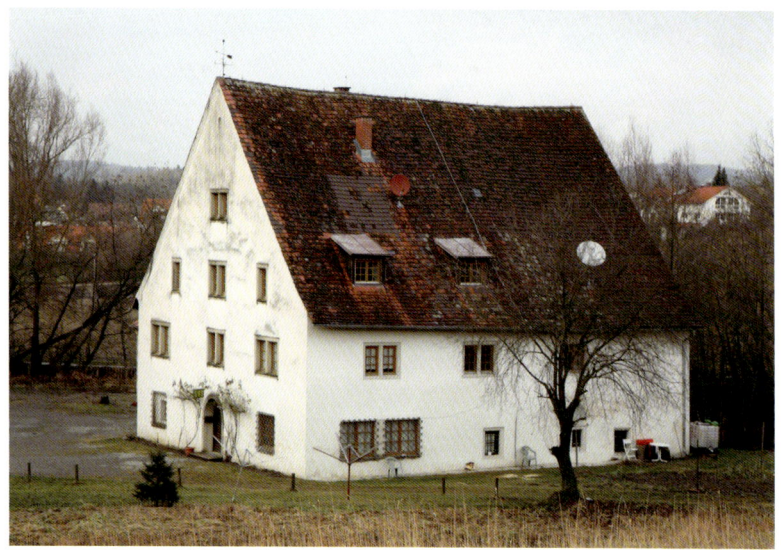

Abb. 245: Reißmühle

mensgruppen. Den größeren gab man Berufsbezeichnungen wie Mahler, Jäger, Kohler, Schlosser, Kolben, Hirt, Schreiber, Glaser und Beck. Diese Höfe waren jeweils ungewöhnlich groß und dürften zu den ältesten Hofstellen zählen. Die kleineren Güter und Selden hatten Pflanzennamen. Die beiden erst 1698 von Kloster Kreuzlingen erworbenen Leiblehenhöfe erhielten die Fischnamen Forelle und Felchen.

Die Mühle in Owingen hatte Salem bereits zwischen 1191 und 1215 von der Frau Konrads von Ruschweilers abgekauft. 1349 war Salem auch im Besitz der Pfaffenhofener Mühle, die etwa 1 km südöstlich des Ortskerns von Pfaffenhofen gelegen ist.

Pfarrkirche

Das Patronat an der Pfarrkirche hatte die Deutschordenskommende Mainau. Nach der Pfarrchronik soll der Chor unter Bischof Heinrich von Klingenberg 1306 errichtet worden sein, das Langhaus ist inschriftlich am Südportal 1498 datiert. Die Formen des heutigen Chors sprechen allerdings für eine Entstehung in den Jahr-

zehnten um 1500, d. h. kurz vor der Ausführung der Einwölbung. Die dekorativen Malereien des Chorgewölbes zeigen neben dem Wappen der Deutschordenskommende Mainau auch das Wappen des Salemer Abts Johannes Scharpffer (1494–1510). Dieses verweist wohl nicht nur allgemein auf die Ortsherrschaft des Klosters, sondern könnte auch ein Hinweis darauf sein, dass das Kloster wie die anderen Zehntherren in Pfaffenhofen, die Deutschordenskommende Mainau, das Domkapitel in Konstanz und der Spital zu Überlingen, einen finanziellen Beitrag zur Errichtung der Kirche geleistet hat. Die figürlichen Schlusssteine des Chorgewölbes (Abb. 246, 247) sind stilistisch denen in der Kapelle des Salemer Pfleghofs in Pfullendorf (Abb. 403, 405) eng verwandt und dürften von denselben Steinmetzen stammen.

Nikolauskapelle

1205 erstmals genannt. Mit der Kapelle war eine Kaplanei verbunden, der später besondere Bedeutung beigemessen wurde. Für das Jahr 1528 ist die Weihe eines

214

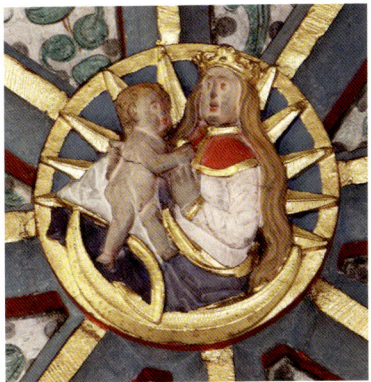

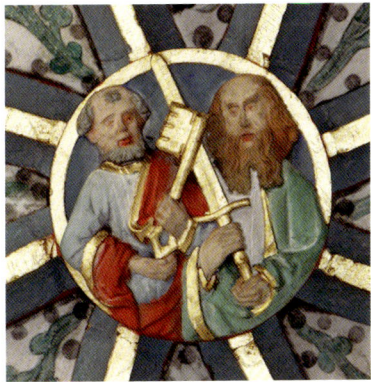

Abb. 246: Owingen, Pfarrkirche St. Peter und Paul: Schlussstein im Chorgewölbe

Abb. 247: Owingen, Pfarrkirche St. Peter und Paul: Schlussstein im Chorgewölbe

neuen Altars überliefert. Zu den bekanntesten Kaplänen an der Nikolauskapelle zählen von 1489 bis 1493 Johannes Scharpfer, von 1494 bis 1510 Abt in Salem, und 1522 Amandus Schäffer, der von 1529 bis 1534 das Kloster leitete. Ab 1595 waren die Ämter des Owinger Kaplans und des Salemer Pflegers zu Birnau vereint. Zur Finanzierung der Kapelle dienten die Abgaben der Lehngüter „Birne" und „Apfel". Letzteres brannte 1686 ab und wurde nicht wiederaufgebaut. 1665/66 erfolgte nochmals eine größere Reparatur am Vorgängerbau der Kapelle.

In den Jahren 1757/58 wurde durch den Salemer Maurermeister Johannes Kocher ein Neubau, ein kleiner Saalbau mit eingezogener Apsis (Abb. 248), errichtet. Die Steinmetzarbeiten führte Caspar Biechter aus. Über dem Portal ist das 1757 datierte Wappen Abt Anselms II. aus der Werkstatt Joseph Anton Feuchtmayers angebracht. Das Dachwerk besteht aus einem zweifach liegenden Stuhl des Zimmermeisters Joseph Bommer.

Zur verlorenen Ausstattung gehören zwei leuchtertragende Putti aus der Feuchtmayerwerkstatt, hl. Nikolaus, wohl Mitte 17. Jahrhundert (Hans Schenck [?], vielleicht aus Altbirnau stammend), hll. Martin und Eligius (Wendelin) 16. Jahrhundert.

Der Dachreiter trägt eine von Theodosius (I), Leonhard (III) und Peter (I) Ernst aus Lindau 1671 gegossene Glocke.

Lit.: Glockenatlas, Baden, S. 189; Sachs 1985, S. 210.

An der Grenze zwischen den beiden historischen Ortskernen steht eine Schächerkapelle. Die Holzskulpturen aus der Überlinger Zürn-Werkstatt wurden durch Kopien ersetzt. Die Originalskulpturen befinden sich im Städtischen Museum in Überlingen.

In den beiden Ortskernen haben sich noch viele der ehemaligen Lehenhöfe und Seldnergüter erhalten (Abb. 249). Wiederholt verzeichnen die Rechnungen des Sa-

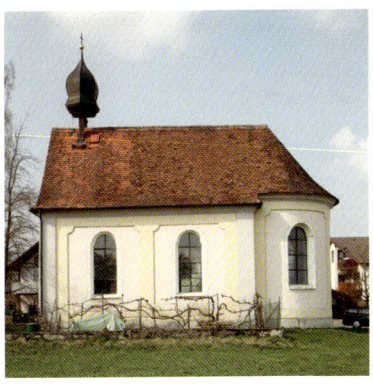

Abb. 248: Owingen, Nikolauskapelle: Ansicht von Süden

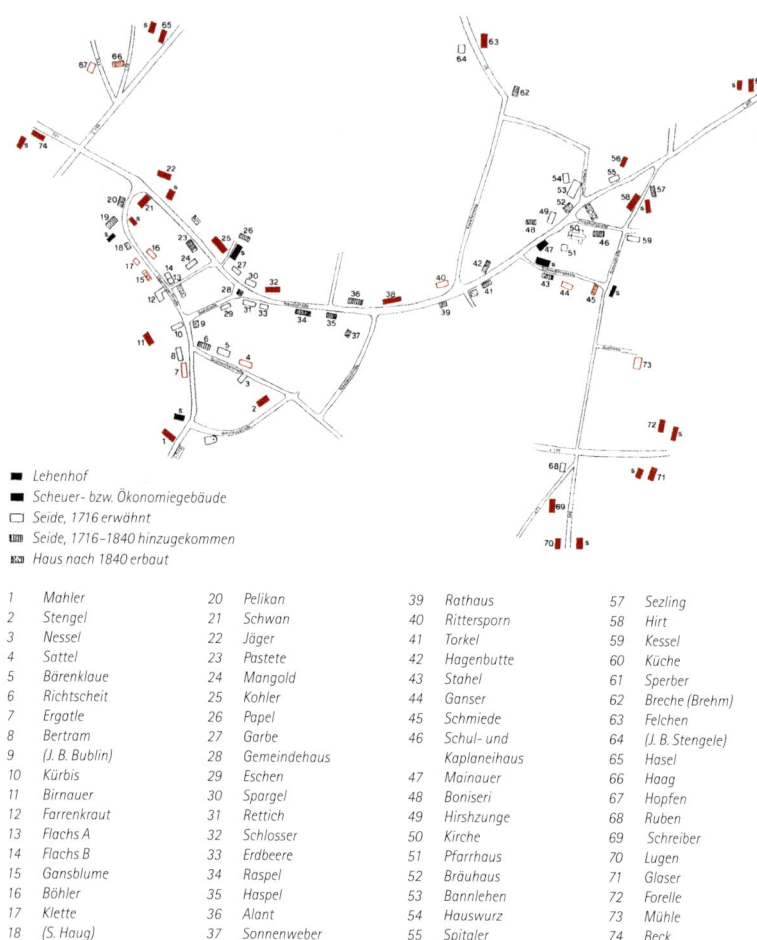

- ■ Lehenhof
- ■ Scheuer- bzw. Ökonomiegebäude
- ☐ Seide, 1716 erwähnt
- ▥ Seide, 1716–1840 hinzugekommen
- ▦ Haus nach 1840 erbaut

1	Mahler	20	Pelikan	39	Rathaus	57	Sezling
2	Stengel	21	Schwan	40	Rittersporn	58	Hirt
3	Nessel	22	Jäger	41	Torkel	59	Kessel
4	Sattel	23	Pastete	42	Hagenbutte	60	Küche
5	Bärenklaue	24	Mangold	43	Stahel	61	Sperber
6	Richtscheit	25	Kohler	44	Ganser	62	Breche (Brehm)
7	Ergatle	26	Papel	45	Schmiede	63	Felchen
8	Bertram	27	Garbe	46	Schul- und	64	(J. B. Stengele)
9	(J. B. Bublin)	28	Gemeindehaus		Kaplaneihaus	65	Hasel
10	Kürbis	29	Eschen	47	Mainauer	66	Haag
11	Birnauer	30	Spargel	48	Boniseri	67	Hopfen
12	Farrenkraut	31	Rettich	49	Hirshzunge	68	Ruben
13	Flachs A	32	Schlosser	50	Kirche	69	Schreiber
14	Flachs B	33	Erdbeere	51	Pfarrhaus	70	Lugen
15	Gansblume	34	Raspel	52	Bräuhaus	71	Glaser
16	Böhler	35	Haspel	53	Bannlehen	72	Forelle
17	Klette	36	Alant	54	Hauswurz	73	Mühle
18	(S. Haug)	37	Sonnenweber	55	Spitaler	74	Beck
19	Kabis	38	Jägerhaus	56	Kolben		

Abb. 249: Owingen. Lageplan mit Kartierung der im 18. Jahrhundert belegten Hofstellen nach Sachs. Die Salemer Lehenhöfe sind rot markiert.

lemer Bursamts erhebliche Ausgaben für Neubauten von Lehenhäusern, von Reparaturen an diesen Häusern oder für die Auszahlung von Baubeiträgen an die derzeitigen Hofbesitzer.

Die meisten Höfe wurden zunächst im 19. oder frühen 20. Jahrhundert insbesondere bei den Ökonomiebereichen umgebaut. Dabei wurden vor allem die Einfahrten zu den Tennen vergrößert. In der zweiten Hälfte des 20. Jahrhunderts wurden auf der nicht mehr bewirtschafteten

Hofanlage die Ökonomiebereiche zu Wohnzwecken umgebaut. Im Folgenden sollen einige Beispiele der Salemer Lehengüter vorgestellt werden.

Überlingerstr. 27

Ehem. Leiblehenhof „Schwan" (Abb. 250) – heute Gasthaus Engel

Das Salemer Wirtshaus in Owingen ist 1495 erstmals belegt. Es war mit dem Schwanengut, einem der großen Salemer Leiblehenhöfe verbunden. Der heutige

216

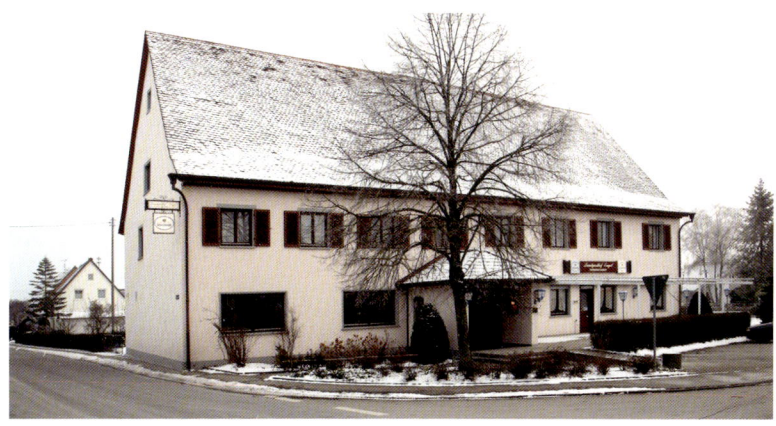

Abb. 250: Owingen, ehem. Tafernwirtshaus

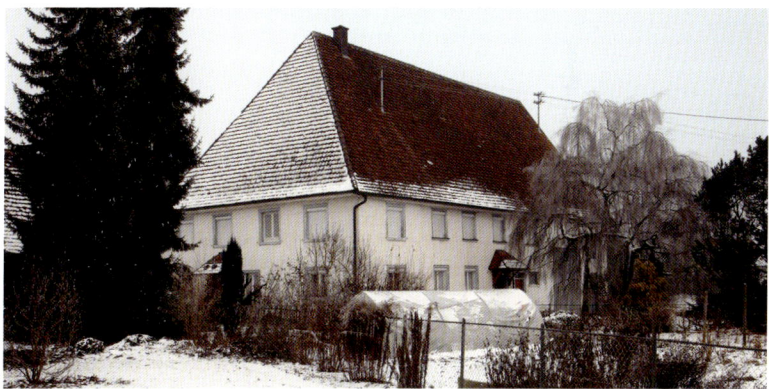

Abb. 251: Owingen, Salemer Leiblehenhof Jäger

zweigeschossige Bau dürfte im Kern aus dem 18. Jahrhundert stammen. Der Ökonomieteil wurde im 20. Jahrhundert für die heutige Nutzung umgebaut. Im Häuserverzeichnis von 1841 ist das Alter mit 90 Jahren vermerkt, der Hof dürfte also um 1750 errichte worden sein.

Hauptstr. 8
Ehem. Leiblehenhof „Jäger" (Abb. 251, 252)

Der Leiblehenhof Jäger zählte zu den größten Owinger Lehengütern. Der zweigeschossige Fachwerkbau mit westlichem Walm dürfte im 18. Jahrhundert erbaut worden sein. Die Tenneneinfahrt wurde

wohl im 19. Jahrhundert vergrößert, ansonsten scheint die Baustruktur kaum verändert worden zu sein. Das Häuserverzeichnis von 1841 gibt ein Alter von 110 Jahren an, so dass der Hof aus den Jahren um 1730 stammen dürfte.

Hauptstr. 14
Ehem. Salemer Lehenhof „Kohler" (Abb. 253)

Stattliche, ursprünglich vermutlich fünfzonige, dreischiffige Fachwerkkonstruktion, die später nach Westen nochmals um mindestens zwei Zonen erweitert wurde. Das Gebäude besitzt ein Dachwerk mit zweifach liegenden Stühlen in zwei

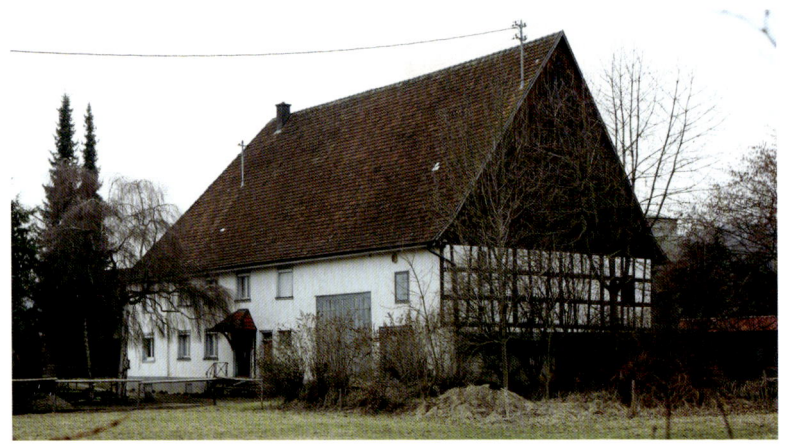

Abb. 252: Owingen, Salemer Leiblehenhof Jäger: Rückgiebel

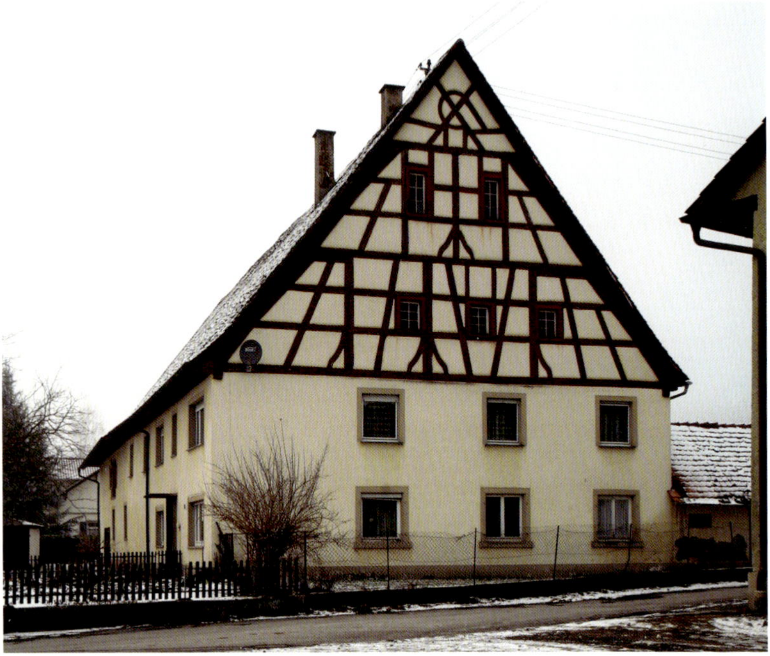

Abb. 253: Owingen, Salemer Leiblehenhof Kohler

Nutzungsebenen. Im ersten Dachgeschoss befindet sich zusätzlich ein einfach stehender Stuhl in der Mittelachse. Der obere liegende Stuhl ist ohne Kopfstreben. Sein Alter wird im Häuserverzeichnis von 1841 mit 220 Jahren angegeben.

Hauptstr. 24
Ehem. Salemer Seldnergut „Spargel" (Abb. 254)

Vierzoniger Bau mit Wohntrakt im Osten, Tenne, Stall und Schopf. Dachwerk mit zweifach liegendem Stuhl. Der Sturz-

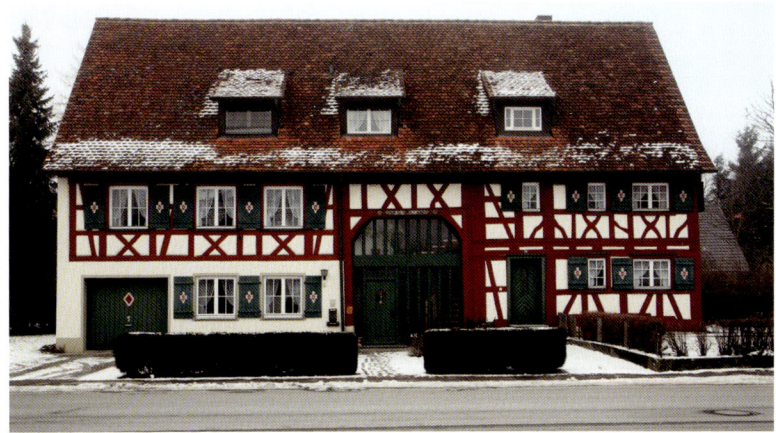

Abb. 254: Owingen, Salemer Seldnergut Spargel

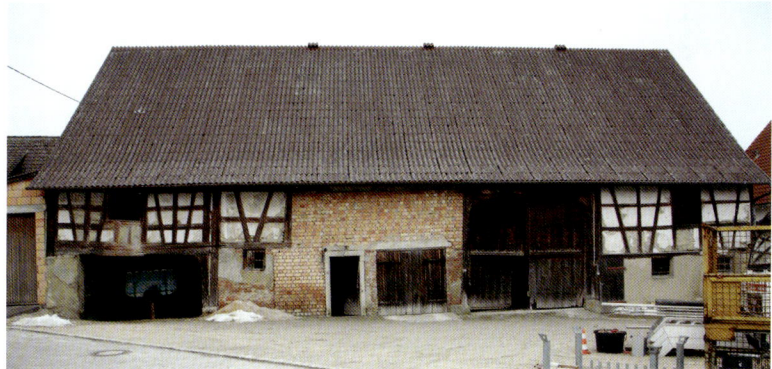

Abb. 255: Owingen, Scheune des Leiblehenhofs Hirt

riegel des Tennentors ist inschriftlich 1705 datiert. Der Ökonomiebereich wurde im 20. Jahrhundert umgebaut und dabei die Konstruktion im Bereich von Schopf und Stall bis auf das Rähm vollständig ausgetauscht.

Lit.: Sachs 1985, S. 67, 74, 87, 234.

Kreuzstraße

Ehem. Leiblehengut „Hirt" (Abb. 255)

Der Leiblehenhof Hirt zählte mit einem Grundbesitz von ca. 33,6 ha zu den kleineren unter den ganz großen Lehenhöfen. Von der Anlage haben sich, wenn auch verändert, das Hauptgebäude und das zu-

gehörende freistehende Scheunengebäude erhalten. Das Alter des Hofes wird 1841 mit 200 Jahren angegeben.

Überlingerstr. 12

Ehem. Erblehenhof Birnauer (Abb. 256)

Hervorgegangen aus der Zusammenlegung der Güter „Apfel" und „Birne". Die Abgaben dieses Hofs dienten zur Bestreitung des Unterhalts der Nikolauskapelle und der zugehörigen Kaplaneipfründe. Das Verzeichnis von 1841 nennt sein Alter mit 160 Jahren. Demnach wäre der Hof um 1680 erbaut worden. Bereits 1665/66 gewährte das Salemer Bursamt jedoch dem damaligen Lehenbauern Johannes Stengele einen Beitrag zum Neubau des Hofs.

Überlingerstr. 30

Ehem. Salemer Seldnergut „Pelikan" (Abb. 257)

Der heutige Bau wurde 1788 (südlicher Hausteil) und 1790 (nördlicher Hausteil) für den Wundarzt Alois Dossenberger errichtet. 1841 wird das Alter mit 60 Jahren angegeben. Auffallend ist die Abzimmerung des zweigeschossigen Fachwerkbaus in zwei getrennten Abbundeinheiten. Der Ökonomieteil wurde nachträglich angefügt. Erst im Zuge dieser Erweiterung erhielt der Bau sein heute charakteristisches Vollwalmdach.

Lit.: Sachs 1985, S. 234.

Außerhalb des Ortskerns liegen die ehemaligen Salemer Lehen.

Landstraße

Ehem. Leiblehenhof „Sperber"

Der vergleichsweise große Leiblehenhof liegt gut 1 km östlich von Pfaffenhofen zwischen Owingen und Ernatsreute und trägt heute den Namen Böhlerhof,

nach seinem 1716 genannten Besitzer Joseph Böhler. Er wurde zuletzt 1788 neu erbaut. 1789 fertigte der Vermesser Franz Anton Eggler eine Karte von dem Hofgut an, die zeigt, dass der zum Hof gehörende Grundbesitz unmittelbar um die Hofanlage angeordnet war und eine zusammenhängende Fläche bildete.

Hombergerhof – östlich der Straße von Owingen nach Andelshofen.

Ehem. Salemer Lehengut „Forelle", 1698 von Kloster Kreuzlingen erworben

Das Lehen „Forelle" war mit einem Landbesitz von ca. 38 ha vergleichsweise groß und wurde als Leiblehen vergeben. Es ist eine charakteristische, um einen rechteckigen Hof gruppierte Anlage mit dem Wohnhaus an der einen und dem großen Ökonomiegebäude an der gegenüberliegenden Hofseite. An den beiden anderen Seiten befinden sich untergeordnete Gebäude. Das Hauptgebäude mit dem Wohntrakt an der Südseite ist auf das Jahr 1782 datiert. Die Scheune stammt von 1861, die kleineren Nebengebäude aus der Zeit um 1900 und aus dem 20. Jahrhundert.

Lit.: Sachs 1985, S. 142, 233.

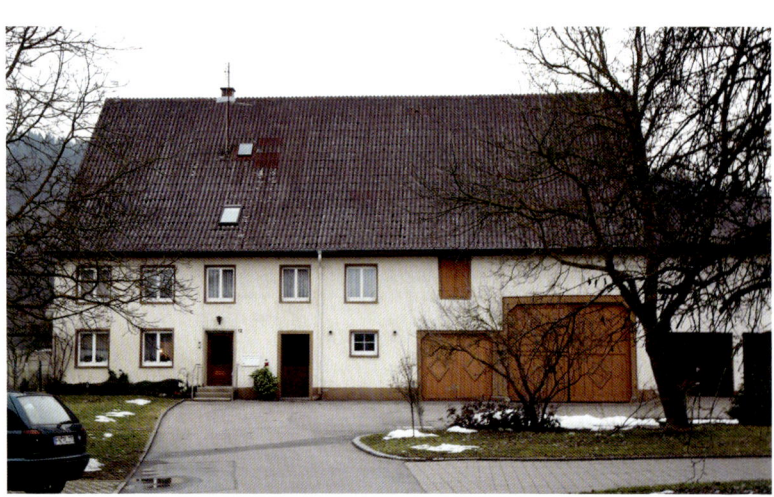

Abb. 256: Owingen, Salemer Erblehenhof Birnauer

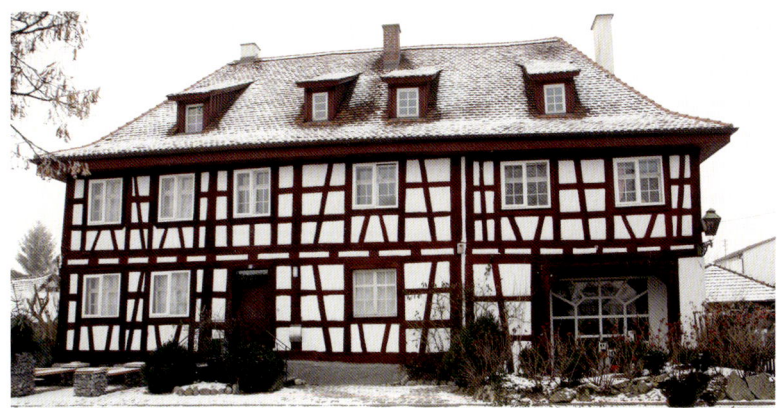

Abb. 257: Owingen, Seldnergut Pelikan

Kapellenweg – Hohenreutehof
Ehem Leiblehengut „Felchen"

Die Güter des Hofs Felchen wurden ebenfalls 1698 von Kloster Kreuzlingen erworben. Der außerhalb des Orts gelegene Hof wurde 1841 um eine zweite Hofanlage erweitert.

Lugenhof – östlich der Straße zwischen Überlingen und Owingen

Nach dem Verzeichnis von 1841 war der ehemalige Lehenhof des Klosters Salem damals etwa 50 Jahre alt. Der Lugenhof diente als Wirthaus (Sternen) und seit den 1760er Jahren als Poststation. Er liegt unmittelbar an der Grenze zur Überlinger Markung.

Das unterkellerte Hauptgebäude verfügt über ein massiv aufgemauertes Erdgeschoss und ein Fachwerkobergeschoss mit einem Vollwalmdach, das zwei Nutzungsebenen besitzt.

Die Fensteröffnung im Obergeschoss dürfte wohl im 19. Jahrhundert vergrößert worden sein. Die heutigen Ökonomiegebäude wurden im 19. Jahrhundert erneuert.

Am Lugenhof stand ein größerer Bildstock. Die kleine Kapelle mit einem Kruzifix und Mutter Gottes ist nicht mehr vorhanden, doch die um die Kapelle gepflanzte Baumgruppe steht noch.

Lit.: Sachs 1985, S. 233.

Risthof – westlich der Straße von Überlingen nach Owingen

Der Hof geht auf das Salemer Seldnergut Ruben zurück. Der Wohntrakt ist ein Neubau von 1857. Ältere Substanz dürfte im hinteren Ökonomieteil des Hofes enthalten sein.

Lit.: Sachs 1985, S. 233.

Happenmühle – an der Landstraße zwischen Owingen und Taisersdorf

Den ersten Besitz an der Happenmühle erwarb Salem 1319. Die heutige Hofanlage stammt im Kern aus dem frühen 18. Jahrhundert, aus dem das Hauptgebäude (Abb. 258) und ein Scheunengebäude erhalten sind. Ein weiteres Scheunengebäude, das sich gegenüber dem Hauptgebäude befand, ist nur noch in den Grundmauern vorhanden.

Lit.: Sachs 1985, S. 236.

Schwandorfer Hof

Ehem. Grangie des Klosters
Ein Gut in dem Ort Schwandorf bei Salem zählte bereits zum Stiftungsgut des Guntram von Adelsreute. Neben dem Klosterstifter waren in Schwandorf insbesondere das Kloster Reichenau und die Herren von Hasenweiler begütert. Ab 1171 baute Sa-

221

lem seinen Besitz in Schwandorf durch Tausch oder Kauf planmäßig aus und 1189 schien die Grangie bereits die dörfliche Struktur verdrängt zu haben. Nach einem Brand 1475 wurde der Hof unter Abt Johannes Stantenat (1471–1494) von Grund auf neu erbaut.

Heute besteht der Schwandorfer Hof (Abb. 259) aus dem langgestreckten, mit einem Vollwalm versehenen Hauptgebäude, dessen Ursprünge bis in die Zeit um 1600 zurückreichen können. Neben dem Hautgebäude befindet sich ein im 20. Jahrhundert erneuertes Kellergebäude mit Back- und Waschhaus, das im Kern auf das 18. Jahrhundert zurückgehen kann. Das große Scheunen-

gebäude stammt aus der Mitte des 19. Jahrhunderts.

Lit.: Staiger 1863, S. 48.

Seefelden

Salem erwarb 1213 erste Güter in Seefelden von Adelheid von Vaz. Die Herren von Vaz übergaben Salem in der Folge weitere Güter in Seefelden und 1225 erhielt Salem auch das Patronat an der dortigen Pfarrkirche, übertrug dieses aber noch in demselben Jahr an das Konstanzer Domkapitel. 1227 bestand in Seefelden eine nach der Zisterzienserregel lebende Frauengemeinschaft, die 1233 in die Nähe von

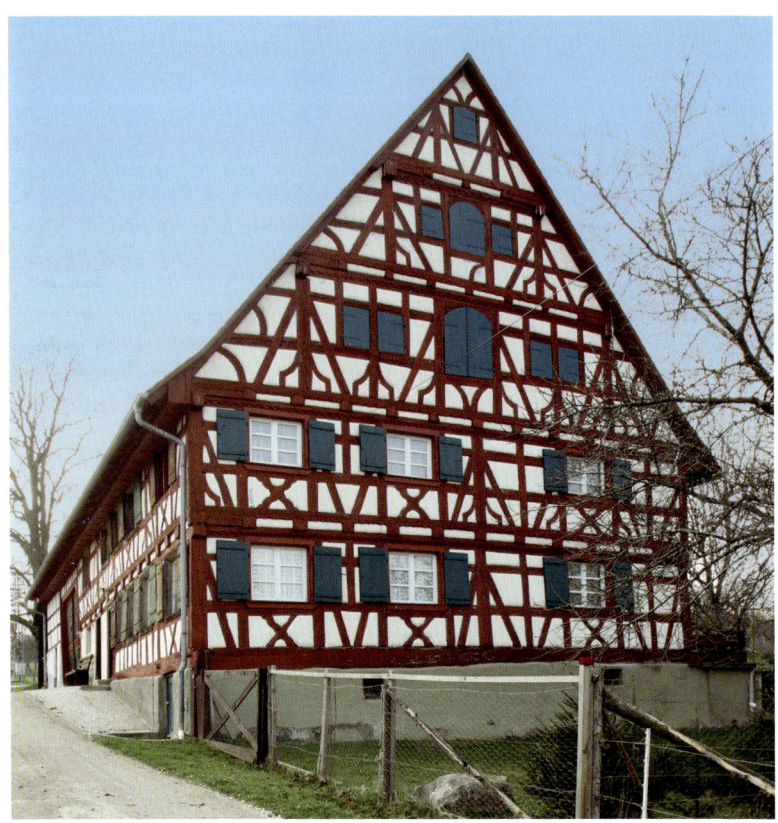

Abb. 258: Happenmühle, Hauptgebäude

222

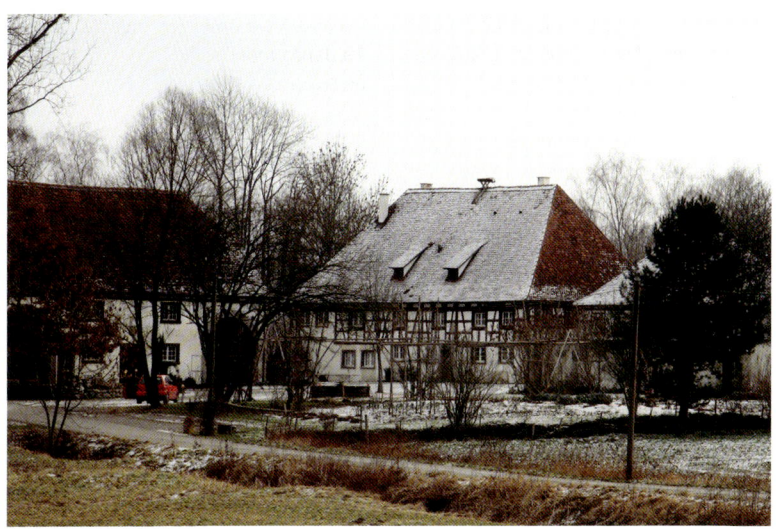

Abb. 259: Schwandorfer Hof

Saulgau verlegt wurde. Aus ihr ging schließlich das Zisterzienserinnenkloster Baindt hervor.

Pfarrkirche St. Martin

Die Pfarrkirche St. Martin (Abb. 260, 261) geht im Kern auf einen Bau aus der Zeit um 1200 zurück, wobei offen bleiben muss, ob die in der südlichen Langhauswand erhaltenen Reste einer älteren Wand gleichzeitig mit dem Turmuntergeschoss sind. Der Turm ist fast vollständig mit Wacken erbaut. Die unteren Geschosse weisen einen auffallend regelmäßigen Mauerverband auf. Im Erdgeschoss des Turms befindet sich ein ehemaliger Sakristeiraum, der mit einem auf Würfelkapitellen ruhenden Kreuzgratgewölbe überspannt wird. Die Obergeschosse konnten nur über die hochliegende und aufwendig verzierte Türe an der Nordseite des Turms betreten werden (Abb. 262, 20). Das erste Obergeschoss, das vermutlich nie vollständig ausgebaut wurde, zeichnet sich durch eine besondere Hervorhebung des Ostfensters aus. Dieses Fenster ist deutlich größer als die übrigen Turmfenster und besitzt ein sorgfältig ausgearbeitetes

Gewände (Abb. 263). Die Binnenöffnung ist dabei deutlich größer als die Außenöffnung. Rechts neben dem Fenster befindet sich an der Ostwand eine sorgfältig ausgemauerte Wandnische und zwischen Fenster und Nische der Rest eines steinernen Halterings (Abb. 21). Am Außenbau ist dieses Fenster durch eine Großquaderverkleidung und ein umlaufendes, rechtwinklig gebrochenes Gesims hervorgehoben, das von zwei kleinen Atlanten gestützt wird. Lage und Ausgestaltung dieser Fensteröffnung sowie die Reste der Innenausstattung könnten darauf hinweisen, dass in diesem Raum Reliquien aufbewahrt werden sollten, die in dem Ostfenster zur Schau gestellt werden konnten. Die Obergeschosse des Turms waren um 1225 im Bau und wurden wohl bis zum ersten Freigeschoss in einem Zug errichtet. An der Nordwand des Turms hat sich noch die Wasserablaufrinne für den Dachanschluss des romanischen Chors erhalten. An der Ost- und Westseite verfügt der Turm über Dachanschlaggesimse für die anschließenden Mauern des Chors und des Langhauses. Die weiteren Obergeschosse, deren Mauerwerk weniger

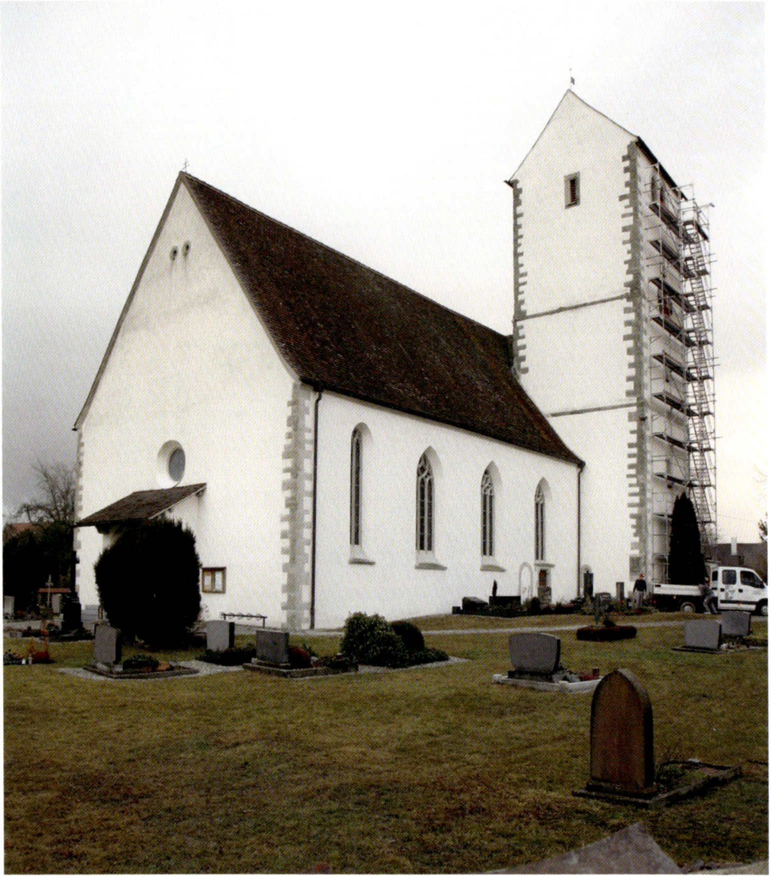

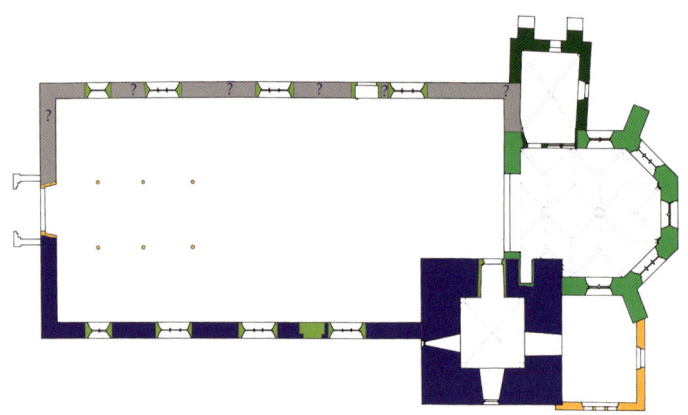

Abb. 260: Seefelden, Pfarrkirche St. Martin: Ansicht von Südwesten

Abb. 261: Seefelden, Pfarrkirche St. Martin: Baualtersplan. M 1:400

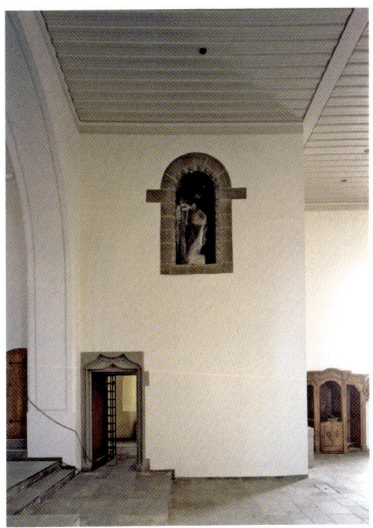

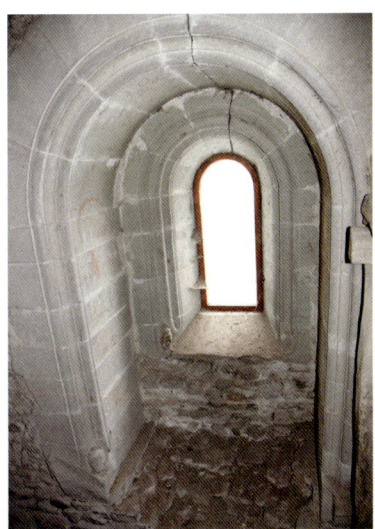

Abb. 262: Seefelden, Pfarrkirche St. Martin: Nordseite des Turms mit dem hochgelegen Zugang zu den Turmobergeschossen

Abb. 263: Seefelden, Pfarrkirche St. Martin: Ostfenster des ersten Turmobergeschosses

einheitlich wirkt wie das der unteren, dürften noch im Laufe des 13. Jahrhunderts errichtet worden sein.

Um die Mitte des 15. Jahrhunderts ließ das Konstanzer Domkapitel den Chor der Kirche erneuern. Der ursprünglich freistehende Westgiebel dieses Chorneubaus hat sich in Teilen unter dem heutigen Dach erhalten. In seinem Mauerwerk befinden sich auch zahlreiche Fragmente großformatiger Flachziegel wie sie für Salem, Konstanz und Reichenau nachgewiesen sind. Dachansatzspuren an diesem Giebel sowie an der Nordseite des Turms belegen, dass das romanische Langhaus zunächst noch einige Zeit fortbestanden hat. Die Putzkanten belegen auch, dass der Turm erst im 15. Jahrhundert einen Außenputz erhalten hat.

Wohl gegen 1500 oder im frühen 16. Jahrhundert erfolgte ein Umbau des Langhauses zu einem großen Kirchensaal. Aus dieser Zeit hat sich das Dachwerk über dem Schiff mit zweifach liegenden Stühlen in zwei Ebenen und einem einfachen Hängewerk erhalten. Bei der Dachwerkskonstruktion wechseln sich voll

ausgebildete Hängebünde mit einfachen Aufhängen in den Leergebinden ab.

Die Gestalt des älteren Langhauses ist nicht sicher zu rekonstruieren. Der Ansatz am Turm, die erhaltenen romanischen Teile in der Südwand und die Eckquaderverbände an der Westfassade lassen auch einen basilikalen Querschnitt des Vorgängerbaus nicht ausgeschlossen erscheinen.

Der Turm besitzt noch vier historische Glocken. Zwei Glocken stammen aus dem 14. Jahrhundert. Die größere der beiden trägt die Aufschrift „MARIA · GOTES · CELLE · HAB · IN · DINER · H°VTE · SWAS · ICH · VBER · SCHELLE". Die kleinere der beiden hat keine Umschrift. Die dritte Glocke wurde 1583 von Hans Frei in Kempten gegossen und besitzt die Umschrift „ZV · GOTES · LOB · VND · DINST · KERICH · ICH · HANS · FREI · ZV · KEMPTEN · GOS · MICH". Die größte Glocke stammt von den Konstanzer Glockengießern Leonhard (II) und Ulrich Rosenlecher und ist überaus reich mit Inschriften und Reliefs geschmückt.

Lit.: Glockenatlas, Baden, S. 197 f.; Staiger 1863, S. 392 ff.

225

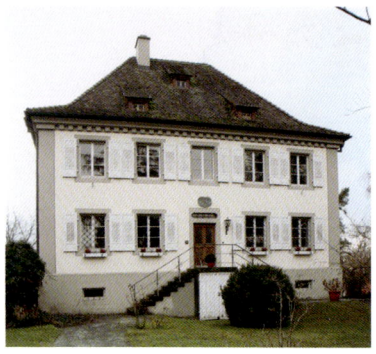

Abb. 264: Seefelden, Pfarrhaus

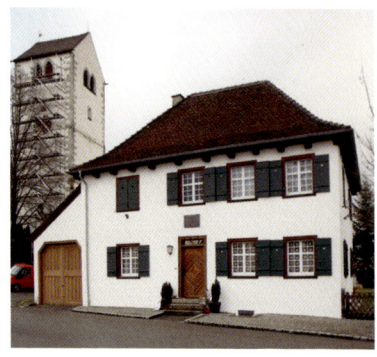

Abb. 265: Seefelden, Mesnerhaus

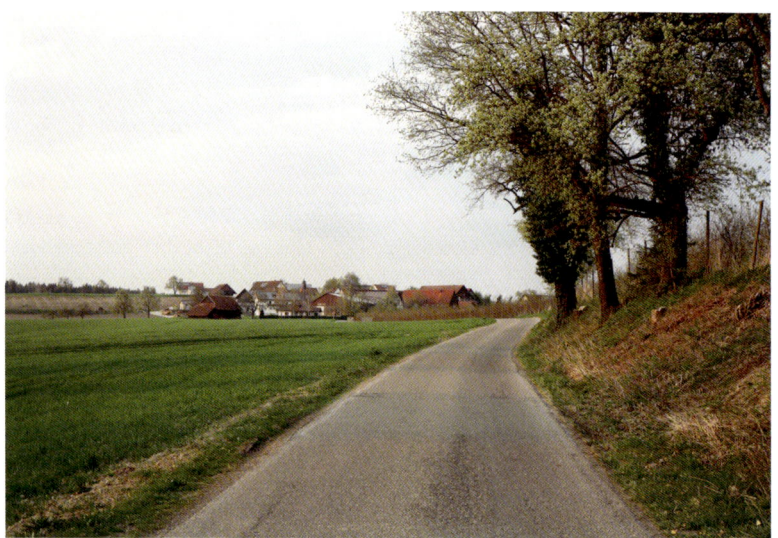

Abb. 266: Tepfenhard, ehem. Grangie

Pfarrhaus

Das Pfarrhaus (Abb. 264) ist ein zweigeschossiger Massivbau von 5 x 3 Fensterachsen. Es wurde 1779 nach Entwürfen des Mimmenhausener Maurermeisters Johann Kocher erbaut. Da das Patronat an der Seefelder Kirche beim Konstanzer Domkapitel lag, mussten die Pläne vom dortigen Domkapitel approbiert werden, bevor die Ausführung in Auftrag gegeben werden konnte.

Lit.: Sachs 1985, S. 219, 270; Staiger 1863, S. 397 ff.

Mesnerhaus

Südöstlich der Kirche liegt das Mesner- und Schulhaus (Abb. 265).

Lit.: Sachs 1985, S. 269.

Tepfenhard

Das Dorf Tepfenhard (Abb. 266) zählte zu dem Stiftungsgut des Klosters, das das Dorf in eine Grangie umwandelte. Die isolierte Lage der wenigen Gebäude spiegelt bis heute diese Entwicklung.

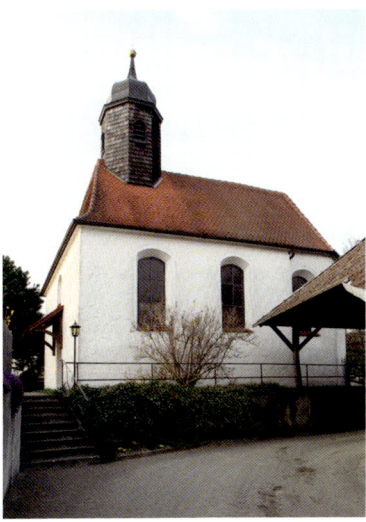

Abb. 267: Tepfenhard, Kapelle: Ansicht von Süden

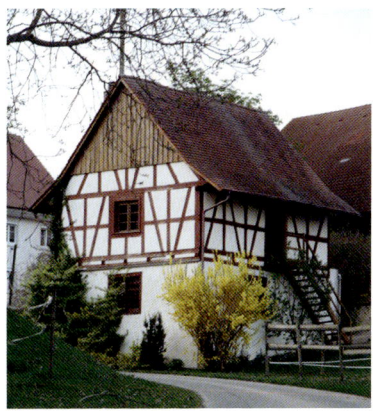

Abb. 269: Tepfenhard, Speichergebäude

Kapelle

Einfacher Saalbau mit dreiseitig geschlossenem Chor aus dem Jahr 1790 (Abb. 267). Auf dem Altar befindet sich der leicht umgestaltete ehemalige Tabernakel vom Hochaltar der Wallfahrtskirche Neubirnau (Abb. 268), der 1790 der klassizistischen Umgestaltung des dortigen Altars weichen musste. Die Skulptur des hl. Laurentius über dem Tabernakel steht den Arbeiten Melchior Binders ausgesprochen nahe. Die Mutter Gottes mit Kind aus dem späten 17. Jahrhundert dürfte aus derselben Werkstatt stammen wie der Kopf der Prozessionsfigur in der Kapelle von Adelsreute.

Die Kapelle wurde zu Beginn des 20. Jahrhunderts neu ausgestattet.

Höfe

Die Hofanlagen wurden zumeist im 19. und 20. Jahrhundert modernisiert und umgebaut. Erhalten hat sich ein kleines Speichergebäude (Abb. 269) und eine Scheune mit nachträglich vergrößerter Tenneneinfahrt.

Tüfingen

Im ersten Viertel des 13. Jahrhunderts erwarb Salem umfangreichen Besitz in Tüfingen, insbesondere von Walter und

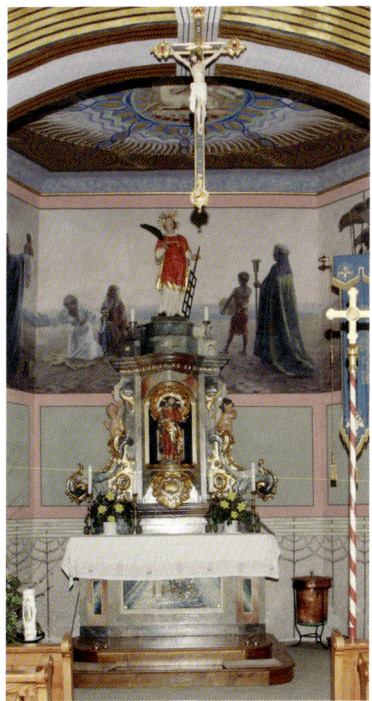

Abb. 268: Tepfenhard, Kapelle: Altar mit dem alten Tabernakel vom Hochaltar der Wallfahrtskirche Neubirnau

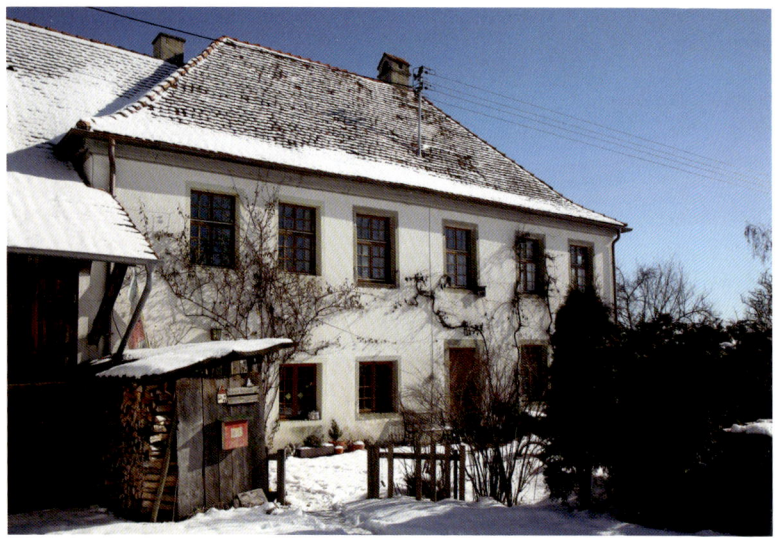
Abb. 270: Tüfingen, Jägerhaus

Adelheid von Vaz. Diesen Besitz konnte die Abtei im Laufe des 13. und 14. Jahrhunderts ausbauen. In dem Ort befand sich eine kleine Kapelle, die 1657/58 durch den Zimmermann Ludwig Poppelin repariert wurde, im 20. Jahrhundert jedoch dem Straßenbau weichen musste. Des Weiteren gab es eine Tafernwirtschaft (Rose) und vier große Lehenhöfe: die Höfe Hafner, Schreiner, Ziegler und Drechsler. In den Jahren 1709/11 leistete das Salemer Bursamt umfangreiche Geldbeträge zur Errichtung eines neuen Bauernhauses in Tüfingen.

Lit.: Staiger 1863, S. 379 ff.

Jägerhaus – Überlingerstr. 23

Das kleine, 1802 datierte Jägerhaus (Abb. 270) gehört zu den letzten von der Abtei Salem noch erbauten Gebäude und verkörpert den Idealtyp eines kleinen Gebäudes für einen Klosterbediensteten.

Bildtafel

An der Straße nach Salem befindet sich eine Bildtafel, die an die Zerstörung der Wallfahrtskirche Altbirnau im Jahr 1642 erinnert. Die heutige Tafel stammt aus dem Jahr 1881 und ist die dritte Tafel an dieser Stelle. Bereits 1802 und 1836 war die Tafel erneuert worden. 1802 wurde die Tafel auch an den heutigen Standort verlegt, nachdem der Baum, an dem sich die Tafeln ursprünglich befunden hatten, abgestorben war.

Lit.: Staiger 1863, S. 381 f.

Prälatenweg, Wegkreuz von 1670

Der Prälatenweg führt von Salem zur Wallfahrtskirche Birnau. Die Äbte von Salem waren mit ihren Gästen häufig über Mittag oder am Nachmittag auf der Birnau oder in Maurach. Dabei wurde dieser Weg benutzt. An dem 1670 datierten Kruzifix wurde 1750 das Birnauer Gnadenbild bei der Translozierung von Salem nach Neubirnau übergeben. Das heutige Kruzifix ist ein Abguss. Das Original befindet sich in Salem.

Unterstenweiler

Einzelne Besitzerwerbungen 1220 und 1259. Erst in den Jahren um 1300 kann

228

Salem seinen Besitz in Unterstenweiler vergrößern. Der Weiler hatte im 19. Jahrhundert nur 13 Häuser und kein Wirtshaus. Am Ort waren zwei große Lehenhöfe: die Höfe Scheibe und Zirkel.

Lit.: Staiger 1863, S. 305 f.

Roter Torkel

Zweigeschossiger Bau mit massiv ausgeführtem Erdgeschoss im Wohntrakt und Fachwerkobergeschoss, aus dem 18. Jahrhundert (Abb. 271). Die Massivwände gehen auf eine jüngere Umbauphase zurück und ersetzen eine Fachwerkkonstruktion aus Nadelholz, die wohl ebenfalls bereits aus einer Umbauphase, vielleicht aus dem 19. Jahrhundert, entstammte. Auch die Fenstereinteilung an der Schmalseite des Wohntrakts wurde zumindest im 19. Jahrhundert verändert. Die Zierausfachungen unterhalb der Fenster des Wohntrakts sind auch an der Längsseite nicht bauzeitlich. Nur im Bereich der alten Knechtkammer haben sich die bauzeitlichen Ausfachungen erhalten. Die Knechtkammern (Abb. 272) waren am gegenüberliegenden Hausende über dem Stall untergebracht und nur über eine Außentreppe zu erreichen.

Lit.: Sachs 1985, S. 258.

Urnau

Urnau wird erstmals 1094 erwähnt, die Kirche erst im 13. Jahrhundert. Salem erwarb dort sehr spät, ab 1294, Güter. Zur Finanzierung der Kirche dienten die Zinsen aus einzelnen Lehengütern. Sie wurde später dem Kloster inkorporiert. In der Universitätsbibliothek Heidelberg hat sich ein Missale erhalten, das aus der Pfarrkirche Urnau stammen könnte und dem ein Zinsregister von Urnau aus dem späten 15. Jahrhundert, d. h. etwa aus der Zeit der Errichtung des Glockengeschosses, angebunden ist.

Pfarrkirche zu den Heiligen Drei Königen

Die Kirche umfasst im Kern eine romanische Chorturmkirche (Abb. 273, 274). Der eingezogene Rechteckchor hatte eine lichte Raumweite von 3.92 x 3,47 m, der Langhaussaal eine Breite von 6,52 m und eine Länge von etwa 8 m. Bei einem Umbau 1906 wurde die Orientierung der Kirche um 180° gedreht, der ehemalige Chorraum zur Vorhalle umgestaltet, das Langhaus nach Westen verlängert und dort ein neues Querhaus und ein neuer

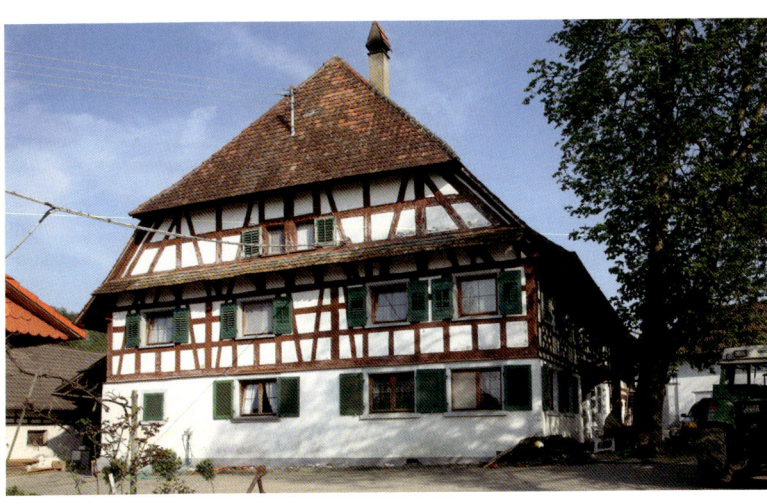

Abb. 271: Roter Torkel, Ansicht von Westen

229

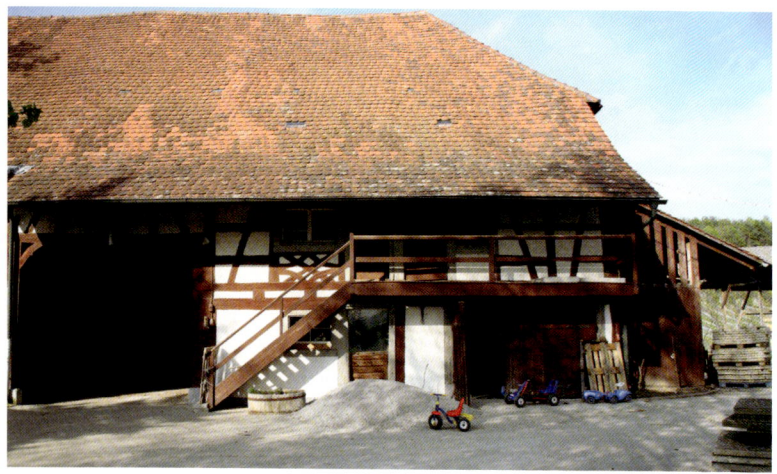

Abb. 272: Roter Torkel, Ansicht von Süden: Aufgang zu den Knechtkammern

Chor angebaut. Aus dieser Zeit stammt auch die neubarocke Ausstattung. Von der romanischen Kirche ist an der Südseite des Langhauses noch das heute vermauerte Seitenportal zu sehen. Der ehemalige Chorturm bis in Höhe des ersten Obergeschosses ist romanisch. Eine mit Steinmetzzeichen des 12. Jahrhunderts versehene Türe an der Westseite des ersten Turmobergeschosses führt heute in den

Abb. 273: Urnau, Pfarrkirche zu den hll. drei Königen: Ansicht von Nordost

Dachraum des Langhauses. Das Glockengeschoss ist vermutlich aus dem 15. Jahrhundert und das Dachwerk mit zweifach liegendem Stuhl und langen Kopfbändern wahrscheinlich aus dem letzten Viertel des 15. Jahrhunderts. Nördlich an den ehemaligen Chorturm ist eine Sakristei angebaut, deren Gewölbe inschriftlich auf 1534 datiert ist. Vermutlich um diese Zeit erfolgte eine Verlängerung der Kirche um eine Fensterachse nach Westen.

Das romanische Langhaus wurde bereits vor 1905/06, spätestens im 18. Jahrhundert erhöht. Bei der letzten Außenrenovierung wurden Reste gotisch veränderter Fenster aufgedeckt.

Unter Abt Konstantin Miller (1725–1745) erfolgte eine Umgestaltung der Kirche. Aus dieser Zeit stammt auch das Dachwerk mit zweifach liegenden Stühlen über dem alten Teil des Langhauses. Von der alten Ausstattung blieben die drei unter Abt Konstantin angeschafften Altäre erhalten. Das Hochaltarblatt zeigt die Anbetung der Könige und trägt am linken unteren Rand das Wappen von Abt Konstantin. Unter dem Chorbogen hängt ein Kreuz aus der Werkstatt von Joseph Anton Feuchtmayer.

Lit.: FuB ArchMA 6, 245 f.

230

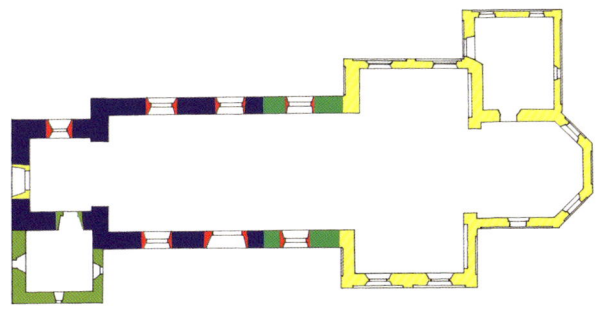

Abb. 274: Urnau, Pfarrkirche zu den hll. drei Königen: Baualtersplan. M 1:400

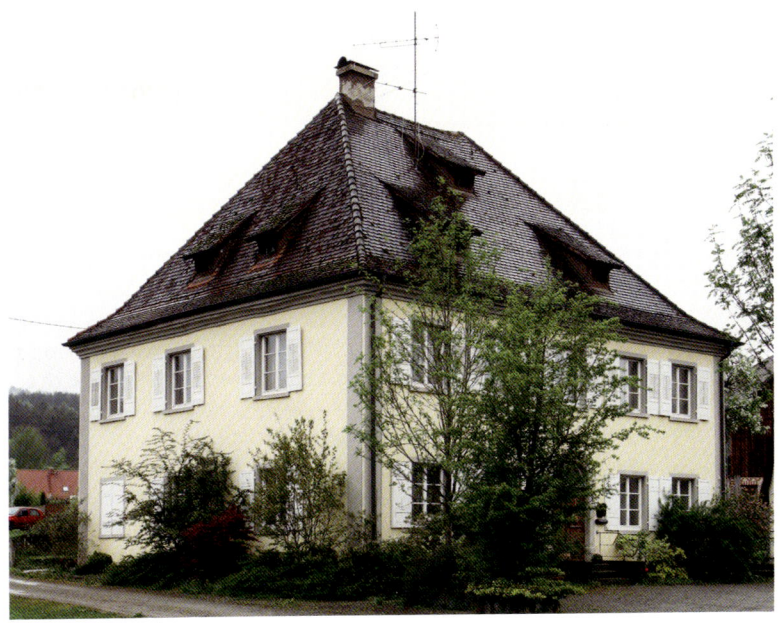

Abb. 275: Urnau, Pfarrhaus

Pfarrhaus

Das zweigeschossige, massiv ausgeführte Pfarrhaus mit 5 x 3 Fensterachsen ist über der Tür 1794 datiert und steht dem Pfarrhaus von Seefelden sehr nahe (Abb. 275).

Lit.: Sachs 1985, S, 307.

Wehhausen

Hofgut mit einem ehemaligen Erblehenhof. Charakteristisch ist die freistehende

Lage. Die Gebäude wurden im 19. und 20. Jahrhundert verändert. Im 13. Jahrhundert soll an der Stelle des Hofes ein ganzer Ort bestanden haben.

Lit.: Staiger 1863, S. 309 f.

Weildorf

Der Ort wird erstmals 768 genannt als ein Graf Gerold alle seine Güter, insbesondere Weildorf, dem Kloster St. Gallen ver-

231

schrieb. 849 verschenkte ein Salomo ebenfalls die ihm gehörenden Güter mit Ausnahme von zwei Lehengütern dem Kloster St. Gallen. Im 12. Jahrhundert ist Weildorf im Besitz der Grafen von Heiligenberg, von denen Salem sukzessive den ganzen Ort erwarb. 1257 übertrug Graf Berthold von Heiligenberg Salem das Patronat an der Pfarrkirche. 1291 wurde die Pfarrei der Zisterzienserabtei inkorporiert.

Pfarrkirche (Abb. 276, 277)

Unter der heutigen Kirche wurden 1992 Reste eines Vorgängerbaus ergraben. Es handelte sich um einen längsrechteckigen Saalbau, dessen Westabschluss nicht aufgedeckt wurde. Dieser schloss im Osten mit einer stark eingezogenen, polygonalen Apsis. Das heutige Langhaus stammt im Kern wohl aus dem späten 13. Jahrhundert. Dieses wurde in der Spätgotik nach Westen um ein Joch erweitert. Staiger überliefert für einen Quader an der Südwestkante des Langhauses die Jahreszahl 1552. Chorbogen und Chor sind im Kern wohl ebenfalls spätgotisch. Hierauf verweisen die häufig verbauten Backsteine sowie das Bruchsteinmauerwerk mit gespaltenen Wacken.

Nordöstlich des Langhauses stand ein massiver Turm, der 1613 weitgehend abgetragen und in Quadersteinen neu aufgebaut wurde. 1657 musste insbesondere das Dach des Turms repariert werden. In Folge von Brandschäden im Inneren neigte sich der Turm 1695 bedrohlich. Die alten Glocken konnten noch geborgen werden, bevor der Turm am 19. April 1695 einstürzte.

Nach dem Einsturz des nordöstlich der Kirche stehenden Turms wurde der Chor der Kirche erweitert, eine neue Sakristei geschaffen und der südliche Kapellenanbau errichtet. Johannes Bader, Maurermeister in Salem, führte alle Maurerarbeiten aus, ebenso sämtliche Arbeiten an den Decken und die Stuckaturen. Die

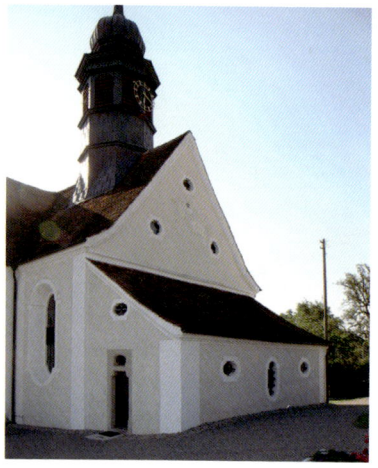

Abb. 276: Weildorf, Pfarrkirche St. Peter und Paul: Ansicht von Südosten

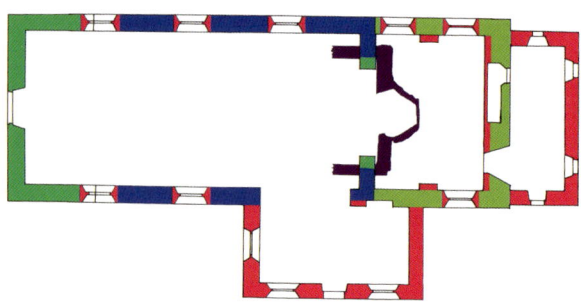

Abb. 277: Weildorf, Pfarrkirche St. Peter und Paul: Baualtersplan. M 1:400

232

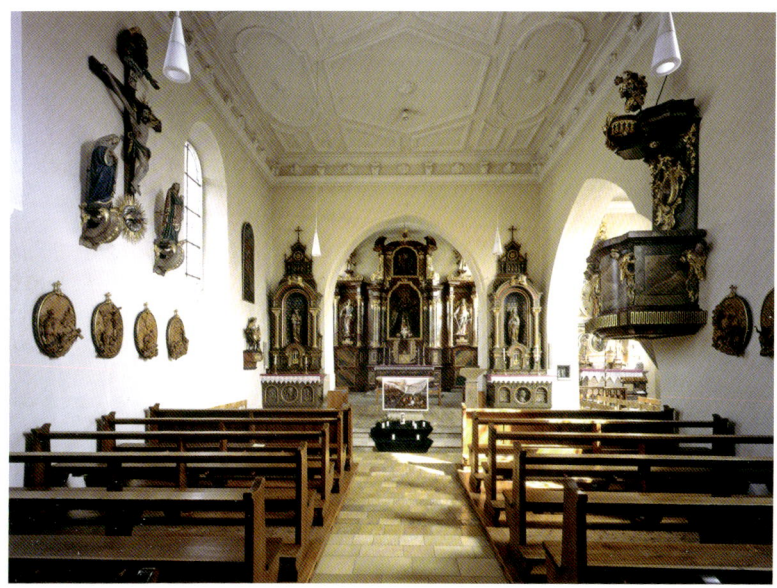

Abb. 278: Weildorf, Pfarrkirche St. Peter und Paul: Blick nach Osten

Zimmerarbeiten, also die Dachwerke über dem Langhaus, Chor und Kapellenanbau sowie den Dachreiter über dem Chor schuf Zimmermeister Bernhardt Juncker aus Weildorf. Es handelt sich dabei um Dachwerke mit zweifach liegenden Stühlen, im Bereich über dem Langhaus und dem Chor kombiniert mit einem einfachen Hängewerk (Abb. 80). Für die Dachdeckung der nördlichen Dachhälfte wurden die vom Vorgängerbau stammenden großformatigen mittelalterlichen Flachziegel wiederverwendet. Die geschweifte Dachhaube des Dachreiters war ursprünglich mit eichenen Schindeln gedeckt, die Jakob Künzler lieferte. Den Knopf und das Kreuz des Turms vergoldete der Überlinger Maler Christoph Lienhard, die Uhrtafeln am Turm fasste Jakob Widmann von Markdorf. Am 19. Juni 1696 konnte der Konstanzer Weihbischof die fertig gestellte Kirche wieder weihen. 1796 wurde der Dachreiter durch Johann Rebstein aus Mimmenhausen repariert. Weitere umfangreiche Reparaturen erfolgten 1850. Der Hochaltar wurde 1862 von Konrad Vogel/Markdorf neu gefasst. Die bei der großen Renovation von 1888/92 ausgeführten Dekorationsmalereien schuf Jakob Emele aus Konstanz. Die letzte Renovierung der Kirche erfolgte in mehreren Teilabschnitten zwischen 1991 und 2004.

Die heutige Ausstattung der Kirche ist sehr heterogen (Abb. 278). Der Hochaltar mit den Skulpturen der Kirchenpatrone Petrus und Paulus stammt wohl aus dem zweiten Viertel des 18. Jahrhunderts. Die beiden Putti über den Seitenteilen des Altars können noch in der Werkstatt von Franz Joseph Feuchtmayer gefertigt worden sein. Das Altarblatt zeigt die Skapulierspende der Mutter Gottes an Simon Stock. In der Mitte unten befindet sich das Wappen des auftraggebenden Abts Konstantin Miller (1725–1745) (Abb. 279).

In der Kapelle hat sich ein weiteres, 1733 datiertes Altargemälde mit der Anbetung der Könige erhalten. Auch hier ist das Wappen von Abt Konstantin angebracht.

Die beiden Seitenaltäre stammen aus der Renovierung von 1888/92. In der Kanzel sind Teile einer um 1745/55 in der Mimmenhausener Werkstatt geschaffenen Kanzel wiederverwendet. Der klassizistische Korpus könnte noch im späten 18. Jahrhundert geschaffen worden sein, während beim Kanzelaufgang Teile aus dem frühen 18. Jahrhundert wiederverwendet wurden.

Der qualitätvolle Kreuzweg (Abb. 280) war 1757 von Joseph Anton Feuchtmayer

für die Stefansfelder Kapelle geschaffen worden und wurde anlässlich der Renovierung der dortigen Kapelle 1856 nach Weildorf verkauft. Hier wurde er von dem Tiroler Maler Cipper gefasst und 1859 aufgehängt. Eine Neufassung erfolgte 1888 durch den Maler Goßmer aus Markdorf. Bei der jüngsten Restaurierung wurden diese Überfassungen wieder abgenommen.

Das an der Südwand der Kapelle angebrachte Gnadenbild der Schmerzhaften

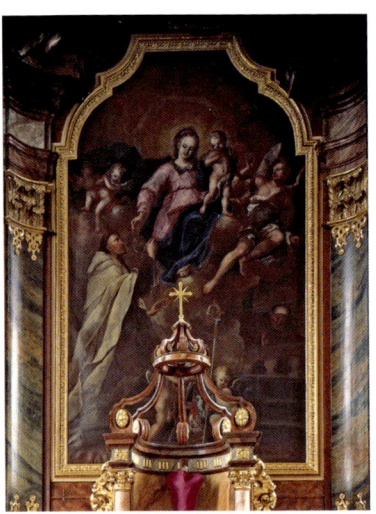

Abb. 279: Weildorf, Pfarrkirche St. Peter und Paul: Hochaltarblatt

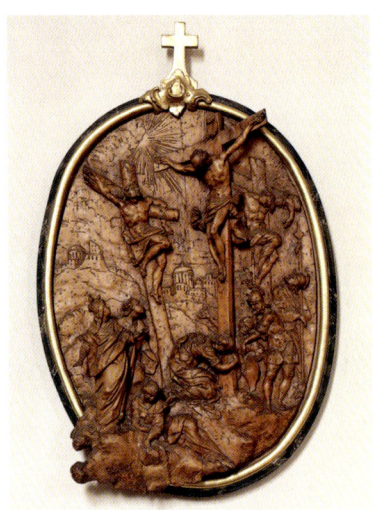

Abb. 280: Weildorf, Pfarrkirche St. Peter und Paul: Kreuzwegstation von Joseph Anton Feuchtmayee

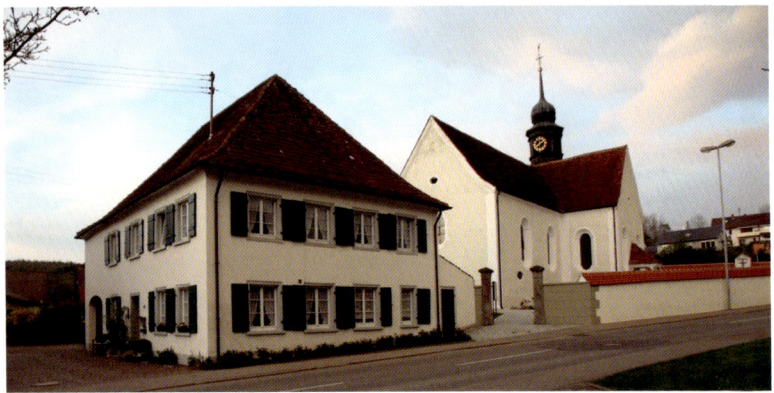

Abb. 281: Weildorf, Mesnerhaus und Pfarrkirche

234

Mutter Gottes, 1764 datiert, stammt aus der 1841 abgebrochenen Klosterkirche Bächen.

Lit.: Knapp 1996, 220 ff., Kat. Nr. 329; Knapp 2004, S. 476; Nicola 2004, S. 38 ff.; Staiger 1863, S. 323 ff.

Franz-Ehretstr. 5 (Abb. 281)
Ehemaliges Schul- und Mesnerhaus, datiert 1751. Zweigeschossiger Massivbau. Dachwerk mit zweifach liegendem Stuhl.

Lit.: Sachs 1985, S. 250.

Im Ortszentrum haben sich mehrere ehemalige Lehenhöfe und deren Nebengebäude erhalten. Die großen Lehenhöfe folgen alle demselben Typ. Es handelt sich um breitgelagerte, zweigeschossige Bauten mit hohen, einseitig abgewalmten Dächern. Zu den Hofanlagen gehörten separate Speicherbauten und Ausgedinghäuser, Wasch- und Backhäuser sowie einzeln stehende Scheuern.

Lit.: Staiger 1863, S. 336.

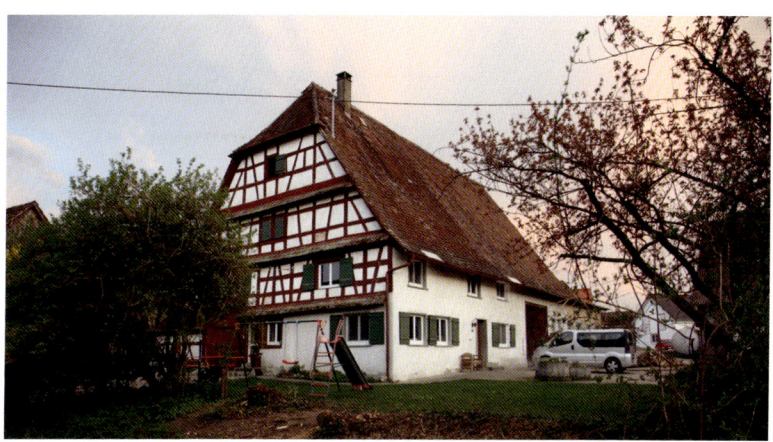

Abb. 282: Weildorf, Bachstr. 12

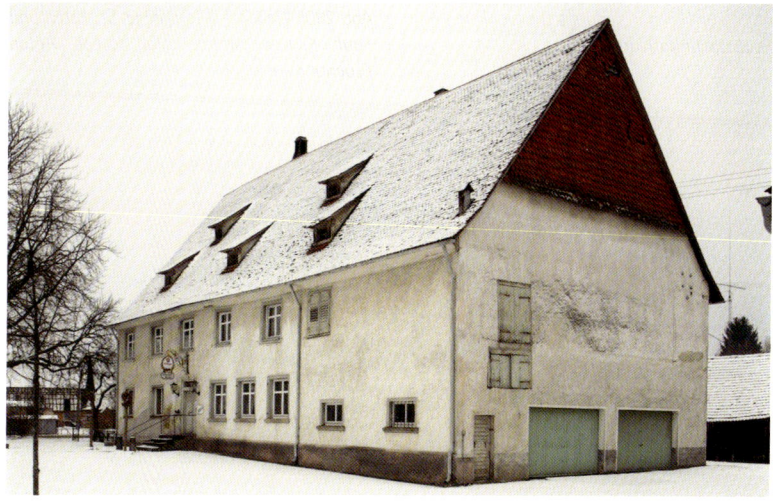

Abb. 283: Weildorf, ehem. Tafernwirtshaus

235

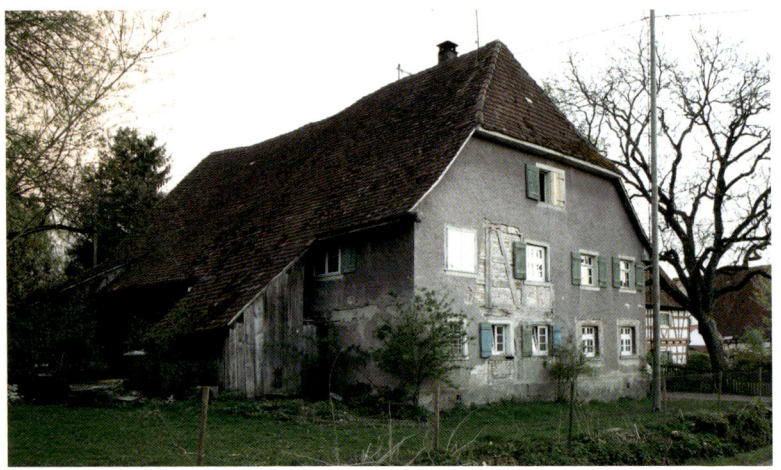

Abb. 284: Weildorf, Pfarrgasse. 1

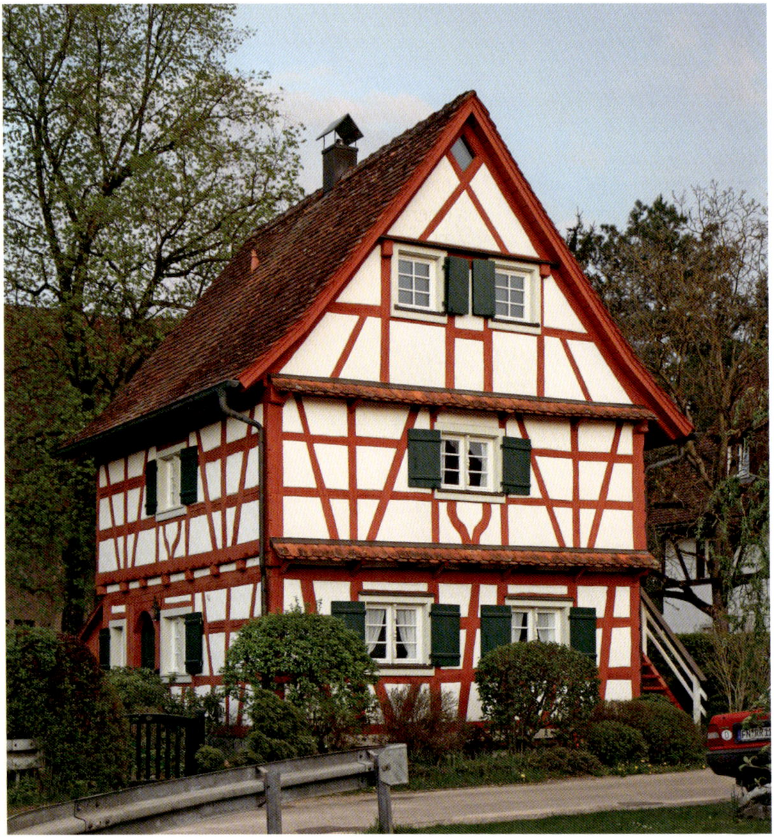

Abb. 285: Weildorf, Pfarrgasse 1a

Bachstr. 12 (Abb. 282)

Der ehemalige Lehenhof, datiert 1735, hat ein einseitig abgewalmtes Dach. Zweigeschossige, fünfzonige Fachwerkkonstruktion, die Fachwerkwände im Erdgeschoss wurden teilweise durch ein Massivmauerwerk ersetzt. Das Gebäude besitzt ein Dachwerk mit zweifach liegenden Stühlen in zwei Dachgeschossen.

Lit.: Sachs 1985, S. 250.

Haugenbach 5

Hofanlage. Haupthaus 1767 datiert. Über dem Wohnteil stehender Stuhl, über dem Wirtschaftsteil zweifach liegender Stuhl.

Im Ried 17

Scheune, datiert 1687. Dachwerk mit zweifach liegendem Stuhl. Rest einer Hofanlage.

Heiligenberger Str. 129 – Tavernwirtshaus Adler (Abb. 283)

Großer zweigeschossiger Fachwerkbau aus der Zeit um 1700 und reichem, heute verputztem Zierfachwerk. Im ersten Obergeschoss befindet sich ein großer Tanzsaal. Das Dachwerk verfügt über zweifach liegende Stühle in zwei Ebenen und einem einfach stehenden Stuhl im der Mitte des ersten Dachgeschosses.

Lit.: Sachs 1985, S. 249.

Pfarrgasse 1 (Abb. 284)

Ehemaliger Lehenhof des Klosters, datiert 1704. Das Gebäude besitzt ein Dachwerk mit zweifach liegendem Stuhl.

Lit.: Sachs 1985, S. 250.

Pfarrgasse 1a (Abb. 285)

Speichergebäude und Ausgedinghaus sind in das Jahr 1741 datiert. Ursprünglich gehörten sie zu der Hofanlage Pfarrgasse 1. Zweigeschossiger Fachwerkbau über einem massiven Sockel. Das Obergeschoss wird durch eine Außentreppe erschlossen.

Lit.: Sachs 1985, S. 133, 250.

Pfarrgasse 3 (Abb. 286)

Scheune, ehemals zu dem Hof Pfarrgasse 1 gehörig, 1791 datiert.

Lit.: Sachs 1985, S. 250.

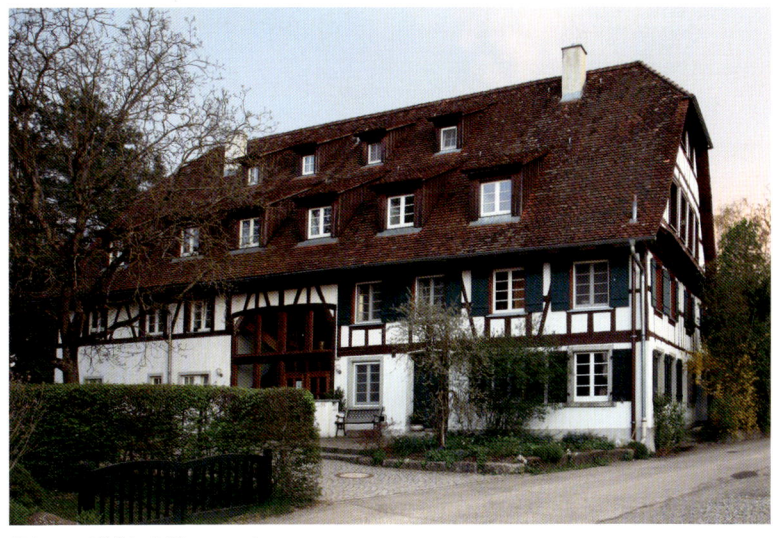

Abb. 286: Weildorf, Pfarrgasse 3

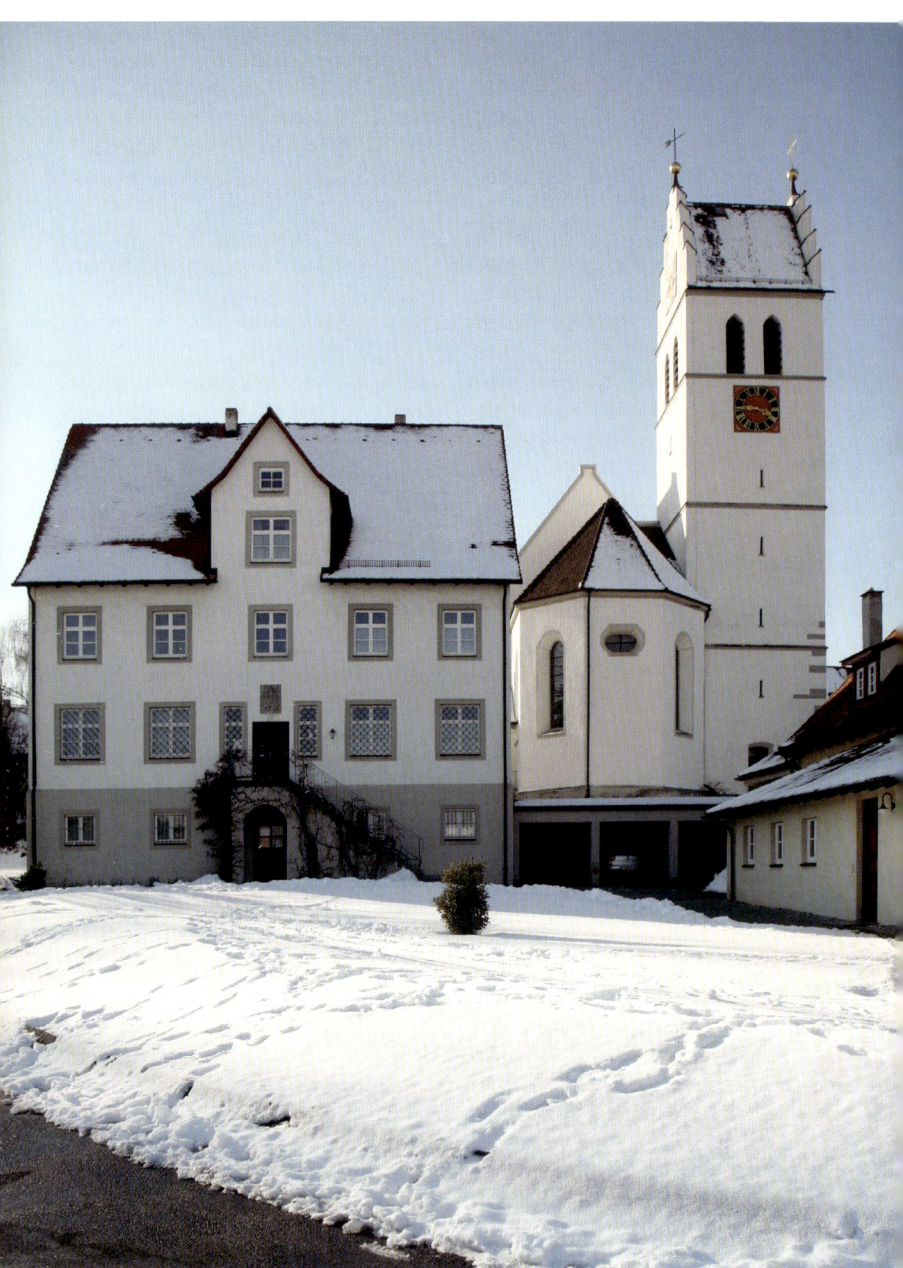

Abb. 287: Ostrach, Pfarrhof und Pfarrkirche: Ansicht von Osten

7.4 Oberamt Ostrach

Das Salemer Oberamt Ostrach (Abb. 287) umfasste am Ausgang des 18. Jahrhunderts die Grangie Bachhaupten und die Dörfer und Weiler Einhart, Eschendorf, Gunzenhausen, Kalkreute, Lausheim, Levertsweiler, Magenbuch, Spöck und Tafertsweiler sowie die Höfe Arnoldsberg und Junghof. Die Ortsherrschaft in Burgau bei Riedlingen teilte sich Salem mit Fürstenberg und der Grafschaft Friedberg-Scheer. Weiteren Grundbesitz hatte Salem in den unter fürstenbergischer Landeshoheit stehenden Dörfern und Weilern Jettkofen, Wirnsweiler, Wangen, Burgweiler und Dichtenhausen. In Kalkreute übte Salem zwar die Ortsherrschaft aus, doch stand das Besteuerungsrecht und die Wehrhoheit weiterhin der Grafschaft Sigmaringen zu. Bis zum 18. Jahrhundert konnte Salem in diesen Orten, mit Ausnahme von Burgau, die Hochgerichtsbarkeit sowie Geleit, Forst- und Wildbann erwerben.

Die Grangie Bachhaupten sowie Besitzungen in Eschendorf und Tafertsweiler zählten zu den frühen Besitzerwerbungen des Klosters. Bereits vor 1183 war Salem im Besitz des Kirchenpatronats von Bachhaupten. Als Stifter treten hier Berthold von Bachhaupten und Burkhard Hassing (von Hoßkirch) auf. In der zweiten Hälfte des 13. Jahrhunderts und im 14. Jahrhundert erwarb das Kloster umfangreichen Besitz in Bolstern, Jettkofen, Kalkreute, Lausheim, Levertsweiler, Magenbuch und Spöck. Dabei tritt insbesondere Konrad von Gundelfingen als Stifter auf, der dem Kloster um 1279 Güter in Burgweiler, Kalkreute und Waldbeuren sowie das Patronat an der Kirche in Waldbeuren übertrug. Im letzten Drittel des 13. Jahrhunderts kam Salem in den Besitz der Patronatsrechte an den Kirchen in Bolstern und Dürnau, 1330 folgte Levertsweiler. 1322 beantragte Abt Konrad von Enslingen (1311–1334) die Inkorporation der Kirchen von Ostrach und Burg-

weiler. 1323 bestätigten der Dekan von Mengen und Magister Berthold von Hüningen, Prebendar des Straßburger Domkapitels, dass dem Kloster Salem die Patronatsrechte an den Kirchen von Ostrach und Burgweiler seit alters her zustehen würden. Am 1. September 1324 beauftragte Papst Johannes XXII. den erwählten Bischof Johann von Freising, die Kirchen von Ostrach und Burgweiler dem Kloster Salem zu inkorporieren.

Ein weiterer Besitzausbau ist zu Beginn des 17. Jahrhunderts zu beobachten. So konnte das Kloster beispielsweise 1603 das Dorf Einhart vollständig erwerben.

Die Salemer Güter östlich der Ostrach, d. h. Bolstern, Bachhaupten, Einhart, Eschendorf, Jettkofen und Tafertsweiler lagen im Gebiet der Grafschaft Friedberg-Scheer, die Besitzungen westlich der Ostrach im Gebiet der Grafschaft Sigmaringen. Für die Güter im Bereich der Grafschaft Friedberg-Scheer besaß Salem die niedrige Gerichtsbarkeit. Die Verwaltung dieses Besitzes war in der Grangie Bachhaupten angesiedelt, wo Salem einen gewaltigen, im letzten Jahrhundert abgebrochenen Pfleghof unterhielt.

Für die Gebiete westlich der Ostrach kündigte das Kloster 1601 den Sigmaringer Schutz und Schirm auf. Nur wenige Jahre später, 1611, verpfändete Graf Ernst Georg die Grafschaftsrechte für dieses Gebiet für zunächst 18 Jahre an das Reichsstift. Die Pfandschaft wurde in der Folge nicht wieder ausgelöst und ab 1700 konnte Salem diese Rechte schließlich vollständig erwerben. Als 1708 die Truchsessen von Waldburg-Friedberg-Scheer auf die hohe Gerichtsbarkeit im Gebiet östlich der Ostrach, dem Salemer Amt Bachhaupten, verzichteten, verfügte Salem auch hier über die gesamten Herrschaftsrechte. Aus beiden Teilen wurde das nunmehrige Oberamt Ostrach gebildet, für dessen Verwaltung ein neues Oberamtsgebäude errichtet wurde.

Patronatsrechte hatte die Zisterzienserabtei an den Kirchen in Bachhaupten

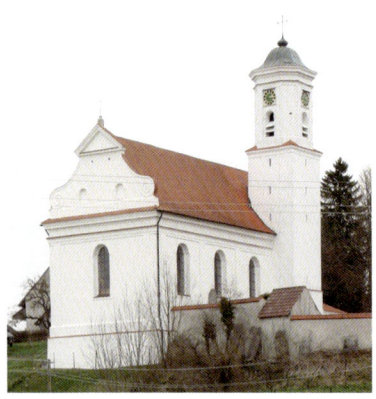

Abb. 288: Bachhaupten, ehem. Pfarrkirche St. Michael: Ansicht von Südwesten

(1194), Bolstern (1330), Burgweiler, Levertsweiler (1277), Waldbeuren (1279), Magenbuch, Ostrach (1324) und Tafertsweiler (1243). Die Kirchen von Ostrach und Burgweiler waren dem Kloster inkorporiert. Die Patronate an den Kirchen in Bolstern und Dürnau scheint Salem bereits im 14. Jahrhundert wieder verloren zu haben.

Lit.: Schneider 1984; Weber 1999.

Bachhaupten

Bachhaupten wird erstmals 1083/86 im Zuge der Stiftung des zunächst in Königseggwald gegründeten und später nach St. Georgen verlegten Benediktinerklosters erwähnt. Um 1175 erwarb die Zisterzienserabtei Salem Güter in Bachhaupten. Der 1176 als Konverse in Salem verstorbene Edelfreie Berthold von Bachhaupten hatte dem Kloster seine Güter, Zehntrechte und die Kirche von Bachhaupten übertragen. Bis 1215 konnte das Kloster seinen Besitz erheblich ausbauen. Das ehemalige Dorf Bachhaupten wuchs zu einer großen Grangie heran, die außerhalb davon gelegene ältere Pfarrkirche blieb bestehen und wurde 1194 dem Kloster inkorporiert. Die isolierte Lage der Kirche außerhalb der ummauerten Grangie

ist bereits auf einer Ansicht der Besitzungen in Bachhaupten aus dem Jahr 1595 deutlich abzulesen und prägt bis heute den Gesamteindruck der Bautengruppe.

Ehem. Pfarrkirche St. Michael

Von dem 1175 bestehenden Kirchenbau ist bislang nichts bekannt. Am 3. Juni 1508 wurden Kirche und Friedhof reconciliiert und zwei Altäre geweiht: der Hochaltar zu Ehren des Erzengels Michael, aller Engel und der hll. Johannes der Täufer, Laurentius, Georg, Katharina, Barbara und Maria Magdalena und der nördliche Seitenaltar zu Ehren der hll. Sebastian, Christophorus, Cosmas und Damian, Blasius, Valentin, Konrad, Wendelin, Ursula und ihren Gefährtinnen sowie Verena.

Die heutige Kirche (Abb. 19, 289) ist ein Saalbau mit eingezogenem, apsidial geschlossenem Chor und einem Turm an der Südseite des Chors. Langhaus und Chor wurden 1725/28 nach Entwürfen von Christian (Johann Georg?) Wiedemann errichtet. Der Westgiebel mit geschweiftem zweigeschossigen Giebel ist als Schaufassade zum Talgrund hin ausgerichtet. Der Scheitel der Apsis ist außen rechtwinklig ummantelt, so dass auch hier eine schlanke, von einem Giebel bekrönte Fassade (Abb. 290) entsteht. Unter den um 1720/30 im Auftrag Salems neu erbauten oder umgestalteten Kirchen und Kapellen nimmt St. Michael eine Sonderstellung ein. Die reiche architektonische Durchbildung der Fassaden und des Innenraums unterstreicht die Bedeutung der Grangie Bachhaupten für die Abtei. Die Dachwerke mit jeweils zweifach liegenden Stühlen und einem einfachen Hängewerk stammen aus der Bauzeit der Kirche, unterscheiden sich in der Konstruktion aber von den gleichzeitigen Dachwerken auf den Salemer Gebäuden. Über dem Chor hat sich die 1780 datierte Aufzugseinrichtung für die Ladegaube im Ostgiebel erhalten.

Die Untergeschosse des Turms gehören dem mittelalterlichen Vorgängerbau an

240

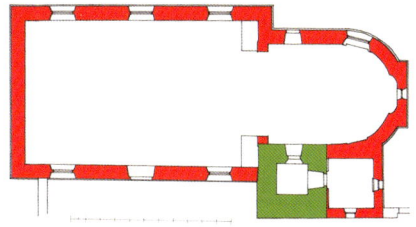

Abb. 289: Bachhaupten, ehem. Pfarrkirche St. Michael: Baualtersplan. M 1:400

und sind auf der Ansicht von 1595 deutlich zu erkennen. Im Erdgeschoss befand sich die von einem in Backstein aufgemauerten Tonnengewölbe überdeckte Sakristei. Der Zugang zum Turm erfolgte ursprünglich über eine heute vermauerte Tür im ersten Obergeschoss. Das Glockengeschoss gehört der Zeit des Kirchenneubaus an.

Die Ausstattung stammt zum größten Teil ebenfalls aus der Bauzeit. An der Rückseite des Chorbogens befindet sich die Datierung 1729. Die jüngere Jahresangabe 1793 bezeichnet die letzte Renovierung der Kirche zur Klosterzeit. Die Stuckaturen, die Stuckmarmoraltäre und die in Stuckmarmor ausgeführte Kanzel stammen von Joseph Anton Feuchtmayer. Über dem Chorbogen und am hölzernen Kanzelaufgang befindet sich das Wappen von Abt Konstantin Miller (1725–1745).

Der Hochaltar ist auf ein von Engeln flankiertes Postament für das Hauptbild des Altars, die um 1620/30 geschaffene Holzskulptur der Schmerzhaften Mutter Gottes, wohl von Zacharias Binder, reduziert (Abb. 291). 1727/28 erhielt die Skulptur ihre Krone, vielleicht wurde sie auch von Feuchtmayer überarbeitet. Der Typus der Skulptur geht auf die Schmerzhafte Mutter Gottes im Salemer Münster zurück, die von Virgil Moll geschaffen wurde.

Die Nebenaltäre mit den unmittelbar an der Chorbogenwand angebrachten Stuckmarmorrahmen für die Altargemäl-

de stehen unter dem Einfluss von Arbeiten norditalienischer Stuckateure. An dem südlichen Seitenaltar ist das signierte und 1729 datierte Altarblatt (hl. Wendelin) von Franz Joseph Spiegler erhalten. Das Altargemälde des nördlichen Seitenaltars (Paulus als Einsiedler) ist aus dem Jahr 1851 und von M. Fuggs.

Das einfache Gestühl im Chor fertigte der Pfullendorfer Schreiner Jakob Blaicher. Im Kirchenraum befinden sich noch Reste älterer Ausstattung: Die Skulpturen der Maria Magdalena und des Erzengels Michael dürften von dem 1508 geweihten Hochaltar stammen. Wohl in der Mitte des 16. Jahrhunderts wurde der Kruzifix

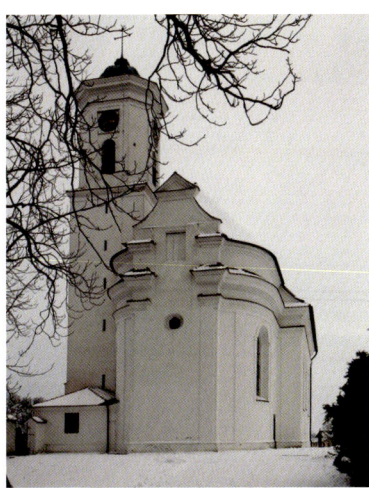

Abb. 290: Bachhaupten, ehem. Pfarrkirche St. Michael: Ansicht von Osten

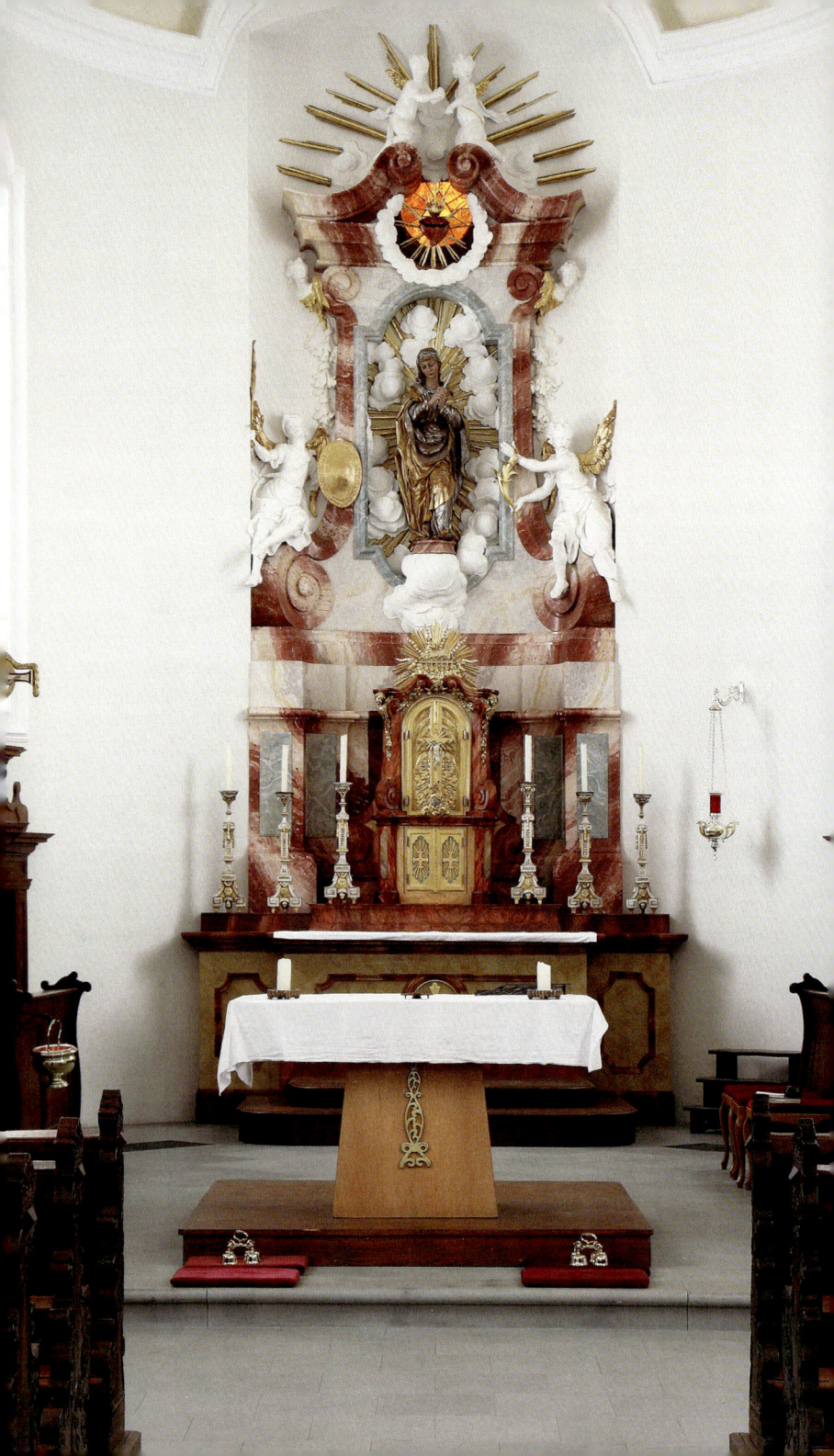

an der Südwand geschaffen. Die Skulptur der Mutter Gottes auf der Mondsichel stammt aus der Zeit des Kirchenneubaus (Kopie nach gestohlenem Original).

An den Wänden ist der Kreuzweg des Malers Lukas Flöß aus Inneringen, 1791 datiert, zu sehen.

Im Chor sind Grabplatten für die Salemer Konventualen und Präfekten in Bachhaupten, Wolfgang Hauser († 1753) und Robert Adam († 1755), angebracht. Zwei weitere Sandsteinepitaphien befinden sich an der Nordseite des Chors.

Anlässlich der Restaurierung 1937 erhielten die Rahmenfelder der Decken Fresken des Wangener Malers August Braun. Das Tafelbild mit den Ordensgründern, rückseitig 1595 datiert, an der Nordwand des Schiffes stammt aus Ostrach. An der Südseite des Langhauses ist eine Gedenktafel für Reinhold Frank angebracht.

Grangie

Der Umfang der Grangie ist bis heute an der Ummauerung des großen Wirtschaftshofs abzulesen. In der Mitte der Südflanke hat sich das Portal mit dem Wappen von Abt Petrus II. Miller (1593–1614) erhalten. Das große Pflegamtsgebäude, wohl um 1702 von denselben Kräften erbaut und ausgestattet, die auch das Pfarrhaus in Ostrach errichtet hatten, wich in der 2. Hälfte des 20. Jahrhunderts einem Neubau über den alten Fundamenten.

Mühle

Das Mühlengebäude war 1752 erneuert worden und wurde 1929 abgebrochen.

Bolstern

Das Kloster erwarb erst relativ spät, ab 1273, Güter und Rechte in Bolstern. 1330

Abb. 291: Bachhaupten, ehem. Pfarrkirche St. Michael: Hochaltar

gelangte Salem in den Besitz des Kirchenpatronats. Das Patronat hat Salem aber wohl bereits im Verlauf des 14. Jahrhunderts wieder verloren. Im 15. Jahrhundert schließlich wurde die Kirche von Bolstern der Zisterzienserinnenabtei Heiligkreuztal inkorporiert.

Pfarrkirche

Der heutige Saalbau mit Westturm und mit eingezogenem, dreiseitig geschlossenem Chor ist ein Neubau von 1817. Über die Gestalt des Vorgängerbaus ist nichts bekannt. Aus der Zeit des Salemer Kirchenpatronats sind keine Ausstattungsstücke überliefert.

Burgweiler

1279 erwarb Salem Güter in Burgweiler von Konrad von Gundelfingen, von dem Salem auch Güter und das Kirchenpatronat in Waldbeuren übertragen bekam. 1323 bestätigten der Dekan von Mengen und Straßbuger Domherr Berthold von Hueningen, dass die Kirche von Burgweiler seit alters her in Salemer Besitz sei. 1324 wurde die Kirche dem Kloster inkorporiert. Mit dem Vertrag von 1637, der 1653/55 bestätigt wurde, trat Salem das Dorf Burgweiler an Heiligenberg ab.

Pfarrkirche

Die Ursprünge der Pfarrkirche von Burgweiler reichen weit in das Mittelalter zurück. Der heutige Bau ist weitgehend ein überformender Um- und Neubau aus dem 19. Jahrhundert. Unter dem Chor haben sich die stark veränderten Reste einer dreischiffigen Hallenkrypta (Abb. 292), wohl aus dem 12. Jahrhundert, erhalten. Die Krypta war durch zwei seitliche Zugänge in den westlichen Eckjochen zugänglich. Kleine Rundbogenfenster, von denen dasjenige im südwestlichen Eckjoch in der ursprünglichen Größe erhalten ist, belichteten den Raum.

Aus der Zeit der Salemer Herrschaft in Burgweiler stammt der Turm an der Chornordseite (Abb. 293), der wohl im späten 14. oder frühen 15. Jahrhundert errichtet wurde. 1614 wurde die Kirche erneuert. Der heutige Kirchenbau wurde im 19. Jahrhundert errichtet. Wohl unter Abt Petrus II. Miller (1595–1614) erhielt die Pfarrkirche eine neue Ausstattung, von der zwei Melchior Binder zugeschriebene Skulpturen erhalten sind: eine Mutter Gottes mit Kind an der Nordseite des Chors und der hl. Blasius an der Südseite.

Zehntscheune – Haus Nr. 15
Massivbau mit Staffelgiebel an der Südseite und Walm an der Nordseite (Abb. 294). Am Südgiebel befindet sich ein gerahmtes Wandfeld mit Dreiecksgiebel. Die Holzkonstruktion des Innengerüsts mit sorgfältig ausgearbeiteten Holzverbindungen (Abb. 295), insbesondere bei den Kopfstreben, die an der Fußseite dekorativ geschweifte Blätter besitzen und an der Kopfseite verzapft sind, sowie das mächtige, frei gespannte Dachwerk mit zweifach liegenden

Stühlen in zwei Ebenen verweisen auf eine Entstehungszeit um 1600.

Einhart

Erste Nennung 1220. 1294 verkaufte Konrad von Markdorf Einhart als Lehen des Konstanzer Domkapitels an die Brüder Heinrich und Rudolf Graemlich und Ulrich von Homberg. Später konnten die Graemlich, die auch im Salemer Münster eine Grablege hatten, den gesamten Besitz erwerben. Sie verkauften diesen 1591 an das Hochstift Konstanz, von dem das Kloster Salem 1603 den Ort erwarb. Ab 1700 hatte Salem auch die hohe Gerichtsbarkeit über Einhart inne. Die Lehengüter standen überwiegend Salem zu. Neben der Reichsabtei hatten die Kaplanei Emerkingen noch vier Lehenhöfe in Einhart, das Kloster Habsthal und das Augustinerchorfrauenstift Inzigkofen Lehenbesitz an Äckern und Feldern. In bäuerlichem Eigenbesitz befanden sich nur die Schankwirtschaft, ein Seldnerhaus und einige Äcker.

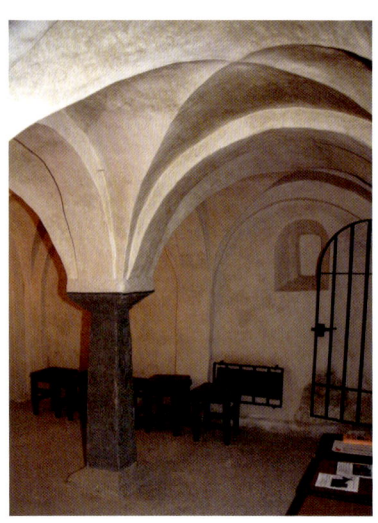

Abb. 292: Burgweiler, Pfarrkirche: Krypta

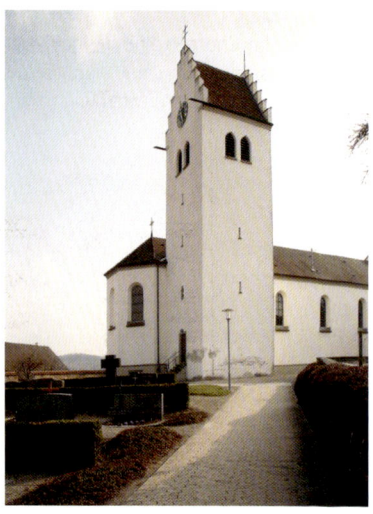

Abb. 293: Burgweiler, Pfarrkirche. Ansicht von Nordosten

244

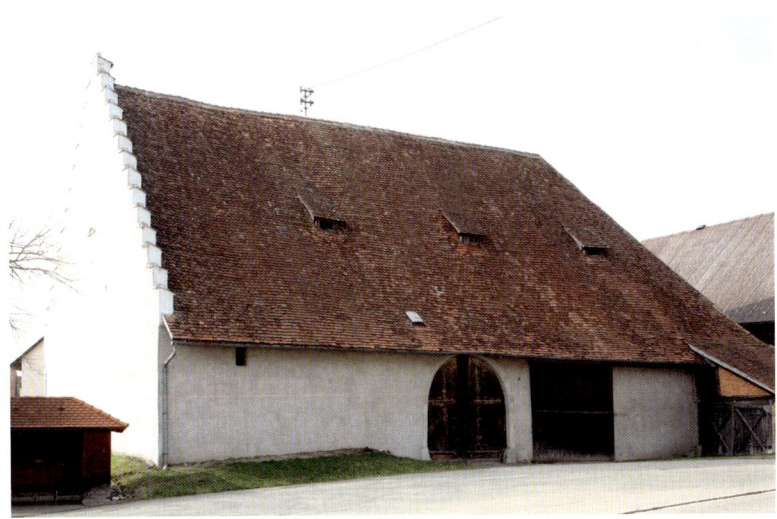

Abb. 294: Burgweiler, ehem. Zehntscheune

Pfarrkirche St. Nikolaus

Saalkirche mit drei Fensterachsen an den Längswänden (Abb. 296). Spätgotischer Chor von zwei Jochen mit 3/8-Schluss und zugehörigen Turm, in dessen Erdgeschoss die überwölbte Sakristei untergebracht ist. Das Sakristeiportal ist am Türsturz auf das Jahr 1524 datiert. Der Chor wird dem Baumeister Hans von Baden zugewiesen. Im Chorgewölbe befindet sich ein Schlussstein mit dem Wappen der Herren von Graemlich, die den Bau veranlasst hatten. 1551 wurden Arbeiten am Langhaus durchgeführt. 1603 werden beim Erwerb Einharts durch Kloster Salem eine Empore und drei Altäre genannt. 1718 erfolgte eine Umgestaltung der Kirche durch den Maurermeister Lucas Schindler aus Magenbuch, Zimmermann Adam Würm aus Ostrach und Schreiner Balthasar Boll aus Levertsweiler. Dabei erhielt das Langhaus ein neues Dachwerk mit zweifach liegenden Stühlen und einem einfachen Hängewerk. Der neue Taufstein wurde von Bartholomäus Schelling aus Salem geschaffen.

Die neugotische Umgestaltung und Neuausstattung der Kirche aus den Jahren 1882 bis 1896 wurde 1929 teilweise wieder beseitigt und die Seitenaltäre durch neubarocke Altäre ersetzt.

Die beiden Nebenaltäre des Langhauses besitzen ein gemaltes Retabel mit Altarblättern. Am nördlichen Seitenaltar: stehende Mutter Gottes mit Kind (150 x 88 cm Öl auf Leinwand), 1718 datiert. Am südlichen Seitenaltar: Hl. Familie mit Johannes dem Täufer (150 x 88 cm), um 1760 nach einem Vorbild von Annibale Carracci. Kreuzweg bezeichnet „Joh. Nepomuc Meichsner invenit et pinxit Bolsteren 1762".

Von der Neuausstattung der Kapelle nach dem Übergang Einharts an Salem hat sich ein Auferstehungschristus erhalten, der um 1630 geschaffen wurde und den Arbeiten von Zacharias Binder nahesteht.

Im Turm hängt noch eine alte Glocke mit der Umschrift „† ave * maria . gracia . plena . dominus . tecum . ano . do . m . cccc . lxxxvi jar *".

Der die Kirche umgebende Friedhof wird von einer Mauer umfasst, die im Kern auf das 18. Jahrhundert zurückgehen dürfte.

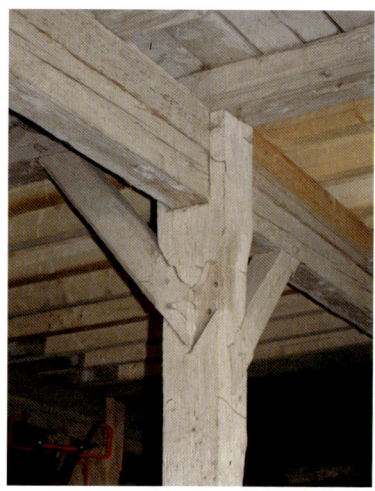
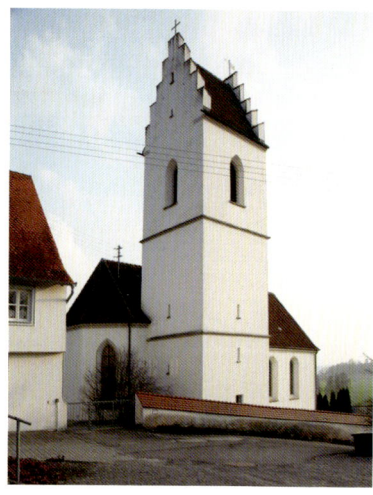

Abb. 295: Burgweilet, ehem. Zehntscheune: Kopfstreben an einem Ständer im Erdgeschoss

Abb. 296: Einhart, Pfarrkirche St. Nikolaus: Ansicht von Nordost

Pfarrhaus
Zweigeschossiger Fachwerkbau, wohl 17. Jahrhundert.

Eschendorf

Schon vor 1183 kam das Dorf als Schenkung des Berchtold von Bachhaupten an das Kloster. In der ersten Hälfte des 13. Jahrhunderts weiterer Besitzerwerb, unter anderem von dem Stift Buchau und dem Kloster St. Gallen sowie dem Bistum Konstanz.

Jettkofen

Bei Jettkofen erinnert die 1962 errichtete Stele an die Schlacht bei Ostrach von 1799.

Kapelle
Einfacher Saalbau mit polygonalem Abschluss. Die Fenster wurden wohl im 18. Jahrhundert verändert. Der heutige Dachreiter wohl aus dem 19. Jahrhundert.

Kalkreute

1224 erstmals genannt. Im 13. Jahrhundert befand es sich im Besitz der Grafen von Sigmaringen-Helfenstein, später im Besitz der Montfort und der Habsburger. Im 14. Jahrhundert wurde es an Württemberg verpfändet, 1399 an die Werdenberger und 1535 an Hohenzollern. Kloster Salem erwarb in der zweiten Hälfte des 13. und im 14. Jahrhundert nennenswerten Besitz in Kalkreute. 1715 konnte das Kloster fast den gesamten Besitz erlangen. Je ein Lehengut befand sich noch im Besitz der Nachprädikatur und der Kaplanei Maria Schray in Pfullendorf. Bis heute prägen die großen Hofanlagen des 17. und 18. Jahrhunderts den Charakter des Dorfes. Zu den ältesten Profangebäuden dürfte das mit einem auskragenden Obergeschoss und einem Krüppelwalmdach versehene Gebäude (Abb. 297) zählen. In bäuerlichem Eigenbesitz waren die Schmiede und einige Äcker.

Kapelle St. Wendelin
Einfacher Saalbau mit geradem Abschluss (Abb. 298). Der Ostteil der Kapelle ist ver-

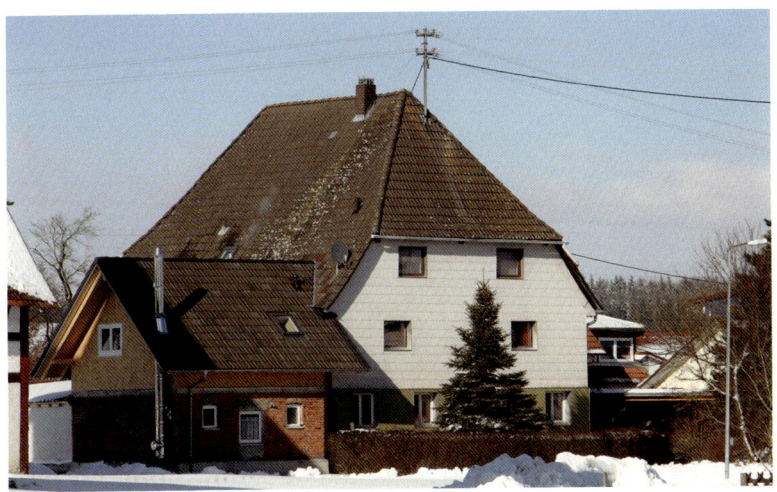

Abb. 297: Kalkreute

mutlich mittelalterlichen Ursprungs. Über diesem Teil des Gebäudes befindet sich ein Dachwerk mit zweifach stehendem Stuhl und langen Steigbändern aus der Mitte des 15. Jahrhunderts (Abb. 76). Das Langhaus wurde im 17. oder frühen 18. Jahrhundert um eine Fensterachse nach Westen verlängert. Aus dieser Zeit stammt auch das Dachwerk über dem Westteil des Schiffes und der Glockenträger.

Der Ädikulaaltar, 1686 datiert, wurde später verändert (Abb. 299). Auf den seitlichen Konsolen stehen heute Skulpturen des hl. Stephanus und der hl. Margarethe aus dem späten 15. Jahrhundert. An Stelle des Altarblatts ist eine qualitätvolle Skulptur Marias mit Kind aus dem ersten Viertel des 17. Jahrhunderts (?) getreten. Wohl zum ursprünglichen Bestand des Altars zählen die Skulpturen des Salvator im Altarauszug und des hl. Wendelin, heute an der Nordwand der Kapelle. Die letztgenannte Skulptur steht stilistisch den Arbeiten von Johann Pöllandt nahe.

Aus der Werkstatt von Melchior Binder stammen die Skulpturen der hl. Katharina, des hl. Bernhard von Clairvaux und des hl. Georg.

Gasthaus Nr. 22
17. Jahrhundert

Zehntscheuer
18. Jahrhundert

Lausheim

Das Kloster erwarb 1250 und 1278 Güter in Lausheim. Im 18. Jahrhundert besaß Salem den größten Teil des Orts.

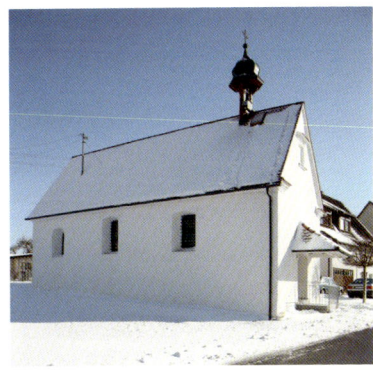

Abb. 298: Kalkreute, Kapelle: Ansicht von Nordwesten

247

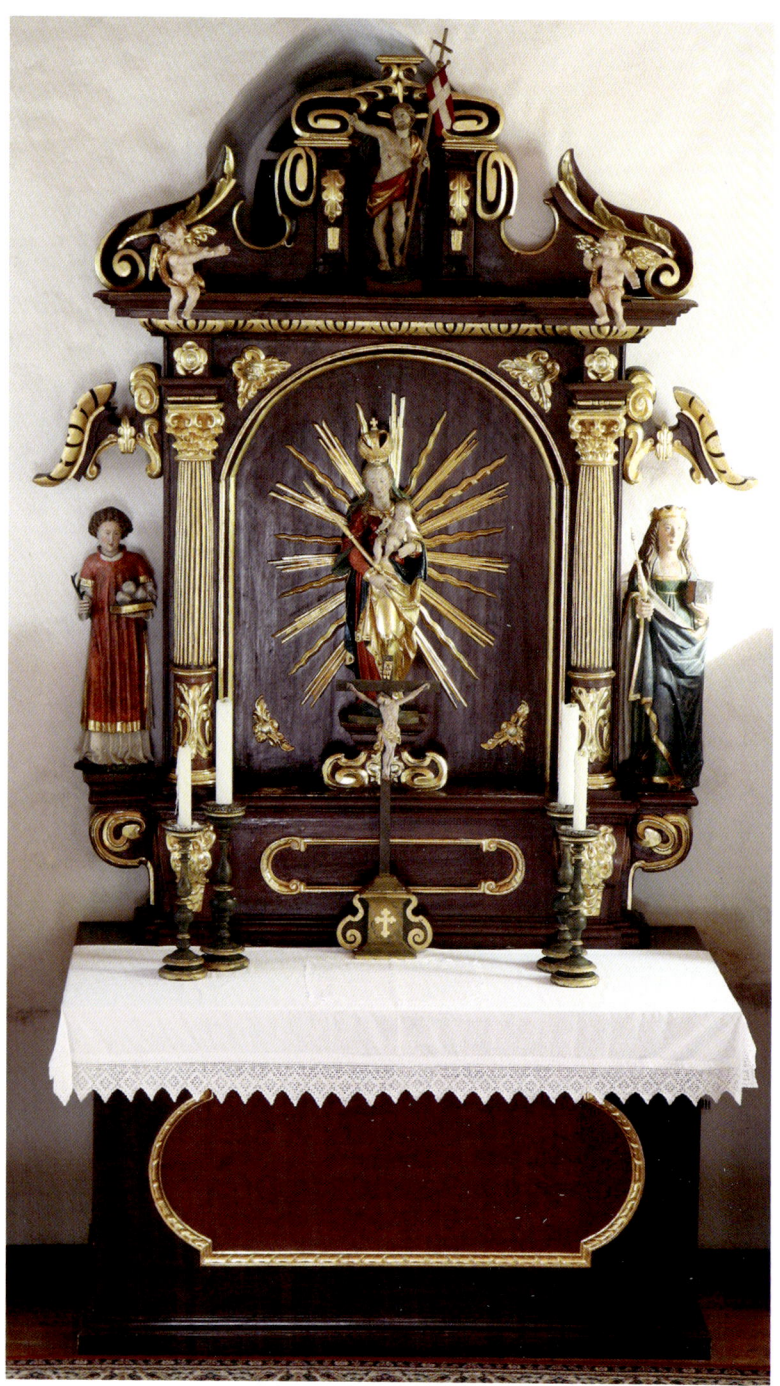

Abb. 299: Kalkreute, Kapelle: Altar

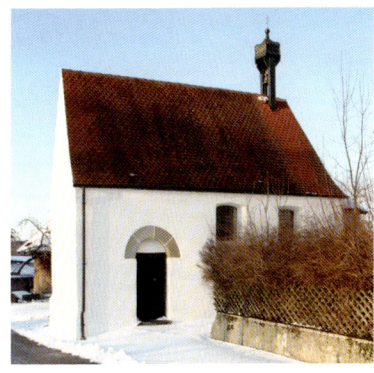

Abb. 300: Lausheim, Kapelle St. Rupert: Ansicht von Süden

Kapelle St. Rupert

Die Kapelle (Abb. 300, 301) geht in ihren Ursprüngen auf die Zeit vor den Erwerbungen Salems zurück und dürfte als Hofkapelle gegründet worden sein. Es handelt sich um einen einfachen Saalbau mit einer ungewöhnlich weiten, leicht eingezogenen, überwölbten Apsis. An der Südseite des Langhauses befindet sich ein einfaches Rundbogenportal, wohl aus dem 12. Jahrhundert. In der zweiten Hälfte des 13. Jahrhunderts, vielleicht nach dem Erwerb durch Salem, erfolgte eine Modernisierung der Kapelle, bei der im Scheitel der Apsis ein zweibahniges frühgotisches Fenster eingefügt wurde (Abb. 302). Derselben Bauphase entstammen

das kleine Schlitzfenster der Westfassade und die Piscinie an der Südseite der Apsis (Abb. 25). Vielleicht ebenfalls dieser Bauphase zugehörig sind die heutigen Giebelwände, bei denen Hohlziegelfragmente neben den Wacken verbaut wurden. Wohl im 18. Jahrhundert nahm man eine Umgestaltung der Seitenfenster vor. Eine Renovierung erfolgte 1854, aus dieser Zeit stammt vermutlich auch das heutige Dachwerk. Die jüngste Renovierung fand 1986 statt.

In der Apsis befindet sich ein Altar aus der zweiten Hälfte des 17. Jahrhunderts (Abb. 303). Im heutigen Zustand ist im Auszug die qualitätvolle, modern gefasste Skulptur des hl. Rupert aus dem ersten Drittel des 14. Jahrhunderts angebracht. An Stelle des Altarblatts befindet sich heute eine Beweinungsgruppe aus der Mitte des 15. Jahrhunderts. Zu der ursprünglich wohl in einem Retabel aufgestellten Skulptur dürften die Figuren Johannes des Täufers und des hl. Wendelin gehören.

Im Langhaus steht eine bemerkenswerte Beweinungsgruppe aus der Werkstatt Johann Georg Wielands, um 1790, die eng mit der Anna Selbdritt in der Wallfahrtskirche Birnau aus dem Jahr 1790 verwandt ist.

Die Glocke stammt vom Meister Hans von Esslingen und wurde 1555 gefertigt.

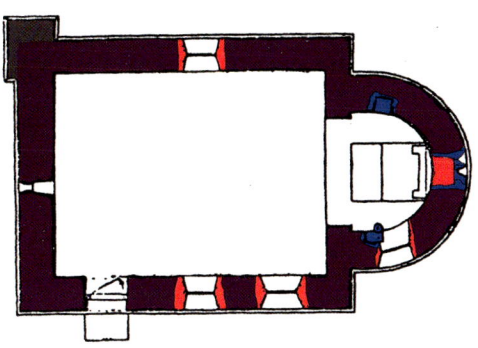

Abb. 301: Lausheim, Kapelle St. Rupert: Baualtersplan. M 1:200

249

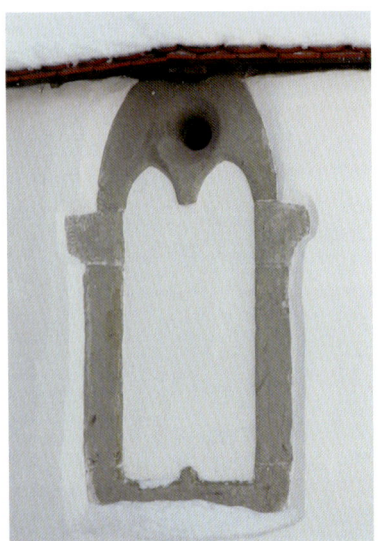

Abb. 302: Lausheim, Kapelle St. Rupert: Ostfenster

Zehntscheuer

1732 von Kloster Salem erbauter langgestreckter Massivbau mit zwei hohen Durchfahrten (Abb. 304). An der Hofseite zwischen den beiden Durchfahrten ist das Wappen von Abt Konstantin Miller (1726–1745) angebracht.

Levertsweiler

1263 erstmals genannt. Im 13. Jahrhundert als Lehen der Grafen von Sigmaringen an die Herren von Laiterberg vergeben. 1273 gelangte ein Teil des Ortes durch eine Schenkung an die Deutschordenskommende Altshausen. Ortolf von Laiterberg übertrug 1277 die niedere Gerichtsbarkeit an Kloster Salem, das in der Folge weiteren Besitz in Levertsweiler erwarb. 1700 war Levertsweiler mit allen Rechten beim Salemer Oberamt Ostrach. 1802 hatte neben der Reichsabtei noch das Dominikanerinnenkloster Habsthal fünf Bauernhöfe und fünf Seldnergüter in Besitz.

Pfarrkirche St. Lucia

Der Turm wurde im 15. Jahrhundert errichtet (Abb. 305), das heutige Langhaus und der Chor sind Neubauten von 1840 nach Plänen des Thurn und Taxis'schen Werkmeisters Baur aus Buchau.

Skulpturen: Vermutlich aus dem Altarschrein aus der Zeit des Kirchenneubaus im späten 15. Jahrhundert stammen die Skulpturen der hl. Barbara, Maria Magdalene, Katharina, Martin – hl. Martin, 2. Hälfte 14. Jh.; Petrus, 16. Jh.; stehende Mutter Gottes um 1600; Maria mit Kind ca. 1450; Petrus und Paulus um 1500; Maria mit Kind 16. Jh. (Emporenbrüstung); weibl. Heilige (Maria aus einer Kreuzigungsgruppe) Feuchtmayer?

Der Taufstein wurde im Jahre 1692 errichtet.

Von den beiden Glocken im Turm stammt eine aus der Klosterzeit und trägt die Aufschrift: „AVE.MARIA.GRATIA.PLENA.DOMINUS.TECUM.ANNO.1621.IOACHIM.FOLMER.IN.BIBERACH.GOS.MICH – (Kreuzigungsgruppe) – SALEM 1621".

Pfarrhaus

Zweigeschosiger Massivbau von 5 x 4 Fensterachsen mit einem ungewöhnlich steilen Vollwalmdach (Abb. 306), das Portal mit einer reich profilierten Einfassung. Im Sprenggiebel Wappen von Abt Anselm II. (1746–1778) aus der Werkstatt Joseph Anton Feuchtmayers, 1753 datiert. Der Entwurf des Neubaus, dessen Gesamtkosten sich auf 4122 fl 33 xr 5 hlr beliefen, wurde Johann Kaspar Bagnato zugewiesen. Gubler sprach sich gegen eine Autorschaft Bagnatos aus. Ob Bagnato tatsächlich den Entwurf lieferte, muss bislang offenbleiben, doch erhielt er am 5. Mai 1753 eine Verehrung in Höhe von 12 fl 45 xr für einen Augenschein beim Pfarrhausbau in Levertsweiler.

Der Entwurf für das Pfarrhaus in Levertsweiler sollte nach einem Vermerk

Abb. 303: Lausheim, Kapelle St. Rupert: Altar

250

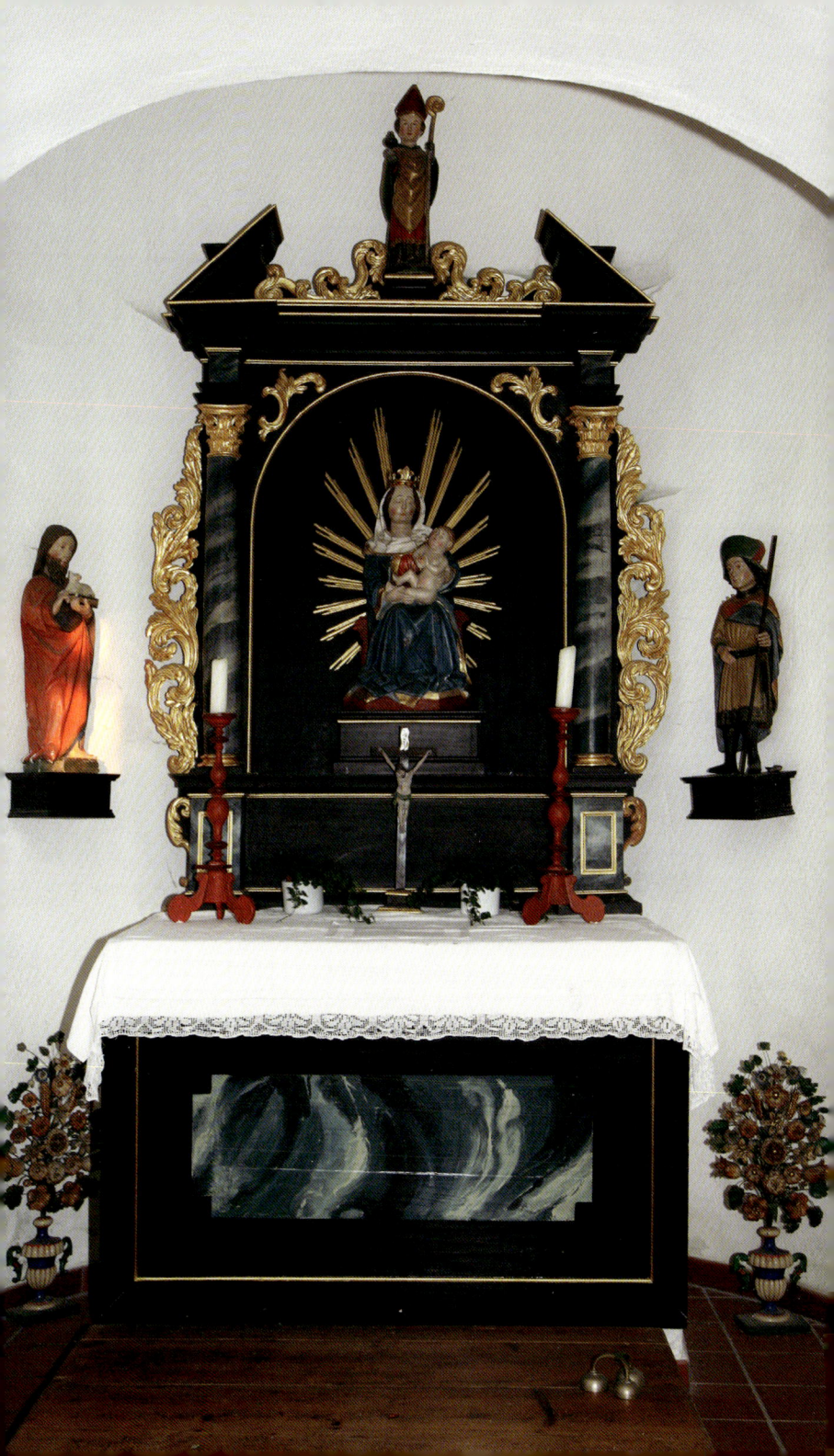

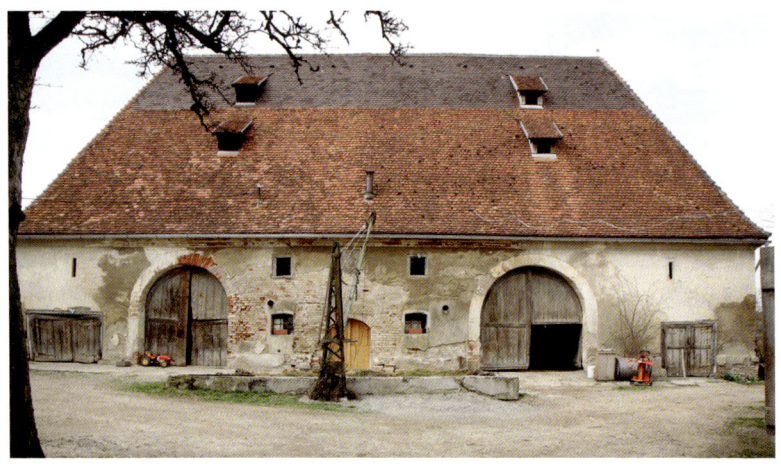

Abb. 304: Lausheim, Zehntscheune

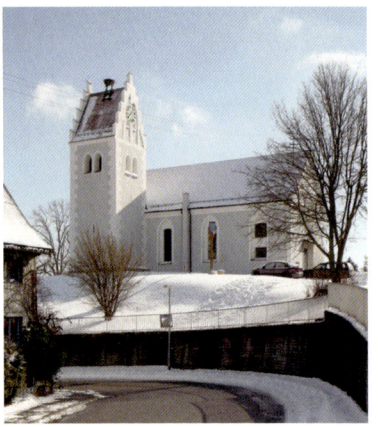

Abb. 305: Levertsweiler, Pfarrkirche: Ansicht von Nordwesten

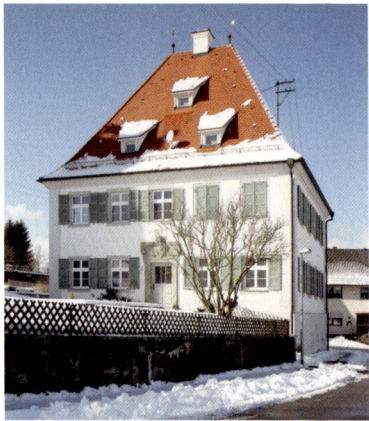

Abb. 306: Leverstweiler, Pfarrhaus

von Abt Anselm II. als unmittelbares Vorbild für das 1757 erbaute Pfarrhaus von Schemmerberg dienen.

Zehntscheuer
Dreizoniger Massivbau von 1755 mit Fachwerkgiebeln (Zeichnung A. Meinrad von Aw ?). Die Baukosten für die Pfarrscheuer beliefen sich auf 1553 fl 41 xr 2 hlr. Charakteristisch ist die hohe Einfahrt in der Mitte der Längswand. Steiles Satteldach.

Magenbuch

1216 erstmals erwähnt. Kloster Salem konnte ab dem 13. Jahrhundert Güter in Magenbuch erwerben. Ab 1700 gehörte der Ort mit allen Rechten zum Oberamt Ostrach. Das Patronat an der Kapelle hatte Salem 1255 vom Stift Buchau übertragen bekommen.

Kapelle St. Pankratius
Saalbau mit abgetrenntem Rechteckchor

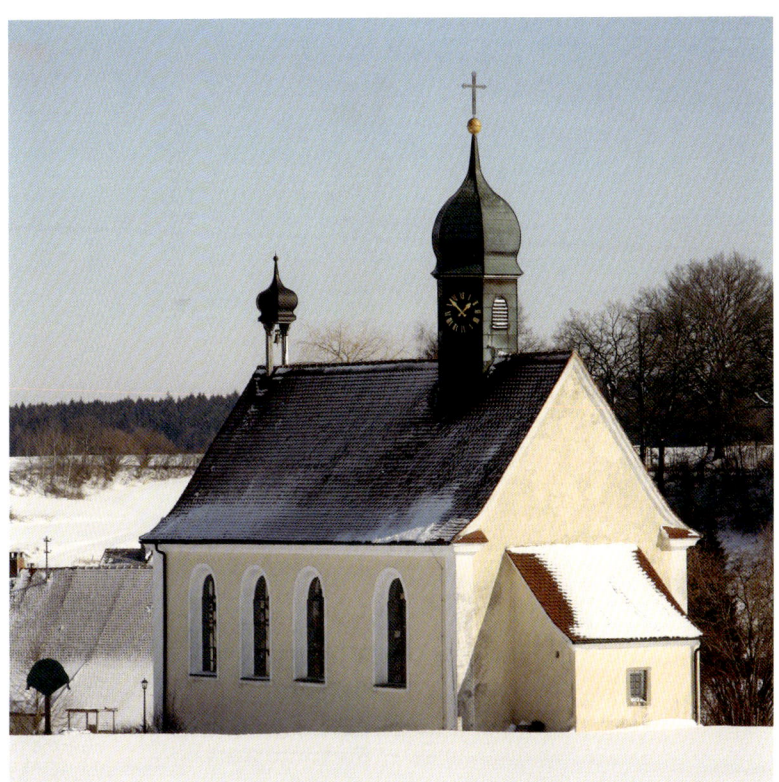

Abb. 307: Megenbuch, Pankratiuskapelle

und östlichem Sakristeianbau von 1725 (Abb. 307). Baumeister waren Lucas Schindler aus Magenbuch, Zimmermann Georg Würn, Steinmetz aus Salem. Der Altarraum wird durch einen Chorbogen vom Langhaus abgetrennt. Über der Kapelle befindet sich ein „GW 1725" bezeichnetes Dachwerk mit zweifach liegendem Stuhl und einfachem Hängewerk, das bemerkenswerterweise fast ausschließlich Verblattungen aufweist.

Der Hochaltar ist aus dem zweiten Viertel des 17. Jahrhunderts. Er stammt aus der Pfarrkirche von Ostrach und ist baugleich mit den beiden dort noch heute befindlichen Nebenaltären. Die seitlichen Schleierbretter stammen aus dem zweiten Viertel des 18. Jahrhunderts. Das vermutlich verkleinerte, ursprünglich zu

einem größeren Altar gehörende Altargemälde dürfte für einen Allerheiligenaltar bestimmt gewesen sein.

Aus der Zeit um 1600 stammen die Melchior Binder zugeschriebenen Skulpturen der Apostel Petrus und Paulus. An der Nordwand des Chors ist ehemaliges Predellen-Relief des Abendmahls.

Skulpturen: Paulus, 1. Hälfte 17. Jh.; stehende Mutter Gottes mit Kind, 16. Jh.

Der Dachreiter hatte eine 1695 von Rosenlecher in Konstanz gegossene Glocke, die bei der letzten Renovierung abstürzte und zersprang.

Im Pfarrhaus befindet sich eine bekleidete Maria mit Kind. Der Korpus der Figur im Kern wohl aus der ersten Hälfte des 14. Jahrhunderts, wurde jedoch im 18. Jahrhundert stark umgearbeitet.

253

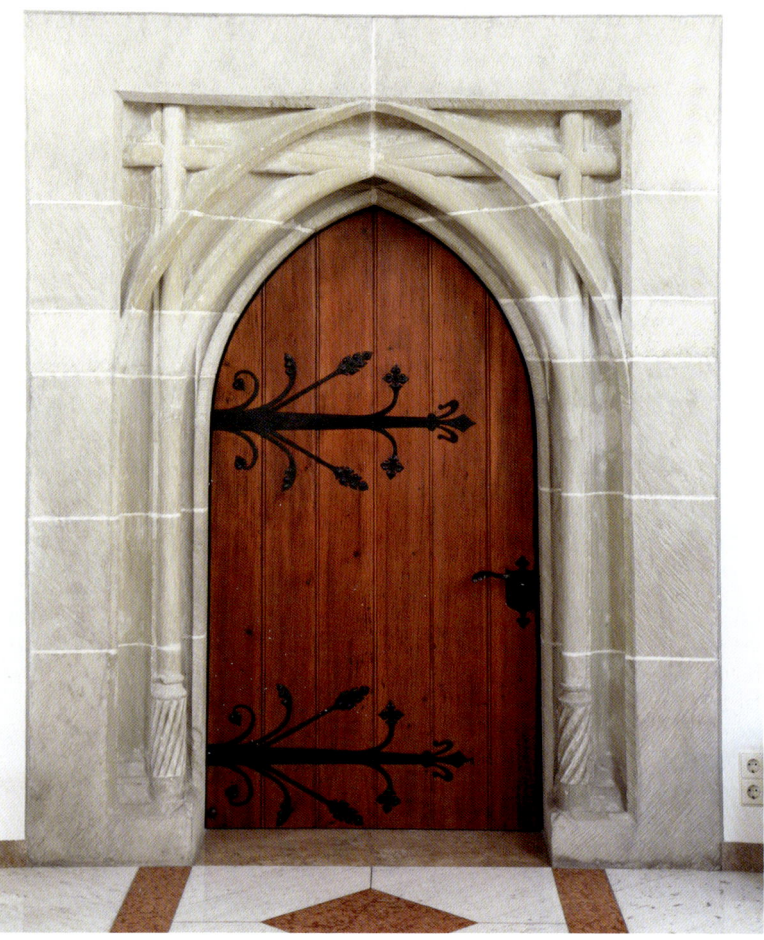

Abb. 308: Ostrach, Pfarrkirche St. Pankratius: Sakristeitüre

Mühle am Lausheimer Weiher
Von Kloster Salem 1751 neu errichtet. Über dem Türsturz 1751 BN (Bernhard Nell).
Mahleinrichtung – noch vorhanden?

Ostrach

Kloster Salem hatte ab 1191 durch Stiftung und Kauf Güter in Ostrach erworben. Im letzten Viertel des 13. Jahrhunderts mehren sich die Erwerbungen des Klosters, 1279 erwarb es die Mühle und das Fischrecht in Ostrach, 1288 durch Kauf die Vogtei und 1324 schließlich wurde die Pfarrkirche dem Kloster inkorporiert.

Pfarrkirche St. Pankratius
Die Pfarrkirche wurde 1897 weitgehend neu errichtet. Von dem Vorgängerbau blieben der Chor und der Turm erhalten (Abb. 287). Der polygonal geschlossene Chor kann noch der ersten Hälfte des 16. Jahrhunderts angehören. Die sich überkreuzenden Profile des Chortraufgesimses blieben auch bei der barocken Überarbei-

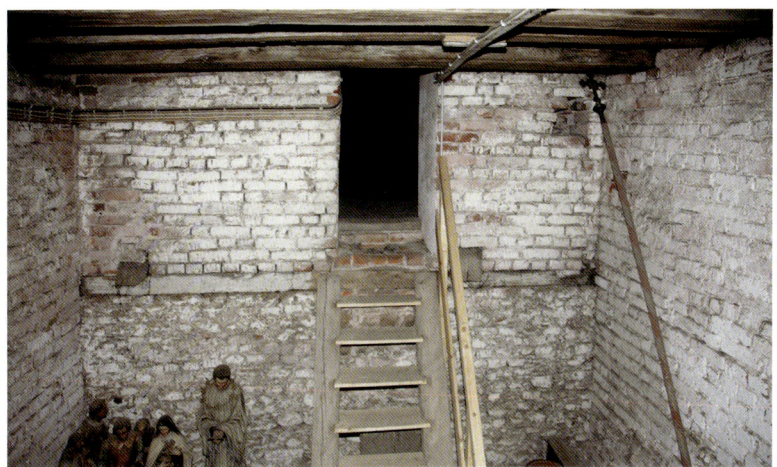

Abb. 309: Ostrach, Pfarrkirche St. Pankratius: Baufugen zwischen der Chornordwand und den Turmmauern. Die Südwand des Turms sitzt auf der Chorwand auf und überdeckt das eingemauerte Chordachwerk.

tung zu Beginn des 18. Jahrhunderts erhalten. Aus der Bauzeit des Chors stammen die Sakramentsnische an der Nordseite (Abb. 23) und das Sakristeiportal (Abb. 308). Das Chormauerwerk besteht aus Wacken, Bruchstein und vereinzelten Backsteinen. Das Dachwerk verfügt über einen doppelten liegenden Stuhl in der unteren Ebene und einen einfachen stehenden Stuhl, der mit verblatteten Fuß- und Kopfbändern gesichert ist, in der oberen Ebene. Der heutige Turm ist nachträglich an den Chor angebaut. Die äußeren Mauerschalen des Turmmauerwerks bestehen ausschließlich aus Backsteinen. Das Backsteinmauerwerk des Turms sitzt auf der Nordwand des Chors auf. Selbst das ältere Dachwerk des Chors wird von dem Turmmauerwerk überbaut; nur die Sparren sind vor der Turmsüdwand gekappt (Abb. 309). Die oberen Freigeschosse des Turms zeigen einen unregelmäßigeren Backsteinverband und dürften mehrfach verändert worden sein. Die an der Nordwestkante des Turms angebrachte Inschrift „A 1569" dürfte das Jahr der Grundsteinlegung für den Turmneubau bezeichnen.

In dem überwölbten Erdgeschoss des Nordturms ist die alte Sakristei untergebracht. Der Zugang zu den Turmobergeschossen erfolgte bis zu den Veränderungen im späten 19. Jahrhundert über eine separate Treppe.

In den Jahren 1704 bis 1706 erfolgte eine Barockisierung der Kirche, vielleicht nach Entwürfen des 1703 verstorbenen Michael Wiedemann. Aus dieser Zeit stammen die Stuckaturen an der Flachdecke des Chors, die vermutlich unter der Leitung von Georg Eitele d. Ä., dem früheren Palier von Michael Wiedemann, geschaffen wurden. Die Steinmetzarbeiten führte der Salemer Steinmetz Gottfried Natterer aus. Der für 1729 dokumentierte neue Dachstuhl dürfte sich über dem Langhaus befunden haben.

Im Chor und im Langhaus haben sich Reste der alten Ausstattung erhalten. Kurz vor 1600 hatte Melchior Binder das Retabelrelief Anna Selbdritt angefertigt, das heute an der Nordwand des Chors angebracht ist. Weitere bedeutende Ausstattungsstücke aus dem zweiten Viertel des 17. Jahrhunderts: im Chor Dreisitz um 1630/40, an der Ostwand des Langhauses zwei mächtige Retabelaltäre von 1637 bzw. 1638. Das großformatige Gemälde des nördlichen Nebenaltars zeigt die Himmelfahrt Mariens. Das 1638 datierte Gemälde am südlichen Nebenaltar, die Himmelfahrt Christi nach dem Vorbild Giulio Romanos in Rom, wird Melchior Binders Sohn, Zacharias Binder, zugeschrieben.

An der Brüstung der Westempore sind vier Fragmente eines Altarretabels aus dem frühen 16. Jahrhundert angebracht. Sie zeigen Büsten heiliger Bischöfe. Die Tafeln werden der Werkstatt von Bartholomäus Zeitblom zugewiesen und könnten von einem Retabel aus der Zeit des

Chorneubaus stammen. Zwei der Tafeln waren in die Kapelle von Magenbuch gelangt und kamen erst im Zuge der letzten Wiederherstellung der Pfarrkirche wieder nach Ostrach.

Pfarrhaus
Zweigeschossiger Massivbau mit 5 x 4 Fensterachsen über einem Kellergeschoss mit steilem Satteldach. In der Mittelachse der Ostseite befindet sich ein Zwerchhaus (Abb. 287). Über dem Portal das Wappen von Abt Stephan I. Jung (1698–1726), datiert 1702. Im Inneren sind zahlreiche Stuckdecken aus gezogenem Stuck und aus Modelstuck, vermutlich von den Stuckateuren Michael Wiedemanns. Die Stuckaturen sind den Arbeiten in den Konventsräumen von Kloster Salem eng verwandt. Die Steinmetzarbeiten dürfte der Salemer Steinmetz Gottfried Natterer geschaffen haben.

Schul- und Mesnerhaus
Zweigeschossiges Gebäude, 1751 datiert. Das Erdgeschoss des Wohnteils ist massiv ausgemauert, das Obergeschoss und der Ökonomieteil sind in Fachwerkbauweise ausgeführt.

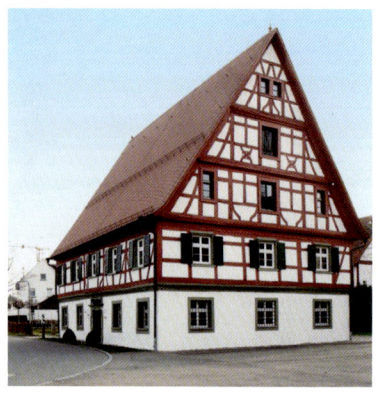

Abb. 310: Ostrach, Vogtshaus

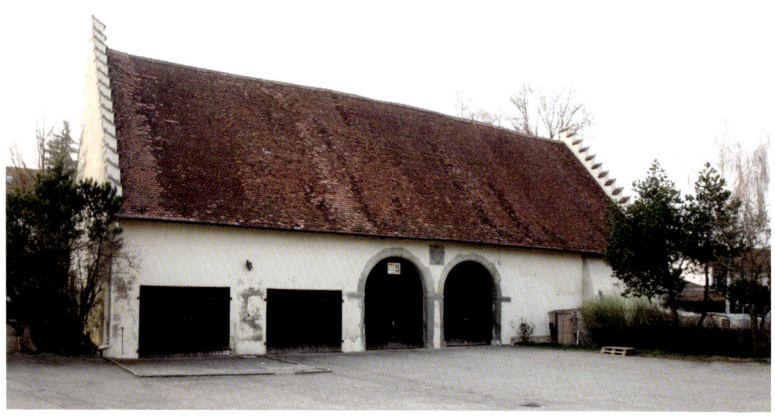

Abb. 311: Ostrach, Zehntscheune

256

Kaplanei
18. Jahrhundert

Vogtshaus
Zweigeschossiger Fachwerkbau (Abb. 300).
Das Fachwerkgefüge, insbesondere im
Obergeschoss, wurde wohl schon im 18.
und im 19. Jahrhundert, als man die Fenster erheblich vergrößerte, stark verändert.
Das Portal des Erdgeschosses legt nahe,
dass der Baukörper um 1700 vollständig
verputzt werden sollte, um den Eindruck
von einem Massivbau zu erzeugen.

Zehntscheune
Massivbau mit mächtigen Staffelgiebeln
und zwei Einfahrten an der Nordostseite
(Abb. 311). Hier ist auch das Wappen des
auftraggebenden Abts Petrus II. Miller
(1593–1614) angebracht. Das Datum 1595
auf dem Wappenstein dürfte das Baujahr
der Zehntscheune dokumentieren.

Neben dem Vogtshaus und der Zehntscheune hatte das Kloster in Ostrach auch
ein Wirtshaus, für das in den Jahren
1498/1501 umfangreiche Bauarbeiten
dokumentiert sind.

Spöck

Salem erwirbt in der zweiten Hälfte des
13. Jahrhunderts den größten Teil des
Dorfes. Ab 1700 Teil des Oberamts Ostrach.

Tafertsweiler

Um das Jahr 1200 hatte das Kloster erste
Güter in Tafertsweiler erworben. In den
Jahren 1243, als Salem unter anderem
die Vogtei von Hugo von Bittelschieß
kaufte, und 1252 ist ein erheblicher Gü-
terzuwachs zu verzeichnen, dem in den
Jahren 1255 bis 1328 weitere Erwerbungen folgten. Das Ortsbild prägen bis heute große Bauernhöfe, bei denen Wohnteil

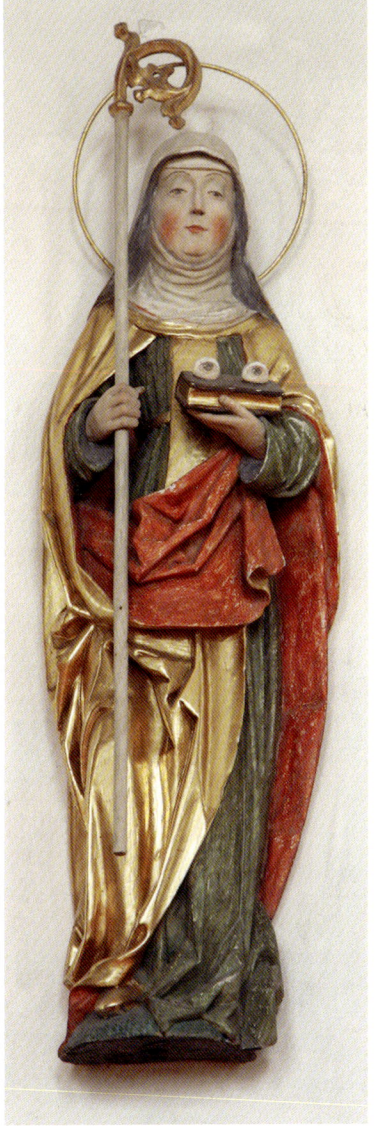

Abb. 312: Tafertsweiler, Pfarrkirche: Hl. Ottilie

und Ökonomie unter einem Dach untergebracht sind. Die Bauten haben in der
Regel hohe Satteldächer, während die öf-
fentlichen Bauten wie das Schulhaus und
das Pfarrhaus von 1806 Walmdächer besitzen.

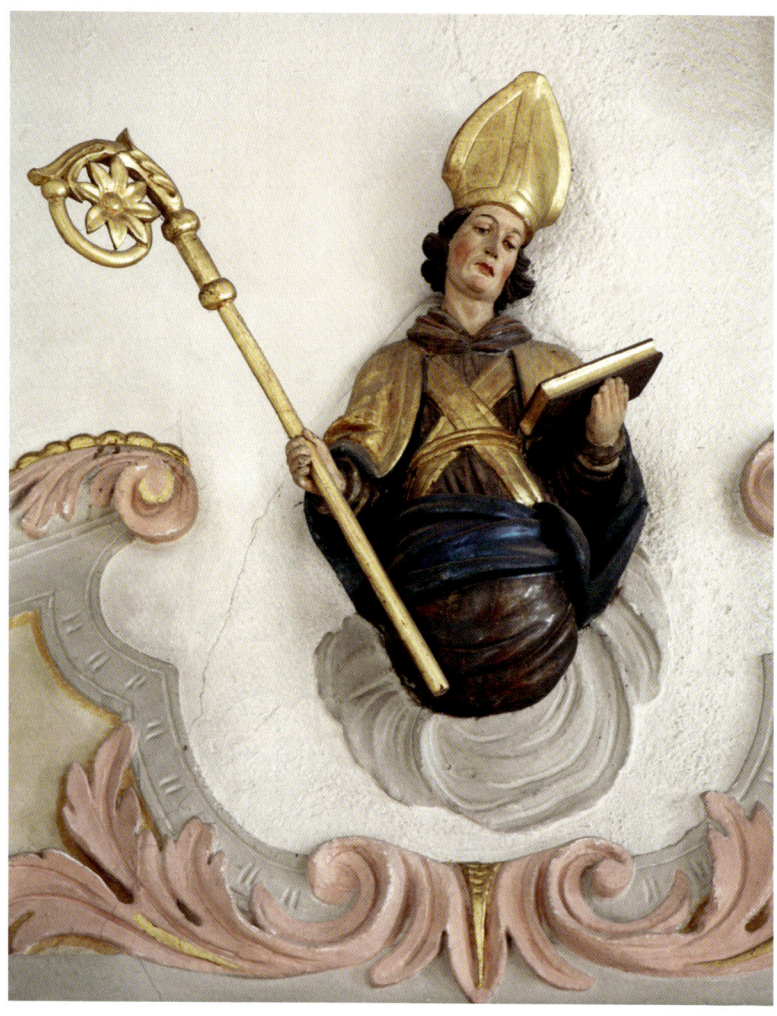

Abb. 313: Tafertsweiletr, Pfarrkirche: Hl. Konrad (?)

Pfarrkirche St. Urban

Saalbau mit eingezogenem Chor. Neubau von 1826/27; Chor und Sakristei in der heutigen Form 1923 erbaut.

In die heutige neubarocke Ausstattung von 1923 sind Skulpturen der älteren Ausstattung integriert. Wohl von einem Altarretabel aus dem letzten Viertel des 15. Jahrhunderts stammen die Skulpturen des hl. Nikolaus und der hl. Ottilie (Abb. 312). Die beiden aus der ersten Hälfte des 17. Jahrhunderts stammenden Skulpturen Jakobus' des Älteren und Johannes' des Täufers dürften von Altären aus dem frühen 17. Jahrhundert stammen. Am Chorbogen Brustbilder des hl. Urban und eines hl. Abtes aus der Schenk-Werkstatt Mitte 17. Jahrhundert (Abb. 313).

Der Taufstein mit reichen spätgotischen Ornamenten stammt vom Ende des 16. Jahrhunderts; der Schaft wurde 1825 und zuletzt in den 1960er Jahren erneuert.

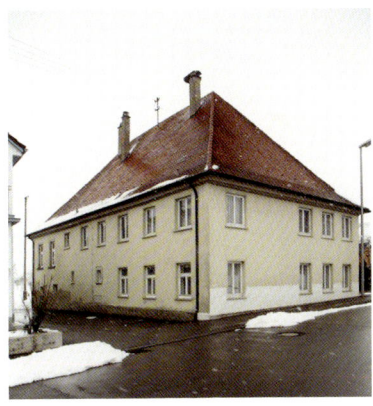

Abb. 314: Tafertsweiler, ehem. Mesner- und Schulhaus

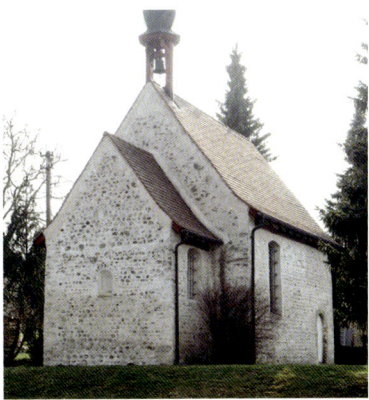

Abb. 315: Waldbeuren, Kapelle

Schul- und Rathaus
18. Jahrhundert (Abb. 314)

Zweigeschossiger Bau von 7 x 5 Fensterachsen und hohem Walmdach, wohl aus der zweiten Hälfte des 18. Jahrhunderts.

Waldbeuren

1279/80 erwarb Salem von Konrad von Gundelfingen das Patronat an der Pfarrkirche von Waldbeuren sowie den Zehnt. Ein den folgenden Jahren konnte das Kloster seinen Besitz am Ort ausbauen.

Pfarrkirche
Die kleine aus Wacken erbaute Kapelle (Abb. 315) wurde im 12. Jahrhundert erbaut und mehrfach umgestaltet. An der Nordwand des Schiffes haben sich Reste eines Freskenzyklus mit Darstellungen aus der Leidensgeschichte Christi aus dem 15. Jahrhundert erhalten.

Hl. Gregor, um 1500 (?), vgl. Burgweiler u. Mimmenhausen

Wangen

Das Kloster erwarb ab 1221 Güter in Wangen. 1295 übertrugen die Herren von Gundelfingen die Zehntrechte von Wangen an Salem.

Kapelle St. Michael
Die kleine aus Wacken erbaute Kapelle stammt aus dem 12. Jahrhundert. Auf dem Hochaltar steht eine Pieta, Mitte 14. Jahrhundert, barock überarbeitet.

Zur weiteren Ausstattung zählen eine Schmerzhafte Mutter Gottes, 1. Drittel 18. Jahrhundert, und ein Epitaph von 1667 mit wiederverwendeten Skulpturen um 1500.

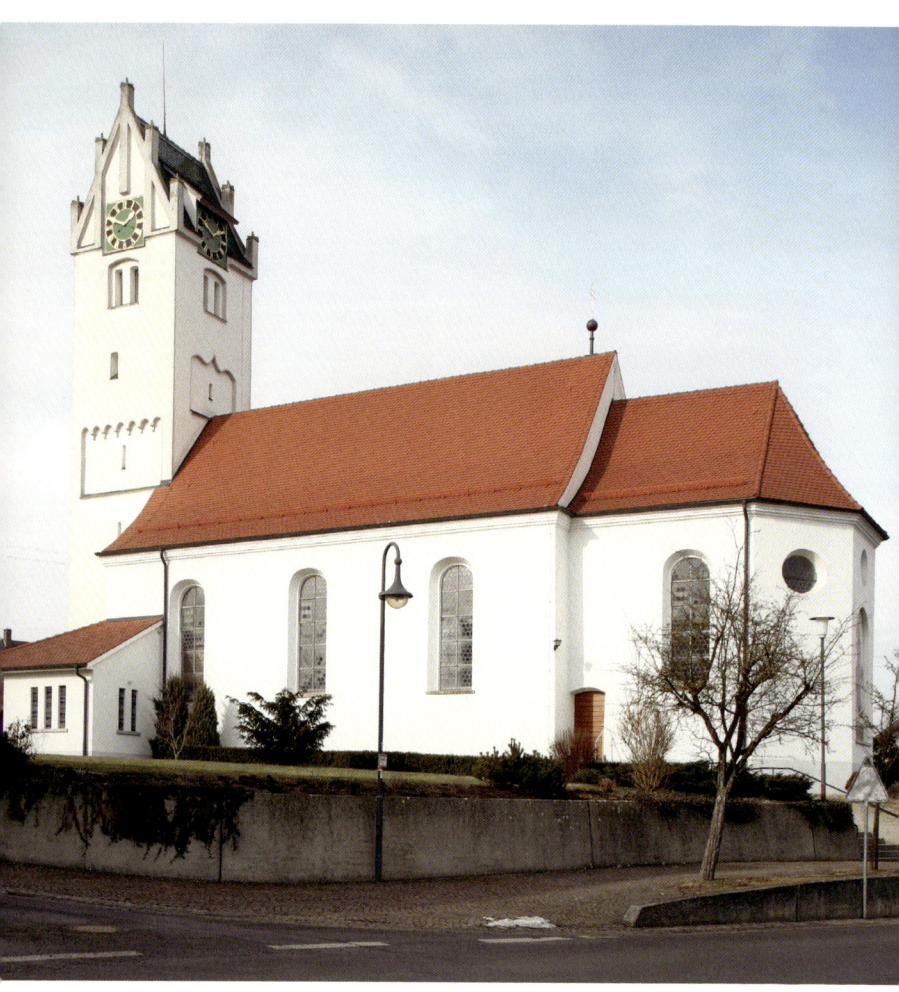

Abb. 316: Aepfingen, Pfarrkirche St. Blasius

7.5 Oberamt Schemmerberg

1304 erwarb Salem von dem ihm unterstellten Zisterzienserinnenkloster Heggbach Güter und den Zehnt von Langenschemmern. Im Laufe des 14. Jahrhunderts konnte das Kloster seinen Besitz in dem Landstrich zwischen Riß und Iller weiter ausbauen. 1361 erhielt Salem von Graf Götz von Wartstein den Kirchensatz von Schemmerberg. Da der Umfang der zur Kirche gehörenden Güter unklar war, kam es in der Folge zu einem Rechtsstreit, der erst 1372 in einem Vergleich durch den vollständigen Verzicht von Graf Götz von Wartstein und seiner Ehefrau auf die zum Kirchensatz Schemmerberg gehörenden Güter beigelegt werden konnte. 1378 wurde die Pfarrei Schemmerberg dem Kloster inkorporiert. Nachdem es wiederholt zu Differenzen mit dem Augsburger Diözesanbischof bei der Präsentation der Schemmerberger Pfarrer kam, gestattete Papst Bonifaz XI. 1396 dem Kloster, die Pfarrei auch durch Mönche des Klosters versehen zu lassen.

Filialkirchen von Schemmerberg waren die Kirchen in Altheim, Äpfingen und Langenschemmern. 1459 wurde in Ingerkingen eine weitere Filialkirche errichtet, die 1712 zur Pfarrei erhoben wurde.

Die Salemer Besitzungen zwischen Biberach und der Iller, d. h. insbesondere in Schemmerberg, Langenschemmern, Altheim und Äpfingen, wurden zunächst über den Pfleghof in Biberach verwaltet. Erst nach Einführung der Reformation in der Freien Reichsstadt wurde die Verwaltung nach Schemmerberg verlagert und dort die dafür erforderlichen Gebäude errichtet. Die Verwaltung der Pflege Schemmerberg oblag teils weltlichen, teils geistlichen Pflegern. Unter Letzteren ist insbesondere der spätere Salemer Abt Anselm Moutelsee (1656) zu nennen.

Die Schemmerberger Verwaltung wurde neben dem späteren Oberamt Salem die wichtigste Salemer Güterverwaltung. Nachdem Salem 1603, 1608 und 1619 die Hohe und Blutgerichtsbarkeit sowohl im Bereich der Salemer Besitzungen als auch der Besitzungen der Zisterzienserinnenklöster Heggbach und Gutenzell erworben hatte, wurde das in dieser Zeit neuerbaute Schloss in Schemmerberg zu einem Zentrum Salemer Herrschaft.

Im 18. Jahrhundert errichtete Salem in Schemmerberg ein Oberamt zur Verwaltung der Güter.

Äpfingen

Kirche St. Blasius
Die heutige Pfarrkirche (Abb. 316) war Filialkirche von Schemmerberg. Der Turm stammt noch aus der zweiten Hälfte des 15. Jahrhunderts. Aus dieser Zeit stammt auch eine Mutter Gottes mit Kind und Engeln (Abb. 317). Langhaus und Chor der Kirche wurden 1726 neu errichtet. An der Decke befindet sich qualitätvoller Bandelwerkstuck aus der Bauzeit. Von der barocken Ausstattung blieben die Skulpturen der Immakulata und der hl. Anna, Joachim Baptist Hops zugeschrieben, erhalten.

Altheim

Das Kloster erwarb vermutlich bereits 1304 von dem Zisterzienserinnenkloster Heggbach Besitz in Altheim. 1621 kaufte die Abtei von Schenk Hans Christoph von Stauffenberg das halbe Dorf mit allen Gütern, Ehaften, Leibeigenschaften, dem Wirtshaus, der Kirche und der Metzgerei mit allen Rechten. 1699 zählten von dem Hausbestand in Altheim zwölf Häuser zur Salemer Pflege Schemmerberg, 33 Häuser zur Ritterschaft und zwei Häuser den Kornelier, der Genossenschaft der Buchauer Korneligüter. Die Lehenhöfe auf der Altheimer Markung trugen Namen von Fischen.

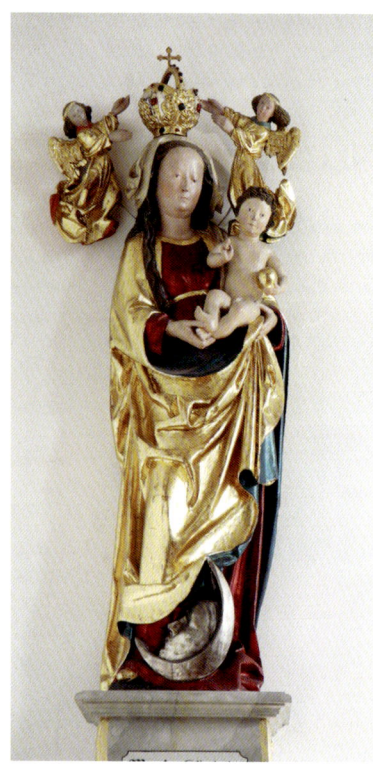

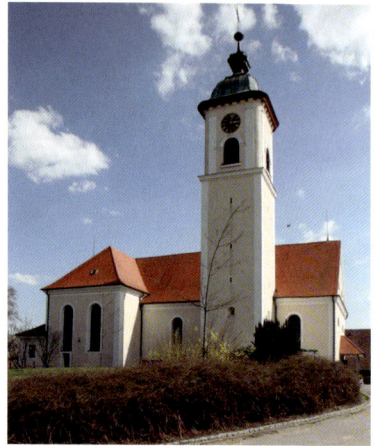

Abb. 318: Altheim, Pfarrkirche St. Nikolaus

Gottes, heute am nördlichen Seitenaltar, und die hll. Blasius und Konrad am südlichen Seitenaltar. Die Skulpturen stehen den Arbeiten aus der Werkstatt des Meisters des Ackeraltars nahe.

Abb. 317: Aepfingen, Pfarrkirche St, Blasius, Mutter Gottes

Aufhofen

Wallfahrtskapelle St. Michael

Die Kapelle in Aufhofen war zusammen mit der Mauritiuskapelle in Langenschemmern Filiale von Schemmerberg. 1484 wurde an den beiden Kapellen eine Kaplanei eingerichtet. Dem von Abt Johannes Stantenat (1471–1494) präsentierten und als Kaplan eingesetzten Priester standen eine angemessene Behausung, sechs Jauchert Äcker zur Bewirtschaftung und eine jährliche Vergütung in Höhe von 40 Pfund Heller zur Verfügung. Wesentliche Rechte blieben bei der Pfarrei Schemmerberg, wo sich auch weiterhin der Friedhof befand. An den vier Hochfesten (Weihnachten, Ostern, Pfingsten und Mariä Himmelfahrt) mussten die Gläubigen auch weiterhin die hl. Messe in Schemmerberg besuchen. In der Mitte des 16. Jahrhunderts reichte die von Salem bereitgestellte Vergütung nicht mehr zum Unterhalt des Kaplans aus.

Pfarrkirche St. Nikolaus

1624 wird die Pfarrkirche St. Nikolaus erstmals als Filialkapelle der Pfarrei Schemmerberg genannt. Der Pfarrdienst wurde von dem Priester in Schemmerberg versehen. Die jährlichen Kosten für den Priester in Höhe von 40 fl und für den Mesner in Höhe von 5 fl wurden ab 1666 aus dem Einkommen des Salemer Hofs in Aßmannshardt bestritten.

Von der alten Kapelle blieb nur der Turm erhalten (Abb. 318). Der heutige Turmabschluss geht auf einen Entwurf des Thurn und Taxis'schen Werkmeisters Baur aus Buchau zurück. Die heutige Kirche wurde ab 1820 gebaut und 1829 konsekriert. Von der alten Ausstattung haben sich Skulpturen eines Altarretabels aus der Zeit um 1500 erhalten: eine Mutter

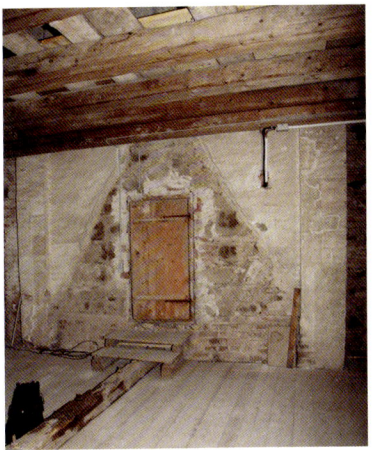

Abb. 319: Aufhofen, Wallfahrtskirche: Ostseite des Turms mit dem Dachansatz der spätgotischen Kapelle

Nachdem die Kaplanei mehrere Jahre verwaist war, erhöhte der Ortsherr Hans Philipp Schad Freiherr von Mittelbiberach 1545 die Einkünfte der Kaplanei und erreichte 1553, dass ihm und seinen Rechtsnachfolgern das Präsentationsrecht übertragen wurde. Dieser Zustand bestand bis 1803.

Die Reichsabtei Salem beteiligte sich anteilig an den Baukosten der kirchlichen Gebäude, zuletzt 1777 beim Bau des neuen Kaplaneihauses.

Die erste Wallfahrtskapelle dürfte kurz vor 1418 errichtet worden sein. Wohl um die Mitte des 15. Jahrhunderts wurde der um zwei Geschosse erhöhte Westturm errichtet. An seiner Ostseite ist bis heute der Dachansatz der spätgotischen Kapelle zu erkennen (Abb. 319). Nach Erweiterungen im 17. Jahrhundert wurde der heutige Bau (Abb. 320) unter Verwendung von Teilen des Vorgängerbaus 1736–1738 auf Veranlassung des Ortsherrn ausgeführt. Das auffallend kräftig ausgeführte Dachwerk ist inschriftlich 1737 datiert (Abb. 321). Im zentralen Deckenbild der Kassettendecke mit der Krönung Mariens ist das Wappen von Abt Konstantin Miller (1725–1745) zu sehen.

Der Kircheninnenraum besteht aus einem weiten Saal und einem ungewöhnlich langen Rechteckchor. Bis 1763 befanden sich auf dem damaligen Hochaltar drei als wundertätig verehrte Marienfiguren. Das vermutlich ursprüngliche Gnadenbild, eine Mutter Gottes aus der Multscherschule, um

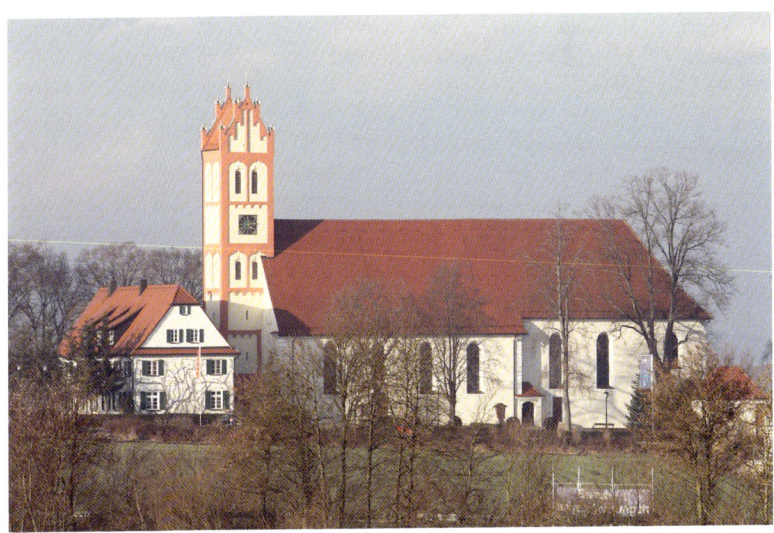

Abb. 320: Aufhofen, Wallfahrtskapelle: Ansicht von Süden

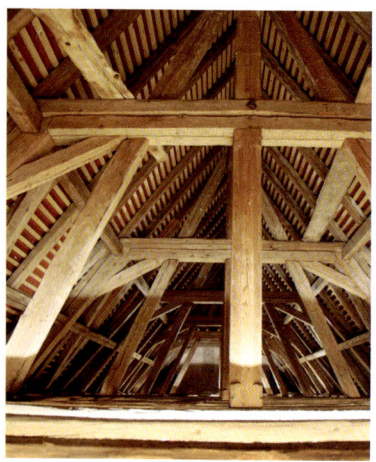

Abb. 321: Aufhofen, Wallfahrtskapelle: Blick in das Dachwerk

1460 entstanden, befindet sich heute südlich des Hochaltars. Die nördlich zu sehende Mutter Gottes mit Kind wird dem Biberacher Bildhauer Hans Dürner zugewiesen. Der heutige Hochaltar stammt aus dem Augsburger Kloster Maria Stern und wurde erst 1963/64 in die Kapelle übertragen.

Die beiden Seitenaltäre sind vermutlich von 1746, die Bildhauerarbeit von Franz Anton Hegenauer. Die Altarbilder zeigen am nördlichen Altar die Erziehung Mariens und im Auszug den hl. Georg; am südlichen Altar Joseph in der Werkstatt mit dem Jesusknaben, signiert und datiert „J:Ca:Koler pinxit 1743" und im Auszug den hl. Martin. Ebenfalls aus dem Jahr 1743 stammt die von Anton Rieger aus Oberstadion geschaffene Kanzel mit Bildhauerarbeiten der Hegenauer-Werkstatt.

Langenschemmern

Ehem. Filialkapelle, heute Pfarrkirche St. Mauritius

Die Pfarrkirche St. Mauritius ist eine langgestreckte Saalkirche mit geradem Chorschluss. Der Kernbestand des Mauerwerks stammt vielleicht noch aus dem 12. Jahr-

hundert. An der Innenseite des Ostgiebels zeichnet sich ein älteres, flach geneigtes Satteldach für die Kapelle ab. Das Mauerwerk dieses Giebels besteht aus Wacken. Darin befinden sich leere Öffnungen für Gerüsthölzer, die durch das Mauerwerk hindurch gesteckt waren. Bei einem Umbau wurde der Giebel für ein steileres Satteldach, ungefähr mit der heutigen Dachneigung, umgebaut (Abb. 322). Dieses Mauerwerk besteht aus gespaltenen Wacken, Bruchsteinen und Backsteinen sowie Bruchstücken von Hohlziegeln. Auch in der Giebelaufmauerung sind Gerüstlöcher und -hölzer erhalten. Der obere Abschluss des Ostgiebels wurde mehrfach repariert und erneuert.

Der Westgiebel verfügte über ein vollständig in Eiche abgezimmertes Holzinnengerüst aus dem Jahr 1471 (d), das außen mit einer dünnen Mauerschale verkleidet war. Mit dem Giebel war auch ein Dachreiter mit vermutlich quadratischem Querschnitt ausgeführt worden. Möglicherweise steht der in Backstein gemauerte Giebel mit einer Verlängerung des Langhauses um ein Joch nach Westen in Zusammenhang.

Der Kernbestand des heutigen Dachwerks (Abb. 323), eventuell in Zusammenhang mit einer Erhöhung der Mauerkronen, wurde 1471 (d) aufgeschlagen. Bemerkenswert ist die umfangreiche Verwendung von Nadelhölzern. Die Konstruktionsdetails sind dem vollständig in Eiche abgezimmerten Dachwerk über dem Chor der Pfarrkirche von Schemmerberg eng verwandt, ebenso das System der Abbundzeichen.

Im späten 18. Jahrhundert wurde in Zusammenhang mit dem Bau eines neuen sechseckigen Dachreiters der westliche Teil des Dachwerks durch eine spätbarocke Konstruktion mit einem zusätzlichen Hängewerk, das die Lastkräfte des Dachreiters mit aufnehmen sollte, ersetzt.

Im Inneren ist die Ausdehnung des älteren Baus an der Westkante der Wandmalereien ablesbar. Die Oberkante der Wandmalereien zeichnet die ursprüngliche Mauerkrone nach. Die wohl kurz nach 1361, d. h. nach dem Übergang an Salem entstandenen Wandmalereien dürften in Zusammenhang mit dem Umbau der älteren Kapelle und der Errichtung des ersten steilen Satteldachs geschaffen worden sein. Die Malereien sind in drei Registern angeordnet. Das unterste zeigt Vorhangdraperien, die beiden oberen Bildszenen. Zwischen den Bildregistern der Langhauswände und der Ostwand gibt es jeweils einen Höhenversprung, der durch die Rücksichtnahme auf unterschiedliche Fensterhöhen an den Längswänden und an der Ostwand begründet sein könnte. Die Ostwand, deren Mittelfeld durch die jüngere Altarnische gestört ist, zeigt im obersten Register die Apostel und im mittleren Register an der Südseite die Gefährten des hl. Mauritius.

Im Bildzyklus der Nordwand handelt es sich im oberen Register vermutlich um Szenen aus dem Leben Christi, endend mit dem letzten Abendmahl, und im unteren Register um Szenen aus der Passion. Von den Bildern der Südwand sind nur die östlichsten Teile aufgedeckt. Hier erblickt man oben den hl. Georg im Kampf mit dem Drachen und darunter den hl. Martin.

1484 wurde in Langenschemmern eine Kuratkaplanei eingerichtet. Ähnlich wie in Ingerkingen mussten die Gemeindemitglieder jedoch an den vier Hochfesten (Weihnachten, Ostern, Pfingsten, Mariä Himmelfahrt) und an Allerheiligen die Messe in Schemmerberg besuchen. Bereits wenige Jahre zuvor war das Langhaus nach Westen erweitert und ein neuer Dachstuhl aufgeschlagen worden. In diesem Zusammenhang dürfte die Kapelle auch einen neuen Altar erhalten haben, dessen Skulpturen dem Meister des Ackeraltars zugewiesen werden. Es handelt sich um eine Mutter Gottes mit Kind und die hll. Barbara und Katharina, Mauritius und Georg. Der heutige Altaraufbau in der östlichen Altarnische stammt aus den Jahren um 1670/80.

Im 16. Jahrhundert trat insoweit eine Veränderung an den kirchenrechtlichen Verhältnissen ein, als Hans Philipp Schad, Freiherr von Mittelbiberach, die Einkünfte der Kaplanei erhöhte und dafür im Ge-

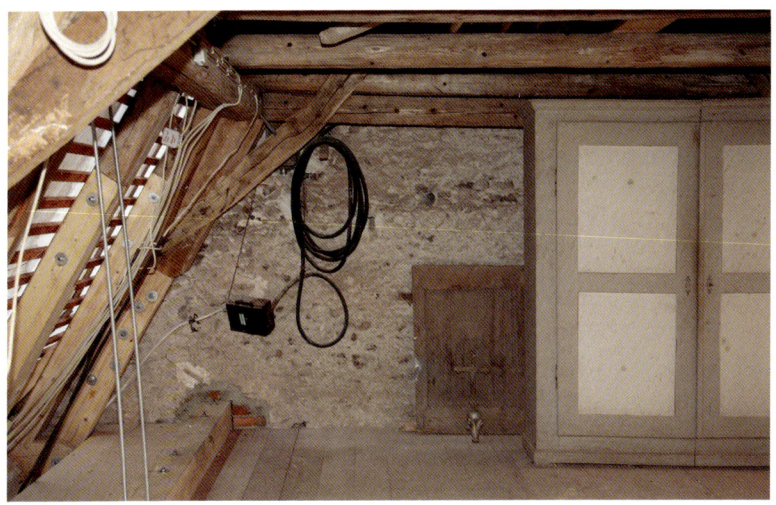

Abb. 322: Langenschemmern, St. Mauritius: Blick auf den Ostgiebel

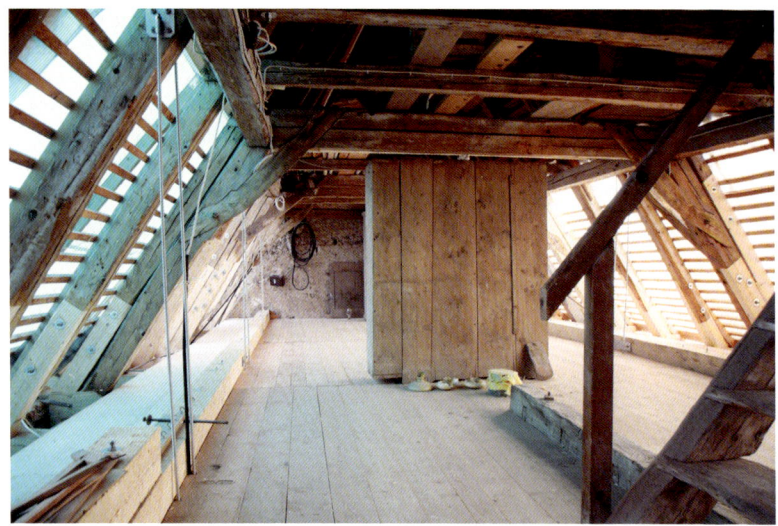

Abb. 323: Langenschemmern, St. Mauritius: Dachwerk

genzug von der Abtei Salem das Nominationsrecht, d. h. das Recht, einen Kaplan vorzuschlagen, erhielt. Das Präsentationsrecht hingegen blieb beim Abt von Salem.

Lit.: Krezdorn 1980, S. 43 ff.; Schahl 1980, S. 105 f.

Kaplaneihaus

Das Kaplaneihaus wurde 1777 neu errichtet. Die Baukosten in Höhe von 1646 fl 57 xr 6 h wurde zu einem großen Teil vom Kloster Salem getragen.

Lit.: Krezdorn 1980, S. 44.

Ingerkingen

Wohl im 15. Jahrhundert war Salem in den Besitz von Gütern und Rechten in Ingerkingen gekommen, die es ab 1529 an das Spital in Biberach verkaufte.

Pfarrkirche St. Ulrich

Die heutige Pfarrkirche geht auf eine 1459 von Ritter Bertold von Stein und Junker Ulrich von Schienen gestiftete Kaplanei zurück. Die Stiftung erfolgte mit Genehmigung von Abt Ludwig Oschwalt

(1458–1471), der sich das Patronat der Kirche und die Verwaltung der Kaplaneigüter vorbehielt. Die Kirche war Filiale von Schemmerberg und an von Abt und Konvent von Salem bestimmten Festtagen waren die Mitglieder der Gemeinde Ingerkingen verpflichtet, den Gottesdienst in der Pfarrkirche von Schemmerberg zu besuchen. 1712 wurde Ingerkingen zur selbstständigen Pfarrei erhoben, doch verblieb das Patronat an der Kirche bei der Abtei, während die Gemeinde die bauliche Unterhaltung von Kirche, Pfarrhaus mit Pfarrstadel und Mesnerhaus zu übernehmen hatte. Weiterhin wurde die Gemeinde verpflichtet, die Pfarrgüter unentgeltlich für den Pfarrer zu bewirtschaften.

Von der älteren Bausubstanz der ehemaligen Erhardskapelle blieb nur der mächtige Turm (Abb. 324) mit seinem bunten Ziegeldach (die historischen Ziegel wurden bei der letzten Renovierung durch moderne Ziegel ersetzt) erhalten. Er dürfte aus dem späten 15. Jahrhundert stammen und trägt unter anderem zwei Glocken aus der Zeit der Spätgotik: Die größere stammt aus dem Jahr 1498, die kleine aus dem Jahr 1506. Beide Glocken

266

wurden von Biberacher Glockengießern geschaffen.

1842/43 wurde die heutige Kirche an Stelle der Kapelle aus dem 15. Jahrhundert nach Plänen von L. Werkmann aus Laupheim errichtet.

In der Kirche haben sich wenige Ausstattungsstücke aus der alten Kapelle erhalten, von denen eine später überarbeitete Pieta aus dem frühen 15. Jahrhundert besonders zu erwähnen ist. Die übrige Ausstattung, insbesondere die beachtlichen Relieftafeln aus der Zeit um 1500, kamen erst im Zuge der historistischen Neuausstattung in die Kirche.

Lit.: Krezdorn 1980, S. 74 ff.; Schahl 1980, S. 104 f.

Schemmerberg

Pfarrkirche St. Martin

Die Pfarrkirche St. Martin (Abb. 325) dürfte auf einen frühmittelalterlichen Ursprung zurückgehen und in einem Zusammenhang mit der heute abgegangenen Burg südwestlich der Kirche gestanden haben. Sie gilt als eine der ältesten Kirchen in Oberschwaben. Bei den jüngsten Restaurierungsarbeiten kamen nördlich des Nordannexes ältere Fundamente zum Vorschein, deren Interpretation bislang nicht abschließend möglich ist. Ältester, im aufgehenden Mauerwerk noch fassbarer Bestand sind die Reste des Vorgängers der heutigen Choranlage, die sich in der Ostwand des Langhauses erhalten haben. Es handelt sich dabei um Mauerwerk aus lagerecht verbauten Wacken. Deutlich sichtbar sind die Abbruchspuren der Chorseitenwände, die belegen, dass der ältere Chor gegenüber dem heutigen Chor nach Süden versetzt gelegen hat. An die Mauerausbruchkanten schließt sich der teilweise erhaltene Feinputz des Chorinnenraums an. Der Befund legt nahe, dass der Chor flach gedeckt war. Aus den Dachansatzspuren, die den Mauerausbruchspuren zuzuordnen sind, lässt sich ein Satteldach mit einer Dachneigung von etwa 46° rekonstruieren. Reste von Sparren, die diesem Dach zugewiesen werden können, sind im heutigen

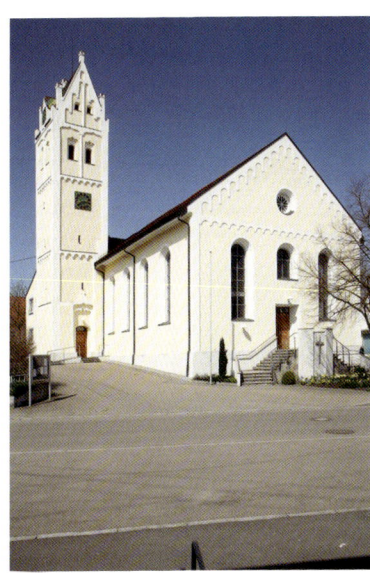

Abb. 324: Ingerkingen, Pfarrkirche St. Ulrich

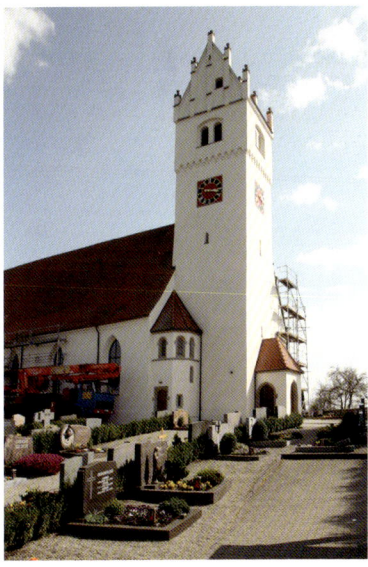

Abb. 325: Schemmerberg, Pfarrkirche St. Martin

267

Chordach in Zweitverwendung eingebaut worden. Aus den Blattsassen dieser Sparrenfragmente lässt sich ein Sparrendach mit vertikalen Sparrenknechten und zwei Kehlbalkenlagen rekonstruieren. Die Konstruktionsmerkmale verweisen auf die Jahrzehnte um 1200.

Wohl in der Mitte des 14., vielleicht auch erst im 15. Jahrhundert erhielt die Kirche ein neues Langhaus, das zwischen die älteren Untergeschosse des Westturms und den älteren Chor eingefügt wurde. Wie aus den Abdrücken im Putz der beiden Giebelwände zu erkennen ist, war dieser Langhaussaal von einer Holztonne überspannt, vergleichbar der Konstruktion, deren Reste sich im Dachwerk der Pfarrkirche von Sulmingen erhalten haben. In der 1480er Jahren wurde der ältere Chor abgebrochen und durch den heutigen, an der Ostwand inschriftlich 1488 datierten Chor ersetzt. Die Hölzer für das Dachwerk wurden im Winter 1486/87 (d) gefällt. Das Mauerwerk des Chorneubaus besteht aus Wacken mit regelmäßig angeordneten Läuferschichten aus Backsteinen (Abb. 58). Die Gewölbekappen sind aus gewichtsreduzierten Backsteinen aufgemauert und die Gewölberippen bestehen aus Tonformsteinen.

Im 17. Jahrhundert erfolgten erhebliche Umbauten am Langhaus. Die offene Holztonne wurde durch eine Flachdecke ersetzt. Die Balken der neuen Decke werden nun von zweifachen Hängewerken (Abb. 84), die mit zweifach liegenden Stühlen in zwei Ebenen kombiniert sind, getragen. Es lassen sich zwei Abbundeinheiten feststellen, von denen die östliche geringfügig älter sein dürfte. Die Konstruktion über dem westlichen Teil des Langhauses ist 1674 (d) aufgeschlagen worden, wobei für die Schwellen Hölzer aus einer Konstruktion von 1661/62 (d) wiederverwendet wurden. Wohl zu derselben Zeit wurde in dem Dachwerk des Chors nachträglich eine Hängekonstruktion zur Unterstützung der Deckenbalken eingebaut. Zahl-

reiche Notizen an den Hölzern der Dachwerke belegen, dass zumindest im 18. Jahrhundert die Dachböden über dem Chor und dem Langhaus der Kirche als Fruchtschütten genutzt wurden.

Der Turm ist in seinen unteren Geschossen in Bruchstein und Mischmauerwerk ausgeführt. Nur die Fenstergewände und Fensterstürze sind in Backstein gemauert. Wohl gegen Ende des 15. Jahrhunderts, vielleicht im Zusammenhang mit dem Chorneubau, wurde der Turm nochmals erhöht und erhielt sein heutiges Glockengeschoss und die charakteristischen Giebelaufsätze. Das Dachwerk des Turms verfügt über zweifach liegende Stühle. Im Turm hängen vier historische Glocken, deren älteste 1452 in Biberach gegossen wurde. Die Biberacher Gießer Martin Kisling und Hans Folmer II. schufen 1518 die Marienglocke. Die dritte, 1655 datierte Glocke stammt von dem Memminger Gießer Leonhard Ernst (II.) und zeigt an ihrer Flanke das Wappen von Abt Thomas II. Schwab (1647–1664). 1690 schließlich wurde eine ältere Glocke durch Theodosius Ernst (II.) in Ulm umgegossen. An ihrer Flanke ist neben dem Wappen Abt Emanuel Sulgers (1680–1698) auch der Name des Schemmerberger Pflegers P. Anton Altmanshauser angebracht. Die heutigen Joche der Glocken stammen von einem Umbau des Glockenstuhls im Jahr 1778.

Die Kirche wurde mehrfach, so auch 1897/98 durch den aus Altheim stammenden Josef Cades (1855–1943) nachhaltig umgestaltet und mit einer neugotischen Ausstattung versehen. 1936 erfolgte eine abermalige Veränderung des Innenraums.

Von den alten Altären blieb nur die Skulptur des hl. Theodul (Abb. 326), wohl aus der Zeit des Chorneubaus, erhalten. Der Taufstein (Abb. 327) ist eine im 19. Jahrhundert angefertigte Kopie nach dem heute verschollenen Original, das mit dem Wappen von Abt Petrus II. Miller (1595–1614) versehen war.

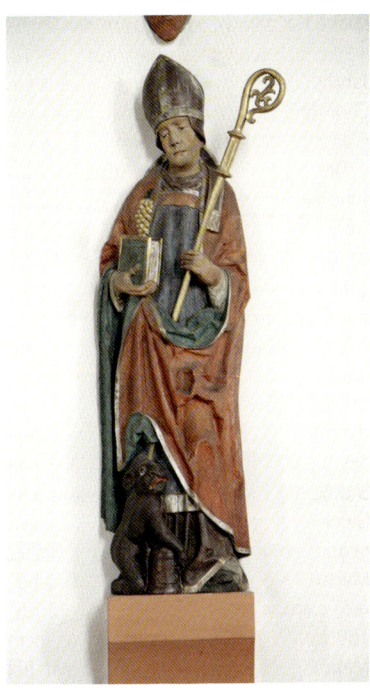
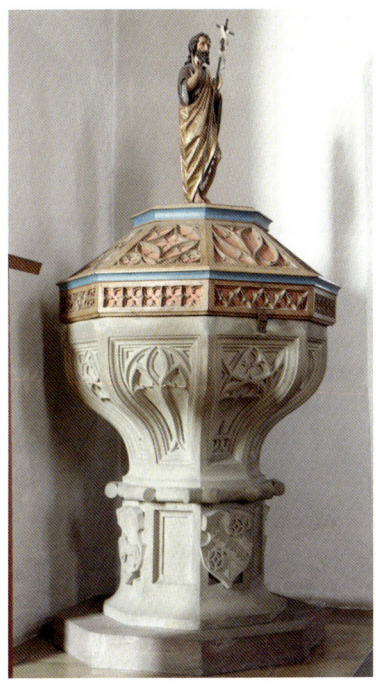

Abb. 326: Schemmerberg, Pfarrkirche St. Martin: Hl. Theodul

Abb. 327: Schemmerberg, Pfarrkirche St. Martin: Taufstein

An der Südseite des Langhauses befindet sich eine Ölbergnische. Die ältesten Skulpturen, um 1490, dürften aus derselben Werkstatt stammen wie die Skulptur des hl. Theodul vom ehemaligen Hochaltar. Sie wurden jedoch erst 1856 von einem Biberacher Kunsthändler erworben. 1714 hatte Hans Georg Weßner Skulpturen zu einem Ölberg angefertigt. Von diesem könnte die barocke Häschergruppe (Abb. 328) stammen, während der Engel und Judas stilistisch dem frühen 17. Jahrhundert zuzuweisen sind.

Lit.: Schahl 1980, S. 108 ff.

Pfarrhof

Der Pfarrhof ist ein zweigeschossiger Massivbau mit gebrochenem Walmdach. Der von dem Pfarrer 1757 zur Genehmigung eingereichte Entwurf wurde von Abt Anselm II. wegen seiner Größe und des damit verbundenen Aufwands heftig kritisiert. In seinem Kommentar vom 13. April 1757 heißt es: „Dieser Riß ist beederseits zu groß. Wir sehen nicht, warumb von dem so wohl und bedächtlich ausgezeichneten Riß des Levertsweyler Pfarrhoff solle abgegangen werden: besonders da jeweiliger Pfarrvicario in Schemmerberg kein widdum gut, somit nicht nöthig hat, viele Mägd und Knecht zu halten: da hingegen all dieses dem Pfarrvicario von Urnaw obliegt, und dieser doch nur ein Pfarrhof hat von 36 schuch in der Länge, und 40 schuh in der braite. Diesernach solle der Schemmerbergische Pfarrhoff höchstens 40 schuh in der Länge, und 42 schuh in der braite haben. Der untere Stock ist recht. Im oberen ist ein Taffel-Zimmer ohnnothwendig auf diser seyte kan 1- oder 2 Gastzimmer, mit 1 Cammer oder mit 2 Cämmern gemacht werden.

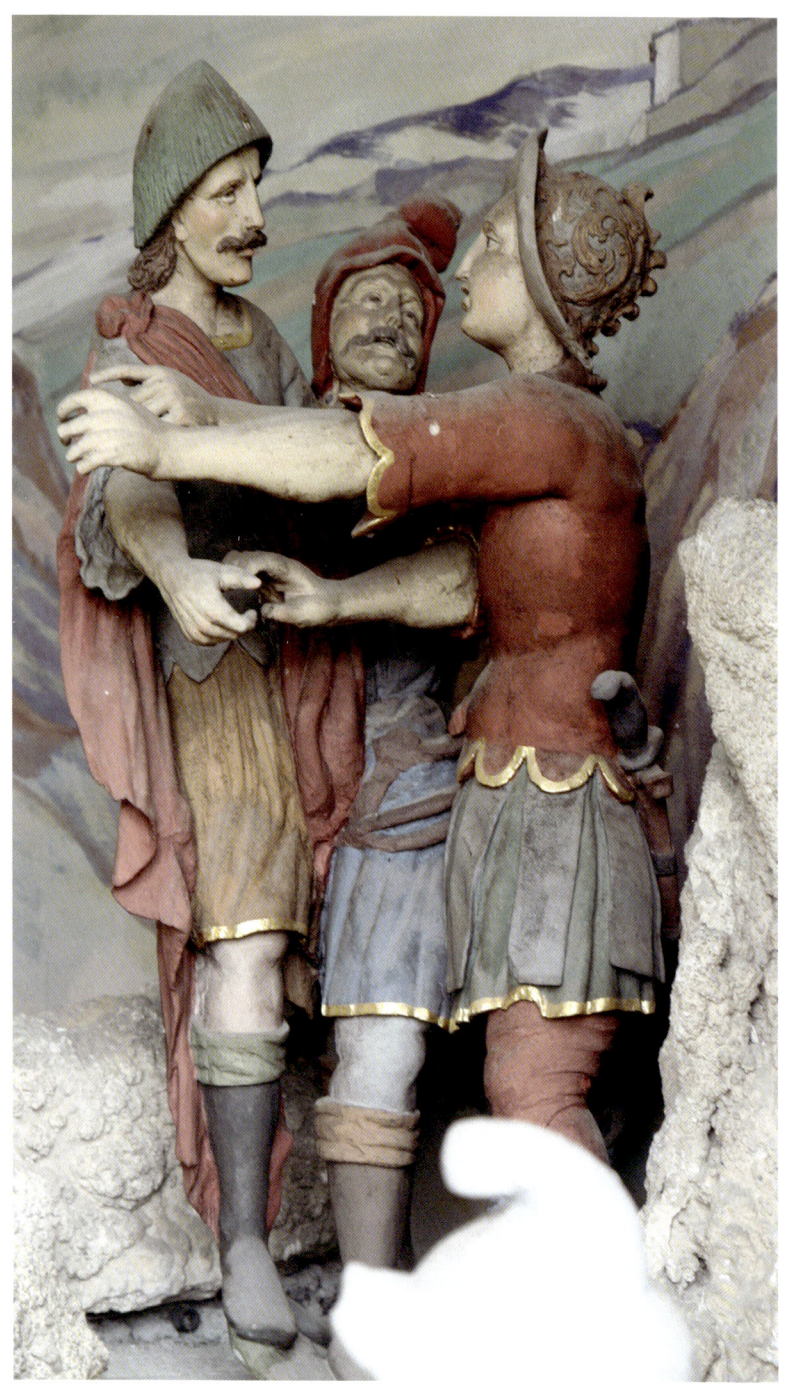

Abb. 328: Schemmerberg, Pfarrkirche St. Martin: Häschergruppe auf dem Ölberg

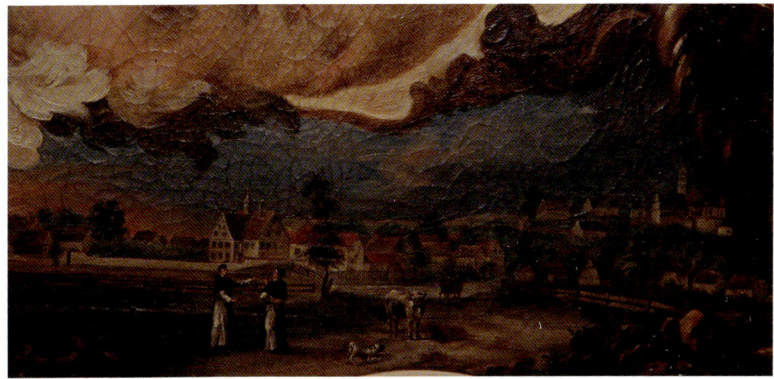

Abb. 329: Schemmerberg, Ansicht von Süden. In der Bildmitte das Schloss, dahinter die unter Abt Konstantin Miller (1725–1745) erneuerte Mühle. Am rechten Rand die Pfarrkirche St. Martin und davor der Pfarrhof. Ausschnitt aus einem Porträt Abt Konstantins von Gottfried Bernhard Göz. Salem, Schloss

Auf der anderen Seyten kan etwan an des H: Zimmer ein Alkoffen zum schlaffen, darhinter aber ein Cabinet gerichtet werden, so zu büchern, und Kleider, im Sommer auch zum studieren taugete. ob hierin auch ein offen gesetzt werde oder nitt, stell ich ddem geistlichen Herren frey, nur das im ganzen gebaü nicht über 4 Öffen aufgerichtet werden."

In einem Raum des ansonsten modernisierten Gebäudes hat sich eine einfache Rocaillestuckdecke erhalten. Das Dachwerk ist als zweistöckige Konstruktion ausgeführt mit liegenden Stühlen im unteren Dachstock und einem einfachen Vollwalm mit einem stehenden Stuhl in der Mittellängsachse.

Lit.: Schahl 1980, S. 108.

Ehem. Pfleghof

Der Pfleghof wurde in den Jahren 1737/38 nach Entwürfen des Salemer Maurermeisters Lorenz Rüscher von Grund auf neu erbaut. Geplant waren drei große Baukörper, die um einen längsrechteckigen Hof angeordnet sein sollten, während sich die vierte Seite zu einer Gartenanlage öffnete. Zur Ausführung gelangten jedoch nur die „Newe Pferdstallung und Kornschütten" an der Ostseite des Wirt-

schaftshofes und das Viehhaus an dessen Nordseite.

Nach verschiedenen Abbrüchen ist heute nur noch der Ostflügel (Abb. 330), das spätere Forstamt, erhalten. Das Gebäude ist heute zu einem Wohnhaus umgestaltet. Über dem westlichen Eingang ist das Wappen des Abts Konstantin Miller aus der Werkstatt von Joseph Anton Feuchtmayer (Kopie ?) angebracht.

Das sich nördlich anschließende Viehhaus war bereits 1862 im östlichen Teil umgestaltet worden und wurde in der zweiten Hälfte des 20. Jahrhunderts bis auf geringe Reste des massiven Untergeschosses des Ökonomieteils abgebrochen und durch einen Neubau ersetzt.

Die Arbeiten wurden unter Leitung des Paliers Jakob Moosbrugger ausgeführt. Als Maurer ist Michael Bohnenberger belegt und als Zimmermann Georg Hepp.

Schahl 1980, S. 107 f.

Mühle

Von einer Mühle in Schemmerberg handelt erstmals ein Privileg, das Kaiser Friedrich III. 1469 dem Frühmesser von Schemmerberg ausgestellt hatte und das diesen ermächtigte im Mühlgarten, d. h. wohl an der Stelle einer älteren Mühle,

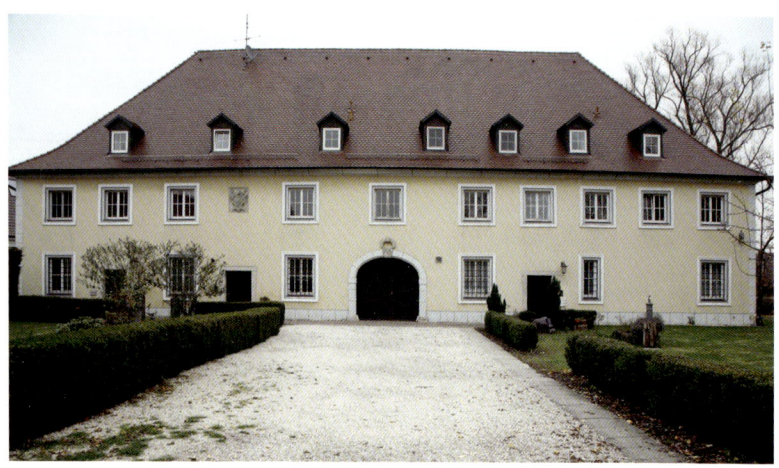

Abb. 330: Schemmerberg, ehem. Pfleghof

eine neue Mühle zu bauen. Das Vorhaben unterblieb und 1485 gab Kaiser Friedrich III. Jakob von Sulmetingen die entsprechende Erlaubnis, eine Mühle, eine Badstube und eine Schmiede zu erbauen. 1493 war die Mühle fertig. Nur wenige Jahre später, 1496, verkauften Jakob und Sebastian von Sulmetingen die Mühle an Kloster Salem.

Der heutige Mühlenbau (Abb. 331) wurde 1735 unter Abt Konstantin Miller errichtet und ersetzt einen Vorgängerbau, der unter Abt Petrus Miller (1593–1614) in den Jahren 1607 bis 1610 erbaut worden war. Über dem Eingang blieb das alte, auf Holztafeln gemalte Wappen erhalten, doch wurde die Darstellung auf dem Wappenschild ausgekratzt und an Stelle des Wappens von Abt Petrus Miller die beiden Wappen der Äbte Petrus Miller und Konstantin Miller angebracht (heute durch Kopien ersetzt). Das Doppelwappen erinnert an den Vorgängerbau und die mit diesem verbundenen Rechte sowie an den Neubau unter Abt Konstantin. Der über I-förmigem Grundriss errichtete zweigeschossige Bau besitzt ein mächtiges Dachwerk mit zweifachen liegenden Stühlen in zwei Ebenen. An den Hölzern gibt es Flößereibefunde, ähnlich

denen an den Kirchendachwerken von Unterelchingen.

Die Mühlenräume wurden im Zuge späterer Nutzungsänderungen umgestaltet.
Lit.: Schahl 1980, S. 107 f.

Schloss (Amtshaus), abgegangen
Das aus dem 16. Jahrhundert stammende und in den Bauernunruhen von 1525 teilweise verwüstete Schloss stand auf dem heute freien Gelände östlich der Mühle. Einen Eindruck davon vermittelt eine Ansicht aus den Salemer Akten (Abb. 332). Diese zeigt einen Mühlenbau und im rechten Winkel dazu den Schlossbau, der mit einem gemauerten und überdachten Übergang mit der Mühle verbunden ist. Davor ist ein von einer Mauer umfriedeter Lustgarten zu erkennen. Die Darstellung entspricht den für die Jahre 1608 und 1610 überlieferten Arbeiten am Lustgarten und den Brücken.

Es handelte sich um einen zweigeschossigen Massivbau. Die Repräsentations- und Wohnräume befanden sich im Obergeschoss. Sie waren durch zahlreiche Fenster belichtet, die mit Ziehläden verschlossen werden konnten. 1838 wurde dieser Schlossbau abgebrochen.

272

Wirtshaus

Beachtlicher zweigeschossiger Bau aus der Mitte des 18. Jahrhunderts (Abb. 333).

Sulmingen

Sulmingen zählte zum Güterbesitz des Zisterzienserinnenklosters Heggbach, das unter Salemer Patronat stand. Die niedere Gerichtsbarkeit lag bei dem Kloster. Die Hohe und Blutgerichtsbarkeit hatte die Abtei der Landvogtei Schwaben als Lehen inne.

Pfarrkirche

Die Pfarrkirche von Sulmingen (Abb. 335) war 1384 von Papst Urban VI. mit allen ihr zugehörigen Rechten und Gütern der Abtei Salem inkorporiert worden. Salem setzte fortan Pfarrvikare in Sulmingen ein. 1396 gestattete Papst Bonifaz IX. (1389–1404) dem Kloster, die Pfarrei auch mit Mönchen des Klosters zu besetzen. Der Finanzierung der Pfarrei diente der Kleinzehnt und der Großzehnt aus einzelnen Gütern. Der Großzehnt aus dem Sul-

minger Kirchenbesitz wurde von der Abtei beansprucht. Die Pfarrei war darüber hinaus mit den Erträgen aus dem Widdumhof ausgestattet und besaß noch einen eigenen Pfarrhof.

Der Kirchenbau ist ein langgestreckter Saalbau mit drei Fensterachsen und einem Chor mit dreiseitigem Abschluss. Der Chor verfügt über ein Dachwerk, dessen Konstruktionsmerkmale auf eine Entstehung im frühen 15. Jahrhundert hinweisen (Abb. 335). Ursprünglich besaß der Chor einen massiven Westgiebel, der erst im Zuge der Umbaumaßnahmen im 18. Jahrhundert abgetragen wurde.

Das Langhaus verfügt über ein weitgehend erhaltenes Dachwerk von 1450/51 (d), das einige bemerkenswerte Besonderheiten aufweist (Abb. 336–338). Die spätmittelalterliche Konstruktion endet im Westen zwischen der ersten und zweiten Fensterachse. Mit Ausnahme des westlichsten Gebindes sind alle Gespärre erhalten. Die besondere Ausbildung der Konstruktion verweist darauf, dass das Langhaus von einer hoch aufragenden Holztonne überdeckt war. Von der Bret-

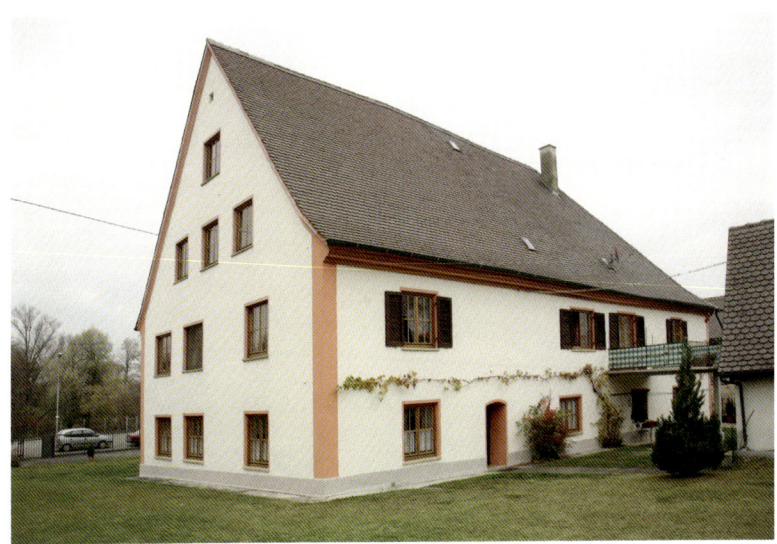

Abb. 331: Schemmerberg, Mühle

273

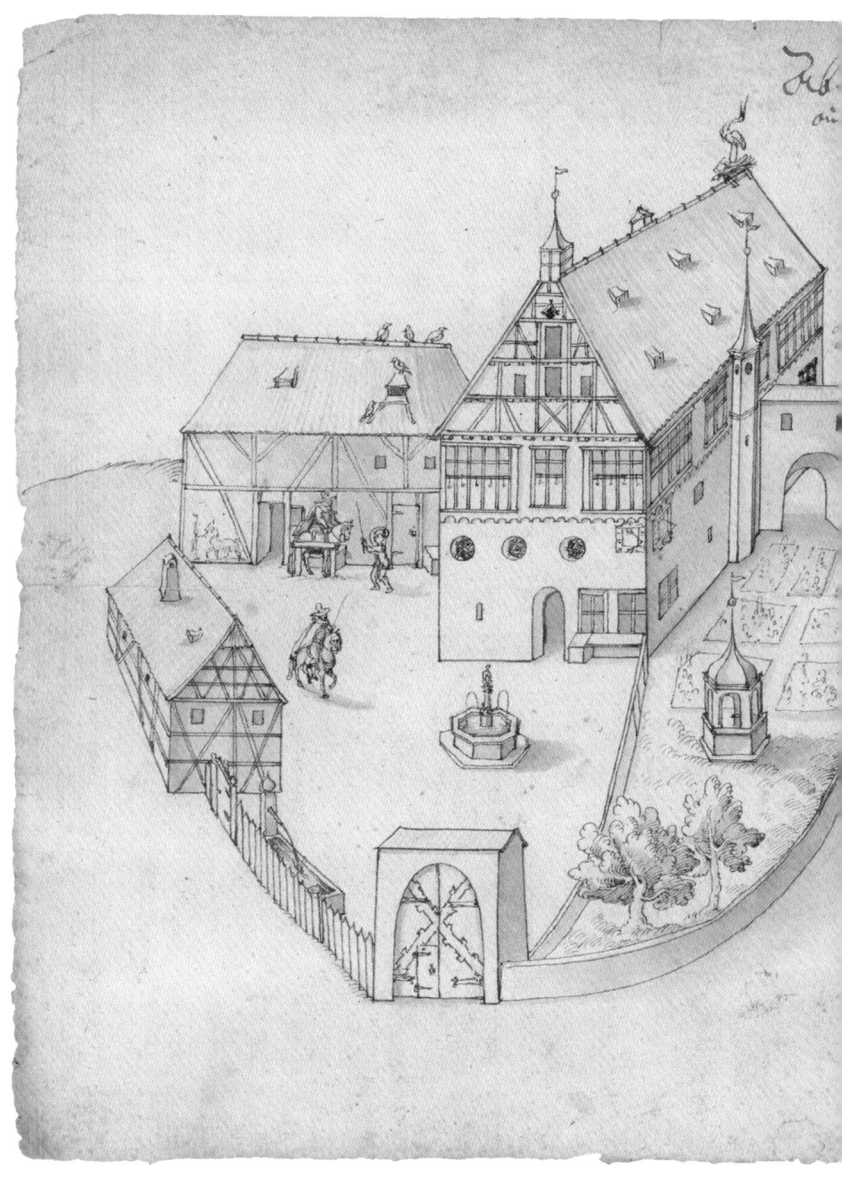

Abb. 332: Schemmerberg, Mühle und Schloss. GLA Karlsruhe 98/1693

274

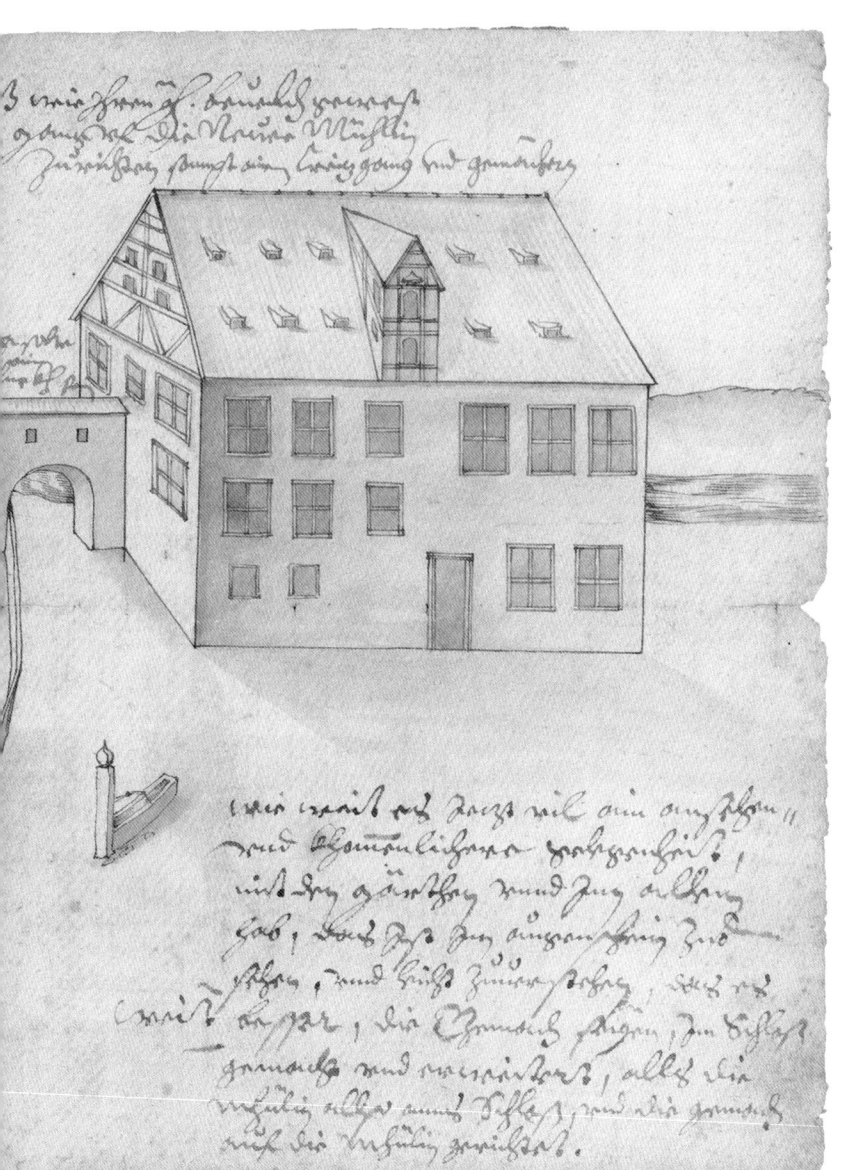

275

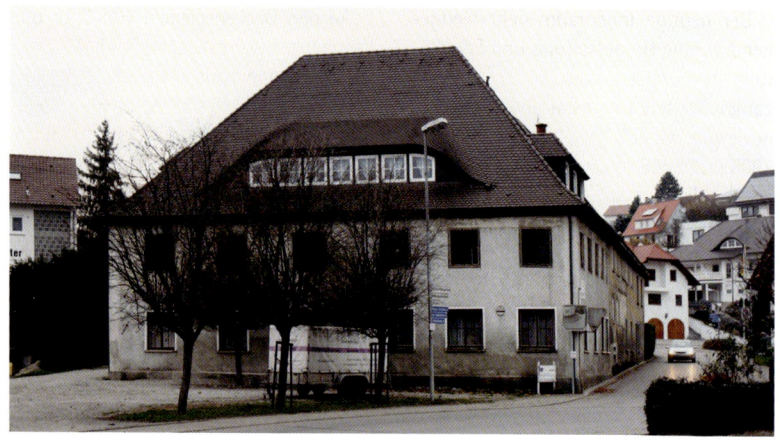

Abb. 333: Schemmerberg, Wirtshaus

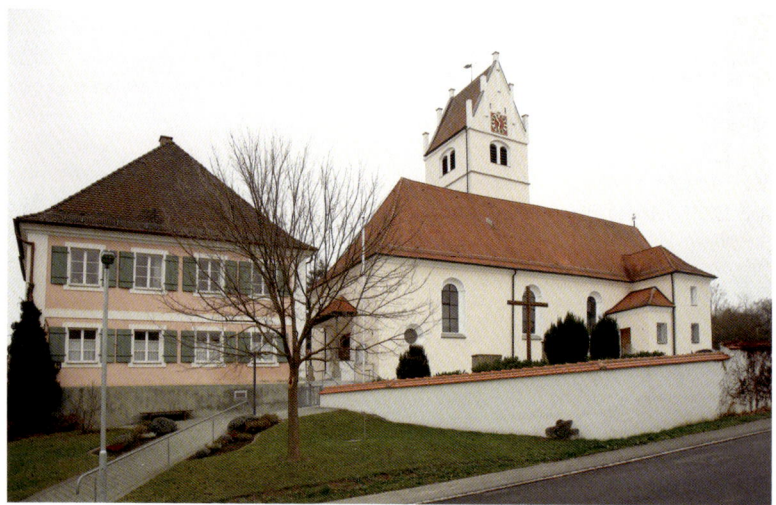

Abb. 334: Sulmingen, Pfarrhaus und Pfarrkirche St. Dionysius Areopagita

terverschalung blieben nur einige Nägel erhalten. Bei einem Umbau des Langhauses in der Mitte des 18. Jahrhunderts wurde die Holztonne durch eine Flachdecke mit Voute ersetzt. Um diese einziehen zu können, mussten die Ankerbalken der spätmittelalterlichen Konstruktion herausgesägt und neue Deckenbalken und ein Hängewerk eingebaut werden (Abb. 339). 1773 schließlich wurde das Langhaus nach Westen verlängert. In diesem Bereich ist ein zweifach liegender Stuhl mit einem einfachen Hängewerk eingebaut.

Nördlich des Chors erhebt sich ein mächtiger, vielgeschossiger Turm. Er ist vollständig in Backsteinmauerwerk errichtet. Er trägt unter anderem eine 1513 von den Biberacher Gießern Martin Kisling und Hans Folmer gegossene Glocke. Der heutige Turm dürfte kurz vor dem Glockenguss erbaut worden sein.

Der heutige Innenraum geht weitgehend auf die Umgestaltung und Erweiterung der Kirche in den Jahren 1773/74 zurück. Weitere Umgestaltungen und Renovierungen erfolgten unter anderem 1905 und 1938.

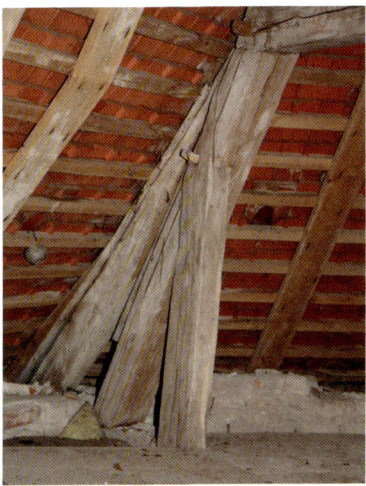

Abb. 335: Sulmingen, Pfarrkirche St. Dionysius Areopagita: Chordachwerk, Sparrenknecht am Polygon

An den Deckenspiegeln von Chor und Langhaus sind Fresken von Andreas Brugger mit Szenen aus dem Leben des Kirchenpatrons Dionysius Areopagita angebracht. Die Gemälde im Chor und im östlichsten Langhausfeld tragen bis heute die Übermalungen von Siebenrock aus dem Jahr 1905. Die in den Monaten August und September 1774 ausgeführten Fresken zeigten ursprünglich im Chor den hl. Dionysius von Areopagita mit dem Plan der erneuerten Kirche von Sulmingen vor der Hll. Dreifaltigkeit. Im Langhaus folgen von Ost nach West: die Enthauptung des hl. Dionysius von Paris (in der Übermalung durch Siebenrock heute: Bekehrung des hl. Dionysius Areopagita), die Deutung der Sonnenfinsternis am Todestag Christi durch Dionysius in Heliopolis und Moses vor dem Dornbusch. Das ursprüngliche Bildprogramm vermischte Darstellungen aus dem Leben des hl. Dionysius Areopagita und des hl. Dionysius, Bischof von Paris. Wohl aus diesem Grund wurde die Übermalung Siebenrocks auf dem östlichsten Deckenfeld des Langhauses bei den letzten Restaurierungen belassen.

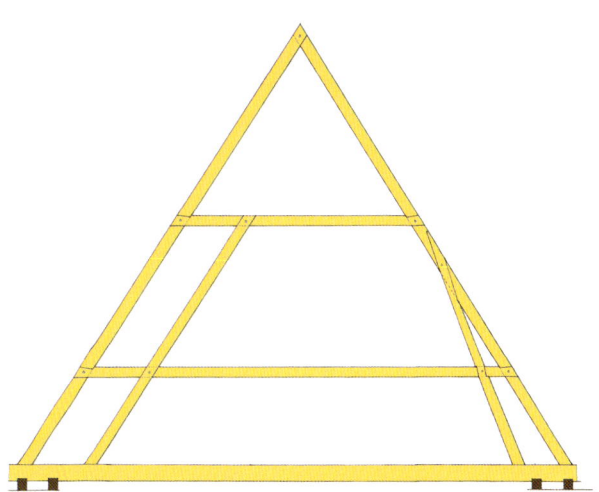

Abb. 336: Sulmingen, Pfarrkirche St. Dionysius Areopagita: Westlichstes Gebinde des Chordachwerks. M 1:100

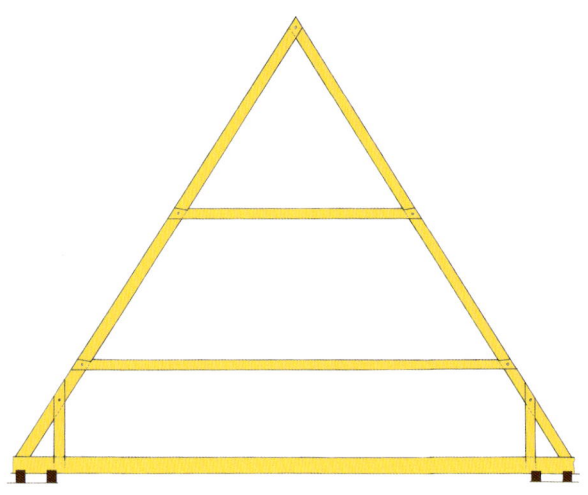

Abb. 337: Sulmingen, Pfarrkirche St. Dionysius Areopagita: Chordachwerk. M 1:100

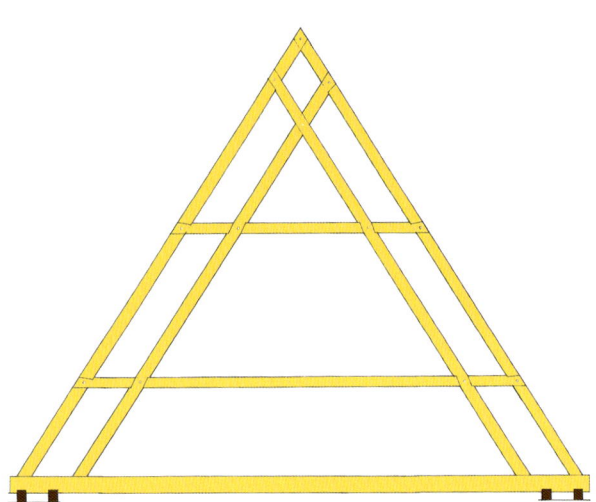

Abb. 338: Sulmingen, Pfarrkirche St. Dionysius Areopagita: Chordachwerk, Gebinde mit sparrenparallelen Streben. M 1:100

Die Ausstattung der Kirche wurde im 19. und 20. Jahrhundert verändert. Der Hochaltar scheint Elemente eines Altars aus der Mimmenhausener Werkstatt zu enthalten. Das heutige Altargemälde von Martin Wöller aus dem Jahr 1711, datiert und signiert, zeigt das Wappen des Zwie-

faltener Abts Wolfgang Schmidt (1699–1715) und gelangte erst nach der Säkularisation in die Kirche.

Im Chor ist eine Skulpturengruppe der Heiligen Drei Könige aus der Mitte des 17. Jahrhunderts beachtenswert. Die Halbfiguren der Hl. Dreifaltigkeit werden der

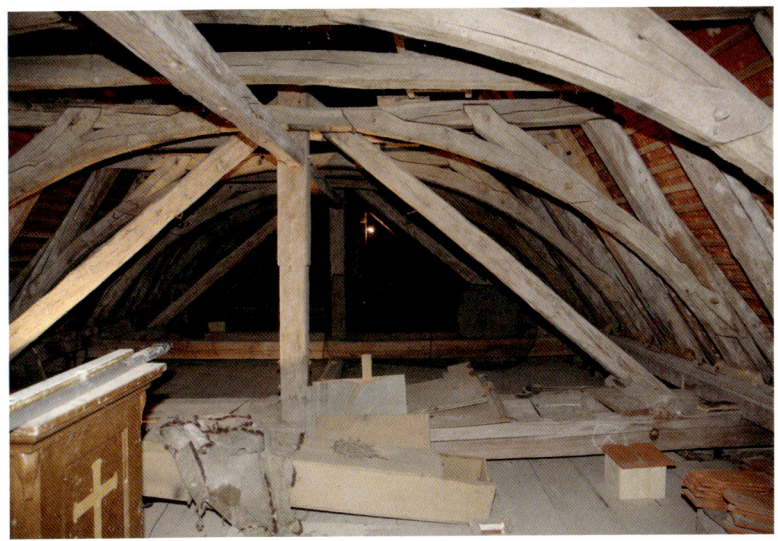

Abb. 339: Sulmingen, Pfarrkirche St. Dionysius Areopagita: nachträglich eingebautes barockes Hängewerk über dem Langhaus

Hops-Werkstatt zugewiesen, ebenso der Apostelzyklus im Langhaus. Am nördlichen Seitenaltar befindet sich eine Mutter Gottes, vermutlich aus dem frühen 17. Jahrhundert.

Eine weite Ölbergnische mit Holzskulpturen, um 1480, ist an der Ostseite des Chors untergebracht.

Lit.: Hosch 1987, S. 100 f., 231 f.

Pfarrhaus

Das Pfarrhaus (Abb. 340) wurde 1765/67 auf Kosten des Kirchenfonds neu erbaut. Am Westgiebel ist das 1767 in der Feuchtmayer-Werkstatt geschaffene Wappen Abt Anselms II. angebracht. Die Innenraumdisposition des Pfarrhofs folgt weitgehend der Anlage des Pfarrhofs in Leverstweiler, den Abt Anselm II. als vorbildhaft beurteilte.

Lit.: Knapp 1996, S. 351.

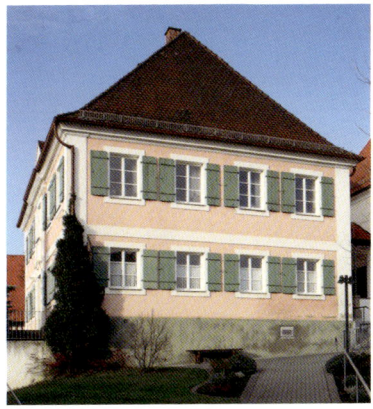

Abb. 340: Sulmingen, Pfarrhaus

Pfarrscheune

Dieser stattliche Fachwerkbau aus dem späten 18. Jahrhundert ist unmittelbar neben dem Pfarrhaus gelegen.

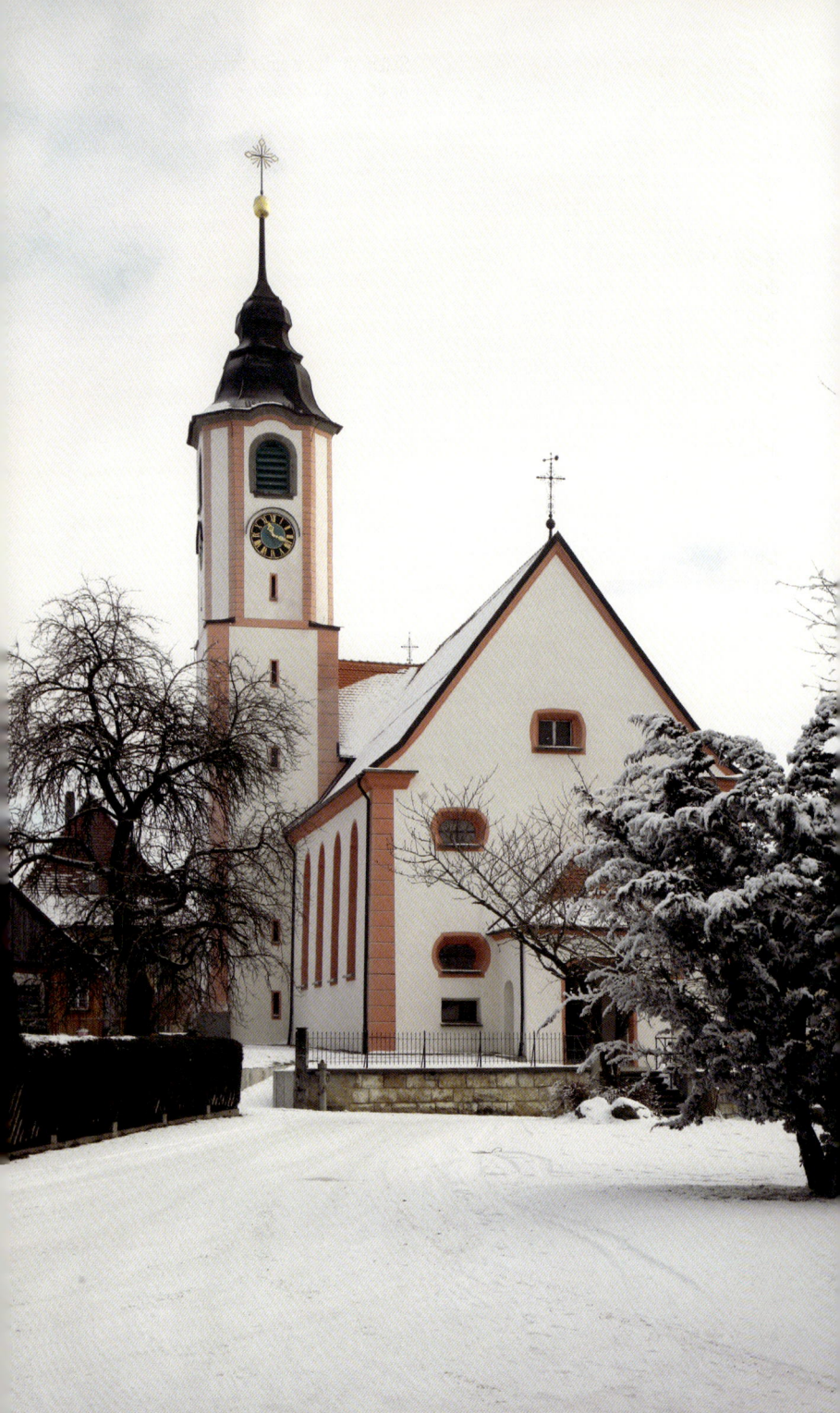

7.6 Das Obervogteiamt Münchhöf

Das Obervogteiamt Münchhöf (Abb. 341) verwaltete die Salemer Besitzungen im Hegau. Ursprünglich eine Grangie, entwickelte sich Münchhöf mit den Besitzungen in den umliegenden Weilern und Dörfern Brielholz, Hirschlanden, Honberg, Nozenberg und Raithaslach im späten 18. Jahrhundert zu einem neuen Verwaltungszentrum. Von hier aus wurden die Höfe auf den ehemaligen Grangien Dornsberg, Gründelbuch und Madachhof, der Besitz in dem Pfarrdorf Mainwangen sowie der Pfleghof in Stockach und der Frauenberg bei Bodman betreut. Wirtschaftliche Bedeutung hatten für Salem im 17. und 18. Jahrhundert unter anderem die Glashütten in den Schweinegruben bei Heudorf im Hegau und auf dem Dornsberg.

Dornsberg

Der Dornsberg ist eine langgestreckte Hochfläche nördlich von Aach im Hegau. Er zählt zu den frühesten Besitzungen des Klosters. Zwischen 1174 und 1180 hatte Salem im Zuge einer Schenkung den ersten Besitz am Dornsberg erhalten. Weitere umfangreiche Erwerbungen von Gütern und Rechten am Dornsberg erfolgten bis zum ersten Viertel des 13. Jahrhunderts. Seit 1671 unterhielt Salem auf dem Dornsberg eine Glashütte. Ein Gemarkungsplan aus der ersten Hälfte des 18. Jahrhunderts verzeichnet sowohl eine neue Glashütte als auch den Standort einer alten Glashütte.

Oberer Dornsberg

Mächtiger zweigeschossiger Massivbau mit Staffelgiebeln, vermutlich identisch mit dem 1606–1607 errichteten Neubau (Abb. 342). Die heutigen Nebengebäude sind zumeist aus jüngerer Zeit. In den Gebäuden ist heute die Landesjagdschule untergebracht.

Mittlerer Dornsberg

Der heutige Bau stammt aus der Mitte des 18. Jahrhunderts (Abb. 343). An der Stelle befand sich die alte Glashütte, die Salem ab 1671 auf dem Dornsberg betrieb.

Unterer Dornsberg

Zweigeschossiger Bau aus dem 18. Jahrhundert (Abb. 344).

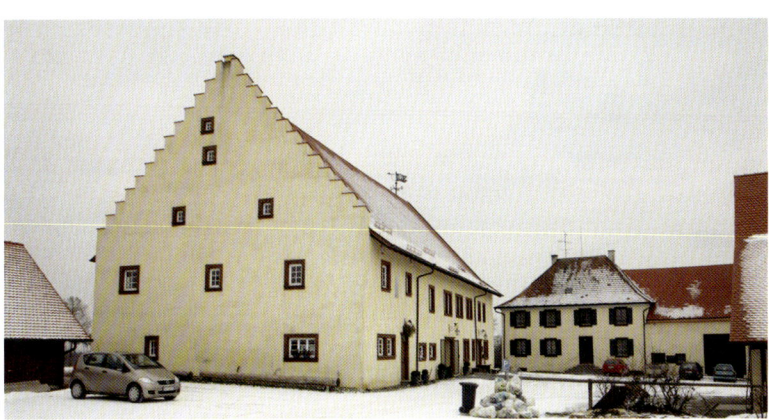

Abb. 342: Oberer Dornsberg

Abb. 341: Mainwangen, Pfarrkirche St. Peter und Paul: Ansicht von Westen

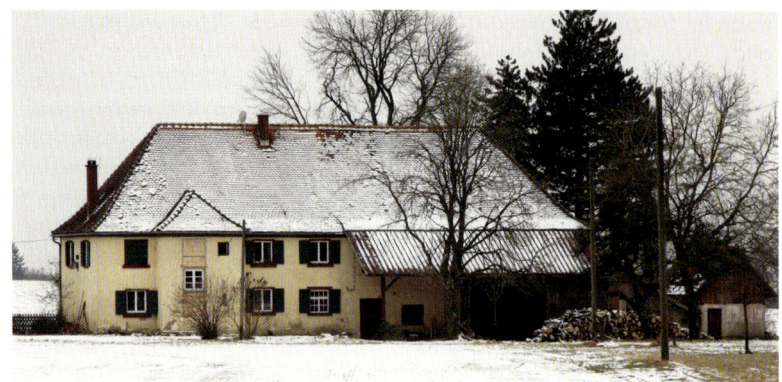

Abb. 343: Mittlerer Dornsberg

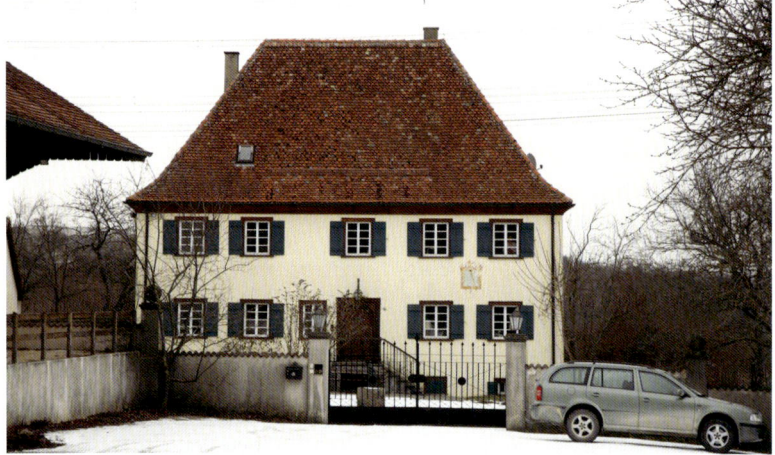

Abb. 344: Unterer Dornsberg

Madachhof

Güter im Madach scheinen bereits zum Stiftungsgut des Klosters gehört zu haben, denn schon 1146 wird deren Besitz bestätigt. Noch im 12. Jahrhundert erfolgte ein Ausbau des Besitzes, der wohl um 1200 abgeschlossen war. 1225 erwarb Salem im Tausch von Kloster Reichenau noch einen Mühlenbauplatz, vermutlich der Standort der späteren Reißmühle zwischen Mainwangen und dem Madachhof.

Das Gebiet der ehemaligen Grangie zeichnet sich bis heute deutlich durch die großen geschlossenen Ackerfluren aus, in deren Zentrum die Gebäude des Madachhofs stehen. Von der historischen Bausubstanz blieb nur die dem hl. Otmar geweihte Kapelle (Abb. 345) erhalten. Es handelt sich um einen einfachen Saalbau mit einem unregelmäßigen dreiseitigen Schluss, vielleicht aus dem 17. Jahrhundert. 1718 wurde die Kapelle erweitert oder in größeren Teilen neu errichtet und 1720 neu geweiht. Im Inneren haben sich zwei Seitenaltäre aus dieser Zeit, vermutlich von dem Salemer Klosterschreiner Melchior Widmer, erhalten. Der Hochaltar

282

wurde im späten 18. Jahrhundert durch einen neuen Altar nach Entwürfen von Johann Georg Wieland ersetzt (Abb. 346).

Die Holzskulpturen für die Altäre aus dem frühen 18. Jahrhundert schuf Joseph Anton Feuchtmayer im Jahre 1719. Nach den Veränderungen im 19. und 20. Jahrhundert sind heute die hll. Mauritius und Georg an Wandkonsolen angebracht. Sie befanden sich ursprünglich vermutlich an den Seitenaltären, während die Skulptur des hl. Otmar, heute am südlichen Seitenalter, dem Hochaltar zuzuweisen ist.

Am nördlichen Seitenaltar befindet sich heute eine Pieta aus der Zeit um 1500. Das Hochaltarblatt wurde im 19. Jahrhundert ersetzt.

Lit.: Knapp 1996, S. 30 f., 272.

Mainwangen

In einem Vergleich zwischen den Klöstern Petershausen und Salem vom 1. Februar 1298 werden erstmals Wiesen und Besitzungen Salems bei dem Dorf Mainwangen genannt. Unter Abt Petrus II. Miller (1593–1614) erwarb Salem durch Kauf von der Witwe des Eitel Pilger von Stein-Klingenstein zu Waldsberg das Dorf Mainwangen um die Summe von 22000 Gulden.

Pfarrkirche St. Petrus und Paulus

Die auf einem Höhenrücken stehende Kirche besteht aus einem flachgedeckten Langhaussaal mit vier Fensterachsen, einem polygonal geschlossenen Chor und einem in der Ecke zwischen Chornordseite und der Langhausostwand angeordneten Turm, sowie einem zweigeschossigen Sakristeianbau südlich des Chors. Der Turm geht in seinen unteren Geschossen auf einen Vorgängerbau zurück. Das Erdgeschoss war zunächst als Sakristei genutzt und mit einem Gewölbe versehen worden. 1710 gab es anscheinend erhebliche Schäden an den Dachwerken, die mit Schlaudern gesichert werden sollten. Als der damalige Obervogt von Stockach im April 1710 zu einem Augenschein nach Mainwangen kam, um die erforderlichen Baumaßnahmen zu begutachten, war der Chor der Kirche auf Veranlassung des dortigen Pfarrers und der dortigen Rosenkranzbruderschaft bereits abgerissen und es war mit den Vorbereitungen zum Neubau einer Kirche begonnen worden. Das eigenmächtige Verhalten des Pfarrherrn führte zu erheblichen Missstimmungen und die Rosenkranzbruderschaft musste den Aufbau des Chors aus eigenen Mitteln bestreiten.

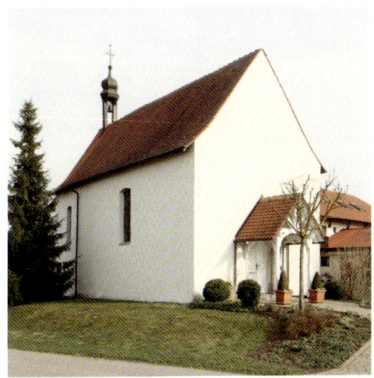

Abb. 345: Madachhof, Kapelle: Ansicht von Nordwesten

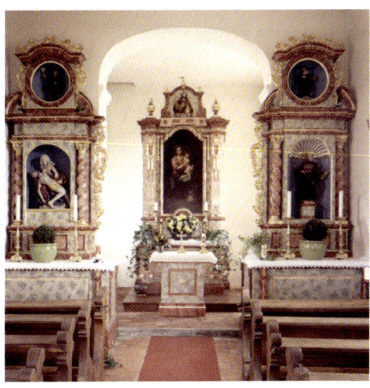

Abb. 346: Madachhof, Kapelle: Blick nach Osten

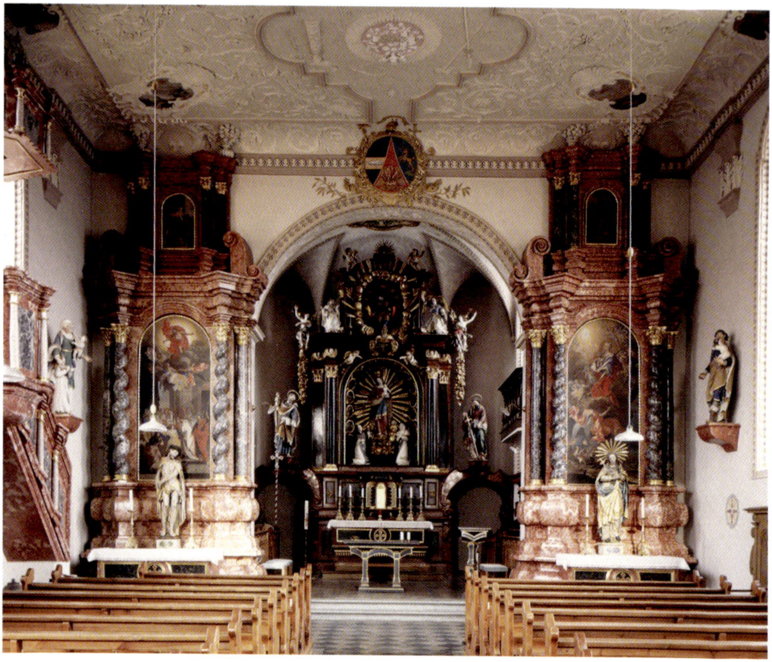

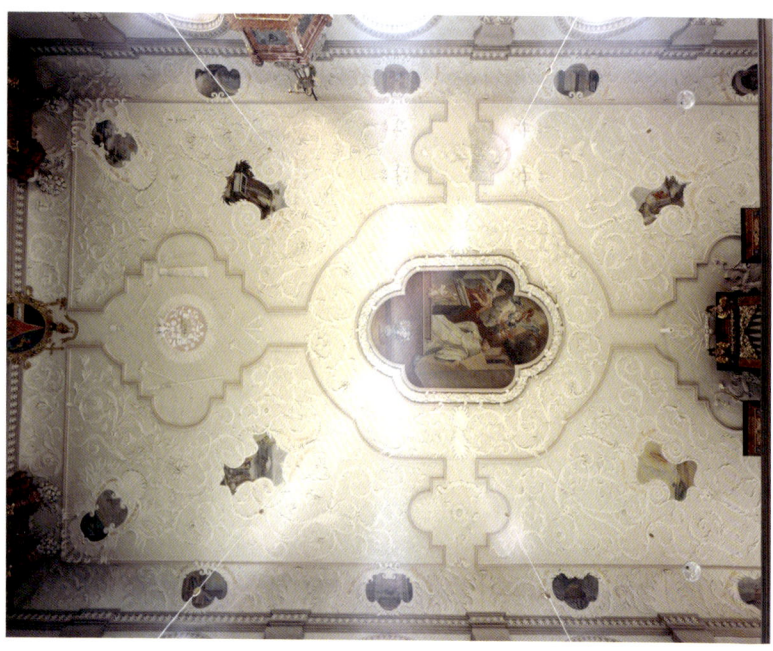

Abb. 347: Mainwangen, Pfarrkirche St. Peter und Paul: Blick nach Osten

Abb. 348: Mainwangen, Pfarrkirche St. Peter und Paul: Stuckdecke des Langhauses

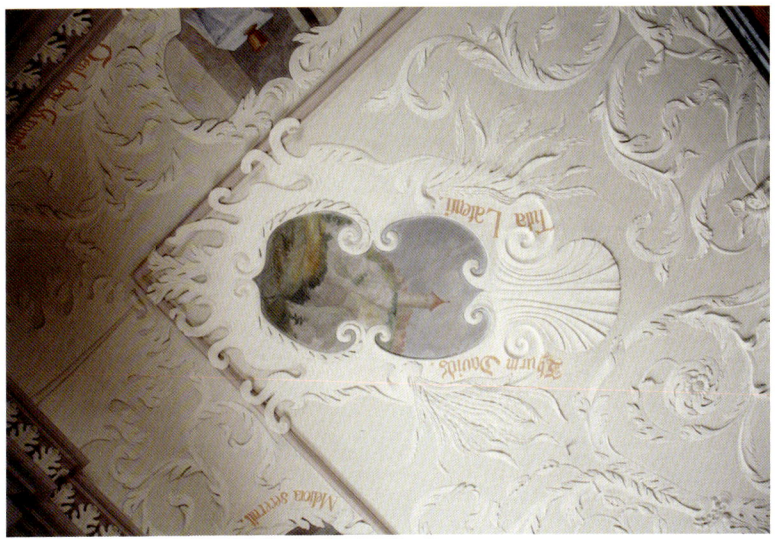

Abb. 349: Mainwangen, Pfarrkirche St. Peter und Paul: Detail aus der Stuckdecke des Langhauses

Der Neubau erfolgte nach einem von Jakob Rüscher aus Salem übersandten Riss. Der Turm wurde vom Vorgängerbau übernommen, doch hatte Rüscher eine neue Treppe in den Turm einzubauen und das Erdgeschoss des Turms als Sakristei einzurichten. Weiterhin sollte Rüscher den Chor der Kirche „wehrhafft wölben". Der in Bruchsteinmauerwerk ausgeführte Chor scheint noch im Verlauf des Jahres 1710 gebaut und mit einem Dachwerk versehen worden zu sein. Nach Westen war das neue Chordachwerk mit einem provisorischen Giebel geschlossen (Abb. 90). Wohl unmittelbar im Anschluss an den Chorneubau wurde auch das Langhaus von Grund auf neu errichtet. Im westlichsten Joch des Langhausdachwerks finden sich die Datierung 1711 und die Signatur des Zimmermeisters. Das Dachwerk des Langhauses verfügt über zweifach liegende Stühle in zwei Ebenen und ein einfaches Hängewerk (Abb. 88). Der ältere Turm wurde 1766 um ein Glockengeschoss aufgestockt. Die Form der Schallöffnungen sowie die Ausbildung des Dachs greifen dabei Motive aus dem Werk des Deutschordensbaumeisters Johann Kaspar Bagnato auf. Hier ist insbesondere auf die Türme der Pfarrkirchen von Merdingen und Unterwachingen hinzuweisen.

Die Innenausstattung der Kirche (Abb. 347) erfolgte unter den Äbten Stephan I. Jung (1698–1725) und Konstantin Miller (1725–1745). Besonders reich ist die Stuckausstattung aus der Bauzeit. Die Wände des Langhauses werden durch kolossale Pilaster gegliedert. Die Decke (Abb. 348) ist in zahlreiche Felder unterteilt. Das zentrale Mittelbild zeigt den hl. Bernhard, dem die Mutter Gottes erscheint. In den Stuckfeldern der Längsachse sind im Osten die Leidenswerkzeuge Christi und im Westen das Christusmonogramm zu sehen. Die seitlichen Felder in der Querachse zeigen im Süden eine Sonnenblume und eine Sonne mit der Inschrift „AD ME CONVERSIO EIUS" und im Norden ein Segelschiff mit der Inschrift „NO NOC CIDIT VNA". Die Stuckfelder und Malereien in den Kartuschen der Diagonalfelder und den Kartuschen in der Voute sind mit Emblemen

285

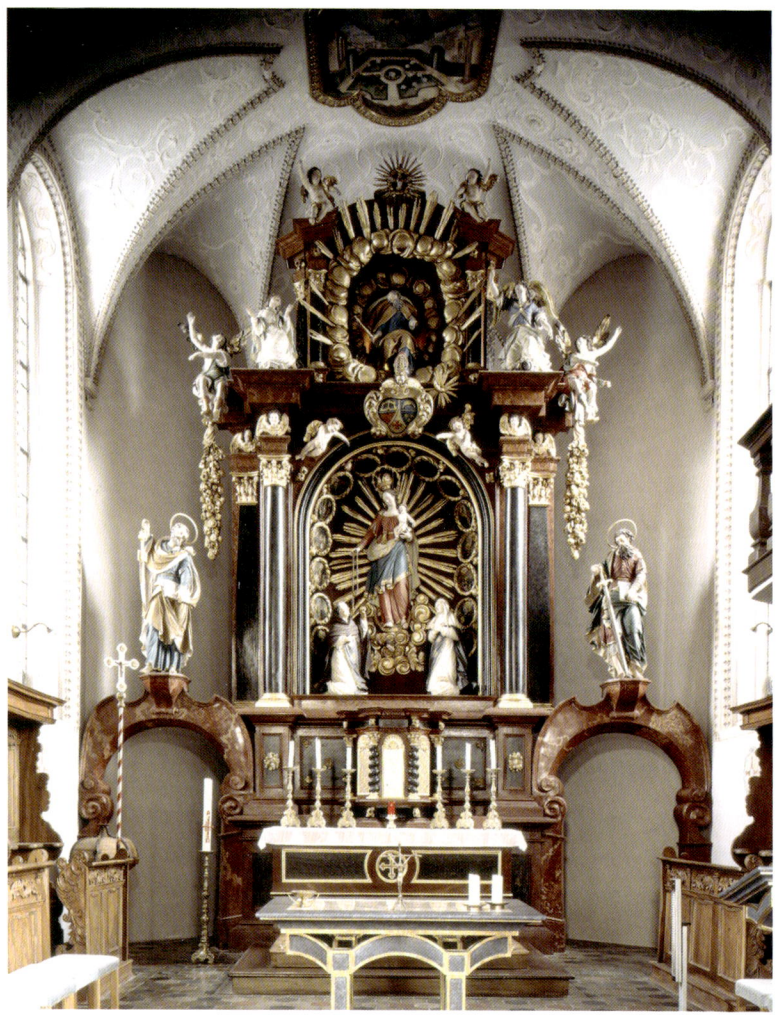

Abb. 350: Mainwangen, Pfarrkirche St. Peter und Paul: Hochaltar

und Texten aus der Lauretanischen Litanei geschmückt (Abb. 349).

Der Hochaltar, dessen Aufbau aus Holz besteht (Abb. 350), wurde aus dem Vorgängerbau übernommen und mit neuen Skulpturen versehen, die der Schongauer Bildhauer Johann Pöllandt (um 1630–1721) lieferte. Im Zentrum des Altars steht die Mutter Gottes, die dem hl. Dominikus den Rosenkranz überreicht. Das Hauptfeld der Ädikula wird von kleinen Ölgemälden mit den sieben Freuden und den sieben Schmerzen Mariä umrahmt. Am Hauptgesims des Altars ist das Wappen von Abt Konstantin Miller (1725–1745) angebracht. Dies bezieht sich auf eine Umgestaltung des Altars, in deren Folge die beiden mit Stuckmarmor verkleideten Bögen über den Durchgängen seitlich des Altars, auf denen die Skulpturen der Apostel Petrus und Paulus stehen, angebracht sind.

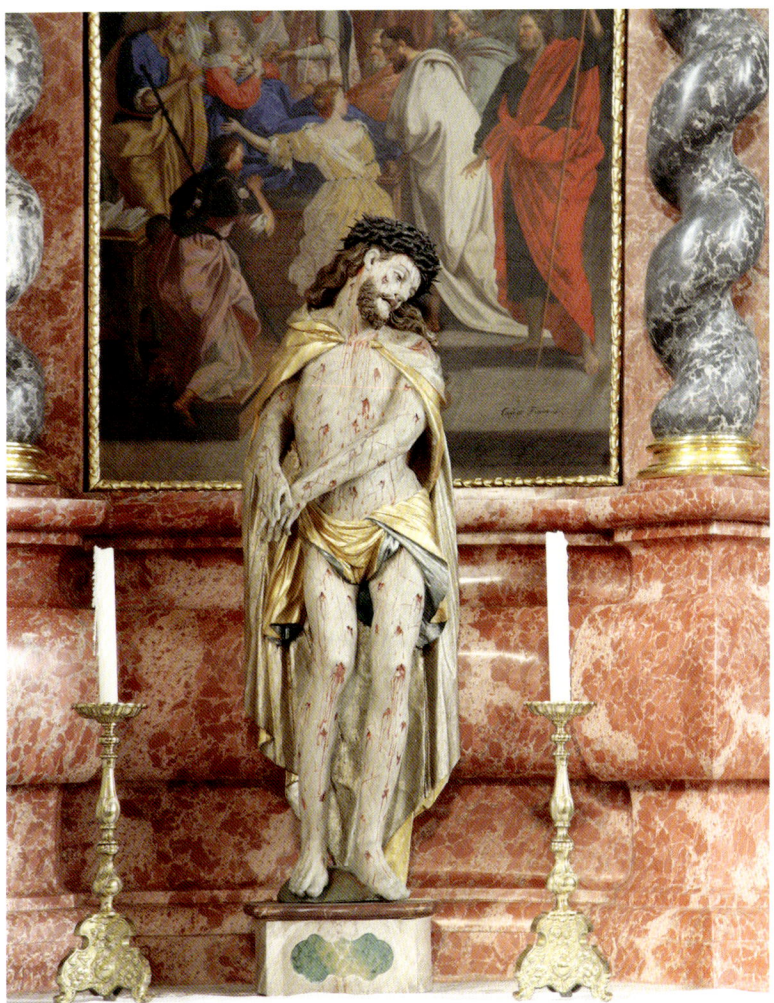

Abb. 351: Mainwangen, Pfarrkirche St. Peter und Paul: Ecce Homo

An der Ostseite des Langhauses stehen zwei steil proportionierte Stuckmarmoraltäre aus der Bauzeit. Die Altargemälde schuf der Maler Caspar Fuchs: am nördlichen Seitenaltar der Tod Mariens und im Auszug die Begegnung an der Goldenen Pforte; am südlichen Seitenaltar die hl. Katharina und im Auszug die Apostel Jakobus und Andreas.

Die Stuckmarmorkanzel stammt aus derselben Werkstatt wie die beiden Seitenaltäre. An der Rückwand der Kanzel befindet sich eine Scagliola-Arbeit, die früher Dominikus Zimmermann zugeschrieben wurde, vermutlich aber von Franz Joseph Feuchtmayer oder einem Marmorierer aus dessen Werkstatt stammt. Von Pöllandt stammen die Skulpturen der Schmerzhaften Mutter Gottes, des Ecce homo (Abb. 351), der Anna Selbdritt, des Joachim und des Josef sowie des Erzengels Gabriel auf den Schalldeckel der Kanzel.

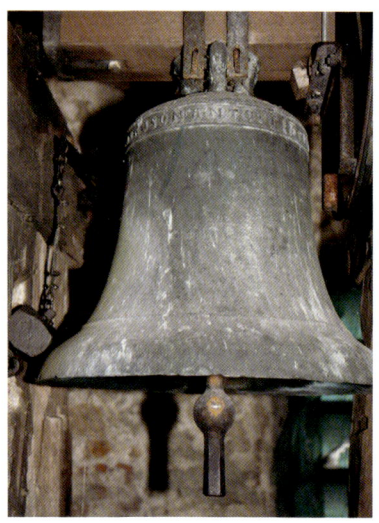
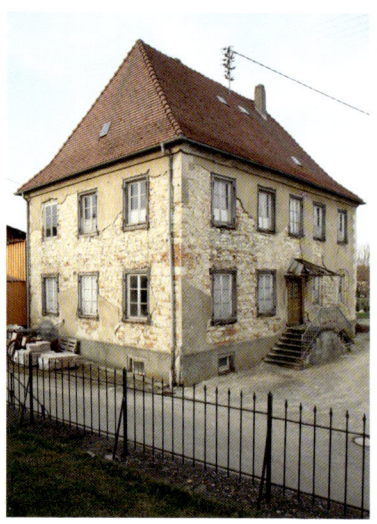

Abb. 352: Mainwangen, Pfarrkirche St. Peter und Paul: Glocke

Abb. 353: Mainwangen, Pfarrhaus

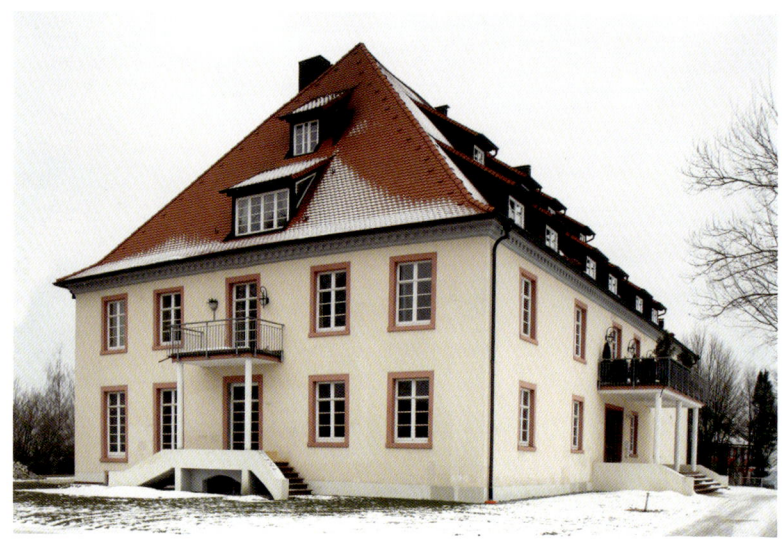

Abb. 354: Münchhof, Schloss

In dem 1766 aufgesetzten Glockenge-schoss des Turms hängen drei historische Glocken. Die kleinere mit der Umschrift „ME · RESONANTE · PIA · POPVLI · MEMOR · ESTO · MARIA" stammt aus dem 13./14. Jahrhundert (Abb. 352). Die Inschrift ent-spricht der für die kleinere Glocke des Salemer Münsterdachreiters überlieferten Glocke. Die beiden größeren Glocken wurden um 1760 von Johann Georg Scheichel in Salem gegossen.

Lit.: Glockenatlas, Baden, S. 374 f.; Forster 2001, S. 80; Vollmer 1997, S. 82 ff.

Pfarrhof

Der Pfarrhof (Abb. 353) wurde 1731 errichtet. Es handelt sich um einen zweigeschossigen Massivbau von 3 x 5 Fensterachsen. Er kann als typisches Beispiel für die kleineren Pfarrhöfe in den Salemer Pfarreien angesprochen werden.

Münchhöf

Bereits vor 1183 hatte Salem durch Schenkung von Albert, Burchard und Heinrich von Frickingen Güter in Raithaslach erworben, die zum Grundstock der späteren Grangie Münchhöf gehörten. Im 12. und 13. Jahrhundert konnte die Abtei ihren Besitz in Münchhöf und den umgebenden Dörfern und Weilern erheblich ausbauen. In der zweiten Hälfte des 18. Jahrhunderts wurde die Grangie zum Verwaltungszentrum für die Salemer Besitzungen im Hegau ausgebaut. 1787 wurde das neue Verwaltungsgebäude (Abb. 354), das heutige Schloss, errichtet. An der Ausstattung des Gebäudes war die Mimmenhauserner Werkstatt unter Leitung von Johann Georg Wieland beteiligt.

Stockach

Salemer Pfleghof

Salem hatte seit 1317 Hausbesitz in Stockach. 1329 wurde das dortige Haus von Graf Eberhard von Nellenburg von allen Abgaben befreit. Salem nutzte das Stockacher Haus als Pfleghof. Nach Zukauf weiterer Grundstücke wurde 1610

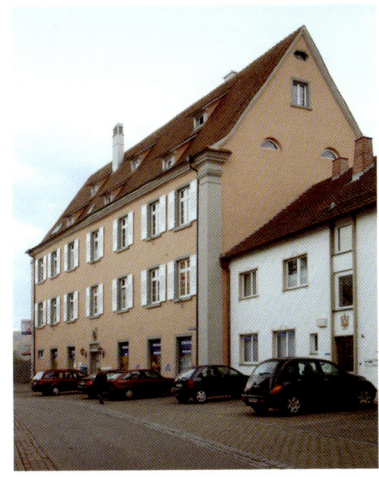

Abb. 355: Stockach, Salmansweiler Hof

ein dreigeschossiger Pfleghof mit Nebengebäuden errichtet, der 1704 bei der Brandschatzung Stockachs zumindest stark beschädigt wurde. Abt Stephan I. Jung (1698–1725), dessen Wappen über dem Hauptportal angebracht ist, ließ den Pfleghof (Abb. 355) wiederherstellen. Der heutige dreigeschossige Bau, dessen Westwand sich über der Stadtmauer erhebt, vereinigt Teile aus unterschiedlichen Bauzeiten unter einem Dach. Vor allem an der Westseite markiert ein deutlicher Knick in der Wandflucht die Grenze zwischen den beiden überbauten Parzellen. Die Räume im Erdgeschoss sind vollständig überwölbt, die Räume in den Obergeschossen mit Flachdecken versehen. Das Gebäude enthielt neben den Verwaltungsräumen und den Räumen für den Verwalter eine Kapelle und ein Abtsquartier.

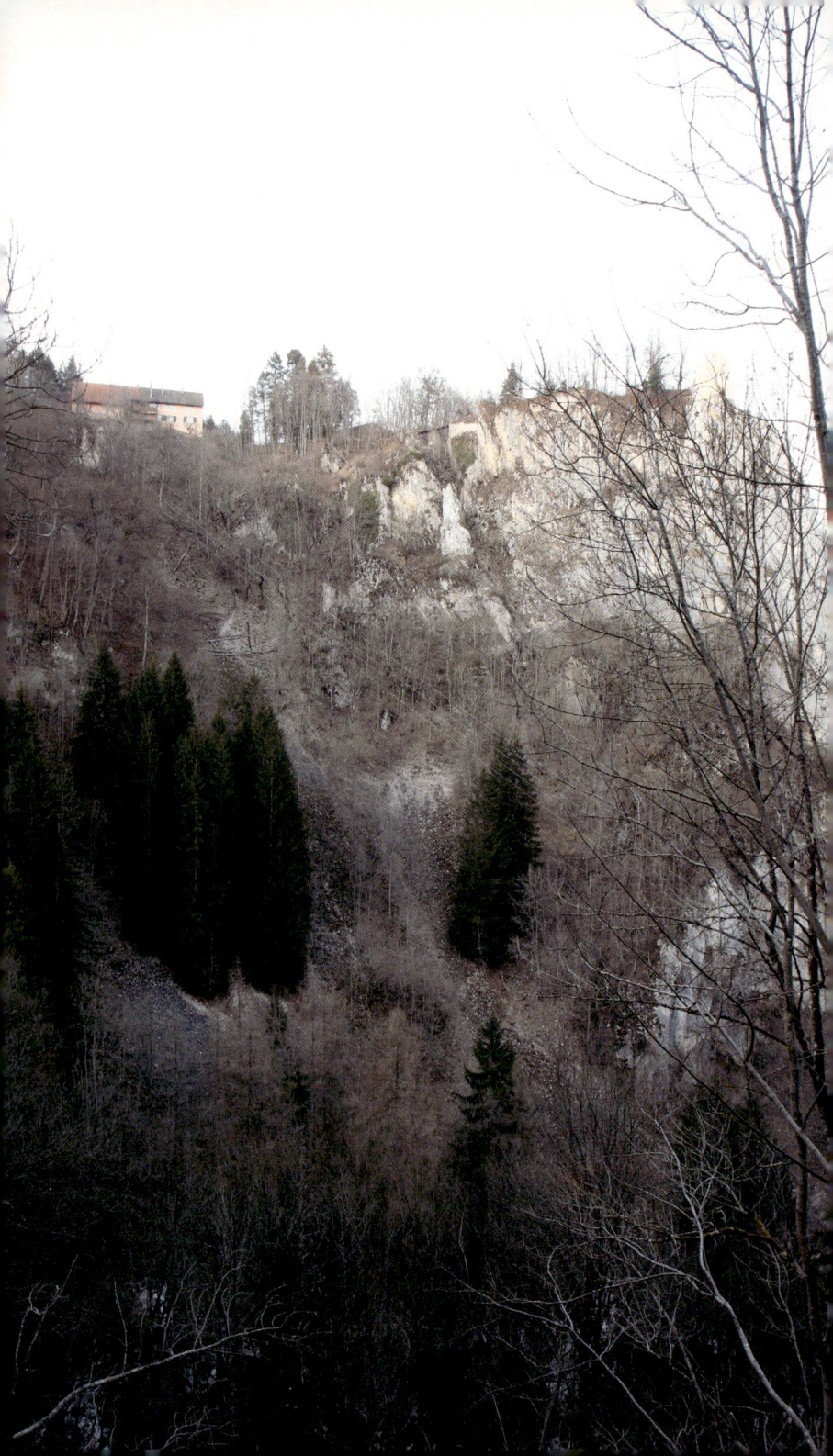

7.7 Obervogteiamt Stetten am Kalten Markt

Das Obervogteiamt Stetten am Kalten Markt wurde nach dem Erwerb der Herrschaft Hausen im Jahr 1756 eingerichtet. Salem hatte die Herrschaft Hausen als Pfandsicherheit für ein Graf Marquard Willibald Schenk von Castell gewährtes Darlehen von 192 000 fl, rückzahlbar nach 44 Jahren, erhalten. Da eine Darlehensrückzahlung nicht erfolgte, blieb die Herrschaft Hausen bis zur Aufhebung des Reichsstifts in dessen Besitz. Sie umfasste neben Hausen im Tal und Stetten am Kalten Markt die Dörfer und Weiler Neidingen, Nusplingen, Ober- und Unterglashütte und Presteneck. Die Herrschaft Hausen stand unter österreichischer Landeshoheit. Die Abtei zog die Steuern und Abgaben ein, von denen die Reichs- und Kreissteuern an die Ritterschaftskasse in Radolfzell abgeführt wurden.

Bereits um 1300 hatte Salem ersten Besitz in Hausen im Tal von Hartnid Fuhse von Ettisweiler und in Nusplingen und Stetten am Kalten Markt von Heinrich Haegenich erworben. Im späten 18. Jahrhundert war das Kloster im Besitz der meisten Schupf- und Erblehen, des Waldes und der Schäferei.

Hausen

Das auf eine Burganlage des 11. Jahrhunderts zurückgehende Schloss Hausen gelangte 1756 in Salemer Besitz. Noch 1800, nachdem die Schenken von Castell die Herrschaft nicht wieder aufgelöst hatten, ließ die Abtei das markant auf einer Felsnadel gelegene Schlossgebäude grundlegend renovieren. Nach der Säkularisation wurde Hausen badisch und 1812 erfolgte die Abbruchgenehmigung für das Schloss. An seiner Stelle sind nur geringe Reste der älteren Burganlage erhalten (Abb. 357). Im Bereich der ehemaligen Vorburg stehen noch der aus dem 18. Jahrhundert stammende Fruchtkasten und ein im 19. Jahrhundert an der Stelle der ehemaligen Hundeställe errichtetes Wohngebäude (Abb. 358).

Neidingen

Kapelle
Einfacher Saalbau mit polygonalem Schluss, im 20. Jahrhundert modernisiert.

Bannmühle
Die Bannmühle zählte zu dem herrschaftlichen Besitz und ging mit diesem an das Kloster über.

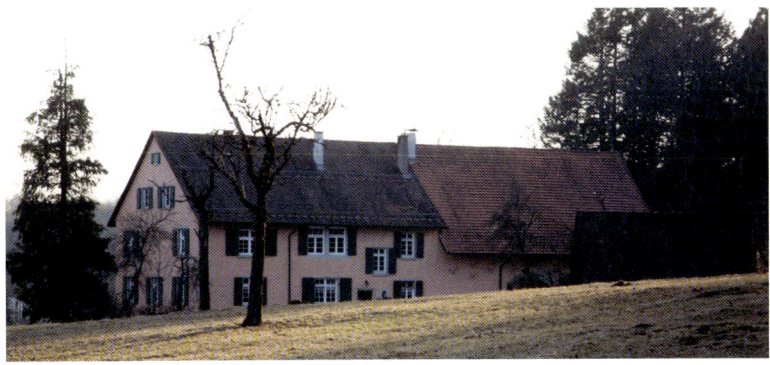

Abb. 357: Schloss Hausen, Fruchtkasten

Abb. 356: Schloss Hausen

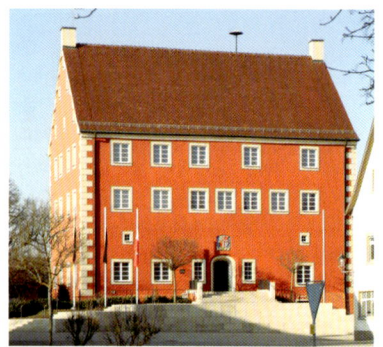

Abb. 358: Stetten am kalten Markt, ehem. Schloss

Nusplingen

Nusplingen wurde 842 mit Frohnstetten und Winterlingen an das Kloster St. Gallen übertragen. In der frühen Neuzeit gehörte es zur Herrschaft Hausen und gelangte mit dieser 1756 zunächst pfandweise an die Reichsabtei Salem.

Martinskapelle

Die Martinskapelle wird erstmals in einer Schenkungsurkunde König Arnulfs vom 20. Januar 889 genannt. Der heutige Bau ist eine kleine Saalkirche mit einem eingezogenen, polygonal geschlossenen Chor. Im Westen trägt er einen kleinen Dachreiter.

Bei Renovierungsarbeiten wurden Reste von Wandmalereien – die Mantelspende des hl. Martin und der Erzengel Michael – gefunden, die jedoch nicht freigelegt wurden. Die Kapelle birgt Reste einer qualitätvollen Ausstattung aus der Zeit um 1490/1500. Die heute an der Nordwand des Schiffes befindliche Pieta wurde lange Zeit als Gnadenbild verehrt.

Stetten am Kalten Markt

Rathaus, ehem. Schloss der Herren von Hausen

Der mächtige dreigeschossige Massivbau (Abb. 359) wurde unter Veit Georg von Hausen wohl kurz nach der Mitte des 16. Jahrhunderts errichtet. Mit dem Übergang der Herrschaft Hausen gelangte der Bau an die Abtei Salem, nach der Säkularisation zunächst an Baden und dann an die Grafen von Langenstein. Heute befindet sich das Schloss in Gemeindebesitz.

Lit.: Urban 1999a, S. 71 ff.; Urban 1999b, S. 547

Oberglashütte und Unterglashütte

Die beiden Dörfer waren im 16. Jahrhundert als Glashütten gegründet worden und gehörten zur Herrschaft Hausen. In beiden Ortsteilen befindet sich jeweils eine kleine Kapelle aus der Mitte des 18. Jahrhunderts, in Oberglashütte die Kapelle St. Eligius und in Unterglashütte die Kapelle St. Judas Thaddäus.

Salemer Besitz in der Nähe des Obervogteiamts Stetten am Kalten Markt

Storzingen

Die Abtei hatte auf der Alb bereits früh Rechte und Besitz erworben, die in unterschiedlichen Herrschaften lagen, so in Benzingen, Jungnau, Vilsingen, Lengenfeld und insbesondere in Storzingen.

Die früheste Erwähnung Storzingens erfolgte in einer St. Gallener Urkunde vom 31. Oktober 843, als dort umfangreiche Güter dem Kloster übertragen wurden. Im frühen 15. Jahrhundert war es Lehen der Grafen von Lupfen und kam 1419 kaufweise an die Grafen von Werdenberg und 1534 an das Haus Fürstenberg. Unter fürstenbergischer Landeshoheit war Storzingen Teil der Herrschaft Jungnau.

Pfarrkirche St. Zeno

Im Jahr 1160 übertrug Lampert von Hausen das Patronat an der Pfarrkirche

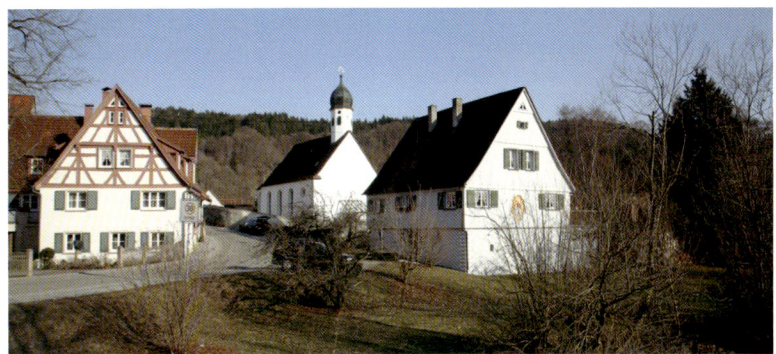

Abb. 359: Storzingen, Pfarrhof und Pfarrkirche

St. Zeno (Abb. 360) und die zugehörigen Güter an das Kloster Salem. Salem hat dieses Patronat wohl bereits im späten Mittelalter wieder verloren. 1757, als der Neubau der Kirche erfolgte, war Fürst Joseph Wilhelm Ernst von Fürstenberg Patronatsherr in Storzingen. Reste des romanischen Kirchenbaus sollen in der heutigen Chorapsis erhalten geblieben sein. Dieser geht auf einen 1757/58 erfolgten Um- und Erweiterungsbau nach Plänen des fürstenbergischen Baumeisters Franz Singer zurück, der mehrfach auch für Salem tätig war. Die Finanzie-

rung der Baumaßnahme erfolgte durch den damaligen Pfarrer Johann Christoph Zembroth.

Die Kirche ist ein Saalbau mit vier Fensterachsen und einem weiten, rund geschlossenen Chor. Über dem Westteil des Langhauses befindet sich ein kleiner Dachreiter. Im Inneren hat sich die bauzeitliche Ausstattung fast vollständig erhalten. Die Deckenfresken schuf der Maler Georg Wilhelm Vollmar. Das Gemälde im Chor zeigt die Hl. Dreifaltigkeit und das Mittelbild den hl. Zeno als Beschützer der Kirche von Storzingen (Abb. 361) – bild-

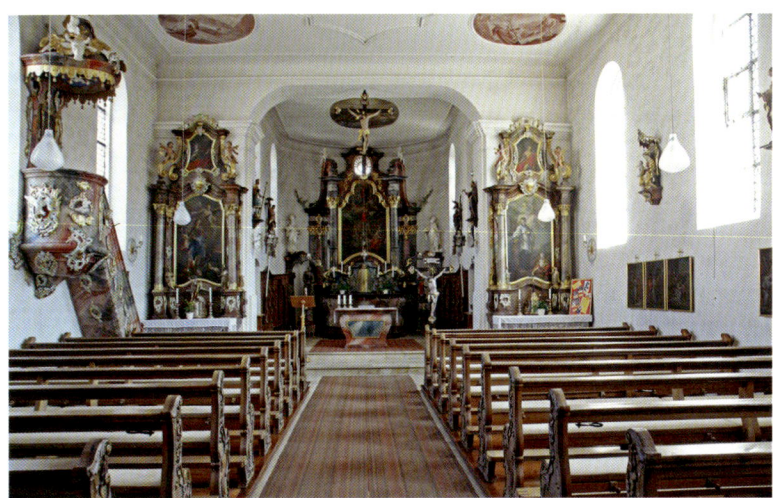

Abb. 360: Storzingen, Pfarrkirche St. Zeno: Blick nach Osten

293

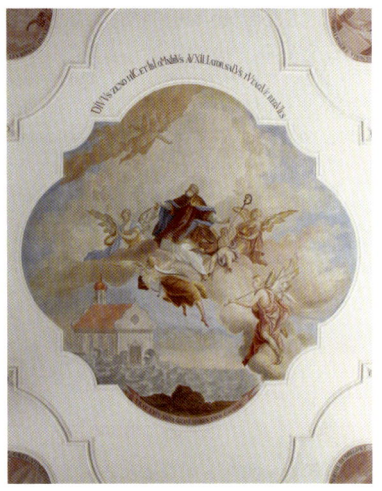

Abb. 361: Storzingen, Pfarrkirche St. Zeno: Deckenbild im Langhaus

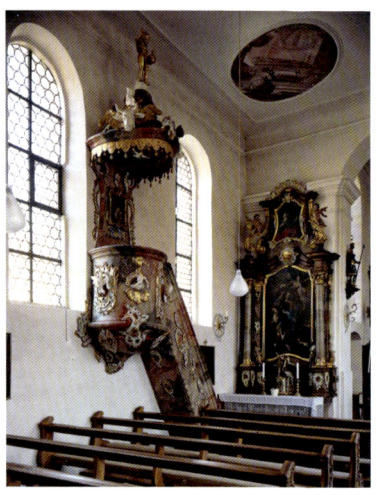

Abb. 362: Storzingen, Pfarrkirche St. Zeno: Kanzel und nördlicher Seitenalter

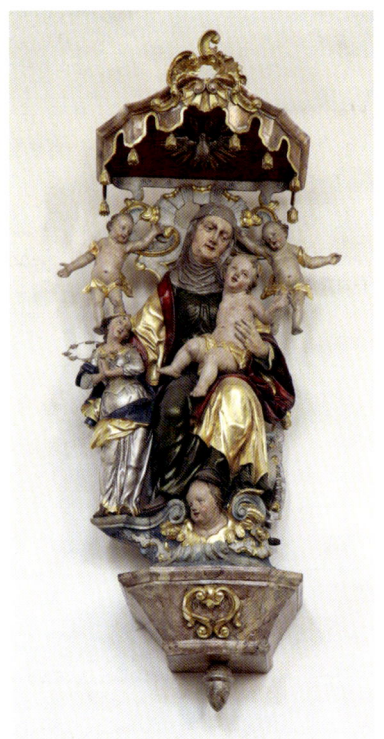

Abb. 363: Storzingen, Pfarrkirche St. Zeno: Anna Selbdritt

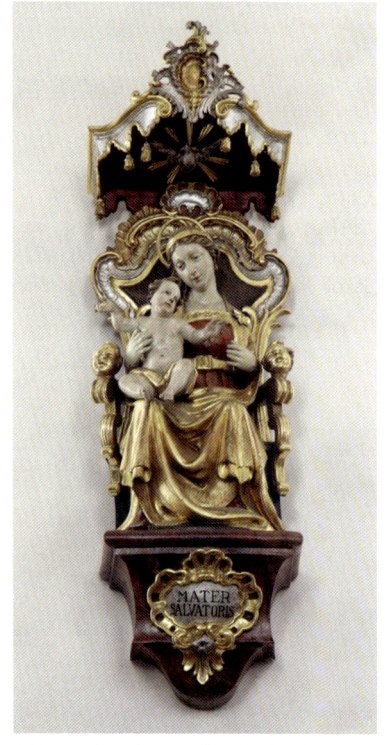

Abb. 364: Storzingen, Pfarrkirche St. Zeno: Mutter Gottes mit Kind

haft zum Ausdruck gebracht durch den von Hochwasser bedrohten Bau in seiner heutigen Gestalt. Die Emblembilder in den Ecken des Deckenspiegels, ebenfalls von Vollmer, sollen gleichfalls die Wunderkraft des hl. Zeno verdeutlichen und tragen die Bildbeischriften „Caeci vident" (Blinde sehen) – „Claudi ambulant" (Lahme gehen) – „Mortui resurgent" (Tote stehen auf) – „Daemoni eiciuntur" (Dämonen werden ausgetrieben).

Die Altäre und die Kanzel greifen Gestaltungselemente von Entwürfen der Mimmenhausener Werkstatt auf. Sie werden Johann Baptist Hops II. († 1788) zugewiesen, der als Geselle in der Werkstatt Joseph Anton Feuchtmayers gearbeitet hatte und einer der drei Gesellen war, die die Kunstsachen aus dem Erbe Feuchtmayers als Vermächtnis erhielten.

Der Hochaltar, eine in den Kirchenraum ausgreifende Kleinarchitektur, vergleichbar Entwürfen Feuchtmayers in einer im Besitz des Bodenseekreises befindlichen Sammelmappe, besitzt ein 1769 datiertes Hochaltarblatt von Meinrad von Aw. Es zeigt die Einführung der Gürtelbruderschaft Mariä Trost. Die Altarskulpturen waren bereits 1735 von dem in Ennetach ansässigen Bildhauer Jakob Machein, einem Bruder des Bild-

hauers Georg Anton Machein, geschaffen worden.

Die Seitenaltäre von 1769 wurden ebenfalls von Johann Baptist Hops II. angefertigt. Die Altarblätter Meinrad von Aws zeigen am nördlichen Seitenalter den hl. Wendelin und im Auszug den Evangelisten Johannes auf Patmos, sowie am südlichen Seitenaltar den hl. Aloysius und im Auszug Johannes den Täufer.

Die Kanzel (Abb. 362) steht Johann Georg Dirrs Kanzelentwürfen nahe und dürfte ebenfalls von Johann Baptist Hops II. geschaffen worden sein.

Von der reichen Ausstattung sind insbesondere eine Anna Selbdritt-Gruppe aus dem 17. Jahrhundert (Abb. 363) und eine im späten 17. Jahrhundert umgearbeitete und ergänzte thronende Madonna mit Kind aus der Zeit um 1420 (Abb. 364) zu nennen.

Lit.: Hermann 1986, S. 238 f.; Urban 1999a, S. 40 f.; Urban 1999b, S. 550 f.

Pfarrhaus

Das westlich der Kirche gelegene Pfarrhaus besitzt ein massives Erdgeschoss und ein Obergeschoss in Fachwerkbauweise. Im Kern geht es auf einen Bau aus dem 17. Jahrhundert zurück, der mehrfach umgebaut wurde.

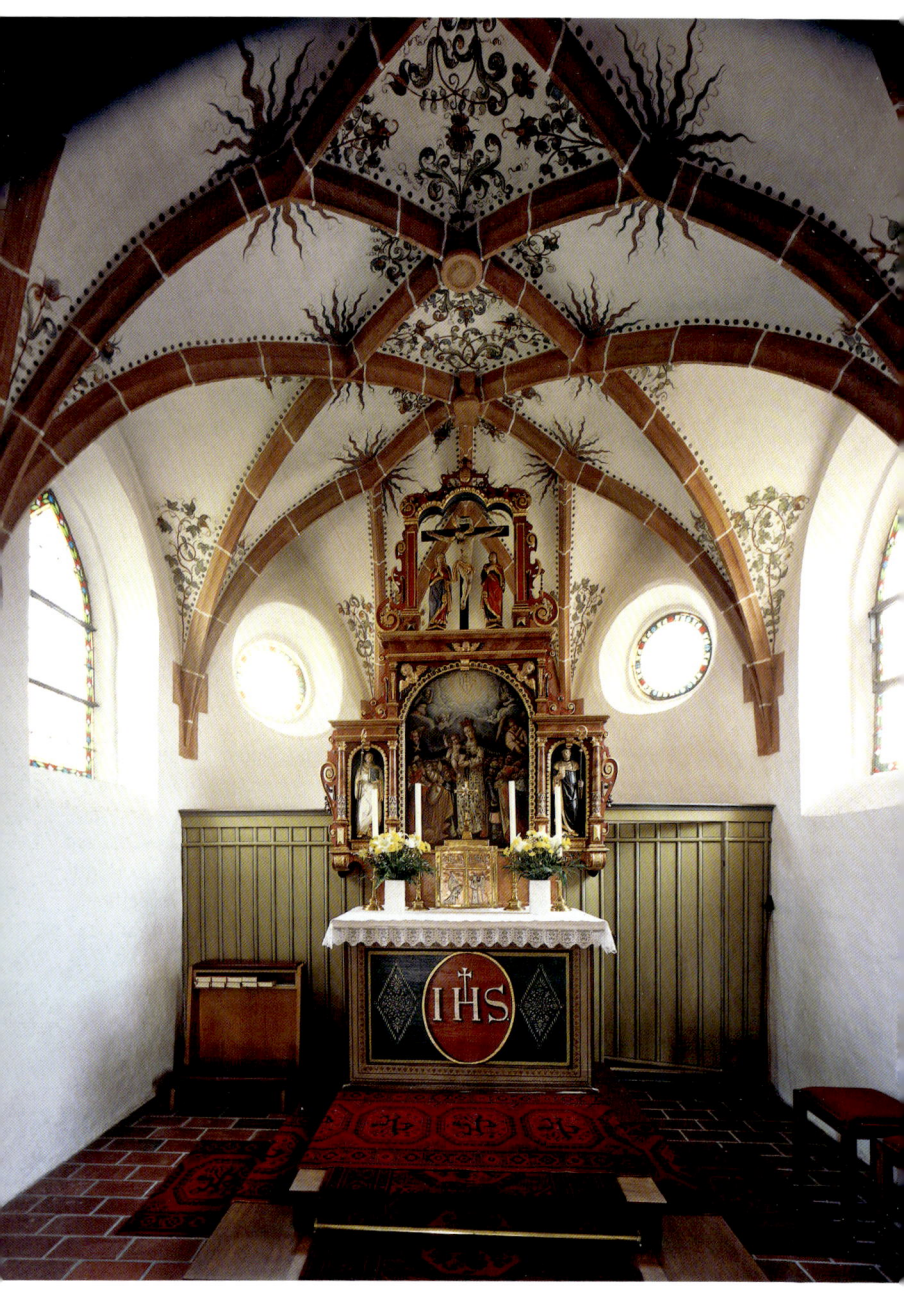

Abb. 365: Stetten, Kapelle St. Bernhard: Altar

7.8 Pflegamt Ehingen

Höfe, Wiesen und Äcker in der näheren und weiterer Umgebung zählten zum ältesten Grundbesitz der Abtei Salem (Abb. 365). Vor 1152 hatten die Zisterzienser Höfe in Tiefenhülen und Bremfeld, einem heute untergegangenen Ort, vermutlich in der Nähe von Tiefenhülen, sowie die Kirche mit den dazugehörigen Gütern von Frankenhofen durch Schenkung bzw. durch Kauf erworben. Zwischen 1175 und 1178 übertrug das Kloster Blaubeuren ein Gut in Grötzingen an Salem. Vor allem in den Jahrzehnten um 1200 kam die Zisterze in den Besitz von weiteren Gütern in Erbstetten (zwischen 1191 und 1215), Altmannshausen (1208), Gundershofen (1215) und Sondernach (1215) sowie Lauterach (1229). Neben Tiefenhülen wurde in Altmannshausen eine weitere Grangie eingerichtet.

Im Verlauf des 13. und 14. Jahrhunderts gelangte Salem in den Besitz von Gütern in Altsteußlingen (ab 1273), Berg (1304/1305), Berkach (1329), Dächingen (ab etwa 1300), Ennahofen (ab 1288), Eschelbrunn (1263), Grötzingen (ab 1263), Hundersingen (ab 1300), Indelhausen (1263 und 1268), Justingen, Kirchbierlingen (1292 und 1293), Munderkingen (ab 1318), Öpfingen (ab 1314) sowie des Ernsthofes (1300 und 1339) zwischen Ehingen und Griesingen.

Zu Beginn des 17. Jahrhunderts verzeichnet das Pflegamt Ehingen Naturaleinnahmen aus Höfen in Dächingen (1), Emerkingen (5), Frankenhofen (14), Griesingen (1), Gäufeld (1), Gundelfingen (2), Öpfingen (1), Sondernach (6), Tiefenhülen (8), Döffingen (2), Unterstadion (1), Tennchören (1) sowie Zehnteinnahmen aus Achhausen, Bergach und Ehingen, Käswasser, Stetten und Tiefenhülen.

Erst im 13. Jahrhundert wurde dem Kloster ein Haus in Ehingen geschenkt, das das Kloster später gegen ein anderes Gebäude eintauschte. Graf Ulrich von Berg befreite dieses Haus von Dienstverpflichtungen und Steuern. Aus diesem Gebäude entwickelte sich der Salemer Pfleghof, in dem spätestens unter Abt Petrus II. Miller (1593–1614) die Verwaltung der bei Ehingen gelegenen Salemer Besitzungen konzentriert wurden. Der Pfleghof in Ehingen war zumindest bis zum frühen 18. Jahrhundert ein wichtiges Bindglied zwischen Salem und dem Salemer Pfleghof in Ulm.

Ehingen

Pfleghof

1271 schenkte Heinrich von Ehingen dem Kloster ein Haus, das dieses ein Jahr später gegen ein anderes Gebäude eintauschte. Durch Kauf erwarb das Kloster später weitere Güter. Unter Abt Petrus II. Miller (1593–1614) erhielt der Pfleghof im Wesentlichen seine heutige Gestalt (Abb. 366, 367). Unter ihm wurde das große, dreigeschossige Hauptgebäude errichtet. Die Räume in den Vollgeschossen werden durch Mittelflure erschlossen. Das tragende Hausgerüst ist als Holzgerüst ausgebildet. Nur das Erdgeschoss verfügte über massive Wände. Trotz wiederholter Umgestaltung ist das ursprüngliche Raumkonzept noch weitgehend zu erkennen. Aus der Bauzeit blieb das Dachwerk mit seinen Fruchtschütten erhalten. Es handelt sich um zweifach liegende Stühle in zwei Nutzungsebenen und einen Spitzboden. Die untere Ebene des Dachwerks verfügt zusätzlich über einen stehenden Stuhl in der Mittellängsachse. Die Kopfstreben sind geknickt ausgeführt (Abb. 368). Die Hauptgeschosse wurden mehrfach umgebaut. Eine nachhaltige Erneuerung erfolgte 1727. Im Zuge dieser Baumaßnahme wurden die früheren Fachwerkgiebel durch Giebel aus Backsteinmauerwerk ersetzt. Der Ostgiebel erhielt Aufzugsöffnungen in zwei Dachge-

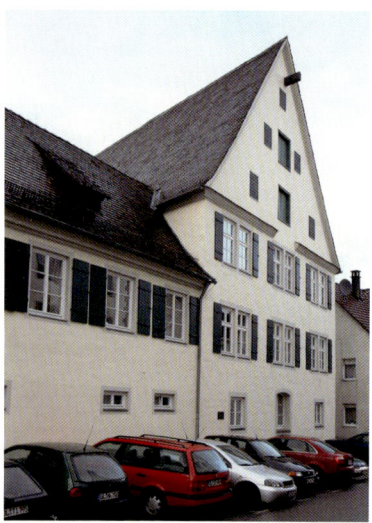

Abb. 366: Ehingen, Pfleghof: Ostgiebel

schossen. Beim Einbau der Aufzugswinde musste in die bestehende Dachstuhlkonstruktion eingegriffen und die Kopfstreben des zweiten Bundes vor dem Giebel ausgebaut werden.

Im 18. Jahrhundert wurden die Nebengebäude des Ehinger Pfleghofs zum größten Teil erneuert. Der sich unmittelbar an das Hauptgebäude anschließende straßenseitige Flügel wurde in zwei Bauabschnitten (Abb. 369) im Laufe des 17. und 18. Jahrhunderts errichtet. Nach Süden schlossen sich ein Torhäuschen und die zuletzt 1746 erneuerte Kapelle an, die 1815 abgebrochen wurden. Ein weiteres Gebäude ist an der Südwestecke des Grundstücks angelegt. Der winkelförmige, zweigeschossige Bau besitzt ein inschriftlich 1764 datiertes Dachwerk mit zweifach liegenden Stühlen in zwei Nutzungsebenen sowie einem einfachen stehenden Stuhl in der Mittelachse der unteren Ebene.

Frankenhofen

Frankenhofen wird 1152 erstmals in den Salemer Quellen genannt. Zu diesem Zeit-

punkt hatte das Kloster bereits die Kirche von Frankenhofen und die dazugehörigen Güter durch Schenkung von Ulrich von Herrlingen erworben. Umfangreiche Besitzerwerbungen sind erst wieder in der zweiten Hälfte des 13. Jahrhunderts festzustellen, als das Kloster zwischen 1261 und 1295 mehrere Höfe in Frankenhofen kauft und damit vermutlich fast den ganzen Ort in seinen Besitz bringt.

Pfarrkirche St. Martin

Die Pfarrkirche St. Martin (Abb. 370) ist ein Saalbau mit vier Fensterachsen, einem eingezogenen, vergleichsweise langen Chor mit unregelmäßigem, dreiseitigem Abschluss, einem Turm in der nördlichen Ecke zwischen Langhaus und Chor und einem Sakristeianbau nördlich des Chors. Der älteste erhaltene Teil der Kirche ist der Turm, an dessen Südseite, unter dem Dach des heutigen Chors, noch Reste von Außenputz mit Spuren von Malerei zu sehen sind. Diese beziehen sich auf einen deutlich niedrigeren älteren Chor. Die oberen Turmgeschosse sind jünger, doch wohl vor dem Chorneubau entstanden.

Über dem Langhaus befindet sich ein Dachwerk mit zweifach liegendem Stuhl und einem doppelten Hängewerk (Abb. 83, 371), das an drei Stellen inschriftlich auf 1628 datiert ist. Der Chor ist jünger, kann aber in seinen Längswänden ältere Bausubstanz enthalten. Er dürfte nach Beschädigungen im Dreißigjährigen Krieg errichtet worden sein. Das heutige Dachwerk, teilweise mit wiederverwendeten Hölzern abgezimmert, dürfte dem 18. Jahrhundert angehören.

Das Langhaus war ursprünglich flach gedeckt, der jüngere Chor besitzt ein Backsteingewölbe. Die Form der Einwölbung und der unregelmäßige dreiseitige Abschluss des Chores erinnert an die Bauten von Graubündner Baumeistern wie Martino (I) Barbieri (1583/7–1633).

Unter Abt Konstantin Miller wurde die Kirche vermutlich 1729 durchgreifend

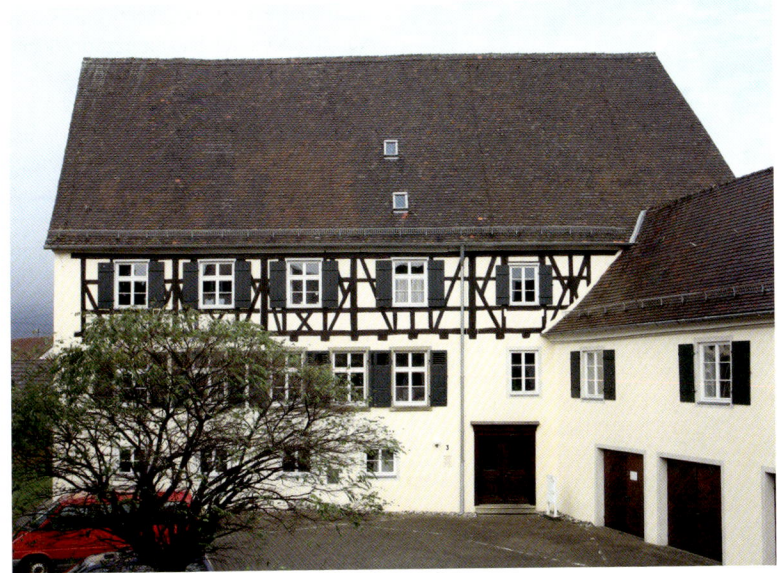

Abb. 367: Ehingen, Pfleghof: Südansicht

neu gestaltet. Aus dieser Zeit haben sich die Bandelwerkstuckaturen an der Langhausdecke, die beiden Seitenaltäre im Langhaus sowie zwei Altarbilder im Chor der Kirche erhalten.

Die Altarbilder der reich gegliederten Seitenaltäre zeigen im Norden Maria Immakulata (Abb. 372) und im Auszug den hl. Ignatius von Loyola (?) sowie im Süden den Schutzengel und im Auszug den hl. Antonius von Padua. Die Altargemälde stehen den Arbeiten Franz Joseph Spieglers aus den späten 1720er Jahren so nahe, dass nicht ausgeschlossen ist, dass Spiegler in unmittelbarer zeitlicher Nähe zu seinen Salemer Aufträgen im Jahr 1730 auch für die Kirche in Frankenhofen tätig war. Am Marienaltar befindet sich eine thronende Mutter Gottes mit Kind aus dem späten 16. Jahrhundert (Abb. 373).

Der Hochaltar wurde unter Verwendung eines Altarbildes mit der Kreuzigung aus dem 18. Jahrhundert und einem Grabeschristus aus dem 15. Jahrhundert in den vergangenen Jahren neu gestaltet.

1742 schenkte Anton Schellhas († 1744), der damalige Pfarrer von Frankenhofen, der Pfarrkirche einen Kreuzpartikel, der bis heute in Frankenhofen verwahrt wird. Eine Gedenktafel an der Nordwand des Chors erinnert an diese Schenkung (Abb. 374). Auch sein Epitaph befindet sich an der Nordwand des Chors. An den Wänden sind weitere Epitaphien für Salemer Pfarrer in Frankenhofen angebracht, so für Johann Christomos Vogler und Meinrad Hotz († 1822).

Pfarrhof

Der Pfarrhof geht im Kern auf das 17. Jahrhundert zurück, wurde aber später mehrfach umgestaltet. 1602 finanzierte das Kloster Salem den Neubau des Pfarrhofs, doch musste der damalige Pfarrherr die Hälfte der Baukosten in jährlichen Raten von 35 fl erstatten. Der Baukörper ist heute mit Ausnahme des Südgiebels (Abb. 375) vollständig verputzt. Nördlich an das Pfarrhaus schließt sich die ebenfalls umgestaltete Pfarrscheuer an.

Griesingen

Griesingen wird erstmals 760 in einem Verzeichnis der Güterbesitzes der Abtei St. Leodegar in Murbach erwähnt. Im 9.

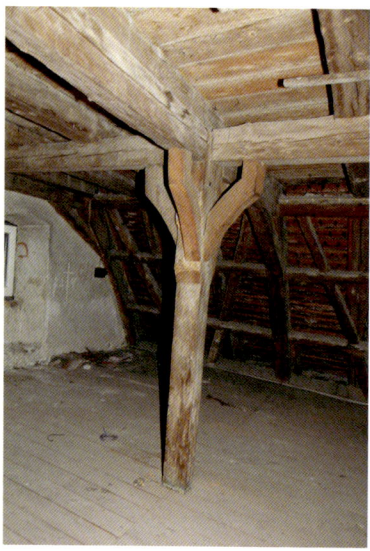

Abb. 368: Ehingen, Pfleghof: Stütze mit geknickten Kopfstreben im Dachwerk

und 10. Jahrhundert verfügten die Abtei Kempten und das Bistum Chor über Besitz in Griesingen. Kloster Salem erwarb 1335 die Hälfte des Patronats mit den zugehörigen Rechten von den Grafen von Berg und 1481 die zweite Hälfte von Österreich. Bis zur Inkorporation der Pfarrkirche zu Beginn des 18. Jahrhunderts gab es daher zwei Pfarrpfründen in Griesingen.

Pfarrkirche St. Leodegar

Die Kirche von Griesingen (Abb. 376) dürfte zu den ältesten Kirchen im Bereich von Ehingen zählten. Die Pfarrkirche wird 1111 erstmals urkundlich genannt. Vermutlich nach dem Erwerb des gesamten Kirchenpatronats ließ Salem die Kirche ganz oder teilweise neu errichten. Aus dieser Zeit dürfte der Kernbestand des heutigen Chors stammen. Er ist an der Innenseite der Ostwand von dem Maurermeister Hans Rennhart aus Ulm signiert und mit einem gemalten Meisterzeichen versehen (Abb. 377). Von demselben Meister befindet sich an der 1507 datierten Sakristei der Pfarrkirche von Allmendin-

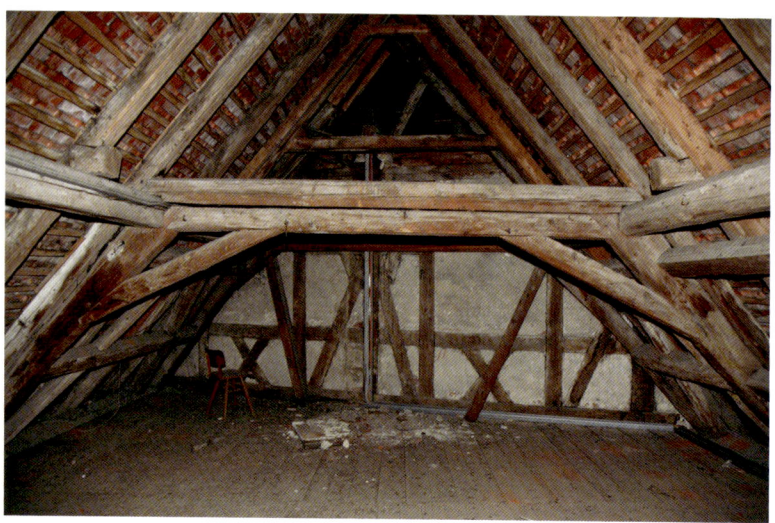

Abb. 369: Ehingen, Pfleghof: südöstliches Nebengebäude. Blick auf den Südgiebel des kürzeren Vorgängerbaus

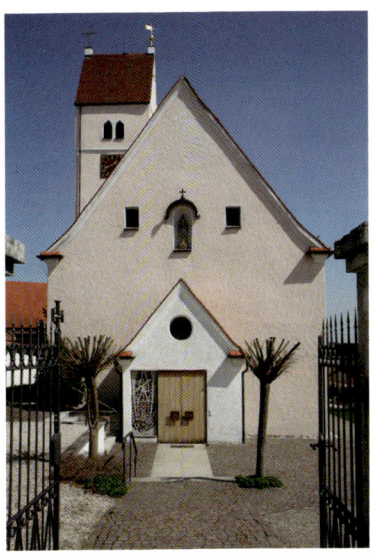
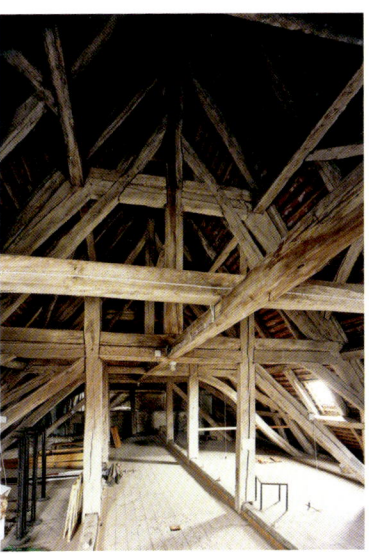

Abb. 370: Frankenhofen, Pfarrkirche St. Martin: Ansicht von Westen

Abb. 371: Frankenhofen, Pfarrkirche St. Martin: Dachwerk über dem Langhaus

gen ein weiteres Meisterzeichen. Der Chor wurde im 18. Jahrhundert verändert. Dabei wurden die Gewölberippen abgeschlagen und die Fenster vergrößert. Die heutigen Maßwerkfenster mit Glasmalereien von Wilhelm Geyer aus dem Jahr 1965 sind moderne Rekonstruktionen.

Der an der Südseite des Chors gelegene Turm könnte vom Vorgängerbau übernommen worden sein. Er verfügte im Erdgeschoss über einen vollständig überwölbten Raum, der wohl als Sakristei diente. Der Zugang zu den Obergeschossen des Turms erfolgte über eine heute vermauerte hochgelegene Tür an der Innenseite des Chors. Die unteren Geschosse des Turms sind in Bruchsteinmauerwerk ausgeführt. Vermutlich wurde der Turm bereits im ausgehenden 15. Jahrhundert erhöht. Das Mauerwerk zeigt hier in Backstein gemauerte Fensterstürze. Schließlich erfolgte eine weitere Erhöhung im Zuge der barocken Umbauten an der Kirche.

Unter Abt Konstantin Miller wurde die Kirche wohl erstmals barockisiert. Aus

dieser Zeit dürften das Dachwerk über dem Chor und das Dachwerk mit zweifach liegendem Stuhl und einfachem Hängewerk über dem älteren Teil des Langhauses stammen (Abb. 81). Die Unterzüge sind mit breiten Eisenbändern, die durch Stifte und große quadratische Muttern gesichert werden, an den Hängehölzern angehängt. Auch das Vorzeichen an der Südseite des Langhauses ist dieser Umbauphase zuzuweisen.

Gegen 1794 wurde das Langhaus um eine Fensterachse nach Westen verlängert. Das Dachwerk besteht hier ebenfalls aus einem zweifachen liegenden Stuhl mit einem einfachen Hängewerk (Abb. 82). Die kleineren Sechskantmuttern an den Eisenbändern der Aufhängung für den Überzug verweisen auf eine Entstehung im späten 18. Jahrhundert.

Das Innere zeigt heute im Langhaus den Zustand nach der Verlängerung des Langhauses und der Umgestaltung von 1794. Über dem Chorbogen ist das Wappen von Abt Robert (1778–1802) angebracht.

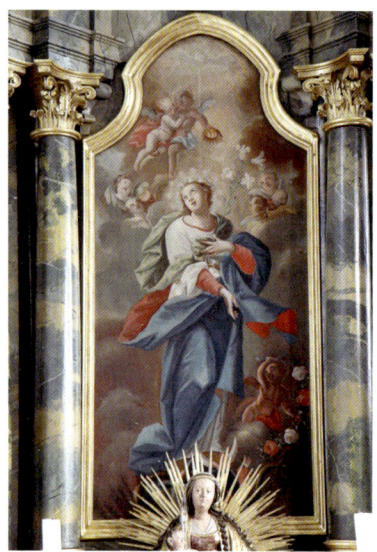

Abb. 372: Frankenhofen, Pfarrkirche St. Martin: Altarblatt des nördlichen Seitenaltars

Im Chor wurden bei der jüngsten Renovierung Teile eines Wandmalereizyklus aus der Bauzeit der Kirche freigelegt (Abb. 378). Von der Altarausstattung aus der Zeit des Kirchenneubaus stammen wohl die beiden im Chor vorhandenen Holzskulpturen der hll. Nikolaus (Abb. 379) und Leodegar (Abb. 380). Es dürfte sich um Arbeiten einer Ulmer Werkstätte handeln, die auch für die Pfarrkirche in Schemmerberg tätig war. Stilistisch stehen die Skulpturen dem Frühwerk von Daniel Mauch (1477–1540) nahe.

Von der Ausstattung aus dem 15. Jahrhundert haben sich eine dreiteilige Beweinungsgruppe (Abb. 381) aus einer Ulmer Werkstatt des späten 15. Jahrhunderts sowie ein Gnadenstuhl, um 1430, und der überarbeitete Kruzifix unter dem Chorbogen erhalten. Von der barocken Ausstattung sind die reich bewegten Skulpturen der vier Evangelisten, vermutlich ursprünglich an der Kanzel angebracht, sowie einige Einzelfiguren überliefert. Die Evangelistenskulpturen sowie eine Mutter Gottes mit Kind dürften aus der Werkstatt

von Felizian Hegenauer (1692 – nach 1755) stammen, die Skulpturen der hll. Wendelin und Johann Nepomuk stehen gesicherten Arbeiten von Konrad Hegenauer (1734–1807) nahe und dürften anlässlich der Kirchenerweiterung 1773 geschaffen worden sein.

Lit.: Göbel 1956, S. 11.

Stetten

In Stetten bei Ehingen hatte Salem erst spät Besitz erworben und verfügte 1477 hier über zwei Höfe, zwei Güter und ein Lehen. Weiter standen dem Kloster die Zehntrechte zu.

Kapelle

Die Kapelle in Stetten war eine Filial-Kapelle von der Pfarrei St. Martin in Frankenhofen. Die heutige Kapelle (Abb. 382), ein kleiner längsrechteckiger Saal mit eingezogenem Chor mit dreiseitigem Schluss, dürfte im ausgehenden 15. Jahrhundert errichtet worden sein. Über dem Chor und dem Langhaus haben sich die wohl bauzeitlichen Dachstuhlkonstruktionen (Abb. 383) aus dieser Zeit erhalten. Die archivalisch gesicherte Hohlziegeldeckung dieses Daches wurde 1607 durch eine Flachziegeldeckung ersetzt.

Der Kapellenraum ist flach gedeckt, der Chor besitzt ein Backsteingewölbe. Die Rippenanfänger, die Rippen und die Schlusssteine des Gewölbes sind aus Formziegeln (Abb. 59, 60, 384) hergestellt. Das Bodenniveau der Kapelle lag ursprünglich um mindestens eine Stufe tiefer als im 17. Jahrhundert. Der Zugang befand sich an der Längsseite. Die Westwand war vollständig geschlossen.

Vermutlich zu Erstausstattung dieser Kapelle gehört eine, heute modern gefasste, Mutter Gottes mit Kind (Abb. 385). Sie ist stilistisch eng verwandt mit der heute in der Pfarrkirche Bellamont befindlichen Mutter Gottes aus dem Hochaltar der Klos-

302

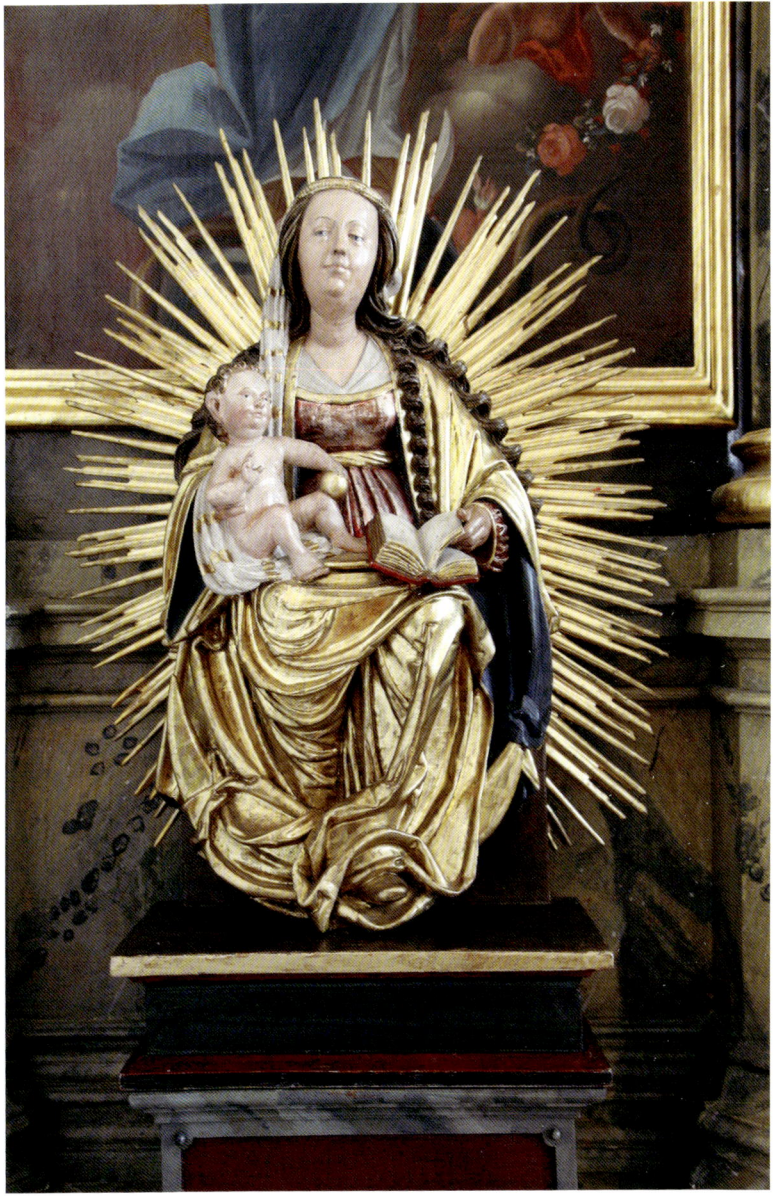

Abb. 373: Frankenhofen, Pfarrkirche St. Martin: Mutter Gottes mit Kind

terkirche Ochsenhausen. Die Ulmer Skulptur dürfte um 1480/1490 in einer Nikolaus Weckmann nahestehenden Werkstatt geschaffen worden sein. Ebenfalls aus der zweiten Hälfte des 15. Jahrhunderts stammt die Pieta an der Nordwand des Chors (Abb. 386), die Arbeiten aus der Ulmer Werkstatt Michel Erharts nahesteht.

1607 erfuhr die Kapelle eine tiefgreifende Erneuerung. Die Mauererarbeiten

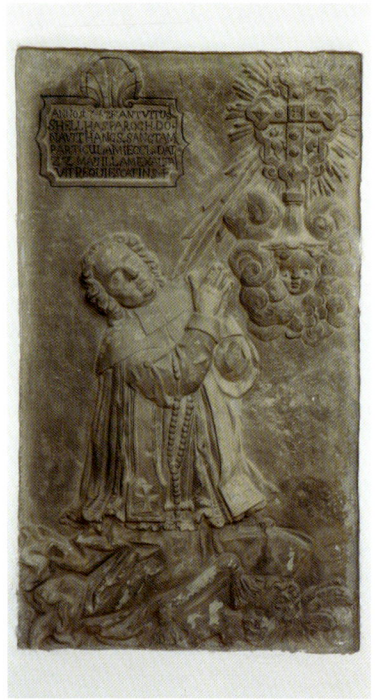

Abb. 374: Frankenhofen, Pfarrkirche St. Martin: Tafel zur Erinnerung an den Erwerb eines Kreuzpartikels durch Pfarrer Anton Schellhas

wurden Valentin (Veit) Geimpter aus Ehingen verdingt, die Bildhauerarbeiten Melchior Binder. Geimpter hatte die ganze Kapelle neu mit Flachziegeln zu decken, ein umgehendes Traufgesims aufzumauern und den Westgiebel ebenfalls mit Gesimsen zu versehen. Der Eingang wurde von der Längsseite an die Westfassade verlegt und die langen spätgotischen Lanzettfenster wurden zum größten Teil vermauert und in Rundfenster umgestaltet. Im heutigen Zustand sind einige der Fenster wieder auf ihre ursprüngliche Größe geöffnet. Im Chor wurde der alte Boden ausgebrochen, das Bodenniveau um eine Stufe erhöht und der Boden mit einem Estrichbelag versehen. Weiterhin erhielt die Kapelle 1607 innen und außen neue Putze, wobei die Außenseiten nach dem Vorbild der kurz zuvor neu verputzten Liebfrauenkirche in Ehingen verputzt und geweißt werden sollte. Der Kapellenraum erhielt eine „Creutzdecke", d. h. wohl eine Kasettendecke, die der Ehinger Schreiner Eberhart Mayer lieferte.

Aus dieser Zeit hat sich der manieristische Altar von Melchior Binder, der auch

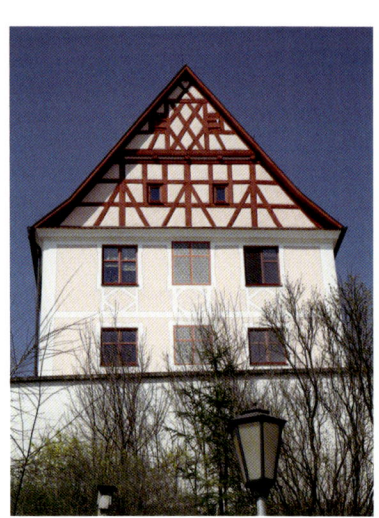

Abb. 375: Frankenhofen, Pfarrhaus: Südgiebel

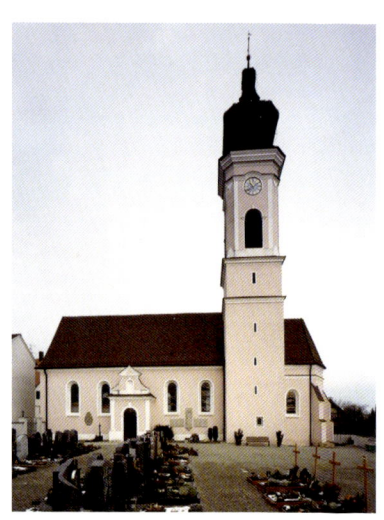

Abb. 376: Griesingen, Pfarrkirche St. Leodegar: Ansicht von Süden

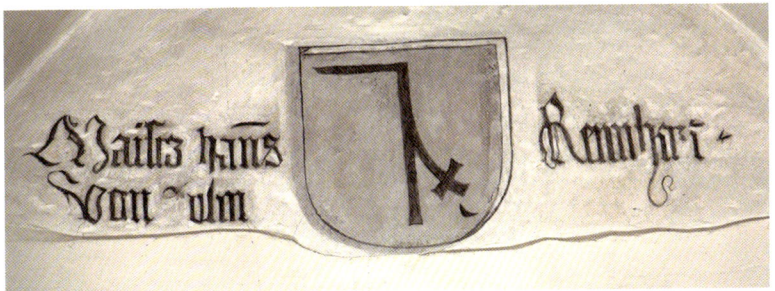

Abb. 377: Griesingen, Pfarrkirche St. Leodegar: Inschrift des Baumeisters Hans Rennhart

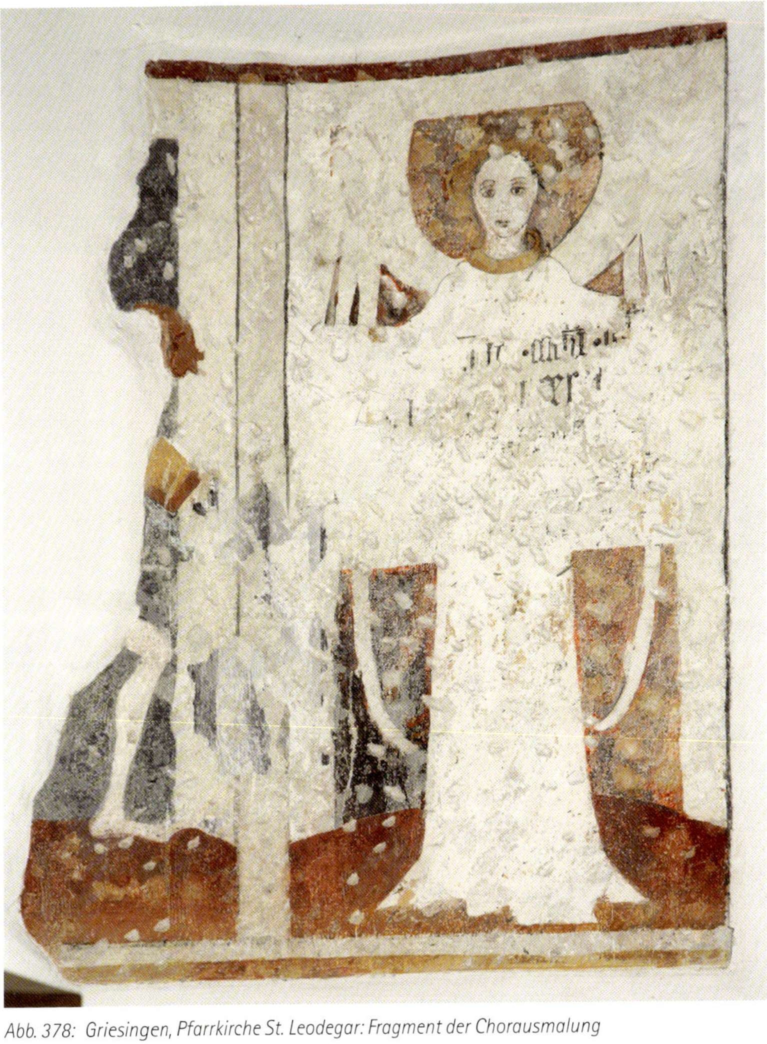

Abb. 378: Griesingen, Pfarrkirche St. Leodegar: Fragment der Chorausmalung

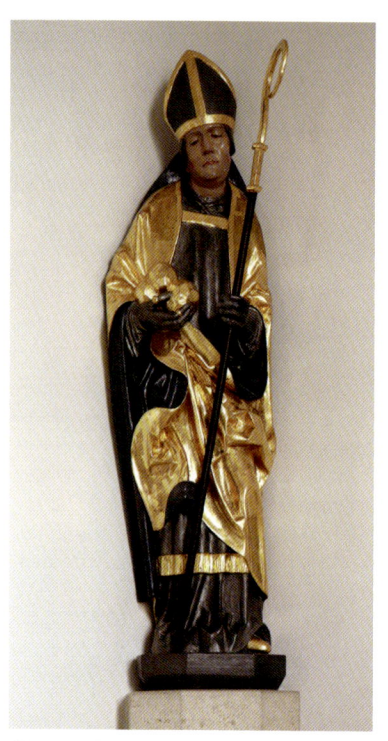

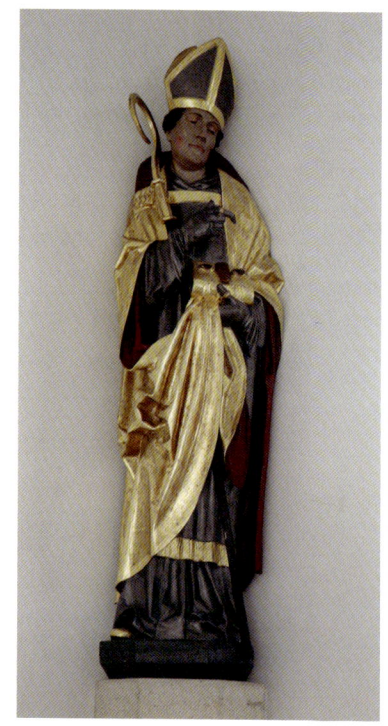

Abb. 379: Griesingen, Pfarrkirche St. Leodegar: Hl. Nikolaus

Abb. 380: Griesingen, Pfarrkirche St. Leodegar: Hl. Leodegar

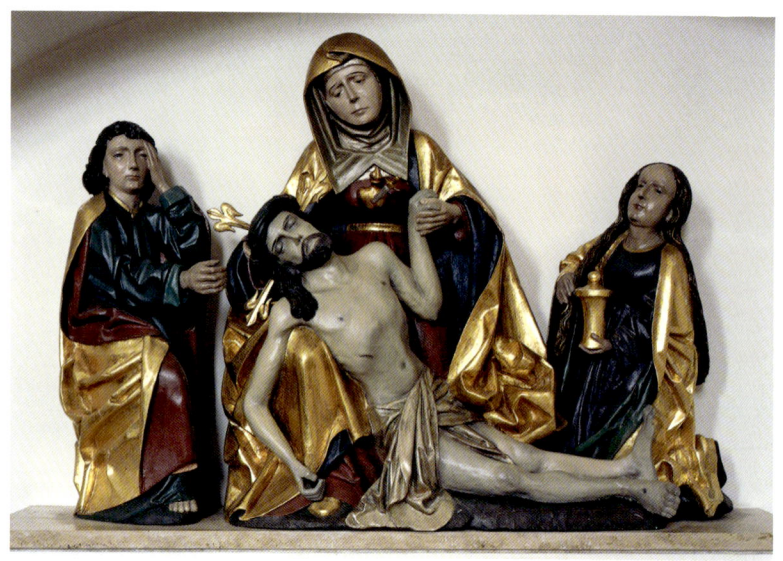

Abb. 381: Griesingen, Pfarrkirche St. Leodegar: Beweinungsgruppe

als künstlerischer Berater bei dem Bauwesen in Stetten und Tiefenhülen tätig war, erhalten. Das Tafelbild lieferte der Ulmer Maler Paul Denzel, der von Abt Petrus II. Miller (1593–1614) mit zahlreichen Aufträgen für Salemer Bauten betraut wurde. Das Altarbild zeigt die Mutter Gottes mit Kind im Kreis zahlreicher Gläubiger. Die Altarskulpturen stellen den hl. Nikolaus an der Nordseite und den hl. Bernhard an der Südseite dar. Im Auszug ist eine Kreuzigungsgruppe angebracht.

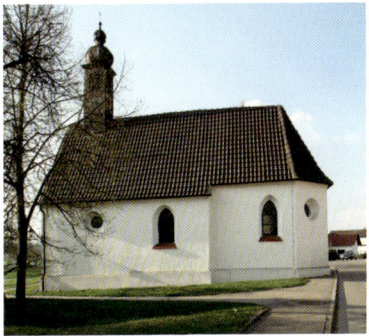

Abb. 382: Stetten, Kapelle St. Bernhard: Ansicht von Norden

Ebenfalls Melchior Binder und seiner Werkstatt werden die Skulpturen der hll. Bernhard (Abb. 387) und Leonhard im Langhaus der Kapelle zugeschrieben. Die modern gefasste Figur Johannes' des Täufers wird seinem Sohn Zacharias Binder zugeschrieben.

Lit.: Hell 1952, S. 16 f.; Ohngemach 1999, S. 23 ff.

Tiefenhülen

Die Güter in Tiefenhülen hatte Salem bereits vor 1152 als Schenkung von Ernst von Steußlingen erworben. Zehntrechte wurden 1234 dem Dekan von Grötzingen abgekauft. Das Kloster richtete in Tiefenhülen eine Grangie ein. Als das Kloster diese nicht mehr selbst bewirtschaften konnte, wurden Lehenhöfe eingerichtet. 1607 sind acht Lehenhöfe in Tiefenhülen bezeugt, von denen zwei in der heutigen Bausubstanz noch überliefert sind.

Kapelle St. Nikolaus

Die heutige Nikolauskapelle (Abb. 388) wurde 1608/1609 durch den Ehinger

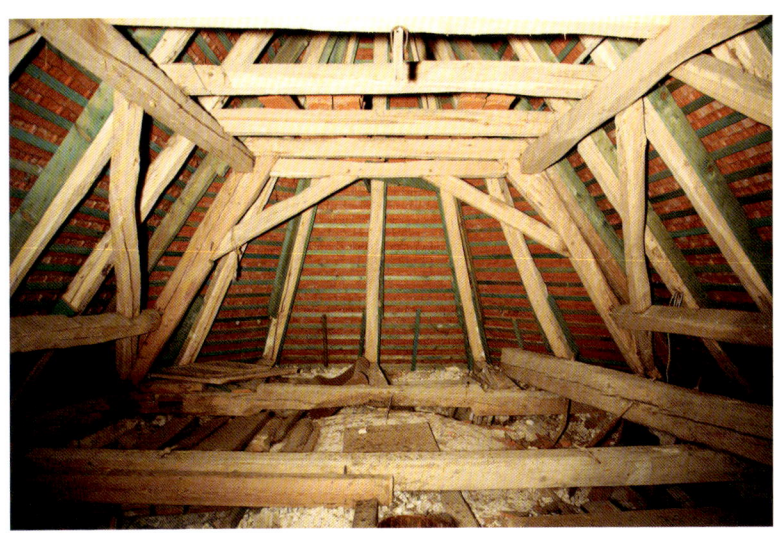

Abb. 383: Stetten, Kapelle St. Bernhard: Dachwerk über dem Chor

307

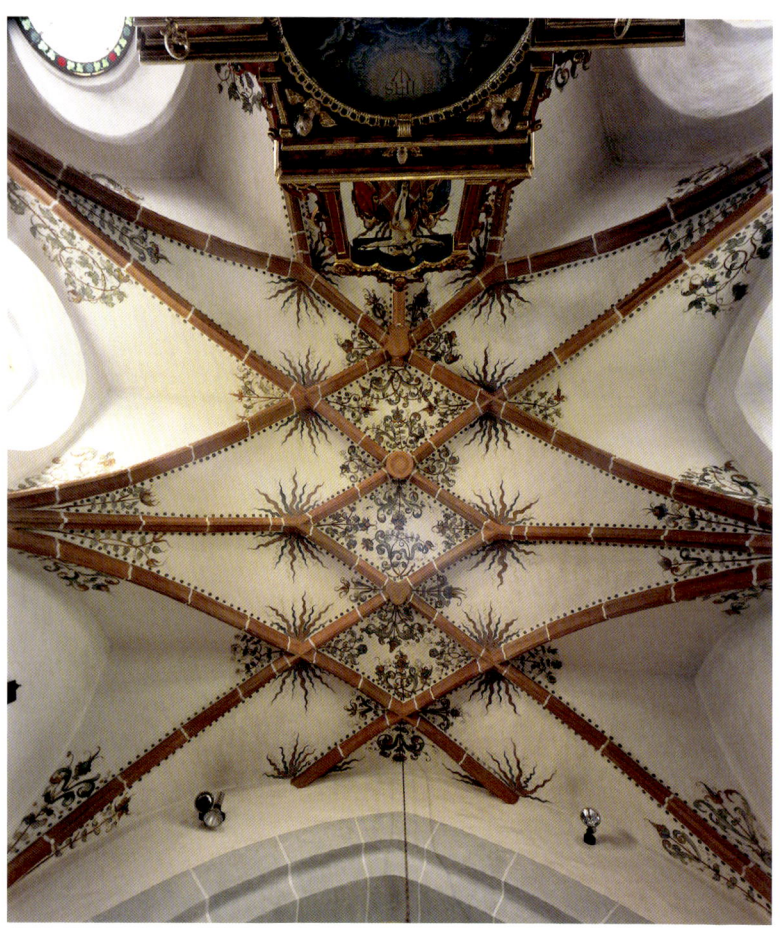

Abb. 384: Stetten, Kapelle St. Bernhard: Gewölbeuntersicht

Maurermeister Valentin Geimpter von Grund auf neu erbaut. Entwürfe hatten sowohl der Maurermeister als auch der Bildhauer Melchior Binder geliefert. Die heutige Kapelle ersetzt einen Vorgängerbau, der vermutlich bis auf die 1152 bestehenden Baulichkeiten zurückgeht. Dieser Bau wurde mehrfach erweitert, bevor er dem heutigen Neubau weichen musste. Die heutige Kapelle ist ein einfacher Saalraum mit einem eingezogenen Chor mit dreiseitigem Abschluss. Der überwölbte Chor wird von einem Chorbogen von dem Kirchenraum abgetrennt. An der Nordost-

seite ist in die Mauer ein aus Backstein gemauertes Sakramentshäuschen (Abb. 24) eingelassen. Die Entwürfe von Geimpter und von Binder zeigen jeweils maßwerkgefüllte Lanzettfenster sowohl am Chor als auch am Kapellensaal. Zur Ausführung gelangten jedoch zwei derartige Fenster, die anderen Wandöffnungen wurden als hochliegende Rundfenster ausgeführt. Heute befinden sich an den Polygonseiten des Chors und im westlichen Teil des Saals noch solche Rundfenster. Die beiden östlichen Fenster des Saals wurden später, vermutlich im 18. Jahrhundert, in langge-

308

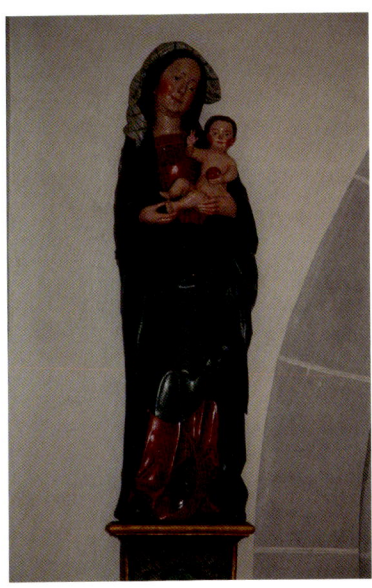

Abb. 385: Stetten, Kapelle St. Bernhard: Mutter Gottes mit Kind

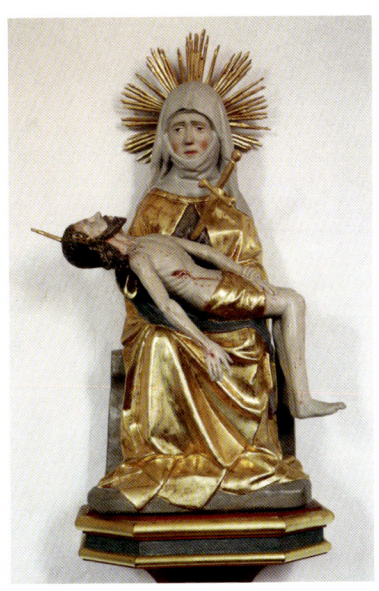

Abb. 386: Stetten, Kapelle St. Bernhard: Pieta

streckte Fenster mit Segmentbogenabschluss umgestaltet. Nur an den Längsseiten des Chors sind zwei Lanzettfenster angeordnet, die in den ursprünglichen Dimensionen erhalten sind. Sie besitzen noch Reste der bauzeitlichen eichenen Fenstermaßwerke (Abb. 389). Die Kapelle zitierte also gotisches bzw. spätgotisches Formenrepertoire ähnlich wie die steinernen Maßwerkfenster in der Kapelle auf dem Frauenberg bei Bodman. Erst im Zuge einer jüngeren Erneuerung wurden die Maßwerkformen abgeschlagen.

Das Dachwerk, ein zweifach liegender Stuhl, wurde wohl im 18. Jahrhundert unter Wiederverwendung älterer Teile erneuert. Die Giebelwand ist als Fachwerkwand mit äußerer Backsteinschale ausgeführt. Die bauzeitlichen Teile der Holzkonstruktion bestehen aus Eiche, die Teile des jüngeren Dachwerks aus Nadelholz. Der Außenbau ist verputzt und mit einer Quadermauerwerk imitierenden Oberfläche versehen.

Mit dem Neubau erhielt die Kapelle auch einen neuen Altar (Abb. 390), der

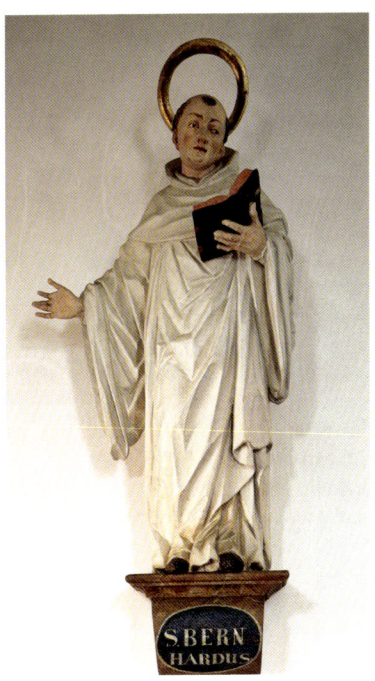

Abb. 387: Stetten, Kapelle St. Bernhard: Hl. Bernhard

309

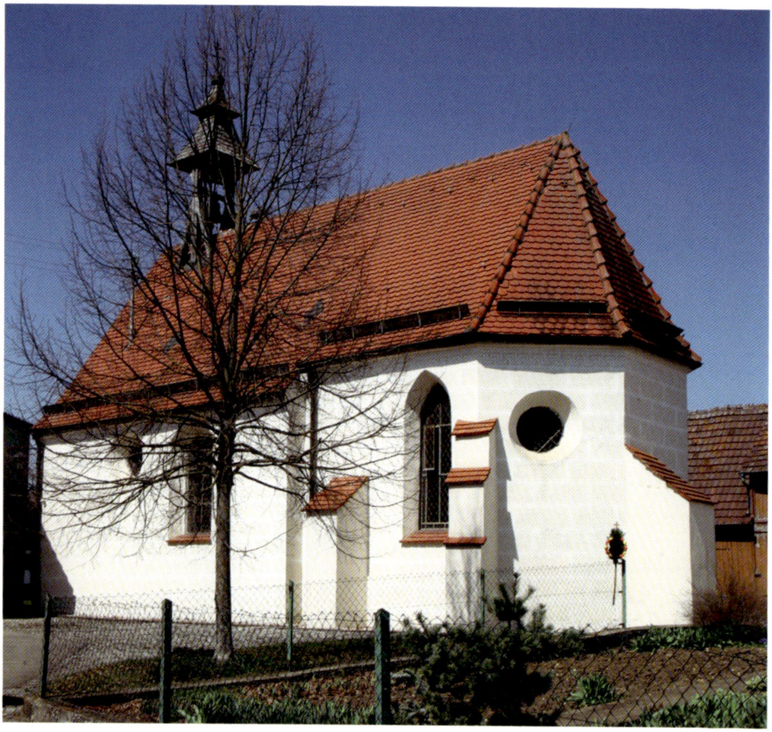

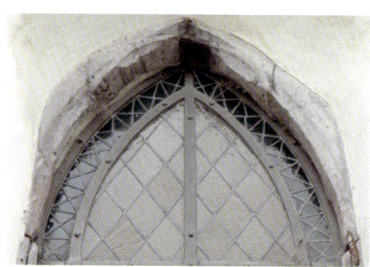

Abb. 388: *Tiefenhülen, Nikolauskapelle: Ansicht von Südosten*

eine enge Verwandtschaft zu dem kurz davor entstanden Altar in Stetten aufweist. Die Bildhauerarbeiten stammen von Melchior Binder, das allerdings stark übergangene Altargemälde von Paul Denzel. Es wiederholt die Komposition des Altarbildes von Stetten. Das Skulpturenprogramm des Altars entspricht jenem von Stetten: Seitlich des Altarbildes stehen die Skulpturen der hll. Nikolaus und Bernhard; im Auszug ist eine Kreuzigungsgruppe angebracht.

In der Kapelle hat sich eine neu gefasste Pieta (Abb. 391) aus dem späten 14. Jahrhundert erhalten. Der Korpus stammt wohl aus dem 18. Jahrhundert, Fassung und Hände dürften noch jünger sein.

Die in enger zeitlicher Abfolge entstandenen Ausstattungen der beiden Kapellen in Tiefenhülen und Stetten dokumentieren in anschaulicher Weise die von Abt Petrus II. Miller (1593–1614) initiierten Kirchenneuausstattungen. Ein drittes Retabel von Melchior Binder und Paul Denzel hat sich in der Kapelle des Salemer Armenhauses Wespach erhalten, während von den großen Ausstattungsaufträgen für Salem und die Ostracher Pfarrkirche nur Fragmente überliefert sind.

Lit.: Hell 1952, S. 16; Ohngemach 1999, S. 26 ff.

Abb. 389: *Tiefenhülen, Nikolauskapelle: Rest eines Maßwerkfensters aus Eiche*

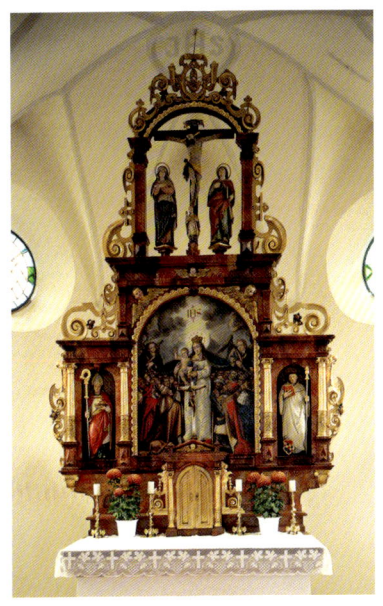

Abb. 390: Tiefenhülen, Nikolauskapelle: Altar

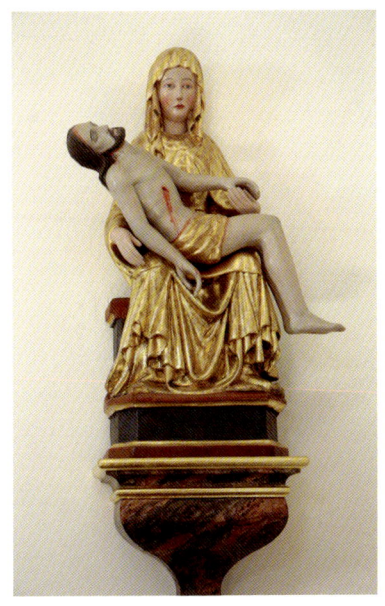

Abb. 391: Tiefenhülen, Nikolauskapelle: Pieta

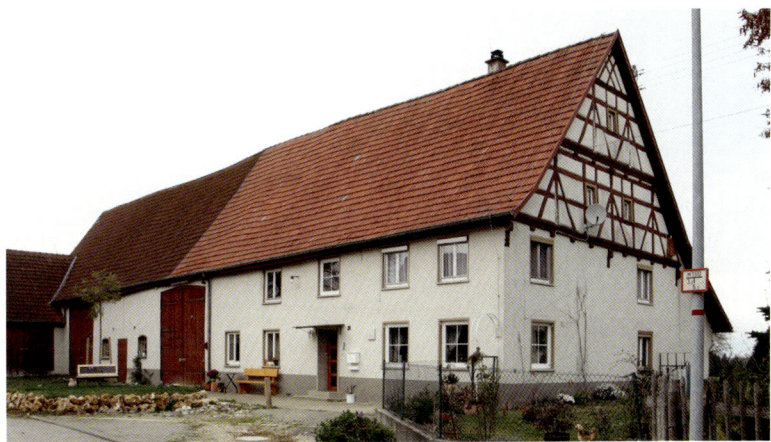

Abb. 392: Tiefenhülen, ehem. Salemer Lehenhof

Grangie

Zu Beginn des 17. Jahrhunderts sind in Tiefenhülen acht Lehenhöfe belegt, die Naturalleistungen an das Pflegamt Ehingen abführten. Die meisten Hofanlagen in Tiefenhülen dürften im heutigen Zustand aus dem 19. Jahrhundert stammen. Westlich der Nikolauskapelle stehen zwei parallel zueinander stehende Hofgebäude, in deren Bausubstanz sich noch ehemalige Salemer Lehenhöfe erhalten haben dürften. Das südliche, heute verputzte Gebäude dürfte noch aus dem 17. Jahrhundert stammen, während das nördliche Gebäude in seiner Kernsubstanz wohl dem 18. Jahrhundert zuzuweisen ist.

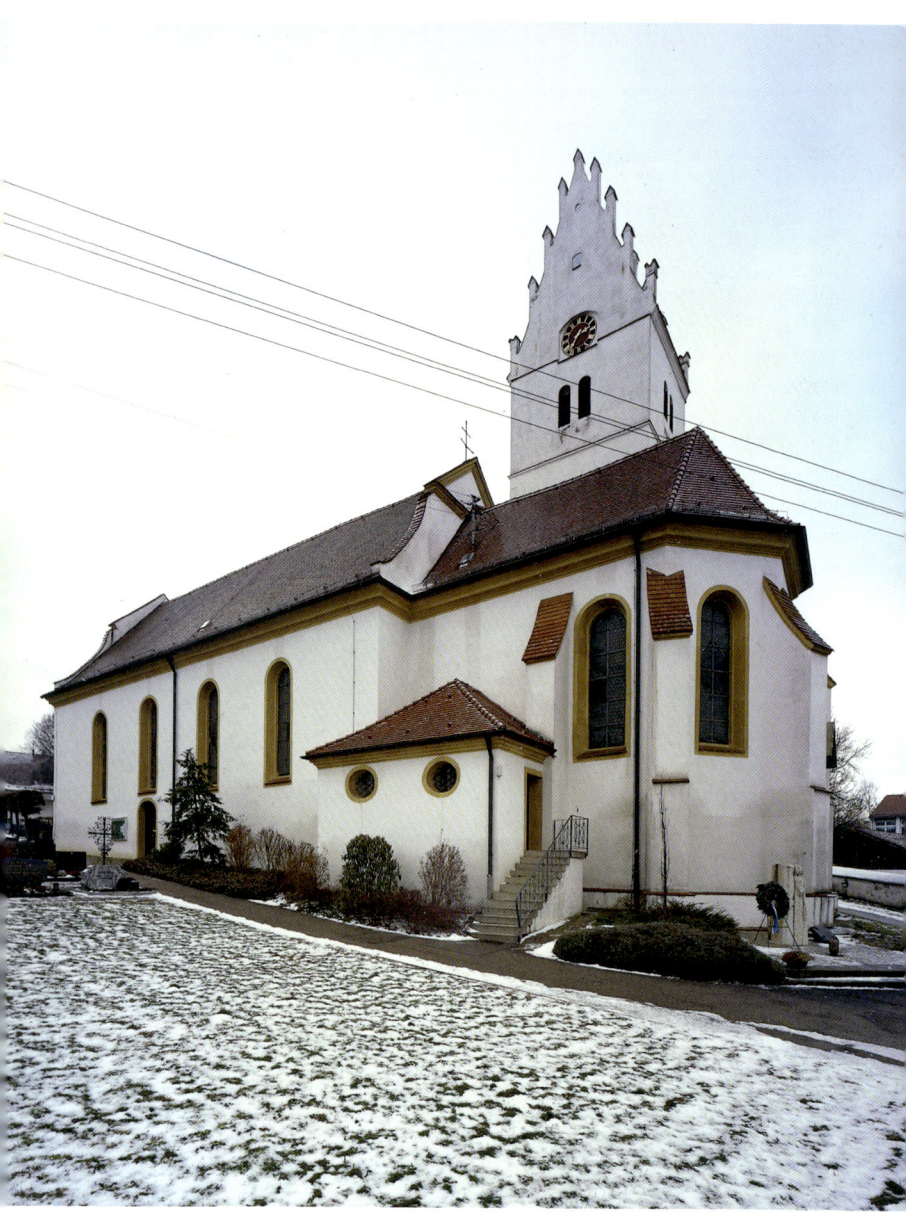

Abb. 393: Unterelchingen, Pfarrkirche St. Michael: Ansicht von Südost

7.9 Pflegamt Unterelchingen

Das Pflegamt Unterelchingen verwaltete die Güter im Bereich der Gemarkung Unterelchingen. Nach der Überlieferung soll Karl der Große 813 Unterelchingen der Abtei Reichenau geschenkt haben (Abb. 393). Ab 1294 erwarb Salem in rascher Folge Güter und Rechte in Unterelchingen: 1294 erkaufte das Kloster von Konrad von Plochingen erste Besitzungen, 1295 schenkte Konrad von Elchingen dem Kloster einen Hof und 1296 erhielt das Kloster im Zuge einer Schadenssühne weitere Güter und das Patronatsrecht an der dortigen Pfarrkirche, die bereits im folgenden Jahr von Bischof Wolfhard von Augsburg dem Kloster inkorporiert wurde. In demselben Jahr kaufte Salem von der Abtei Reichenau Rechte an den Unterelchinger Besitzungen. Im Verlauf des 14. Jahrhunderts konnte Salem seinen Besitz am Ort ausweiten. Seit 1368 wurde der Ort als Niederelchingen, später als Unterelchingen bezeichnet, um ihn von der nahe gelegenen Benediktinerabtei Oberelchingen zu unterscheiden. Die Ortsherrschaft lag bei der Grafschaft Werdenberg und ging mit dieser an die Freie Reichsstadt Ulm über. 1693 kaufte Salem von Ulm die niedere Gerichtsbarkeit innerhalb des Ortsetters und das Steuerrecht. Die niedre Gerichtsbarkeit außerhalb des Ortsetters und die hohe Gerichtsbarkeit verblieben bis 1803 bei der Freien Reichsstadt.

Aus dem Pflegamt Unterelchingen stammt die Baumeisterfamilie Wiedemann. Michael Wiedemann (1661–1703), der als Stuckator beim Wiederaufbau der 1697 abgebrannten Salemer Klosteranlage tätig war, arbeite unter anderem auch in Neresheim als Klosterbaumeister. Nach seinem Tod kamen die Klöster Neresheim und Salem gemeinsam für den Unterhalt und die Ausbildung von dessen jüngstem Sohn auf. Weitere bedeutende Baumeister der Familie waren Michaels Söhne Christian Wiedeman (1678–1739) und Johann Georg Wiedemann (1681–1743), die in zahlreichen Klöstern Oberschwabens als Baumeister tätig geworden sind. Ebenfalls aus Unterelchingen stammt die Stuckatorenfamilie Eitele. Georg Eitele d. Ä. arbeitete als Palier unter Michael Wiedemann und machte sich nach seinem Tod selbstständig. Er und sein Sohn Georg Eitele d. J. statteten zahlreiche Bauten in Oberschwaben mit Stuckarbeiten aus. Später zogen Georg Eitele und sein Sohn nach Weißenhorn um.

Das in seinem letzten Zustand aus dem 18. Jahrhundert stammende große Amtshaus des Klosters, ein unterkellerter zweigeschossiger Massivbau mit abgewalmtem Satteldach, wurde im vergangenen Jahrhundert abgebrochen.

Unterelchingen

Pfarrkirche St. Michael

Die Pfarrkirche ist ein großer Saalbau mit vier Fensterachsen und einem eingezogenen, polygonal geschlossenen Chor

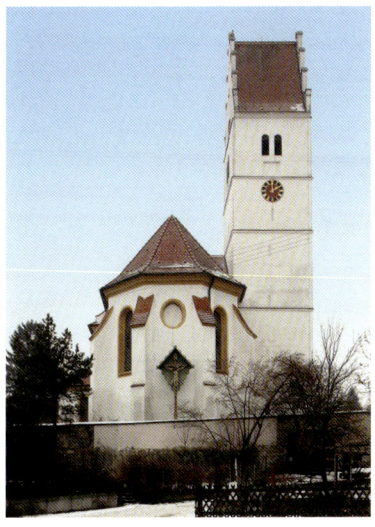

Abb. 394: Unterelchingen, Pfarrkirche St. Michael: Ansicht von Osten

313

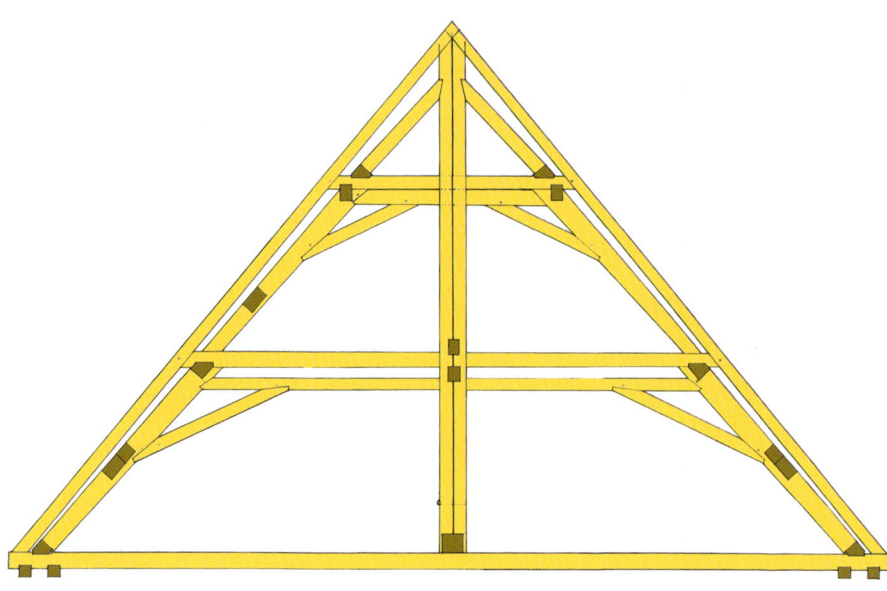

Abb. 395: Unterelchingen, Pfarrkirche St. Michael: Dachwerk über dem Langhaus, Querschnitt. M 1:100

(Abb. 394). Nördlich des Chors erhebt sich ein mächtiger Turm mit Satteldach, südlich des Chors liegt die Sakristei. Chor und Turm gehen auf einen Neubau aus der Zeit um 1500 zurück. Das Turmerdgeschoss war ursprünglich mit einem Kreuzrippengewölbe überspannt und als Sakristei genutzt. Bei den Rippen und dem erhaltenen Schlussstein handelt es sich um Formziegel, vergleichbar jenen bei dem Chorgewölbe der Kapelle in Stetten bei Ehingen. Ursprünglich gewährte eine heute vermauerte Türe an der Südseite des ersten Obergeschosses den Zugang zu den Turmobergeschossen. 1722/23 wurde nach einem Entwurf von Christian Wiedemann das Langhaus neu erbaut. Das Dachwerk des Langhauses mit zweifach liegenden Stühlen in zwei Ebenen in einem einfachen Hängewerk (Abb. 395) ist mit „AA 1722" bezeichnet.

Das Chordachwerk unterscheidet sich in den konstruktiven Details vom Langhausdachwerk. Neben Floßholz wurden hier in großen Umfang Hölzer des spätmittelalterlichen Vorgängerdachwerks wiederverwendet.

Der Innenraum (Abb. 396) erhielt 1723 feine Bandelwerk-Stuckaturen von Georg Eitele d. Ä. Am Chorbogen ist das Wappen von Abt Stephan I. Jung (1698–1725) angebracht. Die Deckenbilden im Langhaus sind ebenfalls 1723 datiert, sie zeigen von West nach Ost: der Erzengel Michael als Fürbitter, Michael und Luzifer und Michael als Patron der Kirche von Unterelchingen (1953 neu gemalt). Das Deckenbild des Chors stellt die Geburt Christi dar.

An der Brüstung der Westempore befinden sich Ölgemälde auf Putz von 1723, die die vier Evangelisten sowie im Zentrum den 12-jährigen Jesus im Tempel zeigen. Dieser Ausstattungsphase gehört auch die Kanzel von 1726 an.

Den Hochaltar fertigte 1743 der in Mimmenhausen ansässige Bildhauer Joseph Anton Feuchtmayer. Er lieferte dabei die in Mimmenhausen vorgefertigten Altarteile fertig gefasst. Als Faßmaler gilt Joseph Antons Bruder Gervasius Feuchtmayer. Der Altar war im 19. Jahrhundert verändert worden. Seite heutige Gestalt geht auf einen Umbau

314

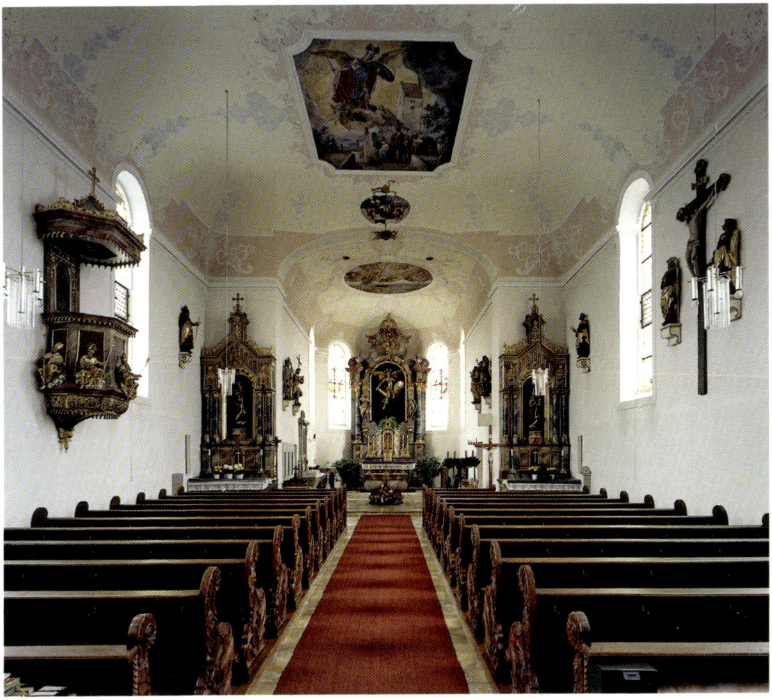

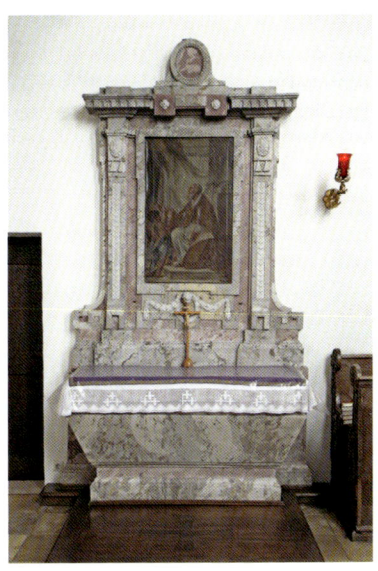

Abb. 396: Unterelchingen, Pfarrkirche St. Michael: Blick nach Osten

von 1722 zurück. Die Skulptur des Erzengels Michael stammt aus der im 19. Jahrhundert abgebrochenen Klosterkirche Fultenbach. Aus der Feuchtmayer-Werkstatt sind die beiden Altarskulpturen der hll. Ulrich und Afra sowie die Büsten der hll. Benedikt und Bernhard am Hochaltar erhalten.

In der Kirche sind zahlreiche Skulpturen aus dem 17. und 18. Jahrhundert, z. B. an der Südwand des Langhauses ein Kruzifix mit Assistenzfiguren von Melchior Binder aus dem Jahr 1608. Wohl noch dem 17. Jahrhundert gehören die Skulpturen des hl. Bernhard und Johannes' des Täufers an. Die Skulpturen der hll. Josef, Antonius von Padua und Johann von Nepomuk stammen aus dem zweiten Viertel des 18. Jahrhunderts..

Der frühklassizistische Altar an der Nordwand des Chors (Abb. 397) wurde

Abb. 397: Unterelchingen, Pfarrkirche St. Michael: Altar aus der Wolfgangkapelle

315

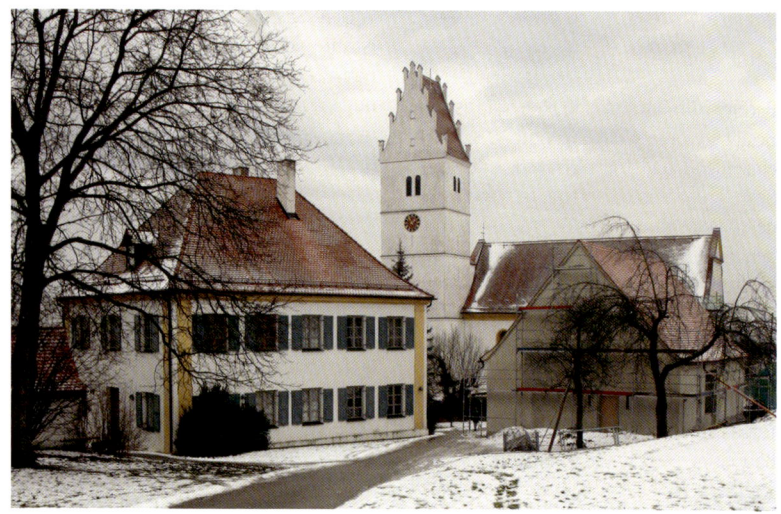

Abb. 398: Unterelchingen: Pfarrhaus, Pfarrkirche und Pfarrscheune

1780 geschaffen und stammt aus der später abgebrochenen Wolfgangskapelle.
Lit.: Hell 1952, S. 22.

Pfarrhof

Der Pfarrhof besteht aus dem barocken Pfarrhaus und der Pfarrscheuer (Abb. 398). Er ist ein zweigeschossiger Massivbau von 3 x 5 Fensterachsen. Der Zugang erfolgt über die südliche Schmalseite. Mittelgän-

ge erschließen die Räume in den einzelnen Stockwerken. Das Treppenhaus ist in der Mitte der westlichen Raumfolge angeordnet. Die Haupträume befinden sich im ersten Obergeschoss und verfügen zum Teil noch über einfache Stuckaturen aus der Bauzeit

Unter Abt Konstantin (1725–1745) war an der Straße nach Langenau eine neue Zehntscheune errichtet worden.

7.10 Städtische Pfleghöfe und städtischer Besitz

Bereits früh hatte das Kloster städtischen Besitz erworben. Dabei konnte es sich um einzelne Grundstücke, Häuser oder größere Hauskomplexe handeln. Von besonderer Bedeutung war der Hausbesitz in den Freien Reichsstädten, in denen das Kloster durch königliche Privilegien Steuerbefreiung erhielt. Das Privileg König Heinrichs VII. von 1231 nennt drei solche Höfe: den Hof in Überlingen, jenen in Esslingen und jenen in Ulm. In Konstanz hatte das Kloster zwar 1217 das Recht zum Bau eines Hauses erhalten, doch ist dort wohl bis 1231 noch kein Pfleghof eingerichtet worden. In Überlingen hatte Salem 1211 ein Haus innerhalb der Stadt mit einem zugehörigen Hof außerhalb der Stadtmauern erworben. Auffallend ist die Lage dieser Pfleghöfe, die sich in der Regel in unmittelbarer Nähe der Stadtmauer, oft auch eines wichtigen Stadtzugangs befanden. Teilweise überbauen diese Höfe die älteren Stadtmauern wie in Ulm oder diese sind in den Pfleghof integriert. Im Falle von Esslingen wurde die Vermutung geäußert, dass sich der dortige Salmansweiler Hof auf dem Gelände einer staufischen Pfalz befinde und sich Reste dieser Pfalz in der heutigen Bausubstanz des Pfleghofs erhalten haben.

Den Salemer Pfleghöfen gemeinsam ist ihre verkehrstechnisch günstige Lage nahe der Stadttore und die gute Anbindung an die Handelswege. Im Mittelalter waren diese Höfe vor allem wichtig für die Vermarktung des Salemer Salzes, das von der Saline in Hallein zollbefreit bis in die Salemer Stadthöfe transportiert werden durfte. Das Kloster erhielt nicht nur in den Freien Reichstädten, sondern auch in landständischen Städten weitreichende Privilegien, so dass auch hier, wie etwa in Stockach und Riedlingen, Hofanlagen mit vergleichbaren Vergünstigungen entstanden.

Der Erwerb, Ausbau und weitere Bestand solcher städtischen Höfe war entscheidend von der wirtschaftlichen Relevanz dieser Einrichtungen abhängig. Dementsprechend wurden städtische Besitzungen dann, wenn sie für das Reichskloster nicht mehr wirtschaftlich sinnvoll waren, wieder veräußert. Dies betraf etwa die Salemer Pfleghöfe in Esslingen, Nürtingen und Reutlingen nach dem Dreißigjährigen Krieg oder den Pfleghof in Biberach, der nach dem Ausbau von Schemmerberg zu einem Salemer Verwaltungsmittelpunkt seine Bedeutung für das Kloster eingebüßt hatte.

Das Kloster besaß im Verlauf der Jahrhunderte Pfleghöfe oder städtischen Hausbesitz in Aach, Biberach, Ehingen,

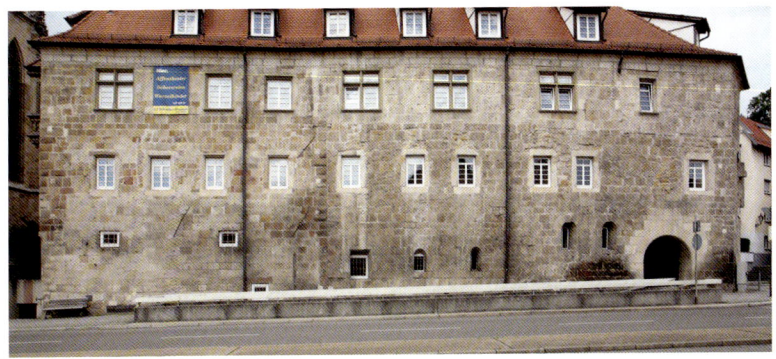

Abb. 399: Esslingen, Salemer Pfleghof: Ansicht von Süden

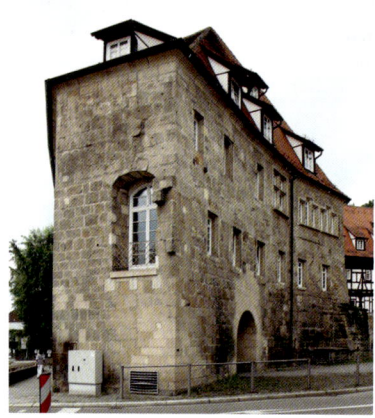

Abb. 400: Esslingen, Salemer Pfleghof: Ansicht von Osten

Esslingen, Freiburg i. Breisgau, Hagnau, Kempten, Konstanz, Lindau, Linz, Markdorf, Meersburg, Memmingen, Mengen, Meßkirch, Mühlheim a. d. Donau, Munderkingen, Nürtingen, Pfullendorf, Ravensburg, Reutlingen, Riedlingen, Rottweil, Salzburg, Saulgau, Schaffhausen, Stockach, Überlingen, Ulm und Villingen. Im Folgenden können nur einige Beispiele solcher städtischen Besitzungen vorgestellt werden.

Biberach

1304 übernahm Salem ein Haus in Biberach von dem Zisterzienserinnenkloster Heggbach und kaufte 1308 ein weiteres Haus in Biberach, dem König Heinrich VII. 1309 die Freiheit von allen Steuern, Abgaben und Lasten bestätigt. In den folgenden Jahrzehnten warb das Kloster weiteren Hausbesitz in der Stadt. Gegen 1500 erfolgte eine Erneuerung des Salemer Hofs. Nach der Weihe der Hauskapelle 1502 kaufte das Kloster 1503 ein weiteres Haus neben dem bereits im Klosterbesitz befindlichen Gebäude auf Abbruch und ließ einen neuen Hof errichten, wobei dem Kloster von der Stadt ausdrücklich

zugestanden wurde, die Stadtmauer zu überbauen. Nur wenige Jahre später, 1516, war der Salemer Hof Ausgangspunkt eines großen Stadtbrandes. 1518 wurde mit den Neubau des Hofes begonnen und bereits 1519 konnte die Kapelle geweiht werden. Allerdings ergaben sich langwierige Kontroversen um die vom Kloster intendierte erneute Überbauung der Stadtmauer, die schließlich 1739 in den Verkauf des Besitzes, bestehend aus Haus, Hof und Stadel, an den Spital von Biberach mündeten. Seit dem frühen 16. Jahrhundert hatte der Hof in Schemmerberg zunehmend die Funktionen des alten Biberacher Pfleghofs übernommen.

Lit.: Schneider 2000, S. 114 f.

Esslingen

Bereits vor 1229 war die Abtei in den Besitz eines Hauses gekommen, das zumindest mit einem Teil des heutigen Salemer Pfleghofs identifiziert wird. Der Pfleghof liegt an der Nordwestecke der Esslinger Stadtmauer, in einem Bereich, der mit dem Ort der vermuteten staufischen Pfalz gleichgesetzt wird. Der heutige Baukomplex besteht aus mehreren mittelalterlichen Gebäuden, die in der frühen Neuzeit und insbesondere nach der Veräußerung an Württemberg 1682 wiederholt umgestaltet wurden. An der Südfassade des Baukomplexes sind deutlich drei vermutlich dem 13. Jahrhundert entstammende Baukörper zu erkennen. An der Südwestecke markieren Bosseneckquader einen Steinbau von ungefähr quadratischem Grundriss, von dem allerdings nur noch die Gebäudekanten weitgehend ungestört erhalten sind. Nach Osten schließen sich zwei weitere Baukörper des 13. Jahrhunderts an, deren unterschiedliche Bodenniveaus einen sukzessiven Baufortschritt nahe legen. Ein tiefgreifender Umbau der Pfleghofs erfolgte ab 1508 unter den Äbten Johannes II. Scharpfer

318

(1494–1510) und Jodokus II. Necker (1510–1529). Im zweiten Obergeschoss wurden im südwestlichen Bereich aufwendige Wohnräume eingebaut. Der mächtige Erker an der Westwand (Abb. 33, 401) ist 1509 datiert. An seiner Unterseite sind die Wappen des Klosterstifters Guntram von Adelsreute, des sogenannten zweiten Stifters Erzbischof Eberhard von Salzburg, des Ordens und des Abts Johannes II. Scharpfer angebracht, an der Südseite des Erkers ist das Meisterzeichen des ausführenden Werkmeisters zu sehen. Auch das aufwendige, durch Brand geschädigte Portal zu diesem Wohnbereich trägt das Datum 1509 und das Wappen von Abt Johannes II.

Im Zuge dieser Arbeiten wurde auch der langgestreckte Westflügel des Pfleghofs umgebaut und mit einem Fachwerkobergeschoss versehen. Das heutige Dachwerk stammt jedoch von einem Umbau im 19. Jahrhundert. Am Nordende des Westflügels liegt die bis 1513 fertiggestellte Kapelle, von der nur die Umfassungswände erhalten blieben. An den Seitenwänden sind noch die Ansätze der

Einwölbung erkennbar. Die Gewölbe wurden vielleicht bereits im Laufe des 17. Jahrhunderts im Zuge von Umbauarbeiten am Pfleghof ausgebrochen.

Konstanz

1217 bestätigten Bischof Konrad von Konstanz dem Kloster das Recht, am Seeufer Gelände aufschütten und darauf ein Haus erbauen zu dürfen. Als Könige Heinrich VII. 1231 dem Kloster seine Freiheiten in den Stadthöfen bestätigte, wird Konstanz nicht genannt. Erste Bauten lassen sich für die Zeit um 1238 (d) erschließen. 1271/72 (d) wurde eine große Plattform aufgeschüttet, auf der um 1312/1313 (d) das Hauptgebäude des Hofs, die sogenannte Herberge errichtet wurde. Der Pfleghof bestand aus dem in Quadertechnik ausgeführten östlichen Hauptbau und den sich westlich daran anschließenden Gebäuden Salmansweiler Gasse 5–11. Diese entstanden in den 1280er Jahren. Das Dach des Gebäudes Salmansweiler Gasse 5 ist von 1284 (d).

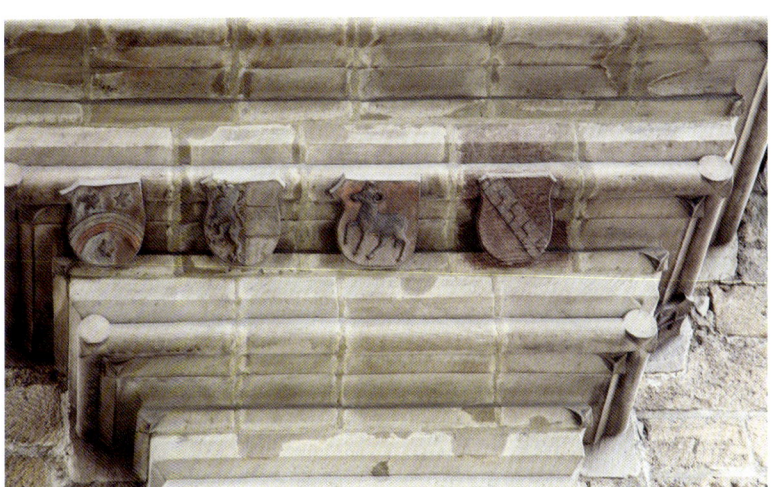

Abb. 401: Esslingen, Salemer Pfleghof: Konsole des Erkers an der Ostseite mit den Wappen von Abt Johannes II. Scharpfer, Erzbischof Eberhard II. von Salzburg, dem zweiten Stifter des Klosters, Guntram von Adelsreute, den Stifter des Klosters und dem Wappen des Zisterzienserordens.

Das Aussehen des Gebäudekomplexes überliefert eine Ansicht von Josef Moosbrugger (Abb. 31). Die Herberge war mit großformatigen Flachziegeln, ähnlich jenen vom Salemer Münster, gedeckt. Bereits unter Abt Johannes Stantenat (1471–1494) wurde der Pfleghof tiefgreifend umgestaltet und modernisiert. Sein Wappen zierte den mächtigen Erker an der Nordwestwand des Gebäudes (Abb. 32).

Der Konstanzer Pfleghof war für den Salemer Konvent vor allem in Krisenzeiten von großer Bedeutung, da bei drohender Kriegsgefahr der Kirchenschatz und das Salemer Archiv entweder in den Konstanzer Pfleghof ausgelagert oder über diesen in die Schweiz gebracht wurden. Da Salem über die Grangie Maurach einen eigenen Seezugang hatte und der Konstanzer Pfleghof in unmittelbarer Hafennähe lag, war er von Salem aus auch gut zu erreichen.

Das Hauptgebäude, die Herberge, wurde 1866 abgebrochen. Beim Bau der Tief-

grarage am Fischmarkt wurden die Fundamente des Salmansweiler Hofs teilweise freigelegt.

Lit.: Dumitrache 2000, S. 83 ff.

Nürtingen

1284 kaufte Salem von Berthold von Neuffen Güter, Höfe und Zehntrechte in Nürtingen. Der Verkauf erforderte die Zustimmung des Speyrer Domkapitels, was nahe legt, dass es sich hierbei um Teile jenes Reichsgutes handelte, das König Heinrich III. 1046 als Seelgerät an das Speyrer Domkapitel übertragen hatte. In der Mitte des 15. Jahrhunderts kauft das Kloster neue Grundstücke, auf denen es ab 1482 einen neuen Pfleghof errichtete. Von diesem ist das Hauptgebäude mit massivem Erdgeschoss und zweigeschossigem Fachwerkaufbau erhalten (Abb. 402). Die am Torbogen 1482 datierte Scheune des Pfleghofs wurde im vergangenen Jahrhundert abgetragen.

1645 verkaufte Abt Thomas I. Wunn (1615–1647) den Pfleghof an Württemberg. Das Gebäude wird bis heute als Verwaltungsgebäude genutzt.

Lit.: Schneider 2001, S. 92.

Pfullendorf

In der zweiten Hälfte des 13. Jahrhunderts erwarb Salem mehrere Häuser in Pfullendorf. Kurz nach 1504 kaufte das Kloster weitere Gebäude nahe des Oberen Tors um dort einen neuen und ziemlich geräumigen Pfleghof zu errichten. Dabei dürfte ein enger Zusammenhang mit dem gleichzeitigen Ausbau des Oberen Tors, dessen Kreuzigungsrelief am äußeren Tor 1505 datiert ist, bestehen.

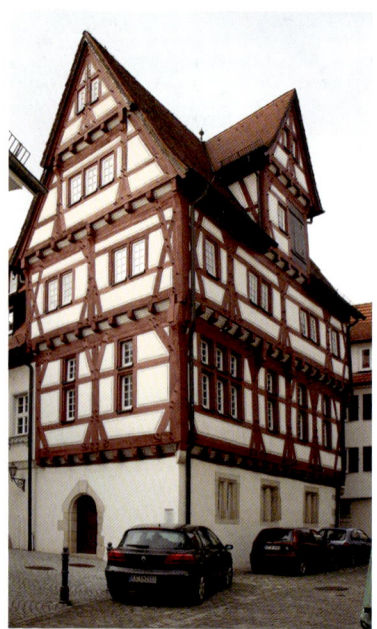

Abb. 402: Nürtingen, Salemer Pfleghof

Abb. 403: Pfullendorf, Salemer Pfleghof: Gewölbe der Kapelle.

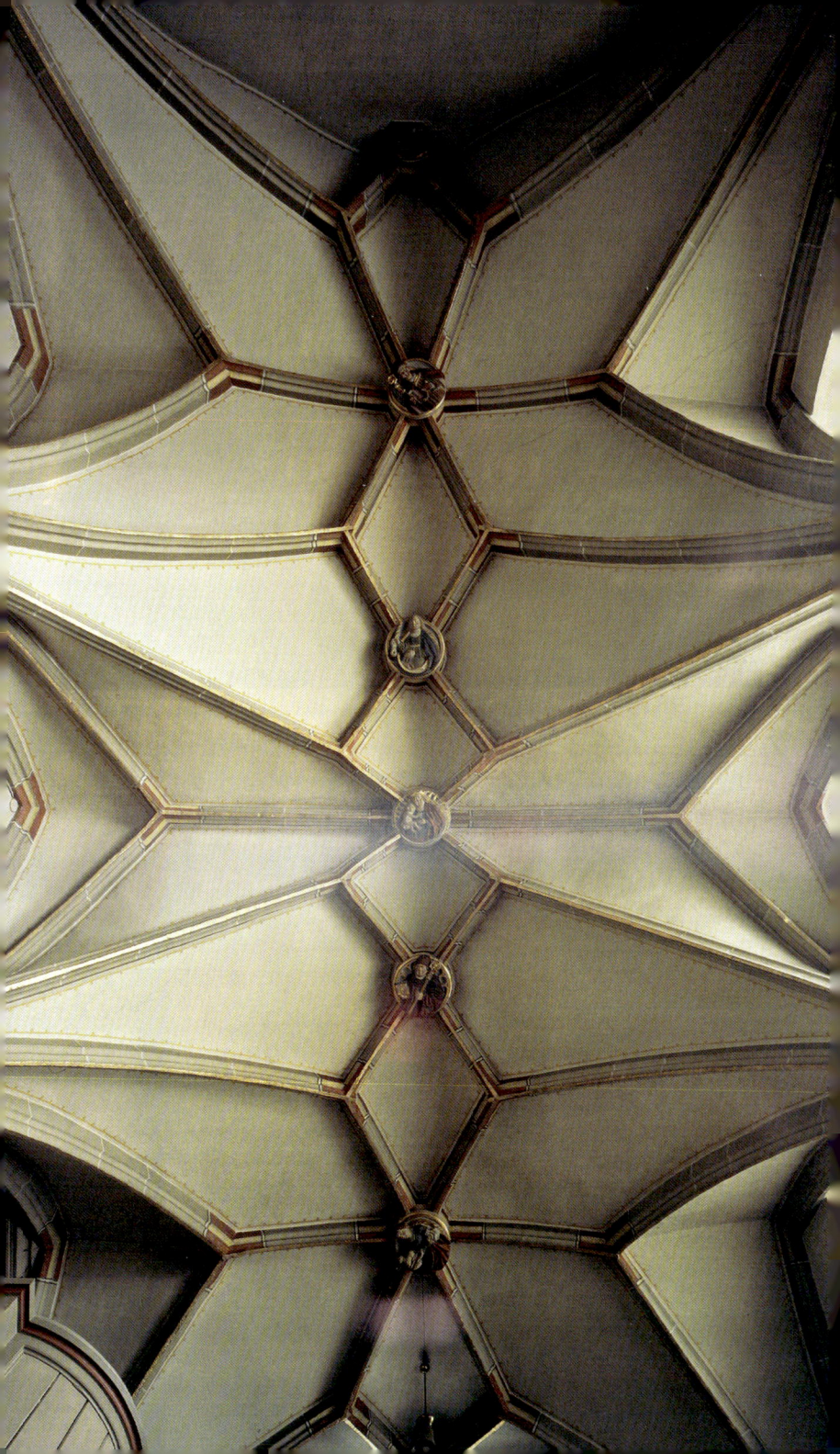

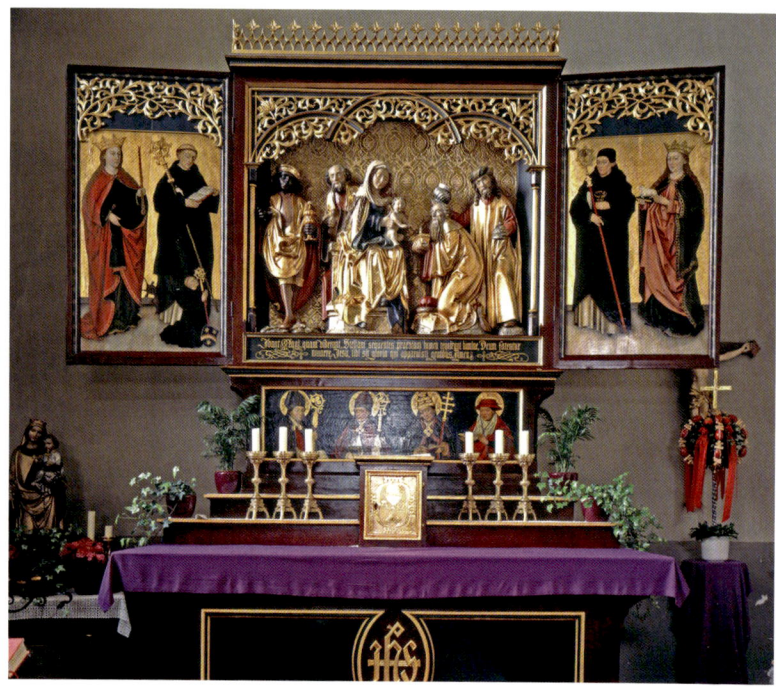

Abb. 404: Pfullendorf, Salemer Pfleghof: Altar in der Kapelle in geöffnetem Zustand

Von den umfangreichen Baulichkeiten blieb nach dem Übergang des Gebäudekomplexes an das Heilig-Geist Spital im Wesentlichen die Kapelle erhalten. Im Zuge des Umbaus zum Spitalgebäude erfuhr auch der Kapellenraum eine Umgestaltung. Das Retabel des Altars (Abb. 404) hat im Zuge dieser Arbeiten seine heutige Form gefunden. Die Bildhauerarbeiten (Anbetung der Könige) stammen wohl aus einer Ulmer Werkstatt, die Tafelgemälde der Flügel und der Predella werden Jörg Stocker zugewiesen. An der Innenseite des westlichen Flügels ist Abt Johannes II. Scharpfer als Stifter zu erkennen.

Auch das Tafelbild mit dem Marientod, Bernhard Strigel zugeschrieben, ist eine Stiftung dieses Abts.

Der Kapellenraum ist ein langgestreckter Saal, der von einem rhythmisierten Gewölbe (Abb. 403) überspannt wird: Die beiden äußeren Gewölbefelder sind deut-

lich länger als das Mittelfeld. Die Schlusssteine zeigen vom Eingang aus das Wappen von Abt Johannes II. Scharpfer, die hl. Lucia, den hl. Benedikt, die Mutter Gottes im Strahlenkranz (Abb. 405), die hl. Apollonia, den hl. Konrad und über dem Altar das Wappen des Ordens. Die Chorwand war ursprünglich ähnlich wie die Eingangswand mit einem hochrechteckigen Fenster geöffnet (Abb. 406).

Die Schlusssteine der Kapelle zeigen eine stilistische Verwandtschaft zu den Schlusssteinen im Chorgewölbe der Pfarrkirche von Owingen, zu deren Bau das Kloster als Ortsherr mit beigetragen haben dürfte.

Reutlingen

1305 ist bereits Salemer Besitz in Reutlingen bezeugt. Ob dieser auf den sechsten Abt des Klosters, Berthold I. von Urach

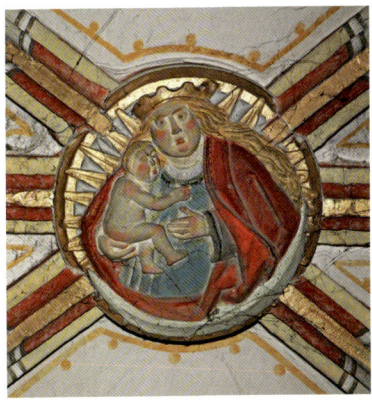

Abb. 405: Pfullendorf, Salemer Pfleghof: Schlussstein vom Kapellengewölbe

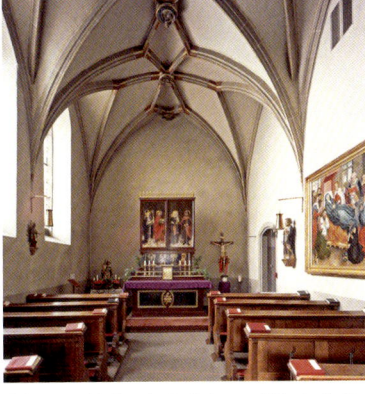

Abb. 406: Pfullendorf, Salemer Pfleghof: Kapelle, Blick zum Altar.

(1240–1241), zurückzuführen ist, bleibt indes ungewiss. Als König Friedrich der Schöne 1315 dem Kloster die Martinskirche in Pfullingen inkorporiert, werden deren Güter zunächst ebenfalls vom Reutlinger Pfleghof aus mitverwaltet. Der 1484 als „domus lapidea" – Steinhaus bezeichnete Pfleghof wird 1652 von Abt Thomas II. Schwab (1647–1664) verkauft. 1726 brannte der ehemalige Pfleghof ab und zwischen 1730 und 1732 wurde an seiner Stelle ein barocker Neubau errichtet (Abb. 407).

Lit.: Ade-Rademacher/Kotzurek 2003, S. 163 f.

Pfullingen

Die Martinskirche in Pfullingen (Abb. 408-411) zählt zu den ältesten Kirchen in Schwaben. Der älteste Bau, eine einschiffige Holzkirche, wird in das frühe 7. Jahrhundert datiert. Als Salem das Patronat an der Kirche erhielt, stand über den Vorgängerbauten des frühen und hohen Mittelalters eine dreischiffige staufische Basilika mit apsidialem Chor, der im Verlauf des 14. Jahrhunderts durch einen langgestreckten Rechteckchor ersetzt wurde. Wohl noch im 14. Jahrhundert erfolgte der Baubeginn am Westturm. In den Jahren 1460/63 schließlich wurde der heutige

Chor durch einen Baumeister aus dem Umkreis des württembergischen Baumeisters Aberlin Jörg errichtet. Sein Meisterzeichen ist an einem Wappenschild unterhalb des Kaffgesimses im Chor und im Gewölbe (Abb. 410) des Chorhaupts zu sehen. Vermutlich derselbe Steinmetz war als Geselle am Chor der Alexanderkirche in Marbach tätig. Im Zusammenhang der Salemer Bauten ist hier bemerkenswert, dass sich das Kloster an der regionalen Architektur orientierte und mit dem Neubau einen in Württemberg geschulten Baumeister betraute. Die Architektur ist eng

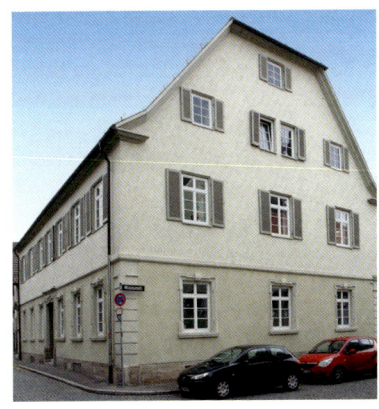

Abb. 407: Reutlingen, barocker Neubau an der Stelle des ehemaligen Salemer Pfleghofs

323

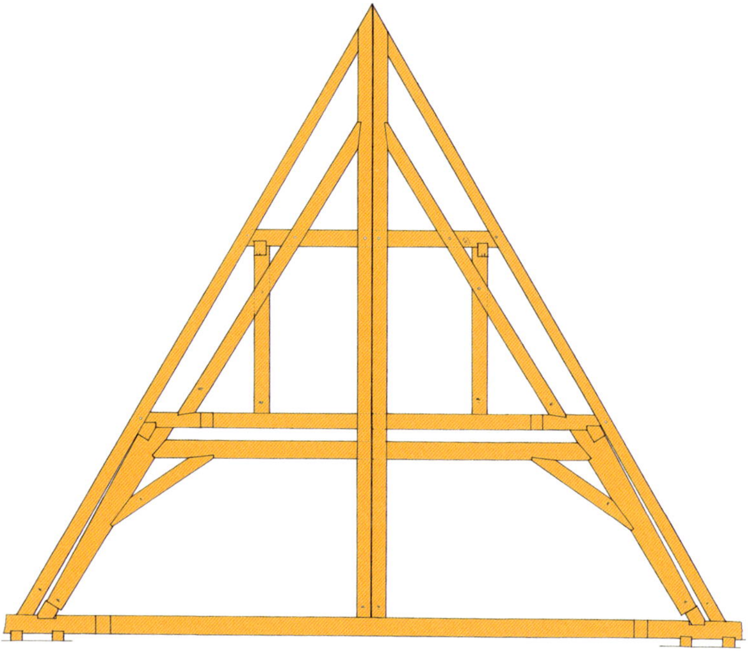

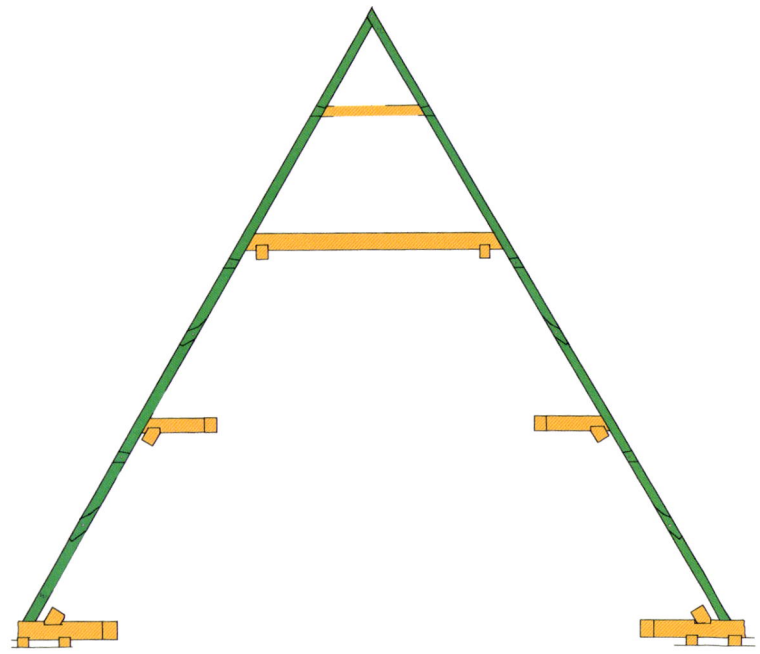

Abb. 408: Pfullingen, Pfarrkirche St. Martin: Dachwerk über dem Chor, Querschnitt durch einen Hängebund, Baualtersplan.

Abb. 409: Pfullingen, Pfarrkirche St. Martin: Dachwerk über dem Chor, Querschnitt durch ein Leergebinde mit Sparren des bauzeitlichen Dachwerks, Baualtersplan.

mit jener in der damals geteilten Grafschaft Württemberg verbunden und hat
wenig gemein mit den gleichzeitigen Neubauten im Bereich der Pflegen Ehingen
und Schemmerberg. Dies zeigt sich auch
an der Dachstuhlkonstruktion. Zwar erhielt der Chor zwischen 1799 und 1801
ein neues Dachwerk (Abb. 408), doch wurden hierfür zahlreiche Sparren des alten
Dachwerks wiederverwendet (Abb. 409),
die im Winter 1461/62 gefällt worden waren. Die Blattsassen erlauben es, die Konstruktion als Dachwerk mit zweifach liegenden Stühlen in zwei Ebenen und
vermutlichen einem einfachen Hängewerk
zu rekonstruieren.

1580 schließlich wurde das Langhaus
für die inzwischen protestantische Kir-
chengemeinde erbaut. Das Patronatsrecht
scheint Salem jedoch erst im Verlauf des
17. Jahrhunderts verloren zu haben.

Lit.: Scholkmann/Tuchen 1999

Überlingen

Salmansweiler Hof,
Franziskanergasse 17

Zwischen 1211 uns 120 kaufte Salem von
einem Albero, genannt Rex, ein Haus und
Güter in Überlingen. Wohl kurz darauf
scheint das Kloster in Überlingen einen
Pfleghof eingerichtet zu haben, der dann
1231 in dem Privileg König Heinrichs VII.
neben den beiden Pfleghöfen in Esslingen
und Ulm genannt wird. Im Verlauf des 13.
Jahrhunderts konnte Salem seinen Besitz
in Überlingen ausweiten. 1241 wird der
Salemer Pfleghof wiederum genannt.
1319 ließ das Kloster in der Nähe des
Münsters einen Neubau mit gewölbtem
Keller und mehreren Kornböden errichten.
Im Verlauf des 15. und frühen 16. Jahrhunderts erwarb das Kloster weiterer
Haus- und Grundbesitz. Schließlich erfolgte in den Jahren 1525 bis 1535 ein

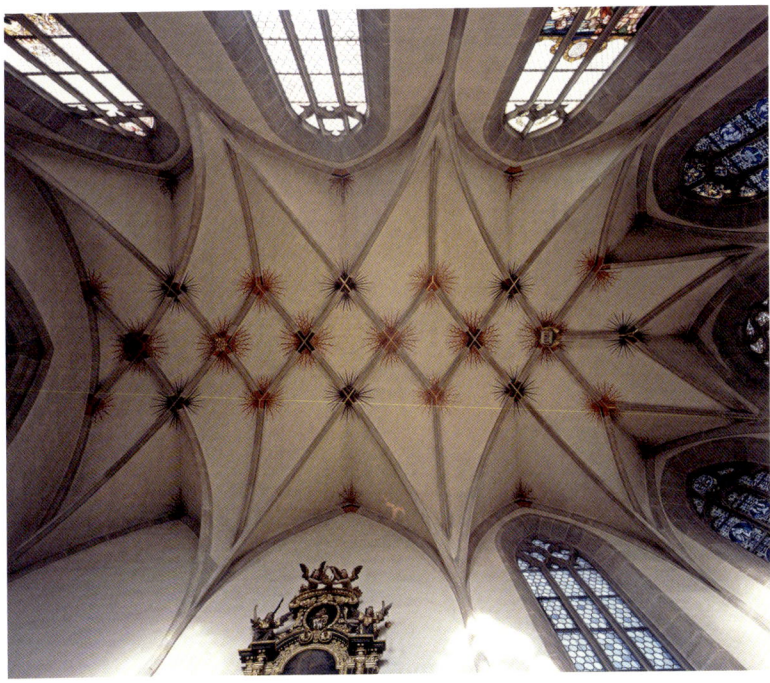

Abb. 410: Pfullingen, Pfarrkirche St. Martin: Chor, Gewölbeuntersicht

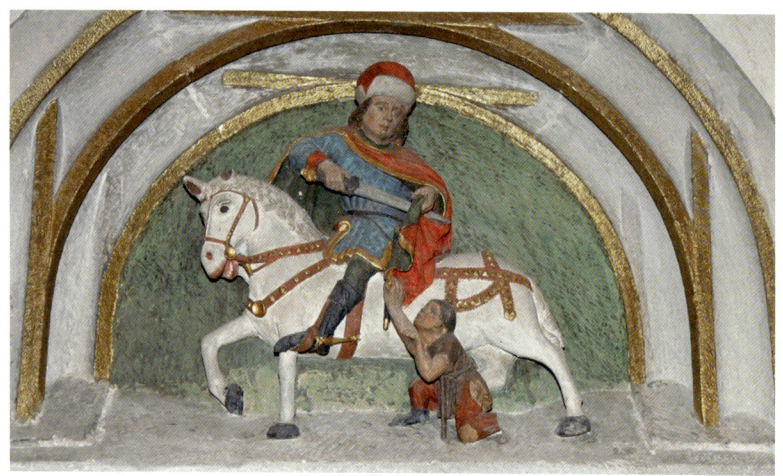

Abb. 411: Pfullingen, Pfarrkirche St. Martin: Relief des hl. Martin über der Tür zur Sakristei

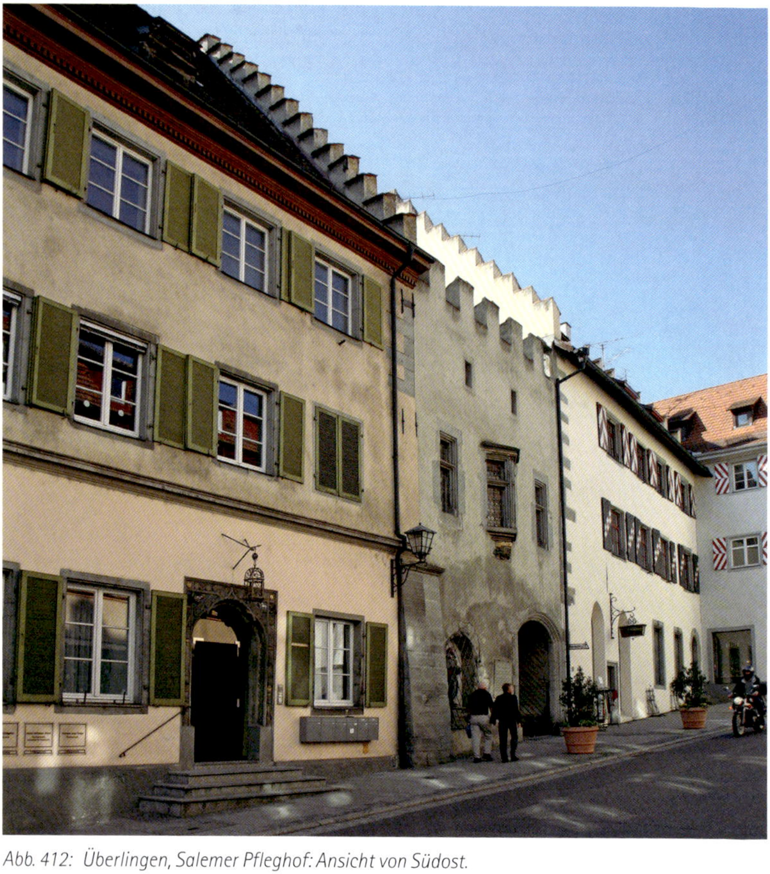

Abb. 412: Überlingen, Salemer Pfleghof: Ansicht von Südost.

Neubau des Pfleghofs an der Stelle von drei älteren Häusern. Der Komplex besteht aus zwei großen traufständigen Gebäuden an der Franziskanerstraße, die mit einem zinnenbekrönten Torbau miteinander verbunden sind. Im nördlichen Gebäude befindet sich die Kapelle des Pfleghofs, deren Gewölbe 1535 datiert ist. Bis 1803 war dort die Hofmeisterei der Abtei. Im Stadthof war ein Appartement vorhanden, das den Äbten von Salem wiederholt als Stadtwohnung diente. 1563 beherbergte der Salmansweiler Hof Kaiser Ferdinand I. bei seinem Besuch in Überlingen. Im vergangenen Jahrhundert wurde der Hof mehrfach renoviert.

Lit.: Schneider/Pfrommer 2008, S. 226 ff.

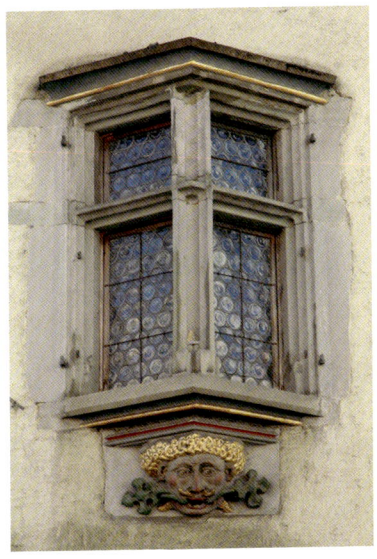

Abb. 413: Überlingen, Salemer Pfleghof: Erker

Ulm

Der Ulmer Pfleghof dürfte zumindest seit der frühen Neuzeit der für Salem wichtigste Pfleghof gewesen sein. 1222 erhielt das Kloster als Schenkung ein Haus mit Hof und Kapelle. König Heinrich VII. bestätigte diesen Besitzerwerb. Bereits 1264 veräußerte Salem diesen Besitz an das Kloster Reichenau. 1309 bestätigt König Heinrich VII. die Steuerbefreiungen für den Salemer Hausbesitz in Ulm. In der zweiten Hälfte des 15. Jahrhunderts baute Salem seine Besitzungen in Ulm aus und

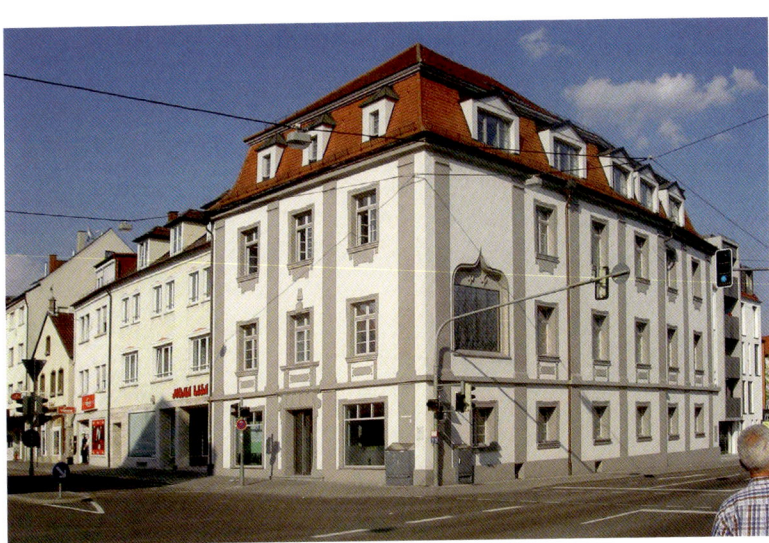

Abb. 414: Ulm, Salemer Pfleghof

erwarb 1505 das Haus der Ulmer Bürger Cosmas und Eitel Gienger. Dieses schräg gegenüber dem ehemaligen Dominikanerkloster gelegene Gebäude bildet den Kern des heutigen Salemer Pfleghofs. In diesem Gebäude haben sich Reste zweier mittelalterlicher Steinbauten erhalten. Im Osten grenzt dieser Komplex an die staufische Stadtmauer. Im ersten Obergeschoss des Gebäudes wurde nach dem Erwerb durch das Kloster ein Saal eingebaut, dessen Fenstergruppen von breitgelagerten Kielbogen gerahmt werden. Die Kielbogen bestehen aus Formziegeln.

1794/95, kurz vor der Säkularisation, wurde das Gebäude nochmals grundlegend modernisiert und mit einer heute nur noch in Teilen erhaltenen klassizistischen Ausstattung versehen.

Städtischer Besitz

Hagnau

Salmansweiler Hof
Das heutige Gebäude wurde unter Abt Georg II. Kaisersberger (1558–1575) 1568

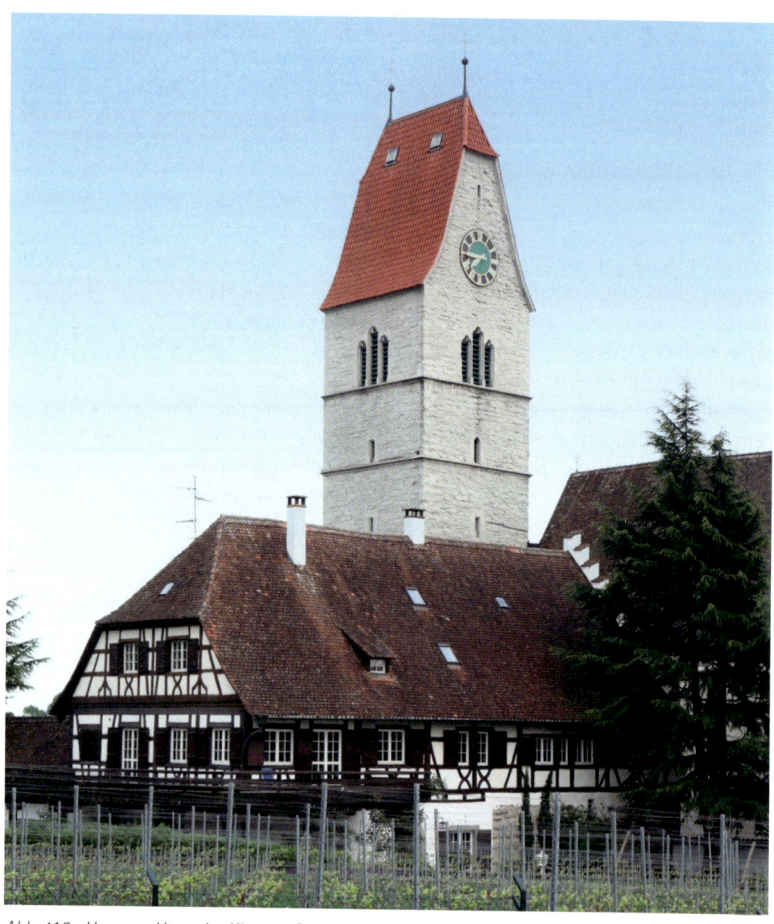

Abb. 415: Hagnau, Haus des Klosters Salem

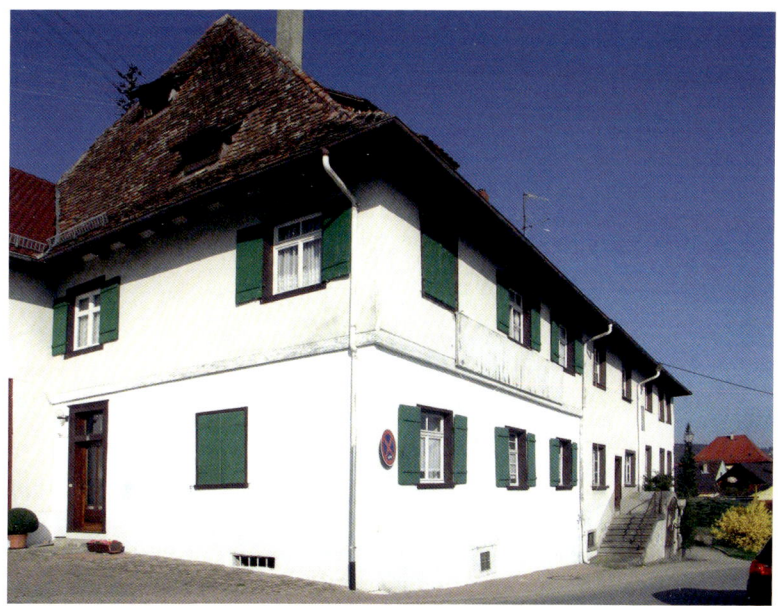

Abb. 416: Sipplingen, Haus des Klosters Salem

erbaut und 1951 und 1979–1982 renoviert. Sein Aussehen im 17. Jahrhundert ist durch eine zeitgenössische Darstellung überliefert. In seinem Keller mit 1,8 m starkem Bossenquader- und großformatigen Wackenmauerwerk wird der Rest einer Burg oder eines Wohnturms aus dem 12. Jahrhundert vermutet. Das in Backstein ausgeführte Tonnengewölbe dürfte dem 16. oder frühen 17. Jahrhundert angehören. Das Fachwerkobergeschoss zeigt Spuren mehrfacher Veränderungen, insbesondere aus dem 19. Jahrhundert. Das Gebäude verfügt auf der einen Seite über einen Staffelgiebel und an der gegenüberliegenden Seite über einen Walm.

Sipplingen

Salmansweiler Haus, Breitenweingarten 8–10

Das durch die Bestandsaufnahme von 1802 (Abb. 37–39) gut dokumentierte Gebäude war für zwei Rebmänner konzipiert, die die auf Sipplinger Markung befindlichen Weingärten des Klosters bebauten. Auf dem Grundstück waren sämtliche Einrichtungen vorhanden, die die beiden Rebmänner zur Ausübung ihrer Arbeit benötigten. Das Fachwerkgebäude ist heute größtenteils verputzt. An seiner Südseite ist das 1595 datierte Wappen von Abt Petrus II. Miller (1593–1614) angebracht.

Lit.: Sachs 1985, S. 226

329

Anhang

Legende zu den Baualtersplänen

- ■ Romanik I
- ■ Romanik II
- ■ Gotik I
- ■ Gotik II
- ■ Spätgotik I

- ■ Spätgotik II
- ■ Spätgotik III
- ■ 16. Jh.
- ■ 1. Hälfte 17. Jh.
- ■ 2. Hälfte 17. Jh.

- ■ 1. Hälfte 18. Jh.
- ■ Mitte 18. Jh.
- ■ 2. Hälfte 18. Jh.
- ■ 19. Jh.
- ■ 20. Jh.

Ortsregister

Bildnachweis

Marion Jaklin Latk, Heidelberg:
    Abb. 208, 209, 211, 416
Generallandesarchiv Karlsruhe:
    Abb. 8, 9, 30, 34–41, 103, 104,
    140, 142, 196, 332
Rosgartenmuseum Konstanz: 31, 32

Ulrich Knapp, Leonberg: Abb. 1–5, 7,
    10, 11, 13–27, 33, 42–102, 105–
    139, 141, 143–195, 197–207,
    210, 212–216, 218–248, 250–331,
    333–412, 414, 415
Pfarrarchiv Mimmenhausen: Abb. 217

Kulturamt Bodenseekreis, Salem:
    S. 8, Abb. 6, 12, 249
Hauptstaatsarchiv Stuttgart:
    Abb. 28, 29
Günter Kolb, Tübingen: Abb. 413

Die Salemer Äbte

1	Frowin		1137/38 – † 1165
2	Godefridus		6. 1. 1166 – † 30. 9. 1168
3	Erimbertus		15. 10. 1168 – † 13. 10. 1175
4	Christian I.		1. 11. 1175 – † 31. 5. 1191
5	Eberhard I. Graf von Rohrdorf	um 1161	12. 6. 1191 – 1240 (resigniert), † 10. 6. 1245
6	Berthold I., Graf von Urach		1240 – † 8. 8. 1241, zuvor Abt in Tennenbach (1207) und Lützel (1221–1227)
7	Eberhard II. von Wollmatingen		20. 8. 1241–Januar 1276 (resigniert), † 22. 9. 1284
8	Ulrich I. Gräter		Mai 1276 – † 29. 6. 1282
9	Ulrich II. von Seelfingen		15. 7. 1282 – † 20. 6. 1311
10	Konrad von Enslingen		Juli 1311–1337; 1337–1344 Bischof von Gurk, † 2. 12. 1344
11	Ulrich III., Graf von Werdenberg-Sargans		1337 – † 10. 2. 1358
12	Berthold II. Tutz		Februar 1359–1373 (resigniert), † 3. 11. 137(?), zuvor Abt in Wettingen (1351)
13	Wilhelm Schrailk		5. 4. 1373 – † 21. 5. 1395. Zuvor Abt in Raitenhaslach (1365)
14	Jodokus I. Senner		5. 6. 1395 – 12. 5. 1417 (resigniert), † 16. 1. 1429
15	Petrus I. Ochser		12. 5. 1417 – 19. 5. 1441
16	Georg I. Münch		24./25. 6. 1441 – 1458 (resigniert), † 21. 2. 1479
17	Ludwig Oschwalt		1458–1471 (resigniert), † 8. 8. 1471
18	Johannes I. Stantenat		19. 5. 1471 – † 12. 12. 1494. 1466–1471 Abt in Lützel
19	Johannes II. Scharpfer		16. 12. 1494 – † 4. 10. 1510
20	Jodokus II. Necker		9. 10. 1510 – † 19. 1. 1529
21	Amandus Schäffer		1. 2. 1529 – † 25. 6. 1534
22	Johannes III. Fischer		6. 7. 1534 – 4. 11. 1543
23	Johannes IV. Precht		13. 11. 1543 – † 9. 8. 1553
24	Johannes V. Michel		23. 8. 1553 – † 24. X. 1558
25	Georg II. Kaisersberger		24. 10. 1558 – 24. 2. 1575
26	Matthäus Rot		10. 3. 1575 – † 24. 5. 1583
27	Vitus Nekher		3. 6. 1583 – † 14. 11. 1587
28	Johannes VI. Bücheler		25. 11. 1587 – † 24. 5. 1588
29	Christian II. Fürst		3. 6. 1588 – 1593 (resigniert), † 12. 5. 1605
30	Petrus II. Miller		10. 12. 1593 – 1614 (resigniert), † 29. 12. 1614
31	Thomas I. Wunn	1580/81	9. 1. 1615 – † 10. 5. 1647
32	Thomas II. Schwab		18. 6. 1647 – † 9. 9. 1664
33	Anselm I. Muotelsee	Dezember 1618	22. 9. 1664 – † 5. 3. 1680
34	Emanuel Sulger		18. 3. 1680 – † 9. 5. 1698
35	Stephan I. Jung	8. 2. 1664	16. 5. 1698 – 15. 4. 1725
36	Konstantin Miller	1681	25. 4. 1725 – 22. 2. 1745
37	Stephan II. Enroth	11. 2. 1701	4. 3. 1745 – 28. 5. 1746
38	Anselm II. Schwab	9. 1. 1713	6. 6. 1746 – † 23. 5. 1778
39	Robert Schlecht	28. 6. 1740	4. 6. 1778 – 3. 3. 1802
40	Kaspar Oexle	24. 2. 1752	11. 3. 1802 – 1803 (1804), † 21. 6. 1820

Literaturverzeichnis

Ast 1977   Doris Ast, Die Bauten des Stiftes Salem im 17. und 18. Jahrhundert. Tradition und Neuerung in der Kunst einer Zisterzienserabtei. Diss. München 1976, Wiesbaden 1977.

Bauer 1961   Hermann Bauer, Der Inhalt der Fresken von Birnau, in: Das Münster 14, 1961, S. 324–333.

Forster 2001   Marc Forster, Catholic Revival in the Age of the Baroque. Religious Identity in Southwest Germany, 1550–1750, Cambridge 2001.

Dumitrache 2000   Marianne Dumitrache, Konstanz (Archäologischer Stadtkataster Baden-Württemberg), Esslingen 2000.

Glockenatlas Baden   Deutscher Glockenatlas, Band 4, Baden, bearb. von Sigrid Thurm unter Mitwirkung von Frank T. Leusch, München/Berlin 1985.

Göbel 1956   Lore Göbel, Beiträge zur Ulmer Plastik der Spätgotik. Mit einem archivalischen Exkurs von Museumsassistenten Albrecht Rieber in Ulm (Tübingen Forschungen zur Kunstgeschichte 13), Tübingen 1956.

Gruber 1961   Otto Gruber, Bauernhäuser am Bodensee, Lindau/Konstanz 1961.

Gubler 1972   Hans Martin Gubler, Peter Thumb (Bodensee-Bibliothek 16), Sigmaringen 1972.

Hell 1952   Hellmut Hell, Melchior Binder. Ein Ehinger Bildhauer in der Zeit der Gegenreformation (Tübingen Forschungen zur Kunstgeschichte 1), Tübingen 1952.

Helvetia Sacra III, 1   Helvetia Sacra, hrsg. von Rudolf Henggeller und Albert Bruckner, Bern 1972 ff.

Hermann 1986   Manfred Hermann, Kunst im Landkreis Sigmaringen. Plastik, Sigmaringen 1986.

Hosch 1987   Hubert Hosch, Andreas Brugger (1737–1812).

Maler von Langenargen. Ein Beitrag zur Kunstgeschichte des Bodenseegebietes und seiner Umgebung zwischen Barock und Romantik (Bodensee-Bibliothek 34), Sigmaringen 1987.

Kalchthaler 2000   Peter Kalchthaler, Die Ikonographie der Wallfahrtskirche Neu-Birnau. Zum theologischen Programm der Ausstattung, in: Barockjuwel am Bodensee. 250 Jahre Wallfahrtskirche Birnau, hrsg. von Bernd Mathias Kremer, Lindenberg 2000, S. 135–176.

Klein 1923   Josef Klein, Der Stern von Birnau, Überlingen 1923.

Klingen 1999   Stephan Klingen, Von Birnau nach Salem. Der Übergang vom Rokoko zum Klassizismus in Architektur und Dekoration der südwestdeutschen Sakralkunst, Diss. (MS) Bonn 1999.

Klöster. Stifte 2004   Klöster, Stifte und Spitäler. Altarpfründen und Geistliche Bruderschaften. Die Besitztümer verschiedener geistlicher Einrichtungen in Bermatingen, Heimatkreis Bermatingen-Ahausen, Bermatingen 2004.

Knapp 1989a   Ulrich Knapp, Die Wallfahrtskirche Birnau. Planungs- und Baugeschichte, Friedrichshafen 1989.

Knapp 1989b   Ulrich Knapp, Schloss Maurach (Beihefte zu Ausstellungen des Bodenseekreises 4), Friedrichshafen 1989.

Knapp 1995   Ulrich Knapp, Kirchen und Schlösser, in: Immenstaad. Geschichte einer Seegemeinde, Konstanz 1995, S. 315–328.

Knapp 1996   Ulrich Knapp, Joseph Anton Feuchtmayer, Konstanz 1996.

Knapp 1998   Ulrich Knapp, Schloß Kirchberg, in Immenstaader Heimatblätter 18, 1998.

Knapp 2000   Ulrich Knapp, Die Plastische Ausstattung von Neu-Birnau, in: Barockjuwel am Bodensee. 250 Jahre Wallfahrtskirche Birnau, hrsg. von Bernd Mathias Kremer, Lindenberg 2000, S. 245–270

Knapp 2001   Ulrich Knapp, Mittelalterliche Dachziegel aus dem Bodenseegebiet – Der Ziegelbestand am Salemer Münster und am Konstanzer Münster. Ein Vorbericht, in: Berichte zur Bau- und Hausforschung 6, Marburg 2001, S. 6–78.

Knapp 2004   Ulrich Knapp, Salem. Die Gebäude der ehemaligen Zisterzienserabtei und ihre Ausstattung (Forschungen und Berichte der Bau- und Kunstdenkmalpflege in Baden-Württemberg 11), Stuttgart 2004.

Knapp 2007   Ulrich Knapp, Zur Planung der Haustechnik in südwestdeutschen Klosteranlagen, in: Burgen und Schlösser 48, 2007, S. 226–234.

Knapp 2008   Ulrich Knapp, Die Planung einer Cistercienseruniversität in Salem im 17. Jahrhundert, in: Aktuelle Wege der Cistercienserforschung (EUCist Studien 1), Heiligenkreuz 2008, S. 89–102.

Buczynski/Knapp 1998   Bodo Buczynski/Ulrich Knapp, Die Berliner Marienfigur – Ein umstrittenes Werk von Joseph Anton Feuchtmayer, in: Jahrbuch der Berliner Museen N. F. 40, 1998, S. 145–174.

Krezdorn 1980   Siegried Krezdorn, Schemmerhofen. Zur Geschichte einer oberschwäbischen Gemeinde, in: Siegfried Krezdorn/Adolf Schahl, Schemmerhofen, Sigmaringen 1980, S. 11–92.

Krins 1979   Hubert Krins, Fachwerkhäuser, in: Bermatingen. Heimatbuch zur 1200-Jahr-Feier 1979, Konstanz 1979, S. 151–158.

Lohrum 2002   Burghard Lohrum, Datierung und konstruktiver Aufbau der Dachwerke, in: Das Salemer Münster. Befunddokumentation und Bestandssicherung an Fassaden und Dachwerk (Landesdenkmalamt Baden-Württemberg Arbeitsheft 11), Stuttgart 2002, S. 169–186.

Michler 1984   Jürgen Michler, Die ursprüngliche Chorform der Zisterzienserkirche in Salem, in: Zeitschrift für Kunstgeschichte 47, 1984, S. 1–46.

Michler 1992   Jürgen Michler, Gotische Wandmalerei am Bodensee, Friedrichshafen 1992.

Nicola 2004   Peter Nicola, Kirchen und Kapellen der Seelsorgeeinheit Salem, Regensburg 2004.

Ohngemach 1999   Ludwig Ohngemach, Zur Erneuerung der Kapellen in Stetten und Tiefenhülen durch das Kloster Salem in den Jahren 1607–1610, in: Beiträge zur Geschichte der Stadt Ehingen (Donau) 1, Ulm 1999, 23–35.

Reiners MS   Heribert Reiners/ Elisabeth Reiners-Ernst, Kunstdenkmälerinventar des Landkreises Überlingen (Die Kunstdenkmäler Südbadens), (MS).

Rösener 1974   Werner Rösener, Reichsatei Salem. Verfassungs- und Wirtschaftsgeschichte des Zisterzienserklosters von der Gründung bis zur Mitte des 14. Jahrhunderts (Vorträge und Forschungen. Sonderband 13), Sigmaringen 1974.

Sachs 1985   Petra Sachs, Bauernhäuser im Bodenseekreis. Ein Führer zu Zeugnissen ländlicher Baukultur, Friedrichshafen 1985.

Schahl 1980   Adolf Schahl, Die Bau- und Kunstdenkmale der Gemeinde Schemerhofen, in: Siegfried Krezdorn/Adolf Schahl, Schemmerhofen, Sigmaringen 1980, S. 93–114.

Schmid 1981   Hermann Schmid, Maurach am Überlinger See, in: Badische Heimat 61, 1981, S. 157 ff.

Schneider 1984   Reinhard Schneider, Die Geschichte Salems, in: Salem. 850 Jahre Reichsabtei und Schloss, hrsg. von Reinhard Schneider, Konstanz 1984, S. 11–153.

Schneider 2000   Alois Schneider, Biberach an der Riß (Archäologischer Stadtkataster Baden-Württemberg 7), Stuttgart 2000.

Schneider 2001   Alois Schneider, Nürtingen (Archäologischer Stadtkataster Baden-Württemberg 13), Stuttgart 2001.

Schneider/Ade-Rademacher/Kotzurek 2003   Alois Schneider, Reutlingen unter Mitarbeit von Dorothee Ade-Rademacher und Annegret Kotzurek (Archäologischer Stadtkataster Baden-Württemberg 23), Esslingen 2003.

Schneider/Pfrommer 208   Alois Schneider/Jochem Pfrommer, Überlingen (Archäologischer Stadtkataster Baden-Württemberg 34), Esslingen 2008.

Scholkmann/Tuchen 1999   Barbara Scholkmann/Birgit Tuchen, Die Martinskirche in Pfullingen. Archäologie und Baugeschichte (Materialhefte zur Archäologie in Baden-Württemberg 53), Stuttgart 1999.

Staiger 1863   Franz Xaver Staiger, Salem oder Salmansweiler, ehemaliges Reichskloster Cistercienser-Ordens jetzt Großh. Markgräfl. Bad. Schloß und Hauptort der Standesherrschaft Salem sowi die Pfarreien Bermatingen, Leutkirch, Mimmenhausen, Seefelden und Weildorf mit ihren Ortschaften und Zugehörigkeiten, Konstanz 1863.

Stiene/Eckstein 2002   Andreas Stiene/Günter Eckstein, Aufnahme und Interpretation der Einzelbefunde im gotischen

Dachwerk, in: Das Salemer Münster. Befunddokumentation und Bestandssicherung an Fassaden und Dachwerk (Landesdenkmalamt Baden-Württemberg Arbeitsheft 11), Stuttgart 2002, S. 187–241.

Stiene 2002   Andreas Stiene, Der Ziegelbestand, in: Das Salemer Münster. Befunddokumentation und Bestandssicherung an Fassaden und Dachwerk (Landesdenkmalamt Baden-Württemberg Arbeitsheft 11), Stuttgart 2002, S. 279–346.

Urban 1999a   Wolfgang Urban, Geschichte von Stetten a. k. M. und seinen Ortsteilen von den Anfängen bis zum Ende des 18. Jahrhunderts, in: 1200 Jahre Stetten am kalten Markt. Geschichte der Gemeinde und ihrer Ortsteile Frohnstetten, Glashütte, Nusplingen, Storzingen, Ulm 1999, S. 13–132.

Urban 1999b   Wolfgang Urban, Architektur und Kunst in der Gemeine Stetten a. k. M., in: 1200 Jahre Stetten am kalten Markt. Geschichte der Gemeinde und ihrer Ortsteile Frohnstetten, Glashütte, Nusplingen, Storzingen, Ulm 1999, S. 519–552.

Vollmer 1997   Eva Christina Vollmer/Herbert Wittmann, Johann Pöllandt. Ein Barockbildhauer in Schongau, Lindenberg 1997.

Weber 1999   Edwin Ernst Weber, Das salemische Oberamt Ostrach im 18. Jahrhundert. Herrschaftsverfassung und dörfliche Binnenverhältnisse, in: Ostrach 1799. Die Schlacht, der Ort, das Gedenken, Sigmaringen 1999, S. 13–91.

SVBG   Schriften des Vereins für Geschichte des Bodensees

FuB ArchMA   Fundberichte der Archäologie des Mittelalters in Baden-Württemberg

Dank

Die barocke Klosteranlage von Salem zählt zu den größten Klosteranlagen Oberschwabens. In ihren Dimensionen ist sie jener von Ottobeuren zumindest vergleichbar. Ähnlich große Anlagen, wie Weingarten, Wiblingen und Schussenried konnten im 18. Jahrhundert nicht vollendet werden. Die tatsächliche Größe eines Klosters erschließt sich jedoch erst, wenn man auch die Bauten außerhalb der Klostermauern und die Klosterbesitzungen und die dortigen Gebäude in ihrer historischen Entwicklung miteinbezieht. Ein Überblick, wie er hier vorgelegt wird, muss sich auf eine Auswahl beschränken. In den Text sind zahlreiche bislang unpublizierten Untersuchungsergebnisse eingeflossen; ihre detaillierte und mit Quellennachweisen versehene Darstellung hätte den Rahmen dieses Bandes bei weitem gesprengt und muss an anderer Stelle erfolgen.

Eine solch umfangreiche Arbeit war nur dank der tatkräftigen Mithilfe der Pfarreien und der Mesner, die den Zugang zu den kirchlichen Gebäuden ermöglichten, der Gebäudeeigentümer, der Mitarbeiter in den Archiven, insbesondere des Generallandesarchivs Karlsruhe und des Hauptstaatsarchivs in Stuttgart, der Mitarbeiter im Referat 26, Bau- und Kunstdenkmalpflege, im Regierungspräsidium Tübingen sowie der Mitarbeiter im Kulturamt des Bodenseekreises möglich. Ihnen allen sei für ihre Unterstützung herzlich gedankt. Dem Verlag und den Lektorinnen Simone Buckreus und Elisabet Petersen danke ich für das sorgfältige Lektorat und die verlegerische Betreuung und Martin Vollnhals für die gelungene Gestaltung des Bandes. Mein besonderer Dank gilt dem Kulturamt des Bodenseekreises und dessen Leiter Elmar L. Kuhn für die Möglichkeit, diese Arbeit mit Unterstützung des Bodenseekreises veröffentlichen zu können.

Ulrich Knapp